NOSSA
GRAMÁTICA
SIMPLIFICADA

LUIZ ANTONIO SACCONI
Professor de Língua Portuguesa pela Universidade de São Paulo

NOSSA GRAMÁTICA SIMPLIFICADA

PARA TODOS OS CURSOS E CONCURSOS

38 LIÇÕES PLANEJADAS
Com farta bateria de testes e exercícios
e soluções no final de cada bateria

© 2023 - Luiz Antonio Sacconi
Direitos em língua portuguesa para o Brasil:
Matrix Editora
www.matrixeditora.com.br
◉/MatrixEditora | ◎ @matrixeditora | ◉ /matrixeditora

Diretor editorial
Paulo Tadeu

Capa, projeto gráfico e diagramação
Patricia Delgado da Costa

Revisão
Cida Medeiros

CIP-BRASIL - CATALOGAÇÃO NA PUBLICAÇÃO
SINDICATO NACIONAL DOS EDITORES DE LIVROS, RJ

Sacconi, Luiz Antonio
Nossa gramática simplificada / Luiz Antonio Sacconi. - 1. ed. - São Paulo: Matrix, 2023.
480 p.; 23 cm.

ISBN 978-65-5616-312-3

1. Língua portuguesa - Gramática. I. Título.

23-82277
CDD: 469.5
CDU: 811.134.3'36

Meri Gleice Rodrigues de Souza - Bibliotecária - CRB-7/6439

Lição 1
ORTOGRAFIA - 1

Palavras com X **e com** CH**, com** S **e com** Z**, com** G **e com** J**, com** C, Ç, S **e** SS
Verbos terminados em -UIR**, em** -UAR **e em** -OAR

Ortografia é a forma correta de escrever ou grafar as palavras. Escrever corretamente as palavras é obrigação de todos. Quando você vai escrever qualquer coisa, o que diz o que você realmente é, o que revela qual o seu nível de cultura e de escolaridade é a sua *ortografia*. Quem escreve errado passa uma péssima impressão e tem mais dificuldade de vencer na vida. A maneira mais fácil de aprender ortografia é **VER** as palavras, escrevê-las, para poder ir se acostumando com a "roupa" delas. Quanto mais exercícios de ortografia você fizer, mais abalizado no assunto você vai ficar, e suas chances de errar se tornarão cada vez menores.

1. Palavras com X **e com** CH**: dicas principais.** Grafa-se **x** depois de: **a) ditongo**: *abaixo, ameixa, caixa, feixe, queixo, trouxa,* etc. Exceções: *caucho* e as derivadas *recauchutagem* e *recauchutar*); **b) depois da sílaba en**: *enxada, enxame, enxertar, enxurrada, enxofre, enxoval,* etc. Se, porém, houver o prefixo **en-** + palavra derivada de outra com **ch**, grafar-se-á com **ch**: charco/encharcar; cheio/ enchente, enchimento; chiqueiro/enchiqueirar; chumaço/enchumaçar; chumbo/enchumbar, etc. Também se escreve com **ch** *enchova*.

2. Palavras com S **e com** Z**: dicas principais.** Se há dúvida entre grafar **ês** ou **ez**, **esa** ou **eza**, verifique se o substantivo é concreto ou abstrato. Os concretos geralmente se escrevem com **s**: *baronesa, burguesa, camponês, camponesa, consulesa, duquesa, freguês, freguesa, marquês, marquesa, princesa,* etc. Exceções: *tez* (pele) e *xadrez*.
Os adjetivos derivados de substantivos concretos também se escrevem com **s**: *burguês* (de *burgo*), *cortês* (de *corte*), *francês, francesa* (de *França*), *milanês, milanesa* (de *Milão*), *montanhês* (de *montanha*), *montês* (de *monte*), *pedrês* (de *pedra*), etc.
Os substantivos abstratos geralmente se grafam com **z**: *acidez, altivez, aridez, avidez, beleza, braveza, dureza, esperteza, fineza, franqueza, limpeza,* etc.

Os femininos terminados em **-isa** sempre se escrevem com **s**: papa/*papisa*, poeta/*poetisa*, profeta/*profetisa*, sacerdote/*sacerdotisa*.

Se a dúvida é grafar **isar** ou **izar**, verifique se o substantivo primitivo traz as letras **i** e **s** juntas (**is**), seguidas de vogal. Se trouxer, escreva **isar**: análise/*analisar*, aviso/*avisar*, catálise/*catalisar*, friso/*frisar*, improviso/*improvisar*, liso/*alisar*, paralisia/*paralisar*, pesquisa/*pesquisar*, piso/*pisar*, preciso/*precisar*, etc. E também: bis/*bisar*, porém, sífilis/*sifilizar*.

Do contrário, escreva **izar**: ameno/*amenizar*, antipatia/*antipatizar*, batismo/*batizar*, canal/*canalizar*, catequese/*catequizar*, civil/*civilizar*, etc.

O sufixo **-oso** ou **-osa** sempre se escreve com **s**: amor/*amoroso, amorosa*; chuva/*chuvoso, chuvosa*; dúvida/*duvidoso, duvidosa*, etc.

Os verbos **usar**, **pôr** e **querer** não têm formas com **z**. Portanto, grafam-se: uso/usei/usou, quis/quisesse/quiseram, pus/pusesse/puseram, etc.

3. Palavras com G **e com** J: **dicas principais.** A terminação **-gem** será com **g**, exceto em *lambujem, pajem* e *viajem* (verbo): *abordagem, aragem, aterrissagem, bagagem, viagem* (substantivo), *garagem, penugem*, etc.

Palavras de origem indígena ou africana se escrevem com **j**, e não com **g**: *alfanje, alforje, Bajé, canjerê, canjica, jerimum, jia, jiboia, jirau, laje, Moji*, etc. Exceção: *Sergipe* (mas deveria ser Serjipe).

4. Palavras com C, Ç, S e SS: **dicas principais.** Palavras de origem indígena, africana ou árabe se escrevem com **c** e **ç**, e não com **s** e **ss**: *Juçara* (indígena), *açougue* (árabe), *caçula* (africana). Assim também: *babaçu, cetim, açucena, Iguaçu, Moçoró, paçoca, Piraçununga, sanhaço*, etc. A palavra *açúcar*, se bem que tida e havida como de origem árabe, é, em rigor, de origem sânscrita.

5. Verbos terminados em -UIR. Se a dúvida estiver entre **e** e **i**, no final de suas formas, grafe **i**: contribuir/*contribui*, influir/*influi*, possuir/*possui*, etc.

6. Verbos terminados em -UAR **e** -OAR. Se a dúvida estiver entre **e** e **i**, no final de suas formas, grafe **e**: abençoar/*abençoe*, continuar/*continue*, efetuar/*efetue*; magoar/*magoe*; recuar/*recue*, etc.

Observação

Toda palavra conserva a letra da palavra primitiva. Assim, se *parafuso* se escreve com *s*, *parafusar* se escreverá também com *s*; se *cereja* se escreve com *j*, *cerejeira* também se grafará com *j*; se *vazio* se grafa com *z*, *esvaziar* também com *z* se grafará e assim por diante. Exceção: anjo/*angélico*, angelical.

Nossa gramática simplificada

Testes e exercícios

1. Identifique as séries que têm somente palavras corretas:
a) flecha, chato, xereta, cuscuz, chinelo, umidecer
b) satanás, dilapidar, decascar, assanhado, majestade
c) jabuti, camundongo, xucro, xícara, chuchu, chácara
d) vagem, pajem, jeito, mortadela, largatixa, êxtase
e) laje, pajé, canjica, cetim, majestoso, cerejeira, iate
f) batismo, batizar, catequese, catequizar, análise, analisar
g) paisano, liso, alisar, deslisar, prezado, proeza, pobreza
h) anis, ojeriza, framboesa, azeite, brisa, através, azia
i) meretíssimo, ânsia, ansioso, casimira, imbuia, cozinha
j) vizinho, beleza, tristeza, prazo, caso, vaso, raso, rasante

2. Continue:
a) vazio, esvaziar, extravasar, irrequieto, chupim, elucidar
b) apesar, gasolina, rivalizar, atrasado, brasa, baço, babaçu
c) inegualável, camoniano, avestruz, almaço, alazão, bobina
d) pontiagudo, maisena, jabuticaba, pátio, penico, pinicar
e) xadrez, rabugento, cafajeste, berinjela, ascessor, mormaço
f) ascensorista, metereologia, pança, pinça, penacho, mochila
g) octagésimo, bandeja, caranguejo, vaquejada, lampião, acesso
h) abscesso, abscissa, ascensão, poleiro, chilique, misto
i) arrepio, astigmatismo, aforismo, cataclismo, irascível, plebiscito
j) mendingo, fascículo, fascismo, facínora, rodízio, descarrilar

3. Complete corretamente as palavras:
| a) marque * a | b) defe * a | c) duque * a | d) pétr * o | e) repre * a |
| f) en * oval | g) en * arcado | h) pár * o | i) e * tranho | j) lamp * ão |

4. Continue:
| a) ga * olina | b) e * plêndido | c) e * pontân...o | d) ent * pir | e) t * ssir |
| f) b * lir | g) cíl * os | h) ventos alís * os | i) enga * opar | j) r * dículo |

5. Continue:
| a) desli * ar | b) desli * e | c) la * anha | d) bato * | e) garço * |
| f) marro * | g) ga * o * o | h) ani * | i) fu * ico | j) co * i * o |

6. Continue:
| a) ga * oduto | b) * icote | c) capu * | d) fem * nino | e) gá * |
| f) reb * liço | g) pu * (verbo) | h) pu * (subst.) | i) marc * neiro | j) b * iro |

7. Continue:
| a) p * lir | b) pir * lito | c) p * leiro | d) cr * olina | e) pr * vilégio |
| f) qui * | g) qui * esse | h) qui * er | i) catál * go | j) diál * go |

8. Identifique e corrija as palavras erradas (se houver):
| a) pexote | b) mexerica | c) umedecer | d) cochichar | e) istmo |
| f) obter | g) obturação | h) ascensorista | i) miscelânea | j) frustrar |

7

Luiz Antonio Sacconi

9. Continue:
a) exilar   b) setuagésimo   c) setingentésimo   d) setuagenário   e) abstêmio
f) cavocar   g) mantegueira   h) suscitar   i) sucinto   j) discrição

10. Continue:
a) indiscreção   b) chimpanzé   c) atrasado   d) cozinha   e) radiatividade
f) losângulo   g) toceira   h) barbeiragem   i) caranguejo   j) maisena

11. Continue:
a) necessitar   b) necessidade   c) nascer   d) nascimento   e) consciência
f) côncio   g) intertício   h) ingresia   i) capcioso   j) monge

12. Continue:
a) fuzil   b) fusível   c) fêmur   d) femoral   e) perônio
f) peroneal   g) estender   h) extensão   i) vazio   j) esvaziar

13. Continue:
a) revezar   b) exeção   c) fuxico   d) vagalume   e) catavento
f) óbolo   g) fragância   h) obcecado   i) pichação   j) depredar

14. Continue:
a) injeção   b) excursão   c) franzino   d) pretensão   e) pretensioso
f) reinvindicar   g) reincidente   h) guizo   i) herege   j) lambuzar

15. Complete corretamente as palavras:
a) cataclism *   b) aforism *   c) a * essor   d) paralelogram * e) * megão
f) torá * ico   g) d * spr * v * nido   h) aboríg * ne   i) sar * eta   j) e * tranho

16. Continue:
a) so * obrar   b) pr * v * nir   c) d * s * nt * ria   d) preten * ão   e) preten * ioso
f) inten * ão   g) inten * ional   h) c * rtume   i) * eca   j) pa * é

17. Continue:
a) cafa * este   b) ti * ela   c) vi * inho   d) co * inha   e) pre * ado
f) um * decer   g) e * tintor   h) cafu * o   i) mim * ógrafo   j) sup * rado

18. Dê o substantivo correspondente a cada um destes verbos:
a) absorver   b) crescer   c) obter   d) encarnar   e) ascender
f) avisar   g) acrescentar   h) repercutir   i) eletrocutar   j) necessitar

19. Continue:
a) reter   b) deter   c) conter   d) decidir   e) driblar
f) nascer   g) descarrilar   h) frustrar   i) perturbar   j) frear

20. Continue:
a) exilar   b) polir   c) poluir   d) obturar   e) extrair
f) estrear   g) recear   h) incrustar   i) extorquir   j) fascinar

21. Continue:
a) prevenir   b) gorjear   c) isentar   d) aterrissar   e) conscientizar
f) estuprar   g) estender   h) descansar   i) excitar   j) cochichar

Nossa gramática simplificada

22. Identifique e corrija as palavras erradas (se houver):
a) programa   b) problema   c) procrastinar   d) mexerica   e) apropiar
f) destilaria   g) óbolo   h) broche   i) piche   j) pichar

23. Continue:
a) proguedir   b) xampu   c) xarope   d) areoplano   e) madeireira
f) carcereiro   g) barberagem   h) cabelereiro   i) metereologia j) areoporto

24. Continue:
a) charanga   b) mulçumano   c) plesbicito   d) carqueja   e) mertiolate
f) lapizão   g) boletim   h) mostrengo   i) obsessão   j) obcecado

25. Continue:
a) estrumbicar-se b) chamegão   c) atazanar   d) tiroide   e) roleimã
f) reincidente   g) ziguezague h) piquenique   i) pingue-pongue j) trecentésimo

26. Continue:
a) acesso   b) assessor   c) assessoria   d) descenso   e) recesso
f) rescisão   g) grizalho   h) mitório   i) veredito   j) vaga-lume

27. Continue:
a) paxá   b) camundongo   c) orangotango   d) cincoenta   e) malvadeza
f) estupideza   g) seringa   h) excesso   i) exceção   j) bizorro

28. Continue:
a) asterístico b) cazulo   c) fragância   d) facínora   e) fascista
f) ombridade   g) primeiroanista h) somatória   i) isóscele   j) artefício

29. Continue:
a) idoniedade   b) espontaniedade c) fleugma   d) inegualável e) ponteagudo
f) madrilenho   g) segundoanista h) inhoque   i) talharíni   j) oleoginoso

30. Continue:
a) maçaroca   b) chimpanzé   c) panamericano   d) nojice   e) xingar
f) terebintina g) suscitar   h) suscinto   i) pirulito   j) fratricídio

Dos concursos e vestibulares

31. (UC-BA). Assinale a letra correspondente à alternativa que preenche corretamente as lacunas desta frase:
... das vidraças do meu apartamento, acompanhou o desenvolvimento ... do bairro, cujo crescimento ... o assustou.
a) Atravez – vertiginoso – derrepente
b) Atravez – vertijinoso – de repente
c) Através – vertijinoso – derrepente
d) Atravez – vertiginoso – de repente
e) Através – vertiginoso – de repente

32. (FMU-SP). Assinale a alternativa em que todas as palavras estão grafadas corretamente:
a) idôneo, inidôneo, estrear, estreado, receoso, receado, mostrengo, almaço
b) beliche, gancho, enviesar, despesa, delatar, dilapidar, cíleo, proeza, imbuia

9

c) distilaria, florescer, cerzir, dissernir, extroversão, xadrez, intrujice, mistura
d) extorsão, adolescência, mesa, asa, piso, raso, rasante, estranho, expontâneo
e) estrupício, chilique, alísios, aborígine, buzina, alazão, perpetrar, mendingo

33. (USF-SP) *Não fez ..., embora seu projeto fosse bastante ...*
a) conceções, pretensioso   b) conceções, pretencioso   c) concessões, pretensioso
d) concessões, pretencioso   e) conseções, pretensioso

34. (UNI-RIO). Assinale o par em que uma das palavras está incorreta:
a) expectador – expectativa   b) esotérico – exotérico
c) viagem – viajem   d) advinhar – ritmo   e) catoze – quatorze

35. (USF-SP). *Chegou a ... um pedido de ..., mas as palavras lhe saíam quase ...*
a) improvisar, excusas, inaldíveis   b) improvisar, excusas, inaudíveis
c) improvisar, excusas, inaudíveis   d) improvizar, escusas, inaudíveis
e) improvizar, excusas, inaldíveis

36. (PUC-RS). O substantivo derivado dos seguintes verbos que tem grafia diferente dos demais é:
a) integrar   b) instruir   c) inventar   d) doar   e) pretender

37. (TST) Assinale a alternativa correta:
a) harém, herbícola, hebreu, hirto, húmido
b) ombridade, herva, herbário, histeria, hema
c) hombridade, herdeiro, coerdeiro, iate, ojeriza
d) hangar, hematoma, herva, histrião, hispânico
e) hemograma, herdar, hexágono, hontem, hulha

38. (Efoa-MG) O sufixo **-eza** completa corretamente grafia de:
a) desp...   b) baron...   c) empr...   d) espert...   e) surpr...

39. (UM-SP) Assinale a alternativa que preencha os espaços corretamente:
        Com o intuito de ... o trabalho, o aluno recebeu algumas incumbências: ...
datas, ... o conteúdo e ... um estilo mais moderno.
a) finalisar – pesquisar – analizar – improvisar
b) finalizar – pesquisar – analisar – improvisar
c) finalizar – pesquizar – analisar – improvizar
d) finalizar – pesquisar – analizar – improvisar
e) finalizar – pesquisar – analisar – improvizar

40. (F.C. Chagas-PR) Estou ... de que tais ... devem ser ...
a) cônscio – privilégios – extintos   b) côncio – privilégios – estintos
c) côncio – privilégios – extintos   d) côncio – previlégios – estintos
e) cônscio – previlégios – extintos

41. (IME-RJ) Assinale a alternativa em que todas as palavras estão corretas:
a) Espero que vocês viajem bem.
b) A poetiza escreveu belos versos.
c) A lage daquela casa não é muito resistente.
d) Não visitei minha tia que está com cachumba.
e) O ladrão passou só três meses no xadrês.

Nossa gramática simplificada

42. (BHTRANS-MG) Todas as palavras estão corretas em:
a) O agiota agiu rápido: dirigiu-se ao monge e ajoelhou-se.
b) Pedro está rabujento, pois não tinha vajens na tigela.
c) Sinto vertigem quando herejes têm a coragem de se dizerem angelicais.
d) Os vajidos da mejera assustaram o pajem e o pajé.
e) Ele é um cafageste; além do quê, tem um jeito de giboia.

43. (TCU-DF) Indique a opção em que todas as palavras estão corretas:
a) frear, prazeirosamente, exceção, roxo
b) ascensão, xale, obsessão, ojeriza
c) suscitar, quis, cáqui, sucinto
d) mês, jeito, enjoo, espontâneo
e) prezado, abscissa, abscesso, jiló

44. (PUC-SP) Assinale a alternativa que traz todas as palavras corretas:
a) discernir – quizer – herbívoro – fixário
b) exceção – desinteria – pretensão – secenta
c) ascensão – intercessão – enxuto – esplêndido
d) rejeição – berinjela – xuxu – atrazado
f) jeito – mecher – consenso – setim

45. (AMAN) Assinale a alternativa correta:
a) subterfúgio, mangedoura, gesto, trage
b) jiló, abcissa, berinjela, anjinho, lojinha
c) geringonça, vertigem, magestade, sarjeta
d) laranjeira, cerejeira, majestoso, gia
e) canjica, gorjeio, gorjear, nogento

46. (PGFN-DF) Assinale a opção correta:
a) possue, contribue, retribue, distribue
b) continui, efetui, pontui, conclue
c) irrequieto, pátio, umbilical, creolina
d) bubina, buteco, curtiça, muringa
e) cortume, entopir, pirolito, reboliço

47. (UNIMEP-SP) Assinale a alternativa correta:
a) Ele quiz analisar a pesquisa que eu realizei.
b) Ele quiz analisar a pesquisa que eu realizei.
c) Ele quis analisar a pesquisa que eu realizei.
d) Ele quis analizar a pesquiza que eu realisei.
e) Ele quis analisar a pesquisa que eu realisei.

48. (FSTJ-SP) Assinale a alternativa correta quanto à grafia:
a) Devido ao aparecimento de várias hínguas, ele procurou um médico para evitar uma possível infecção.
b) Embora sejam feitas várias campanhas de conscientização, os pichadores continuam destruindo o patrimônio público.
c) Aquela deputada teve os seus direitos caçados pela CPI que apurou as irregularidades na distribuição de verbas públicas.
d) Os jornais estão sempre noticiando que são roubadas somas vultuosas em assaltos a bancos, e ninguém faz nada.
e) Os sem-terras não se satisfazem com a sessão de terras feita pelo governo federal e

Luiz Antonio Sacconi

foram taxativos quanto à redistribuição das chamadas "áreas improdutivas".

49. (UM-SP) Assinale a alternativa correspondente a todas as palavras corretas:
a) enxada – bondoso – bexiga – revezamento
b) faxina – tóxico – canalisar – nobreza
d) eresia – canzarrão – caxumba – hesitar
d) hêxito – gorjeio – algema – pesquisa
e) hegemonia – cangica – xadrez – vazio

50. (ITA-SP) Todas as opções abaixo estão corretas, exceto em:
a) catorze – quatorze   b) cociente – quociente   c) cinquenta – cincoenta
d) contacto – contato   e) secção – seção

51. (F.SÃO MARCOS-SP) Assinale a alternativa em que todas as palavras estão corretas:
a) pajé, xadrês, flecha, mixto, aconchego
b) abolição, tribo, pretensão, obsecado, cansaço
c) gorjeta, sargeta, picina, florescer, consiliar
d) xadrez, ficha, mexerico, enxame, enxurrada
e) pagé, xadrês, flexa, mecherico, enxame

52. (UFV-MG) Assinale a alternativa com erro:
a) Aquele hereje sempre põe empecilho porque é muito pretencioso.
b) Uma falsa meiguice encobria-lhe a rigidez e a falta de compreensão.
c) A obsessão é prejudicial ao discernimento.
d) A hombridade de caráter eleva o homem.
e) Eles quiseram fazer concessão para não ridicularizar o estrangeiro.

53. (UM-SP) Assinale a alternativa que contenha uma palavra errada:
a) batizar – grandeza – arvorescer
b) improvisar – nobreza – arborescer
c) envernizar – esperteza – florescer
d) repisar – prioresa – amanhecer
e) rivalizar – montanhesa – incandescer

54. (INSS) Assinale a alternativa em que todas as palavras estejam corretas:
a) atrasar – atrasado – atrás – trazer – trazeiro – transa
b) xícara – enxotar – caixote – enxergar – explêndido – enxirido
c) alto-falante – alcançar – autópsia – albumina – audição – alterar
d) magestade – herege – pagem – jiló – jiboia – gigolô
e) abcesso – obcessão – obcecado – ascensão – assunção – aceder

55. (FMU-FIAM-SP) Aponte a alternativa correta:
a) burgueza, bazar, buzina, analizar
b) gozo, estupidez, defeza, burgueza
c) gozo, cafezal, fertilizar, pobreza
d) buzina, catalizar, colonizar, riquesa
e) gozo, turqueza, franceza, chineza

56. (UM-SP) Assinale a alternativa correspondente a todas as palavras corretas:
a) exceção – excesso – espontâneo – espectador
b) excesso – excessão – espontâneo – espectador
c) exceção – exceço – espontâneo – expectador

Nossa gramática simplificada

d) exceção – excesso – espontâneo – expectador
e) exeção – exeço – espontâneo – expectador

57. (FUVEST-SP) Preencha os espaços com as palavras grafadas corretamente:
A ... de uma guerra nuclear provoca uma grande ... na humanidade e a deixa ... quanto ao futuro.
a) espectativa – tensão – exitante
b) espectativa – tenção – hesitante
c) expectativa – tensão – hesitante
d) expectativa – tenção – hezitante
e) expectativa – tenção – exitante

58. (UM-SP) Assinale a alternativa em que há apenas uma palavra incorreta:
a) amenizar – cessão – lucidez – empresa
b) vaidoso – talvez – norueguesa – asilo
c) hélice – hesitar – êxito – esplêndido
d) leveza – hostilizar – paralizar – surpresa
e) duquesa – ascensão – ritmo – enxergar

59. (FUVEST-SP)
a) Forme substantivos femininos a partir das palavras abaixo, empregando convenientemente **s** ou **z**:
limpo – defender – barão – surdo – freguês
b) Forme verbos a partir de:
análise – síntese –paralisia – civil – liso

60. (F.Londrina-PR) **As questões da prova eram ..., ... de ...**
a) suscintas – apesar – difíceis
b) sucintas – apezar – difices
c) suscintas – apezar – difices
d) sucintas – apesar – difíceis
e) sucintas – apezar – difíceis

61. (FUVEST-SP) Assinale a alternativa em que todas as palavras estão corretamente grafadas:
a) abcesso, abcissa, colisão, coalizão, vazar, extravasar
b) rigidez, garage, dissenção, rigeza, cafuzo, maizena
c) minissaia, paralisar, acesso, acessoria, coriza, cosseno
d) recisão, rechaçar, indu, soçobrar, coalizão, sussurro
e) lambujem, adivinhar, rítimo, bússola, usufruto

62. (ITA-SP) Assinale a alternativa em que todas as palavras são corretas:
a) receoso, reveses, discrição, umedecer
b) antidiluviano, sanguessuga, aguarraz, atribue
c) ineludível, motosserra, excursão, esplendoroso
d) encoragem, encorajador, textura, turboélice
e) dissensão, excursionar, enxugar, verossímel

63. (UM-SP) Em qual das alternativas há uma palavra incorretamente grafada?
a) A reincidência do crime na mesma semana constitui-se num fato auspicioso na Justiça.
b) O atleta não conseguiu disfarçar a excitação, ao perceber a quebra do recorde mundial.

Luiz Antonio Sacconi

c) Entramos numa fase de tensão fantástica, cheia de expectativas duvidosas, como não se via nos últimos doze meses.
d) A explosão do consumo e a decolagem da inflação mobilizou a equipe econômica do país.
e) O conflito defragrado entre os países do golfo Pérsico empurrou as exportações dos produtos petroquímicos.

Soluções dos testes e exercícios

1. c) f) **2.** a) d) h) i) **3.** a) s b) s c) s d) e e) s f) x g) ch h) e i) s j) i **4.** a) s b) s c) s; e d) u e) o f) o g) e h) i i) z j) i **5.** a) z b) z c) s d) m e) m f) m g) s; s h) s i) x j) ch; ch **6.** a) s b) ch c) z d) i e) s f) o g) s h) z i) e j) u **7.** a) o b) u c) o d) e e) i f) s g) s h) s i) o j) o **8.** todas estão corretas **9.** f) cavoucar g) manteigueira **10.** a) indiscrição g) touceira **11.** f) cônscio g) interstício **12.** todas estão corretas **13.** b) exceção d) vaga-lume e) cata-vento g) fragrância **14.** f) reivindicar **15.** a) o b) o c) ss d) o e) ch f) x g) e; e; e h) i i) j j) s **16.** a) ç b) e; e c) i; e; e d) s e) s f) ç g) c h) u i) j j) j **17.** a) j b) g c) z d) z e) z f) e g) x h) z i) e j) u **18.** a) absorção b) crescimento c) obtenção d) encarnação e) ascensão f) aviso g) acréscimo h) repercussão i) eletrocução j) necessidade **19.** a) retenção b) detenção c) contenção d) decisão e) drible f) nascimento h) descarrilamento h) frustração i) perturbação j) freada **20.** a) exílio b) polimento c) poluição d) obturação e) extração f) estreia g) receio h) incrustação i) extorsão j) fascínio (ou fascinação) **21.** a) prevenção b) gorjeio c) isenção d) aterrissagem e) cosciência (ou conscientização) f) estupro g) extensão h) descanso i) excitação j) cochicho **22.** e) apropriar **23.** a) progredir d) aeroplano g) barbeiragem h) cabeleireiro i) meteorologia j) aeroplano **24.** b) muçulmano c) plebiscito f) lapisão **25.** b) jamegão e) rolimã g) zigue-zague **26.** g) grisalho h) mictório **27.** d) cinquenta j) besouro **28.** a) asterisco b) casulo c) fragrância f) hombridade j) artifício **29.** a) idoneidade b) espontaneidade d) inigualável e) pontiagudo h) nhoque i) talharim j) oleaginoso **30.** c) pan-americano h) sucinto **31.** e) **32.** a) **33.** c) **34.** d) **35.** c) **36.** e) pretender **37.** c) **38.** d) **39.** b) **40.** a) **41.** a) **42.** a) **43.** b) **44.** c) **45.** b) **46.** c) **47.** c) **48.** b) **49.** a) **50.** c) **51.** d) **52.** a) **53.** a) **54.** c) **55.** c) **56.** d) **57.** c) **58.** d) **59.** a) limpeza – defesa – baronesa – surdez – freguesa b) analisar – sintetizar – paralisar – civilizar – alisar **60.** d) **61.** a) **62.** a) **63.** e)

Lição 2
NOÇÕES DE FONÉTICA E FONOLOGIA

Fonemas. Nossa língua pode ser escrita e falada. Na língua escrita, as palavras são formadas por *letras* (símbolos gráficos); na língua falada, por *fonemas*.

Fonema é a menor unidade fônica distintiva da palavra. É menor, porque não é desmembrável; é distintiva, porque a mudança de um fonema acarreta uma nova palavra. Ex.: **c**al/**m**al, can**a**/can**o**.
O fonema se representa entre barras oblíquas: / /.
Uma letra pode representar fonemas diferentes. A letra **s**, por exemplo: **s**ala → / s / (leia *sê*), a**s**a → / z / (leia *zê*).

Tipos de fonemas. Os fonemas podem ser *vogais, consoantes* e *semivogais*.

Vogais. *Vogais* são fonemas que resultam da livre passagem da corrente de ar pela boca ou pelas fossas nasais. Pronuncie a sequência **a e i o u** (você, naturalmente, disse: **a é i ó u**). Note: nenhum órgão da boca interrompe a passagem da corrente de ar. Verifica-se apenas um movimento da língua para trás, além do fechamento da cavidade bucal, fatores esses, justamente, que possibilitam a formação das diferentes vogais. Numa palavra pode aparecer a sequência *vogal + vogal* (*hiato*), assunto que veremos adiante.

Consoantes. *Consoantes* são fonemas que resultam da interferência de um ou mais órgãos da boca na passagem da corrente de ar. Ao pronunciarmos / t /, observamos que o contato da língua com os dentes incisivos ou frontais interrompe a passagem da corrente de ar. Eis, aí, pois uma *consoante*. Todos os fonemas consonantais são produzidos com interferência de um ou mais órgãos da boca. Numa palavra pode aparecer a sequência *consoante + consoante* (*encontro consonantal*), assunto que veremos adiante.

Semivogais. *Semivogais* são fonemas vocálicos que se agrupam com a vogal numa sílaba. Nossa língua possui apenas duas semivogais: / **y** / (leia **i**), representada pelas letras **e** (mã**e**), **i** (pa**i**), **n** (híf**en**), **m** (jove**m**)

e / **w** / (leia **u**), representada pelas letras **o** (mã**o**), **u** (pa**u**) e **m** (fala**m**).
À sequência *vogal + semivogal* ou *semivogal + vogal* dá-se o nome de *ditongo*.
À sequência *semivogal + vogal + semivogal* dá-se o nome de *tritongo*.
O ditongo e o tritongo são, portanto, encontros vocálicos.

Encontros vocálicos: ditongo, tritongo e hiato. O **ditongo** é o agrupamento, na mesma sílaba, de uma vogal e de uma semivogal, que sempre soa menos intensamente que a vogal. Ex.: p**ou**-co, l**ei**-te, Ro-r**ai**-ma, m**ui**to, c**ãi**-bra. Pode ser *oral* (**ou**, **ei**) e *nasal* (**ai**, **ãi**). Note que em *Roraima* existe ditongo **nasal**, e não oral, assim como em *muito*. Pode ser *crescente* (á-g**ua**, cá-r**ie**) e *decrescente* (p**ou**-co, l**ei**-te). Os ditongos crescentes podem ser separados na divisão silábica (á-g**u-a**, cá-r**i-e**); os decrescentes nunca se separam, assim como os ditongos crescentes que fazem parte dos grupos **gu** e **qu** de início e meio de sílaba: **gua**-ra-ná, a-**qua**-re-la).
O **tritongo** é o agrupamento de duas semivogais e uma vogal na mesma sílaba, sempre nesta ordem: semivogal, vogal, semivogal. Ex.: Pa-ra-**guai** (tritongo oral), q**uão** (tritongo nasal). O tritongo não é passível de separação.
O **hiato** é a sucessão de duas vogais, em sílabas separadas. Ex.: ra-**i**-nha, sa-**ú**-de.

Observações
1) O ditongo **ai**, quando antecede fonema nasal, soa fechado: *andaime, paina, Roraima, Jaime, Elaine, Gislaine, Pacaraima, Bocaina*, etc. Já o ditongo **au** soa aberto mesmo antes de tais fonemas: *trauma, sauna*, etc.

2) Sendo o hiato a ocorrência de duas vogais consecutivas, em sílabas separadas, não há muita propriedade em dizer-se que nas palavras seguintes existe hiato: fe**i-o**, ma**i-o**, Pi-a**u-í**, pra**i-a**. Em tais palavras, ocorre a sucessão semivogal + vogal, e não vogal + vogal. O elemento que se estende à outra sílaba se diz *iode* (no caso do **i**) ou *vau* (no caso do **u**), que facilmente se percebem na pronúncia: fei-**io**, mai-**io**, Pi-au-**uí**, prai-**ia**.

Encontro consonantal. É o agrupamento de duas ou mais consoantes numa palavra. Ex.: **tr**ês, te**st**a, **bl**usa. Pode ser *próprio* (não se separa na divisão silábica) e *impróprio* (separa-se na divisão silábica). Ex.: **tr**ês (próprio), te**s-t**a (impróprio).

Dígrafo (ou **Digrama**). É o grupo de duas letras que representa um só fonema. Ex.: **ch**á (o grupo **ch** representa um único som da fala, um único fonema). Os principais dígrafos são estes: **ch** (chá), **lh** (te-lha), **nh** (ra-i-nha), **rr** (car-ro), **ss** (mas-sa), **sc** (nas-cer), **sç** (nas-ça), **xc** (ex-ce-ção), **gu** (gui-zo) e **qu** (qui-lo). Como se vê, alguns se separam na divisão silábica, outros não.

Assim como existem na língua duas letras que representam um só fonema, também existe uma letra que representa dois fonemas. É o caso de *fixo*, em que o *x* representa o fonema dúplice / ks /. O conjunto de dois fonemas representados por uma única letra recebe o nome de **dífono**.

Observações

1) Em final de sílaba, o **m** e o **n** não são consoantes, mas *sinais de nasalação* das vogais precedentes, vistas, assim, como vogais nasais. Neste caso, formam também dígrafos, como se vê nas palavras **am**-pa-ro e **an**-ti-go. No latim o **m** e o **n** em final de sílaba eram consoantes articuladas, embora muito debilmente. Durante o período de transição do latim para o português, deixaram de articular-se e passaram a ser meros sinais de nasalação da vogal precedente. No entender de Mattoso Câmara, todavia, a articulação consonantal ainda persiste e, por isso, considera tanto o **m** quanto o **n** consoantes nasais pós-vocálicas ou arquifonemas nasais.

2) Não se deve confundir *encontro consonantal* com *dígrafo*; nos encontros consonantais ouvem-se dois ou mais fonemas distintos; nos dígrafos, somente se ouve um fonema.

3) O **gu** e o **qu** somente serão dígrafos quando o **u** não soar, evidentemente. A palavra **cinquenta**, por exemplo, não possui dígrafo, porque o **u** soa.

Nosso alfabeto. Nosso alfabeto é constituído de 26 letras: a **b c d** e **f g** h i **j k l m n** o **p q r s t** u **v w x** y **z**. As que estão em destaque, em negrito, são consoantes; as demais são vogais, com exceção do **h**, que, como não representa nenhum som, é chamado *letra etimológica*, em razão de ser um símbolo que se conservou por força da etimologia e da tradição escrita.

Sílaba. É a unidade fônica centrada numa vogal e emitida num só impulso expiratório. Ex.: **a-mi-za-de**. A vogal é a alma da sílaba, sem ela não pode haver sílaba. Palavras de uma única sílaba são chamadas *monossílabas*; de duas, *dissílabas*; de três, *trissílabas* e de mais de três, *polissílabas*.
A divisão silábica se faz pela soletração: **i-tem, ín-te-rim, bi-sa-vô, su-ba-li-men-ta-do, hi-pe-ra-ci-dez.**
Quando há duas consoantes juntas, cada uma fica numa sílaba: **tes-ta, oc-ci-pi-tal.** As palavras que se escrevem com **rr, ss, sc, xc** e **sç**, por questão de simetria e tradição, também deixam as letras separadas: **car-ro, as-ses-sor, ex-ce-ção**, etc.
A sílaba pode ser *tônica* [é a que contém um dos acentos gráficos (agudo ou circunflexo) ou o acento prosódico, o da sílaba tônica], *átona* (é a que não possui acento prosódico) e *subtônica* (é a que possui força ou intensidade intermediária entre a tônica e a átona. A sílaba tônica da palavra **item** é **i**; a outra (**tem**) é átona. A sílaba subtônica é própria das palavras derivadas. Ex.: ca**fe**zal, **so**mente, **pe**zão. Tal sílaba sempre

corresponde à tônica da palavra primitiva: **café, só, pé**. O acento prosódico pode ser chamado apenas **acento**.

Palavras oxítonas, paroxítonas e proparoxítonas. A posição da sílaba tônica determina a existência de palavras **oxítonas, paroxítonas** e **proparoxítonas**.

A palavra é **oxítona** ou **aguda** quando o acento prosódico se localiza na última sílaba. Ex.: pale**tó**, jagu**ar**. Palavras de uma única sílaba são *monossílabas* (tônicas ou átonas), mas não "oxítonas". Ex. **pé**, **Deus** (tônicas); **me**, **na** (átonas).

A palavra é **paroxítona** ou **grave** quando o acento prosódico se localiza na penúltima sílaba. Ex.: buli**mi**a, **xé**rox.

A palavra é **proparoxítona** ou **esdrúxula** quando o acento prosódico se localiza na antepenúltima sílaba. Ex.: **ín**terim, Cle**ó**patra.

Observação

Nossa língua rejeita palavra com acento na pré-antepenúltima sílaba, ou seja, palavra *bisesdrúxula*. Algumas formas verbais, no entanto, seguidas de pronome oblíquo, são bisesdrúxulas. Ex.: fa**zí**amo-lo, a**má**vamo-la.

Testes e exercícios

1. Assinale as afirmações corretas:
a) *Letra* é um componente da língua escrita.
b) *Fonema* é um componente da língua falada.
c) Na palavra *nhoque*, as duas letras iniciais representam um único fonema.
d) Cada letra representa sempre um fonema.
e) Na palavra *casaco* temos estes fonemas consoantes, pela ordem: /k/, /z/ e /k/.
f) Em nossa língua, as palavras têm sempre igual número de letras e de fonemas.
g) Na palavra *nhoque* existem dois dígrafos.
h) Na palavra *hálito* existem seis letras e seis fonemas.
i) Na palavra *hora* existem quatro letras e três fonemas.
j) Na palavra *chuchu* existem só quatro fonemas.

2. Identifique a palavra que tem cinco fonemas:
a) querosene   b) bochecha   c) flecha   d) exceção   e) gasolina

3. Identifique a palavra que tem seis fonemas:
a) acréscimo   b) acesso   c) pistache   d) muçarela   e) pexote

4. O tipo de fonema que, para ser produzido, não necessita de ajuda de nenhum órgão da boca se chama:
a) vogal   b) consoante   c) semivogal   d) dígrafo   e) n.d.a.

5. O tipo de fonema que, para ser produzido, necessita da ajuda de um ou mais órgãos da boca se chama:
a) consoante   b) vogal   c) semivogal   d) digrama   e) n.d.a.

Nossa gramática simplificada

6. Identifique a palavra que traz semivogal:
a) saúde   b) saída   c) baía   d) alto   e) auto

7. Separe em sílabas as palavras que seguem, identificando as oxítonas, paroxítonas e proparoxítonas:
caráter - pichação - ruim - júnior - supermercado - Quéops - rubrica - superinteressante - excesso - piscina - pólipo - ombro - hombridade - ínterim - miúdo - militar - abacaxi.

8. Apenas uma destas palavras traz ditongo. Identifique-a:
ruim - lua - Deus - saúva - iguais - tio - casulo - mel

9. Apenas duas destas palavras trazem ditongo decrescente. Identifique-as:
pátria - rio - pai - país - paisinho - paizinho - trégua - aquilo

10. Apenas uma destas palavras traz encontro consonantal. Identifique-a:
carruagem - discípulo - sonso - anta - presidente - cacique - ilha

11. Apenas uma destas palavras traz dígrafo. Identifique-a:
casca - castelo - espesso - muçarela - dígrafo - hiato - iate

12. Identifique a série de palavras divididas corretamente em sílabas:
a) o-u-tro – cir-cuns-pec-to – me-io – gu-a-ra-ná – ne-sse
b) do-is – pas-sei-o – sur-gi-u – Is-rael – Na-po-leão
c) I-ta-ti-ai-a – co-i-sa – psi-qui-a-tria – cé-u – coe-lho
d) com-pa-nhi-a – pos-se-sso – mei-as – mo-i-nho – is-tmo
e) ma-qui-na-ria – su-bli-nhar – pne-u – pa-i-zi-nho – pa-i-si-nho

13. Assinale as letras correspondentes às afirmações corretas:
a) *Cleópatra, pílula, trêmulo* e *pacífico* formam uma série de palavras proparoxítonas.
b) *Palato, prurido, Tutancâmon* e *tio* formam uma série de palavras paroxítonas.
c) *Suor, colar, sambar* e *dor* formam uma série de palavras oxítonas.
d) *Sabiá, amor, feroz* e *cateter* formam uma série de palavras oxítonas.
e) *Deus, sol, flor* e *mel* formam uma série de monossílabas tônicas.

14. Repare nas sequências:
1. **2, 4, 6, 8, 10, ...** (O número que logicamente deveria estar no espaço em branco é o: *11, 12, 14, 16* ou *9*?)
2. **dó, li, teu, mel, céu, ...** (A palavra que logicamente completaria tal sequência é: *alegre, doce, mar, rio* ou *anjo*?)
3. **suave, carinho, amigo, carente, ...** (A palavra que logicamente completaria tal sequência é: *mímica, jacu, pajé, cacique* ou *pivô*?
4. **médico, árvore, límpido, cômodo, tônico, ...** (A palavra que logicamente completaria tal sequência é: *cabelo, capilar, higiene, ureter* ou *furúnculo*?)
5. **mala, ragu, tela, jacá, tia, Itu, padaria, Jaburu, ...** (A palavra que logicamente completaria tal sequência é: xérox, isopor, música, físico ou tenaz?)

Dos concursos e vestibulares

15. (UFC-CE) Apresentam o mesmo fonema inicial as palavras:
a) cravei – quem – cultivar   b) cheguei – certos – cima
c) ciência – sossego – canção   d) gene – grandeza – geologia
e) casco – quitanda – cebola

16. (PUC-SP) Nas palavras **anjinho, carrocinhas, nossa** e **recolhendo**, podemos detectar oralmente a seguinte quantidade de fonemas:
a) três – quatro – dois – quatro   b) cinco – nove – quatro – oito
c) seis – dez – cinco – nove   d) três – seis – dois – cinco
e) sete – onze – cinco – dez

17. (UNIMEP-SP) Assinale a palavra que contém cinco letras e quatro fonemas:
a) estou   b) adeus   c) livro   d) volto   e) daqui

18. (PUC-SP) Nas palavras **enquanto, queimar, folhas, hábil** e **grossa**, constatamos a seguinte sequência de letras e fonemas:
a) $8 - 7\,7 - 6\,6 - 5\,5 - 4\,6 - 5$
b) $7 - 6\,6 - 5\,5 - 5\,5 - 5\,5 - 5$
c) $8 - 5\,7 - 5\,6 - 5\,5 - 4\,6 - 5$
d) $8 - 6\,7 - 6\,6 - 5\,5 - 4\,6 - 5$
e) $8 - 5\,7 - 6\,6 - 5\,5 - 4\,6 - 5$

19. (ACAFE-SC) Assinale, na sequência abaixo, a alternativa em que todas as palavras possuem dígrafo:
a) histórias – impossível – máscaras   b) senhor – disse – chinelo
c) passarinhos – ergueu – piedade   d) errante – abelhas – janela
e) homem – caverna – velhacos

20. (F. Caxias do Sul-RS) A alternativa em que, nas três palavras, há um ditongo decrescente é:
a) água – série – memória   b) balaio – veraneio – régua
c) coração – rouco – abaixo   d) pia – gratuito – fluido
e) joia – véu – área

21. (FAU-Santos) Assinale a alternativa em que todas as palavras apresentam dígrafo:
a) queijo – perto – guerra   b) nascer – tecer – descer
c) mexer – manchar – florescer   d) cachorro – barulho – passo   e) velho – novo – lixo

22. (PUC-SP) Indique a alternativa onde constatamos, em todas as palavras, a semivogal **i**:
a) pai – país – iate – xeique
b) doído – queimar – capoeiras – cheiroso
c) estádio – vem – hem – coisa
d) papéis – tiziu – ainda – índia
e) seixo – cair – doido – capoeiras

23. (UnB-DF) Marque a opção em que todas as palavras apresentam dígrafo:
a) fixo – auxílio – tóxico – exame   b) enxergar – luxo – bucho – olho
c) bicho – passo – carro – banho   d) choque – sintaxe – unha – coxa
e) pachorra – exceção – piche – pente

24. (FASP) Indique a alternativa cuja sequência de palavras apresenta, na mesma ordem, o seguinte: ditongo, hiato, hiato, ditongo:
a) jamais – Deus – luar – daí   b) joias – fluir – jesuíta – fogaréu
c) ódio – saguão – leal – poeira   d) quais – fugiu – caiu – história
e) meu – real – lua – rio

Nossa gramática simplificada

25. (PUC-SP) Indique a alternativa em que todas as palavras têm, em sua sílaba tônica, uma vogal nasal:
a) cartomante – diferença – rindo – algum b) consulta – andado – continuou –interropeu
c) criança – andar – andado – antes d) mesma – moço – como – medo
e) tinha – motivo – rindo – acreditam

26. (ACAFE-SC) Assinale a alternativa em que há somente palavras com ditongos orais:
a) acordou – estações – distraído b) coordenar – Camboriú – cidadão
c) falei – família – muito d) jamais – boi – saia
e) andaime – vieram – Roraima

27. (UFSC) A única alternativa que apresenta palavra com encontro consonantal e dígrafo é:
a) graciosa b) prognosticava c) carrinhos d) cadeirinha e) trabalhava

28. (PUC-RS) Assinale a alternativa em que o **x** nunca é pronunciado como / ks /:
a) tóxico – máximo – prolixo b) lixo – prolixo – léxico
c) máximo – inexorável – expo d) inexorável – nexo – intoxicável
e) exímio – hexacampeão – cóccix

29. (UnB-DF) Assinale a opção em que todas as palavras apresentam um dígrafo:
a) fixo – auxílio – tóxico – exame b) enxergar – luxo – bucho – olho
c) bicho – passo – carro – lenha d) choque – sintaxe – unha – coxa
e) fraque – cartola – traje – vestido

30. (TJ-RJ) Assinale a alternativa que apresenta apenas hiatos:
a) lua – tua – tio b) secretaria – Tatuí – paisinho c) paizinho – Deus – suor
d) baiuca – intuito – puído e) gratuito – rio – padaria

31. (CECEM) O **i** não é semivogal em:
a) campainha b) fluido c) gratuito d) glória e) Tuiuti

32. (CECEA) Todas as palavras apresentam ditongo crescente em:
a) linguiça – história – área b) cárie – saudável – rainha
c) tiziu – suave – caixa d) pau – tranquilo – régua
e) mineiro – gaúcho – paulista

33. (FMU-SP) A palavra que traz iode é:
a) caatinga b) muçarela c) pretensioso d) papagaio e) hipopótamo

34. (TJ-SP) Assinale a série em que apenas um dos vocábulos não possui dígrafo:
a) molho – calha – banho – assim b) quesito – quero – quisto – querosene
c) quota – Itaquera – sagui – sanha d) exceção – queijo – exsudar – missão
e) cochicho – caninha – alho – Itaquaquecetuba

35. (PUC-RS) A palavra dividida corretamente em sílabas é:
a) sub-e-men-da b) sub-es-ta-ção c) sub-em-pre-go
d) su-bu-ma-no e) sub-o-fi-cial

36. (CESGRANRIO-RJ) Assinale a opção em que na palavra há encontro consonantal e ditongo nasal:
a) ninguém b) coalhou c) iam d) nenhum e) murcham

Luiz Antonio Sacconi

37. (Univ. Alfenas-MG) Assinale a alternativa que identifica os encontros vocálicos e consonantais presentes nos três grupos de palavras abaixo, na mesma ordem de ocorrência em cada um deles. Os três grupos apresentam os mesmos encontros vocálicos e consonantais, pela ordem:

I. poema, reino, pobre, não, chave
II. realize, perdeu, escrevê-lo, estão, que
III. dia, mais, contempla, então, lhe

a) ditongo crescente, ditongo crescente, encontro consonantal, ditongo decrescente, dígrafo
b) ditongo crescente, ditongo decrescente, encontro consonantal, dígrafo, encontro consonantal
c) ditongo decrescente, hiato, dígrafo, ditongo decrescente, encontro consonantal
d) hiato, ditongo crescente, encontro consonantal, ditongo decrescente, dígrafo
e) hiato, ditongo decrescente, encontro consonantal, ditongo decrescente, dígrafo

38. (FASP) Assinale a alternativa que apresenta os elementos que compõem o tritongo:
a) vogal + semivogal + vogal b) vogal + vogal + vogal c) semivogal + vogal + vogal
d) semivogal + vogal+ semivogal e) semivogal + semivogal + vogal

39. (PUC-SP) Assinale a alternativa que apresenta, nesta ordem, tritongo, hiato, ditongo crescente e dígrafo:
a) quais, saúde, perdoe, álcool b) cruéis, mauzinho, quais, psique
c) quão, mais, mandiú, quieto d) aguei, caos, mágoa, chato e) n.d.a.

40. (PUC-SP) Nas palavras **que, tranquilidade, concluía** e **muito** ocorrem os seguintes encontros:
a) dígrafo – dígrafo – tritongo – ditongo oral
b) dígrafo – ditongo – tritongo – dígrafo
c) ditongo – dígrafo – hiato – ditongo nasal
d) ditongo – ditongo – tritongo – ditongo oral
e) dígrafo – ditongo – hiato – ditongo nasal

41. (F. Belas Artes-SP) Considerando a palavra **Piauí**, podemos afirmar que ela tem:
a) um hiato b) um ditongo crescente c) dois hiatos e um ditongo
d) dois ditongos e um hiato e) um tritongo

42. (OSEC-SP) Assinale a alternativa em que ocorre um ditongo decrescente em todas as palavras:
a) traidor – país – água b) baú – quatro – oblíqua c) quase - canavial – beato
d) seixo – crueldade – igual e) ideia – cauteloso – raio

43. (ACAFE-SC) Na frase **No restaurante, onde entrei arrastando os cascos como um dromedário, resolvi-me ver livre das galochas**, existem:
a) 2 ditongos, sendo 1 crescente e 1 decrescente
b) 2 ditongos, sendo 2 crescentes e 1 decrescente
c) 3 ditongos, sendo 1 crescente e 2 decrescentes
d) 4 ditongos, sendo 2 crescentes e 2 decrescentes
e) 4 ditongos, sendo 3 crescentes e 1 decrescente

44. (UNI-RIO) **O bom tempo passou e vieram as chuvas. Os animais todos, arrepiados, passavam os dias cochilando.** Nesse trecho, temos:
a) 2 ditongos, 3 hiatos e 4 encontros consonantais

Nossa gramática simplificada

b) 5 ditongos, 2 hiatos e 2 encontros consonantais
c) 4 ditongos, 3 hiatos e 3 sinais de nasalação
d) 3 ditongos, 3 hiatos e 4 dígrafos
e) 4 ditongos, 2 hiatos e 5 dígrafos

45. (UNI-RIO) A palavra **papagaio** tem um:
a) ditongo   b) tritongo   c) encontro consonantal   d) dígrafo   e) n.d.a.

46. (TJ-SP) A série que traz palavras apenas com ditongos nasais é:
a) Roraima – Elaine – muito   b) cão – vão – sal   c) ceia – teia – meia
d) pança – cansa – dança   e) iate – andaime – paina

Soluções dos testes e exercícios
1. a) b) c) e) g) i) j) **2.** c) **3.** e) **4.** a) **5.** a) **6.** e) **7.** ca-**rá**-ter (paroxítona); pi-cha-**ção** (oxítona); ru-**im** (oxítona); **jú**-ni-or (proparoxítona); su-per-mer-**ca**-do (paroxítona); **Qué**-ops (paroxítona); ru-**bri**-ca (paroxítona); su-pe-rin-te-res-**san**-te (paroxítona); ex-**ces**-so (paroxítona); pis-**ci**-na (paroxítona); **pó**-li-po (proparoxítona); **om**-bro (paroxítona); hom-bri-**da**-de (paroxítona); **ín**-te-rim (proparoxítona); mi-**ú**-do (paroxítona); mi-li-**tar** (oxítona); a-ba-ca-**xi** (oxítona). **8.** Deus **9.** pai – paizinho (**paisinho** é diminutivo de **país**; portanto há aí hiato: pa-i-si-nho) **10.** presidente (pr; nt não constitui encontro consonantal) **11.** espesso (ss) **12.** d) **13.** a) b) d) e) (*dor* é palavra monossílaba tônica, portanto nunca será oxítona; *cateter* é e sempre foi palavra oxítona, embora muito se use como paroxítona; *Deus* é monossílabo tônico) **14.** 1 **12** 2 **mar** (que completaria a sequência de monossílabas tônicas) 3 **cacique** (que completaria a sequência de paroxítonas) 4 **furúnculo** (que completaria a sequência de proparoxítonas) 5 **xérox** (a sequência é de paroxítona-oxítona; depois de oxítona – *Jaburu* – vem uma paroxítona, portanto: **xérox**) **15.** a) **16.** b) **17.** e) **18.** e) **19.** b) **20.** c) **21.** d) **22.** c) **23.** c) **24.** b) **25.** a) **26.** d) **27.** e) **28.** c) **29.** c) **30.** b) **31.** a) **32.** a) **33.** d) **34.** e) **35.** d) **36.** e) **37.** e) **38.** d) **39.** e) **40.** e) **41.** c) **42.** e) **43.** c) **44.** c) **45.** a) **46.** a)

Lição 3
ORTOGRAFIA - 2

Regras de acentuação gráfica

Vamos tratar deste assunto de forma inteiramente diferente, que vai facilitar muito o seu entendimento e consequentemente a sua prática. Guarde bem na memória estas letras: **a e o** (esqueça o **s** do plural, porque essa letra nunca interfere em regra nenhuma).

Monossílabas tônicas. Relembrando: **a e o**. Veja como é fácil: **toda** monossílaba tônica terminada em uma dessas letras é acentuada. Ex.: **pá, pé, pó**. Como o **s** não interfere na regra, os plurais também são acentuados: *pás, pés, pós*. As monossílabas que trazem os ditongos abertos **éi ói éu**, também são acentuadas: *réis, dói, céu*.
Portanto, as monossílabas tônicas terminadas em *-i* ou em *-u* não são acentuadas: *nu, cru, ti, li, vi, tu,* etc.
As formas verbais terminadas em *-a, -e* ou *-o*, seguidas de *-lo, -la, -los, -las*, acentuam-se normalmente: *dá-lo, fá-la, sê-lo, vê-lo, pô-lo,* etc.

Oxítonas. Daqui por diante, acrescente **em** àquelas três letras. Agora, então, serão: **a e o em**. Veja como é fácil: **toda** oxítona assim terminada é acentuada. Ex.: **cará, filé, cipó, vintém**. Como o s não interfere na regra, seus plurais também são acentuados: *carás, filés, cipós, vinténs*. As oxítonas que trazem os ditongos abertos **éi ói éu**, a exemplo das monossílabas tônicas, também são acentuadas: **papéis, herói, chapéu**.
As formas verbais terminadas em *-a, -e* ou *-o*, seguidas de *-lo, -la, -los, -las*, acentuam-se normalmente: *amá-lo, cantá-la; vendê-los, comê-lo; compô-lo, antepô-las,* etc.

Paroxítonas. Relembrando: **a e o em**. Veja, agora, como fica fácil; vamos inverter: **nenhuma** palavra paroxítona terminada assim é acentuada. Por isso é que **cara, pele, copo** e **item** não se acentuam. Como o **s** não interfere na regra, *caras, peles, copos* e *itens* também não recebem acento. Em compensação, toda paroxítona terminada diferentemente é acentuada: **lápis, tórax, repórter, álbum, vírus, bíceps**, etc. Convém lembrar, todavia, que palavras como *história, cárie, vácuo* e *órfão*, que são paroxítonas e acentuadas, NÃO TERMINAM em **a e o**, respectivamente, mas em ditongos. E **ímã** e **órfã**, que também são paroxítonas e acentuadas, não terminam em **a**, mas em **ã**. Os prefixos nunca recebem acento: *hiper, super, mini,* etc. Mas quando usados como substantivos, são acentuados normalmente. Ex.: *Esse é um bom **míni*** (= minidicionário). *Nesta rua vai ser aberto um **híper*** (= hipermercado).

Palavras paroxítonas terminadas em ditongo nasal, representado por *-em* ou *-am*, não levam acento: *cantem, falem, cantam, falam,* etc.

Proparoxítonas. Esta é a regra mais fácil: todas as proparoxítonas são acentuadas, sem exceção: **médico, árvore, código**, etc.

Testes e exercícios

1. Assinale as afirmações corretas:
a) *Acento prosódico* e *acento gráfico* são rigorosamente a mesma coisa.
b) O acento prosódico da palavra **colégio** está na segunda sílaba e o acento gráfico também.
c) A palavra **canavial** tem acento prosódico, mas não tem acento gráfico.
d) A palavra **carnaúba** tem acento gráfico, mas não tem acento prosódico.
e) Os monossílabos são as únicas palavras que nunca têm acento prosódico.
f) Toda palavra oxítona tem mais de uma sílaba.
g) Nas palavras paroxítonas, a última sílaba é sempre átona.
h) Nas palavras oxítonas, a última sílaba é sempre tônica.
i) Nas palavras proparoxítonas, as duas últimas sílabas são sempre átonas.
j) Nas palavras dissílabas átonas não existe acento prosódico.

2. Identifique a série que só traz monossílabos tônicos:
a) dor, flor, cor, pó, sou, amor
b) gás, paz, vás, avô, trio, sós
c) mas, só, dó, vai, mãe, ria
d) flor, Deus, meus, teus, réus, dois
e) vez, talvez, pôs, foz, triz, quis

3. Identifique a série de palavras átonas:
a) mel, fel, na, mas, ti, de
b) para, pelo, nos, lhe, se, do
c) sol, dor, e, fez, traz, trás
d) traz, me, li, nu, tu, cru
e) selo, dedo, teto, neto, reto

4. Identifique a série de palavras oxítonas:
a) carioca, tempestade, querosene, gratuito, circuito
b) pau, mal, são, pais, mãe, tais
c) bambu, urubu, tatu, jacu, Paiçandu, Turiaçu
d) dois, três, seis, mil, cem, tem, um
e) flecha, bochecha, cochicho, xereta, xingar, xale

Luiz Antonio Sacconi

5. Identifique a série de palavras paroxítonas:
a) Guarujá, tamanduá, curimbatá, caviar, jacá
b) cônscio, orangotango, manteigueira, maisena, pexote
c) Itu, Morumbi, Pacaembu, Maracanã, Carandiru
d) peneira, tontura, calor, saldo, calção, pamonha
e) jeca, jiló, jeito, gorjeio, majestade, laranjeira

6. Identifique a série de palavras proparoxítonas:
a) cúmulo, médico, árvore, trêmulo, cínico, álibi
b) túmulo, pálido, cemitério, caído, pintassilgo
c) estrogonofe, estressado, umedecer, empecilho, nogueira
d) privilégio, incorporar, encorpar, destilaria, digladiar
e) despender, desprevenir, assessor, meteorologia, ascensorista

7. Todas as monossílabas tônicas terminadas em **a**, **e** e **o** (seguidos ou não de **s**) são acentuadas. Acentue ou não:

a) tras	b) traz	c) nu	d) cru	e) ves
f) vez	g) vas	h) leu	i) noz	j) tu

8. Continue:

a) rol	b) sol	c) triz	d) fi-lo	e) qui-lo
f) fiz	g) ha	h) po-lo	i) ri	j) li

9. Todas as oxítonas terminadas em **a**, **e**, **o** e **em** (seguidos ou não de **s**) são acentuadas. Acentue-as, portanto:

a) domino	b) curimbata	c) judo	d) saci	e) sagu
f) bambu	g) bambus	h) atraves	i) talvez	j) lilas

10. Continue:

a) apos	b) abacaxi	c) tupis	d) piloti	e) pilotis
f) colibri	g) colibris	h) Ipauçu	i) Itu	j) Bauru

11. Continue:

a) Morumbi	b) aqui	c) ali	d) Assis	e) cartas
f) cartaz	g) Paiçandu	h) mocoto	i) ureter	h) cateter
i) vezes	j) chassi			

12. Todas as paroxítonas são acentuadas, com exceção justamente das que terminam em **a**, **e**, **o** e **em** (seguidos ou não de **s**). As terminadas em **ditongo** (água, ânsia, vácuo, etc.) e em **vogal nasal** (órfã, ímã, etc.) também sempre se acentuam. Os prefixos não recebem acento (super-, hiper-, semi-, arqui-, mini-, etc.). Acentue ou não:

a) bugre	b) buque	c) bugue	d) jovem	e) jovens
f) nuvem	g) nuvens	h) item	i) itens	j) orgão

13. Continue:

a) botão	b) sotão	c) porão	d) subsidio	e) fenix
f) lapis	g) ingenuo	h) hemacia	i) biquini	j) torax

14. Continue:

a) xerox	b) volei	c) ritmo	d) vicios	e) piche
f) Queops	g) Fidel	h) Nobel	i) missil	j) cateter

Nossa gramática simplificada

15. Todas as proparoxítonas são acentuadas, sem exceção. Acentue ou não:

a) comico
b) comodo
c) prurido
d) candida
e) oxitona
f) paroxitona
g) avaro
h) avido
i) havido
j) exodo

16. Continue:

a) hesito
b) exito
c) obito
d) opto
e) ibero
e) raquitico
f) obeso
g) rubrica
h) interim
i) crisantemo
j) tonico

17. Todo **i** e todo **u** tônicos que formam hiato com a vogal anterior devem ser acentuados, exceto os que formam sílaba com **l**, **m**, **n**, **r** e **z**. O **i** seguido de **nh** também não recebe acento. Acentue ou não:

a) saida
b) sauda
c) ruina
d) arruina
e) Luis
f) Luisinho
g) raiz
h) raizes
i) faisca
j) bau

18. Continue:

a) suingue
b) suite
c) uisque
d) juiz
e) juizes
f) juizado
g) fluido
h) arruino
i) cainho
j) Suiça

19. Continue:

a) gratuito
b) traiu
c) saiu
d) mentiu
e) sair
f) ainda
g) saindo
h) circuito
i) campainha
j) aldeinha

20. Acentue quando necessário:

a) ela tem olhos verdes
b) elas tem olhos verdes
c) ela vem aqui sempre
d) elas vem aqui sempre
e) polos de desenvolvimento

21. Acentue só os encontros vocálicos que exigem acento:

a) destroi
b) destroem
c) constroi
d) constroem
e) zoo
f) zoologico
i) cooperar
i) coo
j) broa

22. Só acentue quando **absolutamente** necessário:

a) vicio
b) ansia
c) juniores
d) alcool
e) alcoois
f) pessego
g) aerolito
h) meteorito
i) monolito
j) polipo

23. Continue:

a) halito
b) habito
c) cor
d) cores
e) flor
f) flores
g) dor
e) dores
f) amor
g) amores
h) fenomeno
i) medio
j) premio

Soluções dos testes e exercícios

1. b c f g h i j **2.** d **3.** b **4.** c **5.** b **6.** a **7.** a) trás e) vês g) vás **8.** g) há h) pô-lo **9.** a) dominó b) curimbatá c) judô h) através j) lilás **10.** a) mocotó **11.** h) mocotó **12.** b) buquê j) órgão **13.** b) sótão d) subsídio e) fênix f) lápis g) ingênuo h) hemácia j) tórax **14.** a) xérox b) vôlei d) vícios f) Quéops i) míssil **15.** a) cômico b) cômodo d) cândida e) oxítona f) paroxítona h) ávido j) êxodo **16.** b) êxito c) óbito e) raquítico h) ínterim i) crisântemo j) tônico **17.** a) saída b) saúda c) ruína d) arruína e) Luís h) raízes i) faísca **18.** b) suíte c) uísque e) juízes h) arruíno j) Suíça **19.** nenhuma recebe acento **20.** b) têm d) vêm **21.** a) destrói c) constrói **22.** b) ânsia (a forma verbal é *anseia*) d) álcool e) álcoois f) pêssego g) aerólito i) monólito j) pólipo **23.** a) hálito h) fenômeno i) médio (a forma verbal é *medeio*)

Lição 4
ORTOGRAFIA - 3

Últimas regras de acentuação gráfica

1. Nunca acentue as vogais **i** e **u** que estiverem junto de uma consoante na sílaba: **sa<u>ci</u>, ca<u>ju</u>, tu<u>pi</u>, I<u>tu</u>**, etc. Essas vogais só são acentuadas quando sozinhas na sílaba e tônicas (lembre-se mais uma vez de que o **s** não interfere nas regras). Portanto, acentuamos: **saída, saúde, faísca, balaústre**, etc. Palavras como *caiu, atraiu, contribuiu, possuiu* e *traiu* não têm acento, porque o *i* e o *u* dos ditongos *iu* e *ui* não são acentuados quando vêm depois de vogal.

2. O verbo **pôr** e a forma **pôde**, do pretérito perfeito do indicativo do verbo *poder*, recebem acento. (A forma *para*, do verbo *parar*, perdeu seu acento, o que não deveria ter ocorrido.)

3. As formas **têm** e **vêm**, respectivamente, da terceira pessoa do plural do presente do indicativo dos verbos *ter* e *vir*, recebem acento. Diz-se o mesmo para as suas derivadas: **contêm, convêm**, etc.

4. As formas verbais escritas com dois **ee** ou com dois **oo** também não se acentuam: **deem, perdoo**, etc. Também não se acentua o substantivo **voo**.

5. As palavras **baiuca** e **Bocaiuva**, antes acentuadas, já não recebem acento, assim como todas que tragam o **u** após ditongo.

Testes e exercícios

1. A seguir você encontrará palavras que podem ser acentuadas ou não. Use um caderno para reescrever, já com o devido acento, aquelas que – atenção! – **obrigatoriamente** devem receber o devido acento gráfico:

a) viuvo b) tainha c) rainha d) saiu e) Luis f) juiz g) juizes
h) raiz i) raizes j) conteudo k) ainda l) traira m) traidor

2. Continue:

a) gaucha b) gauchinha c) Saul d) sauva e) sauvinha f) ruim g) jesuita
h) coroinha i) reune j) reunido k) baiuca l) ataude m) constituinte

Nossa gramática simplificada

3. Continue:
a) constituido   b) constituir   c) pixaim   d) ciume   e) ciumento   f) Raul
g) caida   h) caiu   i) suiço   j) poluido   k) poluidor   l) uisque
m) bainha

Testes e exercícios gerais sobre acentuação gráfica

4. Acentue somente quando absolutamente necessário:
a) geleia   b) baleia   c) enjoo   d) deem   e) abotoo   f) doi
g) Ilheus   h) ideia   i) jiboia   j) corroi   k) corroem   l) cacareus
m) tireoide

5. Continue:
a) liquen   b) androide   c) hifen   d) hifens   e) dificil   f) dificeis
g) facil   h) faceis   i) onus   j) calvicie   k) carater   l) caracteres
m) longinquo

6. Continue:
a) Bauru   b) Itu   c) Jaburu   d) ama-los   e) reuni-los   f) compo-los
g) pequines   h) pequenez   i) portugues   j) timidez   k) talvez   l) ves
m) vez

7. Continue:
a) cha   b) fi-lo   c) quilo   d) ri   e) nu   f) nua   g) cru
h) crua   i) pas   j) paz   k) atras   l) atlas   m) foz

8. Continue:
a) noz   b) tres   c) triz   d) ha   e) menti   f) doido   g) roido
h) voz   i) vos   j) urubus   k) Tuiuti   l) Piaui   m) jararacuçu

9. Assinale as alternativas que trazem todas as palavras corretas quanto ao uso ou à omissão do acento gráfico:
a) ginásio, colégio, nuvem, ítem, residência, régua, xérox
b) ciência, acessório, advérbio, mapa-múndi, alísios, irascível
c) ibero, bissêxto, aziago, beneficência, fênix, isopôr, côr
d) íbero, celtíbero, rúbrica, nua, crua, útil, túneis, ínterim
e) canôa, Lisbôa, brôa, à-tôa, rôa, dôa, môa, vôa, corôa
f) forró, após, repô-la, nos, vos, detém, detêem, sapé, xodó
g) recém, refém, parabéns, armazém, fazê-los, relé, relógio
h) sofá, ananás, através, podê-los, cobrí-las, partí-los, uní-la
i) caqui, caquis, Pacaembu, Morumbi, angu, anis, atriz, balé
j) anzol, anzóis, troféu, troféus, paletó, transistor, ventoinha

10. Reescreva no seu caderno apenas as palavras que devem receber acento, nestas frases:
a) Viajei de um polo a outro do planeta.
b) Desapareceu o as do meu baralho.
c) A Terra gira e não para nunca.
d) Eu pelo o pelo do gato pelo prazer de ver os pelos ir pelos ares.
e) Pelos corredores havia pelos e mais pelos, mas nenhum pelo branco.
f) Voce não coa o cafe como eu coo.
g) Por ai eu vou, sem saber por onde vou.
h) Por ai eu vou, porque eu sempre ponho onde quero.

Luiz Antonio Sacconi

i) Havia muitas peras na cesta, mas eu comi apenas uma pera.
j) Pelo que cai tem sebo na raiz.

11. Identifique as alternativas que trazem as palavras corretamente acentuadas:
a) Nunca pôde ir ao Japão, hoje ela pode e vai.
b) Estive em Bagdá, conheci várias bagdális; estive também na Somália, conheci muitas somális.
c) Pôr onde você for, todos o acompanharão.
d) Nunca se pôde falar mal de alguém ali.
e) Que lindo híper inauguraram perto de casa!

12. Use seu caderno para acentuar as palavras que devam ter acento **obrigatoriamente**:
a) comodo   b) odio   c) socio   d) associo   e) gentil   f) gentis   g) anil
h) anis   i) triz   j) tatu   k) tatus   l) roi   m) roem

Dos concursos e vestibulares

13. (PUC-RS) A frase em que ocorre erro de acentuação é:
a) É inegável que a mulher pôde, nas últimas décadas, afirmar sua competência profissional.
b) Homens e mulheres têm, hipoteticamente, a mesma inteligência.
c) De um harmonioso relacionamento homem-mulher, advém vantagens para toda a sociedade.
d) Após inúmeras dificuldades, o homem finalmente para e redefine alguns conceitos ultrapassados.
e) Todos concluíram que as conversações tinham fluído satisfatoriamente.

14. (FGV-RJ) Assinale a alternativa que completa corretamente as frases:
I. Cada qual faz como melhor lhe ...
II. O que ... estes frascos?
III. Neste momento os teóricos ... os conceitos.
IV. Eles ... a casa do necessário.
a) convém, contêm, reveem, proveem
b) convém, contém, reveem, provém
c) convém, contém, revêm, provém
d) convêm, contém, reveem, proveem
e) convêm, contêm, reveem, proveem

15. (CESGRANRIO-RJ) Em que alternativa as palavras devem ser acentuadas pelo mesmo motivo?
a) suíte – uísque   b) chapéu – cínico   c) rouxinóis – baía
d) típico – Vênus   e) química – fáceis

16. (Center-BA) São acentuadas por razões diferentes:
a) caráter – lábia – provável   b) antipático – páginas – próximo
c) cópias – monetários – intransponíveis   d) acadêmica – antropólogo – flúor
e) há – é – dá

17. (FUVEST-SP) Assinale a alternativa em que todas as palavras estão corretamente acentuadas ou não:
a) Tietê – órgão – anzóis – condôr – advérbio
b) fluido – geleia – Tatuí – armazém – caráter

Nossa gramática simplificada

c) saúde – melância – preferêncial – ímãs – amendoím
d) inglês – cipó – cafezinho – útil – bidú – crú
e) heróico – heroísmo – herói – apoio – apoio

18. (UM-SP) Assinale a alternativa em que todas as palavras estejam corretamente acentuadas ou não:
a) rítmo – impossível – enjoos – alcateia
b) pôquer – sanduíche – seminú – afáveis
c) sótão – môsca – portátil – rôsca
d) carnaúba – caracóis – ítens – babaçú
e) ensaísta – véspera – protótipo – orquídea

19. (ESPM-SP) Qual ou quais das palavras a seguir levam acento?
polens – hifens – semens – tupi – ideias – sincope – item – ruim

20. (CESGRANRIO-RJ) Assinale a opção em que as palavras obedecem à mesma regra de acentuação gráfica:
a) terás – límpida   b) necessário – verás   c) dá-lhe – necessário
d) incêndio – também   e) tênue – série

21. (UECE) São acentuadas graficamente pela mesma razão as palavras da alternativa:
a) há – até – atrás   b) história – ágeis – relé   c) está – até – xilindró
d) vários – apólogo – suportável   e) crisântemo – básico – lírio

22. (UNI-RIO-RJ). Assinale a alternativa em que ambas as palavras foram acentuadas seguindo a mesma regra:
a) ausência – saúde   b) jóqueis – pensávamos   c) último – baú
d) má – vocês   e) sensível – fáceis

23. (UEPG) Assinale a alternativa em que necessariamente a palavra deve receber acento gráfico:
a) historia   b) ciume   c) amem   d) numero   e) ate

24. (UM-SP) Assinale a alternativa em que nenhuma palavra é acentuada graficamente:
a) bonus – tenis – aprendiz – humus
b) repolho – cavalo – onix – grau
c) juiz – cuscuz – torpor – sutis
d) levedo – carater – condor – ontem
e) caju – virus – niquel – ecloga

Soluções dos testes e exercícios
1. a) viúvo d) Luís g) juízes i) raízes j) conteúdo l) traíra (ou trairá) (Nota: **juízes** e **raízes** são acentuadas porque o **i** se encontra isolado na sílaba, diferentemente dos singulares **juiz** e **raiz**.) **2.** a) gaúcha d) saúva l) jesuíta i) reúne l) ataúde (Nota: **gauchinha** e **sauvinha** não são acentuadas porque o **u** não é tônico.) **3.** a) constituído d) ciúme g) caída i) suíço j) poluído l) uísque **4.** f) dói g) Ilhéus j) corrói l) cacaréus **5.** a) líquen c) hífen e) difícil f) difíceis g) fácil h) fáceis i) ônus j) calvície k) caráter m) longínquo **6.** d) amá-los f) compô-los g) pequinês i) português l) vês **7.** a) chá i) pás k) atrás **8.** b) três d) há h) roído l) Piauí (Nota: doido não é acentuado, mas doído sim. O que se pede – repare – é acentuação no que for **absolutamente** necessário.) **9.** b) g) i) j) (Nota: **transistor** é oxítona; daí a inexistência do acento gráfico.) **10.** b) ás f) Você – café g) aí h) Pôr aí **11.** a) d) e) **12.** cômodo b) ódio c) sócio l) rói Nota: **ódio** teve de ser acentuada obrigatoriamente, porque a forma verbal não é "odio", mas **odeio**. **13.** c) **14.** a) **15.** a) **16.** d) **17.** b) **18.** e) **19.** síncope **20.** e) **21.** c) **22.** e) **23.** b) **24.** c)

31

Lição 5
ORTOGRAFIA - 4

Os PORQUÊS
A forma verbal HÁ **e a preposição** A
As palavras SENÃO **e** SE NÃO

1. PORQUE e PORQUÊ. Grafa-se **porque** quando for possível sua substituição por **pois** ou por **por causa de que**. Ex.: *Não fui à praia, porque (= pois) estava chovendo.* *** *Só porque (= por causa de que) a repreenderam, ela chorou.* Nas respostas das interrogativas iniciadas por por que também se grafa **porque**: *Por que você veio? Porque eu quis.* **Porquê** é um substantivo equivalente de *motivo, razão*: *Ninguém sabe o porquê de tanto mistério.*

2. POR QUE e POR QUÊ. Grafa-se **por que** apenas em dois casos: 1.º) quando equivale a *pelo qual* (ou suas variações): *Esse é o time por que (= pelo qual) eu torço.* *** *Foram muitas as dificuldades por que (= pelas quais) passamos.*
2.º) quando houver a palavra *motivo* clara ou subentendida: *Não sei por que (motivo) você fez isso.* *** *Por que (motivo) você fez isso?* *** *Não há (motivo) por que reclamar.*

3. A forma verbal HÁ **e a preposição** A. A forma verbal **há** se usa geralmente para fato passado, caso em que se substitui facilmente por *faz*, forma do verbo *fazer*: *Vi-o há (faz) uns trinta dias.* *** **Há** (Faz) *tempos não vejo Marisa.*
A preposição **a** se usa sempre que não for possível a referida substituição: *Daqui a pouco ela chega.* *** *O Flamengo marcou o gol da vitória a um minuto do final do jogo.* *** *Essas visitas extraterrestres remontam a séculos.*

4. As palavras SENÃO **e** SE NÃO. Use sempre **senão**, numa só palavra. Você só deverá usar **se não**, em duas palavras, quando o **se** for substituível por *caso não*. Ex.: *Se não ganhar na loteria hoje, não terei como pagar minhas contas.* = *Caso não ganhe na loteria hoje...*
Use também em duas palavras, quando ambas forem substituíveis por **ou**. Ex.: *Ele bebeu dez cervejas, se não mais.* = Ele bebeu dez cervejas, *ou mais.*

Nossa gramática simplificada

Exercícios

1. Escolha qual dos **porquês** cabe corretamente nos espaços em branco:
a) Você sabe ... eles voltaram de viagem?
b) Não, eu não sei ... eles voltaram de viagem.
c) Venha, ... fazemos questão de sua presença!
d) É muito difícil a situação ... estamos passando.
e) Não tenho mais interesse no carro. Eis ... desisti dele.
f) ... você não foi junto com seus irmãos?
g) ... ? Ora, não fui junto com meus irmãos .... eu não quis.
h) Voltarmos ..., se está tudo muito bom por aqui?
i) Eu não sei exatamente o ... de ele querer voltar.
j) Hortênsia ficou brava só ... não a convidaram.
k) Ninguém soube o ... de ele ter feito isso.
l) O presidente renunciou ... seu médico recomendou.
m) Nunca se sabe o ... das coisas neste país.
n) ... o presidente renunciou? ... estaria desgostoso com o Congresso?
o) O Congresso lhe era hostil. Daí ... ele resolveu renunciar.
p) Você viu ... porta eles saíram? Sabe ... eles saíram?
q) Eles saíram ... já não queriam ficar aqui.
r) Não queriam mais ficar aqui ...? Será ... foram maltratados?
s) Não há ... ficar preocupado, ... eles logo voltarão.
t) Eu me enjoei dela. Eis ... desfiz o namoro.
u) ... não contas a todos as dificuldades ... passaste lá na Europa?
v) Você precisa de tanto dinheiro assim ..., se nada quer comprar?
w) Ninguém sabe as razões ... o plano fracassou.
x) Você me perguntou isso ...? ... é muito curioso, não é mesmo?
y) " ... construí Brasília" – esse é o título do livro.
z) Nada posso dizer sobre Virgílio, ... não o conheço.

2. Escolha qual das opções (**há** ou **a**?) cabe corretamente nos espaços em branco:
a) Não vejo Luísa ... muito tempo. Aliás, ... alguns instantes falávamos dela.
b) A duplicata foi descontada ... trinta dias do vencimento.
c) Vi ... pouco Gumersindo na praia. Daí ... pouco ele morreu.
d) Isso aconteceu ... muitos anos e apenas ... dois passos de mim.
e) O patrão saiu ... um minuto, mas volta logo. Aliás, ele saiu ... um minuto de começar a reunião.
f) Curitiba fica ... cinco horas de São Paulo e não ... dez.
g) Meu time marcou o gol da vitória ... um minuto do final do jogo.
h) ... quatro quadras daqui fica o museu que ... anos esteve fechado.
i) Estamos ... poucos dias do início do campeonato brasileiro.
j) Dali ... pouco a terra começou a tremer.
k) Parti ... seis dias do carnaval e voltei ... seis da Páscoa.
l) O meu terreno fica ... cem metros do seu.
m) Estamos ... séculos da Idade da Pedra.
n) Conversamos ... pouco sobre tudo o que nos interessa.
o) Não sei se vamos chegar ... tempo de assistir ao jogo.
p) Ficamos ... poucos metros do camarote presidencial.
q) ... poucas horas daqui fica um hotel muito bom.
r) ... poucos minutos de jogo, e meu time já marcou dois gols.
s) ... poucos minutos do final do jogo, meu time marcou dois gols.
t) Daqui ... pouco vai começar a decisão do campeonato.

33

Luiz Antonio Sacconi

u) Estamos ... poucos anos do bicentenário da Independência.
v) ... alguns anos que não encontro tempo para viajar.
w) Estamos precisamente ... dez quilômetros de Bajé.
x) Daqui ... pouco vão dar onze horas.
y) A dívida será cobrada ... dois dias do seu vencimento.
z) A dívida foi cobrada ... dois dias.

3. Escolha qual das opções (**senão** ou **se não**?) cabe corretamente nos espaços em branco:
a) Essa gente sempre foi pobre, ... paupérrima.
b) Fale devagar, ... você se engasga!
c) ... estivermos preparados para o pior, que será de nós?
d) Não estou aqui para atrapalhar, ... para colaborar.
e) Clarisse não escrevia duas frases ... errasse dez palavras.
f) Que faremos ... chover?
g) Convém que chova, ... a lavoura estará perdida.
h) Não me aborreça, ... eu vou embora!
i) O que faremos ... vierem os convidados?
j) Não fale alto, ... você ficará rouco!

Soluções dos exercícios
1. a) por que b) por que c) porque d) por que e) por que f) Por que g) porque h) por quê i) porquê j) porque k) porquê l) porque m) porquê n) Por que – Porque o) por que p) por que – por que q) por que r) por quê – porque s) por que – porque t) por que u) Por que – por que v) por quê w) por que x) por quê – Porque y) Por que z) porque **2.** a) há – há b) a c) há – a d) há – a e) há – a f) a – a g) a h) A – há i) a j) a k) a – a l) a m) há n) há o) a p) a q) A r) Há s) A t) a u) a v) Há w) a x) a y) a z) há **3.** a) se não b) senão c) Se não d) senão e) senão f) se não g) senão h) senão i) se não j) senão

Lição 6
ORTOGRAFIA - 5

Uso do hífen

Todos os nomes compostos de dois elementos continuarão sendo grafados com hífen. Ex.: *ano-luz, guarda-florestal, porta-aviões, segunda-feira, conta-gotas, caça-níqueis*, etc.

As formas *afro-, anglo-, euro-, franco-, indo-, luso-, sino-* e assemelhadas, quando empregadas como primeiro elemento de um adjetivo pátrio, continuarão exigindo hífen. Ex.: *afro-brasileiro, anglo--americano, euro-asiático, franco-canadense, indo-europeu, luso--brasileiro, sino-japonês*, etc.

Se, porém, essas mesmas formas fizerem parte de outro tipo de composto, dispensarão o hífen. Ex.: *afrodescendente, anglomania, eurotúnel, francofalante*, etc.

A palavra *paraquedas* e derivadas passam a ser escritas sem hífen: *paraquedismo, paraquedista*. Os compostos com a forma verbal *para* que já eram hifenizados continuarão assim; portanto, *para-brisa, para--choque, para-lama* e *para-raios*, por exemplo, continuarão grafados com hífen.

Mandachuva se grafa sem hífen. Outros compostos com *manda-* como primeiro elemento seguem escritos com hífen. Ex.: *manda-lua, manda-tudo*.

Os compostos com elementos repetidos passam a ser hifenizados. Ex.: *blá-blá-blá, chá-chá-chá, quá-quá-quá, lenga-lenga, lero-lero, tim-tim, ti-ti-ti, mi-mi-mi, zum-zum-zum*, etc.

Continuarão sendo escritos com hífen os compostos que tiverem entre seus elementos a preposição *de* com apóstrofo. Ex.: *cobra-d'água*.

Emprega-se o hífen nos nomes geográficos compostos pelos adjetivos *grã, grão*, ou por forma verbal ou, ainda, naqueles ligados por artigo. Ex.: *Grã-Bretanha, Grão-Pará; Abre-Campo, Traga-Mouro; Entre-os-Rios, Baía de Todos-os-Santos*. Continuam sendo escritos sem hífen os nomes geográficos compostos: *América do Sul, Belo Horizonte, Mato Grosso, Cabo Verde, Castelo Branco*, etc. Exceção: *Guiné-Bissau*. Continuarão hifenizados, todavia, os adjetivos pátrios derivados desses nomes: *sul-americano, belo-horizontino, mato-grossense, cabo-verdiano*, etc.

Emprega-se o hífen nos compostos que designam espécies botânicas, zoológicas e áreas afins, estejam ou não ligadas por preposição ou por qualquer outro elemento de ligação. Ex.: *erva-cidreira, tamanduá--bandeira, castanha-de-caju, bem-te-vi*, etc.

Os substantivos compostos ligados por preposição ou por outro elemento de ligação que não designam espécies botânicas, zoológicas e áreas afins passarão a ser grafados sem hífen, tais como *calcanhar de aquiles, comum de dois, fim de semana, mão de obra, pé de moleque, ponto e vírgula*, etc.

Continuarão hifenizados os compostos *água-de-colônia, arco-da--velha, pé-de-meia* e *mais-que-perfeito*, por constarem do texto oficial do Acordo como consagrados pelo uso.

As locuções adverbiais *à queima-roupa* e *ao deus-dará*, assim como a locução adjetiva *cor-de-rosa* continuarão a ser grafadas com hífen, pois também elas constam do texto do Acordo como consagradas pelo uso.

Serão grafadas sem hífen expressões com valor de substantivo, tais como *deus nos acuda, disse me disse, toma lá dá cá, bumba meu boi, maria vai com as outras, tomara que caia, boa noite cinderela*, etc.

Serão também grafadas sem hífen locuções tais quais *dia a dia, cara a cara, boca a boca, corpo a corpo* e *à toa*.

Emprega-se o hífen para ligar duas ou mais palavras que ocasionalmente se combinam, formando não propriamente vocábulos, mas encadeamentos vocabulares, tais quais a divisa *Liberdade-Igualdade--Fraternidade, a ponte Rio-Niterói, o trajeto Santos-Guarujá, a rota Belém-Brasília*, etc.

Não se emprega o hífen com a palavra **não** quando ela tiver o valor do prefixo *in-* (= não). Ex.: *não agressão, não fumante, não comunista*, etc.

Nas formações com prefixos (ante-, anti-, arqui-, auto-, contra-, entre-, extra-, hiper-, infra-, inter-, intra-, semi-, sobre-, sub-, super-, supra-, ultra-) e pseudoprefixos (aero-, agro-, foto-, macro-, maxi-, micro-, mini-, neo-, proto-, pseudo-, retro-, tele-, etc.) só se emprega o hífen nestes casos:

1. Nas formações em que o segundo elemento começa com **h**: ante--histórico, anti-higiênico, anti-herói, anti-horário, auto-hipnose, infra-hepático, inter-humano, hiper-hidratação, neo-hamburguês, proto-história, semi-hospitalar, sobre-humano, super-homem, ultra--hiperbólico, etc.

Observação

Não se usa, no entanto, o hífen em formações que trazem os prefixos **des-** e **in-** e nas quais o segundo elemento perdeu o **h** inicial: *desumano, desarmonia, inábil, inumano*, etc.

Nossa gramática simplificada

2. Nas formações em que o segundo elemento começa com a mesma letra com a qual terminou o prefixo ou pseudoprefixo: auto-observação, anti-inflacionário, arqui-inimigo, contra-ataque, infra-assinado, intra-abdominal, proto-orgânico, semi-interno, sobre-erguer, supra--auricular, ultra-aquecido, eletro-ótica, micro-onda, super-regular, inter-regional, etc. Quando o primeiro elemento termina por vogal e o segundo começa por **r** ou **s**, não se usa hífen, devendo tais consoantes duplicar-se. Ex.: *antessala, antirreumático, antissocial, cosseno, minissaia, ultrassom*, etc.

Observação
Pseudoprefixos são radicais gregos ou latinos que, ao longo do tempo, passaram a ser usados como prefixos.

3. Emprega-se o hífen nos compostos cujo primeiro elemento esteja representado pelas formas **além-, aquém-, recém-, pré-, pró-, pós-, vice-, ex-, vizo-, sota-, soto-, sem-** e **bem-**. Ex.: além-mar, aquém-mar, recém-eleito, pós-graduação, pré-escolar, pró-ativo, ex-presidente, sota-capitão, soto-almirante, vice-presidente, vizo-rei, sem-número e bem-aventurado.

Observação
Em muitos compostos o advérbio **bem** aparece aglutinado ao segundo elemento: benfazejo, benfeitor, benquerença, etc.

4. Emprega-se o hífen nos compostos cujo primeiro elemento está representado por **mal-** e o segundo começa por **vogal, h** e **l**. Ex.: mal-amado, mal-humor, mal-limpado.

Observação
Se **mal** denotar doença, grafar-se-á com hífen: mal-caduco (= epilepsia), mal-francês (= sífilis).

5. Nas formações com os prefixos **co-, pro-, pre-** e **re-**, haverá união com o segundo elemento, mesmo quando este for iniciado por **o** ou **e**. Ex.: coautor, coedição, cooperar, proembrião, reescrever, preexistir.

Observação
Havendo alternância entre **pre-** e **pré-**, usar-se-á o hífen: *prejuízo* e *pré-juízo, preocupar* e *pré-ocupar*.

6. Usa-se hífen com os prefixos **ciber- hiper-, super-** e **inter-**, quando o segundo elemento iniciar-se por **h** ou **r**. Ex.: ciber-regulador, ciber--humano, hiper-regular, hiper-herói, super-refeição, super-harém, inter-regional, inter-haras.

7. Usa-se hífen com os prefixos **circum-** e **pan-**, quando o segundo elemento se iniciar por **vogal** ou por **h, m** e **n**. Ex.: circum-navegação, circum-murado, circum-escolar, circum-hospitalar, pan-americano, pan-hispânico, pan-marítimo, pan-naturalismo.

8. Usa-se hífen com os prefixos **ab-, ob-, sob-** e **sub-**, quando o segundo elemento iniciar-se por **b, h** ou **r**. Ex.: ab-rupto, ob-rogar, sob-roda , sub-reitor, sub-base.

9. Usa-se hífen com prefixo **ad-**, quando o segundo elemento iniciar-se por **d, h** ou **r**. Ex.: ad-referendo, ad-harém, ad-domicílio.

Observação
Adrenalina e *adrenalite* e afins são exceções, porque consagradas pelo uso.

10. Emprega-se o hífen apenas nas palavras terminadas por sufixos de origem indígena que representam formas adjetivas, como **-açu** (= grande), **-guaçu** (= grande) e **-mirim** (= pequeno), quando o primeiro elemento termina por vogal acentuada graficamente ou quando a pronúncia exige a distinção gráfica dos dois termos: Ex.: amoré-guaçu, anajá-mirim, andá-açu, capim-açu, Ceará-Mirim.

Testes e exercícios

1. Reescreva as palavras, juntando os elementos que as formam ou usando o hífen, fazendo as alterações necessárias (em caso de dúvida, consulte o **Dicionário Prático Sacconi**):

I
a) semi vogal
b) anti inflamatório
c) infra citado
d) contra ataque
e) arqui milionário
f) multi milionário
g) pan americano
h) super interessante
i) auto didata
j) anti cárie
k) semi novo
l) cárdio respiratório

II
a) mal passado
b) mal acabado
c) sub solo
d) sub diretor
e) infra assinado
f) anti aéreo
g) sub humano
h) sub região
i) bi campeão
j)agro indústria
k) auto viação
l) carbo hidrato

III
a) tele romance
b) anti social
c) anti religioso
d) co autor
e) co irmão
f) anti séptico
g) moto serra
h) mega sena
i) rádio patrulha
j) rádio amador
k) rádio vitrola
l) áudio visual

Nossa gramática simplificada

2. Encontre as alternativas que trazem todas as palavras grafadas corretamente:
a) sócio-econômico, telenovela, anti-ofídico, malsucedido, hiperinteligente
b) supermercado, superoferta, arqui-inimigo, antiplaca, antifebril, motobomba
c) fotocomposição, tele-entrega, telerrepórter, pan-helênico, panamericano
d) supra-sumo, semivazio, anticaspa, arquirreacionário, superinimigo, antiácaro
e) supersensível, hipersensível, coerdeiro, supersônico, hipermercado, ultrassom

3. Escolha a palavra correta de cada dupla:
a) caradura – cara-dura
b) deus nos acuda – deus-nos-acuda
c) pé de moleque – pé-de-moleque
d) bicho de pé – bicho-de-pé
e) cata vento – cata-vento
f) vaga-lume – vagalume
g) mimimi – mi-mi-mi
h) micro ondas – micro-ondas
i) mão de obra – mão-de-obra
j) lua de mel – lua-de-mel

4. Reescreva as palavras, juntando os elementos que as formam ou usando o hífen, procedendo às alterações necessárias (em caso de dúvida, consulte o **Dicionário Prático Sacconi**):

I
a) hiper sensível
b) anti capitalista
c) anti comunista
d) semi analfabeto
e) semi novo
f) bem vindo
g) sub inspetor
h) sub diretoria
i) sub aquático
j) sub base
k) sub bloco
l) sub solo

II
a) extra classe
b) extra judicial
c) auto pista
d) auto didata
e) micro organismo
f) hidro sanitário
g) mini série
h) mini saia
i) poli esportivo
j) auto sugestão
k) agro pecuária
l) agro negócio

5. Você, hoje, deve escrever:
a) tão somente ou tão-somente?
b) à-toa ou à toa?
c) co-réu e co-ré ou corréu e corré?
d) dia a dia ou dia-a-dia?
e) coerdeiro ou co-herdeiro?
f) infraestrutura ou infra-estrutura?
g) autosserviço ou auto-serviço?
h) autorrádio ou auto-rádio?
i) ante-sala ou antessala?
j) autorretrato ou auto-retrato?

6. Escolha a palavra correta de cada dupla:
a) olho de boi ou olho-de-boi? (selo)
b) joão de barro ou joão-de-barro?
c) louva a deus ou louva-a-deus?
d) livre arbítrio ou livre-arbítrio?

Luiz Antonio Sacconi

e) jardim de infância ou jardim-de-infância?
f) água de colônia ou água-de-colônia?
g) auto-falante ou alto-falante?
h) papel moeda ou papel-moeda?
i) papel almaço ou papel-almaço?
j) papo de anjo ou papo-de-anjo? (doce)

Soluções dos testes e exercícios
1. I. a) semivogal b) anti-inflamatório c) infracitado d) contra-ataque e) arquimilionário
f) multimilionário g) pan-americano h) superinteressante i) autodidata j) anticárie k) seminovo
l) cardiorrespiratório II. a) malpassado b) mal-acabado c) subsolo d) subdiretor e) infra-assinado
f) antiaéreo g) sub-humano h) sub-região i) bicampeão j) agroindústria k) autoviação l) carboidrato
III. a) telerromance b) antissocial c) antirreligioso d) coautor e) coirmão f) antisséptico
g) motosserra h) megassena i) radiopatrulha j) radioamador k) rádio-vitrola l) audiovisual
(Obs.: Embora a Caixa divulge a grafia "mega-sena", a correção está em **megassena**, já que o
elemento *mega-* só exige hífen antes de palavras iniciadas por **a** ou por **h**.) **2.** b) e) **3.** a) caradura
b) deus nos acuda c) pé de moleque d) bicho de pé e) cata-vento f) vaga-lume g) mi-mi-mi
h) micro-ondas i) mão de obra j) lua de mel **4.** I. a) hipersensível b) anticapitalista c) anticomunista
d) semianalfabeto e) seminovo f) bem-vindo g) subinspetor h) subdiretoria i) subaquático j) sub-base
k) sub-bloco l) subsolo II. a) extraclasse b) extrajudicial c) autopista d) autodidata e) micro-organismo
(ou microrganismo) f) hidrossanitário g) minissérie h) minissaia i) poliesportivo j) autossugestão
k) agropecuária l) agronegócio **5.** a) tão somente b) à toa c) corréu e corré d) dia a dia e) coerdeiro
f) infraestrutura g) autosserviço h) autorrádio i) antessala j) autorretrato **6.** a) olho de boi
b) joão-de-barro c) louva-a-deus d) livre-arbítrio e) jardim de infância f) água-de-colônia
g) alto-falante h) papel-moeda i) papel almaço j) papo de anjo

Lição 7
ESTRUTURA DAS PALAVRAS

Uma palavra pode apresentar estes elementos estruturais ou elementos mórficos: *radical, afixos, vogal temática, tema, desinência* e *interfixos*. Nem sempre, porém, as palavras apresentam todos esses elementos.

Importante
Raiz é um conceito de ordem histórica (diacrônica), e não gramatical (sincrônica); portanto, não cabe estudar o assunto aqui. Ademais, nem sempre é fácil determinar a raiz de uma palavra do ponto de vista histórico, já que no mais das vezes ela se distancia muito de sua forma originária. Poucos veem a mesma raiz em *alma* e *unânime* ou em *Deus* e *entusiasmo*.
Cumpre lembrar, ainda, que *palavras cognatas* são aquelas que possuem a mesma raiz. Conclui-se daí que, sincronicamente, também não se aconselha o emprego do termo *cognato*. Diremos melhor **família de palavras**, que é o conjunto de todas as palavras que se agrupam em torno de um mesmo radical. Não obstante, vê-se comumente, aqui e ali, o emprego da expressão "palavras cognatas" em referência a palavras da mesma família.

Radical

Radical, lexema ou **semantema** é o elemento portador de significado, comum a um grupo de palavras da mesma família. Assim, na família de palavras *terra, terrinha, terriola, terrestre, térreo, terráqueo, terreno, terreiro* e *terroso*, existe um elemento comum: *terr-*, que é o **radical**.

Afixos

Afixos são elementos que se juntam ao radical, antes (nese caso se dizem *prefixos*) ou depois (neste caso se denominam *sufixos*) dele. Ex.: **pre**ver, **des**onesto (prefixos); amor**oso**, bel**eza** (sufixos).
Os afixos apenas alteram o significado do radical. Não há dois radicais na palavra formada por prefixação; trata-se do mesmo radical, modificado em sua ideia primitiva.

Vogal temática

Vogal temática é aquela que vem logo após o radical e, no caso dos verbos, indica as conjugações. São três as vogais temáticas verbais: **-a-** (da 1.ª conjugação: cant**ar**), **-e-** (da 2.ª conjugação: vend**er**) e **-i-** (da 3.ª conjugação: part**ir**).

Tema

Tema é o radical acrescido da vogal temática. Ex.: **canta**, **vende**, **parti**. A vogal temática, portanto, amplia o radical em tema, ficando este pronto para receber a desinência ou o sufixo.

Desinência

Desinência é o elemento que se apõe ao tema, para indicar as flexões de gênero, número, modo, tempo e pessoa. Pode ser *nominal* ou *verbal*:

> **a) desinência nominal** é aquela que indica o gênero e o número dos nomes: substantivos, adjetivos, numerais e pronomes. Ex.: **-a** (gord**a**), **-s** (gordo**s**). O nome *gordo* possui desinência zero (Ø, símbolo que representa um morfema não marcado) de gênero e número, porque o masculino é uma forma não marcada;

> **b) desinência verbal** é aquela que indica o modo e o tempo (DMT), o número e a pessoa (DNP) dos verbos. Ex.: cantá-va-**mos**.

Vê-se que a desinência (ou flexão) compreende as categorias de gênero e número (para os nomes) e de modo, tempo, número e pessoa (para os verbos). Assim, existe a desinência nominal de gênero (-a) e a de número (-s); as desinências modo-temporais (canta**va**, vendi**a**, parti**a**) e as desinências número-pessoais (cantava**s**, vendía**mos**, partia**m**).

Por conseguinte, cabe-nos falar apenas em flexão de gênero, número, modo, tempo e pessoa. Grau não é flexão, porque o elemento que o exprime não é desinência, mas sufixo. Ademais, na gradação ocorre alteração semântica (*casa, casarão* e *casebre* exprimem conceitos distintos).

Convém não confundir desinência com sufixo. A desinência indica apenas a flexão da palavra; o sufixo, além de alterar o significado do radical, é um elemento que sempre contém ou a vogal temática, ou a desinência de gênero. Em **-inho** temos o sufixo **-inh-** com a vogal temática **-o**. Em **-inha**, de outro lado, encontramos **-inh-** com a desinência de gênero **-a**.

Alguns dão o nome de *terminação* ao elemento que se pospõe ao radical. Neste caso, a terminação pode ser somente um sufixo com a vogal temática (p. ex.: men**inho**), somente a desinência (p. ex.: alun**a**) ou ambos ao mesmo tempo (p. ex.: men**inha**).

Importante

Dá-se o nome de **morfema** ao elemento linguístico que, isolado, não possui nenhum valor, servindo apenas para relacionar semantemas na oração, para definir a categoria gramatical (gênero, número e pessoa), etc. Os morfemas podem ser de dois tipos:

Nossa gramática simplificada

1) *morfemas dependentes*: são os que aparecem no vocábulo (afixos, desinências, etc.) e
2) *morfemas independentes* ou *morfemas vocábulos*: são as preposições, conjunções e os advérbios de intensidade.
Subtraído o semantema, todos os elementos estruturais são morfemas.

Interfixos

Interfixos são elementos que se intercalam entre o radical e o sufixo, para facilitar a pronúncia. Podem ser *vogais* e *consoantes*:

a) *vogais*: machad**i**ano, od**e**io, sarc**ó**fago, frut**í**fero, gas**ô**metro, hem**o**rragia, paris**i**ense, simultan**e**idade, arbitrari**e**dade, crimin**o**logia, volt**í**metro, camon**i**ano, carn**í**voro;

b) *consoantes*: pau**l**ada, cafe**z**al, frio**r**ento, cha**l**eira, pe**z**inho, sono**l**ento, motor**n**eiro, pa**d**eiro, sabi**ch**ão, cafe**t**eira.

São conhecidos também pelo nome de *vogais de ligação* e *consoantes de ligação*, denominações não muito próprias, porque, muitas vezes, há conjuntamente vogal e consoante. Ex.: rat**az**ana, colheit**ad**eira, fort**al**ecer, pard**ac**ento, divers**if**icar, prat**el**eira, plan**if**icar. Daí a nossa preferência pela denominação **interfixos**.

Importante

1) Os interfixos não são infixos, já que distintos são os dois conceitos. O infixo é um elemento de ligação que se intercala no radical; o interfixo é um elemento de ligação que se antepõe ao sufixo. Em nossa língua não há sequer uma palavra que traga infixo.
2) Os interfixos são elementos insignificativos, porque nada indicam, aparecendo apenas para facilitar a pronúncia dos vocábulos em que se inserem. As desinências, de outro lado, são elementos significativos, porque indicam as flexões verbais e nominais.

Observações

1. Existem, além das vogais temáticas verbais, as vogais temáticas nominais, que produzem os temas nominais, todos com **-a**, **-e**, **-o** átonos finais. Ex.: cam**a**, lev**e** e rost**o** apresentam vogais temáticas nominais; temos aí, portanto, três temas nominais, prontos para receber a desinência de número: cama**s**, leve**s**, rosto**s**.
A vogal átona final **-a** só será desinência de gênero quando opuser o masculino ao feminino. Ex.: *moço* x *moça, gato* x *gata, gordo* x *gorda, belo* x *bela*.
Em *banheira, sapata* e *mata*, a vogal átona final ainda é desinência de gênero, porque a diferenciação semântica mínima entre a oposição masculino x feminino não é significativa.
Diferente é o caso de *cama, leve* e *rosto*, cujas vogais finais não opõem masculino a feminino. Assim, os nomes terminados em **-e** são temas, tirante algumas exceções: mestre/mestra, monge/monja, presidente/presidenta, parente/parenta, hóspede/hóspeda, etc., em que a oposição masculino x feminino caracteriza a presença da desinência de gênero **-a**.
2. Os nomes terminados em consoante (*cor, raiz, mal, lápis*, etc.) ou em vogal tônica (*jacá, sapé, tupi, cipó, sagu*, etc.) são atemáticos, isto é, não trazem vogal temática. Tais formas traduzem apenas o radical e, por conseguinte, são indivisíveis; possuem desinência zero de gênero e de número.

43

Luiz Antonio Sacconi

3. Os nomes terminados em **-r**, **-z** ou **-i** apresentam vogal temática apenas no plural: cor/cor**es**, juiz/juíz**es**, mal/mal**es**, sal/sa**is**.
4. No caso de *sais*, a vogal temática é a semivogal **i**, com supressão ou síncope do **l**: sales > saes > sais.
5. Quando se aglutinam radicais, a vogal temática do primeiro elemento geralmente se reduz a **i**, funcionando, assim, como vogal de ligação entre os dois radicais: boqu**i**aberto = boca + aberto; pont**i**agudo = ponta + agudo; frut**í**fero = fruto + fero; suav**i**loquência = suave + eloquência; alt**i**plano = alto + plano; hort**i**granjeiro = horta + granjeiro.
6. Os nomes derivados de verbo apresentam os dois tipos de vogal temática: a verbal e a nominal. Assim, em *planejamento*, por exemplo, o **-a-** pretônico e o **-o-** postônico são vogais temáticas, verbal e nominal, respectivamente. Outros exemplos: *soneg**a**dor**e**s, vend**e**dor**e**s, ped**i**nte*.
7. O gerúndio e o particípio trazem sempre duas vogais temáticas, já que são formas a um só tempo verbais e nominais: cant**a**nd**o**, cant**a**d**o**, vend**e**nd**o**, vend**i**d**o**, part**i**nd**o**, part**i**d**o**. São chamadas formas nominais por participarem mais ativamente como nomes que como verbos, haja vista o último índice temático, que é o nominal, e não o verbal.

LISTAS DOS PRINCIPAIS PREFIXOS, SUFIXOS E RADICAIS GREGOS E LATINOS

Principais prefixos de origem grega

Prefixo	Significado	Exemplos
a-, an-	negação, privação, falta	ateu, anarquia
anti-	ação contrária, oposição	antídoto, antipatia
arque-, arqui-	superioridade, principal	arquipélago,
(com as variantes **arc-** e **arce-**)		arcanjo, arcebispo
dis-	dificuldade	disenteria
endo-	dentro, no interior	endoscopia, endotérmico
epi-	posição superior; depois	epiderme; epílogo
eu-	bom, bem, belo	eufonia, eufemismo
hemi-	metade, meio	hemisfério
hiper-	excesso	hipertrofia, hiperácido
hipo-	debaixo; falso	hipodérmico; hipocrisia
meta-	mudança, transformação	metamorfose, metáfora
para-	ao lado; oposição	paradigma; paradoxo
peri-	proximidade; em torno de	perigeu; periferia
pro-	anterioridade	prognóstico, profeta
sin-	simultaneidade, reunião	sinfonia, sinônimo

Principais prefixos de origem latina

Prefixo	Significado	Exemplos
ab-, abs-	afastamento, separação	abjurar, abscissa
ad-, a-	aproximação, separação	advérbio, aversão
ambi-	dualidade; ao redor	ambidestro; ambiente
ante-	anterioridade	antebraço, anteontem
bem-, ben-, bene-	bem	bem-estar, bendizer, benefício
bi-, bis-	repetição, duas vezes	bípede, bisavô

Nossa gramática simplificada

circum-, circun-	em volta de	circumpolar, circunferência
cis-	do lado de cá	cisalpino, cisplatino
com-, con-, co-	companhia, sociedade	companheiro, condômino, coirmão
contra-	oposição	contraveneno
de-	movimento de cima para baixo	declive, decrescer
des-	negação; ação contrária; aumento	desumano; desarrumar; descomunal
dis-	separação; negação; aumento; ordem	dissidente; discordar; distender; dispor
em-, en-	movimento para dentro; transição	embainhar; engordar
entre-	posição intermediária; reciprocidade; quase; oposição	entrelinha; entreolhar-se entreabrir; entrechocar
ex-	movimento para fora; aumento; o que foi	exportar; exceder; ex-rei
extra-	de fora; excesso	extraoficial; extrafino
im-, in-, i-	negação; intensidade	imberbe, infeliz, ilegal; inundar
infra-	posição abaixo	infracitado
inter-	posição intermediária; reciprocidade	internacional; intercâmbio
intra-, in-	posição interior; movimento p/ dentro	intravenoso; injeção
justa-	perto de, ao lado de	justapor, justafluvial
mal-	mal; intensidade	malcriado; malferir
multi-	muitos	multicolor
ob-, o-	oposição	obstáculo, opor
oni-	tudo, todo	onipresente
pene-, pen-	quase	peneplanície, penúltimo
per-	movimento através; aumento	percorrer; perturbar
pluri-	muitos	pluripartidário
pos-, post-	depois, em seguida	pospor, postônico
pre-	anterioridade; aumento	prefixo; prepotente
pro-	movimento para frente; em lugar de	progresso; pronome
re-	repetição;intensidade; oposição;negação	rever; reluzir; rebater; recusar
retro-	movimento para trás	retroceder
semi-	quase; metade	seminu; semivogal
sob-	inferioridade	sobpor
sub-	posição inferior; proximidade; transmissão; derivação	subsolo; subúrbio; sublocar; sub-raça
super-	posição superior; excesso	supercílio; super-homem
supra-	posição superior; excesso	supracitado; supras-sumo
trans-	movimento através de; mudança de estado	transportar; transformar
ultra-	excesso; posição além de	ultrafino; ultramar
vice-, vis-	no lugar de, substituição	vice-rei; visconde

Luiz Antonio Sacconi

Principais radicais de origem grega

Radical	Significado	Exemplos
acro	alto, elevado	acrópole, acrofobia
aer(o)	ar	aeronáutica
agogo	o que conduz ou dirige	demagogo, pedagogo
agro	campo	agronomia, agronegócio
alg	dor	nevralgia, analgésico
andro	homem	androfobia, andróide
anemo	vento	anemômetro
antropo	homem	antropófago
arqueo	antigo	arqueologia
arqu(ia)	governo	monarquia, anarquia
auto	de si mesmo, por si mesmo	autobiografia, autógrafo
bar(o)	pressão, peso, grave	barômetro, barítono
biblio	livro	biblioteca
bio	vida	biografia, biologia
caco	mau, desagradável	cacoete, cacofonia
cal(o)	belo	caligrafia
cardi(o)	coração	cardíaco
cefal(o)	cabeça	cefaleia
cine, cino	cão	cinegética, cinófilo
cloro	verde	clorofila
cosm(o)	mundo, universo	cósmico, cosmopolita
crac(ia)	governo	democracia
crom(o)	cor	monocromático
cron(o)	tempo	cronômetro
datil(o)	dedo	datilografia
dec(a)	dez	décuplo, decálogo
dem(o)	povo	epidemia, democracia
derm(a), dermato	pele	epiderme, dermatologia
dinam(o)	força, potência	dinâmica
dromo	lugar onde se corre	hipódromo, autódromo
eco	casa, *habitat*	ecologia
edro	face, base	poliedro
enter(o)	intestino	disenteria
entomo	inseto	entomologia
erot(o)	amor	erótico
esperma(to)	semente	endosperma
estomat(o)	boca	estomatite
eti(o), etimo	causa, origem	etimologia
etn(o)	raça, nação, povo	étnico, etnologia
fag(o)	que come, que se nutre	antropófago
fil(o)	amigo, amante	filósofo
fito	vegetal, planta	fitófago, zoófito
fob(o)	que tem horror, medo ou aversão	hidrófobo
fon(e) ou fon(o)	som, voz	fonologia
fos, foto	luz	fósforo, fotografia
gala, galact(o)	leite	galáxia, galactômetro
gam(o)	união, casamento	endogamia, bígamo
gastr(o)	estômago, ventre	gastrite, gastrônomo
geo	Terra ou terra	geografia, geofagia

Nossa gramática simplificada

gin(o), gineco	mulher, fêmea	misoginia, ginecologia
glic(o)	doce, açúcar	glicemia, glicose
graf(o)	escrita, descrião	caligrafia, geografia
hect(o), hecato	cem	hectare, hecatombe
helio	Sol	heliografia
hem(o), hemato	sangue	hemorragia, hematofobia
hepat(o)	fígado	hepatite
hepta	sete	heptassílabo
hetero	outro, diferente	heterogêneo
hexa	seis	hexacampeão
hidato, hidr(o)	água	hidatologia, hidravião
hiero	sagrado	hieroglifo
hipno	sono	hipnologia
hipo	cavalo	hipódromo
homo	semelhante, igual	homossexual
ictio	inseto	ictiologia
idio	próprio, particular	idiotismo
iso	igual	isósceles
lexic(o)	palavra, vocabulário	lexicógrafo
lito	pedra, rocha, fóssil	litografia
log(ia)	estudo; ciência	odontologia
macro	grande, longo	macrobiótica
manc(ia)	adivinhação	quiromancia
mega, megalo	grande, grandeza	megalomania
mi(o)	músculo	miocárdio
micro	pequeno, fraco	micróbio, microfone
mito	fábula, mentira	mitologia
mon(o)	único, um só	monarquia
morf(o)	forma	morfologia
necro	morto, cadáver	necrotério
nefr(o)	rim	nefrologia
neo	novo	neologismo
neur(o)	nervo	neurologia
oct(a) ou **oct(o)**	oito	octaedro
odont(o)	dente	odontologia
ofi(o)	cobra, serpente	ofídico
oftalm(o)	olho	oftalmologia
ornit(o)	pássaro, ave	ornitologia
orto	direito, certo	ortografia
ot(o)	orelha (ex-ouvido)	otite
pan	tudo, todos	panorama
pat(o)	doença	patologia
ped(i)	criança	pedagogo
penta	cinco	pentacampeão
poli	muitos	poligamia
polis	cidade	Petrópolis
potam(o)	rio	Mesopotâmia
pseudo	falso	pseudônimo
psic(o)	alma	psicologia
riz(o)	raiz	rizotônico
sarc(o)	carne	sarcoma
sauro	lagarto	dinossauro

taqui	rápido	taquicardia
taumat(o)	milagre	taumaturgo
tauto	mesmo	tautologia
taxi, taxe	arranjo, ordem, classificação	taxidermia, sintaxe
teca	coleção, quantidade, depósito	discoteca
tecn(o)	arte, ofício	tecnologia
tele	ao longe, distância	telefone
term(o)	calor, temperatura	termômetro
tetra	quatro	tetracampeão
top(o)	lugar, localidade	topônimo
tri	três	tricampeão
xil(o)	madeira	xilogravura
zo(o)	animal	zoologia

Principais radicais de origem latina

Radical	**Significado**	**Exemplos**
aedes, is	casa	edifício
aevum, i	idade	longevo
ambulo	que anda	sonâmbulo
animus, i	ânimo	pusilânime
argentum, i	prata	argênteo
axis, is	eixo	axial
bellum, i	guerra	bélico
boreas, ae	norte	boreal
caedere	que mata	homicida
collum, i	pescoço	colar
cura, ae	que cuida	manicure
flamma, ae	chama	inflamável
frater, tris	irmão	fraterno
fulmen, inis	raio	fulminar
genitus, a, um	gerado, nascido	congênito
jus, juris	direito	justiça
latro, onis	ladrão	latrocínio
ludus, i	jogo, divertimento, passatempo	lúdico
lupus, i	lobo	lupino
mater, tris	mãe, principal	materno, matriz
opus, eris	obra, trabalho	opúsculo, operário
oryza, ae	arroz	oricicultura
par, paris	igual	paridade
pater, tris	pai	paterno, patrocínio
pes, pedis	pé	pedicure, bípede
pluma, ae	pena	plumagem
plumbum, i	chumbo	plúmbeo
pluvia, ae	chuva	pluvial
puer, i	menino	pueril
racemus, i	cacho	racemiforme
res, rei	coisa	república
rex, regis	rei	régio
rupes, is	rocha	rupestre
sapo, onis	sabão	saponáceo

senex, senis	velho	senil, senado
sesqui	um e meio	sesquicentenário
silva, ae	selva	silvícola
sulfur, uris	enxofre	sulfúrico
umbra, ae	sombra	penumbra
vagus, a, um	errante, sem destino	vagabundo

Principais sufixos nominais

-acho (latino), dá ideia de diminuição *(corvacho, lobacho, riacho).*

-aço (latino), denota relação (cardíaco, demoníaco, maníaco) e origem, naturalidade (austríaco).

-aço (latino), dá ideia de aumento (animalaço, barbaça, barcaça, limonaço) e de porção, conjunto (chumaço).

-ado (latino), indica ação *(cutucada, chegada, entrada, laçada, mancada, olhada, pincelada)*; golpe *(cacetada, dentada, facada, paulada, porretada)*; quantidade, porção *(boiada, criançada, rapaziada)*; doce ou bebidas *(bananada, goiabada, laranjada, limonada)* e dignidade ou função *(condado, ducado, papado, professorado)*. A forma erudita **-ato** pode exprimir: dignidade ou cargo *(baronato, cardinalato, triunvirato)* e pequenez *(baleato, lobato)*. Na ciência química, **-ato** significa sal: *carbonato, sulfato.*

-agem (francês), denota conjunto *(criadagem, folhagem, plumagem, ramagem)*; ato ou estado *(bobagem, camaradagem)* e ação *(aterragem, decolagem, passagem, sondagem).*

-al (latino). Ao formar adjetivos, dá ideia de relação *(carnal, conjugal, filial, genial, sexual)*. Ao formar substantivos, exprime: quantidade, porção *(areal, arrozal, cafezal, palmital)* e objeto *(dedal, pedal, punhal)*. Às vezes aparece combinado com o sufixo **-aço,** resultando daí o composto **-açal:** *lamaçal, lodaçal.*

-alha (latino), dá ideia de quantidade, porção *(cordoalha, mortualha)*. Nesta acepção, às vezes, possui sentido pejorativo: *canalha, gentalha, parentalha*. Dá ideia, ainda, de aumento *(fornalha, muralha)*. Às vezes combina-se com o sufixo **-ão** e forma o composto **-alhão:** *amigalhão, bobalhão, porcalhão, pratalhão, vagalhão.*

-alho (latino), dá ideia de diminuição *(pirralho)* e de aumento *(cabeçalho, espantalho, ramalho)*. Em *politicalho*, possui sentido pejorativo.

-ama, -ame (origem desconhecida), dá ideia de quantidade, porção *(dinheirama, cordoame, pelame).*

-anca, -anciã (latinos), indicam ação ou resultado dela *(lembrança, matança, mudança, vingança, mendicância, observância)* e qualidade ou estado *(arrogância, constância).*

-ante (latino), indica agente de ação *(despachante, estudante, tratante)*.

-ao (latino que provém de **-one**). Ao acompanhar radicais verbais, dá ideia de agente de ação sempre repetida: *brigão, chorão, fujão*. Ao juntar-se a radicais nominais, exprime aumento *(casacão, facão, paredão, salão)*. Às vezes, entre o tema nominal e o sufixo **-ão,** aparecem elementos de ligação: casa-r-ão, espada-g-ão, homen-z-arrão, pobre-t-ão, sabi-ch-ão. Perdeu o sentido aumentativo em *cartão* e *portão*. Ajunta-se aos sufixos **-alho** e **-arro** para formar os compostos **-alhão** e **-arrão:** *dramalhão, pratalhão; gatarrão, santarrão*. O sufixo **-ão**, que provém de **-anu**, indica: qualidade *(pagão, vilão)*, cargo *(capelão, capitão)* e origem, naturalidade *(afegão, bretão, coimbrão)*. O sufixo **-ano** também denota origem, naturalidade: *(acriano, baiano, tibetano).*

Luiz Antonio Sacconi

-ar (latino), dá ideia de relação, pertinência (*capilar, circular, domiciliar, elementar, escolar, familiar, lunar, militar, vulgar*). Trata-se do sufixo **-al,** cujo l passa a r. Só aparece em palavras que já tenham a letra l.

-ardo, -arde (origem germânica), de ideia pejorativa (*Abelardo, felizardo, galhardo, Ricardo; covarde).*

-ária (latino), dá ideia de conjunto (*artilharia, casaria, livraria, pastelaria, pedraria*); sucessão, sequência (*gritaria*); ofício, profissão (*carpintaria, funilaria*) e de ação própria de certos indivíduos (*patifaria, pirataria, selvajaria*). A forma **-eria,** que muitos julgam ser francesa, é vernácula: *carroceria, lavanderia, leiteria, loteria.*

-ário (latino), indica ofício, profissão (*bibliotecário, empresário, operário, secretário*); lugar onde se guarda algo (*herbário, vestiário*); conjunto (*erário, hostiário, vocabulário*) e estado, qualidade, relação (*arbitrário, contrário, diário, imaginário, primário, solitário, voluntário*).

-arro (ibérico), dá ideia de aumento *(bocarra, chibarro, naviarra)*. Às vezes ajunta-se ao sufixo **-ão,** resultando daí o composto **-arrão:** *canzarrão, coparrão, gatarrão, homenzarrão, santarrão.* Em *canzarrão* e *homenzarrão,* como se nota, aparece o interfixo -z-.

-astro (latino), dá ideia de aumento, com carga pejorativa *(medicastro, poetastro, politicastro).*

-ático (latino), indica relação (*aquático, socrático*) e origem (*adriático, asiático, lunático*).

-az (latino), dá ideia de *aumento* (*arcaz, canaz, lobaz, cartaz, vulcanaz*). Ajunta-se aos sufixos **-alho** e **arro** para formar os compostos **-alhaz** e **arraz:** *facalhaz; pratarraz, santarraz.* Indica ainda capacidade de forma intensiva (*falaz, loquaz, voraz*).

-ázio (latino), traz ideia de aumento *(copázio, gatázio, pratázio).*

-cão (latino). Dá ideia de ação ou resultado dela, mas só se acrescenta a temas verbais (*apelação, coroação, doação, gesticulação, oração, punição, verificação*).

-dade (latino), dá ideia de qualidade ou estado *(beldade, bondade, fealdade, frialdade, integridade, lealdade, maldade, verdade).*

-dão (latino), exprime qualidade ou estado *(escuridão, lentidão, servidão).*

-douro (latino), exprime ideia de lugar em que se pratica a ação (*ancoradouro, babadouro, bebedouro, escorregadouro, matadouro*); tempo futuro (*casadouro, imorredouro, vindouro)* e ato ou efeito (*suadouro*). Os portugueses costumam usar o sufixo **-doiro.**

-dor (latino), indica agente de ação (*adulador, criador*) e instrumento (*coador, pregador, regador*). Na verdade, o *d* pertence ao particípio latino; o verdadeiro sufixo é **-or**. Aparece com a forma **-ssor** e **-sor** em *Monte-mor, impressor; ascensor, revisor,* etc.

-ebre (origem desconhecida), dá ideia de diminuição (*casebre*).

-eco (origem desconhecida), traz ideia de pequenez, frequentemente pejorativa (*jornaleco, livreco, padreco, soneca*).

-edo (latino, dá ideia de quantidade, porção (*arvoredo, lajedo, passaredo, vinhedo*).

-eiro (latino), indica agente de ação (*boiadeiro, doceiro*); ofício, profissão (*barbeiro, faxineiro, lavadeira*); instrumento (chuveiro, ponteiro, pulseira); lugar onde se guarda algo (*açucareiro, cinzeiro, tinteiro*); origem, naturalidade (*brasileiro, campineiro, mineiro, poveiro*); árvore ou arbusto (*abacateiro, cerejeira, craveiro, laranjeira*); quantidade, porção (*braseiro, formigueiro, nevoeiro, poeira*); doenças (*cegueira, gagueira)* e defeitos físicos (*papeira*).

50

Nossa gramática simplificada

-ejo (ibérico), indica diminuição (*animalejo, lugarejo, vilarejo*).

-elho (latino), dá ideia de pequenez *(aselha, fedelho). Fedelho nada* tem a ver *com feder,* mas sim com *feto.*

-elo (latino), exprime ideia diminuída, que em muitas palavras já não se percebe (*castelo, cobrelo, costela, fivela, janela, portela, rodela*).

-ença, -ência (latinos), indicam ação ou resultado dela (*convalescença, nascença*) e qualidade *(experiência, indolência, obediência, paciência).*

-engo (germânico), indica relação e geralmente traz ideia pejorativa *(molengo, mostrengo, mulherengo, realengo, solarengo, verdoengo).* Aparece com a forma **-engue** na palavra *perrengue.*

-enho (latino), indica semelhança *(ferrenho) e* origem, naturalidade (caraquenho, quitenho).

-ense (latino), exprime origem, naturalidade (*cearense, cretense, recifense*).

-ente (latino), dá ideia de qualidade ou estado (*ausente, crente, delinquente*) e agente de ação (*concorrente, escrevente, requerente*).

-ento (latino), dá ideia de cor (*cinzento, pardacento*); abundância (*peçonhento, poeirento*) e tendência, estado *(friorento, lamacento, rabugento).*

-ês (latino), exprime origem, naturalidade (*francês, inglês, português*) e qualidade (*burguês, cortês, montês, pedrês*).

-esa, -essa (gregos). Usam-se na formação do feminino de pessoas com certa dignidade: *baronesa, duquesa, princesa; abadessa, condessa.*

-esco, v. **-isco.**

-ete (francês), traz ideia de pequenez (*barrilete, bastonete, diabrete, farolete, filete, palacete, vagonete).*

-eto (italiano), dá ideia de diminuição (*barqueta, coreto, folheto, poemeto*) e de origem, naturalidade (lisboeta).

-eu (latino), indica origem, naturalidade (*europeu, hebreu, pompeu*).

-ez, -eza (latinos), exprimem qualidade ou estado (*altivez, sensatez, surdez, viuvez; beleza, braveza, dureza, limpeza, miudeza*).

-ia (grego), dá ideia de qualidade (*burguesia, energia, eufonia, profecia*); dignidade (baronia); cargo (*mestria*) e ciência (*astronomia, filosofia, geometria, teologia*).

-ice (latino), exprime qualidade ou estado (*beatice, louquice, gramatiquice* (todos três pejorativos); *criancice, doidice, meiguice, meninice, tolice, parvoíce, velhice*).

-icho (latino), exprime pequenez (*barbicha, rabicho*).

-ício (latino), indica relação (*alimentício, cardinalício, fictício, natalício, patrício, vitalício*).

-ico (latino), dá ideia de pequenez (*burrico, namorico, pintico*) e de relação (*acadêmico, angélico, diabólico, político, simbólico*).

-iço (latino), exprime ideia diminuída (aranhiço); tendência, que é fácil de (*alagadiço, assustadiço, espantadiço, movediço, quebradiço*) e estado (*castiço, roliço*).

-ilho (latino), traz ideia de diminuição (*cartilha, cintilho, guerrilha, peitilho*).

-im, -inho (latinos), dão ideia de diminuição (*balim, camarim, espadim, flautim; caixinha, vidrinho*).

-ino (latino), dá ideia de *referência, relação* (cristalino, divi/io, matutino) e de *origem, naturalidade* (bragantino, filipino, florentino, latino, londrino, pal-marino).

51

Luiz Antonio Sacconi

-inte (latino), dá ideia de agente de ação (*contribuinte, ouvinte, pedinte*).

-io (latino), encerra ideia de conjunto (*casario, mulherio*), de qualidade (*doentio, prestadio*) e de tendência (*escorregadio, fugidio, luzidio*).

-isco (grego), **-esco** (italiano), dão ideia de relação (*carnavalesco, dantesco, gigantesco, mourisco, parentesco, pinturesco*) e de diminuição (*chuvisco, marisco, pedrisco*).

-ismo (grego), exprime doutrinas ou sistemas artísticos (realismo, modernismo), filosóficos (epicurismo, positivismo), políticos (*nazismo, fascismo*) e religiosos *(budismo, calvinismo);* forma própria de uma língua (anglicismo, *galicismo*), anomalia ou doença (*astigmatismo, daltonismo, reumatismo*) e qualidade (*heroísmo, servilismo*).

-ista (grego), denota partidários ou seguidores das doutrinas e dos sistemas acima mencionados *(realista, modernista; epicurista, positivista; nazista, fascista; budista, calvinista);* ocupação, ofício, profissão (*artista, dentista, jurista, jornalista, maquinista, pianista) e* nomes pátrios (*nortista, paulista, sulista*).

-ite (grego), dá ideia de inflamação (*amigdalite, bronquite, faringite, flebite, meningite).*

-ito (ibérico), traz ideia de pequenez (*casita, pequenito, rapazito*).

-lândia (germânico), traz ideia de lugar (*Cafelândia, Roselândia*).

-lento (latino), dá ideia de abundância (*corpulento, sonolento*) e de cor (*amarelento, vinolento).*

-mento (latino), dá ideia de ação ou resultado dela (*acolhimento, agradecimento, andamento, casamento, ferimento, sentimento);* de instrumento, objeto (*ferramenta*) e de quantidade (*armamento, vestimenta*).

-ol (origem desconhecida), **-olo** (latino), dão ideia de diminuição, que se perdeu em algumas palavras (*aldeola, alvéolo, arteríola, gaiola, nucléolo, portinhola, sacola, terriola; terçol, urinol*).

-olho (latino), traz ideia de pequenez (*ferrolho, piolho*).

-onho (latino), indica qualidade ou estado (*enfadonho, medonho, risonho, tristonho*).

-or (latino), exprime qualidade ou estado (alvor, fulgor, negror) e agente de ação (agressor, britador, cantor, condutor, defensor). Como se nota, foram incluídas palavras com os sufixos **-ssor, -dor, -tor** e **-sor**. As letras que antecedem o sufixo **-or** pertencem ao particípio latino. O verdadeiro sufixo, na verdade, é **-or.**

-orro (ibérico), exprime grandeza, mas geralmente com sentido pejorativo (*beiçorra, cabeçorra, cachorro, ganchorra, manzorra, sapatorra*).

-oso (latino), dá ideia de abundância, quantidade (*arenoso, brioso, cheiroso, chuvoso, corajoso, famoso, rendoso, venenoso*).

-ota (grego), indica origem, naturalidade (*cairota, cipriota, epirota*).

-ote (origem desconhecida), empresta ideia de pequenez (*beijote, camarote, capote, filhote, frangote, rapazote, serrote, velhote*).

-oto (latino), exprime diminuição (*aguioto, perdigoto*) e origem, naturalidade (*bergamoto, minhoto*).

-rana (tupi), denota semelhança, igualdade (*caferana, sagarana*).

-tor (latino), indica agente de ação (*autor, escritor, leitor, mentor*). Aparece com a forma **-ssor** e **-sor** em *confessor, impressor, ascensor, defensor* e *revisor*. O verdadeiro sufixo, no entanto, é **-or.**

Nossa gramática simplificada

-tório (latino), dá ideia de lugar (*dormitório, escritório, lavatório, purgatório, refeitório*).

-tude (latino), exprime qualidade ou estado (*altitude, beatitude, quietude*).

-uça (analógico), apareceu por analogia com **-aça e -iça** (latinos). Exprime ideia de aumento (*dentuça*).

-ucho (latino), dá ideia de pequenez (*aquilucho, gorducho, papelucho*).

-udo (latino), dá ideia de abundância (*barbudo, barrigudo, cabeçudo, cabeludo, narigudo, orelhudo, peludo*).

-ugem (latino), indica quantidade, reunião (*ferrugem, lanugem, penugem*).

-um, -ume (latinos), dão ideia de quantidade, porção (*fartum, vacum; cardume*) e de intensidade (*azedume, negrume, queixume*).

-ura (latino), dá ideia de qualidade (*alvura, brancura, cultura, doçura, frescura*); de situação (*fartura, loucura, tontura*); de instrumento ou objeto (*abotoadura, armadura, fechadura, ferradura*); de ação ou resultado dela (*captura, censura, costura, fervura, fratura, leitura, mordedura, pintura, ruptura*) e de exercício de cargo (*chefatura, magistratura*). O t e o d, que às vezes antecedem este prefixo, pertencem ao particípio latino.

-vel (latino), indica capacidade ou possibilidade de praticar ou receber uma ação (*audível, crível, solúvel, volúvel*) e qualidade (*admirável, miserável, razoável, vulnerável*).

Importante — O único sufixo adverbial que há em português é **-mente:** *francamente, sabiamente*, etc.

Principais sufixos verbais

-açar exprime aumento, intensidade, frequência (*envidraçar, esmurraçar, espicaçar, esvoaçar*).

-ar forma os verbos da 1.ª conjugação (*amar, cantar, jogar, rolar, sentar, voar*).

-cer, -scer exprime início de ação ou passagem de um estado para outro (*agradecer, amadurecer, anoitecer, aparecer, apodrecer, embravecer, endoidecer, endurecer, entardecer, enfurecer, envelhecer, esclarecer, escurecer, florescer, rejuvenescer*).

-ear exprime frequência, continuação (*cabecear, clarear, escoicear, folhear, pentear, saborear*).

-ejar exprime continuação, frequência, permanência (*alvejar, apedrejar, arejar, bocejar, cortejar, farejar, festejar, gotejar, pestanejar, rastejar, velejar, vicejar*).

-içar exprime diminuição ou ação pouco intensa (*adocicar, bebericar*).

Testes e exercícios

1. Dê duas palavras da mesma família para cada uma destas primitivas:
a) ânsia b) óleo c) privilégio d) próprio e) feio

2. Assinale as afirmações verdadeiras:
a) Em **estudar**, o **a** é vogal temática da 1.ª conjugação.
b) Em **estudar**, o tema é *estuda*.
c) Em **caindo**, o tema é *caind*.
d) Em **somaram**, *som* é radical.
e) Em **pôr**, a vogal temática é *o*.

f) Todo verbo tem vogal temática, menos o verbo *pôr*.
g) Vogal temática é aquela que encerra a palavra.
h) Numa palavra, o radical não tem muita importância.
i) Os prefixos e sufixos não são elementos fundamentais numa palavra.
j) As palavras **anta** e **antena** são palavras cognatas.

3. Assinale a alternativa em que todas as palavras têm o mesmo radical:
a) límpido, limpeza, limpador, limpo, limpa
b) limão, limoeiro, limonada, cítrico, ácido
c) sereno, serenata, serenidade, seresta, seresteiro
d) televisão, telepatia, telefone, telejornal, telão
e) músculo, muscular, musculação, miocárdio, bíceps

4. Assinale as palavras que trazem prefixo:
a) demente   b) desmente   c) disputar   d) descascar   e) decâmetro

5. Assinale as palavras que trazem sufixo:
a) trabalho   b) operário   c) demente   d) somente   e) semente

6. A partir dos radicais dados, reescreva no caderno o tema verbal, acrescentando a vogal temática adequada:
a) caprich...   b) sonh...   c) exprim...   d) insist...   e) cochich...
f) pretend...   g) pich...   h) pesc...   i) vend...   j) po...

7. Assinale a palavra que traz vogal de ligação ou interfixo:
a) saudita   b) recifense   c) búlgaro   d) parisiense   e) chicaguense

8. Assinale a palavra que traz consoante de ligação ou interfixo:
a) cabeleireiro   b) canoagem   c) lambugem   d) bambuzal   e) lambuzar

9. Identifique as palavras que trazem interfixos:
a) carnívoro   b) chaleira   c) colheitadeira   d) pauleira   e) paulada

10. Identifique o elemento estrutural em destaque:
a) parti**mos**   b) manda**vas**   c) **segui**mos   d) **tris**teza   e) **ver**

11. Responda: se em **partimos**, o tema é **parti-** e a desinência número-pessoal (DNP) é **-mos**, onde está a desinência modo-temporal (DMT)?

12. Empregando o prefixo **in-** ou **im-**, que indica negação, dê as palavras correspondentes a:
a) não se pode dizer   b) não se pode penetrar   c) não se pode transpor
d) não se pode descrever   e) não se pode perder   f) não se pode questionar
g) não se pode prever   h) não se pode contestar   i) não se pode imitar
j) não se pode executar

13. Identifique a palavra cujo prefixo tem valor intensivo:
a) inchado   b) inconcluso   c) inflamável   d) indomável   e) intruso

14. Usando sufixos, forme palavras que tenham estes significados:
a) pequeno lugar   b) grande rapaz   c) inflamação do estômago
d) cheio de rancor   e) cheio de nojo

Nossa gramática simplificada

15. A alternativa em que não há correspondência de significação entre os elementos em destaque é:
a) **circun**ferência – **perí**metro
b) **semi**círculo – **hemi**sfério
c) **sub**terrâneo – **hipó**tese
d) **super**lotar – **hipér**bole
e) **pro**jetar – **dia**gonal

16. Assinale a alternativa correta na divisão dos elementos mórficos da forma verbal **calássemos**:
a) cal-á-sse-mos
b) ca-lás-se-mos
c) calá-sse-mo-s
d)cal-á-sse-mo-s
e) ca-lás-se-mos

17. Assinale as afirmações corretas:
a) Em **presidente**, o **e** final é vogal temática.
b) Em **dólares**, existem duas vogais temáticas.
c) Em **lagartixa**, há duas vogais temáticas.
d) Vogal de ligação e vogal temática são a mesma coisa.
e) Vogal de ligação e interfixo são a mesma coisa.
f) Os afixos são morfemas, mas não desinências.
g) Em **cortina**, o **a** final é vogal temática, e não desinência de gênero.
h) Em **cortina**, o **a** final é desinência de gênero, e não vogal temática.
i) Em **professor**, há desinência zero de gênero e de número.
j) Em **mar**, só existe o radical.

Dos concursos e vestibulares

18. (F.Belas Artes-SP) O radical é um elemento estrutural básico na formação de palavras da língua portuguesa. Quando duas ou mais palavras apresentam um mesmo radical, essas palavras são denominadas:
a) cognatas
b) cognitivas
c) morfemas
d) desinências
e) afixos

19. (UFCE) Empregando o sufixo **mente**, substitua as expressões destacadas por uma só palavra, cujo sentido seja equivalente ao da expressão substituída:
a) **Pouco a pouco**, o poeta aprenderia a partir sem medo.
b) **Sem dúvida alguma**, a lua nova é mais alegre que a cheia.
c) Ele ganhou um novo quarto e a aurora, **ao mesmo tempo**.
d) Passou dez anos, **sem interrupção**, com a janela virada para o pátio.
e) O poeta, **por exceção**, prefere a lua nova.

20. (PUCC-SP) Sabendo-se que prefixo é um morfema que se antepõe ao radical, alterando sua significação, assinale a alternativa que apresenta as quatro palavras iniciadas por um prefixo:
a) perfazer – decair – disparidade – reposição
b) retidão – dissonância – divindade – insatisfação
c) discorrer – entrever – perguntar – reler
d) inamovível – bisavô – comprimento – descansar
e) surpresa – asmático – esbravejar – anulação

21. (UM-SP) Dentre as alternativas abaixo, assinale aquela em que ocorrem dois prefixos que dão ideia de negação:
a) impune – acéfalo
b) pressupor – ambíguo

Luiz Antonio Sacconi

c) anarquia – decair
d) importar – soterrar
e) ilegal – refazer

22. (CESGRANRIO-Rio) Assinale o par de palavras cujos prefixos apresentam significação equivalente à dos elementos iniciais de **impessoal** e **predeterminado**:
a) amoral – epidérmico
b) antiaéreo – hipertenso
c) imoral – antirrábico
d) contra-indicado – transatlântico
e) desumano – antediluviano

23. (UFSC) Assinale a alternativa em que o elemento mórfico em destaque está corretamente analisado:
a) menina (-a) = desinência nominal de gênero
b) vendeste (-e-) = vogal de ligação
c) gasômetro (-o-) = vogal temática da segunda conjugação
d) amassem (-sse-) = desinência da segunda pessoa do plural
e) cantaríeis (-is) = desinência do imperfeito do subjuntivo

24. (FUVEST-SP) Das palavras abaixo, transcreva apenas aquelas cujos prefixos indiquem privação, negação ou oposição:
indiciado – anarquia – aprimorar – península – amoral – antípoda – antediluviano – ateu – antigo – imberbe

25. (FUVEST-SP) Das palavras abaixo, transcreva apenas aquelas que indiquem inferioridade ou posição inferior:
retroceder – suprarrenal – sublingual – infravermelho – obstruir – hipodérmico – hipertensão

26. (CESGRANRIO-Rio) Assinale a alternativa em que nem todas as palavras provêm de um mesmo radical:
a) noite – anoitecer – noitada
b) luz – luzeiro – alumiar
c) incrível – crente – crer
d) festa – festeiro – festejar
e) riqueza – ricaço – enriquecer

27. (CESESP-PE) Em qual das alternativas a seguir o sufixo exprime a ideia de agente:
a) imperial   b) gloriosa   c) horrível   d) vencedor   e) abdicação

28. (UNIRIO-Rio) Identifique a série em que os prefixos têm o mesmo significado:
a) contradizer – antídoto
b) desfolhar – epiderme
c) decapitar – hemiciclo
d) supercílio – acéfalo
e) semimorto – perianto

29. (UNIRIO-Rio) Identifique a palavra cujo prefixo não tem valor negativo:
a) incerteza   b) impregnado   c) inculto   d) indiferente   e) independência

Nossa gramática simplificada

30. (UF-PA) Todas as palavras são cognatas em:
a) dourado – auricular – ourives – áureo
b) amor – amável – amigo – inimigo
c) face – fácil – facilitar – difícil
d) mudança – mudar – emudecer – imutável
e) café – cafeteira – cafezinho – cafajeste

31. (Un.Uberlândia-MG) Se você quisesse, com a palavra **alpino**, formar outra que significasse *aquém dos Alpes*, qual dos prefixos você escolheria?
a) ante   b) trans   c) extra   d) tras   e) cis

32. (CESGRANRIO-Rio) O prefixo de **irregular** difere semanticamente do prefixo de:
a) desumano   b) imigrante   c) ilimitado   d) anormalidade   e) intolerância

33. (UM-SP) Assinale a alternativa em que não ocorre correspondência entre o emprego do prefixo grego e o sentido expresso entre parênteses:
a) **anô**nimo (sem nome)   b) **sin**crônico (ao mesmo tempo)
c) **pará**grafo (escrito ao lado)   d) **anti**cristo (contrário a Cristo)
e) **apo**geu (no alto da terra)

Soluções dos testes e exercícios
1. Sugestões: a) ansiedade, ansioso b) oleaginoso, oleoduto c) privilegiar, privilegiado d) apropriado, impróprio d) afear, enfear **2.** a) b) d) i) **3.** a) **4.** b) d) **5.** b) d) **6.** a) capricha b) sonha c) exprimi d) insisti e) cochicha f) pretende g) picha h) pesca i) venda (de *vendar*) ou vende (de *vender*) j) poe **7.** d) **8.** d) **9.** a) i b) l c) ad e) l **10.** a) DNP b) DMT c) tema d) radical e) radical **11.** a DMT é zero **12.** a) indizível b) impenetrável c) intransponível d) indescritível e) imperdível f) inquestionável g) imprevisível h) incontestável i) inimitável j) inexequível **13.** c) **14.** a) lugarejo b) rapagão c) gastrite d) rancoroso e) nojento **15.** e) **16.** a) **17.** e) f) g) i) j) **18.** a) **19.** a) Paulatinamente b) Indubitavelmente c) concomitantemente (ou simultaneamente) d) ininterruptamente e) excepcionalmente **20.** a) **21.** a) **22.** e) **23.** a) **24.** anarquia – amoral – antípoda – ateu – imberbe **25.** sublingual – infravermelho – hipodérmico **26.** b) **27.** d) **28.** a) **29.** b) **30.** b) **31.** e) **32.** b) **33.** e)

Lição 8
FORMAÇÃO DE PALAVRAS

Em português, as palavras novas se formam por cinco processos principais: *derivação, composição, onomatopeia, abreviação* e *hibridismo*.

Derivação

Derivação é a formação de palavras por meio de acréscimo ou supressão de afixos. Assim, temos:

1. a **derivação prefixal** ou **por prefixação** ocorre com acréscimo de um prefixo a um semantema. Ex.: *infeliz*, *desleal*, *super-homem*, que se dizem palavras derivadas prefixais. (Note o caso de *super-homem*, que muitos consideram nome composto.)

2. a **derivação sufixal** ou **por sufixação**: ocorre com acréscimo de sufixo a um semantema. Ex.: *bananada*, *beleza*, *pessoal*, que se dizem palavras derivadas sufixais.

3. a **derivação parassintética** ou **parassintetismo**: ocorre com acréscimo simultâneo de afixos. Ex.: *ajoelhar*, *enriquecer*, *emudecer*, que se dizem derivadas parassintéticas ou parassínteses.

4. a **derivação regressiva**: ocorre com supressão de falsos ou verdadeiros sufixos de uma palavra. Ex.: *sarampo* (o povo imaginou que era palavra derivada de *sarampão*), *burro* (o povo supôs que era palavra derivada de *burrico*), que se dizem palavras *derivadas regressivas* (ambas são regressivas nominais). Além das regressivas nominais, existem as regressivas verbais, também conhecidas por *palavras deverbais* ou *pós-verbais*, das quais são exemplos: *ajuda, caça, censura, ataque, desgaste, saque, abalo, acordo, castigo*. Serão sempre nomes abstratos, indicativos de ação e terminados em **-a**, **-e** ou **-o**.

5. a **derivação imprópria** ou **conversão**: ocorre quando uma palavra muda de classe, sem alterar a forma. Este processo pertence mais ao campo semântico que ao morfológico. A derivação imprópria se dá principalmente: quando adjetivos se tornam substantivos (*os bons*); quando substantivos se tornam adjetivos (*gol relâmpago, banana-maçã*); quando os infinitivos se tornam substantivos (*o poder, o prazer*); quando adjetivos passam a advérbios (*ler alto, falar sério*); quando palavras invariáveis se transformam em substantivos (*os prós, os contras, os nãos, o porquê*); quando substantivos próprios passam a comuns (*champanhe, gilete*); quando substantivos comuns passam a próprios (*Coelho, Leão*).

Composição

Composição é a formação de palavras pela união de dois ou mais semantemas. Ex.: *banana-maçã, aguardente*. As palavras assim formadas se dizem *compostas*.
Como se vê, pode ser de dois tipos:

1. a **composição por justaposição**: ocorre quando os semantemas permanecem absolutamente inalterados. Ex.: *banana-maçã, pé-de-meia, vaivém*, que se dizem palavras *compostas por justaposição*.

2. a **composição por aglutinação**: ocorre quando os semantemas se fundem, com perda de fonema ou alteração de um deles. Ex.: *aguardente* (água + ardente), *planalto* (plano + alto), *passatempo* (passar + tempo), que se dizem palavras *compostas por aglutinação*.

Onomatopeia

Onomatopeia é a formação de palavras que consiste em reproduzir aproximadamente certos sons ou ruídos. Ex.: *reco-reco, fom-fom, bem-te-vi, tique-taque*, que se dizem palavras *onomatopaicas* ou *onomatopeicas*.

Abreviação

Abreviação é a formação de palavras que consiste em reduzir palavras até o limite permitido pela compreensão. Ex.: **moto** (de *motocicleta*), **metrô** (de *metropolitano*), **preju** (de *prejuízo*), que se dizem palavras *abreviadas*.

Hibridismo

Hibridismo é a formação de palavras com elementos de línguas diferentes. Ex.: *sociologia* (latim e grego), *automóvel* (grego e latim), que se dizem palavras *híbridas*.

Testes e exercícios

1. Assinale as palavras derivadas:
a) viajante   b) automóvel   c) compor   d) pernilongo   e) pontapé

2. Assinale as palavras compostas:
a) mãezinha   b) pernilongo   c) super-humano   d) formigueiro   e) aguardente

3. Use prefixos adequados para formar derivadas prefixais a partir destas palavras:
a) sensível   b) humano   c) puro   d) cárie   e) honesto

Luiz Antonio Sacconi

4. Use sufixos adequados para formar derivadas sufixais a partir destas palavras:
a) máquina   b) babar   c) fumo   d) relógio   e) noz

5. Use prefixos e sufixos ao mesmo tempo para formar derivadas parassintéticas ou parassínteses:
a) tarde   b) carpete   c) alma   d) deus   e) temor

6. Assinale a alternativa que traz derivada regressiva:
a) ataque   b) couraça   c) curtume   d) japa   e) supimpa

7. Assinale a alternativa que traz derivada regressiva nominal:
a) catinga   b) ratazana   c) colo   d) boteco   e) misto

8. Assinale a alternativa que traz derivada regressiva verbal:
a) rotulo   b) preparo   c) pente   d) empada   e) gesso

9. Assinale as alternativas que trazem derivada imprópria ou conversão:
a) Não conheço nem Formiga nem Leão.
b) Serão eliminados os maus, só ficarão os bons.
c) O bem sempre vence o mal.
d) É preciso preservar o verde e acabar com o cinza.
e) Em março de 1964, o país estava uma verdadeira baderna.

10. Assinale as afirmações corretas:
a) **Escurecer** é palavra derivada por prefixação.
b) **Anoitecer** é palavra parassintética.
c) **Violão** é palavra derivada por prefixação.
d) **Caixão** é palavra derivada por sufixação.
e) **Coração** é palavra derivada.
f) **Seminovo** é palavra derivada.
g) **Semianalfabeto** é palavra composta.
h) **Ex-ministro** é palavra composta.
i) **Supersensível** é palavra derivada.
j) **Cosseno** é palavra derivada.

11. Adentrar é palavra:
a) derivada por sufixação   b) derivada parassintética   c) híbrida
d) derivada por prefixação   e) composta por aglutinação

12. Sobre-humano é palavra:
a) composta   b) derivada   c) híbrida   d) nem composta nem derivada
e) nenhuma das opções anteriores

13. Identifique o processo formador destas palavras:
a) ilegalidade   b) felizardo   c) beija-flor   d) artrite   e) petróleo

14. Continue:
a) impressionante   b) indicação   c) incomível   d) imberbe   e) invejar

15. Continue:
a) empobrecer   b) acariciar   c) submeter   d) mi-mi-mi   e) coaxar

Nossa gramática simplificada

16. Continue:
a) sem-terra   b) Fonseca   c) contrassenso   d) grito   e) ameaça

Dos concursos e vestibulares

17. (UFU-MG) A palavra **ensolarado** tem o mesmo processo de formação de palavras de:
a) desalmada b) inspirada c) esperada d) sonhada e) amada

18. (Londrina-PR) A palavra **resgate** é formada por derivação:
a) prefixal b) sufixal c) regressiva d) parassintética e) imprópria

19. (UNISINOS-RS) A alternativa em que a palavra não está corretamente classificada quanto ao seu processo de formação é:
a) **destaque** – derivação regressiva b) **fornalha** – derivação sufixal
c) **acorrentar** – derivação parassintética d) **antebraço** – derivação prefixal
e) casebre – derivação imprópria

20. (UEL-PR) Assinale a alternativa que contenha palavras formadas exclusivamente por derivação sufixal:
a) gotícula – folhagem – amanhecer
b) abotoar – envernizar – subterrâneo
c) caldeirão – chuvisco – povaréu
d) rendeira – aguardente – sonolento
e) semicírculo – península – democracia

21. (UECE) Assinale a única opção constituída por palavras formadas apenas por sufixação:
a) agulha – diplomata – costureira
b) silencioso – insuportável – maleta
c) ordinário – orgulhoso – caminho
d) costureira – silencioso – saleta
e) hidrovia – clínica – medicina

22. (FUVEST-SP) Nas palavras **atenuado**, **televisão** e **percurso** temos, respectivamente, os seguintes processos de formação de palavras:
a) parassíntese, hibridismo, prefixação
b) aglutinação, justaposição, sufixação
c) sufixação, aglutinação, justaposição
d) justaposição, prefixação, parassíntese
e) hibridismo, parassíntese, hibridismo

23. (CESGRANRIO-RJ) Assinale a alternativa em que o processo de formação de palavras está indevidamente caracterizado:
a) inesperado – derivação prefixal
b) inaudível – derivação parassintética
c) emudecer – derivação parassintética
d) encontrável – derivação sufixal
e) canto – derivação regressiva

24. (UNESP-SP) As palavras **perda**, **corredor** e **saca-rolha** são formadas, respectivamente, por:
a) derivação regressiva – derivação sufixal – composição por justaposição
b) derivação regressiva – derivação sufixal – derivação parassintética
c) composição por aglutinação – derivação parassintética – derivação regressiva
d) derivação parassintética – composição por justaposição – composição por aglutinação
e) composição por justaposição – composição por aglutinação – derivação prefixal

25. (UM-SP) Na frase **Ao entardecer, refizeram suas malas e vagarosos voltaram à capital**, há palavras formadas, respectivamente, por derivação:
a) prefixal – parassintética – sufixal
b) sufixal – prefixal e sufixal – parassintética
c) parassintética – sufixal – prefixal
e) prefixal e sufixal – prefixal – sufixal
e) parassintética – prefixal – sufixal

26. (E.S. Uberaba-MG) Todos os verbos seguintes são formados por parassíntese, exceto:
a) endireitar   b) atormentar   c) enlouquecer   d) desvalorizar   e) soterrar

27. (MACK-SP) Assinale a palavra que foge ao processo de formação de **zum-zum-zum**:
a) coaxar   b) relinchar   c) resmungar   d) zumbir   e) teco-teco

28. (UFMG) Em que alternativa a palavra em destaque resulta de derivação imprópria?
a) Às sete horas da manhã começou o trabalho principal: a **votação**.
b) Pereirinha estava mesmo com a razão. Sigilo... Voto secreto... **Bobagens**.
c) Sem radical **reforma** da lei eleitoral, as eleições continuariam sendo uma farsa!
d) Não chegaram a trocar um **isto** de prosa, e se entenderam.
e) Dr. Osmírio andaria **desorientado**, senão bufando de raiva.

29. (FUVEST-SP) Assinale a alternativa em que uma das palavras não é formada por prefixação:
a) readquirir – predestinado – propor
b) irregular – amoral – demover
c) reluzir – conter – antegozar
d) irrestrito – antípoda – prever
e) dever – deter – antever

30. (FAAP-SP) A palavra **infatigavelmente** é uma:
a) derivada prefixal   b) derivada sufixal   c) derivada prefixal e sufixal
d) derivada parassintética   e) n.d.a.

31. (UF-SC) Assinale as alternativas em que o processo de formação de palavras está indevidamente caracterizado:
a) **maluquice** – derivação prefixal e sufixal
b) **ensalmouradas** – composição por aglutinação
c) **extra** – derivação regressiva
d) **o porquê** – derivação imprópria
e) **subterrâneo** – derivação parassintética
f) **desencaminhar** – derivação prefixal e sufixal
g) **vaivém** – composição por justaposição
h) **ingrato** – abreviação
i) **monocultura** – hibridismo

Nossa gramática simplificada

32. (UFCE) Assinale as alternativas em que o processo de formação de palavras está indevidamente caracterizado:
a) **retificação** – derivada prefixal e sufixal
b) **pequenino** – derivada sufixal
c) **guarda-vidas** – composta por justaposição
d) **oficial** – derivada sufixal
e) **barbear** – palavra primitiva

Soluções dos testes e exercícios
1. a) c) **2.** b) e) **3.** a) insensível b) desumano c) impuro d) anticárie e) desonesto **4.** a) maquinista (ou outra qualquer com sufixo) b) babadouro (ou outra qualquer com sufixo) c) fumaça (ou outra qualquer com sufixo) d) relojoeiro (ou outra qualquer com sufixo) e) nogueira (ou outra qualquer com sufixo) **5.** a) entardecer b) acarpetar c) desalmado d) endeusar e) atemorizar **6.** a) **7.** d) **8.** b) **9.** a) b) c) d) **10.** b) d) f) i) j) **11.** b) **12.** b) **13.** a) derivada prefixal b) derivada sufixal c) composta d) derivada sufixal e) composta **14.** a) derivada sufixal b) derivada sufixal d) derivada prefixal d) derivada prefixal e) derivada sufixal **15.** a) parassíntese b) parassíntese c) derivada prefixal d) onomatopeia e) onomatopeia **16.** a) derivada prefixal b) composta (fonte seca) c) derivada prefixal d) derivada regressiva e) derivada regressiva **17.** a) **18.** c) **19.** e) **20.** c) **21.** d) **22.** a) **23.** b) **24.** a) **25.** e) **26.** d) **27.** c) **28.** d) **29.** e) **30.** a) **31.** a) b) c) h) **32.** a) e)

Lição 9
CLASSES DE PALAVRAS

Em português, as palavras se distribuem por dez classes: *substantivo, artigo, adjetivo, numeral, pronome* e *verbo* (que são as classes flexionáveis) e *advérbio, preposição, conjunção* e *interjeição* (que são as classes não flexionáveis).

Substantivo

Substantivo é o nome de todos os seres que existem, reais ou imaginários. Ex.: *livro, alma, fada, Deus.*
Toda palavra que venha antecedida de um artigo é substantivo ou passa a ser um substantivo. Ex.: *o livro, a caneta, o não, o saber, um porém, um agá, o Ceasa, o Dersa,* etc.

Classificação do substantivo

O substantivo pode ser:

1. comum (quando se refere a todos os seres da mesma espécie: *cidade*) ou **próprio** (quando se refere a um só indivíduo da espécie: *Curitiba*);

2. simples (quando formado por um só radical: *couve*) ou **composto** (quando formado por mais de um radical: *couve-flor*);

3. primitivo (quando dá origem a outros substantivos: *livro*) ou **derivado** (quando se origina de outro substantivo: *livraria*); e

4. concreto (quando o ser tem existência independente, real ou não: *casa, fada, alma, Deus*) ou **abstrato** (que se divide em dois tipos: a) o de seres de existência dependente, que existem sempre no âmago de outros seres, como *amor, saudade, carinho*; e b) o daqueles que sempre indicam ação ou estado, como *ameaça, ataque, viuvez*, etc.).

Importante
1) Entre os substantivos comuns se encontram os **coletivos**, nomes que, no singular, indicam vários seres da mesma espécie. Ex.: *bando* (muitas pessoas de má reputação), *constelação* (muitas estrelas).

2) Os substantivos coletivos podem ser *específicos* (quando indicam sempre a mesma espécie de seres e, por isso, não exigem modificadores) e *não específicos* (quando se referem a duas ou mais espécies de seres, exigindo, por isso, modificadores). Ex.:

arquipélago (só se refere a ilhas, portanto é específico); *junta* (pode ser de médicos, de examinadores, de bois; portanto não é específico).

3) Um coletivo específico pode ser usado com modificadores nestes casos, excepcionalmente:

    a) quando é preciso referir-se à espécie: um cardume de piranhas, de sardinhas; uma floresta de sequoias, de pinheiros, etc.;

    b) quando é preciso restringir o significado do coletivo: um cardume de peixes miúdos, uma floresta de antiquíssimas árvores, etc. e

    c) quando o coletivo é empregado em sentido figurado: um cardume de submarinos, uma floresta de galhos cortados, etc.

4) Muitas vezes é dispensável o uso do modificador, embora se trate de coletivo não específico. Isso ocorre quando o próprio contexto não deixa margem a dúvida. Assim, se estamos falando de um assunto médico, por exemplo, podemos construir: *Há horas que estamos esperando em vão um diagnóstico definitivo da junta que assiste meu avô.* Dificilmente a imaginação de alguém irá tão longe a ponto de conceber que o coletivo *junta* se refira a bois ou a militares. Se, por outro lado, falamos de futebol e ouvimos: *O Flamengo está com bom plantel*, não há necessidade de acrescentar depois do coletivo o modificador *de atletas*, pois o contexto, por si só, não deixa margem a dúvida.

Principais coletivos (os específicos estão marcados com asterisco: *)

abada
De quaisquer coisas que caibam num recipiente igual a uma pequena bacia: uma *abada* de castanhas, de nozes, de pinhões, de acerolas, de laranjas, etc.

acervo
De coisas em geral. Serve, portanto, para tudo: um *acervo* de argumentos, de opiniões, de tolices, de asneiras, de documentos, de arquivos, de publicações, de exposições, de dados, de garrafas, de ferramentas, de agulhas, de providências, de obras de arte, de minerais, de joias, de roteiros, etc.

ala
De pessoas em fila: uma *ala* de candidatos a emprego, uma *ala* de correntistas, numa agência bancária.

alavão*
De ovelhas leiteiras: um *alavão* deixou suas marcas na estrada de terra por onde passou.

álbum
De autógrafos, de fotos, de retratos, de selos, de poesias, de crônicas, de pensamentos ou máximas, de músicas: um *álbum* de fotos digitais; o cantor acaba de lançar seu novo *álbum*.

alcateia
De lobos. Neste caso, é específico. Aplica-se, todavia, como coletivo não específico, a quaisquer animais ferozes: uma *alcateia* de javalis, de panteras, de hienas, de jaguatiricas, etc. Aplica-se, ainda, pejorativamente, a pessoas de alta periculosidade: uma *alcateia* de sequestradores, de traficantes, de estupradores, etc.

aliança
De grupos ou de nações, com objetivos nobres ou de interesse público: uma *aliança* médica para o tratamento do tabagismo; uma *aliança* de nações democráticas para o combate ao narcotráfico. V. **coligação**.

alude
De coisas volumosas que caem (rochas, terra, neve, etc.): a rodovia foi interditada, por causa de um *alude* de rochas e terra que obstruiu a pista. V. **avalancha** e **runimol**.

aludel*
De vasos de laboratório que, encaixados uns nos outros, formam uma espécie de tubo, de aplicação sobretudo em química.

antologia
De textos selecionados: uma *antologia* poética de Manuel Bandeira; uma *antologia* de preciosos contos. V. **crestomatia**, **seleta** e **coletânea**.

apontoado
De tolices, de asneiras, de disparates: no seu discurso se ouviu um *apontoado* de tolices; depois de ela dizer um apontoado de asneiras, eu terminei o namoro.

armada*
De navios de guerra de uma potência marítima: a poderosa *armada* espanhola, que ficou conhecida como Invencível Armada, tinha a missão de conquistar a Inglaterra e foi derrotada por *Sir* Francis Drake. Antigamente, em Portugal, usava-se o termo *armada* para designar o conjunto de naus armadas que navegavam juntas com a mesma missão, sob o comando de um capitão-mor, daí por que se fala às vezes em *armada* de Cabral. Hoje, com mais propriedade, diz-se *frota* de Cabral. V. **esquadra**.

armento
De gado grande (cavalos, burros, zebras, búfalos, elefantes, etc.). V. **manada**, **cingel** e **junta**.

arméu
De lã, de estopa, de fios que se enrolam.

arquipélago*
De ilhas: o *arquipélago* de Abrolhos fica no litoral sul da Bahia, a 60km de Caravelas. Em sentido figurado, usa-se para conspirações, tramas, etc.

arsenal*
De armas e munições: foram roubadas várias armas do *arsenal* do Exército. Em sentido figurado, usa-se para piadas ou anedotas: esse humorista tem o maior *arsenal* de piadas do país.

assembleia
De pessoas reunidas, com objetivos comuns. O coletivo serve para tudo, desde que atenda àquela definição: uma *assembleia* de deputados, de literatos, de estudantes, de operários, etc.

atilho
De espigas de milho: no *atilho* havia dez espigas.

atlas*
De mapas reunidos em livro. Usa-se também em sentido figurado: *atlas* da mata Atlântica; *atlas* do corpo humano.

auditório*
De espectadores: ao fim da conferência, o *auditório* aplaudiu entusiasticamente o cientista.

avalancha ou **avalanche**
De coisas volumosas que caem (terra, neve, etc.). V. **alude** e **runimol**.

baixela*
De utensílios de mesa: o jantar foi servido em *baixela* de prata.

Nossa gramática simplificada

banca
De examinadores: quando ele defendeu sua tese de doutorado, participei da *banca*. V. **junta**.

bandada
De aves em bando. Serve para todas as aves em bando: uma *bandada* de perdizes, de codornas, de flamingos, etc.

bandeira
De garimpeiros, de exploradores de terra ou de minérios: Antonio de Almeida Lara foi um bandeirante que veio junto com a *bandeira* de Pascoal Moreira Cabral, a mesma que fundou Cuiabá em 1719.

bando
De pessoas em geral, geralmente de sentido pejorativo: um *bando* de cafajestes, de indisciplinados, de vândalos, de vagabundos, de maltrapilhos, de baderneiros, de moleques, etc. Usa-se também para quaisquer seres animados reunidos: um *bando* de carneiros, de pombos, de rapazes, de garotas, de ciganos, etc.

batalhão
De soldados ou de patrulheiros e também de pessoas em geral: o *batalhão* da Polícia Rodoviária; um *batalhão* de desempregados, de manifestantes, de mendigos, etc.

batelada
De gêneros alimentícios: uma *batelada* de arroz, de feijão, de lentilhas, etc.

bateria
De peças de guerra, de peças de cozinha, de instrumentos de percussão, de perguntas. V. **dilúvio**, **rosário** e **saraivada**.

biblioteca*
De livros catalogados: visitar a seção de livros raros de uma *biblioteca*. V. **pilha**.

boana*
De peixes miúdos: quando os pescadores retiraram a rede, viram que só conseguiram apanhar uma *boana*, de nenhum interesse comercial.

bosque*
De árvores: esse *bosque* dá vida a toda essa região. V. **floresta**.

braçada
De quaisquer coisas que se possam abranger com os braços: uma *braçada* de capim, de feno, de lenha, etc.

buquê
De flores reunidas e ligadas mais ou menos artisticamente, com empunhadura: o *buquê* faz parte do traje da noiva e pode ser tanto de flores naturais quanto de flores artificiais. V. **corbelha** e **ramalhete**.

cabido*
De cônegos, de sacerdotes a quem compete celebrar as ações litúrgicas mais solenes na igreja catedral ou na colegiada.

cabilda
De selvagens, de bárbaros, de nômades, de ciganos.

cacho
De bananas, de uvas, de cabelos encaracolados. V. **madeixa**.

cáfila
De camelos: o sultão oferecia gorda recompensa a quem encontrasse a sua *cáfila*. Usado para pessoas, tem caráter pejorativo: uma *cáfila* de bandidos, de ladrões, de criminosos, de corruptos, de canalhas, de pedófilos, de psicopatas, de sociopatas, etc.

cainçada*
De cães: quando o dono da casa chegou, a *cainçada* o saudou aos pulos. V. **canzoada** e **matilha**.

câmara
De parlamentares, de desembargadores.

camarilha
De todas as pessoas que cercam um chefe de Estado e com ele convivem intimamente, influindo sobre o governo. Assim, temos: uma *camarilha* de ladrões, de corruptos, de bajuladores, etc.

cambada
De todas as coisas que estejam penduradas no mesmo gancho: uma *cambada* de chaves, de peixes, de cebolas, de alhos, etc. Usado para pessoas, tem caráter pejorativo: uma *cambada* de moleques, de vândalos, de ladrões, de baderneiros, de corruptos, etc.

canzoada*
De cães: um osso faz a alegria da *canzoada*. Usada para pessoas, tem caráter pejorativo: a *canzoada* do Congresso que absolveu corruptos, a *canzoada* das torcidas organizadas, etc. V. **cainçada** e **matilha**.

capela
De bugios: os caçadores foram perseguidos por uma *capela* de bugios agressivos e famintos.

capítulo*
De monges: nenhum monge brasileiro faz parte desse *capítulo*.

caravana
De todas as pessoas que se reúnem para fazer um passeio ou viagem de recreio: uma *caravana* de estudantes, de torcedores, de turistas, de viajantes, etc. Usa-se também para tudo o que segue em fila: *caravana* de veículos, *caravana* de mulas, *caravana* de camelos.

cardume
De peixes na água. Neste caso, é específico. Em sentido figurado, usa-se para qualquer coisa que esteja aglomerada, em grande porção: um *cardume* de submarinos, um *cardume* de chamas. V. **piracema** e **viveiro**.

carrada
De quaisquer coisas que caibam num carro cheio: uma carrada de feno, de pedras, de lenha, de areia, etc. Usa-se também para qualquer coisa abstrata: uma *carrada* de razões, de opiniões, de sugestões, de argumentos, de solicitações, de pedidos, de reivindicações, etc.

carreira
De tudo o que anda em fileira: uma *carreira* de formigas, de condenados, de escravos, de prisioneiros, etc.

carrilhão*
De sinos: o *carrilhão* dessa igreja só soa no Natal; o anúncio da eleição de um novo papa agora se faz acompanhar não só da fumaça branca, mas também de um *carrilhão*.

caterva
De gente ordinária em geral: uma *caterva* de desordeiros, de vadios, de cafajestes, de vândalos, de aproveitadores, de vagabundos, de traficantes, de corruptos, de sequestradores, etc.

cavalgada ou **cavalgata***
De cavaleiros em marcha: a pequena *cavalgata* continuou a marcha, através da picada.

Nossa gramática simplificada

chorrilho
De coisas efêmeras ou passageiras: um *chorrilho* de sortes, de azares, de momentos felizes, etc. Usa-se também para coisas desagradáveis: um *chorrilho* de reclamações, de protestos, de disparates, de asneiras ou tolices, de insultos, de calúnias, de difamações, de aberrações, de absurdos, de boatos, de decepções, de contradições, de desgraças, de maldições, de feitiços, de acidentes, de palavrões, de piadas de mau gosto, etc.

chusma
De marinheiros, de votos, de parentes: assim que tomou posse, nomeou uma *chusma* de parentes. Para pessoas em geral, tem caráter pejorativo: uma *chusma* de criados, de estúpidos, de covardes, de patifes, de idiotas, de imbecis, de boçais, de picaretas, de gulosos, de puxa-sacos, de aduladores, de caloteiros, etc.

cineral*
De cinzas: do prédio em chamas só restou mesmo um *cineral*.

cingel*
De bois. V. **armento**, **junta** e **manada**.

claque*
De pessoas pagas ou combinadas para aplaudir ou apupar, num espetáculo ou comício.

classe*
De alunos: quando o professor fala, a *classe* tem de ficar em silêncio e atenta.

clero*
De eclesiásticos em geral: alguns membros do *clero* fazem parte desse governo.

código*
De leis ou de regras dispostas em certa ordem: o *código* penal, o *código* do consumidor. V. **legislação**.

colégio
De cardeais, de eleitores, de alunos de uma escola: você sabe de quantos milhões de pessoas é composto hoje o *colégio* eleitoral brasileiro?

coletânea
De textos selecionados, de pensamentos ou máximas escolhidos, de ícones, de músicas. V. **antologia**, **crestomatia** e **seleta**.

colmeia
De abelhas: as abelhas operárias são responsáveis por todas as tarefas da *colmeia*. V. **cortiço** e **enxame**.

colônia
De imigrantes, de bactérias, de formigas. V. **carreira** e **correição**.

companha
De pescadores: nossa *companha* era composta por nove pessoas, todos pescadores experientes.

comunidade
De deveres, de obrigações, de responsabilidades, de interesses, de religiosos, de cidadãos, de escolares, de favelados, de acadêmicos, de políticos.

concílio*
De bispos convocados pelo Papa: o *concílio* de Trento foi o mais longo da história da Igreja.

conclave*
De cardeais reunidos para eleger o Papa: o final de um *conclave* é marcado pela emissão de uma fumaça branca.

congérie
De todas as coisas: uma *congérie* de angústias, de lágrimas, de ideias, de tolices, de asneiras, de disparates, de incertezas, de astros, de ideais, de falhas, de erros, de gafes, de puerilidades, de proibições, de formalidades, de religiões, de técnicas, de dados, etc. V. **acervo, apontoado** e **enfiada**.

congresso
De deputados, de senadores, de diplomatas, de cientistas, de estudiosos, de especialistas.

conluio
De conspiradores, de gente interessada em praticar malfeitorias: um *conluio* de madeireiros para matar um ambientalista.

conselho
De ministros, de professores, de pessoas eminentes em geral.

consistório
De cardeais presididos pelo Papa, de pessoas que se reúnem para resolver casos graves: um *consistório* do Alto Comando do Exército; um *consistório* das autoridades econômico-financeiras do país, etc.

constelação
De estrelas ou astros em geral, de objetos dispostos em um pequeno espaço: uma *constelação* de medalhas à lapela de um general.

conventículo
Assembleia secreta ou clandestina de conspiradores, de bruxos ou feiticeiros, de maçons. V. **corrilho**.

coorte
De pessoas armadas, de pacientes, de idosos: Marcos escreve que, com Judas, vinha "uma multidão trazendo espadas e paus, da parte dos chefes dos sacerdotes, escribas e anciãos", isto é, uma *coorte* considerável.

corbelha
De flores, de uma ou de várias espécies: foi aposta uma *corbelha* de flores ao monumento do Soldado Desconhecido. V. **buquê** e **ramalhete**.

cordão
De foliões carnavalescos, de policiais dispostos de forma a impedir uma ação qualquer, de puxa-sacos ou aduladores.

cordilheira*
De montanhas: a *cordilheira* mais longa do mundo fica na América do Sul, não muito longe do Brasil, e chama-se Cordilheira dos Andes.

cordoalha ou **cordame**
De cordas ou cabos de qualquer espécie: o *cordame* dos mastros.

corja
De pessoas ordinárias em geral: uma *corja* de bandidos, de bêbados, de ladrões, de vagabundos, de malandros, de assassinos, de sequestradores, de vigaristas, de picaretas, etc. V. **caterva, malta, matula** e **súcia**.

corpo
De alunos, de eleitores, de jurados, de professores.

correição
De formigas. V. **carreira** e **colônia**.

Nossa gramática simplificada

corrilho
De feiticeiros ou bruxos, de interesseiros, de intrigantes, de mexeriqueiros, de fofoqueiros. V. **conventículo**.

corso
De piranhas, de carruagens, de sardinhas, de navios piratas.

cortiço
De abelhas, de pequenas casas velhas e pobres (neste caso, é específico) V. **colmeia**.

crestomatia*
De textos selecionados. V. **antologia**, **coletânea** e **seleta**.

dactilioteca
De anéis, joias e pedras preciosas gravadas.

data
de tapas, de bofetões, de palmadas: a criança só parou de resmungar quando recebeu uma *data* de palmadas da mãe.

dilúvio
De perguntas feitas geralmente com intenção de embaraçar: o ministro recebeu dos repórteres um *dilúvio* de perguntas, a que se recusou dar resposta. Usa-se também para qualquer coisa em grande quantidade: um *dilúvio* de pedras, de balas, de garrafas (lançadas contra alguém), de papéis picados, etc.

discoteca*
De discos ordenados. V. **pilha**.

elenco
De artistas, de atores, de medidas: o governo divulgou um *elenco* de medidas para conter a inflação.

enfiada
De tudo o que se enfia em linha: uma *enfiada* de pérolas, de dentes de animais, de camarões. Usa-se também para tudo o que ocorre em série ou em sequência: uma *enfiada* de feriados, de mentiras, de assassinatos, de tolices, etc. V. **acervo** e **apontoado**.

enxoval*
De roupas e complementos que a noiva traz para o casamento, de roupas de criança recém-nascida, internos em colégios, sanatórios, etc., de toda a vestimenta do hotel, que inclui lençol de casal, lençol de solteiro, sobrelençol, fronha, cobertor, protetor de colchão, toalha de banho, de rosto, piso, toalha de mesa, cobre-mancha, guardanapo, etc.

esquadra*
De navios de guerra de um país, com o objetivo de proteger os navios mercantes ou de hostilizar o inimigo no mar ou em terra, comandados por oficial superior. V. **armada**.

esquadrilha
De aviões ou aeroplanos, de pequenos navios: assistir a uma demonstração da *esquadrilha* da fumaça. V. **flotilha**.

exército*
De soldados. V. **batalhão** e **pelotão**.

falange
De pessoas em geral, tomadas em bom sentido: uma *falange* de heróis, de trabalhadores, de poetas, de sábios, de patriotas, etc.

farândola*
De mendigos e maltrapilhos: a *farândola* desfilava pelas ruas, chamando a atenção.

fato
De cabras: desgarraram-se do *fato* seis cabras. V. **rebanho**.

fauna*
De animais de uma região: os turistas ficaram maravilhados com a *fauna* amazônica. V. **flora**.

feixe
De lenha, de raios luminosos. Usa-se também para quaisquer coisas: um *feixe* de razões, um *feixe* de tabuinhas, de varas, de ramos, etc.

flora*
De plantas de uma região: muitas curas de doenças graves estão ainda escondidas na *flora* amazônica. V. **fauna**.

floresta
De árvores de grande porte (neste caso é específico). Usa-se também para grande quantidade de coisas aglomeradas e verticais ou em diagonal: uma *floresta* de estacas, de torres, de postes, de mastros, de bandeiras. Também para uma coleção variada de escritos: uma *floresta* de máximas, de pensamentos, de poemas, de manchetes de jornal. E ainda para uma grande quantidade de coisas (abstratas): cometer uma *floresta* de equívocos, de fraudes, de gafes, de erros, de falhas. V. **bosque**.

flotilha
De aviões, de pequenos navios (de pesca ou de guerra), de características semelhantes.

fornada
De tudo o que vai ao forno de uma só vez (pães, biscoitos, telhas, tijolos, etc.). Usa-se também para tudo o que se faz de uma só vez: uma *fornada* de CDs, de bacharéis (pejorativo), etc.

fressura*
De vísceras grossas dos animais (pulmões, baço, fígado, coração, etc.): lavar bem a *fressura*, antes de cozinhar.

frota
De navios mercantes ou de guerra de um país, de navios mercantes, comboiados por navios de guerra, de veículos pertencentes à mesma pessoa ou empresa: uma *frota* de carros, de ônibus, de caminhões, etc.

galeria
De estátuas, de quadros, de objetos de arte em geral, de dutos subterrâneos, para escoamento das águas pluviais.

girândola
De fogos de artifício, de amores: a *girândola* deve estar distante de no mínimo 50m de casas e espectadores; a *girândola* foi lançada do alto do edifício; viver uma *girândola* de amores impossíveis.

grupo
De pessoas ou coisas em geral: um *grupo* de estudantes, de rapazes, de trabalhadores, de atores, de ilhas, de colunas, de casas, etc.

hemeroteca*
De jornais e revistas arquivados: a *hemeroteca* da faculdade permite o acesso a todos os periódicos do país, nos últimos trinta anos.

horda
De indisciplinados, de selvagens, de bárbaros, de torcedores agressivos: assim que a goleada começou a se delinear, alguns elementos da *horda* corintiana invadiram o gramado, querendo bater no árbitro.

Nossa gramática simplificada

junta
De dois bois, de médicos, de examinadores, de militares. V. **banca**.

júri*
De jurados: o *júri* deu o seu veredicto, considerando culpado o réu.

legião
De anjos, de demônios: sonhou com uma *legião* de anjos.

legislação*
De leis: a *legislação* brasileira é muito branda com bandidos. V. **código**.

leva
De presos, de recrutas: uma *leva* de presos muçulmanos foi levada à base americana, em Cuba.

lio
De tudo o que se encontra atado ou em pacote: um *lio* de capim, de palhas, de cenouras, de espigas, de agrião, etc.

madeixa*
De cabelos: essa *madeixa* de cabelos grisalhos teria pertencido a Beethoven. V. **cacho**.

malta*
De gente ordinária em geral (malfeitores, vagabundos, assaltantes, sequestradores, pedófilos, bêbados, assassinos, etc.). V. **caterva**, **corja**, **matula** e **súcia**.

manada
De gado grosso em geral (bois, burros, cavalos, búfalos, éguas, elefantes, etc.). V. **armento**, **cingel** e **junta**.

matilha*
De cães de caça: após a caçada, os membros da *matilha* se reagrupam. V. **cainçada** e **canzoada**.

matula*
De gente ordinária em geral. V. **caterva**, **corja**, **malta** e **súcia**.

miríade
De quaisquer coisas em número superior a dez mil (calculados *grosso modo*): uma *miríade* de estrelas, de insetos, de gafanhotos, de pedriscos, etc.

mó
De gente: uma *mó* de gente passa por aqui, todos os dias, pedindo esmolas.

molho (ó)
De tudo o que está agrupado: um *molho* de chaves, de cenouras, de rabanetes, etc. V. **lio**.

monturo
De tudo o que repugna ou indigna: um *monturo* de lixo, de carniça, de indignidades, de impropérios, de corrupções, etc.

mortualha*
De cadáveres: o cheiro produzido pela *mortualha* em decomposição era insuportável.

multidão
De pessoas ou de coisas aglomeradas: uma *multidão* de espectadores, de peixes, de árvores, de fatos, etc.

museu*
De coisas raras e históricas (antigas ou modernas).

nuvem
De fumaça, de coisas de reduzido tamanho: uma *nuvem* de gafanhotos, de insetos, de mosquitos, de pó, etc.

orquestra*
De músicos: uma *orquestra* internacional abrilhantará o baile das debutantes.

panapaná*
De borboletas em migração: uma panapaná é um bando de milhares de borboletas, que migram em certas épocas, formando verdadeiras nuvens.

paremiologia*
De provérbios: Muitos estudiosos da *paremiologia* nordestina fizeram citações desses provérbios em seus livros, entre eles Câmara Cascudo.

pelotão
De soldados, de pessoas que fazem alguma coisa em comum: um *pelotão* de turistas, um *pelotão* de repórteres e cinegrafistas. V. **batalhão** e **exército**.

penca
De filhos, de chaves, de bananas.

pilha
De coisas dispostas umas sobre as outras (livros, pratos, pires, tijolos, madeiras, discos, etc.).

pinacoteca*
De quadros: visitar a *pinacoteca* do Estado. V. **galeria**.

pinha
De pessoas muito juntas e unidas: uma *pinha* de curiosos, de torcedores nas gerais de um estádio.

piracema*
De peixes na água. V. **cardume** e **viveiro**.

plantel
De animais de raça (principalmente bovinos e equinos), de atletas, de craques de futebol: o Palmeiras tem hoje um *plantel*.

plêiade
De pessoas ilustres, eminentes ou brilhantes (escritores, poetas, cientistas, etc.).

quadrilha
De cães, de ladrões, de malfeitores.

quarteirão*
De casas: o incêndio acabou alastrando-se por todo o *quarteirão*.

raizame*
De raízes: o *raizame* da grande árvore se estendia por centenas de metros.

ramalhete
De flores reunidas e ligadas mais ou menos artisticamente, sem empunhadura. V. **buquê** e **corbelha**.

rebanho
De gado guardado por pastores (carneiros, ovelhas, cabras, etc.).

récua
De animais de carga (asnos, burros, cavalos, jegues, etc.). Aplicado a pessoas, tem sentido pejorativo: uma *récua* de desonestos, de picaretas, de vigaristas, de hipócritas, etc.

renque
De tudo o que está em fila ou fileira: um *renque* de árvores, de colunas, de pessoas, etc.

repertório
De peças teatrais ou musicais, de anedotas.

Nossa gramática simplificada

réstia
De cebolas, de alhos: na cozinha se via uma *réstia* de cebolas pendurada.

revoada
De quaisquer aves em voo: uma *revoada* de corvos, de pardais, de pombos, de andorinhas, etc.

rosário
De perguntas (feitas geralmente com a intenção de embaraçar). V. **bateria**, **dilúvio** e saraivada.

runimol
De coisas volumosas que caem (terra, neve, etc.). V. **alude** e **avalancha**.

saraivada
De protestos, de vaias, de balas, de injúrias, de perguntas. V. **bateria**, **dilúvio** e **rosário**.

seleta*
De textos selecionados. V. **antologia**, **coletânea** e **crestomatia**.

súcia*
De gente ordinária em geral. V. **caterva**, **corja**, **malta** e **matula**.

tertúlia*
De pessoas íntimas (amigos, parentes, etc.).

tropel
De quaisquer coisas que sensibilizam (física ou moralmente): um *tropel* de cavalos, de paixões, etc.

tuna*
De estudantes que excursionam e dão concertos.

turma
De estudantes, de soldados, de operários, de lavradores.

universidade*
De faculdades ou escolas superiores.

vacada* ou **vacaria***
De vacas.

vara
De porcos: a epizootia que grassou no país obrigou seus governantes a sacrificar toda a sua *vara* de porcos.

viveiro
De aves presas, de peixes confinados. V. **cardume** e **piracema**.

vizindário*
De vizinhos: quem mora em condomínios fechados tem de manter um bom relacionamento com o *vizindário*.

vocabulário*
De palavras: o *vocabulário* português é composto de cerca de 500 mil palavras.

Alguns coletivos de quantidade definida

Ano	**Decêndio**
12 meses	10 dias
Centenário	**Decênio**
100 anos	10 anos

Centúria	**Dia**		
100 anos	24 horas		
Hebdomadário	**Século**		
7 dias	100 anos		
Lustro	**Sesquicentenário**		
5 anos	150 anos		
Miríade	**Trezena**		
10 mil	13 dias		
Cinquentenário	**Fardo**	**Quinquênio**	**Triênio**
50 anos	10 resmas de papel	5 anos	3 anos
Década	**Grosa**	**Resma**	**Vicênio**
10 anos	12 dúzias	500 folhas de papel	20 anos

Gênero do substantivo

Em português existem apenas dois gêneros: o *masculino* e o *feminino*. A oposição masculino/feminino se realiza normalmente mediante o uso de desinências como *-a, -esa, -essa, -oa*, etc. Ex.: aluno/aluna, barão/baronesa, visconde/viscondessa, faisão/faisoa.

Sempre que houver desinência, haverá feminino, ou seja, haverá flexão de gênero. Se a oposição se realizar com palavras de radicais diferentes, não haverá flexão, haverá somente *heteronímia*. Ex.: homem/mulher, genro/nora, boi/vaca.

Sendo assim, não há propriedade em dizer que *mulher* é feminino de *homem*, mas sim que *mulher* é heterônimo feminino de *homem*, a exemplo de *nora* e de *vaca*, em relação, respectivamente, a *genro* e *boi*. Daí por que não há também propriedade em afirmar que *vaca* é feminino de *boi*: trata-se de heterônimos.

Os heterônimos não trazem desinência de gênero.

Importante

1) Quanto ao gênero, os substantivos podem ser *uniformes* ou *biformes*. Os substantivos uniformes são os que apresentam apenas uma forma para os dois gêneros. Ex.: *estudante* (homem ou mulher), *jacaré* (macho ou fêmea), *pessoa* (homem ou mulher). Os substantivos biformes são os que apresentam uma forma para cada gênero. Ex.: gato/gata, boi/vaca, genro/nora, boneco/boneca.

2) As siglas que se usam como nomes próprios têm sempre o gênero do nome inicial da locução substantiva. Assim, se *Ceagesp* significa *Companhia* de Entrepostos e Armazéns Gerais de São Paulo, temos uma sigla de gênero feminino: **a** Ceagesp. Se o primeiro nome da locução substantiva estiver no plural, far-se-á a concordância, de preferência, com a ideia subentendida. Ex.: *Ceasa* significa *Centrais* de Abastecimento S.A., estando aí subentendida a ideia de entreposto ou armazém geral. Desta forma, seu gênero é o masculino: **o** Ceasa. Se a referida locução tivesse início com *Central*, o gênero seria o feminino: "a" Ceasa. Outros caso ineressante é d**o** Dersa (o *Desenvolvimento* Rodoviário S.A.), que a mídia brasileira insiste em usar "a" Dersa, sem observar o gênero da palavra *Desenvolvimento*.

Nossa gramática simplificada

3) Dúvidas quanto ao gênero dos substantivos se dirimem com consulta de preferência ao **Dicionário Prático Sacconi**.

4) Alguns substantivos femininos têm acepção inteiramente diversa dos correspondentes masculinos. Entre eles estão: banheiro/banheira, bolso/bolsa, cano/cana, cerco/cerca, espinho/espinha, lenho/lenha, tormento/tormenta, trilho/trilha, vento/venta.

5) Por outro lado, há certos substantivos que possuem os dois gêneros, guardando apenas um sentido aproximado entre si. Entre eles estão: banheiro/banheira, casco/casca, cerco/cerca, chinelo/chinela, cinto/cinta, jarro/jarra, ramo/rama.

6) Existem, ainda, alguns substantivos de gêneros e significados diferentes, porque se originam de radicais diferentes. Ex.: caso/casa, colo/cola, mico/mica, prato/prata.

7) Existem substantivos que são femininos ou masculinos, consoante o significado que possuem na frase. Ex.: o águia (vigarista)/a águia (ave); o grama (peso)/a grama (capim), etc.

8) Toda vez que um substantivo feminino for usado em sentido figurado, em referência a pessoas, tanto do sexo masculino quanto do sexo feminino, troca de gênero. Assim, temos: **banana**, a fruta, de gênero feminino; aplicada a uma pessoa, troca o gênero (**o banana**). *Seu marido é **um** banana, não enxerga um palmo adiante do nariz.* Outros exemplos: *** ***Aquele** besta da sua irmã não sabe nada.* *** *Você conhece **aquele** mala do Galvão?*

9) As siglas e os acrônimos recebem o gênero da primeira palavra da expressão ou locução que os formam. Ex.: **o** IBGE (= **o Instituto** Brasileiro de Geografia e Estatística); **a** Anvisa (= **a Agência** Nacional de Vigilância Sanitária).

SÃO MASCULINAS

o açúcar
o ágape
o aguapé
o alpiste
o alvará
o amálgama
o anátema
o antílope
o apêndice
o apetite
o avestruz
o bocha
o cajá
o caudal
o champanha
o clã
o contralto
o cotilédone
o decalque
o derma
o diabetes

o diapasão
o dó
o eclipse
o eczema
o edema
o epítome
o estigma
o estratagema
o fibroma
o formicida
o gambá
o gengibre
o guaraná
o herpes
o jérsei
o lança-perfume
o lotação (= autolotação)
o magazine
o magma
o manete
o matiz
o milhão
o milhar
o orbe
o pampa
o pernoite
o pijama
o plasma
o preá
os proclamas
o puma
o puxa-puxa
o quati
o saca-rolha(s)
o soprano
o suéter
o tamanduá
o tapa
o telefonema
o toalete (= lavatório)
o tracoma
o *vernissage*
o vitiligo
o zika (= o zika vírus)

SÃO FEMININAS

a abusão
a acne
a agravante
a aguardente

Nossa gramática simplificada

a alcunha
a alface
a aluvião
a atenuante
a bacanal
a baguete
a bicama
a bólide
a cal
a cataplasma
a cólera
a comichão
a cultivar
a debênture
a decalcomania
a dengue
a derme
a dinamite
a dundum
a echarpe
a ênfase
a entorse
a enzima
a espru
a fácies
a fênix
a fruta-pão
a gabardine
a gênese
a grei
a *happy hour*
a hélice
a libido
a mascote
a matinê
a musse
a musselina
a omelete
a omoplata
a ordenança
a pane
a patinete
a poncã
a própolis
a quitinete
a *scooter*
a *selfie*
a sentinela
a soja
a suã
a TED
a torquês

a tricoline
a usucapião
a vernissagem
a vitiligem
a xérox

Observação
O Vocabulário Ortográfico da Língua Portuguesa (VOLP) registra **agravante, atenuante, bólide, cataplasma** e **própolis** como substantivos de dois gêneros; preferimos, no entanto, seu emprego apenas como nomes femininos. Também registra **avestruz, pijama** e **tapa** como substantivos de dois gêneros; preferimos, todavia, registrá-los apenas como nomes masculinos. Registra **cultivar, espru, ordenança, poncã, própolis, usucapião** e **xérox** como substantivos masculinos, a nosso ver, equivocadamente. Registra, ainda equivocadamente, a nosso ver, como substantivos femininos: **amálgama, bocha, cotilédone, diabetes, gambá, preá,** e **toalete**.

Particularidades de gênero

Além dos gêneros masculino e feminino, nossa língua apresenta algumas particularidades, constituídas pelos substantivos *comuns de dois, sobrecomuns* e *epicenos*.

Substantivos *comuns de dois* ou *comuns de dois gêneros* são os substantivos uniformes referentes a pessoas de ambos os sexos. A distinção de sexo se faz com o auxílio de determinantes (artigo, adjetivo, numeral ou pronome adjetivo). Ex.: o/a boia-fria, cabo, cadete, camelô, mártir, médium, puxa-saco, tenente, xereta.

Substantivos *sobrecomuns* são os substantivos uniformes referentes a pessoas de ambos os sexos. Ex.: o cadáver, o cônjuge, a criança, o gênio, o indivíduo, o membro, o pão-duro, o pé-frio, a pessoa, o sujeito, a testemunha, a vítima. Só o contexto nos permite saber se a referência é a homem ou a mulher.

Substantivos *epicenos* são os substantivos uniformes referentes a animais. A distinção de sexo se faz mediante o uso das palavras *macho* ou *fêmea*. Ex.: o jacaré macho/o jacaré fêmea; a barata macho/a barata fêmea. Note que o gênero do substantivo não muda; será sempre **o** jacaré, **a** barata.

Importante
Existem substantivos que são masculinos ou femininos, consoante o significado que possuem na frase. Os principais são:
o águia = vigarista; **a** águia = ave; perspicaz
o banana = frouxo; **a** banana = fruto
o cabeça = líder; **a** cabeça = parte do corpo
o caixa = pessoa que paga ou recebe junto à caixa; **a** caixa = objeto
o capital = bens; **a** capital = sede do governo
o cara = homem ou mulher; **a** cara = rosto
o cisma = separação religiosa; **a** cisma = receio, desconfiança
o coma = sono mórbido; **a** coma = cabeleira, juba

o grama = unidade de peso; **a** grama = relva, capim
o guia = pessoa que guia visitantes, turistas, etc.; **a** guia = documento
o laranja = pessoa que se passa por outra; **a** laranja = fruto da laranjeira
o lente = professor; **a** lente = vidro de aumento
o lotação = autolotação; **a** lotação = capacidade máxima de cinema, elevador, etc.
o moral = disposição ou estado de espírito; ânimo; **a** moral = ética; conclusão
o nascente = lado onde nasce o Sol; **a** nascente = fonte
o praça = soldado raso; **a** praça = ampla área pública; pessoa (Luís é *boa praça*)
o rádio = aparelho receptor; **a** rádio = emissora

Principais femininos e heterônimos femininos

Substantivos que têm forma feminina completamente distinta da masculina são chamados substantivos *heterônimos* ou *desconexos*. Ex.: *bode-cabra, homem-mulher, pai-mãe, boi-vaca. carneiro-ovelha, padre-madre, genro-nora,* etc. Eis uma lista dos principais:

o anfitrião	a anfitrioa, a anfitriã
o aprendiz	a aprendiza
o arcebispo	a arquiepiscopisa
o asno	a asna
o ateu	a ateia
o bacharel	a bacharela
o barão	a baronesa
o búfalo	a búfala
o capiau	a capioa
o capitão	a capitã
o carteiro	a carteira
o cavaleiro	a cavaleira, a amazona
o cavalheiro	a dama
o charlatão	a charlatã, a charlatona
o cidadão	a cidadã
o comandante	a comandanta
o conde	a condessa
o cônego	a canonisa
o cônsul	a consulesa (esposa), a cônsul (funcionária)
o coronel	a coronela
o deputado	a deputada
o deus	a deusa, a diva, a deia
o diabo	a diaba, a diáboa, a diabra
o diácono	a diaconisa
o duque	a duquesa
o elefante	a elefanta
o embaixador	a embaixatriz (esposa), a embaixadora (funcionária)
o frade	a freira
o frei	a sóror
o garçom	a garçonete
o general	a generala
o governante	a governanta, a governante
o guri	a guria
o hebreu	a hebreia

Luiz Antonio Sacconi

o herói	a heroína
o hindu	a hindu
o hipopótamo	a hipopótama
o hortelão	a horteloa
o hóspede	a hóspede, a hóspeda
o ídolo	a ídola
o ilhéu	a ilhoa
o imperador	a imperadora (rainha), a imperatriz (esposa)
o jabuti	a jabota
o jóquei	a joqueta (ê)
o judeu	a judia
o juiz	a juíza
o ladrão	a ladra, a ladrona (popular)
o lavrador	a lavradeira
o lobo	a loba
o maestro	a maestrina
o mecânico	a mecânica
o mestre	a mestra
o moleque	a moleca
o monge	a monja
o músico	a música
o oficial	a oficiala
o papa	a papisa (uso figurado)
o papagaio	a papagaia (usa-se também como epiceno)
o pardal	a pardoca, a pardaloca
o parente	a parenta, a parente
o patriarca	a matriarca
o pavão	a pavoa
o perdigão	a perdiz
o pigmeu	a pigmeia
o piloto	a pilota
o píton	a pitonisa
o plebeu	a plebeia
o poeta	a poetisa
o político	a política
o prefeito	a prefeita
o presidente	a presidenta, a presidente
o primeiro-ministro	a primeira-ministra
o príncipe	a princesa
o profeta	a profetisa
o rapaz	a rapariga
o réu	a ré
o rinoceronte	a abada
o sacerdote	a sacerdotisa
o sapo	a sapa
o sargento	a sargenta
o soldado	a soldada
o tabaréu	a tabaroa
o tabelião	a tabeliã
o tecelão	a tecelã, a teceloa
o técnico	a técnica
o tigre	a tigresa (usa-se também como epiceno)

Nossa gramática simplificada

o tribuno	a tribuna
o tsar	a tsarina
o varão	a virago
o veado	a veada, a cerva
o vilão	a vilã, a viloa
o visconde	a viscondessa
o zangão	a abelha

Testes e exercícios

1. Assinale a letra correspondente a um substantivo:
a) independente b) coerção   c) assim   d) demais   e) acordar

2. Entre os substantivos a seguir, apenas um é comum. Assinale a letra correspondente:
a) Juçara   b) Jericoaquara   c) Jeni   d) Juvenal   e) estória

3. Assinale a letra correspondente ao substantivo simples:
a) petróleo   b) aguardente   c) constitucionalidade   d) coirmão e) assíduo

4. Assinale a letra correspondente ao substantivo composto:
a) anticárie   b) super-homem c) sub-humano   d) bananada e) vaga-lume

5. Complete os espaços com o coletivo do(s) substantivo(s) em destaque:
a) Não havia **alhos** pelo chão, havia uma ... toda pelo chão.
b) Não me refiro apenas a um **tucano** e a um **bicho-preguiça**, refiro-me a toda a ....
brasileira.
c) Os terroristas não portavam apenas algumas **armas e munições**; eles portavam
um verdadeiro ...
d) O botânico francês não quis conhecer apenas algumas **flores** do nosso país; eles quis
conhecer a nossa ... toda.
e) Ao sacudirmos o tronco da pequena árvore, os **pássaros** se assustaram e saíram em ...
f) Eram muitos os **aviões** que faziam demonstrações arrojadas, mas o povo gostou
mesmo é da ... da fumaça.
g) Muitos **cardeais** chegaram a Roma para participar do ... , para a eleição de um
novo papa.
h) Muitos **bispos** chegaram a Roma para participar do ... que se inicia amanhã.
i) De repente surgiu à nossa frente uma ... de **mendigos** e **maltrapilhos**.
j) Aquele presidente, quando falava de improviso, dizia um ... de **asneiras**.
k) Não levei para casa apenas uma **espiga de milho** verde; levei logo um ...
l) Quando o jogo acabou, ouviu-se uma ... de **vaias**.
m) O dinheiro não deu para comprar nem uma ... de **cebolas**.
n) No meio do deserto, foi morrendo **camelo**, foi morrendo camelo, até que a ... ficou
reduzida a dois camelos.
o) Aquela é mais uma das **ilhas** do ... das Bermudas.
p) Você sabe a que ... pertence Sírio, a **estrela** mais luminosa dos céus?
q) Com a compra desses **navios de guerra**, a Marinha brasileira ficou com uma ...
poderosa.
r) Algumas torcidas organizadas são compostas por uma ... de **vândalos**.
s) Os pais de Shigeaki são **imigrantes**, por isso ele é um membro da ... japonesa.
t) Juçara tinha em casa apenas dois **quadros**, mas fazia questão de dizer que tinha uma ...
u) De repente, ali na rua, juntou-se em volta do mágico uma ... de **curiosos**.

83

Luiz Antonio Sacconi

v) Ela tem um caderno só de **provérbios** e diz que sabe de cor a ... toda.
w) Um político falava do outro um ... de indignidades, de impropérios.
x) O candidato, só para ganhar as eleições, se cercou de uma ... de **gente ordinária**.
y) Seus sonhos eram repletos de ... de **anjos** e também de **demônios**.
z) O milharal foi atacado por uma ... de **gafanhotos**.

6. Continue:
a) Se no seu sítio você tem uma grande quantidade de **porcos**, você tem uma ... de porcos.
b) Se você viu na floresta amazônica uma porção de **macacos**, você viu uma ... de macacos.
c) Ali há uma boa quantidade de **religiosos** reunidos, mas ninguém sabe a que ... eles pertencem.
d) Ela casou e diz que deseja ter muitos **filhos**, que vai cuidar bem da sua ... .
e) Embaixo do meu prédio todas as noites se ouvem muitas **vozes**; é um ... daqueles!
f) Hortênsia trazia consigo um ... de **flores**.
g) Uma ... de **bois** tirou o carro do atoleiro.
h) Os adultos já não entendem muitas **palavras** que a juventude usa; de fato, os jovens usam de ... próprio e bastante criativo.
i) Clarisse conhece toda a ... de **poetas** contemporâneos.
j) Alguns repórteres fizeram um ... de **perguntas** ao ministro, que acabou se irritando.
k) A editora acaba de publicar uma ... moderna, com **textos selecionados** de Vinicius de Moraes e Cecília Meireles.
l) A ... de **examinadores** será composta de eminentes **professores** universitários.
m) Durante a guerra, viam-se nos mares ... de **submarinos** alemães.
n) Os caçadores chegaram dizendo que fugiram de uma ... de agressivos **elefantes**.
o) Virgílio disse ao delegado que conhece toda aquela ... de **traficantes**.
p) Esse rio é cheio de **piranhas**, joguei um pedaço de carne e vi logo aparecer um ... delas.
q) Não convivia com **pescadores**, mas era amigo de toda ... daquela praia.
r) Naquele condomínio residia uma ... de **idiotas**, de **imbecis**.
s) O Palmeiras e o Flamengo montaram recentemente um admirável ... de **jogadores**.
t) Respondeu o pai e levou uma ... de **bofetões**.
u) Do ... de **medidas** divulgadas pelo governo, o povo só não gosto de uma.
v) O pescador trazia uma .... de **camarões** para vender ao dono do restaurante.
w) Teresa diz que não gosta de **mexeriqueiros**, de **fofoqueiros**, mas está rodeada de um ... deles.
y) Jeni diz que não gosta de **picaretas**, de **vigaristas**, mas é amiga de toda a ... da cidade.
z) Veja quantas **borboletas** em voo; a ... está emigrando para o sul.

7. Use, agora, o coletivo exigido pelo contexto:
a) O Papa convocou o ... para importantes decisões eclesiásticas.
b) O Papa presidiu ao ... do qual fazem parte alguns cardeais brasileiros.
c) O... era composto de jurados nacionais e estrangeiros.
d) Mil anedotas fazem parte do ... desse humorista.
e) Aquele presidente cercou-se de uma ... de corruptos.
f) Vi-me, naquele instante, acossado e tentado por uma ... de demônios.
g) Antigamente, filho que desobedecia aos pais levava uma ... de tapas.
h) Caiu numa ribanceira o caminhão que leva a ... de boias-frias.
i) Ao som da flauta, o pastor levava o seu ...
j) Ela tirou dez dias de folga do trabalho; nesse ... conseguiu viajar por três países.

Nossa gramática simplificada

8. Qual o feminino ou o heterônimo feminino que você usaria no lugar dos espaços em branco?
a) A leoa é a fêmea do leão; a ..., do elefante.
b) Se você é o varão da família, sua irmã é, naturalmente, a ... da família.
c) Antigamente havia as ... que exerciam as mesmas funções dos arcebispos.
d) Se Susana montasse, ela poderia ser uma excelente ... .
e) Geralmente, em toda recepção existe o anfitrião e a ... .
f) Ateu e ... discordam! Que absurdo!
g) Não queremos um hortelão; queremos mesmo é uma ... .
h) Não estou precisando de um lavrador estou precisando de uma ... .
i) Cassilda me disse irritada: *Se você é um bom poeta, então eu sou uma excelente ... .*
j) Elisabete leva jeito para ...; Gumersindo, para píton.
k) Se Manuel é um bom maestro, Elisa é uma grande ... .
l) Não conheço nenhum pigmeu; só conheço aquela ... .
m) O Brasil teve um patriarca da Independência; se algum país teve uma ... da sua independência, não sei dizer.
n) Creusa ganhou um pavão e uma ... .
o) Ifigênia se diz uma ... e seu marido, profeta.
p) Fui recepcionado pelo rajá; minha mulher, pela ... .
q) Em Israel existem soldados e ..., capitães e ..., coronéis e ...; só aqui no Brasil mesmo é que existe a capitão.
r) Baltasar agia como se fosse um diabo; sua mulher, como uma ... .
s) A fêmea do veado é a veada; a do perdigão, a ... .
t) O político foi casar justamente com uma velha ... .
u) Por este Brasil afora há muitos tabaréus, muitas ... .
v) A seleção brasileira feminina de futebol dispensou um técnico para contratar uma ... .
w) O último tsar foi morto junto com a ... .
x) Se o visconde não fosse a festas, a ... também não iria.
y) Na embaixada, não falei com um cônsul, falei com uma ... .
z) Na casa do cônsul fui recebido pela ... .

9. Nos espaços, você usaria **o** ou **a**?
a) ... sentinela, cujo nome era Sigismundo, disse que não viu ... eclipse.
b) Essa caipirinha me despertou ... apetite e me fez comer ... alface que enfeitava o prato de salada.
c) Você comprou ... aguardente e ... patinete que eu pedi?
d) As autoridades sanitárias não acreditam que ... cólera faça mais vítimas.
e) O peão atendia pel... alcunha de Zé Trovão, que procurava ... toalete.
f) ... avestruz e ... tamanduá estavam numa das dependências d... magazine.
g) ... xérox que eu tirei do documento custou um real! E ...alface? Veja como ... alface está custando caro!
h) ... fênix é uma ave lendária que teria ressurgido das cinzas.
i) O pedreiro ainda não trouxe ... cal que o mestre de obras pediu.
j) ... tapa que Isilda levou foi por causa d... telefonema que ela fez de madrugada, passando trote.

10. Nos espaços, você usaria **um** ou **uma**?
a) Pedi ... guaraná e ... champanha para comemorarmos um ano de namoro.
b) Saí do mato com ... comichão impressionante!
c) Filipe é analfabeto. E com ... agravante: não quer aprender.
d) Os estudantes, depois d... *happy hour*, promoveram ...bacanal na república; a polícia chegou e pôs fim à orgia.

e) Tenho ... dó dessa gente que nem tem onde morar!
f) Edgar aprendia pouco, mas tinha a seu favor ... atenuante: ia em jejum à escola.
g) Depois de receber ... telefonema do namorado, saiu dizendo com ... ênfase incomum: **Sou feliz!**
h) A namorada pegou o rapaz tirando ... *selfie* com outra garota, que estava n... *scooter*.
i) Meu time está com ... moral que nunca teve: venceu o Corinthinas por 8 a 0!
j) A polícia, utilizando ... patinete, pegou o rapaz que estava com ... lança-perfume.

11. Nos espaços você usaria que artigo: **o** ou **a**, **um** ou **uma**?
a) Eu sei que ... dengue é uma doença infecciosa e epidêmica, causada por um vírus.
b) Combater ... dengue é um dever de todo cidadão.
c) Tanto ... cólera quanto ... dengue são doenças perigosas.
d) Eu sei que ... cólera é uma infecção intestinal aguda, causada por um vibrião.
e) A corrupção é ... estigma para qualquer sociedade.

12. Identifique as frases perfeitas quanto ao uso do gênero do substantivo, da sigla ou do acrônimo:
a) Fiquei com uma dó tão grande da moça, coitada!
b) Cármen foi operada às pressas porque estava com o apêndice supurado.
c) Lurdes comprou uma champanha para comemorar o aniversário.
d) De repente, as esperanças renasceram, como das cinzas renasceu a fênix.
e) Carla era o caixa mais bonito que havia no banco.
f) Comprei duzentos gramas de presunto e trezentos gramas de queijo muçarela.
g) Esse narrador esportivo é o maior mala da história do esporte.
h) Você sabe quanto está custando uma grama de ouro?
i) Não coloque muita açúcar no meu café!
j) A Dersa é uma sociedade de economia mista brasileira, controlada pelo governo paulista.

13. Identifique o substantivo comum de dois:
a) sargento   b) tenente   c) capitão   d) soldado   e) jóquei

14. Identifique o substantivo sobrecomum:
a) pão-duro   b) oficial   c) presidente   d) hóspede   e) ídolo

15. Identifique o substantivo epiceno:
a) peru   b) pavão   c) hipopótamo   d) gorila   e) pardal

16. Identifique as frases perfeitas:
a) Nélson era a cabeça dos rebeldes.
b) Estela é o indivíduo mais inteligente que conheço.
c) Minha irmã é crânia: só tira dez!
d) Teresa é a maior pão-dura que conheço.
e) Essa atriz sempre foi a minha ídola.
f) Marisa sempre foi uma sujeitinha insignificante.
g) Juçara é uma soprano maravilhosa!
h) Susana é a maior pé-fria da turma.
i) Nunca vi um guia tão bonito quanto Paloma.
j) Viridiana se acha uma gênia só porque sabe andar de bicicleta!

Dos concursos e vestibulares

17. (Petrobras) Assinale a opção que só contenha substantivos biformes:

a) onça, jacaré, tigre
b) aluno, homem, carneiro
c) artista, estudante, jornalista
d) pessoa, criatura, criança
e) pianista, catequista, boneca

18. (ESPM-SP) Quais os coletivos mais utilizados em português, para designar:
a) cães de caça   b) anjos   c) peixes   d) atores   e) porcos

19. (CESGRANRIO-RJ) Assinale a palavra que pode ser empregada nos dois gêneros, como **motorista**:
a) indivíduo   b) criança   c) testemunha   d) intérprete   e) vítima

20. (TJ-DF) Assinale a opção que contém um substantivo do gênero feminino:
a) anátema, telefonema, teorema, trema
b) edema, ágape, caudal, champanha
c) eclipse, lança-perfume, dinamite
d) alvará, guaraná, plasma, proclamas
e) dó, clã, fibroma, grama (unidade de peso)

21. (Min. Marinha) A alternativa em que há erro no sentido dos substantivos é:
a) o grama = unidade de medida; a grama = relva
b) o rádio = aparelho receptor; a rádio = estação transmissora
c) o guia = documento; a guia = pessoa que guia
d) o cisma = separação; a cisma = desconfiança
e) o moral = ânimo; a moral = ética

22. (TRF-DF) Assinale a opção em que um dos substantivos é de gênero masculino:
a) omelete, aluvião, análise
b) cal, derme, champanha
c) ênfase, alface, cataplasma
d) comichão, aguardente, bacanal
e) libido, sentinela, hélice

23. (TCE-GO) Assinale a alternativa em que todas as palavras pertençam ao gênero masculino:
a) sistema, guaraná, rês, anátema
b) dilema, perdiz, tribo, axioma
c) eclipse, telefonema, dó, aroma
d) estratagema, bílis, omoplata, gengibre
e) dinamite, agiota, trema, cal

24. (Min. Marinha) A série em que todas as palavras são femininas é:
a) foliona, deusa, ilhoa, trema, dó
b) heroína, cataplasma, edema, gengibre, orbe
c) grama, fel, coral, telefonema, derme
d) gênese, sóror, omoplata, bílis, cútis
e) champanha, hélice, libido, cura, sentinela

25. (Unesp-SP) Assinale o par em que a flexão de gênero está incorreta:
a) jogral – jogralesa   b) lebrão – lebre   c) patrão – patroa
d) hortelão – hortelã   e) senhor = senhora

Luiz Antonio Sacconi

26. (PUC-SP) Assinale a alternativa incorreta:
a) *borboleta* é substantivo epiceno
b) *rival* é comum de dois gêneros
c) *omoplata* é substantivo masculino
d) *vítima* é substantivo sobrecomum
e) *bode* tem feminino heterônimo

27. (Mack-SP) Assinale a série de nomes femininos:
a) sósia, doente, lança-perfume
b) dó, telefonema, diabetes
c) clã, eclipse, pijama
d) cal, elipse, dinamite
e) champanha, criança, estudante

28. (Foplac-DF) Nesta relação de palavras: **cônjuge, criança, cobra** e **cliente**, tem-se:
a) 2 substantivos comuns e 2 epicenos
b) 2 substantivos sobrecomuns, 1 epiceno e 1 comum de dois gêneros
c) 1 substantivo sobrecomum, 2 epicenos e 1 comum de dois gêneros
d) 2 substantivos comuns de dois gêneros e 2 sobrecomuns
e) n.d.a.

29. (Fepese-SC) Assinale o período que não contém um substantivo sobrecomum:
a) Ele foi a testemunha ocular do crime ocorrido naquela polêmica reunião.
b) Ela é um indivíduo que ainda conserva a ingenuidade meiga e dócil de criança.
c) Ele morreu e mantém-se como um ídolo carismático na memória de seus admiradores.
d) A criatura executou com melancolia e suavidade a sinfonia preferida pela plateia.
e) As famílias desestruturam-se quando os cônjuges agem sem consciência.

30. (Ibama) Assinale a opção em que os dois elementos não admitem flexão de gênero:
a) inglesa pálida   b) alguns mestres   c) moça ideal
d) jovem leitor   e) semelhante criatura

Soluções dos testes e exercícios
1. b) **2.** e) **3.** c) **4.** e) **5.** a) réstia b) fauna c) arsenal d) flora e) revoada f) esquadrilha g) conclave h) concílio i) farândola j) acervo (ou apontoado ou chorrilho ou congérie ou enfiada) k) atilho l) saraivada m) réstia n) cáfila o) arquipélago p) constelação q) armada r) horda s) colônia t) pinacoteca u) pinha v) paremiologia w) monturo x) caterva (ou corja), sendo *malta, matula* e *súcia* coletivos específicos, portanto não cabem com propriedade aqui y) legiões z) nuvem (ou miríade) **6.** a) vara b) capela c) ordem d) prole e) vozerio f) buquê g) junta h) vocabulário i) plêiade j) dilúvio k) seleta l) banca (ou junta) m) cardumes n) manada o) alcateia (ou caterva) p) corso q) companha r) chusma s) plantel t) data u) elenco v) enfiada w) corrilho y) récua z) panapaná **7.** a) concílio b) consistório c) júri d) repertório e) corja (ou cáfila ou camarilha ou caterva) f) legião g) data h) turma i) alavão (ou rebanho) j) decêndio **8.** a) elefanta ("aliá" é tolice) b) virago c) arquiepiscopisas d) cavaleira (ou amazona) e) anfitriã (ou anfitrioa) f) ateia g) horteloa h) lavradeira ("lavradora" não existe) i) poetisa ("a" poeta é exagero) j) pitonisa k) maestrina l) pigmeia m) matriarca n) pavoa o) profetisa p) rani q) soldadas; capitãs; coronelas r) diaba (ou diáboa, ou diabra) s) perdiz t) política u) tabaroas v) técnica w) tsarina x) viscondessa y) cônsul z) consulesa **9.** a) A; o b) o; a c) a; a d) a e) a; o f) O; o; o g) A; a; a h) A i) a j) O; o **10.** a) um; um b) uma c) uma d) a; uma e) um f) uma g) um; uma h) uma; uma i) um j) uma; um **11.** a) a b) a c) a – a d) a e) um **12.** b) d) e) f) g) (Embora se use muito "a" Dersa, pela regra há aí erro.) **13.** b) **14.** a) **15.** d) **16.** b) e) g) i) **17.** b) **18.** a) matilha b) legião c) cardume d) elenco e) vara **19.** d) **20.** c) **21.** c) **22.** b) **23.** c) **24.** d) **25.** d) **26.** c) **27.** d) **28.** b) **29.** c) – *ídolo* não é nome sobrecomum; faz *ídola* no feminino **30.** e)

Lição 10
NÚMERO DO SUBSTANTIVO

Em português existem dois números: o *singular* e o *plural*. A oposição singular/plural se realiza normalmente mediante o uso de desinências e terminações, como **-s** (livro/livros), **-es** (mês/meses, radar/radares), **-is** (canal/canais, papel/papéis, anzol/anzois), **-eis** (míssil/mísseis), **-ns** (fórum/fóruns, item/itens), **-ães** (pão/pães), **-ões** (talão/talões), etc.

Importante
1) Alguns substantivos terminados em **-r**, ao passarem para o plural, adiantam a sua sílaba tônica. Ex.: Lúcifer/Lucíferes; júnior/juniores (ô).

2) No Brasil, faz-se o plural dos substantivos terminados em **-n** mediante o simples acréscimo da desinência de plural **-s**. Ex.: hífen/hifens, nêutron/nêutrons.

3) As monossílabas tônicas e as oxítonas terminadas em **-s** recebem o acréscimo de **-es** no plural, mas as paroxítonas e proparoxítonas permanecem invariáveis. Ex.: mês/meses, freguês/fregueses; o tênis/os tênis, o ônibus/os ônibus. Exceções: o cais/os cais; o xis/os xis.

4) Os substantivos terminados em **-x** permanecem invariáveis no plural. Ex.: a xérox/as xérox, o fax/os fax.

5) Os substantivos terminados em **-al, -el, -ol** ou **-ul** trocam a última letra por **-is**. Ex.: canal/canais; papel/papéis; álcool/álcoois; azul/azuis. Exceções: mal/males; cônsul/cônsules. O substantivo *mel* admite dois plurais: *méis* e *meles*.

6) Os substantivos terminados em **-il** fazem o plural trocando o **-l** por **-s** (funil/funis) ou trocando o **-il** por **-eis** (fóssil/fósseis). O substantivo *réptil* exerceu influência prosódica sobre *projetil*, que passou a ser também paroxítona (projétil); por sua vez, *projetil* exerceu influência prosódica sobre *réptil*, que passou a ser também oxítona (reptil).

7) Os substantivos terminados em **-ão** podem fazer o plural de três modos: a) mediante simples acréscimo da desinência **-s** (vão/vãos); b) mediante troca do **-ão** por **-ões** (cordão/cordões), que são os mais populares; e c) mediante troca do **-ão** por **-ães** (cão/cães). Alguns admitem dois plurais, caso de *anão* (anãos, anões) e até três, caso de *sultão* (sultãos, sultães, sultões).

8) O plural dos diminutivos terminados em **-zinho** ou em **-zito** se faz passando-se o substantivo primitivo para o plural, retirando-se o **s** final e, finalmente, juntando-se a terminação **-zinhos** ou **-zitos**. Ex.: *pãozinho* (substantivo primitivo, *pão*, no plural = *pães*, sem o **s** = *pãe* + *-zinhos* = pãezinhos). O plural dos aumentativos terminados em **-zão** se faz da mesma forma: um anelzão/dois anelzões. Se o substantivo primitivo termina em **-r**, admitem-se dois plurais. Ex.: trator/tratorzinho/tratorzinhos/tratorezinhos.

9) Em nossa língua existem alguns substantivos que só se usam no plural. São chamados *pluralia tantum*, de que são exemplos: afazeres, arredores, bodas, brócolis, cãs, cócegas, condolências, copas (naipe), custas, damas (jogo), fezes, finanças, hemorroidas, idos, núpcias, óculos, olheiras, ouros (naipe), parabéns, pêsames, picles, proclamas, reticências, sevícias, suíças (costeleta), suspensórios, víveres. Os substantivos *calça, ceroula, cueca* e *calcinha*, que se usavam até pouco tempo atrás apenas no plural, estão se fixando no singular. *Trevas*, no entanto, ainda resiste, talvez por ser palavra menos usada que as citadas. Algumas dessas palavras o Vocabulário Ortográfico da Língua Portuguesa (VOLP) traz no singular, caso de *condolências* e *hemorroidas*. Não convém seguir.

10) Existem em nossa língua ainda os substantivos *sigmáticos*, que possuem uma só forma para ambos os números. Ex.: alferes, atlas, bis, conta-gotas, lápis, paraquedas, para-raios, pires, porta-aviões. Há os que têm uso facultativo: fura-bolo(s), guarda-rede(s), saca-rolha(s), salva-vida(s), tapa-olho(s), mas não *quebra-cabeça* (singular: o quebra-cabeça) nem *vira-lata* (singular: o vira-lata).

11) Os substantivos *bules, chicletes, ciúmes, chopes, clipes, dropes, pastéis, patins* e *picles* pertencem ao plural; não devem ser usados, portanto, com determinantes no singular, como: o "chicletes", um "chopes", um "clipes", muito "ciúmes", "meu patins", etc. *Parêntesis* usa-se tanto para o singular quanto para o plural: *Vou abrir um parêntesis*. Não confundir com *parênteses*, plural de *parêntese*.

12) Os substantivos que vêm após palavras de ideia coletiva devem estar sempre no plural. Ex.: caixa de *sapatos*, maço de *cigarros*, par de *luvas*, boa parte de *mulheres*, talão de *cheques*, bando de *malucos*.

13) Os nomes de letras e de números fazem o plural normalmente. Ex.: os bb, três oo, os ii, dois quatros, muitos oitos, etc. Os nomes de números que terminam por -s ou por -z ficam invariáveis: dois três, dois dez, etc.

14) Os nomes próprios e os sobrenomes variam normalmente: os Luíses, as Isabéis, os Rauis, as Carmens, os Gusmões, os Alencares, os Rangéis, os Cabrais, etc. Os nomes e sobrenomes oxítonos terminados em **-s** ou em **-z** sofrem variação, mas os paroxítonos não. Ex.: as Beatrizes, os Dinizes, mas: os Ulisses, os Vargas, etc. Se o sobrenome, oxítono ou não, termina em ditongo + **s**, não varia. Ex.: os Morais, os Reis, etc. Sobrenomes estrangeiros, com terminação estranha à língua, ganham apenas um **-s**, porque não estão sujeitos às regras do idioma: os Disneys, os Kennedys, os Grammys, os Malufs, etc. Fazem exceção os nomes terminados em **-h**, que recebem **-es**. Ex.: os Bushes. Os nomes e sobrenomes estrangeiros que têm terminação semelhante em nossa língua, variam normalmente: os Nobéis. Quando compostos, os nomes e sobrenomes só têm o primeiro elemento pluralizado: as Marias Paula, os Almeidas Prado. Se os elementos vêm ligados por **e**, ambos variam: os Gamas e Silvas.

15) As siglas fazem o plural mediante o acréscimo simples da desinência **-s**, sem o emprego do apóstrofo. Ex.: os IPTUs, os IPVAs, as FMs, os DVDs.

16) Existem alguns substantivos que mudam de significado quando mudam de número. Ex.: a ânsia = aflição/as ânsias = náuseas; a costa = litoral/as costas = dorso; a féria = renda diária/as férias = descanso; a liberdade = livre-arbítrio/as liberdades = atrevimento.

Principais plurais

o adeus	os adeuses
o alazão	os alazães, os alazões
o álcool	os álcoois
o aldeão	os aldeãos, os aldeães, os aldeões
o alemão	os alemães
o aligátor	os aligatores (ô)
o ananás	os ananases
o anão	os anãos, os anões
o ancião	os anciãos
o anfitrião	os anfitriões
o ardil	os ardis
o arroz	os arrozes
o artesão (pessoa)	os artesãos
o artesão (adorno)	os artesões
o ás	os ases
um aval	dois avais (ou avales)
o balão	os balões
o barril	os barris
o bastião	os bastiães, os bastiões
o bem-estar	os bem-estares
a bênção	as bênçãos
o botão	os botões
o boxe	os boxes
um bombril	dois bombris
a canção	as canções
o câncer	os cânceres
o canhão	os canhões
o cantil	os cantis
o cão	os cães
o capelão	os capelães
o capitão	os capitães
o caramanchão	os caramanchões
o caráter	os caracteres (té)
o catalão	os catalães
o cateter	os cateteres
o charlatão	os charlatães, os charlatões
o chofer	os choferes
o cidadão	os cidadãos
o cirurgião	os cirurgiães, os cirurgiões
o cônsul	os cônsules
o contêiner	os contêineres
o convés	os conveses
o coração	os corações
o corcel	os corcéis
o corrimão	os corrimãos, os corrimões
o cortesão	os cortesãos, os cortesões
o cós	os cós (invariável)
o cristão	os cristãos
o cuscuz	os cuscuz (invariável)
a demão	as demãos

o ermitão	os ermitãos, os ermitães, os ermitões
o escrivão	os escrivães
o esfíncter	os esfíncteres (ou os esfincteres)
a estupidez	as estupidezes
o éter	os éteres
o faisão	os faisães, os faisões
o fedor	os fedores
o fel	os féis, os feles
o funil	os funis
o futebol	os futebóis
o fuzil	os fuzis
o gângster	os gângsteres
o garrafão	os garrafões
o gavião	os gaviões
o gêiser	os gêiseres
o gel	os géis
o gene	os genes
o giz	os gizes
o gol	os gols
o grão	os grãos
a gravidez	as gravidezes
o guardião	os guardiães (pref.), os guardiões
o hambúrguer	os hambúrgueres
o hangar	os hangares
o híper	os híperes (= hipermercados)
o hortelão	os hortelãos, os hortelões
o ilhós	os ilhoses
a invalidez	as invalidezes
o irmão	os irmãos
o júnior	os juniores (ô)
o Júpiter	os Jupíteres
o lilás	os lilases
o limão	os limões
o Lúcifer	os Lucíferes
o mal	os males
a malcriadez	as malcriadezes
o mal-estar	os mal-estares
o mamão	os mamões
a mão	as mãos
o mel	os méis, os meles
a mesquinhez	as mesquinhezes
o melão	os melões
a micro	as micros (= microempresas ou microssaias)
a míni	as mínis (= minissaias ou minidesvalorizações)
o míni	os mínis (= minidicionários)
a múlti	as múltis (= as multinacionais)
o néctar	os néctares
o novel	os novéis
o oásis	os oásis (invariável)
o obus	os obuses
o órfão	os órfãos
o pagão	os pagãos

Nossa gramática simplificada

o paiol	os paióis
o pão	os pães
o Papai Noel	os Papais Noéis
o parmesão	os parmesãos
o paul	os pauis
o peão	os peães, os peões
o penhoar	os penhoares
o placar	os placares
o pôster	os pôsteres
o prêmio Nobel	os prêmios Nobel
o projétil	os projéteis
o projetil	os projetis
o pulôver	os pulôveres
o refrão	os refrãos, os refrães
o réptil	os répteis
o reptil	os reptis
o retrós	os retroses
o revés	os reveses
o rol	os róis
o rufião	os rufiães, os rufiões
o sacristão	os sacristãos, os sacristães
o sassafrás	os sassafrases
o satanás	os satanases
o sênior	os seniores (ô)
o sol	os sóis
a sordidez	as sordidezes
a sóror	as sórores
a soror	as sorores (ô)
o sótão	os sótãos
o suéter	os suéteres
o sultão	os sultãos, os sultães, os sultões
o suvenir	os suvenires
o tabelião	os tabeliães
o tecelão	os tecelões
o til	os tis
o torquês	os torqueses
o totem	os tótemes
o transistor	os transistores (ô)
o troféu	os troféus
o truão	os truães, os truões
o urinol	os urinóis
o vão	os vãos
o verão	os verãos, os verões
o vice	os vices
o vilão	os vilãos, os vilães, os vilões
o vulcão	os vulcãos, os vulcões
o xadrez	os xadrezes
a xérox	as xérox (invariável)
o zângão	os zângãos
o zangão	os zangões
o zíper	os zíperes

Plural dos substantivos compostos

Os substantivos compostos podem vir ou não grafados com hífen. O plural dos compostos grafados sem hífen se faz normalmente, ou seja, com o acréscimo de **-s** no final: fidalgo/fidalgos, mandachuva/mandachuvas, vaivém/vaivéns, etc.
O plural dos substantivos compostos escritos com hífen basicamente se faz assim:

1. Quando os elementos forem palavras variáveis em número, todos vão ao plural. Ex.: dedo-duro/dedos-duros; puro-sangue/puros-sangues; primeiro-ministro/primeiros-ministros;pouca-vergonha/poucas--vergonhas; pouco-caso/poucos-casos.

2. Quando o substantivo ou o adjetivo composto for formado por dois ou mais adjetivos, só o último elemento irá ao plural. Ex.: latino--americano/latino-americanos; democrata-cristão/democrata-cristãos; social-democrata/social-democratas. Exceção: *surdo-mudo*, que varia ambos os elementos: *surdos-mudos*.

3. Quando os dois elementos forem ligados por preposição, só o primeiro varia. Ex.: pé-de-meia/pés-de-meia. (Com o Acordo Ortográfico, palavras que antes se grafavam com hifens se escrevem hoje sem eles: pé de cana, pé de chinelo, pé de vento, traço de união, etc.) O composto *lava a jato* (que muitos grafam "lava-jato" e até "lava jato") faz no plural *lava a jatos* e é sinônimo de *lava-rápido*, de pl. *lava-rápidos*. Em apenas dois compostos a preposição não aparece clara: o *cavalo-vapor* (cavalo a vapor), os *cavalos-vapor*; e o *guarda--marinha* (= o guarda de marinha), os *guardas-marinha* (o VOLP registra ainda *guardas-marinhas* e guarda-marinhas, este, a nosso ver, equivocadamente).

4. Quando o primeiro elemento for verbo, só o segundo varia. Ex.: beija-flor/beija-flores; mata-burro/mata-burros; tira-gosto/tira-gostos.

5. Se a palavra **guarda** for o primeiro elemento do composto, classificar--se-á como verbo se o segundo elemento for substantivo; se o segundo elemento for adjetivo, *guarda* será, então, substantivo, equivalente de *policial* ou de *vigia, vigilante*; neste último caso, os dois elementos variam. Ex.: guarda-roupa (*roupa* é substantivo, portanto *guarda* é verbo)/guarda-roupas; guarda-noturno (*noturno* é adjetivo; portanto *guarda* é substantivo)/guardas-noturnos. *Guarda-marinha*, que antes tinha apenas dois plurais corretos (guardas-marinha e guardas-marinhas), agora também admite o plural *guarda-marinhas*, segundo o VOLP.

6. Quando o primeiro elemento for **grão, grã** (= grande) ou **bel** (= belo), ou uma palavra invariável, só o segundo elemento irá ao plural. Ex.: grão-duque/grão-duques, grã-fino/grã-finos, bel-prazer/bel-prazeres, contra-ataque/contra-ataques, alto-falante/alto-falantes. Palavras como *vice-presidente* e *ex-ministro* não são compostas, mas derivadas, já que trazem prefixos. Neste caso, só o último elemento varia: vice-presidentes, ex-ministros.

7. Quando o substantivo composto for formado por palavras repetidas, podemos variar os dois elementos ou apenas o último. Ex.: empurra--empurra/empurras-empurras/empurra-empurras; mata-mata/matas--matas/mata-matas. As segundas opções são preferíveis, por serem mais eufônicas. Se, porém, o composto for formado por verbos antônimos, o substantivo ficará invariável. Ex.: o vai-volta/os vai-volta.

8. Quando o substantivo composto for formado por onomatopeias, só o segundo irá ao plural. Ex.: teco-teco/teco-tecos; tique-taque/tique--taques; bem-te-vi/bem-te-vis.

9. Estes compostos não variam no plural: *ano-luz, arco-íris, bota-fora, cola-tudo, cor-de-rosa* e *habite-se*. O VOLP registra *ano**s**-luz* e *arco**s**--íris*, a nosso ver equivocadamente, porque se trata de plurais especiais.

10. Alguns plurais especiais: ave-maria/ave-marias; coca-cola/coca--colas; cruz-maltino/cruz-maltinos; mapa-múndi/mapas-múndi; pai--nosso/pai-nossos; pê-efe/pê-efes; pê-eme/pê-emes; salve-rainha/ salve-rainhas; terra-nova/terra-novas (mas o VOLP passou a registrar também *terras-novas*).

11. Alguns compostos da área da fauna e da botânica ganharam mais uma opção de plural, depois do Acordo Ortográfico. Ex.: **porco--espinho**, que antes só admitia o plural *porcos-espinhos*, agora também se admite *porcos-espinho*; **couve-flor**, que antes só admitia o plural *couves-flores*, agora também se aceita *couves-flor*. E assim também com *banana-maçã, banana-prata*, etc. O substantivo *louva-a-deus* não varia no plural, mas *bem-me-quer* sim: *bem-me-queres*.

12. O composto **fora de série** (sem hifens) é invariável tanto na função adjetiva quanto na função substantiva. Ex.: jogador fora de série/ jogadores fora de série; um fora de série/dois fora de série.

13. Estes compostos admitem dois plurais: *fruta-pão* (frutas-pães e frutas-pão), *salvo-conduto* (salvo-condutos e salvos-condutos) e *xeque--mate* (xeques-mates e xeques-mate).

14. Os adjetivos *belo* e *novo* não variam quando fazem parte de adjetivos pátrios. Ex.: belo-horizontino/belo-horizontinos; novo-horizontino/novo-horizontinos.

15. Palavras formadas com a preposição *sem* em função de prefixo variam o segundo elemento normalmente: sem-terra/sem-terras; sem--teto/sem-tetos; sem-pulo/sem-pulos; sem-vergonha/sem-vergonhas, etc., mas o VOLP registra todos esses substantivos como de dois números. Daí por que em exames e concursos, devem-se levar em conta esses registros, embora, em nosso ver, equivocados.

Testes e exercícios

1. Complete oralmente ou por escrito, conforme convier:
a) Se ela trouxer um jornalzinho, trarei dois ... .
b) Se você levar um pãozinho, levarei três ... .
c) Se você fizer um aviãozinho de papel, farei mil ... de papel.
d) Um limão não é suficiente para fazer uma caipirinha, preciso de dois ... .
e) Este mamão não é tão saboroso quanto aqueles ... .
f) O projetil, ou melhor, os ... atingiram o reptil, isto é, os ... .
g) Apareceu de repente um alemão e, logo após, mais dois ... .
h) Se um cidadão colabora, todos os ... acabam colaborando.
i) Nenhum cristão pode caluniar outros ... .
j) Se todos os ... fossem iguais a esse mal-estar!
k) Virgílio e Filipe têm o mesmo caráter, mas Hernâni e Ivã têm ... distintos.
l) Um garrafão de pinga pesa mais que dois ... de pinga, é óbvio.
m) No mundo não existe só um vulcão, existem milhares de ... , entre ativos e inativos.
n) Voleibol? O Brasil pratica um dos melhores ... do mundo!
o) Futebol? O Brasil praticava um dos melhores ... do mundo.
p) O circo não trouxe apenas um aligátor; trouxe dez ... .
q) No cãozinho, o veterinário não encontrou apenas um câncer; encontrou vários ... .
r) Elisa partiu acenando não só um adeus, mas muitos ... .
s) A palavra ímã tem um til. Nenhuma palavra em português tem dois ... .
t) Ele me perguntou se eu já viajei pelo Brasil. Ele nem sabe que já viajei por esses ... afora.
u) Em vez de comprar apenas um bombril, ela comprou dois ... .
v) Fui recebido não por um cônsul, mas por dois ... .
w) O banco exigiu não apenas um aval na nota promissória, mas dois ... .
x) Se eu comi um hambúrguer? Nada! Comi dois ... .
y) A criança apanhou porque não cometeu apenas uma malcriadez, cometeu várias ... .
z) Ela falou sobre a sua primeira gravidez e também sobre todas as suas ... .

2. Identifique o substantivo que só se usa no plural:
a) pires b) óculos c) tênis d) patins e) caos

Nossa gramática simplificada

3. Continue:
a) para-raios   b) porta-luvas   c) suspensórios   d) cuscuz   e) sassafrás

4. Algumas dessas frases estão erradas quanto ao uso do número dos substantivos. Identifique-as:
a) O automóvel de meu pai ainda tem toca-fita! Conta-giro? Nem pensar.
b) Nunca vi pessoa com tanto ciúmes do namorado como você!
c) Pedi um chopes e me trouxeram um pastéis. Pode?
d) Pedi um chicletes e me trouxeram um clipes. Pense!
e) Ela já não faz cuscuz tão gostosos quanto fazia.

5. Leia em voz alta ou escreva corretamente o plural dos diminutivos, efetuando as alterações necessárias:
a) No papelzinho havia o desenho de um caminhãozinho e de um anelzinho.
b) O pãozinho estava embrulhado num jornalzinho.
c) O casalzinho de namorados colheu um mamãozinho e um melãozinho.
d) O que esse alemãozinho quer? Esse anzolzinho?
e) Esse canalzinho leva água para toda a cidade?

6. Leia em voz alta ou escreva, efetuando o plural correto dos compostos, procedendo às alterações necessárias:
a) Passamos um fim de semana cheio de curto-circuito pela casa.
b) O democrata-cristão fez um abaixo-assinado contra a caça de beija-flor.
c) Coloquei no meu automóvel um alto-falante pesado e um pisca-pisca novo.
d) Um social-democrata falando mal de um social-cristão?!
e) Dizem que porco-espinho gosta muito de banana-maçã.
f) O arco-íris é também conhecido como arco-da-velha.
g) O guarda-noturno deu uma guarda-chuvada no guarda-portão.
h) Elisa nunca tira do guarda-roupa o seu tapa-sexo.
i) Rezei uma ave-maria, um pai-nosso e uma salve-rainha.
j) O teco-teco tinha motor de somente um cavalo-vapor: não saiu do chão.
k) O sem-terra não falava com o sem-teto, porque um tachava o outro de puxa-saco de patrão.
l) Só mesmo joão-bobo sai por aí para caçar joão-de-barro.
m) O canto do bem-te-vi provocou corre-corre e empurra-empurra?!
n) O guarda-civil não sabia como explicar de onde veio o dinheiro para comprar aquele puro-sangue.
o) Até onde sei existe muita pouca-vergonha nas arbitragens desse campeonato.
p) Gosto muito de fruta-do-conde, mas não de fruta-pão.
q) Na política só existe um sem-vergonha? Não existe muito sem-vergonha.
r) Depois de todo domingo, vem a segunda-feira.
s) A má-formação cefálica congênita é causada pelo zika vírus.
t) A redatora-chefe só usa meia-calça importada.
u) Já se foi o tempo em que cartas eram enviadas por pombo-correio.
v) Os vândalos envolvidos no quebra-quebra foram todos presos.
w) O agricultor contratou muito boia-fria para cortar cana.
x) Se você não gosta de pão-de-ló, vai ter de comer pão-de-ló.
y) No prato havia muita couve-flor, mas nenhuns brócolis.
z) Havia um zum-zum-zum de que o dólar ia baixar, por isso houve muito mi-mi-mi na rede.

Luiz Antonio Sacconi

7. Assinale as formas erradas:
a) parêntesis   b) parênteses   c) brócoli   d) quebra-cabeça   e) guardiãos

Dos concursos e vestibulares

8. (FUVEST-SP) O plural de *vão* é *vãos*. A palavra que também faz o seu plural desse modo é:
a) tabelião   b) cidadão   c) rojão   d) timão   e) salmão

9. (CESGRANRIO-Rio) Assinale a opção cujo substantivo não tem o plural em **ãos** como **artesãos**:
a) cidadão   b) pagão   c) cristão   d) charlatão   e) irmão

10. (UNIRIO-RJ) Nas palavras abaixo, há uma com erro de flexão. Assinale-a:
a) limãozinhos   b) exportaçõezinhas   c) lençoizinhos   d) papeizinhos   e) heroizinhos

11. (CESGRANRIO-Rio) Assinale o par de vocábulos que formam o plural como **órfão** e **mata-burro**:
a) cristão/guarda-roupa
b) questão/abaixo-assinado
c) alemão/beija-flor
d) tabelião/sexta-feira
e) cidadão/salário-família

12. (BRB-DF) O plural dos substantivos **couve-flor, dedo-de-moça e amor-perfeito** é:
a) couve-flores, dedo-de-moças, amores-perfeitos
b) couves-flores, dedos-de-moça, amores-perfeito
c) couves-flor, dedos-de-moça, amores-perfeitos
d) couves-flores, dedos-de-moças, amores-perfeito
e) couves-flores, dedo-de-moças, amor-perfeitos

13. (Cespe-PE) Todos os plurais de nomes compostos abaixo estão corretos, exceto:
a) alunos de escolas-modelo
b) comprar vários quebra-nozes
c) usar várias águas-de-colônias
d) contratar guardas-noturnos
e) receber os redatores-chefes

14. (Carlos Chagas-RJ) Assinale a alternativa em que as formas do plural de todos os substantivos se apresentam de maneira correta:
a) alto-falantes, couves-flor, tratorzinhos, florezinhas
b) peixe-espadas, frutas-pão, pé-de-pomba, peixe-bois
c) vaivéns, animaizinhos, beijas-flor, águas-de-colônia
d) animaizinhos, vaivéns, salários-família, pastelzinhos
e) guardas-chuvas, guarda-costas, guardas-civis, couves-flores

15. (TJ-PE) Identifique o substantivo que só se usa no plural:
a) lápis   b) pires   c) tênis   d) ônibus   e) brócolis

16. (Mack-SP) Assinale a alternativa em que a flexão do substantivo composto está errada:
a) os pés-de-prata   b) os corres-corres   c) as públicas-formas
d) os cavalos-vapores   e) os tico-ticos

17. (TCE-GO) O plural dos nomes compostos está correto em todas as alternativas, exceto:
a) As cartas-bilhetes foram trazidas hoje.
b) Os vaivéns no navio deixaram-no tonto.
c) A polícia queimou os papéis-moeda falsos.
d) Os recém-nascidos receberam ajuda total.
e) As couve-flores foram vendidas na feira.

18. (F.Objetivo-SP) Indique a alternativa que apresenta erro na formação do plural:
a) Gosta de arrozes-doces, mas não sabe fazê-los.
b) Os sociais-liberais venceram as eleições.
c) As aulas serão dadas às sextas-feiras.
d) Há muitos cruz-maltinos insatisfeitos.
e) As saias-balão estavam voltando à moda.

19. (TCE-PE) A alternativa que apresenta plural segundo a mesma regra de **guarda--noturno** é:
a) guarda-roupa/guarda-chuva
b) guarda-marinha/guarda-portão
c) guarda-civil/guarda-florestal
d) ano-luz/cola-tudo
e) caça-níquel/arranha-céu

20. (TRE-RJ) Segue a mesma regra de formação do plural de **cidadão**:
a) botão   b) pão   c) cristão   d) tabelião   e) capitão

21. (TRE-MT) O termo que faz o plural como **cidadão** é:
a) limão   b) órfão   c) guardião   d) espertalhão   e) chimarrão

22. (Min. Marinha) Assinale a alternativa em que todos os substantivos apresentam sua forma plural correta:
a) sempre-vivas, amorezinhos, tuneizinhos
b) terças-feiras, cachorro-quentes, florezinhas
c) altos-falantes, vaivéns, animaizinhos
d) estrelas-do-mar, autorretratos, degraizinhos
e) joões-de-barro, grã-cruzes, pãozinhos

23. (TTN) Há erro de flexão no item:
a) Aos conveses dos navios só podiam ir os oficiais.
b) Os Caymmis são da Bahia, assim como os Amados.
c) Hábeis artesões utilizam técnicas sofisticadíssimas no trabalho com metais.
d) Nos reveses da vida precisa-se de coragem para manter a vontade de ser feliz.
e) Ainda hoje alguns cânones da igreja são discutidos por muitos fiéis.

24. (TRE-SP) Será que esses *** precisam ter as firmas reconhecidas por ***?
a) abaixo-assinados – tabeliães
b) abaixos-assinados – tabeliães
c) abaixos-assinado – tabeliões
d) abaixos-assinados – tabeliãos
e) abaixo-assinados – tabeliões

Luiz Antonio Sacconi

25. (UFSM-RS) Identifique a alternativa em que o plural do diminutivo das palavras **escritor, informações, ligaçãozinha** e **material** está de acordo com a língua-padrão:
a) escritorezinhos, informaçõezinhas, ligaçõezinhas, materiaizinhos
b) escritorzinhos, informaçãozinhas, ligaçãozinhas, materialzinhos
c) escritorezinhos, informaçãozinhas, ligaçãozinhas, materiaizinhos
d) escritorzinhos, informaçõezinhas, ligaçãozinhas, materiaizinhos
e) escritorezinhos, informaçõezinhas, ligaçõezinhas, materialzinhos

26. (TRE-SP) Sua carreira foi sempre muito desigual e cheia de *** .
a) vaisvéns   b) vai-e-vem   c) vai-e-vens   d) vai-véns   e) n.d.a.

27. (INPI-NCE) O plural correto de **o porta-voz** é:
a) os porta-voz   b) os porta-vozes   c) os portas-vozes   d) os portas-voz   e) n.d.a.

28. (CBMERJ-NCE) O vocábulo **televisão** tem por plural **televisões**. Entre os itens abaixo, aquele que apresenta uma forma de plural em **-ões** errada é:
a) apagões   b) corrimões   c) cidadões   d) vulcões   e) anões

29. (TRE-SP) Estão corretamente grafados no plural os substantivos compostos da opção:
a) as mangas-rosa, os ferros-velhos, os mapas-múndi
b) os vira-latas, os baixos-relevos, os vai-voltas
c) os paus-brasil, as obras-prima, os surdos-mudos
d) os louva-a-deus, os arco-íris, os bem-me-quer
e) os altos-relevos, os amor-perfeitos, as bananas-prata

30. (Fiplac-GO) Assinale o período em que há erro no uso do substantivo:
a) Os bens deixados pelo pai não lhe trouxeram o bem.
b) O motorista de táxi contou sua féria e não fez boa cara.
c) A empresa deu féria coletiva, por causa da crise.
d) Ele tem ânsia de se formar e já começar a trabalhar.
e) Tenho ânsias quando ouço essa gente.

Soluções dos testes e exercícios
1. a) jornaizinhos b) pãezinhos c) aviõezinhos d) limões e) mamões f) projetis; reptis g) alemães h) cidadãos i) cristãos j) mal-estares k) caracteres l) garrafões m) vulcãos (ou vulcões) n) voleibóis o) futebóis p) aligatores (ô) q) cânceres r) suéteres s) adeuses t) tis u) bombris v) cônsules w) avais (ou avales) x) hambúrgueres y) malcriadezes z) gravidezes **2.** b) **3.** c) **4.** a) toca-fitas; conta-giros b) ciúme c) chope; pastel d) chiclete; clipe **5.** a) papeizinhos; caminhõezinhos; aneizinhos b) pãezinhos; jornaizinhos c) casaizinhos; mamõezinhos; melõezinhos d) alemãezinhos; anzoizinhos e) canaizinhos **6.** a) curtos-circuitos b) democrata-cristãos; abaixo-assinados; beija-flores c) alto-falantes; pisca--piscas (ou piscas-piscas) d) social-democratas; social-cristãos e) porcos-espinhos (ou porcos-espinho); bananas-maçã (ou bananas-maçãs) f) arco-íris (invariável, apesar de o VOLP registrar *arcos-íris*); arcos-da-velha g) guardas-noturnos; guarda-chuvadas; guarda-portões h) guarda-roupas; tapa-sexos i) ave-marias; pai-nossos (ou pais-nossos); salve-rainhas j) teco-tecos; cavalos-vapor k) sem-terras; sem-tetos (embora o VOLP não registre tais plurais); puxa-sacos l) joões-bobos; joões-de-barro m) bem-te-vis; corre-corres (ou corres-corres); empurra-empurras (ou empurras-empurras) n) guardas--civis; puros-sangues o) poucas-vergonhas p) frutas-do-conde; frutas-pães (ou frutas-pão) q) dois sem--vergonhas; muitos sem-vergonhas (o VOLP não registra o plural de sem-vergonha, dando este nome como invariável no plural, a nosso ver equivocadamente) r) vêm as segundas-feiras s) más-formações t) redatoras-chefe; meias-calças u) pombos-correio (ou pombos-correios) v) quebra-quebras (o VOLP não registra *quebra-quebras*, incompreensivelmente) w) boias-frias x) pães-de-ló y) couves-flores (ou couves-flor) z) zum-zum-zuns; mi-mi-mis **7.** c) e) **8.** b) **9.** d) **10.** a) **11.** a) **12.** c) **13.** c) **14.** a) **15.** e) **16.** d) **17.** e) **18.** b) **19.** c) **20.** c) **21.** b) **22.** a) **23.** c) **24.** a) **25.** a) **26.** e) **27.** b) **28.** c) **29.** b) **30.** c)

Lição 11
GRAU DO SUBSTANTIVO

Além das flexões de gênero e de número, o substantivo pode exprimir a ideia de aumento ou de diminuição dos seres, em relação à normal. São, assim, dois os graus do substantivo: o *aumentativo* e o *diminutivo*. Ambos podem aparecer na forma **sintética**, ou seja, numa só palavra, em que a gradação é feita com o uso de sufixos, e na foma **analítica**, ou seja, em duas palavras, em que a gradação é feita com o uso de adjetivos (grande, enorme, etc.; pequeno, minúsculo, etc.). Ex.: *canzarrão* (aumentativo sintético de *cão*), *cãozinho* (diminutivo sintético de *cão*); *cão enorme* (aumentativo analítico de *cão*), *cão minúsculo* (diminutivo analítico de *cão*).

Entre os aumentativos existem as formas *regulares*, que se formam com o auxílio do sufixo **-ão** ou **-zão** (p. ex.: *cabeção, gatão, cãozão*) e as formas *irregulares*, que se formam com o auxílio dos mais variados sufixos (p. ex.: *cabeçorra, gatarrão, canzarrão*, etc.).

Principais aumentativos irregulares

o animal	o animalaço
a aranha	o aranhuço
a bala	o balaço, o balázio
a barca	a barcaça
o beato	o beatorro
o beiço	a beiçola, a beiçorra
o beijo	a beijoca
o bicho	o bicharrão
o bico	o bicanço
o bigode	o bigodaço, a bigodaça
a boca	a bocarra, a bocaça
a cabeça	a cabeçorra
o cão	o canzarrão
a cara	a caraça, a carantonha (pejorativo)
a carta	o cartapácio
a casa	o casarão
o chapéu	o chapelão, o chapeirão
a chave	o chaveirão
a colher	a colheraça
o copo	o copázio, o coparrão, o copaço
o coração	o coraçaço
o corpo	o corpanzil, o corpaço
a cruz	o cruzeiro

o dente	a dentola, a dentuça
o drama	o dramalhão
a espada	o espadagão
a faca	o facalhão, o facalhaz
a fatia	o fatacaz
o fedor	a fedentina
a festa	a festança
o fogo	o fogaréu
o forno	a fornalha
o forte	a fortaleza
o frade	o fradaço, o fradalhão (pejorativo)
o gancho	a ganchorra
o gato	o gatarrão, o gatázio
o homem	o homenzarrão
o inseto	o insetarrão
o jornal	o jornalaço
o ladrão	o ladravaz, o ladravão, o ladroaço
a laje	o lajedo
o lenço	o lençalho (pejorativo)
a lima (ferr.)	o limatão
a língua	o lingueirão
o limão	o limonaço
o livro	o livrório (pejorativo)
o lobo	o lobaz
a luz	a luzerna
o macho	o machalhão
a mala	o malotão
o mamão	o mamonaço
a mão	a manzorra, a manápula (ambos pejorativos)
o médico	o medicastro (pejorativo)
a moça	a mocetona
o moço	o mocetão
o monte	a montanha
a mulher	a mulheraça, a mulherona
o muro	a muralha
o nariz	o narigão
o navio	a naviarra
o olho	o olheirão
o padre	o padralhão (pejorativo)
o pássaro	o passarolo, a passarola
a pata (pé)	a patorra
a pedra	o pedregulho
a perna	a pernaça, o pername
o poeta	o poetaço, o poetastro (pejorativo)
o porco	o porcaço
o povo	o povaréu
o prato	o pratázio, o pratarraz, o pratalhão
o ramo	o ramalho
o rapaz	o rapagão
o rato	a ratazana
a rocha	o rochedo
o sábio	o sabichão (pejorativo)

o saco	o sacarrão
o santo	o santarrão (pejorativo)
o sapato	a sapatola (pejorativo)
o sapo	o saparrão
a testa	a testaça
o tolo	o toleirão
a unha	o unhaço
a vaga	o vagalhão
a vara	o varejão
a voz	o vozeirão

Entre os diminutivos existem as formas *regulares*, que se formam com o auxílio do sufixo **-inho, -zinho** ou **-ito, -zito** (p. ex.: *cavalinho, animalzinho, caminhito, papelzito*), as formas *irregulares*, que se formam com o auxílio dos mais variados sufixos (p. ex.: *cavalicoque, animalejo, papelucho*, etc.) e as formas *eruditas*, que se formam com o auxílio dos sufixos **-ulo** e **-culo**, além dos alomorfes **-áculo, -ículo, -úsculo** e **-únculo** (p. ex.: *glóbulo, animálculo, habitáculo, versículo, opúsculo, homúnculo*).

Principais diminutivos irregulares e eruditos

a aba	a abeta
a águia	a aguieta, o aguioto, o aquilucho
a aldeia	a aldeola, a aldeota
a âncora	a ancoreta
o ângulo	o angulete
o animal	o animalejo, o animálculo
a aranha	o aranhiço
a artéria	a arteríola
o artigo	o artiguete
a árvore	a arvoreta
a asa	a aselha
o astro	o asteroide
o baile	o baileco (pejorativo)
a baleia	o baleote, o baleato
o banco	a banqueta
a bandeira	a bandeirola
a barba	a barbicha
a barraca	o barraquim
o barril	o barrilete
o bastão	o bastonete
o beijo	o beijote
a cabra	a capréola
a caixa	o caixote, a caixeta
a câmara	o camarim, o camarote
o caminhão	a caminhonete, a camionete
a canção	a cançoneta
o canudo	o canudilho, o canutilho
o cão	o canicho

o carro	a carriola
a casa	o casebre (pejorativo)
o cavalo	o cavalicoque
a chácara	a chacarola
o chapéu	o chapelete, a chapeleta (pejorativo)
a chuva	o chuvisco, o chuvisqueiro
a cicatriz	a cicatrícula
o código	o codicilo
a corda	o cordel
a corneta	o cornetim
o coro	o coreto
o corpo	o corpete, o corpúsculo
o corvo	o corvacho
a cruz	a cruzeta
o diabo	o diabrete
o eixo	o axículo
o engenho	a engenhoca (pejorativo)
a espada	o espadim
a espiga	a espigueta
a estátua	a estatueta
a face	a faceta
o farol	o farolete
a fazenda	a fazendola
o feixe	o fascículo
a festa	o festim
a filha	a filhota (carinhoso)
o filho	o filhote (carinhoso)
o fio	o filete
a fita	o fitilho
a flauta	o flautim
o fogo	o fogacho
a folha	o folíolo, a folícula
o forte	o fortim
a fração	a fraciúncula
o frango	o frangote
o galo	o galispo
o globo	o glóbulo
a gota	a gotícula
o grão	o grânulo
a guerra	a guerrilha
a habitação	o habitáculo
a história	a historíola, a historieta
a igreja	a igrejola
o homem	o homúnculo
a ilha	a ilhota, o ilhéu
o jornal	o jornaleco (pejorativo)
a laje	a lajota
o leão	o leônculo
a língua	a lingueta
o livro	o livrete, o livreto, o livreco (pejorativo)
o lobo	o lobato
a loja	a lojeca (pejorativo)

Nossa gramática simplificada

a mala	a maleta, o malote
o lugar	o lugarejo
o mastro	o mastaréu
a moça	a moçoila
o moinho	o molinilho
o muro	a mureta
o namoro	o namorico
o nó	o nódulo
a noz	a núcula
o núcleo	o nucléolo
a obra	o opúsculo
a orelha	a aurícula
o osso	o ossículo
o ovo	o óvulo
o padre	o padreco (pejorativo)
o palácio	o palacete
o papel	o papelucho
a parte	a parcela, a partícula
a pedra	o pedrisco
o peixe	o peixoto, o piscículo
a pele	a película
a perdiz	o perdigoto
a placa	a plaqueta
o poema	o poemeto
a ponte	o pontilhão
a porção	a porciúncula
a porta	a portinhola
o porto	o portilho
o povo	o poviléu
a prancha	a prancheta
a questão	a questiúncula
o quintal	o quintalejo
o rabo	o rabicho
a raiz	a radicela, a radícula
o ramo	o ramalhete
o rapaz	o rapazola, o rapazote
a rede	o retículo
o rio	o riacho, o ribeiro, o regato
a rua	a ruela
o saco	a sacola
a saia	o saiote
a sala	a saleta
a sela	o selim
a semente	a semínula
o sino	a sineta
o sítio	a sitioca (pejorativo)
o tambor	o tamborim
a terra	a terriola
o vagão	o vagonete
a vala	a valeta
a valva	a válvula
a vara	a vareta, a varela

Luiz Antonio Sacconi

o velho	o velhote (pejorativo)
o verão	o veranico
o verso	o versículo
o vidro	o vidrilho
a via	a viela
a vila	o vilarejo, a vilela, a vileta, a vilota

Importante

1) Alguns aumentativos e diminutivos são usados mais para exprimir afetividade, carinho, ternura do que propriamente para indicar aumento ou redução dos seres. Ex.: *paizão, paizinho; maridão, maridinho.*

2) Usam-se também as formas aumentativas e diminutivas para exprimir desprezo, gozação ou ironia. Ex.: *politicastro* (político reles, ordinário), *chorão* (aquele que chora por qualquer motivo), *pidão* (aquele que vive pedindo coisas), *gentinha* (pessoa sem importância, pé de chinelo), *jornaleco* (jornal sem importância ou expressão), *santinho ele: já matou mais de vinte...* Tais aumentativos e diminutivos, com exceção dos que indicam ironia, se dizem *pejorativos* ou *depreciativos.*

3) Aumentativos e diminutivos podem ser formados mediante o processo de prefixação. Ex.: *supermercado, minidicionário.*

4) Algumas formas aumentativas e diminutivas perderam o seu valor aumentativo ou diminutivo, para adquirirem nova significação. É o caso de *boqueirão, caldeirão, carpete, cartão, cartilha, cavalete, colchão, cordão, ferrão, florão, folhinha* (calendário), *lençol, mosquito, portão,* etc.

5) O sufixo **-ão** se presta, ainda, para designar substantivos que exprimem ato violento. Ex.: *apertão, arranhão, beliscão, bofetão, empurrão, escorregão,* etc.

6) As formas *facalhão, vozeirão* e *homenzarrão,* entre outras, não trazem o sufixo *-ão,* mas, respectivamente, os sufixos compostos *-alhão, -eirão* e *-arrão,* nos quais *-ão* é somente um dos seus elementos. Em *homenzarrão,* o sufixo vem antecedido de um interfixo, *-z-.*

Testes e exercícios

1. Identifique o aumentativo sintético irregular:
a) coxão b) cutícula c) colchão d) beijoca e) lençol

2. Identifique o diminutivo sintético irregular:
a) pedregulho b) pontilhão c) pelourinho d) carinho e) pólipo

3. Substitua os espaços em branco pela forma aumentativa irrregular adequada:
a) Se você viu uma ave grande, então, você viu um ... .
b) Não, aquilo não é um monte, é uma ... .
c) Para mim era uma cruz, para ele era um ... .
d) Clarisse fez uma plástica na boca, porque se sentia complexada da ... que tinha.
e) Isso aí não é um lenço, é um ... .
f) Cinira não fez um drama, fez um ... por causa do término do namoro.

Nossa gramática simplificada

g) Atiraram-nos não duas pedras, mas sim dois ... .
h) Os surfistas não gostam de vagas, eles gostam mesmo é de ... .
i) O gigante tirou o sapato, isto é, a ... e atirou nos manifestantes.
j) Esse não é um ramo, é um verdadeiro ... .
k) Onde você mora não é propriamente uma casa, é um ... .
l) O que estou sentindo não é bem um fedor, é uma ... .
m) No sítio do meu avô, o limoeiro não dá limão, dá ... .
n) No sítio do meu tio, o mamoeiro não dá mamão, dá ... .
o) Tire essa mão, aliás, essa ... de mim, disse a moça.
p) Seu pai não tem propriamente um nariz, ele tem mesmo é um ... .
q) O filho de meu amigo não é bem um rapaz, é um ... .
r) Não ouvi uma voz, ouvi um ... assim: Geraaaaldo!
s) Isso não é bem um forte, é uma verdadeira ... .
t) Essa moça não tem um corpo, tem um verdadeiro ... .
u) Do alto do morro não caíram rochas, caíram ... .
v) Ele não queria apenas uma fatia do bolo, ele queria um ... .
w) Em Paris correm pelas ruas não ratos, mas verdadeiras ... .
x) Os elefantes não têm corações, eles têm ... .
y) Ele não levava uma faca, mas sim um ... .
z) Não ganhei um beijo, ganhei uma ... .

4. Substitua os espaços em branco pela forma diminutiva irrregular ou erudita adequada:
a) O arquipélago é formado por três ilhas e duas ... .
b) Os pais são uns diabos, e as crianças são uns ... .
c) Perdão, mas você não mora num lugar, você mora num ... .
d) Isso que passa na sua fazenda não é um rio, é um ... .
e) Aquilo que eu vi não era um grão, era um ...
f) Por aquele vão da janela não passava propriamente um feixe de luz, passava, sim, um ... de luz.
g) Daquele chão arrancamos na verdade uma ..., e não uma raiz.
h) Na minha cabeça não caiu uma gota, caiu apenas uma ... .
i) Ergueram-lhe não propriamente uma estátua, mas sim uma ... .
j) Em estradas de terra, muitos ... são lançados contra a parte interna dos para-lamas dos veículos e às vezes até mesmo algumas pedras.

5. Dê o diminutivo erudito de:
a) obra   b) questão   c) raiz   d) eixo   e) cicatriz

6. Identifique o aumentativo de ideia pejorativa:
a) medicastro   b) bigodaça   c) dentola   d) lingueirão   e) corpanzil

7. Continue:
a) beatorro   b) bocaça   c) narigão   d) unhaço   e) lençalho

8. Identifique o diminutivo de ideia pejorativa:
a) chapeleta   b) caixote   c) poviléu   d) barbicha   e) capréola

9. Continue:
a) jornaleco   b) veranico   c) galispo   d) rapazote   e) perdigoto

Luiz Antonio Sacconi

10. Identifique o diminutivo erudito:
a) terríola   b) lugarejo   c) espigueta   d) nódulo   e) molinilho

11. Assinale o aumentativo:
a) palacete   b) mansão   c) limatão   d) camionete   e) arranha-céu

12. Identifique o aumentativo que traz sufixo composto:
a) macacão   b) fornalha   c) chaveirão   d) ganchorra   e) animalaço

13. Identifique o substantivo que, embora termine em **-ão**, perdeu seu valor aumentativo:
a) garrafão   b) cartão   c) mansão   d) sótão   e) sacristão

14. Identifique o substantivo que, embora termine em sufixo diminutivo, já não exprime ideia de diminuição:
a) perdigoto   b) cavalete   c) asteroide   d) vareta   e) mastaréu

15. Substitua o substantivo em destaque pelo seu aumentativo sintético irregular, procedendo às alterações necessárias:
a) Naquela **vara** sempre pousa um **pássaro**.
b) O **ladrão** levou do **padre** apenas um **sapato**.
c) Enfiou o **sapo** no **saco**, pulou o **muro** e entrou na **casa**.
d) Veem-se nessa região **insetos** que parecem extraterrestres.
e) Com uma **lima** consegui consertar a **chave**.

16. Substitua o substantivo em destaque pelo seu diminutivo sintético irregular, procedendo às alterações necessárias:
a) No **quintal** havia um **galo** e duas **águias**.
b) Esse é o **rio** que passa por sua **vila**?
c) Naquela **ilha** foram vistos alguns **lobos**.
d) O **caminhão**, desgovernado, derrubou duas **árvores** e matou uma **cabra**.
e) Hernâni possui uma **fazenda** nesse **lugar**.

Dos concursos e vestibulares

17. (TJ-AM) Assinale a alternativa em que não ocorre aumentativo analítico:
a) Um grande muro divide a favela do restante da cidade.
b) Um animal enorme apavorava os moradores da fazenda.
c) Era um bugre colossal, forte como um touro.
d) Um fogaréu subiu na mata, destruindo tudo à sua passagem.
e) E um grande trovão ecoou anunciando a chuva inesperada.

18. (Acadepol-Delegado-PE) Todos os diminutivos abaixo são sintéticos, exceto:
a) Um filete de sangue deixara uma mancha vermelha em sua camisa.
b) Não se compreendia o porquê da briga se todos os moradores da viela eram amigos.
c) Embora fosse uma pequena comunidade, todos se entendiam bem.
d) Trouxe uma maleta com documentos.
e) Sentado na banqueta, sonhava com a vida de menino.

Nossa gramática simplificada

19. (FCE-CE) Identifique a alternativa em que o diminutivo indique ironia:
a) É o autor de um livreco.
b) Realmente, esse garoto é um santinho: já matou dois.
c) Sua casa não passa de um casebre.
d) Aquela garota é meu amorzinho.
e) Tive tantas saudades, mãezinha!

20. (Mack-SP) Assinale a alternativa correta na formação do grau do substantivo:
a) mulher – mulheraz   b) mansa – manzorra   c) raio – radícula
d) copa – copázio   e) pele – película

21. (TCE-GO) Assinale a opção que contém substantivo no grau normal:
a) animalzinho   b) carinho   c) peixoto   d) fedentina   e) cruzeiro

22. (TCE-GO) Assinale a formação correta na formação do grau:
a) prata – pratarraz   b) rei – régulo   c) pele – pelego
d) rádio – radiola   e) paz – pacífico

Soluções dos testes e exercícios
1. d) **2.** b) **3.** a) avejão b) montanha c) cruzeiro d) bocarra e) lençalho f) dramalhão g) pedregulhos
h) vagalhões i) sapatola (ou sapatorra) j) ramalho k) casarão l) fedentina m) limonaços
n) mamonaços o) manzorra (ou manápula) p) narigão q) rapagão r) vozeirão s) fortaleza
t) corpanzil (ou corpaço) u) rochedos v) fatacaz w) ratazanas x) coraçaços y) facalhão z) beijoca
4. a) ilhotas b) diabretes c) lugarejo d) riacho (ou ribeiro) e) grânulo f) fascículo g) radicela (ou
radícula) h) gotícula i) estatueta j) pedriscos **6.** a) **7.** e) **8.** a) **9.** a) **10.** d) **11.** c) **12.** c) **13.** b)
14. b) **15.** a) Naquele varejão sempre pousa um passarolo (ou uma passarola). b) O ladravaz
(ou o ladravão, ou o ladroaço) levou do padralhão apenas uma sapatola. c) Enfiou o saparrão no
sacarrão, pulou a muralha e entrou no casarão. d) Veem-se nessa região insetarrões que parecem
extraterrestres. e) Com um limatão consegui consertar o chaveirão. **16.** a) No quintalejo havia
um galispo e duas aguietas (ou dois aguiotos, ou dois aquiluchos) b) Esse é o riacho (ou o ribeiro
ou o regato) que passa por seu vilarejo (ou por sua vilela, ou vileta, ou vilota)? c) Naquela ilhota
(ou Naquele ilhéu) foram vistos alguns lobatos. d) A caminhonete (ou camionete), desgovernada,
derrubou duas arvoretas e matou uma capréola. e) Hernâni possui uma fazendola nesse lugarejo.
17. d) **18.** c) **19.** b) **20.** e) **21.** b) **22.** b)

Lição 12
ARTIGO

Artigo é a palavra variável que serve para individualizar ou generalizar o substantivo e, ao mesmo tempo, indicar-lhe o gênero e o número.
Existem dois tipos de artigos: o *definido* (*o* e as variações *a, os, as*), que individualiza o substantivo, e o *indefinido* (*um* e as variações *uma, uns, umas*).

Usa-se o artigo definido principalmente nestes casos:

1. Antes de qualquer substantivo que designe ser já conhecido: *Falei com **o** guarda e conversei com **o** médico, mas não vi **o** professor.* Note: os três seres já são de conhecimento das duas partes, tanto da quem fala quanto da quem ouve. É o artigo individualizando o substantivo.

2. Antes de nomes de pessoas íntimas: *o Zé, a Zefa, a Isabel, o Ivã.* Sobrenomes, quando usados no plural, exigem o artigo: *os Bolsonaros.*

Importante
Sobre o emprego do artigo antes de nomes próprios, assim comenta Manuel Rodrigues Lapa: *A demasiada familiaridade com um ser pode trazer como resultado um aviltamento das suas qualidades. Por isso se diz hoje, não apenas com intimidade, mas com certo sentido displicente **o Camões, o Bocage**, etc. No seu célebre soneto político a Eurico, a personagem do romance de Herculano, Guerra Junqueiro escreveu:* Beija a Hermengarda, a tímida donzela. *O verso ficaria talvez melhor sem aquele primeiro artigo; mas o autor quis dar à figura da irmã de Pelágio um aspecto familiar e cidadão. Aquele artigo definido é pois, intencional e até irônico. Suponha-se um repórter a fazer relato dum julgamento. Se quiser verter um desprezo, tantas vezes injusto, sobre os desgraçados que respondem pelos seus erros, dirá assim:* O libelo termina dizendo que o José Fernandes e o Manuel Vicente são verdadeiramente culpados do furto dos cereais, pelo que pede a condenação dos réus.

3. Antes de nomes de partes do mundo (continentes, países, rios, oceanos, desertos, etc.): *a Europa, o Brasil, o Amazonas, o Atlântico, o Everest, o Saara, a Via Láctea*, etc. Principais exceções: Andorra, Angola, Cabo Verde, Chipre, Cuba, Flandres, Luxemburgo, Macau, Madagascar, Marrocos, Moçambique, Mônaco, Portugal e Timor-Leste.

Nossa gramática simplificada

4. Antes de nomes de estados brasileiros: *o Amapá, a Bahia, o Tocantins, o Rio Grande do Sul, o Mato Grosso do Sul, a Paraíba*, etc. Exceções: Goiás, Mato Grosso, Minas Gerais, Pernambuco, Rondônia, Roraima, Santa Catarina, São Paulo e Sergipe. Alagoas se usa com artigo ou sem: *Alagoas/as Alagoas*.

5. Antes de nomes de bairros: *a Penha, a Lapa, o Cambuci, a Urca, o Rio Vermelho, a Pituba, o Mucuripe, a Aldeota*, etc. Principais exceções: Botafogo, Cascadura, Catumbi, Copacabana, Ipanema, Itaigara, Itapuã, Nazaré, Ondina, Perdizes, Piatã, Pinheiros, Santana, Santa Teresa.

6. Antes de nomes de obras de arte: *a Divina Comédia, a Vênus de Milo, a Gioconda, a Eneida, a Ilíada*, etc. Atenção: o artigo não faz parte da obra de Dante Alighieri, como muitos imaginam.

7. Antes de nomes de clubes, agremiações e revistas: *o Flamengo, o Palmeiras*; *a Veja, a Placar, a Caras*, etc.

8. Antes de certos títulos e de alcunhas e cognomes: *a doutora Sueli; o professor Mário; D. Manuel, o Venturoso; D. Maria, a Louca*. Exceção: Frederico Barba-Roxa.

9. Antes dos nomes de constelações: *a Ursa Maior, a constelação do Touro*.

10. Antes do superlativo: fazer **as** perguntas **mais** difíceis, fazer **as mais** difíceis perguntas, fazer perguntas **as mais** difíceis. Não se constrói, todavia: fazer "as" perguntas "as" mais difíceis, ou seja, repetindo-se o artigo.

11. Antes dos numerais e do nome das horas: *o um, o dois, o primeiro andar, a terça parte; esperar alguém da uma até as duas horas*. Quando, porém, precisamos as horas do dia, dispensamos o artigo (*são cinco horas, é uma hora*). O numeral **ambos** exige o artigo posposto quando antecede substantivo, a menos que venha antecedido de pronome demonstrativo: *Ambos **os** remédios foram tomados à uma hora*. Mas: *O que ambos esses remédios têm em comum?*

12. Depois do indefinido *todos* ou *todas*, com substantivo expresso: *Todos **os** quatro filhos acompanharam o pai. Todas **as** três revistas são nacionais*. Se o substantivo não estiver expresso, não se usará o artigo: *O pai chamou os filhos e saiu com **todos quatro**. Chegaram-me às mãos as revistas, **todas três** nacionais*.

13. Antes do indefinido **outro**, usado em sentido determinado. Ex.: *Nesta cidade existem dois supermercados, mas eu não gosto deste; vamos ao **outro***. *Enquanto eles trabalham, **os outros** brincam.* Se possuir sentido indeterminado, o indefinido aparecerá sem artigo: *Nesta cidade existem muitos supermercados, mas não gosto deste; vamos a outro. Enquanto uns trabalham, outros brincam.*

14. Nas expressões em que aparece o indefinido **todo**: *todo o mundo, em todo o caso*. No português contemporâneo, admite-se a omissão do artigo com as expressões adverbiais: *a todo momento, a todo instante, a toda hora, em toda parte, em todo lugar.*

15. Antes dos nomes de festas religiosas e profanas: *o Natal, a Páscoa, o carnaval, a micareta*, etc. Regidos de preposição, esses nomes dispensam o artigo. Ex.: noite de Natal, domingo de Páscoa, sábado de carnaval, época de micareta, etc.

16. Pelo pronome possessivo, quando o substantivo designa parte do corpo, peças do vestuário, faculdades do espírito ou relações de parentesco: *rapar a cabeça, cortar o dedo, sujar o vestido, pôr as meias, perder o juízo, usar a inteligência, bater no filho, beijar a mãe*, etc.

17. Pelo pronome demonstrativo: *Os exportadores não serão beneficiados com a taxa de câmbio, por isso já se admite crise **no** setor. Já não há tanta inflação **no** país.* Em ambos os exemplos, **no** equivale a **neste**.

18. Para expressar a espécie inteira: ***O** homem é mortal. **O** abacaxi é fruta ácida.* Em ambos os exemplos, **O** equivale a **Todo**.

19. Quando o possessivo é usado sem substantivo, em sentido próprio ou figurado: *Como vão **os seus**? Lindos filhos eram **os meus**. Ele sempre faz **das suas**.*

Importante

1) Toda palavra antecedida de artigo é substantivo ou se torna um substantivo: o cão, a gata, os porquês, um senão, os ii, etc. Às vezes, sobretudo na fala, confere-se ao artigo valor qualificativo: Ele é **o** cara! Ele vinha n**uma** velocidade! Nesse caso, dá-se ênfase ao artigo.

2) Desacompanhado de substantivo, o artigo definido se torna pronome demonstrativo com o sentido de *aquele* (ou variações), *aquilo* ou *isso*. Ex.: *Como são sábios os que são tolos somente em amor!* (os = aqueles) *Nas revoluções há dois gêneros de pessoas: as que as fazem e as que as aproveitam.* (as = aquelas) *Frio faz é na Antártica. Eu que o diga.* (o = isso).

Nossa gramática simplificada

3) Quando antecede nome de parte do corpo ou de faculdade do espírito, o artigo equivale a um possessivo, porque denota posse. Ex.: *Acho que quebrei a perna.* (a = minha) *Você perdeu o juízo?* (o = seu)

4) O pronome indefinido *todo* ou *toda*, acompanhado do artigo, equivale a *inteiro(a), total.* sem a companhia do artigo, equivale a *qualquer, cada um.* Ex.: *Li todo o livro.* (= todo o = inteiro) *Todo livro merece ser lido.* (Todo = Qualquer) No plural, todavia, *todos* e *todas* não dispensam o artigo: ***Todos os** livros merecem ser lidos.*

5) Quando o título de filme, publicação, etc. traz artigo, não convém contraí-lo com nenhuma preposição. Assim, usamos: *Al Pacino foi um dos atores que atuaram **em O** Poderoso Chefão* (e não "no Poderoso" ou "nO Poderoso"). *A notícia saiu **em O** Globo* (e não "no Globo" ou "nO Globo").

Omite-se o artigo definido principalmente nestes casos:

1. Antes de substantivos usados indeterminadamente: *Não vou a cinema, a teatro, a circo, a lugar nenhum. Entra presidente, sai presidente, e tudo continua como dantes no quartel de Abrantes.*

2. Antes de nomes de personagens históricas ou de pessoas não íntimas: *Sei tudo sobre Joana d'Arc. Napoleão nasceu na Córsega. Hersílio casou com Juçara.* Se, porém, qualquer nome próprio vem modificado por adjunto adnominal, o uso do artigo é obrigatório. Ex.: *a heroica* Joana d'Arc, *o valente* Napoleão, *o estudioso* Hersílio e *a esforçada* Juçara. Nomes completos de pessoas rejeitam o artigo. Ex.: Carlos Nóbrega Fontoura veio ao Brasil em 1931. Regina Duarte virou a namoradinha do Brasil.

3. Antes de nomes de cidades e de ilhas: Criciúma, Guarujá, Paris; Marajó, Creta, Itaparica, etc. Principais exceções: o Porto, o Rio de Janeiro, o Cairo, o Recife, o Aracaju (estes dois últimos ainda se usam também sem o artigo); Sicília, Sardenha, Córsega, Groenlândia, etc. Se, porém, o nome da cidade vier modificado por adjetivo ou por qualquer expressão, aparecerá obrigatoriamente o artigo. Ex.: *a velha* Lisboa, *a* Roma *dos Césares*, etc. Quando o nome da ilha é pluralizado, o artigo é obrigatório. Ex.: *as* Canárias, *as* Baamas, *as* Antilhas, etc. Aparecendo a palavra *ilha* antes do nome, o artigo também é de rigor: *a* ilha da Madeira, *a* ilha do Bananal, *as* ilhas Falkland, etc.

4. Antes das palavras *casa, terra* e *palácio*, usadas sem modificador: estar em casa, voltar a terra, terra à vista, despachar em palácio. Havendo modificador, no entanto, aparecerá o artigo: estar **na** casa da namorada, voltar **à** terra natal, **a** terra do Novo Mundo estava à vista, despachar **no** Palácio do Planalto. Exemplo colhido em jornal: *Mesmo* *que o furacão permaneça no mar e não toque* **terra**, *seus efeitos, sob a forma de ondas fortes, ventos e tempestades, podem prejudicar perigosamente as cidades costeiras.*

5. Antes de datas: Em 22 de abril se descobriu o Brasil e a 7 de setembro se proclamou a independência. Se, porém, a data vem substantivada, usa-se o artigo: **O** 22 de Abril já não é comemorado. **O** 7 de Setembro é festejado em todo o país.

6. Antes de expressões de tratamento: *Vossa Excelência* está atrasado. Exceção: *senhor* (e variações).

7. Após o pronome relativo *cujo* (e variações): Virgílio, *cujo* filho serve na Marinha, anda preocupado. Eis a árvore *cujos* ramos estão secando.

8. Antes das palavras *Dom, Dona, frei* e *sóror*, usadas com nome próprio: Dom Henrique, Dona Rosa, frei Filipe, sóror Helena.

9. Antes de nomes sagrados: Deus, Nosso Senhor, Cristo, Nossa Senhora, Santo Antônio, etc. Autores clássicos, no entanto, usaram "o Cristo". Se o nome sagrado vem modificado, usa-se o artigo: **a** Santíssima Nossa Senhora, **o** casamenteiro Santo Antônio. Não se aconselha, porém, a qualificação "o bom Deus", por desnecessário o uso do qualificativo.

10. Antes de nomes próprios femininos de divindades pagãs ou mitológicas: templo de Diana, poderes de Minerva, de Juno, de Vênus. Se vierem com modificador, porém: templo d**a célebre** Diana, etc.

11. Nos provérbios, máximas, adágios, definições e orações sentenciosas: Pedra movediça não cria bolor. Água mole em pedra dura, tanto bate até que fura. Zootecnia é a ciência e a arte de criar animais domésticos com fins econômicos. Homem atrevido dura como vaso de vidro. Exceção: *O* hábito não faz *o* monge.

12. Antes dos nomes de planetas: Mercúrio, Saturno, Urano, etc. Exceção: **a** Terra.

13. Nos vocativos: *Doutor*, e agora? Que é isso, *menino?*

14. Antes dos nomes dos pontos cardeais que designam direções ou limites geográficos: O Brasil se limita *a* norte com a Venezuela, *a* sul com o Uruguai, *a* leste com o oceano Atlântico e *a* oeste com a Bolívia e o Peru.

Nossa gramática simplificada

15. Antes dos nomes dos meses: janeiro, fevereiro, março, etc.

16. Antes dos nomes dos dias da semana: segunda-feira, sábado, domingo, etc. Quando, porém, se determina o dia da semana, usa-se o artigo. Ex.: **No** sábado vou a Mojimirim. **A** segunda-feira daquela semana foi terrível! Quando um fato se repete no mesmo dia da semana, usa-se igualmente o artigo, sempre no plural e precedido da preposiçao **a**. Ex.: **Aos** sábados não há expediente. **Às** segundas-feiras o restaurante fica fechado. Os substantivos *semana, mês* e *ano* podem dispensar o artigo, quando figuram em expressões temporais. Ex.: Teremos festa *semana* próxima. Voltarei *mês* vindouro. *Ano* passado aconteceram geadas nesta região.

17. Nas locuções com pronome possessivo: a meu ver, em meu ver, a meu modo, a meus pés, a teu lado, em nosso benefício, em seu favor, em meu detrimento, etc.

18. Nas locuções adverbiais em que entram nomes de partes do corpo, de faculdades do espírito, dos sentidos, regidos de *a, de* ou *em*: de mão beijada, de mãos dadas, em primeira mão, em (ou de) segunda mão, a olhos vistos, de cabeça baixa, de orelha em pé, de pernas abertas, de cor, etc.

19. Antes de possessivos com o valor de *alguns*: A gramática portuguesa tem lá *suas* complicações. Todo ofício tem *seus* cavacos.

20. Depois da expressão *cheirar a*: Sua camisa cheira a cigarro.

21. Em grande número de expressões, entre as quais: falar verdade, falar mentira, entrar em greve, entrar em campo, cantar vitória, pedir desculpa, pedir perdão, pedir satisfação, declarar guerra, ouvir missa, andar de avião, estar em (ou de) férias, estar em greve, etc.

22. Quando o verbo *ter* possui como complemento nomes de partes do corpo: O rinoceronte tem *chavelho*. As borboletas têm *asas* e *pés*. Mesmo quando tais nomes vêm com modificador, não se usa o artigo: ter olhos verdes, ter boca sensual, ter mãos lindas, etc. Se, porém, o modificador exprimir condição ou estado passageiro, o artigo será de rigor: ter *os* olhos verdes de manhã e *os* olhos azuis à tarde; ter *a* boca molhada; ter *as* mãos feridas, etc.

23. Na expressão *de meu* (= meu próprio) ou *de seu* (= seu próprio): Nunca tive nada *de meu*. Ele nunca teve nada *de seu*.

115

24. Quando se expressa um ato que se pratica frequentemente, e o possessivo não vem antecedido de artigo: Ele chega da escola, toma *seu* lanche e sai para jogar bola.

Importante

1) Quando dois ou mais adjetivos modificam um mesmo substantivo, só se usa o artigo antes do primeiro. Ex.: A Lua, **o** belo e único satélite da Terra, já foi visitada pelo homem.

2) É facultativo o uso do artigo antes de pronomes possessivos. Ex.: Onde está (o) meu carro?

3) A gramática tradicional não aceita o uso do artigo antes de pronome possessivo que antecede nome de parentesco, mas na língua contemporânea tal uso é generalizado, mesmo porque o artigo, nesse caso, imprime certo caráter íntimo, carinhoso, familiar à comunicação. De fato, sente-se alguma diferença entre Gosto de meu pai e Gosto d**o** meu pai. Os nomes *pai* e *mãe*, que exprimem individualidade única (cada pessoa não tem senão um só pai e uma só mãe), rejeitam o uso do artigo de forma terminante. Do ponto de vista lógico, não há por que empregar "o meu pai" "a minha mãe", visto que em *meu pai* e em *minha mãe* o pronome já determina por si só o nome de forma exclusiva. Somente o caráter afetivo explica e justifica tal emprego.

4) No português clássico e em Portugal não se usa o artigo antes dos nomes Europa, Ásia, África, Espanha, França, Inglaterra, Escócia, Holanda e Flandres, quando regidos de preposição. Daí por que Eça de Queirós escreveu *Cartas de Inglaterra*, e os portugueses vivem *em* França.

Repete-se o artigo definido principalmente nestes casos:

1. Quando os termos são antônimos: *o* dia e *a* noite, *o* bem e *o* mal, *a* vida e *a* morte, *o* bom e *o* mau pai, etc. Se os nomes coordenados forem sinônimos, não se repetirá o artigo. Ex.: Os elogios e incentivos não ajudam, prejudicam. A paciência e tolerância são minhas armas.

2. Quando os elementos coordenados designam diferentes pessoas ou coisas: **a** opinião de Clarisse e **a** opinião de Ivã; **o** governador e **o** secretário; **o** verão e **o** outono de São Paulo. Caso dois nomes sejam coordenados por **ou**, não se usa o artigo antes do segundo, se este é uma explicação do primeiro. Ex.: o cloreto de sódio ou sal de cozinha; a ancilostomíase ou amarelão, etc.

3. Quando se quer dar ênfase aos elementos coordenados: *O* amor, *a* afetividade, *os* afagos – tudo nela era perfeito. *As* mãos, *a* pele, *os* dentes, *o* nariz, *os* cabelos – nada havia em Cristina que não fosse lindo.

4. Na distinção de gênero e número: **o** pai e **as** filhas, **a** mãe e **os** filhos, **o** tio e **os** sobrinhos, **a** avó e **as** netas, **a** mulher e **os** filhos, etc.

Nossa gramática simplificada

Usa-se o artigo indefinido nestes principais casos:

1. Para apresentar um ser ainda não conhecido: Meu pneu furou; perguntei, então, a *um* guarda onde havia *um* borracheiro.

2. Antes de substantivo a que se quer dar sentido vago: Apresentaram-se *uns* políticos inexpressivos, que vieram cá em busca de votos.

3. Para melhor caracterizar um nome já determinado por artigo definido: Chegou, finalmente, o dia do jogo: *um* dia claro, bonito, próprio para a prática esportiva.

4. Junto de numerais, para exprimir aproximação: A mulher tinha *uns* cinquenta anos. Eram *umas* quinze crianças. Já havia passado *uma* meia hora do horário combinado, quando ela chegou.

5. Junto de um substantivo, para reforçar a ideia expressa: Estou com *uma* fome! Fez o trabalho com *uma* má vontade!

Omite-se o artigo indefinido nestes principais casos;

1. Em comparações: A mulher falava como papagaio. Ficou vermelha como pimentão.

2. Nos apostos: O médico lhe prescreveu tetraciclina, antibiótico de ação violenta, mas eficaz.

3. Antes de predicativo, com o verbo *ser*: Virgílio é mau patrão. Teresa foi ótima aluna.

4. Quando o substantivo exprime um representante da sua classe: Livro é presente de amigo. Soldado também é povo.

5. Nas expressões *dia sim, dia não; semana sim, semana não; mês sim, mês não; ano sim, ano não.*

6. Nas locuções *de modo geral, de maneira geral, de forma geral*: De modo geral, o brasileiro é romântico. Referi-me aos professores de maneira geral.

7. Antes dos pronomes indefinidos *outro, certo* e *determinado*, exceto em caso de ênfase: Não foi nesse dia que o fato aconteceu, foi em outro. As crianças têm certo receio do mar. Quando esse menino quer

Luiz Antonio Sacconi

determinada coisa, quem é que o faz mudar de ideia? Mas: Ela disse isso com *um certo* ar de indignação. Usa-se o artigo antes de *outro*, quando em correlação com *um*. Ex.: *Um* casal ficou no carro e **o outro** sentado no banco do jardim.

Testes e exercícios

1. O Brasil, por sua vasta extensão territorial, quase inteiramente situado no hemisfério sul, oferece as mais diferentes opções para o turismo. Nesse trecho existem:
a) quatro artigos   b) dois artigos   c) cinco artigos   d) três artigos   e) oito artigos

2. Uma picada de escorpião, dolorosíssima, não mata um adulto, mas pode matar uma criança. Nesse trecho:
a) há dois artigos   b) há um artigo   c) não há artigo   d) há três artigos
e) há quatro artigos

3. Uma moeda que tivesse a temperatura de milhões de graus, como tem o Sol, queimaria todo ser vivo a 1.500 quilômetros de distância. Nesse trecho:
a) não há artigo   b) há três artigos   c) há seis artigos
d) há quatro artigos   e) há cinco artigos

4. Como você diz ou escreve: Moro **no** Brasil ou Moro **em** Brasil? Conheço Argentina ou Conheço **a** Argentina? Gosto **de** Brasil ou Gosto **do** Brasil? Acabo de chegar **de** Argentina ou Acabo de chegar **da** Argentina?
(Suas respostas são óbvias.) Agora, assinale as frases corretas:
a) Brasil e Argentina assinaram um acordo de livre comércio.
b) O Brasil e a Argentina assinaram um acordo de livre comércio.
c) Milhares de torcedores do Brasil e da Argentina assistiram a esse jogo.
d) Milhares de torcedores de Brasil e de Argentina assistiram a esse jogo.

5. Como você diz ou escreve? Torço **pelo** Flamengo ou Torço **por** Flamengo? Ela torce **por** Fluminense ou Ela torce **pelo** Fluminense? Gosto de Palmeiras ou Gosto do Palmeiras? Meu time é Corinthians ou Meu time é o Corinthians? (Suas respostas são óbvias.) Agora, assinale as frases corretas:
a) Jogam hoje Flamengo e Palmeiras.
b) Jogam hoje o Flamengo e o Palmeiras.
c) Nunca assisti a jogos de Fluminense e Corinthians.
d) Nunca assisti a jogos do Fluminense e do Corinthians.

6. Assinale as frases corretas quanto ao uso do artigo:
a) Reataram relações Cuba e Nicarágua.
b) Haverá mais intercâmbio cultural entre o Brasil e a China.
c) Ninguém gostou do jogo entre México e Dinamarca.
d) A Colômbia e Peru quase entram em guerra.
e) O Brasil e o Paraguai fazem parte do Mercosul.
f) A nave espacial entrou na Terra por volta de três horas.
g) Só estarei em casa a partir de nove horas.
h) Esperei-a desde sete horas até meia-noite.
i) Procure-me em casa entre seis e sete horas!
j) Todo o mundo sabe que *xícara* se escreve com *x*.

Nossa gramática simplificada

k) Jogam hoje Palmeiras e Corinthians.
l) Não poderei ir ao estádio, mas em todo caso, comprarei um ingresso.
m) Todo o mundo usa "todo mundo", por isso todo o mundo erra.
n) O presidente chega cedo a palácio para trabalhar.
o) Não estou em casa, estou em casa de meus tios.
p) Naquela época eu morava no Mato Grosso.
q) O governo de Mato Grosso do Sul vai contestar essa ação.
r) No Sergipe existem alguns clubes de futebol.
s) O Recife é a capital de Pernambuco, todo o mundo sabe.
t) Você esteve mesmo em Marrocos? Gostou de Marrocos? Voltará novamente a Marrocos?
u) A funcionária da companhia aérea disse que o nosso avião já está em solo, por isso logo embarcaremos.
v) O comandante do avião perdeu a comunicação com terra.
w) Telefone-me entre o meio-dia e a uma hora.
x) Nunca estou em casa entre as quinze e as dezoito horas.
y) O jogo começava a meio-dia e terminava às duas horas.
z) Entre o meio-dia e meia e a meia-noite choveu muito aqui.

7. Quando alguém lhe diz: *Consultei* **um** *médico*, você entende:
a) que não conhece o médico
b) que conhece o médico
c) que é amigo do médico
d) que mora com o médico
e) que também consulta o médico

8. Quando você lê a advertência *Se persistirem os sintomas, o médico deve ser consultado*, você conclui:
a) que a frase está certa, porque você conhece o médico
b) que a frase está errada, porque você não conhece o médico
c) que a consulta a um médico deve ser feita com regularidade
d) que a consulta ao médico deve ser feita urgentemente
e) que a consulta a um médico é sempre importante

9. Assinale as frases corretas quanto ao uso ou a omissão do artigo:
a) Não estive com a Dona Clara, mas com o seu marido.
b) Você conheceu o D. Pedro I? Então, você tem mais de 200 anos!
c) Esse é o tipo de notícia que já não sai publicada no Estadão.
d) Quem apareceu em Fátima foi a Nossa Senhora, e não o Nosso Senhor.
e) Os marujos só poderão vir a terra quando limparem o sótão do navio.
f) Em ambos casos a doença é fatal.
g) Visitei a Coreia do Norte, cujos os habitantes idolatram seu líder.
h) Já havia passado uma meia hora do horário combinado, quando ela chegou.
i) Depois de dizer essa asneira, ela ficou vermelha como um pimentão!
j) Elisabete vinha trabalhar um dia sim, um dia não.
k) Visitei Brasília, a capital do Brasil.
l) O Brasil, o país das oportunidades, acolhe bem todos os turistas.
m) Viajo ao exterior ano sim, ano não.
n) Estão ali Cármen, Juçara, Cassilda e Hortênsia. São, todas quatro, minhas colegas.
o) Essa mulher fala como um papagaio!
p) Estive em Europa, mas não cheguei a viajar por França nem por Inglaterra.
q) Mês que vem farei aniversário e vou comemorar em Guarujá.

Luiz Antonio Sacconi

r) Ano passado fizeram um festão no dia de seu aniversário, no Aracaju.
s) Semana próxima vai fazer muito frio, segundo a previsão meteorológica.
t) Todo fumante tem roupa e cabelos cheirando a cigarro.
u) Estou interessado na compra de um veículo cujo o proprietário está preso.
v) Os elefantes têm tromba, mas os rinocerontes têm chavelho.
w) Fale verdade: você está com ciúme de sua irmã!
x) Minha irmã tem os olhos verdes de manhã e os olhos azuis à tarde.
y) Sua irmã tem os olhos verdes? A minha tem os olhos azuis.
z) Estive em Holanda, em Espanha e em Escócia.

Dos concursos e vestibulares

10. (Talcrim-RJ) Assinale a alternativa correta quanto ao uso do artigo:
a) O contrabandista veio de bordo e já está na terra.
b) Encontrei-me com um certo indivíduo muito impertinente.
c) Você viu o Paulinho? Quero falar com ele.
d) Trouxemos para a Vossa Excelência os documentos solicitados.
e) O Estados Unidos é um país do primeiro mundo.

11. (TRE-PE) Assinale a alternativa em que a palavra **um(a)** não se classifica como artigo:
a) Entro numa venda para comprar uns anzóis, quando chega um velho amigo.
b) É uma pena! Mas amanhã já não a poderei ver mais.
c) Você, minha filha, comprou duas canetas quando eu pedi uma.
d) Se as casas eram iguais, por que uma teve preço maior?
e) Era um enorme cajueiro. O maior do mundo!

12. (Alerj-Fesp) O emprego correto do artigo definido **o** com os nomes dos estados brasileiros é:
a) Acre   b) Goiás   c) Sergipe   d) São Paulo   e) Pernambuco

13. (ITA-SP) Em uma das opções abaixo o uso do artigo é facultativo. Assinale-a:
a) Os alunos estudiosos serão recompensados.
b) Os Estados Unidos progrediram muito.
c) Conheço a encantadora Goiânia.
d) Fez todo o trabalho solicitado.
e) O meu dinheiro é ser feliz.

14. (ITA-SP) Determine o caso em que o artigo tem valor qualificativo:
a) Estes são os candidatos de que lhe falei.
b) Procure-o, ele é o médico! Ninguém o supera.
c) Certeza e exatidão, estas qualidades não as tenho.
d) Os problemas que o afligem não me deixam descuidado.
e) Muita é a procura; pouca é a oferta.

15. (Esan-SP) Em qual dos casos o artigo denota familiaridade?
a) O Amazonas é um rio imenso.
b) D. Manuel, o Venturoso, era bastante esperto.
c) O Antônio se comunicou com o João.
d) O professor João Ribeiro está doente.
e) *Os Lusíadas* são um poema épico.

Nossa gramática simplificada

16. (Fatec-SP) Indique o erro quanto ao emprego do artigo:
a) Em certos momentos, as pessoas as mais corajosas se acovardam.
b) Em certos momentos, as pessoas mais corajosas se acovardam.
c) Em certos momentos, pessoas as mais corajosas se acovardam.
d) Em certos momentos, as mais corajosas pessoas se acovardam.
e) Nenhuma das anteriores.

17. (TRT-PE) Assinale a alternativa em que o uso do artigo denota aproximação:
a) Aquele documento era de um valor inestimável.
b) Ela é de uma inteligência tal, que a todos espanta.
c) Seu jeito era bem suspeito e tinha uma maneira diferente de andar.
d) Era uma aluna bem aplicada, mas gostava de desenhar no caderno dos outros.
e) Pretendemos permanecer aqui por mais umas três horas.

18. (Mack-SP) Assinale a alternativa em que há erro:
a) Li a notícia no Estado de S.Paulo.
b) Li a notícia em O Estado de S. Paulo.
c) Essa notícia, eu a li em A Gazeta.
d) Vi essa notícia em Caras.
e) Foi em O Estado de S. Paulo que li essa notícia.

19. (Ufub-MG) Em uma das frases, o artigo definido está empregado erradamente:
a) A velha Roma está sendo modernizada.
b) A "Paraíba" é uma bela fragata.
c) Não reconheço agora a Lisboa do meu tempo.
d) O gato escaldado tem medo de água fria.
e) O Havre é um porto de muito movimento.

20. (Esan-SP) Assinale a alternativa que abona a regra da omissão do artigo:
a) Mostraram-me cinco livros. Comprei todos cinco.
b) Mostraram-me cinco livros. Comprei todos cinco livros.
c) Mostraram-me cinco livros. Comprei todos os cinco.
d) Mostraram-me cinco livros. Comprei a todos cinco livros.
e) Mostraram-me cinco livros. Não comprei nem um.

Soluções dos testes e exercícios
1. a) **2.** d) **3.** b) (o **a** antes do numeral é preposição) **4.** b) c) **5.** b) d) **6.** b) e) j) m) n) s) t) u) v) w)
x) z) **7.** a) **8.** b) **9.** e) h) m) n) p) q) r) s) t) v) w) x) z) **10.** c) **11.** c) **12.** a) **13.** e) **14.** b) **15.** c) **16.** e)
17. e) **18.** a) **19.** d) **20.** a) (a última frase não se reporta a regra nenhuma da omissão do artigo)

Lição 13
ADJETIVO

Adjetivo é toda e qualquer palavra variável que, junto de um substantivo, indica qualidade, defeito, estado ou condição. Ex.: homem *bom*, moço *perverso*, casa *suja*, *velho* amigo. Como se vê, o adjetivo pode vir antes ou depois do substantivo; às vezes, porém, não indiferentemente, como em homem *grande* e *grande* homem.

Classificação
O adjetivo pode ser **uniforme** (quando possui uma só forma para os dois gêneros, como *feliz* e *alegre*), **biforme** (quando possui uma forma para cada gênero, assim como *bom* e *boa*), **simples** (quando constituído de um só radical, assim como *vermelho* e *claro*), **composto** (quando formado por mais de um radical, caso de *vermelho-claro*), **primitivo** (quando não deriva de outra palavra e geralmente dá origem a outras, caso de *bom*) e **derivado** [deriva de outra palavra (adjetivo, substantivo ou verbo), caso de *bondoso, ruidoso* e *falante*].

Flexão
O adjetivo pode flexionar-se em *gênero, número* e *grau.*

Gênero
Os adjetivos acompanham o gênero do substantivo por eles modificado. Podem ser **uniformes** (têm apenas uma forma para ambos os gêneros: *feliz, alegre*) e **biformes** (têm uma forma para cada gênero: *bom, novo*). Os adjetivos *cortês, descortês, montês* e *pedrês* não variam em gênero, assim como *incolor, multicor, sensabor, maior, melhor, pior, anterior, hindu, inferior, superior, simples,* etc.
Os adjetivos simples fazem o feminino de formas as mais diversas. Ex.: ateu/ateia, capiau/capioa, judeu/judia, temporão/temporã, etc.
Os adjetivos compostos fazem o feminino com variação apenas do último elemento. Ex.: política econômico-financeira, amizade luso-brasileira. *Surdo-mudo*, excepcionalmente, faz *surda-muda* no feminino: mulher *surda-muda.*

Número

Os adjetivos acompanham o número do substantivo por eles modificado. Os adjetivos simples fazem o plural de forma elementar, ou seja, com o acréscimo da desinência **-s** ou **-es**. Ex.: ateu/*ateus*, inferior/*inferiores*, etc. Os adjetivos compostos fazem o plural com variação apenas do último elemento. Ex.: cabelos *castanho-escuros*, olhos *verde-claros*, políticos *social-democratas*.

Compostos indicadores de cor não variam, quando um dos elementos é substantivo. Ex.: vestidos *cor-de-rosa*, carros *cinza-escuro*. Às vezes, na indicação da cor aparece apenas o substantivo: vestidos *rosa*, carros *cinza*. *Surdo-mudo* faz *surdos-mudos* no plural; *azul-marinho, azul-celeste, furta-cor* e *sem-sal* não variam: camisas *azul-marinho*, tons *azul--celeste*, gravatas *furta-cor*, pessoas *sem-sal*.

Grau

São três os graus do adjetivo: o *normal* ou *positivo*, o *comparativo* e o *superlativo*.

O grau *normal* ou *positivo* não enuncia gradação alguma, apenas indica a qualidade. Ex.: Elisa é *estudiosa*.

O grau *comparativo* compara qualidade entre dois ou mais seres e pode ser de igualdade (Elisa é *tão* estudiosa *quanto* o irmão), de superioridade (Elisa é *mais* estudiosa *do que* o irmão) e de *inferioridade* (Elisa é *menos* estudiosa *do que* o irmão).

O grau *superlativo* expressa a qualidade em termos de intensidade, de forma absoluta ou relativa e, assim, pode ser *absoluto* e *relativo*. O superlativo *absoluto* pode ser sintético (quando se usam afixos, princ. sufixo: ami**císsimo**, paupér**rimo**, **super**amigo) e *analítico* (quando se usam advérbios: **muito** amigo, **bastante** caro). O superlativo *relativo* destaca a qualidade em relação a outros seres e pode ser de *superioridade* (*o mais* estudioso da casa) e de *inferioridade* (*o menos* estudioso da casa).

Os adjetivos superlativos absolutos sintéticos podem ser *regulares* (formam-se com o acréscimo da terminação *-íssimo*, caso de *amiguíssimo*) e *irregulares* ou *eruditos* (formam-se com o acréscimo de *-íssimo* ou de *-rimo* a formas eruditas, caso de *amicíssimo* e *paupérrimo*).

No aspecto semântico, as formas sintéticas são mais enfáticas que as analíticas. Assim, *amicíssimo* vai além de *muito amigo*; *fidelíssimo* supera em intensidade semântica *muito fiel* e assim por diante.

Os adjetivos *bom, mau, grande* e *pequeno* possuem comparativo e superlativo irregulares: a) **bom** → *melhor* (comp. de sup.), *ótimo* (sup. abs.), *o melhor* (sup. rel.); b) **mau** → pior, péssimo, o pior; c) **grande** → maior, máximo, o maior; d) **pequeno** → menor, mínimo, o menor.

As formas superlativas sintéticas eruditas de *alto* e de *baixo* são, respectivamente, *supremo* (ou *sumo*) e *ínfimo*.

Os adjetivos terminados em **-io** fazem o superlativo com dois ii: frio/*friíssimo*, sério/*seriíssimo*, macio/*maciíssimo*. Os terminados em **-eio** fazem o superlativo com apenas um i: feio/*feíssimo*, cheio/*cheíssimo*. Diz-se o mesmo quando tais adjetivos assumem a forma diminutiva, para indicar valor superlativo *feinho, cheinho*.

O adjetivo *recente* pode ter *nupérrimo* como superlativo sintético erudito (latim *nuper* = recente): *Manuel conhece todos os nupérrimos lançamentos da moda masculina)*.

A forma *grandessíssimo* se usa enfaticamente e quase sempre pejorativamente: *Esse rapaz é um grandessíssimo sem-vergonha!*

Há inúmeras outras maneiras de conseguir o superlativo absoluto dos adjetivos. Eis algumas: a) empregando-se afixos (arquimilionário, ultraconservador, amicíssimo, paupérrimo); b) repetindo-se o adjetivo (abacaxi doce, doce!; gol lindo, lindo!); c) mediante comparação curta (liso como quiabo, linda como ela só); d) empregando-se certas expressões populares (linda de morrer, feio que dói, podre de rico); e) usando-se o adjetivo com o sufixo -inho (grandinho, feinho); f) usando-se o artigo definido com alguma ênfase (o filme, a festa); g) usando-se a expressão *um senhor* ou *uma senhora*, também com ênfase: um senhor ator, uma senhora mulher.

Alguns adjetivos só se usam no grau normal ou positivo: diurno, noturno, mensal, etc.

Alguns adjetivos adquirem valor superlativo usados na forma diminutiva. Ex.: Que *bonitinho*: ele chora de amor! *** Fique *quietinho* você aí, senão apanha! *** Esse carro é bem *feinho*, hem!

A forma analítica *mais pequeno* é correta, se bem que usada apenas em Portugal. Já *mais grande* é expressão correta apenas quando se comparam qualidades de um mesmo ser. Assim, por exemplo: Minha casa é *mais grande* que pequena.

Principais superlativos absolutos sintéticos

acre	acérrimo
ágil	agílimo
agradável	agradabilíssimo
agudo	acutíssimo
amargo	amaríssimo
amável	amabilíssimo
amigo	amicíssimo
antigo	antiquíssimo
áspero	aspérrimo
atroz	atrocíssimo
audaz	audacíssimo
bélico	belacíssimo

Nossa gramática simplificada

benéfico	beneficentíssimo
benévolo	benevolentíssimo
capaz	capacíssimo
célebre	celebérrimo
cristão	cristianíssimo
cruel	crudelíssimo
difícil	dificílimo
doce	dulcíssimo
eficaz	eficacíssimo
fácil	facílimo
feroz	ferocíssimo
fiel	fidelíssimo
frágil	fragílimo
frio	frigidíssimo
geral	generalíssimo
humilde	humílimo
incrível	incredibilíssimo
inimigo	inimicíssimo
íntegro	integérrimo
jovem	juveníssimo
livre	libérrimo
magnífico	magnificentíssimo
magro	macérrimo
maledicente	maledicentíssimo
maléfico	maleficentíssimo
malévolo	malevolentíssimo
manso	mansuetíssimo
miserável	miserabilíssimo
miúdo	minutíssimo
negro	nigérrimo
nobre	nobilíssimo
perspicaz	perspicacíssimo
pessoal	personalíssimo
pio	pientíssimo
pobre	paupérrimo
possível	possibilíssimo
preguiçoso	pigérrimo
pródigo	prodigalíssimo
próspero	prospérrimo
provável	probabilíssimo
público	publicíssimo
rústico	rusticíssimo
sábio	sapientíssimo
sagrado	sacratíssimo
salubre	salubérrimo
semelhante	simílimo
senil	senílimo
sensível	sensibilíssimo
simpático	simpaticíssimo
simples	simplicíssimo
soberbo	superbíssimo
velho	vetérrimo

Locução adjetiva

Locução adjetiva é o conjunto de duas ou mais palavras que exercem a função de um adjetivo. Ex.: luz *do sol* = luz *solar*; região *da costa* = região costeira. Nem sempre é possível substituir uma locução adjetiva por um adjetivo. Ex.: sacola *de pano*, menino *de rua*.

Algumas locuções adjetivas e seus adjetivos correspondentes

de abdome = abdominal
de abelha = apícola
de abismo = abissal
de abril = abrilino, aprilino
de abutre = vulturino
de acampamento militar = castrense
de açúcar = sacarino
de Adão = adâmico
de advogado = advocatício
de agosto = agostino
de água = aquático
de águia = aquilino
de alma = anímico
dos Alpes = alpino
de alto-mar = equóreo
de aluno = discente
de amor = erótico
dos Andes = andino
de andorinha = hirundino
de anjo = angelical
de ano = anual
de aquisição =aquisitivo
de arcebispo = arquiepiscopal
de árvore = arbóreo
de asas = alado
de asno = asinino
dos astros = sideral
de audição = ótico
dos avós = avoengo
do baço = esplênico
da bexiga = vesical
de bispo = episcopal
de bobo = truanesco
de boca = bucal, oral
de bode = hircino
de boi = bovino
de borboleta = papilionáceo
de braço = braquial
de bronze = brônzeo, êneo
de cabeça = cefálico
de cabelo = capilar
de caça = venatório
de caça com cães = cinegético
de cabra = caprino

Nossa gramática simplificada

de calcanhar = talar
de campo = agreste, campestre, campesino, rural
de cana = arundináceo
de cão = canino
de cardeal = cardinalício
de Carlos Magno = carolíngio, carlovíngio
de carneiro = arietino
de cavalo = cavalar, equestre, equino, equídeo, hípico
de cegonha = ciconídeo
de cérebro = encefálico
do céu = celestial, celeste
de chumbo = plúmbeo
da chuva = pluvial
de cidade = citadino, urbano
de cinza = cinéreo
de circo = circense
de cobra = ofídico, viperino
de cobre = cúprico
de coelho = cunicular
de convento = monástico, monacal
do coração = cardíaco, cordial (fig.)
do Correio = postal
das costas = lombar
dos costumes = consuetudinário
da coxa = crural
da cozinha = culinário
de criança = infantil, pueril (fig.)
de dança = coreográfico
de dedo = digital
de Descartes = cartesiano
de diamante = diamantino, adamantino
de dieta = dietético
de dinheiro = pecuniário
de Direito = jurídico
do eixo = axial
de elefante = elefantino
de enxofre = sulfúrico
de escravo = servil
de esmeralda = esmeraldino
de esôfago = esofágico
de espelho = especular
de esposa = uxoriano
de esposo = esponsal
de esquilo = ciurídeo
de estômago = estomacal, gástrico
de estrela = estelar
de éter = etéreo
de fábrica = fabril
de face = facial, genal
de falência = falimentar
de fantasma = espectral, lemural
de faraó = faraônico

Luiz Antonio Sacconi

de farelo = furfúreo
de farinha = farináceo
de fêmur = femoral
de fera = ferino
de ferro = férreo, ferrenho (fig.)
de fezes = fecal
de fígado = hepático, figadal (fig.)
de filho = filial
de fogo = ígneo
de frente = frontal
de gado = pecuário
de gafanhoto = acrídio
de gaivota = larídeo
de galinha = galináceo
de galo = alectório
de ganso = anserino
de garganta = gutural
de gato = felino
de gelo = glacial
de governo = governamental
de guerra = bélico, marcial
de homem = viril ou humano
de idade = etário
da Idade Média = medieval
da Igreja = eclesiástico
de ilha = insular
do intestino = intestinal, entérico
de inverno = hibernal, invernal
da íris = iridiano
de irmão = fraterno, fraternal (sem serem sinônimos perfeitos)
do joelho = genicular
de jovem = juvenil
de juiz = judicial
de julho = julino
de junho = junino
de lado = lateral
de lago = lacustre
de lágrima = lacrimal
de laringe = laríngeo
de leão = leonino
de lebre = leporino
de lei = legal
de leite = lácteo
de lesma = limacídeo
de limão = cítrico
de linha = linear
de lobo = lupino
de louvor = laudatório
da Lua = lunar
de macaco = simiesco
de macho = másculo, viril
de madeira = lígneo, lenhoso

Nossa gramática simplificada

de madrasta = novercal
de mãe = materno, maternal (sem serem sinônimos perfeitos)
da maioria = majoritário
da manhã = matinal, matutino
do mar = marinho
por mar = marítimo
de marfim = ebúrneo, ebóreo
de margem = marginal (inclusive figurado)
das margens dos rios = ribeirinho
de memória = mnemônico
de mestre = magistral
da minoria = minoritário
da moeda = monetário, numismático
de Moisés = mosaico
de monge = monacal, monástico
de monstro = monstruoso
de morte = mortal, fúnebre, letal
das nádegas = glúteo
do nariz = nasal
de neve = níveo
de noite = noturno
do norte = boreal, setentrional
da nuca = occipital
de núcleo = nucleico
de olho = ocular
de orangotango = pitecoide
de orelha = auricular
de osso = ósseo
do osso do braço = umeral
de ouro = áureo
de outono = outonal
de ovelha = ovino
de pai = paterno, paternal (sem serem sinônimos perfeitos)
de paixão = passional
de pâncreas = pancreático
do paraíso = paradisíaco
de Páscoa = pascal
de patrão = patronal
de pedra = pétreo
de peixe = písceo
de pele = epidérmico, cutâneo, epitelial
do pênis = peniano
do pescoço = cervical
da pestana = ciliar
de pirata = predatório
dos Pireneus = pirenaico
de Platão = platônico
de pombo = columbino
de porco = suíno, porcino
do prado = pratense
de prata = argênteo, argentino (fig.)
de predador = predatório

de professor = docente
de prosa = prosaico
de proteína = proteico
de pulmão = pulmonar
do pulso = cárpico
de pus = purulento
do quadril = ciático
de queijo = caseoso
de raposa = vulpino
de rato = murino
de rei = real
de relâmpago ou de raio = fulgural
de rim = renal
de rio = fluvial
de rocha = rupestre
de sal = salino
de sangue = sanguíneo
de são-joão = joanino
de selo = filatélico
de selva = silvestre
de sentido ou de significado = semântico
de serpente = ofídico
de setembro = setembrino
da sobrancelha = superciliar
de sol = solar
do som = fonético
de sonho = onírico
do sul = austral, meridional
de tarde = vespertino
de tecido = têxtil
de terra = terrestre, terreno
da terra (solo) = telúrico
da Terra = terráqueo
de terremoto = sísmico
da testa = frontal
de tio ou de tia = avuncular
de tórax = torácico
de touro = taurino
de trigo = tritíceo
do umbigo = umbilical
da unha = ungueal
de veado = cervino, elafiano
da veia = venoso
de velho = senil
de vento = eólio, eólico
de verão = estival
de víbora = viperino
de vida = vital
de vidro = vítreo, hialino
de virgem = virginal
da virilha = inguinal
de visão = óptico, ótico

da vontade = volitivo
de voz = vocal

Adjetivo pátrio

Adjetivo pátrio é o que se refere a continentes, países, regiões, estados, cidades, bairros, etc.

Não se confunde com *adjetivo gentílico*, que se refere apenas a raças e povos. Assim, *israelense* é adjetivo pátrio, mas *israelita* é adjetivo gentílico; *saxão* e *hebreu* também são adjetivos gentílicos, que desavisados usam por pátrios.

Alguns adjetivos pátrios interessantes

Afeganistão	afegane, afegão
Assunção	assuncionenho, assuncionense
Bagdá	bagdali
Bélgica	belga
Belo Horizonte	belo-horizontino
Bengala	bengali
Bogotá	bogotano
Bóston	bostoniano
Buenos Aires	bonaerense, portenho
Bulgária	búlgaro
Cairo	cairota
Campinas	campineiro, campinense
Campos	campista
Caracas	caraquenho
Catalunha	catalão
Ceilão	cingalês
Chicago	chicaguense
Chipre	cipriota
Córsega	corso
Cuiabá	cuiabano
Egito	egípcio
El Salvador	salvadorenho
Equador	equatoriano
Espírito Santo	espírito-santense, capixaba
Estados Unidos	americano; estadunidense, ianque (este, pejorativo)
Estocolmo	holmiense
Etiópia	etíope
F de Noronha	noronhense
Florianópolis	florianopolitano
Fortaleza	fortalezense
Goiânia	goianiense
Guatemala	guatemalteco
Honduras	hondurenho
Índia	indiano, hindu
Jerusalém	hierosolimitano, hierosolimita
João Pessoa	pessoense
La Paz	pacense, pacenho
Lima	limenho

Madagascar	malgaxe
Madri	madrileno, madrilenho, madrilense
Malaísia	malaio
Manaus	manauense, manauara
Marajó	marajoara
Moçambique	moçambicano
Mônaco	monegasco
Mongólia	mongol, mongólico
Montevidéu	montevideano
Moscou	moscovita
Natal	natalense, papa-jerimum
Panamá	panamenho
Patagônia	patagão
Petrópolis	petropolitano
Porto	portuense
Quito	quitenho
Ribeirão Preto	ribeirão-pretano, ribeiro-pretano
Rio de Janeiro	fluminense (estado), carioca (cidade)
Rio G do Norte	rio-grandense-do-norte, norte-rio-grandense, potiguar
Rio G do Sul	rio-grandense-do-sul, sul-rio-grandense, gaúcho
Salvador	salvadorense, soteropolitano
Santa Catarina	catarinense, catarineta, barriga-verde
Santiago	santiaguino
São Paulo	paulista (Estado), paulistano (cidade)
São Vicente	vicentino
Somália	somali
Tegucigalpa	tegucigalpenho
Terra do Fogo	fueguino
Três Corações	tricordiano
Tristão da Cunha	tristanita
Vitória	vitoriense
Zâmbia	zâmbio

Importante

1) O adjetivo pátrio referente ao Acre é *acriano*, e não "acreano".

2) Não raro há necessidade de ajuntarmos dois ou mais adjetivos pátrios; nesse caso, o primeiro ou os primeiros devem adquirir a forma contraída ou a mais antiga. Ex.: África (afro-), Áustria (austro-), Brasil (brasilo-), China (sino-), Espanha (hispano-), Finlândia (fino-), França (franco- ou galo-), Grécia (greco-), Japão (nipo-), Portugal (luso-), etc. Ao procedermos à união, o primeiro adjetivo deve ser sempre o de menor extensão. Assim, *sino-chileno* prevalece sobre *chileno-chinês*, *greco-romano* prevalece sobre *romano-grego*, etc. Se ambas as formas possuírem idêntico número de sílabas, prevalecerá a ordem alfabética. Assim, prefere-se *anglo-francês* a *franco-inglês*.

Emprego do adjetivo

1. A anteposição ou a posposição de alguns adjetivos aos substantivos implica mudança de significado. Ex.: *velho* amigo (amigo de longa data)/amigo *velho* (amigo idoso); *bom* homem (homem de grandes virtudes)/homem *bom* (homem bondoso); *verdadeiro* homem (homem de caráter)/homem *verdadeiro* (homem sincero).

2. Alguns nomes são pronomes adjetivos, quando antepostos aos substantivos, e adjetivos puros, quando pospostos. Ex.: *todo* homem (qualquer homem)/o homem *todo* (o homem inteiro); *certo* homem (determinado homem)/homem *certo* (homem adequado).

3. Há alguns adjetivos que devem vir obrigatoriamente antes do substantivo, seja comum, seja próprio. Ex.: *mero* só aparece anteposto ao substantivo: *mero* palavreado, *mera* coincidência; o *místico* Bernardes. Nos compostos, geralmente, o adjetivo também vem antes do substantivo. Ex.: *baixo*-relevo, *alto*-relevo.

4. É comum o adjetivo passar a substantivo; para tanto, basta fazê-lo anteceder de um artigo. Ex.: *O brasileiro* é *um apaixonado* do futebol. *** Precisamos preservar *o verde*, para podermos contemplar *o azul* do céu. Neste caso, diz-se que o adjetivo é substantivado.

Testes e exercícios

1. Assinale as alternativas que trazem adjetivo:
a) as lagartixas procedem da África
b) as lagartixas chegaram ao Brasil em navios negreiros
c) não gosto de lagartixas
d) qual a origem da palavra lagartixa?
e) a palavra lagartixa é de origem espanhola

2. Continue:
a) a minhoca desempenha importante papel na agricultura
b) a minhoca fertiliza a terra
c) a terra fica em ótimas condições pelo trabalho das minhocas
d) a minhoca é o animal que mais come terra
e) a minhoca não possui olhos; ela percebe a luz através da pele

3. Continue:
a) a língua é a parte mais sensível do corpo
b) a bomba atômica foi a maior invenção do homem moderno
c) a ema é a maior ave do nosso continente
d) a ema se parece com o avestruz
e) a ema é uma espécie em extinção no mundo

4. Assinale o adjetivo biforme:
a) educado   b) doente   c) grátis   d) sofrível   e) difícil

5. Assinale o adjetivo uniforme:
a) imprestável   b) prestativo   c) bom   d) mau   e) cretino

6. Assinale as afirmações verdadeiras:
a) Todo adjetivo deve, necessariamente, modificar um substantivo.
b) Os adjetivos *infravermelho* e *ultravioleta* são simples, e não compostos.
c) O adjetivo *simples* é biforme, pois se usa tanto para o masculino quanto para o feminino: homem *simples*, mulher *simples*.
d) Adjetivo é uma classe de palavras invariável.
e) O adjetivo varia em gênero, número e grau.

7. Mude de gênero, escrevendo ou dizendo em voz alta:
a) homem ateu   b) moleque cortês   c) cavaleiro capiau   d) cavalheiro judeu
e) moço plebeu   f) baiano tabaréu   g) fruto temporão   h) anão ilhéu
i) parente hebreu   j) presidente estúpido

8. Substitua as expressões por um adjetivo que comece pela letra dada:
a) palavras que comovem = palavras c...
b) cenas que se repetem = cenas r...
c) mudança de sentido = mudança s...
d) bens em dinheiro = bens p...
e) substância que causa a morte = substância l...
f) estátua de cavalo = estátua e...
g) canto da morte = canto f...
h) zona de fábrica = zona f...
i) teorema de Descartes = teorema c...
j) plantas que nascem em rochas = plantas r...

9. Transforme os adjetivos ligados por **e** em adjetivos compostos, conforme este modelo:
amizade lusa e brasileira = amizade luso-brasileira
a) amizade francesa e brasileira
b) política econômica e financeira
c) despesa médica e hospitalar
d) revista jurídica e empresarial
e) amizade brasileira e chilena
f) reunião chinesa e russa
g) reunião política e partidária
h) revista finlandesa e austríaca
i) reforma política e monetária
j) tonalidade clara e esverdeada

10. Exagere, dizendo oralmente e usando as formas sintéticas irregulares:
a) Susana é fiel ao marido.
b) O ditador da Coreia do Norte é cruel.
c) Manuel é magro, pobre e preguiçoso.
d) Ivã era um rapaz simpático, mas miserável.
e) A água do ar está fria.
f) O gesto do presidente foi nobre.
g) Luís é um homem de caráter íntegro.

Nossa gramática simplificada

h) Essa gente é humilde.
i) O bispo é pio.
j) Essa lei é velha.
k) O café está doce.
l) Um terremoto devastador é provável.
m) Cristal é um material frágil.
n) O labrador é um cão manso.
o) Lurdes sempre foi mulher pudica.
p) Gente simples a sua.
q) Einstein foi um homem sábio.
r) A reação dela foi pessoal.
s) O povo brasileiro é um povo cristão.
t) Eis aí gêmeos semelhantes.
u) Caju verde tem sabor acre.
v) Essas publicações são recentes.
w) As sementes do quiuí são miúdas.
x) Uvaia é uma fruta amarga.
y) Os esquilos são animais ágeis.
z) Este presunto está tenro.

11. Identifique a frase que traz o adjetivo no grau superlativo relativo:
a) Edgar é mais curioso que Ivã.
b) Isabel é a mais curiosa da sala.
c) Isilda é menos curiosa que Jeni.
d) Neusa é inimicíssima de Creusa.
e) Creusa é tão inimiga de Hortênsia quanto minha.

12. Identifique a alternativa que traz locução adjetiva:
a) ver de perfil   b) andar de bicicleta   c) andar de eletrodomésticos
d) andar a pé   e) entrar de férias

13. Substitua as locuções adjetivas por um adjetivo equivalente:
a) doença do pulmão   b) partido da maioria   c) bancada da minoria
d) região da virilha   e) exposição de selos   f) sindicato dos patrões
g) uivos de lobo   h) manchas da unha   i) região do tornozelo
j) teimosia de asno

14. Quem nasce em Belo Horizonte é **belo-horizontino**. E quem nasce em/no:
a) Fernando de Noronha?   b) Acre?   c) La Paz?   d) Caracas?
e) Assunção?   f) Cairo?   g) Três Corações?   h) Quito?
i) Bélgica?   j) Dois Irmãos?

Dos concursos e vestibulares

15. (Fiplac-GO) Em uma das alternativas abaixo há erro quanto ao adjetivo pátrio:
a) Quem nasce em Jerusalém é hierosolimitano.
b) Quem nasce em Marajó é marajoara.
c) Quem nasce em Chipre é cipriota.
d) Quem nasce em Salvador é salvadorenho.
e) Quem nasce na cidade de São Paulo é paulistano.

Luiz Antonio Sacconi

16. (CESGRANRIO-RJ) Assinale a opção em que a locução destacada tem valor adjetivo:
a) Via *aos pés* o lado adormecido.
b) O menino *de propósito* afrontou a vertigem.
c) Enquanto o Barão de pé, na margem sorria *com orgulho*.
d) Conhecendo a força *de atração* do abismo.
e) A ideia de vingança agora o enchia *de horror*.

17. (TCE-GO) Assinale o par em que não há diferença quanto ao sentido do adjetivo:
a) alto funcionário – funcionário alto
b) homem simples – simples homem
c) amigo velho – velho amigo
d) mulher grande – grande mulher
e) mulher bonita – bonita mulher

18. (NEC-UFRJ) Assinale a opção em que nenhum dos adjetivos se flexiona em gênero:
a) delgado, móbil, forte
b) oval, preto, simples
c) feroz, exterior, enorme
d) brilhante, agradável, esbelto
e) imóvel, curto, superior

19. (F.Objetivo-SP) Assinale a alternativa incorreta quanto ao emprego do adjetivo:
a) força de leão = força leonina
b) perímetro da cidade = perímetro urbano
c) homem sem cabelo = homem imberbe
d) máquina de guerra = máquina bélica
e) agilidade de gato = agilidade felina

20. (Min. Marinha) A intemperança não é menos **funesta** que a preguiça. O adjetivo destacado está no grau:
a) superlativo relativo de inferioridade
b) superlativo absoluto analítico
c) comparativo de inferioridade
d) comparativo de igualdade
e) normal ou positivo

21. (TJ-SP) Em qual dos itens há um superlativo relativo?
a) Foi um gesto de péssimas consequências.
b) Aquele professor é ótimo.
c) O dia amanheceu extremamente frio.
d) Ele fez a descoberta mais notável do século.
e) Ele foi muito infeliz naquele lance!

22. (CESGRANRIO-RJ) Assinale a opção em que o termo grifado, quando posposto ao substantivo, muda de significação e passa a pertencer a outra classe de palavras:
a) **complicada** solução   b) **certos** lugares   c) **inapreciável** valor
d) **engenhosos** métodos   e) **extraordinária** capacidade

23. (CESGRANRIO-RJ) Assinale a opção em que ambos os termos não admitem flexão de gênero:
a) inglesa pálida   b) jovem leitor   c) alguns mestres
d) semelhante criatura   e) moça ideal

Nossa gramática simplificada

24. (CEF) Em **Este livro é melhor do que aquele** e **Este livro é mais lindo que aquele**, há os comparativos:
a) de superioridade, sintético e analítico
b) de superioridade, ambos analíticos
c) de superioridade, ambos sintéticos
d) relativo de superioridade
e) superlativo sintético

25. (TRT-SP) Assinale a única alternativa em que se encontram as formas corretas do superlativo erudito dos adjetivos **soberbo**, **malévolo** e **magro**:
a) soberbíssimo, malevolíssimo, magérrimo
b) soberbílimo, malevolérrimo, magríssimo
c) superbíssimo, malevolentíssimo, macérrimo
d) soberbérrimo, malevolentérrimo, magrílimo
e) superbérrimo, malevolentílimo, magerríssimo

26. (CEF) Assinale a opção em que o adjetivo não corresponde à locução:
a) imagem do espelho = imagem especular
b) parede de vidro = parede vítrea
c) imposição da lei = imposição legítima
d) comprimento da linha = comprimento linear
e) chifre de carneiro = chifre arietino

27. (Cespe) Em *O prédio é* **muito alto**, a expressão destacada é:
a) superlativo absoluto analítico
b) superlativo relativo de superioridade
c) comparativo relativo
d) comparativo de superioridade
e) superlativo absoluto sintético

28. (CESGRANRIO-RJ) Assinale a opção em que a locução destacada tem valor adjetivo:
a) Comprou o papel **de seda**.
b) Cortou-o **com amor**.
c) Mudava **de cor**.
d) Gritava **com maldade**.
e) Salteou **com atiradeiras**.

29. (CEF) Assinale o item em que o grau comparativo não está de acordo com a norma culta:
a) Meu mundo é mais pequeno que o seu.
b) Meu mundo é menor que o seu.
c) A decisão foi mais boa do que má.
d) Sua nota foi mais boa do que a minha.
e) Esta mesa é mais pequena do que grande.

30. (Besc) Marque o item em que há erro na substituição da locução adjetiva por seu adjetivo:
a) faixa de idade = faixa etária
b) flor do campo = flor campestre
c) cordão do umbigo = cordão umbilical
d) brilho de estrela = brilho estrelar
e) alimento sem sabor = alimento insípido

Luiz Antonio Sacconi

Soluções dos testes e exercícios
1. b) e) **2.** a) c) **3.** a) b) c) **4.** a) **5.** a) **6.** a) b) e) **7.** a) mulher ateia b) moleca cortês c) cavaleira (ou amazona) capioa d) dama judia e) moça plebeia f) baiana tabaroa g) fruta temporã h) anã ilhoa i) parenta (ou parente) hebreia j) presidenta (ou presidente) estúpida **8.** a) comoventes b) repetitivas c) semântica d) pecuniários e) letal f) equestre g) fúnebre h) fabril i) cartesiano j) rupestres **9.** a) amizade franco-brasileira (ou galo-brasileira) b) política econômico-financeira c) despesa médico-hospitalar d) revista jurídico-empresarial e) amizade brasilo-chilena f) reunião sino-russa g) reunião político-partidária h) revista fino-austríaca i) reforma político-monetária j) tonalidade claro-esverdeada **10.** a) fidelíssima b) crudelíssimo c) macérrimo, paupérrimo e pigérrimo d) simpaticíssimo, mas miserabilíssimo e) frigidíssima f) nobílimo g) integérrimo h) humílimo i) pientíssimo j) vetérrima k) dulcíssimo l) probabilíssimo m) fragílimo n) mansuetíssimo o) pudicíssima p) simplíssima q) sapientíssimo r) personalíssima s) cristianíssimo t) simílimos u) acérrimo v) nupérrimas w) minutíssimas x) amaríssima y) agílimos z) teneríssimo **11.** b) **12.** c) **13.** a) pulmonar b) majoritário c) minoritária d) inguinal e) filatélica f) patronal g) lupinos h) ungueais i) talar j) asinina 14. a) noronhense b) acriano c) pacenho (ou pacense) d) caraquenho e) assuncionenho (ou assuncionense) f) cairota g) tricordiano h) quitenho i) belga j) duofraterno **15.** d) **16.** d) **17.** e) **18.** c) **19.** c) **20.** c) **21.** d) **22.** b) **23.** d) **24.** a) (*melhor* = sintético; *mais lindo* = analítico) **25.** c) **26.** c) **27.** a) **28.** a) **29.** d) **30.** d)

Lição 14
NUMERAL

Numeral é a palavra variável que indica quantidade numérica ou ordem, posição dos seres.

Classificação

Os numerais podem ser **cardinais** (indicam quantidade exata de seres: *um, dois, três,* etc.), **ordinais** (indicam ordem, posição dos seres: *primeiro, segundo, terceiro,* etc.), **multiplicativos** (indicam o número de vezes que uma quantidade é multiplicada: *dobro, triplo,* etc.) e **fracionários** (indicam partes de uma quantidade: *metade, um terço,* etc.).

Desses, os mais importantes são os cardinais e os ordinais. Vejamos os principais:

Numerais cardinais	Numerais ordinais
um	primeiro
dois	segundo
três	terceiro
quatro	quarto
cinco	quinto
seis	sexto
sete	sétimo
oito	oitavo
nove	nono
dez	décimo
onze	décimo primeiro, undécimo
doze	décimo segundo, duodécimo
vinte	vigésimo
trinta	trigésimo
quarenta	quadragésimo
cinquenta	quinquagésimo
sessenta	sexagésimo
setenta	setuagésimo ou septuagésimo
oitenta	octogésimo
noventa	nonagésimo
cem	centésimo
duzentos	ducentésimo
trezentos	trecentésimo
quatrocentos	quadringentésimo
quinhentos	quingentésimo
seiscentos	seiscentésimo ou sexcentésimo

Luiz Antonio Sacconi

setecentos	setingentésimo ou septingentésimo
oitocentos	octingentésimo
novecentos	noningentésimo ou nongentésimo
mil	milésimo

Os numerais multiplicativos. Estes são os únicos numerais multiplicativos existentes em português:

Numerais cardinais	Numerais multiplicativos
1	simples, singelo
2	duplo, dobro
3	triplo, tríplice
4	quádruplo
5	quíntuplo
6	sêxtuplo
7	sétuplo
8	óctuplo
9	nônuplo
10	décuplo
11	undécuplo
12	duodécuplo
100	cêntuplo

Importante

1) Os cardinais são os numerais propriamente ditos. A gramática inclui nesta classe os outros tipos por mera tradição, já que, sintaticamente, os ordinais, fracionários e multiplicativos funcionam como substantivos (*dobro, metade*, etc.) e quase sempre como adjetivos (*meio, duplo, primeiro, segundo*, etc.), exercendo a função de adjuntos. De notar que as palavras *anterior, posterior, derradeiro, extremo, final, último, penúltimo* e *antepenúltimo*, por exemplo, também indicam posição dos seres e são classificados como adjetivos, e não como ordinais.

2) Os numerais que aparecem sempre acompanhados de um substantivo se dizem *numerais adjetivos*; os que aparecem isolados são chamados *numerais substantivos*. Ex.: Apenas *dois alunos* se sentiram mal. Apenas *dois* se sentiram mal. *** Fui *o primeiro candidato* a chegar. Fui *o primeiro* a chegar.

3) Existem os numerais **simples** (*um, dois, três*, etc.), os **compostos**, ligados pela conjunção **e** (*dezesseis, dezessete, cinquenta e um, cento e dois, mil e novecentos*, etc.) e os **justapostos**, que indicam multiplicação (*duzentos* = 2 x cem; *trezentos* = 3 x cem, etc.)

4) O numeral **cem** é próclise de *cento* (do latim *centum*), que se usa na designação dos números entre cem e duzentos, na expressão de percentagens e com valor de substantivo, na presença de um artigo. Ex.: *cento e um, dez por cento de comissão, um cento de palitos, dois centos de palitos.*

5) Os numerais cardinais são invariáveis, com exceção de *um* e *dois*, das centenas a partir de *duzentos* e das formas terminadas em **-lhão** ou **-lião** (milhão, bilhão ou bilião, trilhão ou trilião, etc.), que se classificam como numerais substantivos coletivos e exigem o verbo no singular: Um milhão de pessoas **morreu** no terremoto. Um bilhão de pessoas **vive** na Índia.

Nossa gramática simplificada

6) Os ordinais e multiplicativos com valor de adjetivo variam normalmente, em gênero e número: *segundas* filas, tributações *duplas*. Os fracionários variam apenas em número: *dois terços* das brasileiras, *três quartos* das vítimas.

7) Alguns numerais sofrem variação de grau, por razões enfáticas, ou mesmo por troça, ironia. Ex.: Produto de *primeiríssima* qualidade. *** O Corinthians estava na *segundona* em 2008. *** *Duzentinhos* de gorjeta não é muito, não?

8) A gramática tradicional considera *ambos* um numeral dual, porque sempre se refere a dois seres. Antigamente *ambos* combinava-se com *dois* em construções enfáticas (ambos os dois, ambos de dois, ambos e dois, os dois ambos). No português contemporâneo, todavia, tais combinações só se admitem no estilo solene.

9) Não se confunde **um**, artigo indefinido, com **um**, numeral cardinal. O primeiro aceita a posposição de *qualquer*; o segundo admite a anteposição de *só*. Ex.: Achei *um* caderno na rua. (Isto é: um caderno *qualquer*.) *** O aluno trouxe *um* caderno para todas as disciplinas. (Isto é: um *só* caderno.)

Emprego do numeral

1. Na sucessão de papas, reis, príncipes, anos, séculos, capítulos, etc., empregam-se os ordinais de 1 a 10 e daí por diante os cardinais. Ex.: João Paulo II (segundo), ano III a.C. (terceiro), século X (décimo). Se o numeral aparecer anteposto, será lido como ordinal. Ex.: XXXV Olimpíadas (as trigésimas quintas). Já na enumeração de textos oficiais (leis, decretos, artigos, portarias, circulares, avisos, etc.), empregam-se os ordinais de 1 a 9 e daí por diante os cardinais. Ex.: lei V (quinta), artigo X (dez). Em ambos os casos, os algarismos romanos podem ser substituídos por arábicos, embora sejam frequentes e tradicionais os romanos: João Paulo 2.º, artigo 21, etc.

2. Se o ordinal é de 2.000 em diante, o primeiro numeral deve, em rigor, ser cardinal. Ex.: No 2.020.º ano = No **dois** milésimo vigésimo ano. *** Na 2.056.ª volta = Na **duas** milésima quinquagésima sexta volta. *** A 5.232.ª pessoa da fila = A **cinco** milésima ducentésima trigésima segunda pessoa da fila. Se o número for redondo, no entanto, só se admitirá o ordinal como primeiro numeral. Ex.: No 2.000 ano da era cristã = No **segundo** milésimo ano da era cristã. Ser a 5.000.ª pessoa da fila = Ser a **quinta** milésima pessoa da fila.

3. A título de brevidade, constantemente usamos os cardinais pelos ordinais, principalmente na enumeração de páginas, folhas, capítulos, casas e apartamentos, caso em que os numerais não variam, em razão de estar subentendida a palavra *número*. Ex.: página *vinte e um* = página *número* vinte e um; casa *trinta e dois* = casa *número* trinta e dois. Por essa mesma razão, devemos usar também *à* (ou *na*) folha *vinte e um* da agenda, *à* (ou *na*) página *trinta e dois* do dicionário, etc. Mas se o substantivo estiver no plural, o numeral com ele concordará e caberá apenas o emprego da preposição **a**. Ex.: **a** folhas vinte e **uma** da agenda, **a** páginas trinta e **duas** do dicionário. Quando o numeral antecede o substantivo, emprega-se o ordinal, que varia em qualquer circunstância: a **21.ª** folha da agenda (= a vigésima primeira folha da agenda), a **32.ª** página do dicionário (= a trigésima segunda página do dicionário).

4. Quando se trata do primeiro dia do mês, convencionou-se usar apenas o ordinal: *primeiro* de janeiro, *primeiro* de maio, etc.

5. Em sentido figurado (hipérbole), usa-se o numeral para expressar número indeterminado. Ex.: Já lhe disse isso *mil* vezes, e você ainda não aprendeu! *** O garoto fez *mil e uma* na casa dos Sousas. Neste caso, diz-se que o numeral tem valor hiperbólico.

6. Em início de período, convém usar o numeral por extenso. Ex.: *Quinhentos*: eis o número de passageiros que esse avião pode transportar. *** *Quinze* anos sempre é muito bom fazer.

7. No português contemporâneo, não se usa a conjunção **e** após *mil* seguido de centena. Portanto, escrevemos: Ano de *mil novecentos* e noventa. *** Gastei *mil duzentos* e cinquenta reais. *** A despesa foi de *mil quinhentos* e um reais. Se, porém, a centena começa por zero ou se termina por dois zeros, usa-se **e**: Gastei mil **e** vinte reais. (= Gastei R$1.020,00.) *** O Brasil foi descoberto no ano de mil **e** quinhentos. (1500) As centenas devem unir-se às dezenas e unidades pela conjunção: Gastei mil duzentos **e** vinte **e** seis reais. *** A despesa foi de mil quinhentos **e** cinquenta **e** três reais. De notar que não se emprega vírgula em nenhum dos casos. Com *milhão, bilhão, trilhão*, etc., a conjunção aparece, igualmente: Um milhão **e** duzentos mil reais. *** Dois trilhões **e** quatrocentos **e** cinquenta bilhões **e** setecentos **e** trinta milhões de reais. Note: sem uso de vírgulas. Assim, o número 548.349.284.126 se escreve por extenso assim: quinhentos **e** quarenta **e** oito bilhões **e** trezentos **e** quarenta **e** nove milhões **e** duzentos **e** oitenta **e** quatro mil cento e vinte e seis. Note, ainda: sem uso de vírgulas nem da conjunção após *mil*.

8. A par do ordinal *primeiro* ou *primeira*, usa-se também a forma *primo* ou *prima*, derivada do latim, para indicar parentesco (meu *primo*) e em construções tradicionais da língua (obra-*prima*).

9. Os multiplicativos funcionam ora como numerais adjetivos, ora como numerais substantivos. Ex.: Este mês ele vai receber um *duplo* salário. *** Este mês ele vai receber o *dobro* do salário.

10. Os numerais fracionários acima de dez, que não sejam números redondos, são lidos com a palavra *avo*, que concorda com o numerador. Ex.: 1/11 (lê-se um onze **avo**); 2/12 (lê-se dois doze **avos**), mas 1/10 se lê um décimo; 2/20 se lê dois vigésimos, etc. Os fracionários ½ e 1/3 são lidos, respectivamente, como *um meio* (ou apenas *meio*) e *um terço*.

11. Os numerais são escritos em conjunto de três algarismos, contados da direita para a esquerda, em forma de centenas, dezenas e unidades, sendo cada conjunto separado por ponto ou por espaço correspondente a um ponto. Ex.: 8.347.769 ou 8 347 769. Os números que indicam o ano e os do código de endereçamento postal (CEP), porém, não têm ponto nem espaço: 2020, 05098-190, 60160-110.

Testes e exercícios

1. Assinale o numeral cardinal:
a) catorze   b) óctuplo   c) vigésimo   d) dobro   e) ambos

2. Assinale o numeral ordinal correto:
a) octagésimo   b) duzentésimo   c) undécimo   d) nongésimo   e) quingésimo

3. Continue:
a) setigentésimo   b) otingentésimo   c) quingentésimo
d) nongentésimo   e) quadrigentésimo

4. Escreva ou leia em voz alta o numeral ordinal por extenso:
a) 250.º   b) 480.º   c) 590.º   d) 777.º   e) 844.º

5. Leia em voz alta:
a) século III a.C.   b) ano IV da era cristã   c) século I
d) Pio X   e) XXXVIII Salão do Automóvel

6. Complete os espaços oralmente, usando numerais multiplicativos:
a) 64 é o ... de 8   b) 49 é o ... de 7   c) 27 é o ... de 3 e o ... de 9
d) 100 é o ... de 10   e) 120 é o ... de 10 e o ... de 12

7. Identifique as frases que trazem numeral:
a) Um dia ainda irei a Toronto, no Canadá.
b) Hélio Beltrão foi um político honesto.
c) Chamei um médico esta noite para minha filhinha.
d) Não se compreende um ato como esse.
e) Fui à livraria para comprar livros, mas só trouxe um.
f) Não comi um doce sequer na festa.
g) Quando um lobo uiva, os outros uivam também.
h) Um governo corrupto é um governo sem autoridade, um governo sem dignidade.
i) Não há um só homem de bem que seja corrupto.
j) Ouvi um disco clássico hoje, em vez dos populares de sempre.

Luiz Antonio Sacconi

8. Identifique o numeral dual:
a) três   b) duzentos   c) ambos   d) oitavo   e) um doze avo

9. Escreva ou leia por extenso:
a) 1/15   b) 2/12   c) 34/9   d) 0,1   e) 1/10
f) 0,02   g) 2/100   h) 0,003   i) 3/1000   j) 1/150

10. Identifique a afirmação correta:
a) Um lustro é um período de cinco anos.
b) Uma centúria é um período de cem dias.
c) O numeral ordinal de 80 é octagésimo.
d) Dobro é numeral fracionário.
e) Triplo e tríplice são adjetivos, e não numerais.

11. Identifique a correspondência correta:
a) 731.º = setuagésimo trigésimo primeiro
b) 422.º = quadragésimo vigésimo segundo
c) 212.º = ducentésimo duodécimo
d) 683.º = seiscentésimo octagésimo terceiro
e) 864.º = octogésimo sexagésimo quarto

11. Identifique a afirmação correta e verdadeira:
a) Ao Papa João Paulo segundo sucedeu Bento dezesseis.
b) Após o capítulo dois, naturalmente, vem o capítulo três.
c) Antes do ano seis d.C. vem o ano cinco d.C.
d) Antes do ano oitavo a.C. vem o ano nono a.C.
e) Antes do século dois a.C. vem o século três a.C.

Dos concursos e vestibulares

12. (UNESP-SP) Identifique o caso em que não haja expressão numérica de sentido indefinido:
a) Ele é o duodécimo colocado.
b) Quer que veja este filme pela milésima vez?
c) *Na guerra os meus dedos disparam mil mortes.*
d) *A vida tem uma só entrada; a saída é por cem portas.*
e) n.d.a.

13. (TRE-CE) Assinale a frase incorreta quanto ao uso dos numerais:
a) Na página 2 (dois) há uma informação importante.
b) Moro na casa 1 (um) numa pequena vila, na Rua Caetano Pinto, 21 (vinte e um).
c) O jornal de domingo saiu com mais de 102 (cento e duas) folhas.
d) Na folha 102 (cento e dois) o juiz fez uma anotação.
e) Fomos até a casa 32 (trinta e duas) e batemos à porta.

14. (BESC) Esta foi a **2.123.ª** pessoa que fez a inscrição no concurso.
a) duas milésimas vigésima terceira
b) duas milésimas centésima vigésima terceira
c) duas milésima centésima vigésima terceira
d) duas mil cento e vinte e três milésima
e) dois milésimo e cento e vinte e três centésima

Nossa gramática simplificada

15. (BACEN) Assinale o item em que o numeral ordinal por extenso esteja correto:
a) 2.860.º = dois milésimos octogésimo sexagésimo sexto
b) 6.222.º = sexto milésimo ducentésimo vigésimo segundo
c) 3.478.º = três milésimo quadringentésimo setuagésimo oitavo
d) 1.899.º = milésimo octogésimo nongentésimo nono
e) 989.º = nonagésimo octagésimo nono

16. (EPCAer) Só não há numeral ordinal em:
a) Encontram-se abertas as inscrições para a Terceira Mostra de Teatro de Taubaté.
b) Professorinhas de primeiras letras a escola normal fabricava às dúzias.
c) Acione o quarto botão da esquerda para a direita.
d) A derrota do Brasil na Copa América é culpa das multinacionais, segundo o Correio do Povo.
e) Em todos os concursos tirava sempre o quinto lugar.

Soluções dos testes e exercícios
1. a) **2.** c) **3.** d) **4.** a) ducentésimo quinquagésimo b) quadringentésimo octogésimo c) quingentésimo nonagésimo d) setingentésimo setuagésimo sétimo e) octingentésimo quadragésimo quarto **5.** a) terceiro b) quarto c) primeiro d) décimo e) o trigésimo oitavo **6.** a) óctuplo b) sétuplo c) nônuplo; triplo d) cêntuplo e) duodécuplo; décuplo **7.** e) f) i) **8.** c) **9.** a) um quinze avo b) dois quinze avos c) trinta e quatro nonos d) um décimo e) um décimo f) dois centésimos g) dois centésimos h) três milésimos i) três milésimos j) um cento e cinquenta avo **10.** a) **11.** d) **12.** a) **13.** e) **14.** c) **15.** c) **16.** d)

Lição 15
PRONOME

Pronome é a palavra variável que substitui ou acompanha um substantivo (nome), em relação às pessoas do discurso. Ex.: *Ela* veio, mas não *a* vi. (*Ela* e *a* são pronomes, porque substituem um substantivo qualquer, em relação à 3.ª pessoa do discurso; são chamados, por isso, *pronomes substantivos.*) *Nossa* casa é *aquele* barraco. (*Nossa* e *aquele* são pronomes, porque acompanham um substantivo; *nossa* indica a 1.ª pessoa; *aquele*, a 3.ª; são chamados, por isso, *pronomes adjetivos.*)

Importante

1. As pessoas do discurso, também chamadas pessoas gramaticais, são três e podem apresentar-se no singular ou no plural: a) a 1.ª pessoa [aquela que fala: eu (singular), nós (plural)], a 2.ª pessoa [aquela com quem se fala: tu (singular), vós (plural) e a 3.ª pessoa [aquela de quem se fala: ele, ela (singular), eles, elas (plural)].

2. Convém, a esta altura do aprendizado, saber o que é *norma* e o que é *norma-padrão*, expressão com que você irá deparar em algumas de nossas lições.
Em linguística, **norma** é um conjunto de regras que determina o uso da língua. *Norma-padrão, língua-padrão* ou *língua formal* é o registro culto de um idioma, baseado na sua gramática. É a norma que deve ser empregada nos veículos de comunicação de massa (rádio, televisão, jornais, revistas, etc.). A ela se contrapõe a *língua cotidiana* ou *língua popular*, baseada na oralidade ou uso falado da língua, usada no dia a dia, sem maiores preocupações com as normas gramaticais.

Classificação

Os pronomes se classificam em *pessoais, possessivos, demonstrativos, indefinidos, interrogativos* e *relativos*.

Pronomes pessoais

Pronomes pessoais são os que substituem uma das pessoas do discurso. Ex.: *Ela* veio, mas não *a* vi. Dividem-se em *retos, oblíquos* e *de tratamento*. A divisão em retos e oblíquos baseia-se na função que eles exercem na frase: ***Ela veio, mas não a vi.*** (*Ela* é pronome pessoal reto e sujeito; *a* é pronome pessoal oblíquo e complemento verbal). Conclui-se daí que os pronomes pessoais retos exercem a função de sujeito, e os oblíquos a função de complemento.

Os pronomes pessoais retos sempre substituem as pessoas do discurso e, por isso, são sempre pronomes substantivos. Os pronomes pessoais oblíquos se usam sem preposição (quando átonos: não *a* vi) ou com preposição (quando tônicos: nada deram *a mim*).

Os pronomes pessoais retos e os correspondentes oblíquos átonos e tônicos são, respectivamente: *eu* (me; mim, comigo), *tu* (te; ti, contigo), *ele, ela* (se, o, a, lhe; si, consigo); *nós* (nos; nós, conosco), *vós* (vos; vós, convosco), *eles, elas* (se, os, as, lhes; si, consigo, eles, elas).

Os pronomes de tratamento são usados no trato cortês ou formal, cerimonioso. Os principais são:

a) **você** (e a variação **vocês**), usado para pessoas que gozam de nossa intimidade. Abrev.: **v.** (**vv.**). Originou-se de *Vossa Mercê* (que evoluiu assim: *vossemecê, vosmecê* e *vossancê*, de variantes populares *mecê, vancê* e *vassuncê*).

b) **senhor** (e as variações *senhora, senhores, senhoras*). Abrev.: **sr.** (sr.ª ou **sra., srs., sr.ªs** ou **sras.**). Usa-se para pessoas que nos merecem respeito ou pessoas de quem exigimos respeito. Antes de nomes, convém usar inicial maiúscula (**Sr.** Luís, **Sr.ª** Luísa).

c) **Vossa Senhoria** (e a variação *Vossas Senhorias*). Abrev.: **V. S.ª** ou **V. Sa.** (**V. S.ªs** ou **V. Sas.**) Usa-se para comerciantes em geral, oficiais até a patente de coronel, chefes de seção e funcionários de igual categoria.

d) **Vossa Excelência** (e a variação *Vossas Excelências*). Abrev.: **V. Ex.ª** ou **V. Exa.** (V. Ex.ªs ou V. Exas.) Usa-se para oficiais de patente superior à de coronel, senadores, deputados, embaixadores, professores universitários, ministros de Estado e de Tribunais, governadores, secretários de Estado, presidente da República (sempre por extenso) e outras autoridades de relevo na sociedade.

e) **Vossa Eminência** (e a variação *Vossas Eminências*). Abrev.: **V. E.ma** (**V. E.mas**). Usa-se para cardeais.

f) **Vossa Excelência Reverendíssima** (e a variação Vossas Excelências Reverendíssimas). Abrev.: **V. Ex.ª Rev.ma** (**V. Ex.ªs Rev.mas**). Usa-se para bispos e arcebispos.

g) **Vossa Paternidade** (e a variação *Vossas Paternidades*). Abrev.: **V. P.** (**VV. PP.**). Usa-se para superiores de ordem religiosa.

h) **Vossa Magnificência** (e a variação *Vossas Magnificências*). Abrev.: **V. Mag.ª** (**V.Mag.ªs**). Usa-se para reitores de universidades.

i) **Vossa Meritíssima** (e a variação *Vossas Meritíssimas*), sempre usado por extenso. Usa-se para juízes de direito.

j) **Vossa Alteza** (e a variação *Vossas Altezas*). Abrev.: **V. A.** (**VV. AA.**). Usa-se para príncipes e duques.

k) **Vossa Majestade** (e a variação *Vossas Majestades*). Abrev. **V. M.** (**VV. MM.**). Usa-se para reis e imperadores.

l) **Vossa Santidade**, sempre por extenso. Usa-se para o Papa.

m) **Vossa Onipotência**, também sempre escrito por extenso. Usa-se para Deus.

Observações

1. Na correspondência oficial, o vocativo empregado deve vir sempre com a palavra *Senhor*: Senhor Presidente, Senhor Ministro, Senhor Diretor, Senhor Reitor, etc.

2. Usa-se *Dom* ou *Dona* (ambos com a mesma abreviatura: **D.**) junto a nome de pessoa ilustre (Dom) ou de qualquer mulher respeitosa: **D.** Pedro, **D.** Maria Joaquina.

Emprego dos pronomes pessoais

1. Os pronomes pessoais do caso reto, como vimos, exercem a função de sujeito, daí por que se chamam *pronomes subjetivos*. Ex.: Não há nada para **eu** ler. (Aqui a preposição rege o verbo, e não o pronome.) Podem, no entanto, exercer também a função de predicativo do sujeito. Ex.: Ele não é **eu**. Eu não sou **ele**. Em nenhuma circunstância, na língua formal ou na norma-padrão, os pronomes oblíquos *mim* e *ti* devem exercer função subjetiva. Assim, por exemplo: Não há nada para "mim" fazer. *** Sobrou tudo para "ti" fazeres.

2. Na língua formal ou norma-padrão, só os pronomes oblíquos aparecem regidos de preposição. Daí por que as formas *nós, vós, ele* (e variações) são oblíquas, quando regidas de preposição. Ex.: Clarisse trouxe um livro *para nós.* *** Comprei um livro *para ela.*

3. Não podendo os pronomes *eu* e *tu* vir regidos de preposição, empregam-se as formas átonas correspondentes *mim* e *ti*. Ex.: Esse doce é *para mim* ou *para ti*? (E não: Esse doce é para "eu" ou para "tu"?) Nesta frase, correta, *Entre eu ficar e eu ir, prefiro ficar*, a preposição rege o verbo, e não o pronome.

4. Quando concorrem numa mesma frase pronomes da 1.ª e da 2.ª pessoa, tem prioridade o da 1.ª pessoa; quando concorrem numa mesma frase pronomes da 2.ª e da 3.ª pessoa, tem prioridade o da 2.ª pessoa. Assim, pela norma-padrão, temos: Entre *mim e ela* só existe amizade. (Preferível a: Entre "ela e mim"...) Da mesma forma, preferível será construir: Entre *mim e os professores* da escola a relação era muito amistosa.

5. A frase *Foi difícil para mim chegar até aqui* satisfaz a norma--padrão, já que *para mim* é complemento de *difícil*. A ordem direta da frase é esta: *Chegar até aqui foi difícil para mim*. Outros exemplos: É muito *fácil para mim* providenciar isso. *** Será *impossível para mim* concluir hoje esse trabalho.

6. Na língua formal ou norma-padrão se emprega *entre si*, e não "entre eles", sempre que for possível a posposição do pronome *mesmos*. Ex.: Os irmãos discutiam *entre si.* (= entre si mesmos) Para tanto, é necessário que o sujeito seja da 3.ª pessoa do plural, caso contrário, usar-se-á *entre eles*. Ex.: Nunca houve briga *entre eles.*

7. O pronome oblíquo **o** (ou variações) adquire a forma **-lo** (ou variações), quando posposto a formas verbais terminadas em **-r**, **-s** ou **-z**. Ex.: comprar + o = comprá-lo; fizemos + a = fizemo-la; fez + as = fê-las. Se a forma verbal termina em som nasal, o pronome se transforma em **-no** (ou variações), não desaparecendo nenhuma letra. Ex.: compram + o = compram-no; põe + as = põe-nas.

Nossa gramática simplificada

8. O pronome de tratamento *você* (e variação) é da 2.ª pessoa, mas exige verbo e pronome na 3.ª, assim como os demais pronomes desse tipo. Ex.: Você *estuda* para viver melhor com *seu* semelhante. *** Vossa Excelência *dormiu* bem com *sua* esposa? *** Sua Santidade *está* cansado, por isso não *o* perturbemos! Usa-se *Vossa* quando se dirige à pessoa, e *Sua* quando se refere à pessoa. Ex.: *Vossa* Excelência tem audiência hoje com o presidente, ministro? *** *Sua* Excelência, o ministro, não pode atendê-o hoje, porque tem audiência com o presidente.

Importante
Você e todos os pronomes de tratamento passaram a exigir a 3.ª pessoa no século XVI, quando foi introduzido o uso dos títulos honoríficos (Majestade, Excelência, Senhoria, Alteza, Mercê, etc.) em nossa língua, que, nessa época, já se consolidava, depois de seu surgimento no século XI. O uso desses títulos, que substituíam *tu* e *vós*, ocasionou o emprego da 3.ª pessoa pela 2.ª, propiciando desacordo entre a teoria vista na definição das pessoas gramaticais e a prática. Por isso, *você* e todos os pronomes de tratamento, inclusive *senhor* e *senhorita*, embora sejam a pessoa com quem se fala, são considerados da 3.ª pessoa, chamada, por isso, *pessoa de tratamento*.

9. *Com nós* e *com vós* se usam na norma-padrão apenas quando a elas se segue alguma palavra reforçativa; do contrário, empregam-se *conosco* e *convosco*. Ex.: As crianças irão *com nós dois*, e não *com vós três*. Sem palavra reforçativa, porém: As crianças irão *conosco*, e não *convosco*.

10. Os pronomes oblíquos podem funcionar como sujeito do infinitivo, quando se usam os verbos causativos *mandar, deixar, fazer*, e os verbos sensitivos *ver, ouvir* e *sentir*. Ex.: Mandaram-*me* entrar. ***Faça-*os* trabalhar! *** Ouvi-*a* chorar. *** Deixe-*me* ver isso! *** Viram-*nos* sair. *** Sentimo-*los* chegar. As orações iniciadas pelo pronome se dizem *infinitivo-latinas*, que funcionam como objeto direto do verbo causativo ou sensitivo e somente são possíveis com esses seis verbos, não por equivalentes.

Importante – O pronome oblíquo **o** (ou variações) pode ser substituído, nesse caso, por **lhe** (ou variação), desde que o verbo seja transitivo direto. Ex: *Deixei-lhe fazer o serviço*. *** *Fiz-lhes ler o livro todo*. Se o verbo for diferente de transitivo direto, usa-se obrigatoriamente **o** (ou variações): *Deixei-o ficar*. *** *Fizeram-nos calar*. *** *Fi-los gostar de estudar*.

11. Na norma-padrão não se usam as formas retas pelas oblíquas. Assim, constrói-se: Não **a** cumprimentei. (E não: Não cumprimentei "ela", própria da língua falada despretensiosa.) *** A secretária recebia as cartas e **as** abria todas. (E não: A secretária recebia as cartas e abria "elas" todas.) Pode-se, contudo, construir: A secretária recebia as cartas e abria *todas elas*.

149

12. Os verbos pronominais não se usam com o pronome *se*, indicador de sujeito indeterminado. Assim, a frase *Não "se" pode arrepender-se do que já está feito* deve ser substituída por *A gente não pode arrepender-se do que já está feito.*

13. Na língua formal ou norma-padrão, observa-se a uniformidade de tratamento: se o pronome escolhido foi o da 3.ª pessoa, seu emprego e de seus correspondentes dali por diante é obrigatório. Ex.: *Você* não imagina quanto eu *a* amei, Beatriz! (E não: *Você* não imagina quanto eu "te" amei! ou "Não imaginas" quanto eu *a* amei!)
Daí por que se censura a frase-propaganda da Caixa Econômica Federal: *"Vem" pra Caixa você também*, em que o verbo está na 2.ª pessoa, sendo *você* da 3.ª

14. A função sintática dos pronomes oblíquos *me, te, se, nos* e *vos* é determinada pela transitividade verbal. Assim, em *Ela **me** ouviu, mas não **me** perdoou*, temos na sequência um objeto direto e um objeto indireto, já que *ver* é verbo transitivo direto, enquanto *perdoar*, para pessoa, é verbo transitivo indireto.

15. O pronome **o** (e variações) funciona geralmente como objeto direto; o pronome **lhe** (e variação) geralmente exerce a função de objeto indireto; o pronome **se** pode exercer tanto a função de objeto direto quanto a de objeto indireto, conforme a transitividade verbal. Assim, em *Elisabete se cortou, mas se dá ares de inocente*, temos um objeto direto e um objeto indireto, em vista da transitividade de *cortar* e *dar*.

16. Quando dois ou mais verbos têm como complemento um mesmo pronome oblíquo, usa-se este apenas antes do primeiro verbo. Ex.: Eu **a** vi e beijei. (E não, necessariamente: Eu *a* vi e *a* beijei.) *** Ele **se** culpou e maltratou.

17. Quando o objeto direto é representado por pronome oblíquo e vem seguido de aposto, este deve ser obrigatoriamente preposicionado. Ex.: Ofende-nos, *aos verdadeiros patriotas*, a leitura de certos jornais. *** As autoridades nos aconselham *a todos* que permaneçamos em nossas casas.

18. O pronome **nós** pode exprimir um só indivíduo em duas circunstâncias: a) quando falam autoridades (é o *plural majestático*, usado pelo presidente ou por altas autoridades do governo): *Brasileiros, estamos aqui para ouvir todas as suas reivindicações*; b) quando indica modéstia da parte de quem fala ou escreve, evitando, assim, o tom egoístico ou presunçoso da linguagem (é o *plural de* *modéstia*, usado, por exemplo, por um governador): *Nós, governador deste estado, não aceitaremos redução de impostos* ou quando fala uma pessoa comum: *Fomos recebidos pelo presidente e ficamos-lhe gratos por sua atenção.*

Neste caso, o particípio ou o adjetivo predicativo pode ficar no singular, por silepse de número. Assim, a última frase pode ser construída desta forma: *Fomos **recebido** pelo presidente e ficamos-lhe **grato** por sua atenção.*

19. A norma-padrão combina pronomes oblíquos de funções distintas. Na oração *Entreguei o dinheiro a ele*, temos de empregar o pronome **o**, correspondente a *o dinheiro* (objeto direto) e o pronome **lhe**, correspondente a *a ele* (objeto indireto). Procedendo à substituição, temos: *Entreguei-**lho***. Outros exemplos: *Não deram o doce a ti? = Não **to** deram? *** Ninguém lhe contou os fatos? = Ninguem **lhos** contou? *** Juçara chegou. Vocês **ma** apresentam?* Tais combinações pronominais têm curso mais em Portugal que no Brasil. Ei-las todas: me + o = *mo*; te + o = *to*; lhe + o = *lho*; nos + o = *no-lo*; vos + o = *vo-lo*; lhes + o = *lho*. No lugar do **o** pode aparecer qualquer de suas variações (*a, os, as*).

20. O pronome **se** não combina com o pronome **o** (ou variações). Por isso, a frase *As laranjas eram tantas, que não "se as" colheram todas* contém uma impropriedade que se deve sanar, omitindo-se o pronome objetivo: *As laranjas eram tantas, que não se colheram todas.*

21. Houve um tempo em que todos os gramáticos defendiam a não contração da preposição **de** com o pronome reto subjetivo. Assim, deveríamos construir *Chegou a hora **de a** onça beber água*, em vez de *Chegou a hora **da** onça beber água*. Hoje, porém, já se admite a contração.

22. Na língua coloquial e despretensiosa do dia a dia do português do Brasil já se aceita também o uso do pronome *ele* (e variações) no lugar do oblíquo *o* (e variações), devido a sua ocorrência bastante frequente. Assim, por exemplo: *O menino está passando mal; **leve ele** pro hospital!* Ou, ainda: *Eu **vi ela**, sim.* É importante distinguir o momento do discurso. Num meio ou ambiente informal, ou na conversa entre pessoas íntimas, pode parecer destoante ou despropositado usar *O menino está passando mal; leve-o pro hospital.* Ou, ainda: *Eu a vi, sim.*

23. Os pronomes oblíquos podem ter valor possessivo, como se veem nestas frases: *Não me puxe o cabelo!* (= *Não puxe **o meu** cabelo!*) *** *Nunca lhe elogiaram a maquiagem?* (= *Nunca elogiaram **a sua***

maquiagem?) Na oração, porém, tais pronomes exercem a função não de adjunto adnominal, mas de objeto indireto por extensão.

24. A segunda pessoa do plural (*vós*) caiu em desuso no português do Brasil e só é usada em textos literários ou religiosos, no estilo solene ou cerimonioso e em substituição a *tu*, quando alguém quer denotar respeito em relação ao interlocutor ou à pessoa a quem se dirige. Como nestes versos de Manuel Bandeira:

Foi para *vós* que ontem colhi, senhora,
Este ramo de flores que ora envio.

25. Na língua do dia a dia, despretensiosa, usa-se o substantivo *gente* antecedido de artigo; neste caso, *gente* se classifica como pronome e exige sempre o verbo na 3.ª pessoa do singular. O povo é dado a usar *a gente "vamos", a gente "fomos"*, em razão da noção de coletividade desse nome. A expressão *a gente* se usa: a) por *turma* ou *pessoal* (*a gente* de televisão ganha bem); b) pela pessoa que fala (*a gente* vive como pode aqui, sozinho); c) por *nós* (a gente se ama) e e) por o homem, a humanidade, o ser humano em geral (*a gente* vive a um ritmo cada vez mais alucinante, na vida moderna).

26. A preposição *até* exige as formas oblíquas tônicas. Ex.: Ela veio *até mim* e me sapecou uma beijoca. Se, porém, *até* for palavra denotativa de inclusão, equivalente de *inclusive*, usar-se-ão as formas retas. Ex.: Todo o mundo chorou, *até eu*. *** *Até tu*, Brutus?

27. O pronome oblíquo se diz *reflexivo* quando se refere à mesma pessoa do pronome subjetivo. Ex.: Eu *me* vesti e tranquei-*me* no quarto. *** Ela *se* vestiu e trancou-*se* no quarto. O pronome oblíquo se diz *recíproco* quando indica reciprocidade de ação. Ex.: Olhamo-*nos* por alguns minutos. *** Eles *se* amam. Os pronomes *si* e *consigo* só se empregam como reflexivos. Ex.: Essa gente só pensa em *si* mesma. *** Ela fala *consigo* mesma. Embora comuns em Portugal, frases como estas são rejeitadas pela norma-padrão do Brasil: Cassilda, preciso falar *consigo*. *** Ivã, conversamos muito sobre *si* ontem à noite.

Testes e exercícios

1. Substitua os nomes em destaque por pronomes pessoais:
a) **Ifigênia** foi ao cabeleireiro.
b) **Ifigênia** e **Calasãs** assistem a todos os jogos de seus times.
c) Encontrei **Ifigênia** na praia.

Nossa gramática simplificada

d) Vi **Zósimo** na fila do pão.
e) Deixei **Lurdes e Jeni** chupando o dedo.

2. Assinale a alternativa que traz pronome substantivo:
a) São Paulo foi fundada por jesuítas.
b) Aquilo é um planeta, e não uma estrela.
c) Seu automóvel é importado?
d) Meus amigos foram ao estádio.
e) Não sei a rua onde essa gente mora.

3. Assinale a alternativa que traz pronome adjetivo:
a) Sua cidade também foi fundada por jesuítas?
b) Aquilo é um fantasma ou é uma assombração?
c) Isso não está certo: você fumar em elevador.
d) Será que tudo vai acabar conforme previsto?
e) Da vida nada se leva.

4. Assinale as afirmações verdadeiras:
a) Existem apenas cinco tipos de pronome.
b) As pessoas do discurso são seis: *eu, tu, ele, nós, vós, eles.*
c) Os pronomes de tratamento fazem parte dos pronomes pessoais.
d) Senhor e você são pronomes de tratamento.
e) Os pronomes retos são aqueles que normalmente funcionam como sujeito da oração.

5. Complete os espaços com **eu** ou **mim**, conforme convier:
a) Susana não vai a lugar nenhum sem ... .
b) Susana não vai ao cinema sem ... ir junto.
c) Puxa vida, deixaram tudo para ... fazer!
d) Ela pediu para ... ficar, para ... poder ajudá-la.
e) Nunca houve sequer uma discussão entre ... e ela.
f) Os atores ficaram entre ... e a plateia.
g) Comprei um caderno espiral para ... escrever meus poemas.
h) Comprei um caderno espiral para ... .
i) Minha filhinha não dorme sem ... estar a seu lado.
j) Para ... ficar bravo não custa.
k) Era para ... dizer a ela: Entre ... e você não há mais nada, só amizade. Mas não deu coragem.
l) Para ..., fazer esses cálculos é muito fácil.
m) É muito fácil para ..., fazer esses cálculos.
n) Foi duro para ... ter de castigá-la.
o) Ter de castigá-la foi duro para ... .
p) Um baita apartamento desses, para ... sozinho, é desperdício.
q) Tragam um bom livro para ... ler, preciso de um livro para ... .
r) Nesta casa deixam tudo para ... arrumar: quarto, cozinha, banheiro, tudo!
s) Ofereceram bom dinheiro só para ... ficar quieto.
t) Essa mulher não consegue dormir sem ... .
u) Essa mulher não consegue dormir sem ... afagar-lhe os cabelos.
v) Perante ... ele disse a verdade, mas antes de ... conversar com ele, outros já o haviam instruído.
w) Não dá para ... fazer todo esse serviço sozinho. É muito difícil para ... fazer isso tudo.
x) Para ..., resolver essa questão é fácil.
y) Quando disseram que sem ... não ia haver festa, exultei!
z) Ante ... ela fica vermelha de vergonha quando fala um palavrão.

Luiz Antonio Sacconi

6. Complete os espaços com **tu** ou **ti**, conforme convier:
a) O pessoal trouxe comida para ..., mas não trouxe para mim.
b) O pessoal trouxe alguma coisa para ... comeres?
c) Nunca houve nenhuma briga entre ... e tua mulher?
d) Vou dizer uma coisa para ...: mas ... és falsa, hein, mulher!
e) Gostamos muito de ..., Clarisse, por isso falamos muito de ... .

7. Complete os espaços com **eles** ou **si**, conforme convier:
a) Os jogadores brasileiros brigavam entre ... no campo.
b) Nunca vi irmãos discutirem tanto entre ... quanto esses.
c) Um dos irmãos dizia cinicamente que nunca houve briga entre ... .
d) Os jogadores brigavam; o árbitro veio e se colocou entre ... .
e) Os homens do governo não se entendem entre ... mesmos!

8. Substitua o que está em destaque por um pronome (vale também se o fizer oralmente):
a) Vou estender **o avental** no varal para secar-se.
b) A lavadeira estendeu **o avental** no varal.
c) As lavadeiras estenderam **o avental** no varal.
d) A lavadeira estendeu **os aventais** no varal.
e) As lavadeiras estenderam **os aventais** no varal.
f) Um policial põe **qualquer ladrão** na cadeia.
g) Um policial pôs **um ladrão** na cadeia.
h) Todo o mundo punha **o dedo** no nariz!
i) Todos punham **o dedo** no nariz!
j) Ela põe **o dedo** no nariz?!

9. Complete os espaços com **Sua** ou **Vossa**, conforme convier (vale também se o fizer oralmente):
a) ... Excelência não vai receber ninguém agora?
b) ... Excelência não vai receber ninguém hoje, senhores!
c) ... Santidade deseja que eu transmita o recado a seus fiéis?
d) Meus amigos, ... Santidade não poderá recebê-los.
e) Por que ... Excelência está zangado comigo, se nada lhe fiz?
f) Maísa, não sei por que ... Excelência está zangado comigo.
g) Amanhã, ... Majestade vai viajar. Você faz parte da comitiva de ... Majestade?
h) Informo-lhes que ... Majestade vai viajar mesmo com esse temporal.
i) Informo a ... Majestade que está havendo um temporal. Vai viajar assim mesmo?
j) Desejei a ... Excelência, o ministro, um bom Natal. E você?

10. Complete os espaços com **conosco** ou **com nós**, conforme convier (vale também se o fizer oralmente):
a) Ninguém falou ... .   b) Ninguém falou ... dois.   c) ... mesmos ninguém falou.
d) Ela discutiu ... .   e) Quer vir ... ?

11. Assinale as alternativas corretas:
a) Elisa costuma conversar muito consigo mesma.
b) Elisa, preciso conversar consigo um instante. Pode ser?
c) Manuel, os professores querem falar consigo urgentemente.
d) Luísa, sinceramente eu não me lembro de si.
e) Vossa Excelência não ides a Brasília amanhã, deputado?
f) Vossa Excelência não usa óculos porque ele não precisa.

Nossa gramática simplificada

g) Desistam: Vossa Excelência não vai atendê-los hoje.
h) Com nós é assim mesmo: escreveu não leu, pau comeu.
i) Trabalhar é com nós mesmos, não rejeitamos trabalho.
j) Jeni não trazia consigo nenhum dinheiro.

12. Substitua o que está em destaque por um pronome pessoal (vale também se o fizer oralmente):
a) Mandei **o rapaz** sair da sala. Aliás, mandei **os rapazes** sair da sala.
b) Fiz **a turma** entrar mais cedo. Aliás, fiz **as turmas** entrar mais cedo.
c) O pai fez **o filho** dizer a verdade. Aliás, todos os pais fizeram **seus filhos** dizer a verdade.
d) Senti **a perna** tremer. Aliás, senti **as pernas** tremer.
e) Vimos **os ladrões** sair correndo. Aliás, muitos viram **os ladrões** sair correndo.

13. Reescreva as frases, mudando o que for necessário, tendo sempre em vista a norma-padrão ou língua formal:
a) Deixe eu ver isso!   b) Faça eles voltar já!   c) Faça eu dormir, meu amor!
d) Fizeram eu confessar na marra.   e) Deixem nós dormir sossegados!

14. Assinale as frases em que não há uniformidade de tratamento:
a) Luísa, você sabe muito bem quanto eu te amo.
b) Hortênsia, você sabe muito bem quanto eu a odeio.
c) Não quero incomodar-te, porque eu o respeito.
d) Luís, aceite um forte abraço deste amigo que muito lhe quer e te estima.
e) Você não sabe que tua mãe não gosta de suas brincadeiras?

Dos concursos e vestibulares

15. (Cefet-MG) Identifique a alternativa em que o emprego do pronome fere a norma-padrão:
a) O livro? ...Deram-mo para que o devolvesse à Biblioteca.
b) Para mim, resolver esse exercício é fácil.
c) Não se preocupe, querida, eu vou consigo até o aeroporto.
d) Remetemos o abaixo-assinado a Sua Excelência, o governador.
e) Ela ficou-me observando enquanto eu lia sua mão.

16. (Agente-MG) Assinale o período em que o **lhe** não tem valor possessivo:
a) ... quase sentia morder-lhe a pele o frio úmido da madrugada...
b) A franja comprida ameaçava entrar-lhe pelos olhos bistrados.
c) A voz de Margô pareceu-lhe anônima.
d) Foi de olhos baixos que lhe acendeu o cigarro.
e) Um baque metálico decepou-lhe a palavra pelo meio.

17. (FGV-RJ) Assinale o item em que há erro quanto ao emprego dos pronomes **se, si, consigo**:
a) Feriu-se quando brincava com o revólver e o virou para si.
b) Ele demonstra que só cuida de si.
c) Quando V.S.ª vier, traga consigo a informação pedida.
d) Ele se arroga o direito de vetar tais artigos.
e) Espere um momento, pois tenho de falar consigo.
18. (PUC-DF) Assinale a alternativa em que o pronome pessoal está empregado corretamente:

a) Este é um problema para mim resolver.
b) Entre eu e tu não há mais discussão.
c) A questão deve ser resolvida por você e eu.
d) É um suplício para mim viajar de avião.
e) Quando voltei a si não sabia onde me encontrava.

19. (MACK-SP) Assinale a alternativa correta com relação ao uso do pronome pessoal:
a) Entre eu e ti existe um grande sentimento.
b) Isso representa muito para mim viver.
c) Com tu, passo os momentos mais felizes.
d) Com nós é assim: não respeitou, leva sopapo.
e) Entre mim e ti há sempre harmonia.

20. (TJ-AM) Assinale a opção em que o pronome foi mal empregado:
a) Entre eu e ela nada ficou acertado.
b) Estavam falando com nós dois.
c) Aquela casa não era para mim; comprá-la com que dinheiro?
d) Aquela viagem de navio, quem não a faria?
e) Viram-no passeando na praça, mas não o chamaram.

21. (TRE-MT) A alternativa em que o emprego do pronome pessoal não obedece à norma-padrão é:
a) Fizeram tudo para eu ir lá.
b) Ninguém lhe ouvia as queixas.
c) O vento traz consigo a tempestade.
d) Trouxemos um presente para si.
e) Não vá sem mim.

22. (GDF-SEA-IDR) Fala com a gerência. Aposto que eles irão conseguir um lugar para * . Aliás, * mesmos aconteceu coisa idêntica.
a) ti – com nós   b) ti – conosco   c) si – com nós   d) si – conosco   e) tu – conosco

23. (ITA-SP) O pronome de tratamento usado para cardeais é:
a) Vossa Santidade   b) Vossa Magnificência   c) Vossa Eminência
d) Vossa Reverendíssima   e) Vossa Paternidade

24. (CESGRANRIO-RJ) Assinale a opção em que o pronome oblíquo possui nítido valor possessivo:
a) Chegaram ao ônibus, sentaram-se e iniciaram a viagem.
b) Compreende-se e considero que te será desagradável tal excursão.
c) Escutaram-nos atentamente as últimas palavras.
d) Avisar-vos-emos todas as notícias.
e) Consideramos-te pronto para a execução deste serviço.

25. (MACK-SP) Identifique a alternativa que traz pronome adjetivo:
a) Não fui eu, foi ela que fez isso aí.
b) Ele não diz coisa com coisa.
c) De que te queixas tu, meu amigo?
d) Não pensa em outra coisa senão viajar.
e) Melhor que isso, só aquilo.

Nossa gramática simplificada

Soluções dos testes e exercícios

1. a) Ela b) Eles c) -a d) -o e) -as **2.** b) **3.** a) **4.** c) d) e) **5.** a) mim b) eu c) eu d) eu; eu e) mim f) mim g) eu h) mim i) eu j) eu k) eu; mim l) mim m) mim n) mim o) mim p) mim q) eu; mim r) eu s) eu t) mim u) eu v) mim; eu w) eu; eu x) mim y) mim z) mim **6.** a) ti b) tu c) ti d) ti; tu e) ti; ti **7.** a) si b) si c) eles d) eles e) si **8.** a) estendê-lo b) estendeu-o c) estenderam-no d) estendeu-os e) estenderam-nos f) põe-no g) pô-lo h) punha-o i) punham-no j) põe-no **9.** a) Vossa b) Sua c) Vossa d) Sua e) Vossa f) Sua g) Sua; Sua h) Sua i) Vossa j) Sua **10.** a) conosco b) com nós c) Com nós d) conosco e) conosco **11.** a) i) j) **12.** a) Mandei-o; Mandei-os b) Fi-la; Fi-las c) fê-lo; fizeram-nos d) Senti-a; senti-as e) Vimo-los; viram-nos **13.** a) Deixe-me ver isso! b) Faça-os voltar já. c) Faça-me dormir d) Fizeram-me confessar e) Deixem-nos dormir sossegados. (Note que nos exercícios 12 e 13 os infinitivos ficam absolutamente invariáveis, embora seus sujeitos estejam no plural.) **14.** a) c) d) e) **15.** c) **16.** c) **17.** e) **18.** d) **19.** e) **20.** a) **21.** d) **22.** a) **23.** c) **24.** c) **25.** d)

Pronomes possessivos

Pronomes possessivos são os que dão ideia de posse, em relação às pessoas do discurso. Quando digo *meu livro*, a ideia de posse é clara, em relação à 1.ª pessoa (eu).

Os pronomes possessivos são estes: *meu, nosso* (e variações), da 1.ª pessoa; *teu, vosso* (e variações), da 2.ª pessoa; e *seu* (e variações), da 3.ª pessoa.

Emprego dos pronomes possessivos

1. Os pronomes possessivos concordam em gênero e número com a coisa possuída, mas em pessoa com o possuidor. Ex.: Elisa chegou com seu carro. (*Elisa* = possuidor; *carro* = coisa possuída).

2. O pronome possessivo pode vir com o artigo ou sem ele. Ex.: minha/a minha camisa; meu/o meu cabelo. Tratando-se de nomes de parentesco, porém, a omissão é desejada: meu pai, minha mãe, meu irmão. Na língua cotidiana, todavia, usa-se muito: **o** meu pai, **a** minha mãe, **o** meu irmão, o que confere mais intimidade à comunicação.

3. Muitas vezes, a presença do artigo antes do possessivo muda o sentido da comunicação. Ex.: Este é meu irmão. (Significa que além dele há mais irmãos.) *** Este é **o** meu irmão. (Significa que se trata de único irmão.) Note ainda a diferença de significado existente entre estas duas frases: Aquela casa é minha. Aquela casa é **a** minha.

4. O possessivo **seu** (e variações) pode causar ambiguidade de sentido. Ex.: Manuel foi ao cinema com *sua* mãe. (Mãe de Manuel ou mãe da pessoa com quem se está falando? Não está claro.) Para maior clareza e, assim, evitar o duplo sentido, usam-se as formas *dele* (e variações), *de você* ou *do senhor*. Ex.: Manuel foi ao cinema com a mãe *dele* (ou *de você*, ou *do senhor*). Podemos até ajuntar as formas: Manuel foi ao cinema com *sua* mãe *dele* (ou *de você*, ou *do senhor*).

5. Os possessivos geralmente vêm antepostos ao substantivo; quando se pospõem, podem mudar de significado a expressão de que fazem parte. Ex.: *Minhas* saudades de Beatriz. (= Saudades que eu sinto de Beatriz.) *** Beatriz sente saudades *minhas*? (= Saudades que Beatriz sente de mim.) ***Estou com *tua* foto. (= A foto te pertence.) *** Tenho uma foto *tua*. (= Tu estás na foto.)

6. Dispensa-se o possessivo antes de nomes que indicam partes do corpo, peças do vestuário e faculdades do espírito, quando se referem ao próprio sujeito da oração; o uso do artigo, nesse caso, já denota posse. Ex.: Não abro mais a boca. (E não: Não abro mais a "minha" boca.) *** Virgílio rasgou a camisa. (E não: Virgílio rasgou a "sua" camisa.) *** Perdemos os sentidos. (E não: Perdemos os "nossos" sentidos.)

7. A palavra **casa**, quando significa *lar próprio*, dispensa o possessivo. Ex.: Estou em casa. (E não Estou em "minha" casa.) *** Luís foi cedo para casa. (E não: Luís foi cedo para "sua" casa.) Quando, porém, se deseja dar ênfase à expressão, ou quando é necessário discriminar a pessoa ou coisa em referência, então, emprega-se o possessivo. Ex.: Em **minha** casa é que ninguém irá cantar de galo! *** Vá dormir na **sua** casa, e não na minha!

8. O possessivo se usa muitas vezes não para indicar posse, mas afeto, cortesia, respeito, cálculo aproximado, ação habitual, predileção e também ofensa, descortesia e até ironia. Ex.: *Meu* caro amigo! *** Sente-se, *minha* senhora! *** *Minhas* senhoras e *meus* senhores, eis-me aqui pronto para o debate. *** Ela tem *seus* vinte e cinco anos, no máximo! *** Faço lá os *meus* exercícios de vez em quando.*** O Lexus é o *meu* carro! *** Viu o que você fez, *seu* tonto? ***Quem é que você pensa que é, *sua* imbecil? *** Aonde a senhora pensa que vai, *minha* boa menina?

9. Seu, nas expressões *seu* José, *seu* Manuel, *seu* guarda, *seu* moço, é redução de *senhor* e não se classifica, portanto, como pronome possessivo.

10. Para reforçar o caráter de posse, costuma-se empregar *próprio* (ou variações) depois do possessivo. Ex.: Levei o acidentado no *meu próprio* carro. *** Mataram-no na sua *própria casa*.

11. O adjetivo *respectivo* equivale a *devido, seu, próprio*. Há, portanto, redundância, quando se constrói: *Colocar as coisas nos "seus respectivos" lugares*. Ou se usa *seus*, ou se usa *respectivos*, mas não ambos ao mesmo tempo.

Nossa gramática simplificada

Testes e exercícios

1. Assinale a alternativa que traz pronome possessivo:
a) Muitas verdades foram ditas pelo presidente.
b) Essas crianças não são mais traquinas que as minhas.
c) A vida sempre foi assim e sempre será assim.
d) Cuidado com o andor, que o santo é de barro!
e) Já me entendi com o seu Manuel.

2. Construa frases, seguindo este modelo:
      A mulher chegou com o filho dela.
      A mulher chegou com o seu filho.
a) A garota chegou com o namorado dela.
b) O rapaz chegou com a namorada dele.
c) Os rapazes chegaram com as namoradas deles.
d) As garotas chegaram com os namorados delas.
e) As garotas chegaram com o namorado dela.

3. Substitua os pronomes possessivos por pronomes oblíquos:
a) Lavaram os meus cabelos.
b) Rasgaram a sua camisa?
c) Pintaram o nosso rosto.
d) Roubaram as suas malas?
e) Levaram o nosso dinheiro.
f) Pisei o seu calo.
g) Pisaram o nosso calo.
h) Machucaram a tua cabeça.
i) Sujei a vossa roupa.
j) Picharam o meu muro.

4. Em algumas frases abaixo os pronomes possessivos são inteiramente desnecessários. Identifique-as:
a) Quebrei a minha perna duas vezes.
b) Escovei os meus dentes e saí.
c) Da escola voltei a minha casa.
d) Em minha casa você não entra mais!
e) Machuquei a minha cabeça.
f) Não abro mais a minha boca.
g) Pôs fogo no seu próprio carro.
h) O presidente chegou com seus respectivos ministros.
i) Vesti o meu calção e fui à praia.
j) Lave suas mãos antes das refeições!

5. Se eu usar *o meu livro* numa frase e apenas *meu livro* noutra frase, ambas as frases estarão corretas?
a) sim   b) não

6. Se eu usar *a minha irmã* numa frase e apenas *minha irmã* noutra frase, ambas as frases estarão corretas?
a) sim   b) não

Luiz Antonio Sacconi

7. Identifique a oração que traz pronome substantivo possessivo:
a) Minhas filhas são as melhores do time.
b) Nossos problemas são fáceis de resolver.
c) *Vossos* é pronome possessivo.
d) Suas roupas são bem confeccionadas.
e) O mar sempre vem buscar o que é seu.

Dos concursos e vestibulares

8. (BC) **Chegou Pedro, Maria e seu filho dela**. O pronome possessivo está reforçado por esta razão:
a) ênfase   b) elegância do estilo   c) destaque   d) clareza   e) harmonia

9. (TCE-CE) Assinale a alternativa em que há erro no emprego dos possessivos:
a) Nós comemoramos nosso aniversário em casa.
b) Recebemos nosso presente com entusiasmo.
c) Gostaria de saber notícias suas.
d) Minha cara colega, deixe de tolices!
e) Quando caí da moto, quebrei o meu braço.

10. (BC) Nas opções abaixo, aquela em que o pronome possessivo não traz ambiguidade é:
a) O diretor comentou com a secretária que haviam recusado a sua proposta.
b) Ele foi direto a ela e pediu a sua carteira.
c) O chefe de seção anunciou à funcionária a sua demissão dela.
d) Geraldo, hoje eu vi o João com sua namorada.
e) Sabe da novidade? Luís não aceitou a sua nomeação.

Soluções dos testes e exercícios
1. b) **2.** a) A garota chegou com o seu namorado. b) O rapaz chegou com a sua namorada. c) Os rapazes chegaram com as suas namoradas. d) As garotas chegaram com os seus namorados. e) As garotas chegaram com o seu namorado. **3.** a) Lavaram-me os cabelos. b) Rasgaram-lhe a camisa? c) Pintaram-nos o rosto. d) Roubaram-lhe as malas? e) Levaram-nos o dinheiro. f) Pisei-lhe o calo. g) Pisaram-nos o calo. h) Machucaram-te a cabeça. i) Sujei-vos a roupa. j) Picharam-me o muro. **4.** a) b) c) f) h) i) j) **5.** a) sim **6.** b) não **7.** e) **8.** d) **9.** e) **10.** b)

Pronomes demonstrativos

Pronomes demonstrativos são os que situam os seres, no tempo e no espaço, em relação às pessoas do discurso.

Quando digo *este* livro, estou situando o ser *livro* em relação à 1ª pessoa (perto de mim). Se digo *esse* livro, estou determinando o ser *livro* em relação à 2.ª pessoa (longe de mim, perto de outrem). Se afirmo *aquele* livro, estou situando o ser *livro* em relação à 3.ª pessoa (distante da 1.ª e da 2.ª).

Os pronomes demonstrativos são estes:

isto, este (e variações) → 1.ª pessoa
isso, esse (e variações) → 2.ª pessoa
aquilo, aquele (e variações) → 3.ª pessoa

As palavras **o**, **próprio**, **semelhante** e **tal** (com suas variações), quando empregadas como equivalentes de um pronome demonstrativo, serão como tal classificadas. Ex.:

Nem tudo **o** que reluz é ouro. (**o** = aquilo)
O que tem muitos vícios tem muitos mestres. (**O** = Aquele)
A sorte é mulher, bem **o** demonstra: de fato, ela não ama os homens superiores. (**o** = isso).
A luz do pirilampo é bem mais forte que **a** do vaga-lume. (**a** = aquela)
Isilda **mesma/própria** costura seus vestidos.
Nunca vi **semelhante** coisa.
Tal absurdo eu não iria cometer. (**Tal** = Esse)
Ela não disse **tal**. (**tal** = isso)

Emprego dos pronomes demonstrativos

1. Este (e variações) e **isto** usam-se:

a) em referência a seres que se encontram perto do falante. Ex.: *Este* livro que tenho na mão é bom. *** *Isto* que carrego pesa 10kg.

b) em referência ao lugar em que o falante está ou àquilo que o abrange fisicamente. Ex.: *Este* quarto é um forno! *** Nunca na história d*este* país houve tanto roubo!

c) em referência ao ser que está em nós. Ex.: *Este* coração aguentará ainda quanto tempo? *** *Esta* alma não traz pecado.

d) em referência a um termo imediatamente anterior. Ex.: Consultado o juiz, *este* se manifestou favoravelmente a nossa causa. *** A motosserra abate a árvore, e *esta* volta a nascer e a crescer.

e) em referência a um momento presente ou que ainda não passou. Ex.: Juçara, você aqui a *estas* horas?! *** *Este* ano não está sendo bom para mim. *** N*este* dia, ano passado, estávamos juntos.

f) em referência ao que se vai anunciar. Ex.: Acabam de chegar *estas* mercadorias: canetas, lápis e borrachas. *** Praticam-se aqui *estas* modalidades de esporte: natação, equitação e voleibol.

g) em referência àquilo de que estamos tratando. Ex.: *Este* assunto já foi discutido ontem aqui; passemos a outro! *** Tudo *isto* que estou dizendo já é velho.

h) em referência a tempo futuro, mas bem próximo do momento presente. Ex.: Tarifa de energia pode subir *esta* semana. *** *Esta* noite deverei vê-la: as saudades, enormes, batem muito forte! *** Um dia d*estes* ela me telefona, e o amor voltará a ter curso novamente, sem atropelos nem imprevistos de má natureza.

i) no início da oração, desacompanhado de substantivo, equivalente de *isto*. Ex.: *Este* é o maior problema, caro leitor. *** *Esta* é que é a verdade, meus amigos.

2. Esse (e variações) e **isso** usam-se:

a) em referência a seres que se encontram longe do falante e perto do ouvinte. Ex.: *Esse* livro que tens na mão é bom? *** *Essa* camisa que você está vestindo foi presente dela?

b) em referência ao lugar em que o ouvinte está ou àquilo que o abrange fisicamente. Ex.: *Esse* teu apartamento é um forno! *** *Essa* cidade não conhece progresso há décadas, rapaz. Mude-se daí!

c) em referência ao que está na outra pessoa. Ex.: *Esse* teu coração me traiu. *** *Essa* tua alma traz inúmeros pecados. *** Quantos vivem n*esse* país da Europa?

d) em referência a tempo futuro distante ou àquilo de que desejamos distância. Ex.: Meu caro amigo, você ainda vai precisar de mim; então, *esse* dia lhe será negro, inesquecível! *** O povo já não confia n*esses* políticos. *** Não quero mais pensar n*isso*.

e) em referência àquilo que já foi mencionado. Ex.: Impunidade e corrupção: *esses* foram os assuntos da reunião presidencial. *** O que você quer dizer com *isso*?

f) em referência a tempo passado, mas bem próximo do momento presente. Ex.: *Essa* noite sonhei com ela: que saudades, meu Deus! *** Um dia d*esses* esteve aqui, sabe quem? O Papa!

g) em referência a tempo passado distante. Ex.: Ela, então, disse que me amava loucamente; *essa* noite não me sai da lembrança. *** Eu, que n*esse* tempo residia em Paris, não pensava muito na vida, porque estava levando a vida sem pensar. De repente...

h) em referência ao que já se mencionou. Ex.: Canetas, lápis e borrachas, foram *essas* as mercadorias que chegaram. *** Natação, equitação e voleibol: são *essas* as modalidades de esporte que aqui se praticam. *** Fugir aos problemas? *Isso* não é de meu feitio.

i) para dar ênfase ou maior relevância a um ser já mencionado. Ex.: Todas as filhas de Beatriz se sentiam muito felizes, mas Susana, *essa* era a própria infelicidade.

3. Aquele (e variações) e **aquilo** usam-se:

a) em referência a seres que se encontram longe do falante e do ouvinte. Ex.: *Aquele* livro que está na mesa é seu, Luís? *** *Aquela* camisa que seu irmão está vestindo é minha. *** *Aquilo* que eles carregam pesa 10kg.

b) em referência a tempo passado ou futuro, remoto ou muito longínquo. Ex.: Decidimos, então, ir a Salvador; *aquelas* férias se tornaram inesquecíveis! *** Meus amigos vão chegar à entrada da Garganta do Diabo, ao cair da tarde; n*aquele* momento vacilarão, adentrarão ou aguardarão a luz do dia seguinte? *** *Aquela* semana toda em Guarujá – que foi mesmo que fizemos? *** N*aquela* oportunidade tratamos de negócios.

Nossa gramática simplificada

4. Para estabelecer a distinção entre duas pessoas ou coisas anteriormente citadas, usa-se **este** (ou variações) em relação à que foi mencionada por último e **aquele** (ou variações) em relação à nomeada em primeiro lugar. Ex.: Luís e Jeni estudaram na Europa; *esta* em Paris, *aquele* em Londres.

5. A necessidade de ênfase poderá determinar a posposição da palavra **mesmo** (ou variações) a *este, esse* e *aquele* (ou suas variações). Ex.: Fique tranquilo, Manuel: *esta* mesma noite você terá uma grande surpresa. *** Era prazeroso pensar que n*aquela* mesma casa houvera eu próprio nascido trinta anos antes.

6. Pospõe-se **este** ou **esse** (ou suas variações) a um substantivo, geralmente repetido, para se expressar maior vivacidade ou vigor à comunicação. Ex.: Eu tinha uma ideia brilhante, magnífica, *ideia essa* que não me deixava pregar olho à noite.*** Conheci na cidade uma pessoa muito interessante, *pessoa esta* cuja lembrança já não me sai da cabeça e me faz feliz.

7. Os pronomes **este**, **esse** e **aquele** (ou suas variações), antecedidos de *um* (ou *uma*) + *substantivo*, usam-se apenas no plural. Ex.: Você teria coragem de proferir um palavrão d*esses*, Lurdes? *** Com um frio d*estes* não se pode sair de casa. *** Nunca vi uma coisa d*aquelas*.

8. Tal é pronome demonstrativo, quando tomado na acepção *de este, isto, esse, isso, aquele, aquilo* (ou suas variações). Ex.: *Tal* era naquela época a situação do país. *** Não disse *tal*, não creio em *tal*, não falo mais sobre *tal*. ***Quando *tal* diz alguma coisa, todos ficam sabendo.

9. Tal é pronome adjetivo, quando acompanha substantivo ou pronome e quando acompanha **que**, formando a expressão **que tal?** (= que lhe parece?). Ex.: Atitudes *tais* merecem severa punição. *** Esses *tais* merecem cadeia. *** *Que tal* minha mulher, *que tais* meus filhos?

10. Tal é ainda pronome adjetivo, quando correlativo de **qual** ou de outro **tal**. Ex.: Suas manias são **tais quais** as minhas. ***A mãe era **tal quais** as filhas. *** Os filhos são **tais qual** o pai. *** Os filhos são **tais quais** os pais. *** **Tal** pai, **tal** filho. Alguns gramáticos aceitam a combinação **tal qual** invariável, equivalente de como, prática que a norma-padrão não agasalha. Ex.: Essas crianças são *tal qual* os pais.

11. Em início de frase, **nisto** equivale a *então, no mesmo instante*. Ex.: Selma ia sair escondido de casa; **nisto** chegou o pai.

12. Não há propriedade no uso de *o mesmo* (ou variações) em substituição a outro tipo de pronome ou a um substantivo, apesar de muito empregado até por escritores de renome. Assim, por exemplo: *Quero comprar o livro, mas antes preciso saber o preço "do mesmo".* (Isto é: preciso saber o **seu** preço.) *** *A inauguração do cinema se deu ontem e "à mesma" compareceram várias autoridades.* (Isto é: **a ela** compareceram.) No meio policial esse uso é comum. Muitas vezes o emprego de *o mesmo* (ou variações) nem é necessário para a cabal compreensão da frase, como neste exemplo: *O acidente ocorreu ontem, e "o mesmo" foi presenciado por muitas pessoas.* A frase sem "o mesmo" ficaria perfeita: *O acidente ocorreu ontem e foi presenciado por muitas pessoas.*

13. Mesmo e **próprio** variam em gênero e número, quando têm caráter reforçativo: ela *mesma* faz isso, elas *mesmas* fazem isso, eles *próprios* cozinham, elas *próprias* cozinham, ela foi contra si *mesma*.

Importante
A anáfora, a catáfora e os pronomes. Anáfora é o processo pelo qual um termo ou expressão gramatical retoma a referência a um termo, expressão ou frase anterior. Por exemplo: *Um carro, desgovernado, bateu em outros veículos. Eu vi **isso** hoje.* (O pronome demonstrativo *isso* refere-se diretamente a tudo o que se afirmou anteriormente. Dizemos, então, que *isso* é um *pronome anafórico*.)
Catáfora é o processo pelo qual um termo ou expressão gramatical faz referência direta a um termo, expressão ou frase posterior ou subsequente. Por exemplo: *Os termos essenciais da oração são **estes**: sujeito e predicado.* (O pronome *estes* refere-se diretamente a tudo o que se afirmou posteriormente. Dizemos, então, que *estes* é um *pronome catafórico*.)

Testes e exercícios

1. Assinale as frases que trazem pronome demonstrativo:
a) Aquela luz que vem de não sei onde que significa?
b) Não sei se este guaraná é bom ou ruim. Esse é bom, Juçara?
c) Ela mesma chegou dizendo o que não queria ouvir.
d) Tais queixas, tenho certeza de que todos já as fizeram.
e) Nunca vi um óvni na vida! E tu já viste dez?!

2. Complete os espaços com **este, esse** ou **aquele** (e suas variações), conforme convier:
a) ... vestido que você está usando é de seda, Lurdes?
b) Não, ... vestido que estou usando é de algodão.
c) Marisa, vá buscar ... cadernos que lá estão!
d) Rosa, deixe-me ver ... corrente de ouro que usas!
e) ... corrente de ouro que uso não é minha.
f) Então, deixe-me ver ... joia que deixaste lá na mesa!
g) N... ano que começa tudo vai melhorar.
h) N... ano que passou foi tudo muito ruim para mim.
i) O que você acha que poderá acontecer no mundo n... século?
j) As pessoas que viveram n... século usavam chapéu.

Nossa gramática simplificada

3. Mude as frases que não estiverem de acordo com o que foi aprendido:
a) Nunca farei uma coisa dessa.
b) Eu não teria coragem de dizer um palavrão daquele.
c) Teresa mesmo confessou o crime.
d) Creusa costuma conversar consigo mesma.
e) Você, Maísa, tem um compromisso consigo própria.
f) Seus filhos mesmo dizeram que não gostam disso.
g) Com uma ventania desta não há cabelo que fique alinhado.
h) As crianças dela própria negaram o que ela diz.
i) A mãe delas próprias nega o que todas dizem.
j) A moça disse: *Em casa eu mesmo faço o almoço.*

4. Assinale as alternativas que trazem pronome demonstrativo:
a) Qual foi o assunto de que vocês trataram na reunião?
b) Nada nesta vida é para sempre. Concorda comigo o senhor?
c) Cada um dá o que tem.
d) Cada qual sabe onde lhe aperta a botina.
e) Quem diz o que quer ouve o que não quer.

5. Complete os espaços com **mesmo** (ou suas variações):
a) As crianças ... pediram que não fôssemos à praia.
b) Lurdes ... nos transmitiu o recado.
c) Luís e Bernadete ... costumam dizer essas coisas.
d) Vilma e Neusa ... fizeram todo esse trabalho.
e) Você ... lava suas roupas, Ifigênia?
f) Eu ... lavo minhas roupas, respondeu ela.
g) Deveríamos ter falado com o diretor ..., e não com a professora.
h) Deveríamos ter falado com a diretora ..., e não com o professor.
i) Deveríamos ter falado com as professoras ..., e não com o diretor.
j) Deveríamos ter falado com os professores ..., e não com a diretora.

Dos concursos e vestibulares

6. (BACEN) Em *Ela **mesma** apresentou **aquela** proposta*, os termos em destaque são:
a) pronome possessivo e pronome demonstrativo
b) adjetivo e pronome demonstrativo
c) pronome demonstrativo e pronome possessivo
d) adjetivo e adjetivo
e) pronome demonstrativo e pronome demonstrativo

7. (CESGRANRIO-RJ) **Ao comparar os diversos rios do mundo com o Amazonas, defendia com azedume e paixão a preeminência * sobre cada um * .**
a) desse – daquele   b) daquele – destes   c) deste – daqueles
d) deste – desse   e) deste – desses

8. (CETREDE-CE) Em resposta ao memorando n.º 27/5/2019 d... Diretoria, quero comunicar-lhe que ... Chefia não é responsável por ... irregularidades a que Vossa Senhoria se refere.
a) esta – essa – aquelas   b) essa – essa – estas   c) essa – esta – essas
d) esta – esta – estas   e) esta – essa – essas

Luiz Antonio Sacconi

9. (BB) *Bebi, comi e me diverti um pouco. A noite ficou nisso.* O pronome demonstrativo:
a) faz referência a um termo consecutivo, portanto é um pronome catafórico.
b) refere-se a termos que não fazem parte do texto.
c) faz referência a ideias que ainda serão introduzidas no texto.
d) faz referência à frase anterior, portanto é um pronome anafórico.
e) refere-se a termos que estão implícitos no texto.

10. (UNIRIO-RJ). Assinale o item que completa convenientemente as lacunas do trecho:
A maxila e os dentes denotavam a decrepitude do burrinho; ... porém, estavam mais gastos que ... .
a) esses – aquela   b) estes – aquela   c) estes - esses
d) aqueles – esta   e) estes – estes

11. (BB) Marque a alternativa em que a frase está com o emprego incorreto dos pronomes demonstrativos:
a) Este é o passaporte do futuro: educação, ciência e tecnologia.
b) Com esta vitória em Vancouver, Pedro soma seu décimo título em corridas de cavalo.
c) Com aquela vitória em Vancouver, Pedro somava seu décimo título em corridas de cavalo.
d) O transporte público é acessível? Qual é o mais vantajoso? São essas as perguntas mais importantes.
e) O prefeito e a deputada vieram; aquele de carro, esta a pé.

12. (BB) Complete as frases com o pronome demonstrativo correto:
a) Eu vou lá ainda ... semana.
b) Eu caminho até ... escola dali.
c) Você já leu ... livro daqui?
d) ... noite será muito fria.
e) A professora e os alunos discutem; ... sem razão; ... com paciência.

Soluções dos testes e exercícios
1. a) b) c) d) **2.** a) Esse b) este c) aqueles d) essa e) Esta f) aquela g) este h) esse i) este j) aquele **3.** a) dessas b) daqueles c) mesma f) mesmos g) destas j) mesma **4.** c) e) **5.** a) mesmas b) mesma c) mesmos d) mesmas e) mesma f) mesma g) mesmo h) mesma i) mesmas j) mesmos **6.** e) **7.** c) **8.** c) **9.** d) **10.** b) **11.** e) **12.** a) nesta b) aquela c) este d) Esta e) estes; aquela

Pronomes indefinidos

Pronomes indefinidos são os que se referem à 3.ª pessoa de modo vago ou impreciso.

Quando digo *alguém entrou*, uso um pronome que se refere à 3.ª pessoa de modo vago (*alguém*): trata-se, pois, de um pronome indefinido. Quando digo *todos se foram*, uso um pronome que se refere à 3.ª pessoa de modo impreciso (*todos*): é outro pronome indefinido.

Os principais pronomes indefinidos são estes:

- *algo, alguém, algum, alguma, alguns, algumas;*
- *nada, ninguém, nenhum, nenhuma, nenhuns, nenhumas;*
- *tudo, todo, toda, todos, todas;*

- cada, qualquer, quaisquer, certo, certa, certos, certas;
- mais, menos, muito, muita, muitos, muitas;
- pouco, pouca, poucos, poucas;
- tanto, tanta, tantos, tantas;
- quanto, quanta, quantos, quantas;
- outrem, outra, outros, outras;
- vário, vária, vários, várias;
- diverso, diversa, diversos, diversas;
- um, uma, uns, umas (quando isolados).

Existem locuções pronominais indefinidas: *cada um, cada qual, todo aquele que, quem quer que seja, seja qual for, seja quem for,* etc.

Certas palavras funcionam acidentalmente como pronomes indefinidos. Ex.: *mais* e *menos* (mais amor e menos confiança), (os) *demais* (você fica; os demais podem sair) e *um* (e variações), quando associado a *outro* ou variações (*uns* gostam das loiras; *outros*, das morenas).

Quando o pronome é substituído por um grupo de palavras de sentido indefinido, temos as *locuções pronominais indefinidas*, de que são exemplos *todo o mundo, cada um, cada qual, qualquer um, quem quer que, o que quer que, todo aquele que, seja qual for, seja quem for, um ou outro*, etc., todas absolutamente invariáveis. A locução *qualquer um*, de valor depreciativo, é exclusiva da língua popular; surgiu da inversão de *um qualquer*.

Emprego dos pronomes indefinidos

1. O pronome *algo* tem significado quantitativo e equivale a *alguma coisa*. Ex.: Tenho *algo* importante para lhe dizer. Às vezes aparece acompanhado da preposição *de*, com valor partitivo. Ex.: Há *algo* de novo no ar. *** Ele nunca faz *algo* de útil. Também é empregado como advérbio, equivalendo a *um tanto*. Ex.: Só o ouvirei, se o assunto for *algo* importante.

2. O pronome *cada*, que indica uma parte do todo, sem identificá-la, é sempre adjetivo. Ex.: *Cada* dia que nasce é uma nova oportunidade que Deus nos oferece para melhorarmos. Não seguido de substantivo, deve anteceder *um* ou *qual*. Ex.: Os abacaxis custam R$5,00 *cada um*. (E não: "cada".) *** *Cada qual* sabe onde lhe aperta a botina. Tem valor intensivo em frases como esta: Esse menino tem *cada* uma! Antes de numeral cardinal, discrimina unidades. Ex.: *Cada* dois dias, ele falta à aula. Neste caso pode vir antecedido da preposição **a**.

3. Qualquer, quando posposto ao substantivo, tem valor pejorativo. Ex.: Ele diz que não quer casar com uma mulher *qualquer*. Antecedido do artigo *um*, ou mesmo antecedendo a *um*, também assume valor depreciativo. Ex.: O povo não pode eleger para presidente *um qualquer* (ou *qualquer um*, que é da língua popular). Na linguagem jornalística é usado impropriamente como equivalente de *nenhum* ou *nenhuma*. Assim, por exemplo: Não houve "qualquer" interesse do público pelo desfile. É composto de *qual + quer* (do verbo *querer*), daí por que seu plural é *quaisquer*, constituindo-se na única palavra em português cujo plural é realizado em seu interior.

4. O pronome *algum* (ou variações), anteposto ao substantivo, tem sentido positivo. Posposto, passa a equivaler a *nenhum*, tendo, portanto valor negativo. Ex.: Tenho aqui *algum* dinheiro. *** Não tenho dinheiro *algum*.

5. *Todo* ou *toda*, no singular e junto de artigo, significa *inteiro*; sem artigo, equivale a *qualquer* ou a *todos os* ou *todas as*. Ex.: *Toda a* cidade está iluminada. (= a cidade inteira) *** *Toda* cidade está iluminada. (= todas as cidades) Usa-se apenas *todo* ou *toda* quando o substantivo exprime totalidade ou porção inteira: *Todo* arroz colhido será exportado.*** *Toda* farinha foi exportada. Com topônimos, o artigo só aparece no caso do nome o admitir: *todo o* Brasil, *toda a* Alemanha, etc., mas: *todo* Portugal, *toda* Cuba, etc. No plural, o uso do artigo é de rigor, a menos que se lhe sigam pronomes. Ex.: *Todos os* brasileiros apreciam futebol. Mas: *Todos* aqueles espanhóis serão deportados. Posposto ao substantivo, *todo* ou *toda* exprime totalidade. Ex.: O país *todo* votou em ordem. *** Eu disse isso a vida *toda*.

Observações

1) Ainda que *todo* ou *toda* equivalha a *qualquer*, pode ser usado conjuntamente com este. Ex.: *Todo e qualquer* sacrifício é válido, se for para o bem do Brasil. *** *Toda e qualquer* reclamação deve ser endereçada à diretoria.

2) **Todo**, usado antes de adjetivo, é advérbio e equivale a *totalmente, completamente*. Ex.: Ele ficou *todo* desconcertado, quando viu a ex-namorada com outro. Mesmo sendo advérbio, admite-se sua variação, embora não seja aconselhável na língua formal: Ela ficou *toda* desconcertada, quando viu o ex-namorado com outra. *** Os meninos voltaram *todos* sujos. *** As crianças chegaram *todas* molhadas.

6. Nenhum, pronome que generaliza a negação, varia normalmente, desde que anteposto ao substantivo. Ex.: Não havia *nenhumas* frutas na cesta. *** Não temos *nenhuns* meios de resolver isso. Posposto, não varia em hipótese nenhuma: Não havia fruta *nenhuma* na cesta. *** Não temos recurso *nenhum* para resolver isso. Sendo posposto, figurará obrigatoriamente no singular, não sendo próprias, portanto, frases como esta: Não temos recursos "nenhuns" para resolver isso. *Nenhum* é contração de *nem um*, forma mais enfática, que se refere à unidade. Compare estas duas frases: *Nenhum* aluno passou. *** *Nem um* aluno passou. (*um* é numeral)

Nossa gramática simplificada

7. Certo só se classifica como pronome indefinido quando vem anteposto ao substantivo; posposto, é adjetivo, equivalendo a *adequado, verdadeiro, exato*. Ex.: *Certas* pessoas não podem ser eleitas. *** Precisamos eleger as pessoas *certas*. No meio da frase, pode vir ou não antecedido do artigo indefinido *um* (ou variações), que lhe confere caráter enfático. Ex.: Então, *(um) certo* dia, ela me procurou. Se o substantivo que o acompanha exprime qualidade ou sensação, *certo* atenua um pouco a sua significação. Ex.: Ele tem *(um) certo* talento. *** Ela sempre se queixa de *(uma) certa* dorzinha na virilha.

8. Os pronomes *certo* e *qualquer* indicam ideias diferentes. *Certo* dá ideia particularizada e um tanto pejorativa do ser, entre outros da mesma espécie, mas sem identificá-lo; *qualquer*, por seu lado, não indica particularização nenhuma nem dá ideia pejorativa do ser. Veja estes exemplos: *Certas* pessoas nem deveriam se candidatar. (Quando digo isso, revelo que eu sei quem são as pessoas, mas, por alguma razão, não quero identificá-las.) *** *Quaisquer* pessoas se candidatam hoje em dia. (Sem ideia pejorativa nem de particularização.)

9. Tudo é pronome que originariamente se refere apenas a coisas, mas tem sido aplicado a pessoas no português contemporâneo. Ex.: Na adolescência, *tudo* são flores. *** Dizem que no Congresso é *tudo* igual...

Testes e exercícios

1. Assinale a alternativa que traz apenas pronomes indefinidos invariáveis:
a) cada, nenhum, qualquer
b) diverso, certo, nada
c) outrem, cada, quem
d) algo, qual, alguém
e) que, todo, algo

2. Assinale a alternativa que traz pronome indefinido:
a) Ninguém dá aquilo que não tem.
b) Nunca vejo o que você vê.
c) Moram poucas pessoas aqui.
d) Fiz o que pude, façam melhor os que o puderem.
e) Macaco velho não mete a mão em cumbuca.

3. Assinale as alternativas que trazem pronome indefinido:
a) Esse cão late muito.
b) Essa raça de cão tem muito pelo.
c) Esse cão me interessa muito.
d) Essa raça de cão é muito inteligente.
e) Essa raça de cão, quem quer?

Luiz Antonio Sacconi

4. Mude o que for necessário, quando necessário:
a) As xérox custaram vinte centavos cada.
b) Qualquer outras providências serão tomadas posteriormente.
c) Virgílio sabia contornar qualquer problemas.
d) Todo avião que sobe, desce.
e) Você preencheu todo o cheque?

Dos concursos e vestibulares

5. (UC-MG) Encontramos pronome indefinido em:
a) *Muitas horas depois, ela ainda permanecia esperando o resultado.*
b) *Foram amargos aqueles minutos, desde que resolveu abandoná-los.*
c) *A nós, provavelmente, enganariam, pois nossa participação foi ativa.*
d) *Havia necessidade de que tais ideias ficassem sepultadas.*
e) *Sabíamos o que você deveria dizer-lhe, ao chegar da festa.*

6. (UF-MA) Identifique a oração em que a palavra **certo** é pronome indefinido:
a) Certo perdeste o juízo.   b) Certo rapaz te procurou.   c) Escolheste o rapaz certo.
d) Marque o conceito certo. e) Não deixe o certo pelo errado.

7. (UEPG-PR) ***Toda*** *pessoa deve responder pelos compromissos assumidos.* A palavra destacada é:
a) pronome adjetivo indefinido
b) pronome substantivo indefinido
c) pronome adjetivo demonstrativo
d) pronome substantivo demonstrativo
e) nenhuma das alternativas é correta

Soluções dos testes e exercícios
1. c) **2.** c) **3.** b) e) **4.** a) cada uma b) Quaisquer c) quaisquer **5.** a) **6.** b) **7.** a)

Pronomes interrogativos
Pronomes interrogativos são, em suma, os indefinidos *que, quem, qual* (e variação), *quanto* (e variações), empregados em frases interrogativas. Ex.: *Que* fazer nos momentos de infelicidade, desespero e desilusão? Olhar para o céu, se for noite; olhar para um jardim, se for dia... (L.A.Sacconi) Existem as frases interrogativas diretas e as indiretas. As diretas têm os pronomes no início, exigem resposta imediata e têm entoação ascendente; as indiretas trazem os verbos *saber, perguntar, indagar, ignorar, verificar* e *ver* (chamados verbos *dicendi*), não exigem necessariamente resposta imediata e têm entoação normal ou descendente. Ex.: Com *quem* andas? (interrogativa direta) *** Diz-me com *quem* andas, que te direi quem és. (interrogativa indireta)
Como se vê, as diretas se encerram por ponto de interrogação; as indiretas por ponto final.

Emprego dos pronomes interrogativos

1. O pronome *quem* é sempre substantivo e se refere a pessoas: *Quem chegou?*

2. O pronome interrogativo *que*, que se refere a pessoas e a coisas, pode vir acompanhado de palavras reforçativas ou de realce, para dar maior vigor à comunicação. Ex.: *Que que* você tem com a minha vida? *** O *que é que* você está fazendo aí, Maria Chiquinha? *** *Que que* é isso?!

3. No português do Brasil, a expressão *que é feito de?* ou a reduzida *que é de?* no sentido de *onde está?* se contraiu de tal forma, que deu origem a simples palavras ou formas populares: *cadê, quede* e *quedê*, que hoje têm curso normalmente, tanto na língua falada quanto na língua escrita. Assim, em regressão de emprego, temos: *Cadê* meus óculos? = *Que é de* meus óculos? = *Que é feito de* meus óculos?

4. Os pronomes *que* e *qual* são indicadores de escolha ou seleção. Ex.: *Que* jornal deu essa notícia? *** *Qual* a revista que trouxe isso? A noção de escolha ou seleção se reforça com o emprego da expressão *qual dos* ou *qual das*. Ex.: Em *qual dos* jornais está essa notícia? *** Em *qual das* revistas você leu isso?

5. Os pronomes interrogativos se empregam ainda com valor exclamativo. Ex.: *Quanta* mentira não há num beijo! *Quanto* veneno! *Quanta* traição!

6. *Quando, como, onde* e *por que* são advérbios interrogativos e podem aparecer tanto nas interrogativas diretas quanto nas indiretas. Ex.: *Quando* chegaremos? *** Não sei *quando* chegaremos.

Testes

1. Assinale as alternativas que trazem pronome interrogativo:
a) Será que elas virão ao meu aniversário?
b) O que elas estão fazendo, afinal?
c) Quero saber quem fez isso.
d) Veja que dia é hoje!
e) Verifique quantas pessoas entraram!

2. Assinale a alternativa que traz interrogativa direta:
a) Você não tem a menor ideia de quem fez isso?
b) Você sabe quem fez isso. Sabe?
c) Quem fez isso, você sabe? Sabe!
d) Quem fez isso foi algum amigo seu. Não foi?
e) Você nunca sabe quem faz as coisas?

Luiz Antonio Sacconi

Soluções dos testes
1. todas, exceto a) **2.** c)

Pronomes relativos

Pronomes relativos são os que se relacionam com um termo antecedente, dando início a uma oração, chamada *adjetiva*. Ex.: Os homens são plantas *que* secam antes de amadurecer. (*que* = pronome relativo; *que secam* = oração adjetiva) *** A vida é um cárcere, *cuja* chave é a morte. (*cuja* = pronome relativo; *cuja chave é a morte* = oração adjetiva)

No primeiro exemplo, o pronome *que* se relaciona com o termo antecedente *plantas* (plantas que = plantas as quais); no segundo, o pronome *cuja* se relaciona com o termo antecedente *cárcere* (cárcere cuja chave = chave do cárcere), embora concorde com o consequente *chave*. O pronome *cujo* faz com que o nome antecedente sempre seja o ser possuidor e o nome consequente, o ser possuído.

São estes os principais pronomes relativos: os invariáveis *que, quem, onde, como, quando* e os variáveis *o qual, cujo, quanto* (após os indefinidos *tudo, todo* e *tanto*).

Os pronomes relativos, assim como as conjunções, recebem o nome genérico de *conetivos*, porque são elementos de ligação.

Emprego dos pronomes relativos

1. Que é o pronome relativo mais usado; aplica-se a pessoas e a coisas e só deve ser antecedido de preposição monossilábica. Ex.: Essa é a mulher *que* me amou perdidamente.*** Há uma idade em *que* a mulher gosta mais de ser namorada do que amada. Na língua cotidiana, pode aparecer desprovido de função sintática. Ex.: Essa é a mulher *que* eu cuido dela. (Em vez de: Essa é a mulher de quem eu cuido.) A função que deveria ser exercida pelo relativo está expressa em *dela*. Esse *que* é chamado *relativo universal*.

2. O qual (ou variações) emprega-se:
a) para evitar duplo sentido. Ex.: Não conheço o pai da garota *o qual* se acidentou. Se usássemos aí o relativo *que*, ficaríamos sem saber ao certo quem teria sofrido o acidente, se o pai ou se a garota;
b) quando o antecedente se encontra distante. Ex.: Esse foi o *discurso* pronunciado pelo deputado por Santa Catarina, *o qual* muita repercussão causou na Câmara. O pronome relativo se refere a *discurso*, que se encontra a distância;
c) com preposições de duas ou mais sílabas. Ex.: Nunca está só quem possui um bom livro para ler e boas ideias *sobre as quais* meditar. ***
A inveja é um mal *contra o qual* há poucos remédios. *** A felicidade é

Nossa gramática simplificada

um sentimento *para o qual* todos apelam, quando já não há nenhuma possibilidade de alcançá-la. Das preposições monossilábicas, apenas *sem* e *sob* exigem *o qual*. Ex.: Foi ali que conheci uma pessoa *sem a qual* já não posso viver. *** Essa é a máscara *sob a qual* te escondes?

3. Quem, no português contemporâneo, somente se aplica a pessoas e sempre aparece antecedido da preposição **a**, no caso de o verbo ser transitivo direto. Ex.: João Paulo II é o papa *a quem* mais admiro. (*a quem* = objeto direto preposicionado) *** Todos já conhecem a pessoa *a quem* amo. (*a quem* = objeto direto preposicionado) Não sendo transitivo direto o verbo, o pronome aparecerá antecedido da preposição exigida pelo verbo ou pelo nome. Ex.: Conheci uma pessoa *por quem* me enamorei. (*por quem* = objeto indireto) *** Conheci uma pessoa *de quem* fiquei enamorado. (*de quem* = complemento nominal) É denominado *relativo indefinido* quando aparece sem nome antecedente. Ex.: *Quem* não quer raciocinar é um fanático; *quem* não sabe raciocinar é um tolo; e *quem* ousa raciocinar é um escravo. (*quem* = sujeito) *** Não se odeia a *quem* se despreza; odeia-se a *quem* é considerado igual ou superior. (*quem* = sujeito) Alguns preferem decompor esse pronome em *aquele que* para efeito de análise; outros acham melhor considerá-lo sujeito de uma oração justaposta, e esta é a nossa posição.

4. Cujo sempre exprime posse e se refere a um nome antecedente (ser possuidor) e a um nome consequente (ser possuído, com o qual concorda em gênero e número). Ex.: Esta é a árvore *cujas* folhas caem inexplicavelmente. (= Esta é a árvore *as folhas da qual* caem inexplicavelmente.) *** Existem pessoas *cujos* defeitos lhes ficam bem; e outras que são infelizes com suas boas qualidades. Se o verbo ou o nome exigir preposição, esta aparece antes do pronome. Ex.: Essa é a escada *por cujos* degraus passou o imperador. Não se usa artigo depois de *cujo*, que é sempre adjetivo. Também não se emprega *cujo* (ou flexões) com o valor de *o qual* (ou flexões), como neste exemplo: O carro "cujo" eu comprei é importado.

5. Onde se aplica a coisa e é empregado para indicar lugar; aparece com antecedente ou sem; quando aparece sem, denomina-se *relativo indefinido locativo*, dando início a oração justaposta. Ex.: Não conheço a cidade *onde* nasceu o presidente. (*onde* = adjunto adverbial de *nasceu*) *** *Onde* entra o sol, não entra o médico. (*Onde entra o sol* = oração justaposta locativa) *** Por *onde* eu viajar, qualquer reino que eu visitar, meu coração, que não viajou, volta-se apaixonadamente para você.

6. Quanto (ou variações) se aplica a pessoas ou coisas e aparece após os indefinidos *tanto* (ou variações), *todo* (ou variações) e *tudo*. Ex.: Nesta região há *tanto* ouro *quanto* você nem possa imaginar. (*quanto* = objeto direto de *possa imaginar*) *** Leve *tantas* maçãs *quantas* quiser! (*quantas* = objeto direto de *quiser*) *** Esqueçam-se de *tudo quanto* escrevi! (*quanto* = objeto direto de *escrevi*) *** Faço saber a *todos quantos* este edital virem ou dele tomarem conhecimento que... (*quantos* = sujeito de *virem*)

7. Como só se classifica como pronome relativo quando tem as palavras *modo, maneira* ou *forma* como antecedente; serve para indicar modo e equivale a *conforme* ou a *pelo qual* (ou variações). Ex.: Veja o *modo como* ela anda! (como = adjunto adverbial de *anda*) *** Contaram-me a *maneira como* você se comportou na festa. (*como* = adjunto adverbial de *se comportou*)

8. Quando é pronome relativo sempre que tiver como antecedente um nome que dê ideia de tempo; nesse caso, equivale a *em que*. Ex.: Afinal, era chegado o dia *quando* teríamos de resolver o caso. (*quando* = adjunto adverbial de *resolver*) *** Bendita a hora *quando* você aqui apareceu! (*quando* = adjunto adverbial de *apareceu*).

9. O pronome relativo exerce função sintática na oração a que pertence.

Testes e exercícios

1. Assinale a alternativa que traz pronome relativo:
a) *O passado é história; o futuro, um mistério; e o presente, uma dádiva.*
b) *Ser pedra é fácil; o difícil é ser vidraça.*
c) *Se alguém está tão ocupado, que não possa lhe dar um sorriso, deixe-lhe o seu!*
d) *Lembre-se de que grandes realizações e grandes amores envolvem grandes riscos.*
e) *Espere o melhor, prepare-se para o pior e aceite o que vier!*

2. Complete os espaços com **que** ou com **o qual** (ou suas variações), conforme convier:
a) Este é o país em ... vivo; este é o país ... eu amo.
b) São estas algumas das tarefas para ... devemos estar preparados.
c) Susana já era, naquela época, um ser sem ... eu já não podia viver.
d) Estou indo à festa para ... fui convidado.
e) Você não consegue ver a ilha sobre ... estamos voando?

3. Complete os espaços com **que** ou com **quem**, conforme convier:
a) O homem ... cumprimentei é o diretor da escola.
b) Susana foi a mulher ... mais amei e ... mais me dediquei.
c) Esse é o patrulheiro rodoviário ... nos multou.
d) O televisor ... eu comprei é importado.
e) Não conheço a marca do carro ... você comprou.

Nossa gramática simplificada

4. Assinale a frase em que cabe o pronome relativo **cujo**:
a) A casa ... eu lhe falei foi construída há anos.
b) A casa ... eu vi não é a de sua namorada?
c) A casa ... dono é meu patrão, foi pintada.
d) A casa, ... custou caro, vai ser demolida.
e) A casa, ... faço referência, vai ser demolida.

5. Assinale as afirmações corretas:
a) As preposições *sem, sob* e todas as que têm mais de duas sílabas exigem o pronome relativo **o qual**, não podendo, em nenhuma hipótese, ser usado "que".
b) O pronome relativo *quem* só se refere a pessoas.
c) O pronome relativo *quem*, quando aparece sem termo antecedente, recebe o nome de pronome relativo indefinido.
d) *Cujo* é um pronome relativo que não aceita artigo posposto.
e) *Quanto* é sempre pronome relativo quando vem após o pronome indefinido *tudo*.
f) *Onde* é pronome relativo quando pode ser substituído por *de que*.
g) Uma frase que tenha o pronome relativo *cujo* sempre traz um ser possuidor e um ser possuído.
h) O pronome *o qual* serve, entre outros empregos, para evitar duplo sentido ou ambiguidade.
i) Os pronomes relativos são chamados também de *conetivos*.
j) Não existem em português pronomes relativos invariáveis.

Testes gerais sobre pronome

6. Complete os espaços com uma das formas propostas, conforme convier:
a) As crianças foram à festa ... todos, mas voltaram só ... dois. **conosco – com nós**
b) Quero muito conversar ..., Hermengarda. **com você – consigo**
c) Cantei para ... quando eras criança. **tu – ti**
d) Entre ... e você sempre houve franqueza, sinceridade. **mim – eu**
e) Veja quem veio ... para curtir a festa! **com nós – conosco**
f) Vossa Excelência trouxe ... os documentos? **consigo – convosco**
g) Sem ... ler isso, não assino. **mim – eu**
h) Ela não assina nada sem ... ao lado. **mim – eu**
i) Ela não assina nada sem ... estar ao lado. **mim – eu**
j) Não foi possível para ... vir ontem. **mim – eu**

7. Assinale as afirmações verdadeiras:
a) Alguns pronomes possessivos são invariáveis.
b) Não se usa artigo antes de pronome possessivo.
c) O pronome indefinido *qualquer* é invariável em gênero, mas não em número.
d) O pronome relativo *cujo* sempre exprime posse.
e) Na frase *Tudo o que é bom custa caro*, existem três pronomes.

8. Assinale a frase incorreta:
a) Leve consigo os documentos!
b) Nunca houve discussão entre mim e ela.
c) Sem tu não conseguirei viver.
d) Eu me fiz por mim mesmo.
e) Viridiana, preciso muito falar contigo.

Luiz Antonio Sacconi

9. Na frase *Todo cidadão tem direitos e deveres* existe um:
a) pronome substantivo indefinido
b) pronome substantivo demonstrativo
c) pronome adjetivo demonstrativo
d) pronome relativo
e) pronome adjetivo indefinido

10. Assinale a alternativa que traz locução pronominal indefinida:
a) Quem tudo quer tudo perde.
b) Cada qual sabe onde lhe aperta a botina.
c) Nem tudo o que reluz é ouro.
d) Quem rouba a ladrão tem cem anos de perdão.
e) Cada macaco no seu galho.

11. Na frase *Conheço a casa onde ela mora*, há um pronome:
a) indefinido   b) relativo   c) oblíquo   d) possessivo   e) n.d.a.

12. Na frase *Quero saber quanto você gastou*, há um pronome:
a) interrogativo   b) demonstrativo c) possessivo   d) relativo   e) n.d.a.

13. Na frase *Quanta alegria!*, há um pronome:
a) pessoal   b) indefinido   c) interrogativo d) relativo   e) n.d.a.

14. Na frase *Todas as flores do futuro estão contidas nas sementes de hoje*, há:
a) um pronome indefinido   b) dois pronomes indefinidos
c) um pronome pessoal   d) um pronome relativo   e) um pronome interrogativo

15. Na frase *O burro nunca aprende, o inteligente aprende com sua própria experiência, e o sábio aprende com a experiência dos outros*, há:
a) 2 pronomes demonstrativos   b) 2 pronomes relativos
c) 2 pronomes indefinidos   d) 1 pronome pessoal   e) n.d.a.

16. Na frase *O homem só envelhece quando os lamentos substituem os seus sonhos*, há:
a) um pronome   b) dois pronomes
c) não há pronome   d) um pronome anafórico   e) n.d.a.

17. Na frase *As más companhias são como um mercado de peixe: acabamos por nos acostumar com o mau cheiro*, há:
a) um pronome pessoal   b) dois pronomes pessoais
c) um pronome interrogativo   d) um pronome relativo e) n.d.a.

18. Na frase *Jamais se desespere ante as sombrias aflições de sua vida, pois das nuvens mais negras cai água límpida e fecunda*, há:
a) um pronome pessoal e um pronome possessivo
b) um pronome oblíquo e um pronome de tratamento
c) um pronome indefinido e um pronome adjetivo
d) um pronome relativo e) n.d.a.

19. Na frase *Procure acender uma vela, em vez de amaldiçoar a escuridão*, há:
a) um pronome indefinido   b) um pronome relativo
c) um pronome pessoal   d) um pronome demonstrativo   e) n.d.a.

Nossa gramática simplificada

20. *Alimente um cão por três dias e ele lhe será grato por três anos; alimente um gato por três anos e ele se esquecerá disso em três dias.* Nesse provérbio japonês há:
a) 1 pronome relativo
b) 2 pronomes relativos
c) 3 pronomes indefinidos
d) 4 pronomes pessoais
e) n.d.a.

Dos concursos e vestibulares

21. (FCMSC-SP) **Por favor, passe ... caneta que está aí perto de você; ... aqui não serve para ... desenhar.**
a) aquela – esta – mim
b) esta – esta – mim
c) essa – esta – eu
d) essa – essa – mim
e) aquela – essa – eu

22. (UC-MG) Em *Ajeitou-lhe as cobertas*, o pronome *lhe* exerce a mesma função que em:
a) Cada vez que lhe negavam uma resposta, o bolo crescia.
b) Luz sempre lhe afugenta o sono.
c) O irmão dizia-lhe para ser coisa séria.
d) Olhava para o irmão que lhe estava de costas.
e) Vinha-lhe, então, raiva e vontade de sair correndo.

23. (FEI-SP) Identifique a alternativa em que todas as palavras destacadas são pronomes:
a) **Um** só aluno não **nos** prestou **nenhuma** colaboração.
b) **Quem a** ajudará **a** alcançar **todo** o sucesso?
c) **Aquele ao qual** se entregou o prêmio, ficou **muito** feliz.
d) **Todos os que** ajudam são **nossos** amigos.
e) n.d.a.

24. (FUVEST-SP) **Era para ... falar ... ontem, mas não ... encontrei em parte alguma.**
a) mim – consigo – o
b) eu – com ele – lhe
c) mim – consigo – lhe
d) mim – contigo – te
e) eu – com ele – o

25. (FUVEST-SP) Assinale a alternativa onde o pronome pessoal está empregado corretamente:
a) Este é um problema para mim resolver.
b) Entre eu e tu não há mais nada.
c) A questão deve ser resolvida por eu e você.
d) Para mim viajar de avião é um suplício.
e) Quando voltei a si, não sabia onde me encontrava.

26. (E.S. Uberaba-MG) Assinale a alternativa que não traz pronome relativo:
a) O que queres não está aqui.
b) Temos que estudar mais.
c) A estrada por que passei é estreita.
d) A prova que faço não é difícil.
e) A festa a que assisti foi ótima!

27. (UEPG-PR) Assinale a alternativa em que a palavra **onde** funciona como pronome relativo:
a) Não sei onde eles estão.
b) *Onde estás que não respondes?*

177

Luiz Antonio Sacconi

c) A instituição onde estudo é a UEPG.
d) Ele me deixou onde está a catedral.
e) Pergunto onde ele conheceu esta teoria.

28. (FUVEST-SP) Dê o significado de **todo** em:
a) Ai! por que **todo** ser nasce chorando?   b) Chegou com o rosto **todo** manchado.

29. (CEFET-MG) Identifique a alternativa em que o pronome relativo está empregado corretamente:
a) Chegou à cidade o circo cujos os donos são ciganos.
b) Apresentaram os fatos cujos os quais foram repudiados pela polícia.
c) Fez uma bela surpresa, cuja foi a compra da mansão.
d) Precisava de dinheiro, sem o cujo não poderia voltar para casa.
e) Venceram os jovens em cuja honestidade acreditamos.

30. (FUVEST-SP) Destaque a frase em que o pronome relativo está empregado corretamente:
a) É um cidadão em cuja honestidade se pode confiar.
b) Feliz o pai cujo os filhos são ajuizados!
c) Comprou uma casa maravilhosa, cuja casa lhe custou uma fortuna!
d) Preciso de um pincel delicado, sem o cujo não poderei terminar meu quadro.
e) Os jovens, cujos os pais conversam com eles, prometeram mudar de atitude.

31. (TCU) Assinale a alternativa incorreta, considerando a adequação da combinação efetuada:
a) O segredo, ele mo contou sem mágoa nenhuma.
b) Calmamente ela toma do livro e no-lo traz.
c) Encontraram a joia e, sorridentes, deram-lha.
d) Minhas desculpas peço-lhas e prometo calar.
e) Pegou o livro e entregou-o-lhe com autógrafo.

Soluções dos testes e exercícios
1. e) **2.** a) que; que b) as quais c) o qual d) a qual e) sobre a qual **3.** a) a quem b) a quem; a quem c) que d) que e) que **4.** c) **5.** todas, exceto f) e j) **6.** a) com nós; com nós b) com você c) ti d) mim e) conosco f) consigo g) eu h) mim i) eu j) mim (a ordem direta dessa frase é: Vir ontem não foi possível para mim) **7.** c) d) e) **8.** c) **9.** e) **10.** b) **11.** b) **12.** a) **13.** b) **14.** a) **15.** e) **16.** a) **17.** a) **18.** a) **19.** e) **20.** d) **21.** c) **22.** b) **23.** d) **24.** e) **25.** d) (ordem direta da frase: Viajar de avião é um suplício para mim.) **26.** b) **27.** c) **28.** a) **todo** = qualquer b) **todo** = inteiro **29.** e) **30.** a) **31.** e)

Lição 16
VERBO

1. O que é verbo. Comecemos com estes exemplos:

- Cristina *beijou* o namorado na rua!
  Beijou indica ação.
- Mônica *está* doente,
  Está indica estado (transitório).
- *Geou* esta madrugada.
  Geou indica fenômeno.

Verbo é, portanto, a palavra que exprime um fato (ação, estado ou fenômeno), situando-o no tempo.

2. As flexões verbais. O verbo é a classe de palavras que mais sofre flexão, isto é, a que mais varia de forma. Se você disser, por exemplo: *comprei,* a pessoa que ouve já fica sabendo, de antemão, que se trata de: a) *1.ª pessoa* (flexão de pessoa); b) *singular* (flexão de número); c) *pretérito perfeito* (flexão de tempo) e d) *modo indicativo* (flexão de modo). Como se observa, o verbo varia para indicar a pessoa, o número, o tempo e o modo. Essas são, portanto, as *flexões verbais.*

Atenção: *Voz* não é flexão, é aspecto verbal; trata-se da forma que o verbo assume para exprimir sua relação com o sujeito: *amarrei* (voz ativa); *fui amarrado* (voz passiva), *amarrei-me* (voz reflexiva).

3. A flexão de pessoa. As pessoas do verbo são três (como as do pronome):
1.ª : a que fala *(eu, nós);* 2.ª : aquela com quem se fala *(tu, vós)* e 3.ª : aquela de quem se fala *(ele, ela; eles, elas).*

4. A flexão de número. Os números do verbo são dois: *singular* (canto, cantas, canta) e *plural* (cantamos, cantais, cantam).

5. A flexão de tempo. *Tempo* é a flexão verbal que indica o momento ou a época em que se realiza o fato. São três os tempos do verbo: *presente* (o único indivisível); o *pretérito* (que se divide *em perfeito, imperfeito* e *mais-que-perfeito) e o futuro* (que se divide em *do presente* e *do* *pretérito).* Os tempos, quanto à sua formação, dividem-se em *simples* e *compostos; primitivos* e *derivados.*

Tempo simples é o enunciado por uma só palavra: *canto, vejo, chorava, estudaremos, escrevia,* etc.

Tempo composto é o enunciado com o auxílio dos verbos *ter* e *haver,* chamados, por esse motivo, verbos *auxiliares: tenho* (ou *hei) cantado, tenho* (ou *hei) visto, tinha* (ou *havia) chorado, teremos* (ou *haveremos) estudado, tinha* (ou *havia) escrito,* etc.

6. A flexão de modo. As formas nominais do verbo. *Modo* é a flexão verbal que indica a maneira, o MODO como o fato se realiza. São três os modos do verbo:

1.º) o *indicativo* (o fato é real, positivo, verdadeiro): *choro, chorarei, chorava; escreves, escreverás,* etc.;

2.º) o *subjuntivo* (o fato é irreal, provável, duvidoso): Espero que *chores* bastante. Se eu *chorasse,* ela gostaria. Quando você *chorar,* lembre-se de mim!; e

3.º) o *imperativo* (indica ordem, pedido, convite, conselho, súplica, etc.): *Desça* daí, menino! (ordem); *Beije-me,* meu amor! (pedido); *Sente-se,* por favor! (convite); *Viva* intensamente! (conselho); *Ajudai-me,* Senhor! (súplica).

Além dos modos, existem as *formas nominais* do verbo: o *gerúndio* (antigo particípio presente); o *particípio* (antigo particípio passado) e o *infinitivo* (antigo infinito). Chamam-se formas *nominais* porque, ao lado do seu valor verbal, podem funcionar como *nomes,* isto é, como substantivo, adjetivo ou advérbio. O *gerúndio,* no mais das vezes, aparece como advérbio:

> - *Vendo*-a, exultei!
> Vendo = Quando vi (oração adverbial).

> - *Descendo* a escada, escorreguei.
> Descendo = Quando descia (oração adverbial).

Às vezes funciona como adjetivo:

> - Estou com a pele *ardendo.*
> - Trouxeram-me água *fervendo.*
> - Vendi uma casa *contendo* dois quartos, uma sala e três banheiros.
> Contendo = que contém (oração adjetiva).
> - A polícia prendeu um homem *protestando* contra o governo.
> Protestando = que protestava (oração adjetiva).

O gerúndio termina sempre em *-ndo.* O *particípio,* quando não acompanha um auxiliar, é adjetivo: paletó *rasgado,* casa *pintada,* livro *encadernado,* etc. Acompanhando auxiliar, é particípio:

Nossa gramática simplificada

- Ele havia *rasgado* o paletó.
- Os pedreiros tinham *pintado* a casa.
- Temos *encadernado* muitos livros ultimamente.

Há dois tipos de particípio: o *regular,* que sempre termina em *-do (amado, esquecido, vendido, sumido,* etc.) e se usa na voz ativa, com *ter* e *haver*; e o *irregular,* que termina geralmente em *-so* ou em *-to (aceso, expulso, aceito, gasto,* etc.), com algumas exceções: *anexo, cego, curvo, ganho, fixo, findo, pago, salvo, vago,* etc. e se usa na voz passiva, principalmente com *ser* e *estar.* Nem sempre, contudo, na língua contemporânea, observam-se tais práticas.

Na relação que segue, indicamos nos parênteses o uso correto dos particípios na

	voz ativa (a) e	na voz passiva (p)
aceitar	aceitado (a)	aceito (p)
acender	acendido (a)	aceso (p)
assentar	assentado (a/p)	assento (p)
benzer	benzido (a)	bento (p)
corrigir	corrigido (a/p)	correto
desenvolver	desenvolvido (a/p)	desenvolto (p)
dispersar	dispersado (a)	disperso (p)
distinguir	distinguido (a/p)	distinto (p)
eleger	elegido (a)	eleito (a/p)
emergir	emergido (a)	emerso (p)
encher	enchido (a/p)	cheio (p)
entregar	entregado (a)	entregue (p)
envolver	envolvido (a/p)	envolto (p)
enxugar	enxugado (a/p)	enxuto (p)
erigir	erigido (a/p)	ereto (p)
expelir	expelido (a/p)	expulso (p)
expressar	expressado (a/p)	expresso (p)
exprimir	exprimido (a)	expresso (p)
expulsar	expulsado (a)	expulso (p)
extinguir	extinguido (a)	extinto (p)
findar	findado (a/p)	findo (p)
fixar	fixado (a/p)	fixo (p)
frigir	frigido (a)	frito (a/p)
fritar	fritado (a/p)	frito (p)
ganhar	ganhado (a, em desuso)	ganho (a/p)
gastar	gastado (a, em desuso)	gasto (a/p)
imergir	imergido (a)	imerso (p)
imprimir	imprimido (a)	impresso (p)
inserir	inserido (a/p)	inserto (p)
isentar	isentado (a)	isento (p)
juntar	juntado (a/p)	junto (p)
limpar	limpado (a/p)	limpo (a/p)
malquerer	malquerido (a)	malquisto (p)
matar	matado (a)	morto (p)
misturar	misturado (a/p)	misto (p)
morrer	morrido (a)	morto (p)

murchar	murchado (a/p)	murcho (p)
ocultar	ocultado (a/p)	oculto (p)
omitir	omitido (a/p)	omisso (p)
pagar	pagado (a, em desuso)	pago (a/p)
pegar	pegado (a/p)	pego (p)
prender	prendido (a)	preso (p)
romper	rompido (a/p)	roto (p)
salvar	salvado (a)	salvo (a/p)
secar	secado (a/p)	seco (p)
segurar	segurado (a/p)	seguro (p)
soltar	soltado (a)	solto (a/p)
submergir	submergido (a)	submerso (p)
sujeitar	sujeitado (a)	sujeito (p)
suprimir	suprimido (a/p)	supresso (p)
suspender	suspendido (a)	suspenso (p)
tingir	tingido (a/p)	tinto (p)
vagar	vagado (a)	vago (p)

Estes verbos e seus derivados só possuem o particípio irregular: abrir/aberto, cobrir/coberto, dizer/dito, escrever/escrito, fazer/feito, pôr/posto, ver/visto, vir/vindo.

O *infinitivo* indica o fato de modo vago, indeterminado. É muitas vezes usado como substantivo:

> - Ouço o *cantar* do pássaro.
>   subst.

São dois os infinitivos em português:

1.º) o *impessoal* (ou *invariável* ou *não flexionado*), que não tem sujeito próprio:

> - *Cantar* é bom.
> - *Fumar* é prejudicial à saúde.
> - *Viver* é *lutar*.

2.º) o *pessoal* (ou *variável* ou *flexionado*), que possui sujeito próprio:

> - O importante é *vivermos* intensamente.
> - Não vale a pena *preocuparmo-nos* com tais problemas.
> - É importante *frequentarem* as crianças a escola.

O infinitivo *pessoal* é geralmente considerado um idiotismo da língua portuguesa, mas outros idiomas também o possuem.

7. A voz verbal. *Voz* é a maneira como se apresenta a ação expressa pelo verbo, em relação ao sujeito. Não se constitui na quinta flexão verbal, como se considera em muitas gramáticas; trata-se de um aspecto verbal. São três as vozes verbais:

1.ª) a *ativa*: indica que a ação é praticada pelo sujeito (que se diz, por esse motivo, *agente* da ação verbal):

- Eu *comprei* um livro.
- Tu *vendeste* a casa?
- Eles *castigam o* filho.

2.ª) a *passiva*: indica que a ação é recebida pelo sujeito (que se diz, por esse motivo, *paciente* da ação verbal):

- Um livro *foi comprado* por mim.
- A casa *foi vendida* por ti?
- O filho *é castigado* pelos pais.

A passiva pode ser *analítica* (formada com os verbos *ser, estar* ou *ficar,* seguido de particípio) ou *sintética,* chamada também *pronominal* (formada com verbo transitivo direto acompanhado do pronome oblíquo *se,* que se diz, então, *pronome apassivador).* Ex.:

- Um livro *foi comprado* por mim. (passiva analítica)
- O criminoso *está cercado* pela polícia. (passiva analítica)
- O professor *ficou rodeado* de alunos. (passiva analítica)
- *Comprou-se* um livro. (passiva sintética)
- *Cerca-se* o criminoso. (passiva sintética)
- *Rodeou-se* o professor. (passiva sintética)

3.ª) a *reflexiva*: indica que a ação é, ao mesmo tempo, praticada e recebida pelo sujeito (que se diz, então, *agente e paciente* da ação verbal):

- Eu *me vesti* rapidamente.
- Tu *te machucaste* bastante!
- Nós *nos ferimos* levemente.
- Elas *se cortaram* com a lâmina.

Todos esses verbos são chamados *pronominais,* pois sempre aparecem junto de um pronome (de pessoa idêntica à do sujeito). Verbos pronominais tais como *arrepender-se, queixar-se, magoar-se, indignar-se, admirar-se, lembrar-se, atrever-se, apiedar-se*, etc., não são considerados reflexivos, porque já não se percebe neles nenhuma ação reflexa. E o pronome que acompanha cada um desses verbos é chamado *pronome integrante do verbo* ou *pronome fossilizado,* pois com ele forma um todo semântico-sintático. A voz reflexiva, quando no plural, pode indicar reciprocidade de ação:

- Os jogadores *se cumprimentaram* (isto é, um jogador cumprimentou o outro).
- Os namorados *se beijam* (isto é, um beija o outro).

Testes e exercícios

1. Assinale a alternativa que contém verbo:
a) isopor   b) jaguar   c) pomar   d) selar   e) preamar

2. Identifique as quatro flexões pelas quais todo verbo passa:
a) grau   b) número   c) pessoa   d) gênero   e)modo
f) tempo   g) voz

3. Identifique a pessoa e o número aos quais pertence cada uma destas formas verbais:
a) chegamos   b) topei   c) piorou   d) escreveram   e) falaste

4. Identifique as frases em que o verbo está na voz ativa:
a) Rosa avisou o professor.
b) Luísa foi mordida de cobra.
c) O motorista freou o ônibus.
d) A garota escovava o cavalo.
e) Vende-se casa por preço baixo.
f) O garoto se feriu, ao descascar a maçã.
g) Todos comeram uma fatia do bolo.
h) Nunca se ouviram queixas dele.
i) A moça se penteava em pé.
j) Todos os pernilongos foram mortos.

5. Passe da voz ativa para a passiva analítica:
a) O professor elogiou alguns alunos.
b) A plateia aplaude os atores.
c) Escrevi uma carta e um bilhete.
d) Abriste os portões sem autorização.
e) Alunos rodeavam o professor.

6. Passe da voz passiva analítica para a voz passiva sintética:
a) A casa foi vendida pelo corretor.
b) A casa será vendida pelo corretor.
c) A casa não era vendida por corretores.
d) Aqui foram dadas aulas particulares.
e) Aqui são dadas aulas particulares.
f) Aqui serão dadas aulas particulares.
g) Aqui é dada muita aula particular.
h) A aula foi interrompida.
i) As aulas foram interrompidas.
j) O material será posto em lugar seguro.
k) Três lápis foram quebrados.
l) A imagem santa foi vista aqui.

7. Passe para a voz passiva analítica ou para a voz passiva sintética, conforme cada caso:
a) Alugam-se casas, mas exigem-se fiadores.
b) As cargas foram lançadas ao mar.
c) Aqui, muitas casas são vendidas todo dia.
d) Puseram-se as frutas na geladeira.
e) As flores são postas nos vasos.

8. Identifique a frase que traz um verbo na voz reflexiva:
a) Manuel queixou-se do frio.
b) Aguinaldo benzeu-se várias vezes.
c) Meses já se passaram.
d) Acabou-se com a inflação.

Nossa gramática simplificada

e) Esse rapaz não se emenda mesmo.
f) Nunca se viu tanto peixe assim.
g) O caixa se enganou na conta.
h) Nada se cria, tudo se transforma.
i) Chupa-se mexerica como se chupa laranja?
j) Não se meta onde não é chamado!

Soluções dos testes e exercícios
1. a) d **2.** b) c) e) f) **3.** a) 1.ª pessoa do plural b) 1.ª pessoa do singular c) 3.ª pessoa do singular d) 3.ª pessoa do plural e) 2.ª pessoa do singular **4.** a) c) d) g) **5.** a) Alguns alunos foram elogiados pelo professor. b) Os atores são aplaudidos pela plateia. c) Uma carta e um bilhete foram escritos por mim. d) Os portões foram abertos por ti sem autorização. e) O professor era rodeado de (ou por) alunos. **6.** a) Vendeu-se a casa. b) Vender-se-á a casa. c) Não se vendia a casa. d) Aqui se deram aulas particulares. e) Aqui se dão aulas particulares. f) Aqui se darão aulas particulares. g) Aqui se dá muita aula particular. h) Interrompeu-se a aula. i) Interromperam-se as aulas. j) Pôr-se-á o material em lugar seguro. k) Quebraram-se três lápis. l) Viu-se aqui a imagem santa. **7.** a) Casas são alugadas, mas são exigidos fiadores. b) Lançaram-se as cargas ao mar. c) Aqui se vendem muitas casas todo dia. d) As frutas foram postas na geladeira. e) Pôr-se-ão as flores nos vasos. **8.** b)

8. As conjugações.
Em português existem somente três conjugações, cada uma delas caracterizada por uma vogal, que se diz *vogal temática*:

- 1.ª conjugação (sua vogal temática é -**a**-): cant-**a**-r, chor-**a**-r, danç-**a**-r, etc.
- 2.ª conjugação (sua vogal temática é -**e**-): vend-**e**-r, corr-**e**-r, sofr-**e**-r, etc.
- 3.ª conjugação (sua vogal temática é -**i**-): part-**i**-r, sorr-**i**-r, ouv-**i**-r, etc.

Antigamente os gramáticos registravam a quarta conjugação, para o verbo *pôr* e seus derivados. No entanto, demonstrou-se posteriormente que *pôr* pertence à segunda conjugação, já que vem de *poer,* forma latina que teve a vogal temática desaparecida através dos tempos. Sua vogal temática se revela em algumas formas verbais: põe, pões, põem, etc. Em *poente* e *poedeira* (diz-se da galinha que já põe ovos ou que os põe muito), por exemplo, o **e** se conservou, não desaparecendo como em *pôr*.

9. Radical, vogal temática, tema e desinência.
Todo verbo possui *radical, vogal temática, tema* e *desinência.*
Radical é a parte do verbo que sobra, quando retiramos as terminações *-ar, -er* e *-ir*. Portanto, *cant-, chor-, am-, vend-, corr-, escrev-, part-, sorr-,* e *ouv-* são radicais.
Vogal temática é, como já vimos, a vogal que vem depois do radical e caracteriza as conjugações. São três: *-a-, -e-, -i-*.
Tema é o nome que se dá ao radical com a vogal temática, elemento a que se acrescenta a desinência. Portanto: *canta-, chora-, ama-; vende-, corre-, escreve-; parti-, sorri-* e *ouvi-* são temas.
Desinência é o elemento final do verbo, aquele que se flexiona ou varia: cantØo, can-taØs, canta-ØØ, cantaØ**mos**, cantaØ**is**, cantaØ**m**.

A 1.ª pessoa do singular do presente do indicativo, como você viu, não possui vogal temática.

A 3.ª pessoa do singular do presente do indicativo, como você também viu, possui desinência *zero* tanto modo-temporal quanto número-pessoal (indicada pelo símbolo Ø), já que a falta, no caso, constitui uma caracterização.

10. Os verbos regulares. *Verbo regular* é aquele que mantém o radical inalterado durante a conjugação, e as desinências são idênticas às do verbo paradigmal.

Verbo paradigmal é aquele que serve de modelo à conjugação. *Cantar,* por exemplo, é verbo paradigmal da 1.ª conjugação; *vender,* da 2.ª, e *partir,* da 3.ª. Portanto, todo verbo que não muda no radical e segue as desinências do verbo paradigmal, é verbo regular. Experimente conjugar estes três verbos: *cantar, chorar* e *amar,* no presente do indicativo. Você vai notar que em nenhum deles nem radical nem desinência vão sofrer alterações. A razão: trata-se de verbos *regulares.*

11. Os verbos irregulares. *Verbo irregular* é aquele que sofre modificação no radical ou o que tem a desinência diferente da do verbo paradigmal. Ex.:

- irregularidade no radical: sent-ir (*sint*-o);
- irregularidade no radical: diz-er (*dig*-o);
- irregularidade na desinência: est-ar (est-*ou*);
- irregularidade na desinência: t-er (t-*enho*);
- irregularidade tanto no radical quanto na desinência: traz-er (*troux-e*).

Modo prático de se saber quando um verbo é irregular ou não: conjugue-o no presente e no pretérito perfeito do indicativo. Coloque à esquerda o verbo paradigmal da conjugação, e à direita o outro verbo; se entre um e outro houver mudança no radical ou na desinência, não tenha dúvida: trata-se de verbo irregular.

A propósito, é bom saber que certos verbos sofrem alterações nos radicais apenas e tão somente para que seja mantida a regularidade sonora. Por exemplo: corrigir, *corrijo;* fingir, *finjo;* embarcar, *embarquei;* tocar, *toquei.* Isso, no entanto, não é motivo bastante para que o verbo seja considerado irregular, já que não ocorre propriamente uma variação, mas apenas um ajuste ortográfico.

12. Os verbos anômalos. *Verbo anômalo* é o que, durante a conjugação, apresenta radicais totalmente diferentes. Só existem dois:

- *ser:* sou, és, fui;
- *ir:* vou, ia, fui.

13. Os verbos defectivos. *Verbo defectivo* é aquele que não possui algum tempo, algum modo ou alguma pessoa. Os principais verbos defectivos são:

1) todos os que indicam fenômenos da natureza: *chover, ventar, nevar, gear, relampejar, trovejar,* etc.
Tais verbos só aceitam conjugação completa quando usados em sentido figurado. Assim, por exemplo:

> - Ao final do jogo, *choveram* garrafas e pedras no árbitro.
> - Os torcedores *trovejavam* de raiva.

2) os verbos *haver* (quando sinônimo de *existir, acontecer*) e *fazer* (em orações que dão ideia de tempo). Assim, por exemplo:

> - *Há* muitas pessoas na fila.
> *Há = Existem*
> - *Houve* muitas guerras no século passado.
> *Houve = Aconteceram*
> - *Faz* frio nesta região.
> - *Fez* muito calor ontem.
> - *Faz* dez dias que ela se foi.
> - *Faz* tempo que não viajo.

3) todos os verbos *unipessoais,* isto é, os que só se conjugam apenas na 3.ª pessoa (do singular e do plural, ou somente do singular): latir, miar, convir, constar, doer, acontecer, ocorrer, ser (preciso, necessário), etc. Alguns exemplos:

> - Os cães *latiram* a noite toda.
> *Latir* = verbo unipessoal, porque só é conjugado na 3.ª pessoa (do singular e do plural).
> - O gato *miou* só uma vez.
> *Miou* = verbo unipessoal, porque só se conjuga na 3.ª pessoa (do singular e do plural).
> - *Convém* chamarmos a polícia.
> *Convém* = verbo unipessoal, porque só se conjuga na 3.ª pessoa (apenas do singular).
> - *É* preciso que vivamos intensamente.
> *É* = verbo unipessoal, porque só se conjuga na 3.ª pessoa (apenas do singular).

4) os verbos *abolir, falir* e uma série de outros da 3.ª conjugação, os quais merecem atenção especial. Tais verbos são defectivos por motivos de eufonia e de possibilidades de confusão com formas de outro verbo. A língua contemporânea, contudo, mais e mais manifesta a tendência de aceitá-los com a conjugação integral, mesmo porque não há nem nunca houve uma lei especial para excluir da conjugação nenhuma das formas que a gramática tradicional não agasalha. Tornou-se praxe, então, classificarem-se os verbos defectivos da 3.ª conjugação em dois grandes grupos, segundo a gramática tradicional:

a) os que seguem a conjugação de **abolir**, que não possui a 1.ª pessoa do singular do presente do indicativo e, consequentemente, todo o presente do subjuntivo e todo o imperativo negativo. Principais verbos que o seguem: *aturdir, banir, brandir, brunir, colorir, comedir, delinquir, demolir, esculpir, espargir, exaurir, explodir, extorquir, fundir, retorquir* e *ruir*. Alguns desses verbos, no entanto, já se conjugam integralmente, como é o caso de *explodir*;

b) os que seguem a conjugação de **falir**, que só se usa nas formas arrizotônicas, não possuindo também todo o presente do subjuntivo e todo o imperativo negativo. Principais verbos que o seguem: *aguerrir, combalir, esbaforir-se, escandir, espavorir, florir, foragir-se, rangir, remir* e *ressarcir*. No português contemporâneo, no entanto, já se veem e aceitam formas como *ressarço, ressarces*, etc.

5) os verbos *adequar, precaver-se* e *reaver,* que, no presente do indicativo, só têm as primeiras pessoas do plural:

- *adequamos, adequais*
- *precavemos-nos, precaveis-vos*
- *reavemos, reaveis*

No imperativo afirmativo só têm a 2.ª pessoa do plural:

- *precavei-vos*
- *reavei*

Não têm imperativo negativo nem presente do subjuntivo. No mais, são conjugados normalmente.

6) os verbos *soer, prazer* e *aprazer:*

- Isto *sói* acontecer aos domingos.
- Tais coisas *soem* ocorrer aos sábados.
- *Prazo* aos céus que ela não me deixe!
- Não me *apraz* esse provérbio.
- Não me *aprazem* esses provérbios.

O verbo *soer* possui somente presente e imperfeito do indicativo: *sói, soem; soía, soíam.*

7) o verbo *viger*, que só se conjuga nas pessoas que mantêm a vogal temática -*e*-; é mais usado no gerúndio e nas terceiras pessoas, do singular e do plural. O VOLP não agasalha a forma *viges.*

8) o verbo *computar*, que não tem a primeira, a segunda nem a terceira pessoa do singular do presente do indicativo e, consequentemente, todo o presente do subjuntivo e todo o imperativo negativo; do imperativo afirmativo só possui esta pessoa: *computai* (vós).

14. Os verbos abundantes. *Verbo abundante* é o que tem duas ou mais formas equivalentes, geralmente de particípio. Ex.:

- havemos e *hemos:* 1.ª pessoa do plural do presente do indicativo do verbo *haver;*
- haveis e *heis:* 2.ª pessoa do plural do presente do indicativo do verbo *haver;*
- entupes e *entopes:* 2.ª pessoa do singular do presente do indicativo do verbo *entupir;*
- elegido e *eleito:* particípio regular e irregular do verbo *eleger;*
- acendido e *aceso:* particípio regular e irregular do verbo *acender.*

Note: dos particípios, o que termina em *-do* sempre é o regular; o outro, irregular. O particípio regular usa-se com os verbos *ter* e *haver:* tinha elegido, havia elegido; tinha acendido, havia acendido. O particípio irregular usa-se com os verbos *ser* e *estar:* foi eleito, serei eleito; está aceso, estará aceso.

A língua moderna emprega os particípios irregulares *frito, ganho, gasto, pago* e *salvo* com os verbos *ter e haver,* desprezando completamente os regulares *fritado, ganhado, gastado, pagado* e *salvado:*

- Temos pago as contas regularmente.
- Havíamos ganho vultosa quantia.
- Eles tinham gasto todo o dinheiro.
- Ela havia frito dois ovos para mim.
- Eles têm salvo muitas vidas.

O verbo *pegar* tem sido usado como abundante, na língua portuguesa contemporânea, principalmente a falada. O particípio *pegado* se usa tanto com *ter* e *haver* como com *ser* e *estar,* mas *pego* (ê) se usa apenas com *ser* e *estar:*

- Tenho pegado resfriado frequentemente.
- A polícia havia pegado o assaltante em flagrante.
- O assaltante foi pegado (ou *pego*) em flagrante.
- O assaltante já estava pegado (ou *pego*) pela polícia, quando cheguei.

Atualmente, usa-se *impresso* (do verbo *imprimir*) tanto com os verbos *ser* e *estar* quanto com os verbos *ter* e *haver.*

O verbo *corrigir* é abundante, mas o particípio irregular *correto* não conservou o significado de *corrigir,* pois se usa como sinônimo de *isento de erros, certo, apropriado.* Ex.: frase *correta,* conduta *correta,* etc.

O verbo *completar* não é abundante; portanto, usa-se o particípio regular *completado,* tanto na voz ativa quanto na voz passiva. Ex.: *Eu tinha **completado** vinte anos naquele dia. O dinheiro para a compra do televisor foi **completado** por mim.*

Importante

A norma-padrão ainda não aceita o uso dos particípios da língua popular "chego", "falo", "trago", "empregue" e "entregue", que se substituem, respectivamente, por *chegado, falado, trazido, empregado* e *entregado* (na voz ativa).

15. Os verbos auxiliares. Locução verbal. *Verbo auxiliar* é o que auxilia a conjugação de outro, chamado *principal*. Os mais comuns são: *ser, estar, ter* e *haver*. Ex.:

- Nessa época eu ainda não *era nascido*.
- Os homens *estavam cercados* de crianças.
- *Tenho trabalhado* muito ultimamente.
- Não *havíamos pensado* nisso ainda.

O conjunto *verbo auxiliar* + *verbo principal* forma uma expressão a que se dá o nome de *locução verbal*. São estes os principais verbos auxiliares que constituem locução verbal com o verbo principal:

- *Acabar de:* Seu filho *acabou de sair*.
- *Andar: Ando trabalhando* muito.
- *Atrever-se a:* Não se *atreva a dizer* tal coisa.
- *Buscar: Buscamos encontrar* uma solução.
- *Chegar a:* Ela não *chegou a dizer* tal coisa.
- *Começar a: Começou a chover* há pouco.
- *Conseguir:* Ela não *consegue falar* direito.
- *Continuar a: Continuaremos a falar* sobre futebol.
- *Costumar: Costumávamos jantar* juntos.
- *Deixar de: Deixe de agradar* o cão!
- *Desejar:* Eles *desejam ver* o Papa.
- *Dever: Devo ir* ao Maracanã.
- *Haver de: Hei de encontrar* essa mulher!
- *Ir:* Eles *vão fazer* o trabalho.
- *Odiar:* Ela *odeia ouvir* essas coisas.
- *Ousar:* Ela não *ousava beijar* o namorado.
- *Parar de: Pare de fazer* barulho!
- *Parecer:* As crianças *parecem chorar*.
- *Poder:* Não *posso viver* sem você.
- *Pôr-se a:* A criança *pôs-se a chorar*.
- *Precisar: Precisamos progredir* muito!
- *Pretender: Pretendo casar* com ela.
- *Querer:* O menino *queria ver* o cometa.
- *Tentar: Tentei abrir* a porta.
- *Ter de: Tenho de encontrar* uma solução.
- *Tornar a: Tornei a telefonar* a Cristina.
- *Vir: Venho insistindo* no assunto há tempo.

Às vezes é realmente dificultoso distinguir a locução verbal, principalmente quando o verbo principal é constituído por infinitivo. No entanto, existe um artifício para o qual podemos apelar, no sentido de resolver a questão. Se o infinitivo puder ser desdobrado em oração com conetivo, NÃO SE TRATA de locução verbal. Assim, por exemplo:

- *O aluno finge entender o* assunto.

Suponhamos que surja a dúvida: *finge entender* é ou não é uma locução verbal? Experimente desdobrar o infinitivo:

- O aluno finge *que entende* o assunto.

Note: foi perfeitamente possível o desdobramento, sem prejuízo do sentido. Portanto, *finge entender* NÃO É locução verbal. Outros exemplos:

- Penso *estar* doente.
= Penso *que eu esteja* doente.
- Ele crê *ser* poeta.
= Ele crê *que é* poeta.
- Espero *encontrar* o caminho.
= Espero *que eu encontre* o caminho.
- Ela julga *dominar* a situação.
= Ela julga *que domina* a situação.

Quando não for possível tal desdobramento, trata-se de locução verbal. Como nestes casos, por exemplo:

- As meninas *adoram ficar* aqui.
- *Gosto de fazer* ginástica pela manhã.
- Elas *parecem acreditar* em mim.
- Elas *pareciam gostar* da brincadeira.

Importante
O verbo *parecer* anteposto a infinitivo sempre formará com ele uma locução verbal, pois funciona como auxiliar. Portanto, embora seja possível o desdobramento do infinitivo, neste caso não existe locução verbal. A noção clara e exata de locução verbal é necessária, principalmente quando se trata de fazer análise sintática.

16. A formação do imperativo afirmativo e do imperativo negativo. O imperativo afirmativo é assim formado:

- a segunda pessoa do singular e também a do plural saem do presente do indicativo, sem o **s** final;
- as demais pessoas, *você, vocês* (que substituem *ele, ela, eles, elas)* e *nós* vêm do presente do subjuntivo, exatamente como lá se encontram.

A primeira pessoa do singular (*eu*) do imperativo não existe, simplesmente porque não se pode dar ordens a si mesmo.
O imperativo negativo toma emprestadas todas as formas do presente do subjuntivo, exceto a primeira, evidentemente, sem qualquer alteração.

17. Formas rizotônicas e arrizotônicas. *Formas rizotônicas* são as formas verbais que têm o acento prosódico no radical. Ex.: c**a**nto, c**a**ntas, c**a**nta, c**a**ntam.
Formas arrizotônicas são as formas verbais que têm o acento prosódico fora do radical. Ex.: cant**a**mos, cant**a**is.

18. Conjugação dos verbos paradigmais das três conjugações regulares:

MODO INDICATIVO

AMAR   VENDER   PARTIR

Presente

am ☐ ☐ o	vend ☐ ☐ o	part ☐ ☐ o
am a ☐ s	vend e ☐ s	part e ☐ s
am a ☐ ☐	vend e ☐ ☐	part e ☐ ☐
am a ☐ mos	vend e ☐ mos	part i ☐ mos
am a ☐ is	vend e ☐ is	part i ☐ is (crase:part**is**)
am a ☐ m	vend e ☐ m	part e ☐ m

Pretérito perfeito

am e ☐ i	vend ☐ ☐ i	part i ☐ i (crase: parti)
am a ☐ ste	vend e ☐ ste	part i ☐ ste
am o ☐ u	vend e ☐ u	part i ☐ u
am a ☐ mos	vend e ☐ mos	part i ☐ mos
am a ☐ stes	vend e ☐ stes	part i ☐ stes
am a ☐ ram	vend e ☐ ram	part i ☐ ram

Pretérito imperfeito

am a va ☐	vend i a ☐	part i a ☐
am a va s	vend i a s	part i a s
am a va ☐	vend i a ☐	part i a ☐
am á va mos	vend í a mos	part í a mos
am á ve is	vend í e is	part í e is
am a va m	vend i a m	part i a m

Pretérito mais-que-perfeito

am a ra ☐	vend e ra ☐	part i ra ☐
am a ra s	vend e ra s	part i ra s
am a ra ☐	vend e ra ☐	part i ra ☐
am á ra mos	vend ê ra mos	part í ra mos
am á re is	vend ê re is	part í re is
am a ra m	vend e ra m	part i ra m

Futuro do presente

am a re i	vend e re i	part i re i
am a rá s	vend e rá s	part i rá s
am a rá ☐	vend e rá ☐	part i rá ☐
am a re mos	vend e re mos	part i re mos
am a re is	vend e re is	part i re is
am a rã o	vend e rã o	part i rã o

Futuro do pretérito

am a ria ☐	vend e ria ☐	part i ria ☐
am a ria s	vend e ria s	part i ria s
am a ria ☐	vend e ria ☐	part i ria ☐
am a ría mos	vend e ría mos	part i ría mos
am a ríe is	vend e ríe is	part i ríe is
am a ria m	vend e ria m	part i ria m

Nossa gramática simplificada

MODO SUBJUNTIVO

Presente

am ☐ e ☐	vend ☐ a ☐	part ☐ a ☐
am ☐ e s	vend ☐ a s	part ☐ a s
am ☐ e ☐	vend ☐ a ☐	part ☐ a ☐
am ☐ e mos	vend ☐ a mos	part ☐ a mos
am ☐ e is	vend ☐ a is	part ☐ a is
am ☐ e m	vend ☐ a m	part ☐ a m

Pretérito imperfeito

am a sse ☐	vend e sse ☐	part i sse ☐
am a sse s	vend e sse s	part i sse s
am a sse ☐	vend e sse ☐	part i sse ☐
am á sse mos	vend ê sse mos	part í sse mos
am á sse is	vend ê sse is	part í sse is
am a sse m	vend e sse m	part i sse m

Futuro

am a r ☐	vend e r ☐	part i r ☐
am a r es	vend e r es	part i r es
am a r ☐	vend e r ☐	part i r ☐
am a r mos	vend e r mos	part i r mos
am a r des	vend e r des	part i r des
am a r em	vend e r em	part i r em

MODO IMPERATIVO

Afirmativo

am a ☐ ☐	vend e ☐ e ☐	part e ☐ ☐
am ☐ e ☐	vend ☐ a ☐	part ☐ a ☐
am ☐ e mos	vend ☐ a mos	part ☐ a mos
am a ☐ i	vend e ☐ i	part i ☐ i (crase: part**i**)
am ☐ e m	vend ☐ a m	part ☐ a m

Negativo

não am ☐ e s	não vend ☐ a s	não part ☐ a s
não am ☐ e ☐	não vend ☐ a ☐	não part ☐ a ☐
não am ☐ e mos	não vend ☐ a mos	não part ☐ a mos
não am ☐ e is	não vend ☐ a is	não part ☐ a is
não am ☐ e m	não vend ☐ a m	não part ☐ a m

FORMAS NOMINAIS

Infinitivo impessoal

am a r ☐	vend e r ☐	part i r ☐

Infinitivo pessoal

am a r ☐	vend e r ☐	part i r ☐

am a r es	vend e r es	part i r es
am a r □	vend e r □	part i r □
am a r mos	vend e r mos	part i r mos
am a r des	vend e r des	part i r des
am a r em	vend e r em	part i r em

Gerúndio

| am a ndo □ | vend e ndo □ | part i ndo □ |

Particípio

| am a do □ | vend i do □ | part i do □ |

Nas formas nominais temos a sequência: radical, vogal temática, desinência forma-nominal e desinência número-pessoal.

Testes e exercícios

1. Diga a que conjugação pertencem estes verbos:
a) mentir b) supor c) calar d) sofrer e) dispor

2. Assinale as afirmações verdadeiras:
a) Cada conjugação tem uma vogal temática própria.
b) A vogal temática do verbo pôr é **-o-**.
c) Só pode haver três tempos; o presente, o pretérito e o futuro.
d) O pretérito é o único tempo que se subdivide.
e) O pretérito pode ser perfeito, imperfeito e muito mais-que-perfeito.
f) Na 1.ª conjugação, no presente do indicativo, o normal é a primeira forma sempre terminar em **-o**.
g) Na 1.ª conjugação, no pretérito perfeito do indicativo, a primeira forma sempre termina em **-va-**.
h) Na 1.ª conjugação, no pretérito imperfeito do indicativo, a primeira forma sempre termina em **-i**.
i) Nas três conjugações, no pretérito mais-que-perfeito do indicativo, a primeira forma sempre termina em **-ra**.
j) Nas três conjugações, no futuro do presente do indicativo, a primeira forma sempre termina em **-rei**.

3. Continue:
a) Na 2.ª conjugação, no pretérito imperfeito do indicativo, a primeira forma sempre termina em **-ia**.
b) Na 2.ª conjugação, no pretérito perfeito do indicativo, a primeira forma sempre termina em **-i**.
c) Na 2.ª conjugação, no pretérito perfeito do indicativo, a primeira forma sempre termina em **-i**.
d) Nas três conjugações, no futuro do pretérito, a primeira forma sempre termina em **-ria**.
e) Nas três conjugações, no pretérito imperfeito do subjuntivo, a primeira forma sempre termina em **-sse**.
f) Na 1.ª conjugação, no presente do subjuntivo, o normal é a primeira forma sempre terminar em **-a**.
g) Na 2.ª e na 3.ª conjugação, no presente do subjuntivo, o normal é a primeira forma sempre terminar em **-e**.

Nossa gramática simplificada

h) No futuro do subjuntivo, a primeira forma verbal, nos verbos regulares, sempre é igual ao próprio verbo.

i) Futuro do pretérito é o nome atual do antigo condicional.

j) Das formas nominais, a única que sempre termina em **-ndo** é o particípio.

4. Continue:

a) O infinitivo, uma das formas nominais, pode ser variável e invariável.

b) O infinitivo variável é aquele que se conjuga e é mais conhecido por infinitivo impessoal.

c) O infinitivo conjugável começa sempre pela própria forma do verbo.

d) O gerúndio não se conjuga e é fácil de identificar, porque termina sempre em **-nte**.

e) O particípio é também fácil de identificar: termina em **-do** nos verbos de particípio regular.

f) O modo imperativo existe essencialmente para que possamos dar uma ordem.

g) Existe apenas o imperativo afirmativo; o imperativo negativo não pode ser chamado propriamente de imperativo, porque não indica uma ordem.

h) O imperativo não tem a primeira pessoa, por uma questão lógica.

i) As segundas pessoas do imperativo afirmativo vêm do presente do subjuntivo, menos o **s** final.

j) O pronome **ele** (e suas variações) não é usado em nenhum imperativo, é substituído por **você** (e sua variação).

5. À medida que lê as frases, vá usando as formas convenientes do verbo em destaque:

a) Ontem eu *estudar* bastante; amanhã eu *estudar* muito mais.

b) Quero que você *ficar* comigo. Não quero que você me *deixar*.

c) Se você *ligar* o rádio, seria ótimo!

d) Querem que você *ligar* o rádio.

e) Neste momento eles *falar* com o presidente.

f) Não *almoçar* bem há mais de três dias, não sei o que se *passar* comigo.

g) Não *viajar* de avião desde meus tempos de criança.

h) Não *viajar* de avião nunca mais, porque tenho medo.

i) Ele nos *avisar* ontem de que *voltar* amanhã.

j) Eu *sonhar* a noite passada com seres estranhos.

6. Continue:

a) Quando vocês *esquecer* o que aconteceu, tudo ficará melhor.

b) Se vocês *esquecer* o que aconteceu, tudo ficaria melhor.

c) Espero que você *insistir* com seu irmão para que *voltar* logo.

d) É verdade que no mês passado *desistir* da herança a que tens direito?

e) Quero que você *escrever* cinco vezes a palavra **chuchu**.

f) Queria que vocês *escrever* cinco vezes a palavra **muçarela**.

g) Ontem nós *jogar* bola com os craques da seleção brasileira.

h) Ainda ontem nós *almoçar* com os jogadores do Flamengo.

i) Não sei se amanhã *voltar* a almoçar com eles ainda que fôssemos convidados.

j) Não sei se amanhã *voltar* a almoçar com eles, ainda que sejamos convidados.

7. Que verbo da 3.ª conjugação você usaria nos espaços, no pretérito perfeito do indicativo?

a) O cão ... o dono por todos os lugares.

b) Acabada a aula, o aluno se ... do professor ... da escola e foi para casa.

c) O professor ainda não ... as provas.

d) Manuel ... o bem com o bem; sua mulher ... o bem com o mal.

e) O médico ... uma sonda pela garganta do paciente.

Luiz Antonio Sacconi

8. Que verbo da 3.ª conjugação você usaria nos espaços, no presente do indicativo?
a) O Brasil ainda ... verde, muitas florestas e matas virgens.
b) O Brasil ... muitos parques, muitos jardins, todos os anos.
c) Meu sócio não ... nas minhas decisões.
d) Virgílio ... todos os meses com entidades assistenciais.
e) Essa indústria ... todos os rios da região, nos quais já não se vê nenhum peixe.

9. Que verbo da 1.ª conjugação você usaria nos espaços, no presente do subjuntivo?
a) Quero que Deus me ... todos os dias.
b) Espero que você ... sempre assim: feliz, contente, com muita saúde.
c) Os operários querem que a direção da empresa ... o pagamento hoje, sem falta.
d) Não quero que você ... seus amigos, porque a mágoa é sentimento que dificilmente abandona os corações.
e) O presidente lhe perdoará, desde que você também lhe ... .

10. Assinale a frase correta quanto ao uso do imperativo negativo:
a) A galinha da sua vizinha morreu?! Não brinca!
b) Edgar, veja quem está vindo aí! Aquele seu vizinho cara de pau. Quando ele passar, não cumprimenta, não cumprimenta!
c) Não fica atrás de mim, não!
d) Não me apareça mais por aqui, disse a garota ao rapaz.
e) Não faz isso comigo, que não sabes com quem estás mexendo!

11. Assinale as frases corretas:
a) O novo salário já está vigindo.
b) Essa lei vigeu poucos meses.
c) A lei não pode ser aplicada, porque ainda não vigi.
d) Essa lei antecedeu à que está vigindo agora.
e) Se uma lei vige, ela deve ter eficácia.

Soluções dos testes e exercícios
1. a) 3.ª b) 2.ª c) 1.ª d) 2.ª e) 2.ª **2.** a) c) f) i) j) **3.** a) b) c) d) e) h) i) **4.** a) c) e) f) h) j) **5.** a) estudei; estudarei b) fique; deixe c) ligasse d) ligue e) falam f) almoço; passa g) viajo h) viajo (ou viajarei) i) avisou; voltará j) sonhei **6.** a) esquecerem b) esquecessem c) insista; volte d) desististe e) escreva f) escrevesse g) jogamos h) almoçamos i) voltaríamos j) voltaremos **7.** a) perseguiu b) despediu; saiu c) corrigiu d) retribuiu; retribuiu e) introduziu **8.** a) possui b) constrói c) interfere d) contribui e) polui **9.** a) abençoe b) esteja c) efetue (ou realize) d) magoe e) perdoe **10.** d) **11.** b) e)

19. Conjugação dos principais verbos irregulares da 1.ª conjugação.

DAR

Indicativo – **presente**: dou, dás, dá, damos, dais, dão; **pretérito perfeito**: dei, deste, deu, demos, destes, deram; **pretérito imperfeito**: dava, davas, dava, dávamos, dáveis, davam; **pretérito mais-que-perfeito**: dera, deras, dera, déramos, déreis, deram; **futuro do presente**: darei, darás, dará, daremos, dareis, darão; **futuro do pretérito**: daria, darias, daria, daríamos, daríeis, dariam.

Subjuntivo – **presente**: dê, dês, dê, demos, deis, deem; **pretérito imperfeito**: desse, desses, desse, déssemos, désseis, dessem; **futuro**: der, deres, der, dermos, derdes, derem. Imperativo – **afirmativo**: dá, dê, demos, dai, deem; **negativo**: não dês, não dê, não demos, não deis, não deem.

Formas Nominais – **infinitivo impessoal**: dar; **infinitivo pessoal**: dar, dares, dar, darmos, dardes, darem; **gerúndio**: dando; **particípio**: dado.

Importante
Os verbos *circundar* e *vedar* não são derivados de *dar*.

ESTAR

Indicativo – **presente**: estou, estás, está, estamos, estais, estão; **pretérito perfeito**: estive, estiveste, esteve, estivemos, estivestes, estiveram; **pretérito imperfeito**: estava, estavas, estava, estávamos, estáveis, estavam; **pretérito mais--que-perfeito**: estivera, estiveras, estivera, estivéramos, estivéreis, estiveram; **futuro do presente**: estarei, estarás, estará, estaremos, estareis, estarão; **futuro do pretérito**: estaria, estarias, estaria, estaríamos, estaríeis, estariam.

Subjuntivo – **presente**: esteja, estejas, esteja, estejamos, estejais, estejam; **pretérito imperfeito**: estivesse, estivesses, estivesse, estivéssemos, estivésseis, estivessem; **futuro**: estiver, estiveres, estiver, estivermos, estiverdes, estiverem.

Imperativo – **afirmativo**: está, esteja, estejamos, estai, estejam; **negativo**: não estejas, não esteja, não estejamos, não estejais, não estejam.

Formas Nominais – **infinitivo impessoal**: estar; **infinitivo pessoal**: estar, estares, estar, estarmos, estardes, estarem; **gerúndio**: estando; **particípio**: estado.

Conjuga-se pelo verbo *estar* o verbo *sobrestar*, mas não *obstar* e *sustar*, que são verbos regulares.

Atenção: Os verbos terminados em *-ear* trocam o *-e-* por *-ei-* nas formas rizotônicas. Assim, o presente do indicativo do verbo *passear* é: passeio, passeias, passeia, passeamos, passeais, passeiam. O presente do subjuntivo é: passeie, passeies, passeie, passeemos, passeeis, passeiem. Todos os verbos terminados em *-ear* assim se conjugam.
Os verbos terminados em *-iar* são conjugados regularmente. Assim, o presente do indicativo do verbo *negociar* é: negocio, negocias, negocia, negociamos, negociais, negociam. O presente do subjuntivo é: negocie, negocies, negocie, negociemos, negocieis, negociem. Todos os verbos terminados em *-iar* assim se conjugam, com exceção destes cinco: *mediar, ansiar, remediar, incendiar* e *odiar*, que se conjugam por *passear*. As letras iniciais desses cinco verbos formam o nome MÁRIO.

Testes e exercícios

1. Assinale as afirmações verdadeiras:
a) Basta que o verbo apresente modificação no radical, ao longo da conjugação, para ser considerado irregular.
b) Para saber se um verbo é irregular ou não, basta conjugá-lo no futuro do presente.
c) O verbo *eleger* não é irregular, apesar de no presente do indicativo a primeira pessoa se escrever com *j* (*elejo*).
d) O verbo *descascar* é irregular, porque no pretérito perfeito se escreve *descasquei*, em vez de "descascei".
e) O verbo *agir* é irregular, porque o *g* muda para *j* muitas vezes (*ajo, ajas*, etc.).

2. Complete os espaços com formas do verbo *dar*, conforme convier:
a) Queremos que vocês ... uma boa festa.
b) Quem ... com a língua nos dentes, morreria.
c) Quem ... com a língua nos dentes, morrerá.
d) Quando cheguei à escola, já ... o sinal de entrada.
e) Esperávamos que você ... o sinal.
f) Assim que eles ... a volta, avise-me!
g) Amanhã todos aqui ... sua colaboração.
h) Domingo que vem eu ... as informações que vocês quiserem.
i) Ah, se ela me ... um beijo! Eu ficarei felicíssimo!
j) Ah, se ela me ... um beijo! Eu ficaria felicíssimo!

3. Complete os espaços com formas do verbo *estar*, conforme convier:
a) Queremos que você ... em nossa festa amanhã.
b) Queríamos que você ... em nossa festa ontem.
c) Quando você ... mais calma, nós a chamaremos.
d) Quem ... doente poderia sair da sala.
e) Quem ... doente poderá sair da sala.
f) Embora vocês ... zangados comigo, quero-lhes bem.
g) Embora vocês ... zangados comigo, queria-lhes bem.
h) Assim que eu ... bem de saúde, visitarei vocês.
i) Espero que vós ... com a razão.
j) Esperávamos que eles ... com a razão.

4. No lugar dos verbos em destaque, use a forma adequada:
a) Se você não *dar* a festa, nós a daríamos.
b) Se você não *circundar* a casa com muros, nós a circundaríamos.
c) No começo do século XX, as mulheres não *desnudar* nem os tornozelos.
d) Se as mulheres *desnudar* os tornozelos, eram vaiadas na rua.
e) Hoje, as mulheres *desnudar* quase tudo, e todos as aplaudem.
f) Mesmo que tu *dar* o sinal, eu não teria avançado.
g) Quem *dar* presentes não éramos nós, eram eles.
h) Quando os bispos chegaram, eu já *estar* com o Papa.
i) Espero que nós *estar* com a razão e que eles *estar* equivocados.
j) Os lobos *dar* uivos seguidos e amedrontam a população.
k) Os lobos *dar* uivos seguidos e amedrontavam a população.
l) Os lobos *dar* uivos seguidos e amedrontaram a população.
m) Se os lobos não *circundar* o povoado e não *dar* uivos seguidos, ninguém ficaria amedrontado.
n) Nada *obstar* a que você prossiga com seus planos.
o) No novo regime, hoje, a censura já não *obstar* a nenhuma criação artística; no antigo, contudo, *obstar* a qualquer atividade que não fosse simpática às autoridades.
p) Vale a pena *estar* aqui agora discutindo sobre coisas que não nos interessam?
q) O rapaz foi ao banco e *sustar* o pagamento do cheque ontem mesmo.
r) Você esperava que ele *sustar* o pagamento do cheque?
s) Quando você *sustar* o pagamento daquele cheque, o ladrão já o teria descontado.
t) Embora todos agora *estar* esperançosos, *estar* tristes.
u) O jogador espera que se *consumar* logo sua transferência para o futebol europeu.
v) Convém *dar* mais regalia a teus funcionários.
w) É necessário *estar* mais atentos, pois eles podem prejudicar-nos.
x) É preciso *dar* ajuda a quem nos pede ajuda.
y) Quando chegamos, o cozinheiro já *dar* o dinheiro ao padeiro.
z) Quando trabalho ao sol, eu *suar* demais e também ele, quando trabalha ao sol, *suar* à beça.

Nossa gramática simplificada

5. Dê a 1.ª pessoa do presente do indicativo destes verbos e diga se são regulares ou anômalos:
a) disputar   b) recuar   c) computar   d) amputar   e) acuar

6. No lugar do verbo em destaque, use sua forma do presente do indicativo ou do presente do subjuntivo, quando não a forma nominal necessária:
a) Ninguém deseja que os guardas *bloquear* a estrada. A estrada vai ficar *bloquear*, seu guarda?
b) Mesmo que *pentear* os cabelos, não nos vão reconhecer. Você tem *pentear* os cabelos diariamente, Lurdes?
c) Quero que você *pentear* os cabelos como nós *pentear*, e não como eles *pentear*.
d) Ninguém permite que nós *bloquear* a passagem, portanto não vamos *bloquear*-la!
e) Se eu *frear* o carro, ela reclama; se eles *frear* o carro, ela também reclama. Você tem *frear* o carro quando ela está a seu lado?
f) Espero que vocês *providenciar* as passagens como eu sempre *providenciar*.
g) Eu não *premiar* vagabundos, mas você *premiar*. Será que eles se sentem bem sendo *premiar* por você?
h) Não esperem que eu *remediar* essa situação; vocês arrumaram a confusão, agora se arrumem!
i) Querem que eu *incendiar* o paiol. Mas por que iria eu *incendiar* o paiol?
j) Querem que nós *incendiar* o paiol. Mas por que iríamos nós *incendiar* o paiol?
k) Eu *frear* o meu carro como todos *frear*, mas ela não *frear* como nós *frear*.
l) Convém que nós *frear* nossos impulsos.
m) Se o motorista tivesse *frear* o veículo, não teria acontecido o acidente.
n) Tu *ansiar* por dias melhores, assim como todos nós *ansiar*.
o) Quero que você *negociar* já esse automóvel.
p) Quero que eles *negociar* imediatamente a casa.
q) Todos *ansiar* pela sua chegada, embora alguns o *odiar*.
r) Nós *recear* uma guerra nuclear; vocês não *recear*?
s) O árbitro que *mediar* esse jogo tão monótono é espanhol.
t) Todos nós *odiar* falsidade, esperamos que vocês também *odiar*.
u) Eu não *intermediar* as negociações, porque eles também não *intermediar*.
v) Querem que nós *intermediar* esse conflito, mas eles que *intermediar*, não quero saber disso.
w) Nesse caso, o juiz *intermediar* o acordo.
x) Nesse caso, os juízes *intermediar* o acordo.
y) Querem que eu *intermediar* as negociações entre patrões e empregados.
z) Querem que nós *intermediar* as negociações entre patrões e empregados.

Soluções dos testes e exercícios
1. a) c) **2.** a) deem b) desse c) der d) dera e) desse f) derem g) darão h) darei i) der j) desse
3. a) esteja b) estivesse c) estiver d) estivesse e) estiver f) estejam g) estivessem h) estiver i) estejais
j) estivessem **4.** a) desse b) circundasse c) desnudavam d) desnudassem e) desnudam f) desses
g) dava h) estivera i) estejamos; estejam j) dão k) davam l) deram m) circundassem; dessem
n) obsta o) obsta; obstava p) estarmos q) sustou r) sustasse s) sustaste t) estejam; estão u) consume
v) dares w) estarmos x) darmos y) dera z) suo; sua **5.** a) disputo (regular) b) recuo (regular)
c) não existe "computo", portanto o verbo é anômalo) d) amputo (regular) e) acuo (regular)
6. a) bloqueiem; bloqueada b) penteemos; penteado c) penteie; penteamos; penteiam
d) bloqueemos; bloqueá-la e) freio; freiam; freado f) providenciem; providencio g) premio; premia;
premiados h) remedeie i) incendeie; incendiar j) incendiemos; incendiar k) freio; freiam; freia;
freamos l) freemos m) freado n) anseias; ansiamos o) negocie p) negociem q) ansiamos; odeiem
r) receamos; receiam s) medeia t) odiamos; odeiem u) intermedeio; intermedeiam v) intermediemos;
intermedeiem w) intermedeia x) intermedeiam y) intermedeiem z) intermediemos

20. Conjugação dos principais verbos irregulares da 2.ª conjugação.

CABER

Indicativo – **presente**: caibo, cabes, cabe, cabemos, cabeis, cabem; **pretérito perfeito**: coube, coubeste, coube, coubemos, coubestes, couberam; **pretérito imperfeito**: cabia, cabias, cabia, cabíamos, cabíeis, cabiam; **pretérito mais-que-perfeito**: coubera, couberas, coubera, coubéramos, coubéreis, couberam; **futuro do presente**: caberei, caberás, caberá, caberemos, cabereis, caberão; **futuro do pretérito**: caberia, caberias, caberia, caberíamos, caberíeis, caberiam.

Subjuntivo – **presente**: caiba, caibas, caiba, caibamos, caibais, caibam; **pretérito imperfeito**: coubesse, coubesses, coubesse, coubéssemos, coubésseis, coubessem; **futuro**: couber, couberes, couber, coubermos, couberdes, couberem.

Imperativo – não há, em virtude do seu próprio significado.

Formas Nominais – **infinitivo impessoal**: caber; **infinitivo pessoal**: caber, caberes, caber, cabermos, caberdes, caberem; **gerúndio**: cabendo; **particípio**: cabido.

CRER

Indicativo – **presente**: creio, crês, crê, cremos, credes, creem; **pretérito perfeito**: cri, creste, creu, cremos, crestes, creram; **pretérito imperfeito**: cria, crias, cria, críamos, críeis, criam; **pretérito mais-que-perfeito**: crera, creras, crera, crêramos, crêreis, creram; **futuro do presente**: crerei, crerás, crerá, creremos, crereis, crerão; **futuro do pretérito**: creria, crerias, creria, creríamos, creríeis, creriam.

Subjuntivo – **presente**: creia, creias, creia, creiamos, creiais, creiam; **pretérito imperfeito**: cresse, cresses, cresse, crêssemos, crêsseis, cressem; **futuro**: crer, creres, crer, crermos, crerdes, crerem.

Imperativo – **afirmativo**: crê, creia, creiamos, crede, creiam; **negativo**: não creias, não creia, não creiamos, não creiais, não creiam.

Formas Nominais – **infinitivo impessoal**: crer; **infinitivo pessoal**: crer, creres, crer, crermos, crerdes, crerem; **gerúndio**: crendo; **particípio**: crido.

Conjuga-se por *crer* o seu derivado *descrer*.

DIZER

Indicativo – **presente**: digo, dizes, diz, dizemos, dizeis, dizem; **pretérito perfeito**: disse, disseste, disse, dissemos, dissestes, disseram; **pretérito imperfeito**: dizia, dizias, dizia, dizíamos, dizíeis, diziam; **pretérito mais-que-perfeito**: dissera, disseras, dissera, disséramos, disséreis, disseram; **futuro do presente**: direi, dirás, dirá, diremos, direis, dirão; **futuro do pretérito**: diria, dirias, diria, diríamos, diríeis, diriam.

Subjuntivo – **presente**: diga, digas, diga, digamos, digais, digam; **pretérito imperfeito**: dissesse, dissesses, dissesse, disséssemos, dissésseis, dissessem; **futuro**: disser, disseres, disser, dissermos, disserdes, disserem.

Imperativo – **afirmativo**: dize ou diz, diga, digamos, dizei, digam; **negativo**: não digas, não diga, não digamos, não digais, não digam.

Formas Nominais – **infinitivo impessoal**: dizer; **infinitivo pessoal**: dizer, dizeres, dizer, dizermos, dizerdes, dizerem; **gerúndio**: dizendo; **particípio**: dito.

Por *dizer* se conjugam todos os seus derivados: *bendizer, condizer, contradizer, desdizer, entredizer, interdizer, maldizer, predizer, redizer* e *tresdizer.*

Estes verbos da 2.ª conjugação possuem formas duplas na 2.ª pessoa do singular do imperativo afirmativo: *dizer, fazer, jazer, prazer* e *trazer.*

FAZER

Indicativo – **presente**: faço, fazes, faz, fazemos, fazeis, fazem; **pretérito perfeito**: fiz, fizeste, fez, fizemos, fizestes, fizeram; **pretérito imperfeito**: fazia, fazias, fazia, fazíamos, fazíeis, faziam; **pretérito mais-que-perfeito**: fizera, fizeras, fizera, fizéramos, fizéreis, fizeram; **futuro do presente**: farei, farás, fará, faremos, fareis, farão; **futuro do pretérito**: faria, farias, faria, faríamos, faríeis, fariam.

Subjuntivo – **presente**: faça, faças, faça, façamos, façais, façam; **pretérito imperfeito**: fizesse, fizesses, fizesse, fizéssemos, fizésseis, fizessem; **futuro**: fizer, fizeres, fizer, fizermos, fizerdes, fizerem.

Imperativo – **afirmativo**: faze ou faz, faça, façamos, fazei, façam; **negativo**: não faças, não faça, não façamos, não façais, não façam.

Formas Nominais – **infinitivo impessoal**: fazer; **infinitivo pessoal**: fazer, fazeres, fazer, fazermos, fazerdes, fazerem; **gerúndio**: fazendo; **particípio**: feito.

Por *fazer* se conjugam todos os seus derivados: *afazer, benfazer, contrafazer, desfazer, liquefazer, perfazer, rarefazer* e *satisfazer.*

HAVER

Indicativo – **presente**: hei, hás, há, havemos ou hemos, haveis ou heis, hão; **pretérito perfeito**: houve, houveste, houve, houvemos, houvestes, houveram; **pretérito imperfeito**: havia, havias, havia, havíamos, havíeis, haviam; **pretérito mais-que-perfeito**: houvera, houveras, houvera, houvéramos, houvéreis, houveram; **futuro do presente**: haverei, haverás, haverá, haveremos, havereis, haverão; **futuro do pretérito**: haveria, haverias, haveria, haveríamos, haveríeis, haveriam.

Subjuntivo – **presente**: haja, hajas, haja, hajamos, hajais, hajam; **pretérito imperfeito**: houvesse, houvesses, houvesse, houvéssemos, houvésseis, houvessem; **futuro**: houver, houveres, houver, houvermos, houverdes, houverem.

Imperativo – **afirmativo**: há, haja, hajamos, havei ou hei, hajam; **negativo**: não hajas, não haja, não hajamos, não hajais, não hajam.

Formas Nominais – **infinito impessoal**: haver; **infinito pessoal**: haver, haveres, haver, havermos, haverdes, haverem; **gerúndio**: havendo; **particípio**: havido.

PODER

Indicativo – **presente**: posso, podes, pode, podemos, podeis, podem; **pretérito perfeito**: pude, pudeste, pôde, pudemos, pudestes, puderam; **pretérito imperfeito**: podia, podias, podia, podíamos, podíeis, podiam; **pretérito mais-que-perfeito**: pudera, puderas, pudera, pudéramos, pudéreis, puderam; **futuro do presente**: poderei, poderás, poderá, poderemos, podereis, poderão; **futuro do pretérito**: poderia, poderias, poderia, poderíamos, poderíeis, poderiam.

Luiz Antonio Sacconi

Subjuntivo – **presente**: possa, possas, possa, possamos, possais, possam; **pretérito imperfeito**; pudesse, pudesses, pudesse, pudéssemos, pudésseis, pudessem; **futuro**: puder, puderes, puder, pudermos, puderdes, puderem.

Imperativo – não há, em virtude do seu próprio significado.

Formas Nominais – **infinitivo impessoal**: poder; **infinitivo pessoal**: poder, poderes, poder, podermos, poderdes, poderem; **gerúndio**: podendo; **particípio**: podido.

PÔR (antigo **poer**)

Indicativo – **presente**; ponho, pões, põe, pomos, pondes, põem; **pretérito perfeito**: pus, puseste, pôs, pusemos, pusestes, puseram; **pretérito imperfeito**: punha, punhas, punha, púnhamos, púnheis, punham; **pretérito mais-que-perfeito**: pusera, puseras, pusera, puséramos, puséreis, puseram; **futuro do presente**: porei, porás, porá, poremos, poreis, porão; **futuro do pretérito**: poria, porias, poria, poríamos, poríeis, poriam.

Subjuntivo – **presente**: ponha, ponhas, ponha, ponhamos, ponhais, ponham; **pretérito imperfeito**: pusesse, pusesses, pusesse, puséssemos, pusésseis, pusessem; **futuro**: puser, puseres, puser, pusermos, puserdes, puserem.

Imperativo – **afirmativo**: põe, ponha, ponhamos, ponde, ponham; **negativo**: não ponhas, não ponha, não ponhamos, não ponhais, não ponham.

Formas Nominais – **infinitivo impessoal**: pôr; **infinitivo pessoal**: pôr, pores, pôr, pormos, pordes, porem; **gerúndio**: pondo; **particípio**: posto.

Pelo verbo *pôr* são conjugados todos os seus derivados: *antepor, apor, compor, contrapor, decompor, depor, descompor, dispor, entrepor, expor, impor, indispor, interpor, justapor, opor, pospor, predispor, prepor, pressupor, propor, recompor, repor, sobrepor, superpor, supor* e *transpor*.

PRECAVER

Indicativo – **presente**: precavemos, precaveis; **pretérito perfeito**: precavi, precaveste, precaveu, precavemos, precavestes, precaveram; **pretérito imperfeito**: precavia, precavias, precavia, precavíamos, precavíeis, precaviam; **pretérito mais-que-perfeito**: precavera, precaveras, precavera, precavêramos, precavêreis, precaveram; **futuro do presente**: precaverei, precaverás, precaverá, precaveremos, precavereis, precaverão; **futuro do pretérito**: precaveria, precaverias, precaveria, precaveríamos, precaveríeis, precaveriam.

Subjuntivo – **presente**: não há; **pretérito imperfeito**: precavesse, precavesses, precavesse, precavêssemos, precavêsseis, precavessem; **futuro**: precaver, precaveres, precaver, precavermos, precaverdes, precaverem.

Imperativo – **afirmativo**: precavei; **negativo**: não há.

Formas Nominais – **infinitivo impessoal**: precaver; **infinitivo pessoal**: precaver, precaveres, precaver, precavermos, precaverdes, precaverem; **gerúndio**: precavendo; **particípio**: precavido.

Como se vê, o verbo *precaver* se conjuga apenas e tão somente nas formas arrizotônicas; trata-se de um verbo defectivo (veremos a seguir), que não se deriva de **ver** nem de **vir**. As formas inexistentes deste verbo são substituídas pelas correspondentes dos sinônimos *precatar, acautelar* ou *prevenir*.

PROVER

Indicativo – **presente**: provejo, provês, provê, provemos, provedes, proveem; **pretérito perfeito**: provi, proveste, proveu, provemos, provestes, proveram; **pretérito imperfeito**: provia, provias, provia, províamos, províeis, proviam; **pretérito mais-que-perfeito**: provera, proveras, provera, provêramos, provêreis, proveram; **futuro do presente**: proverei, proverás, proverá, proveremos, provereis, proverão; **futuro do pretérito**: proveria, proverias, proveria, proveríamos, proveríeis, proveriam.

Subjuntivo – **presente**: proveja, provejas, proveja, provejamos, provejais, provejam; **pretérito imperfeito**: provesse, provesses, provesse, provêssemos, provêsseis, provessem; **futuro**: prover, proveres, prover, provermos, proverdes, proverem.

Imperativo – **afirmativo**: provê, proveja, provejamos, provede; provejam; **negativo**: não provejas, não proveja, não provejamos, não provejais, não provejam.

Formas Nominais – **infinitivo impessoal**: prover; **infinitivo pessoal**: prover, proveres, prover, provermos, proverdes, proverem; **gerúndio**: provendo; **particípio**: provido.

Como se vê, o verbo *prover* só não se conjuga pelo verbo *ver* nos tempos derivados do pretérito perfeito; conjuga-se também assim o verbo *desprover*.

QUERER

Indicativo – **presente**: quero, queres, quer, queremos, quereis, querem; **pretérito perfeito**: quis, quiseste, quis, quisemos, quisestes, quiseram; **pretérito imperfeito**: queria, querias, queria, queríamos, queríeis, queriam; **pretérito mais-que-perfeito**: quisera, quiseras, quisera, quiséramos, quiséreis, quiseram; **futuro do presente**: quererei, quererás, quererá, quereremos, querereis, quererão; **futuro do pretérito**: quereria, quererias, quereria, quereríamos, quereríeis, quereriam.

Subjuntivo – **presente**: queira, queiras, queira, queiramos, queirais, queiram; **pretérito imperfeito**: quisesse, quisesses, quisesse, quiséssemos, quisésseis, quisessem; **futuro**: quiser, quiseres, quiser, quisermos, quiserdes, quiserem.

Imperativo – **afirmativo** e **negativo**: não há; usa-se, contudo, antes de infinitivo, para casos de cortesia: *queira* entrar, *queira* sentar-se, *queiram* aguardar. Significa, então, **fazer o favor de**, **ter a bondade de**, possuindo, portanto, sentido figurado.

Formas Nominais – **infinitivo impessoal**: querer; **infinitivo pessoal**: querer, quereres, querer, querermos, quererdes, quererem; **gerúndio**: querendo; **particípio**: querido.

REAVER

Indicativo – **presente**: reavemos, reaveis; **pretérito perfeito**: reouve, reouveste, reouve, reouvemos, reouvestes, reouveram; **pretérito imperfeito**: reavia, reavias, reavia, reavíamos, reavíeis, reaviam; **pretérito mais-que-perfeito**: reouvera, reouveras, reouvera, reouvéramos, reouvéreis, reouveram; **futuro do presente**: reaverei, reaverás, reaverá, reaveremos, reavereis, reaverão; **futuro do pretérito**: reaveria, reaverias, reaveria, reaveríamos, reaveríeis, reaveriam.

Subjuntivo – **presente**: não há; **pretérito imperfeito**: reouvesse, reouvesses, reouvesse, reouvéssemos, reouvésseis, reouvessem; **futuro**: reouver, reouveres, reouver, reouvermos, reouverdes, reouverem.

Imperativo – **afirmativo**: reavei; **negativo**: não há.

Formas Nominais – **infinitivo impessoal**: reaver; **infinitivo pessoal**: reaver, reaveres, reaver, reavermos, reaverdes, reaverem; **gerúndio**: reavendo; **particípio**: reavido.

Como se vê, o verbo *reaver* se conjuga por *haver*, mas só possui as formas em que este conserva a letra *v*. As formas dos sinônimos *recuperar* e *recobrar* suprem as formas inexistentes deste verbo.

REQUERER

Indicativo – **presente**: requeiro, requeres, requer, requeremos, requereis, requerem; **pretérito perfeito**: requeri, requereste, requereu, requeremos, requerestes, requereram; **pretérito imperfeito**: requeria, requerias, requeria, requeríamos, requeríeis, requeriam; **pretérito mais-que-perfeito**: requerera, requereras, requerera, requerêramos, requerêreis, requereram; **futuro do presente**: requererei, requererás, requererá, requereremos, requerereis, requererão; **futuro do pretérito**: requereria, requererias, requereria, requereríamos, requereríes, requereriam.

Subjuntivo – **presente**: requeira, requeiras, requeira, requeiramos, requeirais, requeiram; **pretérito imperfeito**: requeresse, requeresses, requeresse, requerêssemos, requerêsseis, requeressem; **futuro**: requerer, requereres, requerer, requerermos, requererdes, requererem.

Imperativo – **afirmativo**: requere, requeira, requeiramos, requerei, requeiram; **negativo**: não requeiras, não requeira, não requeiramos, não requeirais, não requeiram.

Formas Nominais – **infinitivo impessoal**: requerer; **infinitivo pessoal**: requerer, requereres, requerer, requerermos, requererdes, requererem; **gerúndio**: requerendo; **particípio**: requerido.

Como se vê, o verbo *requerer* só é irregular na primeira pessoa do singular do presente do indicativo e, consequentemente, em todo o presente do subjuntivo e no modo imperativo; nas demais formas é regular, não se conjugando, portanto, pelo verbo *querer*.

SABER

Indicativo – **presente**: sei, sabes, sabe, sabemos, sabeis, sabem; **pretérito perfeito**: soube, soubeste, soube, soubemos, soubestes, souberam; **pretérito imperfeito**: sabia, sabias, sabia, sabíamos, sabíeis, sabiam: **pretérito mais-que-perfeito**: soubera, souberas, soubera, soubéramos, soubéreis, souberam; **futuro do presente**: saberei, saberás, saberá, saberemos, sabereis, saberão; **futuro do pretérito**: saberia, saberias, saberia, saberíamos, saberíeis, saberiam.

Subjuntivo – **presente**: saiba, saibas, saiba, saibamos, saibais, saibam; **pretérito imperfeito**: soubesse, soubesses, soubesse, soubéssemos, soubésseis, soubessem; **futuro**: souber, souberes, souber, soubermos, souberdes, souberem.

Imperativo – **afirmativo**: sabe, saiba, saibamos, sabei, saibam; **negativo**: não saibas, não saiba, não saibamos, não saibais, não saibam.

Formas Nominais – **infinitivo impessoal**: saber; **infinitivo pessoal**: saber, saberes, saber, sabermos, saberdes, saberem; **gerúndio**: sabendo; **particípio**: sabido.

SER

Indicativo – **presente**: sou, és, é, somos, sois, são; **pretérito perfeito**: fui, foste, foi, fomos, fostes, foram; **pretérito imperfeito**: era, eras, era, éramos, éreis, eram; **pretérito mais-que-perfeito**: fora, foras, fora, fôramos, fôreis, foram; **futuro do**

presente: serei, serás, será, seremos, sereis, serão; **futuro do pretérito**: seria, serias, seria, seríamos, seríeis, seriam.

Subjuntivo – **presente**: seja, sejas, seja, sejamos, sejais, sejam; **pretérito imperfeito**: fosse, fosses, fosse, fôssemos, fôsseis, fossem; **futuro**: for, fores, for, formos, fordes, forem.

Imperativo – **afirmativo**: sê, seja, sejamos, sede, sejam; **negativo**: não sejas, não seja, não sejamos, não sejais, não sejam.

Formas Nominais – **infinitivo impessoal**: ser; **infinitivo pessoal**: ser, seres, ser, sermos, serdes, serem; **gerúndio**: sendo; **particípio**: sido.

TER

Indicativo – **presente**: tenho, tens, tem, temos, tendes, têm; **pretérito perfeito**: tive, tiveste, teve, tivemos, tivestes, tiveram; **pretérito imperfeito**: tinha, tinhas, tinha, tínhamos, tínheis, tinham; **pretérito mais-que-perfeito**: tivera, tiveras, tivera, tivéramos, tivéreis, tiveram; **futuro do presente**: terei, terás, terá, teremos, tereis, terão; **futuro do pretérito**: teria, terias, teria, teríamos, teríeis, teriam.

Subjuntivo – **presente**: tenha, tenhas, tenha, tenhamos, tenhais, tenham; **pretérito imperfeito**: tivesse, tivesses, tivesse, tivéssemos, tivésseis, tivessem; **futuro**: tiver, tiveres, tiver, tivermos, tiverdes, tiverem.

Imperativo – **afirmativo**: tem, tenha, tenhamos, tende, tenham; **negativo**: não tenhas, não tenha, não tenhamos, não tenhais, não tenham.

Formas Nominais – **infinitivo impessoal**: ter; **infinitivo pessoal**: ter, teres, ter, termos, terdes, terem; **gerúndio**: tendo; **particípio**: tido.

Por *ter* se conjugam todos os seus derivados: *abster-se, ater-se, conter, deter, entreter, manter, obter, reter* e *suster*.

TRAZER

Indicativo – **presente**: trago, trazes, traz, trazemos, trazeis, trazem; **pretérito perfeito**: trouxe, trouxeste, trouxe, trouxemos, trouxestes, trouxeram; **pretérito imperfeito**: trazia, trazias, trazia, trazíamos, trazíeis, traziam; **pretérito mais-que-perfeito**: trouxera, trouxeras, trouxera, trouxéramos, trouxéreis, trouxeram; **futuro do presente**: trarei, trarás, trará, traremos, trareis, trarão; **futuro do pretérito**: traria, trarias, traria, traríamos, traríeis, trariam.

Subjuntivo – **presente**: traga, tragas, traga, tragamos, tragais, tragam; **pretérito imperfeito**: trouxesse, trouxesses, trouxesse, trouxéssemos, trouxésseis, trouxessem; **futuro**: trouxer, trouxeres, trouxer, trouxermos, trouxerdes, trouxerem.

Imperativo – **afirmativo**: traze ou traz, traga, tragamos, trazei, tragam; **negativo**: não tragas, não traga, não tragamos, não tragais, não tragam.

Formas Nominais – **infinitivo impessoal**: trazer; **infinitivo pessoal**: trazer, trazeres, trazer, trazermos, trazerdes, trazerem; **gerúndio**: trazendo; **particípio**: trazido.

VALER

A irregularidade deste verbo se encontra apenas no presente do indicativo (1.ª pessoa) e em todo o presente do subjuntivo.

Indicativo – **presente**: valho, vales, vale, valemos, valeis, valem.

Subjuntivo – **presente**: valha, valhas, valha, valhamos, valhais, valham.

Por *valer* se conjugam os derivados *desvaler* e *equivaler*.

Luiz Antonio Sacconi

VER

Indicativo – **presente**: vejo, vês, vê, vemos, vedes, veem; **pretérito perfeito**: vi, viste, viu, vimos, vistes, viram; **pretérito imperfeito**: via, vias, via, víamos, víeis, viam; **pretérito mais-que-perfeito**: vira, viras, vira, víramos, víreis, viram; **futuro do presente**: verei, verás, verá, veremos, vereis, verão; **futuro do pretérito**: veria, verias, veria, veríamos, veríeis, veriam.

Subjuntivo – **presente**: veja, vejas, veja, vejamos, vejais, vejam; **pretérito imperfeito**: visse, visses, visse, víssemos, vísseis, vissem; **futuro**: vir, vires, vir, virmos, virdes, virem.

Imperativo – **afirmativo**: vê, veja, vejamos, vede, vejam; **negativo**: não vejas, não veja, não vejamos, não vejais, não vejam.

Formas Nominais – **infinitivo impessoal**: ver; **infinitivo pessoal**: ver, veres, ver, vermos, verdes, verem; **gerúndio**: vendo; **particípio**: visto.

Por *ver* se conjugam os derivados *antever, entrever, prever* e *rever*, mas não *precaver*, que dele não se deriva, e *prover*.

Os verbos terminados em *-ger* mudam o *g* em *j* antes de *-a* e *-o*, continuando regulares. São estes os principais: *abranger* (abranjo, abranges, etc.), *constranger, eleger, proteger, ranger, reger* e *tanger*.

Os verbos *benzer, coser, cozer* e *lamber* também são inteiramente regulares.

Testes e exercícios

1. Complete os espaços com a forma adequada do verbo **haver**:
a) Embora ... festa, ninguém está feliz.
b) Embora ... festa, ninguém estava feliz.
c) Quando vocês ... resolvido o que fazer, avisem-me!
d) Se vocês ... chegado antes, isso não teria acontecido.
e) Quem ... ganho o prêmio não éramos nós.
f) Quem ... saído do circo não poderia mais entrar.
g) Eles esperam que nós ... feito um bom negócio.
h) Eles esperavam que nós ... feito um bom negócio.
i) Quando vocês ... comido tudo, lhes darei mais.
j) ... dinheiro para tanta festa!

2. No lugar do verbo em destaque, use sua forma correta, no presente do indicativo:
a) Eu *haver* de chegar lá bem cedo. Aliás, nós *haver* de chegar lá antes deles.
b) Eu não *caber* aí, mas ela *caber*. Será que eles *caber* onde eu não *caber*?
c) Eu *perfazer* esse percurso no tempo que vocês *perfazer*.
d) Tudo o que afirmo *desdizer* no mesmo instante. Você também *desdizer*.
e) Eles *haver* de se arrepender do que fizeram!

3. No lugar do verbo em destaque, use sua forma correta, no pretérito perfeito do indicativo:
a) Os inimigos *depor* as armas. Você não as *depor*, por quê?
b) Ainda não me *afazer* a este gênero de vida. Vocês já se *afazer*?
c) Eu *supor* que Juçara viera para me ajudar. Tu *supor* o quê?

Nossa gramática simplificada

d) A natureza *prover* os animais de muitos meios de defesa.
e) Não *caber* tantas frutas numa cesta só.
f) O que não *poder* fazer antes, faço agora. O que não *poder* fazer antes faz agora!
g) O juiz *haver* por bem absolver o réu.
h) Quando *pôr* a mão no meu rosto, compreendi que me amavas.
i) Ninguém me *precaver* de nada. A ti eles te *precaver*?
j) Eles *prover* nossa geladeira de cervejas. Nós *prover* a dele de refrigerante.
k) Eu não *pôr* o livro onde todos *pôr*. Será que você *pôr* o livro onde ninguém *pôr*?
l) Ninguém *querer* você perto de mim quanto eu *querer*.
m) Eu *crer* em tudo o que ele *dizer*.
n) Ninguém *fazer* o que eu *fazer*.
o) O carro *caber* na garagem? Se o carro *caber*, parabéns!
p) Você *crer* no que eles *dizer*? Eu *crer*.
q) O que você *fazer* não *condizer* com o seu nível cultural.
r) Eles *desdizer* tudo o que haviam afirmado anteriormente.
s) Quando ouvi aquilo, *descrer* de tudo. Você não *descrer*?
t) O que eu não *poder* fazer ontem, eles *poder*.
u) O trajeto que você *perfazer* ontem não é o mesmo que mês passado nós *perfazer*?
v) Eu *apor* minha assinatura no documento no mesmo espaço em que você *apor* a sua.
w) É mentira que eu *desdizer* meu amigo na frente de todo o mundo.
x) Eu ainda não *saber* o que aconteceu. Vocês *saber*?
y) Nós *saber* de tudo, por isso não minta!
z) Quem *saber* primeiro que vocês fui eu.

4. No lugar do verbo em destaque, use sua forma correta, no pretérito imperfeito do subjuntivo:
a) Quando eu *pôr* a mão naquele dinheiro, estaria morto.
b) O rapaz namorava somente quando o pai da moça *querer*.
c) Você seria mais feliz, Manuel, se *crer* em Deus.
d) Embora *fazer* mau tempo, viajamos.
e) Se eles *desdizer* tudo, estaríamos arruinados.
f) Eu procurava um emprego que *condizer* com minha vocação profissional.
g) Embora não *querer* nenhuma vantagem, não poderíamos aceitar aquilo.
h) Queríamos que a mulher *prover* a despensa de todos os alimentos necessários.
i) Se você não se *indispor* com o chefe, teria seu salário aumentado.
j) Se eles me *impor* a viagem, eu teria de sair do emprego.

5. No lugar do verbo em destaque, use sua forma correta, no tempo e modo convenientes, quando possível:
a) Se você *compor* um poema em dois minutos, ganhará um bom prêmio.
b) Mesmo que você *pôr* a mão no fogo, não acreditarei no que diz.
c) Assim que eles *pôr* tudo em ordem, entraremos.
d) Se você *querer*, terá tudo de mim.
e) Enquanto eu não *pôr* isso a limpo, não ficarei satisfeito.
f) Ontem eu *poder* falar, mas hoje não *poder*.
g) Pedi que o pessoal se *precaver* contra o temporal.
h) Eu esperava que você *propor* medidas mais inteligentes.
i) Ontem eu *crer* em você, mas hoje já não *crer*.
j) Quando vocês *poder* falar, avisem-nos!
k) Receberei amanhã apenas o que me *caber*.
l) Receberia amanhã apenas o que me *caber*.
m) Quando ele *depor* as armas, eu também as deporia.

207

Luiz Antonio Sacconi

n) Quando ele *fazer* o serviço, eu também o farei.
o) Se você *refazer* as contas, verá que saiu ganhando.
p) Ninguém era ingênuo de imaginar que os rebeldes *depor* as armas.
q) Se os ladrões não *repor* o dinheiro roubado, levariam uma surra.
r) Quando todos *dispor* de tempo para viajar, será ótimo!
s) Ninguém queria que você *pressupor* o que não tinha intenção de pressupor.
t) Se o motorista *transpor* a barreira feita pelos patrulheiros, iria sair-se mal.
u) Enganar-se-ia quem o *supor* um irresponsável.
v) Poderei colaborar, se você não se *opor*.
w) Nós não *pôr* esses óculos nem que nos pagassem!
x) Se eu *dispor* de algum dinheiro, comprarei um carro.
y) Se eu *dispor* de algum dinheiro, compraria um carro.
z) Todos os dias eu me *precaver* contra assaltos, que viraram uma verdadeira praga no Brasil.

6. Continue fazendo o mesmo:
a) Não quero que você *descrer* do que está vendo.
b) Enquanto ele *crer* em Deus, tudo correu bem em seus negócios.
c) Espero que vocês *prover* suas despensas o mais urgente possível.
d) Esperava-se que o povo se *precaver* contra seus ladrões.
e) É bom que os vascaínos se *precaver* domingo contra os flamenguistas!
f) Só ontem eu *descrer* dessas informações.
g) Quem *descrer* de mim, arrependeu-se.
h) Quem não se *precaver* contra ladrões, estaria roubado.
i) Ante o espelho, nua, ela se pergunta: Será que eu não *valer* nada? Todos querem que eu *valer*.
j) A dona de casa *prover* ainda ontem sua despensa.

7. Use o verbo em destaque no imperativo, conforme convier:
a) *Expor* nossa opinião com franqueza!
b) *Pôr* tudo em ordem, para que possas viajar tranquilo!
c) Nunca *impor* vossas opiniões!
d) Nunca *impor* tuas opiniões!
e) Não *pôr* a mão no fogo por essas criaturas, que te arrependerás!
f) *Precaver* teus amigos contra a maldade dessa gente!
g) *Fazer* tudo com dedicação igual à de seus colegas, meu amigo!
h) Não *dizer* nunca: desta água não beberemos!
i) Não *pôr* nunca a carroça na frente dos bois, que nos daremos mal!
j) Não *fazer* a outrem aquilo que não queres que te façam!

8. Use o verbo em destaque no pretérito perfeito do indicativo, conforme convier:
a) Eu *entreter* as crianças por alguns minutos. Você não as *entreter* também?
b) Eles se *abster* de bebidas alcoólicas ontem. Você também não se *abster*?
c) Não *manter* a palavra, porque eu não quis. Você a *manter*?
d) Não *manter* a palavra, porque não quisemos. Vocês a *manter*?
e) A polícia *conter* os manifestantes. Os policiais os *conter*.
f) O guarda *reter* a carteira de habilitação da motorista.
g) Eles *manter* as aparências o tempo todo. Eu não *manter*.
h) Eu *reter* os ladrões no banheiro. Vocês os *reter* onde?
i) Os policiais *deter* os ladrões. A polícia *deter* os ladrões.
j) Para julgarem, os juízes se *ater* às provas contidas nos autos.
k) Vocês *obter* novo passaporte? Eu o *obter* ontem.

Nossa gramática simplificada

l) Nada sabemos da conversa que ambos *manter*.
m) Você *saber* o que aconteceu? Todos aqui *saber*, até nós *saber*.
n) Sentei-me na areia e me *entreter* a olhar seu corpo.
o) A mulher *conter* o ânimo do marido, para que não lhe desse um infarto.
p) *Manter* a palavra até o fim, porque sou homem honrado.
q) Os garotos *suster* todo aquele peso até quando puderam.
r) Eu não *suster* o riso, ninguém *suster* o riso, nem mesmo os padres *suster* o riso.
s) Eu *reaver* todo o dinheiro que perdi. Você também o *reaver*? Eles ainda não *reaver* nada do que perderam.
t) Eles ainda não *trazer* os documentos. Você os *trazer*?
u) Quem já *reaver* todos os bens perdidos, que se dê por satisfeito!
v) Ainda não *requerer* minha aposentadoria. Você já *requerer* a sua?
w) Nunca *manter* altas contas bancárias como você *manter*.
x) Na juventude *se abster* de muita coisa, mas, agora, já idoso, não perco oportunidade para me divertir.
y) Eu ainda não *ver* nenhum óvni de perto. Você já *ver* algum?
z) O piloto declarou: *Suster* o avião em voo apenas com uma turbina funcionando.

9. Use o verbo em destaque nos tempos do modo subjuntivo, conforme convier:
a) Quero que você *entreter* as crianças por alguns minutos.
b) Se você *manter* a palavra, não lhe teria acontecido isso.
c) Espero que a polícia *conter* sem violência os manifestantes.
d) Quando você se *deter* em Teresa por alguns instantes, verá que ela é linda!
e) Mesmo que o guarda *reter* sua carteira de habilitação por alguns minutos, ele estaria errado.
f) Esperávamos que vocês *entreter* os assaltantes o maior tempo possível.
g) Quem não se *abster* de fazer comentários políticos, ficaria prejudicado.
h) Eles esperam que nós *manter* as aparências.
i) Logo que *deter* os ladrões, deveríamos comunicar a polícia.
j) Assim que eles *deter* os ladrões, deverão comunicar a polícia.

10. Complete os espaços com a forma adequada do verbo **ser**:
a) Ninguém quer que você ... assim.
b) Ontem eu ... vítima de um assalto.
c) Espero que vocês ... honestos comigo.
d) Se vocês ... competentes, não estariam passando fome.
e) Se vocês ... competentes, não passarão fome.
f) Todos querem que eu ... um homem de sucesso.
g) Ninguém quer que você ... vagabundo.
h) Se ... discretos, não nos teria acontecido isso.
i) Se ... discretos nada nos acontecerá.
j) Quem ... covarde que se retire!
k) ... bom, que serás recompensado!
l) ... bons, que sereis recompensados!
m) É preciso que ... esforçado para venceres na vida.
n) Convém que ... cautelosos, caso contrário podemos nos dar mal.
o) É necessário que eu ... prudente e paciencioso.
p) Não ... mal-educado, que isso lhe fará inimigos!
q) Não ... mal-educado, que isso te fará inimigos!
r) Não ... mal-educados, que isso vos fará inimigos!
s) Não .. mal-educados, que isso nos fará inimigos!
t) Não ... mal-educados, que isso lhes fará inimigos!

Luiz Antonio Sacconi

11. Use a forma correta dos verbos em destaque, no pretérito imperfeito do indicativo:
a) A mãe *entreter* o filho com pequeninas promessas, para que se aquietasse.
b) Quando via uma linda paisagem durante a viagem, eu me *deter* diante dela por alguns instantes.
c) Meu vizinho *manter* no quintal um viveiro de peixes.
d) O rapaz não *reter* os impulsos, por isso era tido como mau-caráter.
e) Todos *obter* um bom emprego no governo, se o procurassem.
f) De tão bêbados, mal nos *ater* em pé, por isso nos levaram para casa carregados.
g) O caldeirão *conter* xarope, mas as caldeiras *conter* óleo.
h) Em tais ocasiões, os deputados se *abster* de comparecer na Câmara.
i) Sempre que nos víamos, *entreter* uma boa conversa.
j) Os pilotis que *suster* o edifício em construção não suportaram o peso, provocando a tragédia.

12. Use a forma correta dos verbos em destaque, no pretérito perfeito do indicativo:
a) Eu não *saber* do ocorrido. Você *saber*?
b) Ninguém *requerer* o alvará de licença em tempo hábil como eu *requerer*.
c) Eu *ver* o cometa tanto quanto vocês *ver*.
d) *Requerer* minha aposentadoria mês passado. Você ainda não a *requerer*?
e) Nós *trazer* todos os documentos pedidos.
f) Tu *ser* o que eu *ser*; vós *ser* o que nós *ser*.
g) Eu *prever* tudo o que ia acontecer. Vocês também *prever*?
h) Eu nunca *obter* favores de ninguém. Você, sim, *obter* muitos.
i) Ela ainda não *rever* seus planos de casamento.
j) Ele *suster* o riso, mas nós não *suster*.

13. Use a forma correta dos verbos em destaque, no pretérito imperfeito do subjuntivo:
a) Se eu *saber* do ocorrido, teria precavido o pessoal.
b) Mesmo que você *requerer* o alvará de licença, não o obteria.
c) Se eu *reaver* todo o dinheiro que perdi até hoje, estaria milionário.
d) Quando eles *reaver* os bens que perderam, me pagariam.
e) Embora *reaver* tudo o que perdeu, não me pagou.
f) Se eu *ver* tanta gente, regressaria.
g) Se ninguém *ser* ingênuo, não haveria espertos.
h) Se eles não *trazer* o dinheiro, ficariam sem o televisor.
i) Ah, se vocês *saber* o que aconteceu ontem!
j) Ah, se vocês me *trazer* o passado de volta!

14. Use o verbo em destaque no tempo e modo convenientes:
a) Querem que eu *valer* o que não *valer*. Querem que nós *valer* o que não *valer*.
b) Ontem eu *reaver* tudo o que perdi. Se não *reaver*, estaria arruinado.
c) Se você *ver* minha filha, mande-a para casa!
d) Se nós *ver* sua filha, mandá-la-emos para casa.
e) Queria que você *ver* como ela ficou nervosa.
f) Quando você *ver* o que aconteceu ontem, não acreditará.
g) Quem *prever* o futuro terá tudo nas mãos.
h) Quando nós *rever* o processo, daremos nosso parecer.
i) Quando vocês *ver* Ifigênia novamente, ficarão encantados!
j) Quando eles nos *ver*, como vão ficar contentes!
k) Quem *ver* esse anúncio poderá ganhar um prêmio.
l) E se vocês *prever* o futuro? E se nós *prever* o futuro?
m) Considere-se feliz se você *reaver* os bens que perdeu.

Nossa gramática simplificada

n) Se tu *prever* alguma dificuldade, avisa-me!
o) Eu gostaria que você *obter* um atestado para mim.
p) Luísa, enquanto não a *ver* feliz, não me darei por satisfeito.
q) Quem *dizer* que nunca foi assaltado no Brasil é mentiroso.
r) Quando você *saber* o que me aconteceu ontem, não acreditará.
s) Quem *antever* o futuro ficará milionário!
t) Se *antever* o desastre, não viajaríamos.
u) Se *antever* o desastre, não viajaremos.
v) Quando eu *ver* que isso pode acontecer, recuarei.
w) Aquele que *prever* dificuldades para o próximo ano estará sendo precipitado.
x) Se vocês *rever* o seu comportamento, verão que estavam errados.
y) Se vocês *rever* o seu comportamento, veriam que estavam errados.
z) Se nós *rever* o nosso comportamento, veremos que estávamos errados.

15. Use a forma correta dos verbos em destaque no pretérito mais-que-perfeito do indicativo:
a) Quando chegamos, a babá já *entreter* as crianças.
b) A polícia *deter* os ladrões antes mesmo do mandado judicial.
c) Como nunca *manter* segredos, ninguém queria contar-lhes mais esse.
d) Você disse que *conter* sua raiva, mas teria dito a verdade?
e) *Obter* um favor dele nessa época, por isso voltamos a procurá-lo.
f) Eu me saí bem nessa ocasião porque nunca me *ater* a conselhos de ninguém.
g) Nunca *manter* a calma, nunca *manter* os impulsos. Como, então, eu poderia confiar nele?
h) Nunca *manter* a calma, nunca *manter* os impulsos. Como, então, poderiam eles confiar em nós?
i) A namorada, naquela noite, não o *reter* por nenhum minuto a mais, por isso estava feliz.
j) Todos queriam saber como o avião se *suster* em voo apenas com uma turbina funcionando.

16. Use a forma correta dos verbos em destaque no presente do subjuntivo:
a) Diga-lhe isto ou coisa que *equivaler*!
b) Não lhe deem tarefa que *requerer* muito esforço!
c) Se eles quiserem reter meu salário, que o *reter*!
d) Se vocês quiserem requerer mandado de segurança, é bom que *requerer* logo.
e) É preciso que *saber* usar aquilo que nos dão.
f) Espero que você *ser* sensato e não *estar* a serviço de traficantes.
g) Todos exigem que nós *obter* bons resultados nas provas.
h) Vocês querem que nós *rever* o processo?
i) Embora todos nós *equivaler* aos melhores atletas do mundo, ninguém reconhece isso.
j) Ninguém nos poderá obrigar a que *prever* nada.

Soluções dos testes e exercícios
1. a) haja b) houvesse c) houverem d) houvessem e) havia f) houvesse g) hajamos h) houvéssemos i) houverem j) Haja **2.** a) hei; havemos (ou hemos) b) caibo; cabe; cabem; caibo c) perfaço; perfazem d) desdigo; desdiz e) hão **3.** a) depuseram; depôs b) afiz; afizeram c) supus; supuseste d) proveu e) couberam f) pude; pudeste g) houve h) puseste i) precaveu; precaveram j) proveram; provemos k) pus; puseram; pôs; pôs l) quis; quis m) cri; disse n) fez; fiz o) coube; coube p) creu; disseram; cri q) fez; condisse r) desdisseram s) descri; descreu t) pude; puderam u) perfez; perfizemos v) apus; apôs w) desdisse x) soube; souberam y) soubemos z) soube **4.** a) pusesse b) quisesse c) cresse d) fizesse e) desdissessem f) condissesse g) quiséssemos h) provesse i) indispusesse j) impusesse **5.** a) compuser b) ponha c) puserem d) quiser e) puser f) pude; posso g) precavesse h) propusesse

Luiz Antonio Sacconi

i) cri; creio j) puderem k) couber l) coubesse m) depusesse n) fizesse o) refizer p) depusessem q) repusessem r) dispuserem s) pressupusesse t) transpusesse u) supusesse v) opuser w) poríam os x) dispuser y) dispusesse z) previno (**precaver-se** é defectivo, substitui-se por **prevenir**, nas formas inexistentes) **6.** a) descreia b) creu c) provejam d) precavesse e) previnam (**precaver** não tem pres. do subj.) f) descri g) descreu h) precavesse i) valho; valham j) proveu **7.** a) Exponhamos b) Põe c) imponhais d) imponhas e) ponhas f) Previne (**Precaver** não tem a segunda pessoa do singular do imperativo) g) Faça h) digamos i) ponhamos j) faças **8.** a) entretive; entreteve b) abstiveram; absteve c) mantive; manteve d) mantivemos; mantiveram e) conteve; contiveram f) reteve g) mantiveram; mantive h) retive; reteve i) detiveram; deteve j) ativeram k) obtiveram; obtive l) mantiveram m) soube; souberam; soubemos n) entretive o) conteve p) Mantive q) sustiveram r) sustive; susteve; sustiveram s) reouve; reouve; reouveram t) trouxeram; trouxe u) reouve v) requeri; requereu w) mantive; manteve x) abstive y) vi; viu z) Sustive **9.** a) entretenha b) mantivesse c) contenha d) detiver e) retivesse f) entretivessem g) abstivesse h) mantenhamos i) detivéssemos j) detiverem **10.** a) seja b) fui c) sejam d) fossem e) forem f) seja g) seja h) fôssemos i) formos j) for k) Sê l) Sede m) sejas n) sejamos o) seja p) seja q) sejas r) sejais s) sejamos t) sejam **11.** a) entretinha b) detinha c) mantinha d) retinha e) obtinham f) atínhamos g) continha; continham h) abstinham i) entretínhamos j) sustinham **12.** a) soube; soube b) requereu; requeri c) vi; viram d) Requeri; requereu e) trouxemos f) foste; fui; fostes; fomos g) previ; previram h) obtive; obteve i) reviu j) susteve; sustivemos **13.** a) soubesse b) requeresse c) reouvesse d) reouvessem e) reouvesse f) visse g) fosse h) trouxessem i) soubessem j) trouxessem **14.** a) valha; valemos; valhamos; valemos b) reouve; reouvesse c) vir d) virmos e) visse f) vir g) previr h) revirmos i) virem j) virem k) vir l) previrem; previrmos m) reouver n) previres o) obtivesse p) vir q) disser r) souber s) antevir t) antevíssemos u) antevirmos v) vir w) previr x) revirem y) revissem z) revirmos **15.** a) entretivera b) detivera c) mantiveram d) contivera f) Obtivera f) ativera g) mantivera; mantivera h) mantivéramos; mantivéramos i) retivera j) sustivera **16.** a) equivalha b) requeira c) retenham d) requeiram e) saibamos f) seja; esteja g) obtenhamos h) revejamos i) equivalhamos j) prevejamos

21. Conjugação dos principais verbos irregulares da 3.ª conjugação.

AGREDIR

Indicativo – **presente**: agrido, agrides, agrides, agredimos, agredis, agridem; **pretérito perfeito**: agredi, agrediste, agrediu, agredimos, agredistes, agrediram; **pretérito imperfeito**: agredia, agredias, agredia, agredíamos, agredíeis, agrediam; **pretérito mais-que-perfeito**: agredira, agrediras, agredira, agredíramos, agredíreis, agrediram; **futuro do presente**: agredirei, agredirás, agredirá, agrediremos, agredireis, agredirão; **futuro do pretérito**: agrediria, agredirias, agrediria, agrediríamos, agrediríeis, agrediriam.

Subjuntivo – **presente**: agrida, agridas, agrida, agridamos, agridais, agridam; **pretérito imperfeito**: agredisse, agredisses, agredisse, agredíssemos, agredísseis, agredissem; **futuro**: agredir, agredires, agredir, agredirmos, agredirdes, agredirem.

Imperativo – **afirmativo**: agride, agrida, agridamos, agredi, agridam; **negativo**: não agridas, não agrida, não agridamos, não agridais, não agridam.

Formas Nominais – **infinitivo impessoal**: agredir; **infinitivo pessoal**: agredir, agredires, agredir, agredirmos, agredirdes, agredirem; **gerúndio**: agredindo; **particípio**: agredido.

Por *agredir* se conjugam todos estes verbos: *cerzir, denegrir, prevenir, progredir, regredir* e *transgredir*.

COBRIR

Indicativo – **presente**: cubro, cobres, cobre, cobrimos, cobris, cobrem; **pretérito perfeito**: cobri, cobriste, cobriu, cobrimos, cobristes, cobriram; **pretérito imperfeito**: cobria, cobrias, cobria, cobríamos, cobríeis, cobriam; **pretérito mais- -que-perfeito**: cobrira, cobriras, cobrira, cobríramos, cobríreis, cobriram; **futuro do presente**: cobrirei, cobrirás, cobrirá, cobriremos, cobrireis, cobrirão; **futuro do pretérito**: cobriria, cobririas, cobriria, cobriríamos, cobriríeis, cobririam.

Subjuntivo – **presente**: cubra, cubras, cubra, cubramos, cubrais, cubram; **pretérito imperfeito**: cobrisse, cobrisses, cobrisse, cobríssemos, cobrísseis, cobrissem; **futuro**: cobrir, cobrires, cobrir, cobrirmos, cobrirdes, cobrirem.

Imperativo – **afirmativo**: cobre, cubra, cubramos, cobri, cubram; **negativo**: não cubras, não cubra, não cubramos, não cubrais, não cubram.

Formas Nominais – **infinitivo impessoal**: cobrir; **infinitivo pessoal**: cobrir, cobrires, cobrir, cobrirmos, cobrirdes, cobrirem; **gerúndio**: cobrindo; **particípio**: coberto.

Por *cobrir* se conjugam estes verbos: *descobrir, dormir, engolir, recobrir* e *tossir*.

O verbo *engolir*, segundo o *Pequeno Vocabulário Ortográfico da Língua Portuguesa*, se conjuga por *fugir*. Assim, não agasalha as formas *engolimos, engolis*, que são as correntes no português contemporâneo.

FERIR

Indicativo – **presente**: firo, feres, fere, ferimos, feris, ferem; **pretérito perfeito**: feri, feriste, feriu, ferimos, feristes, feriram; **pretérito imperfeito**: feria, ferias, feria, feríamos, feríeis, feriam; **pretérito mais-que-perfeito**: ferira, feriras, ferira, feríramos, feríreis, feriram; **futuro do presente**: ferirei, ferirás, ferirá, feriremos, ferireis, ferirão; **futuro do pretérito**: feriria, feririas, feriria, feriríamos, feriríeis, feririam.

Subjuntivo – **presente**: fira, firas, fira, firamos, firais, firam; **pretérito imperfeito**: ferisse, ferisses, ferisse, feríssemos, ferísseis, ferissem; **futuro**: ferir, ferires, ferir, ferirmos, ferirdes, ferirem.

Imperativo – **afirmativo**: fere, fira, firamos, feri, firam; **negativo**: não firas, não fira, não firamos, não firais, não firam.

Formas Nominais – **infinitivo impessoal**: ferir; **infinitivo pessoal**: ferir, ferires, ferir, ferirmos, ferirdes, ferirem; **gerúndio**: ferindo; **particípio**: ferido.

Pelo verbo *ferir* se conjugam todos estes verbos: *aderir, advertir, aferir, aspergir, assentir, auferir, compelir, competir, concernir, conferir, conseguir, consentir, convergir, deferir, desferir, desmentir, despir, diferir, digerir, discernir, dissentir, divergir, divertir, expelir, gerir, impelir, inferir, ingerir, inserir, interferir, investir, mentir, perseguir, preferir, propelir, prosseguir, referir, refletir, repelir, repetir, ressentir, revestir, seguir, sentir, servir, sugerir, transferir, transvestir* ou *trasvestir* e *vestir*.

FUGIR

Indicativo – **presente**: fujo, foges, foge, fugimos, fugis, fogem; **pretérito perfeito**: fugi, fugiste, fugiu, fugimos, fugistes, fugiram; **pretérito imperfeito**: fugia, fugias, fugia, fugíamos, fugíeis, fugiam; **pretérito mais-que-perfeito**: fugira, fugiras, fugira, fugíramos, fugíreis, fugiram; **futuro do presente**: fugirei, fugirás, fugirá, fugiremos, fugireis, fugirão; **futuro do pretérito**: fugiria, fugirias, fugiria, fugiríamos, fugiríeis, fugiriam.

Subjuntivo – **presente**: fuja, fujas, fuja, fujamos, fujais, fujam; **pretérito imperfeito**: fugisse, fugisses, fugisse, fugíssemos, fugísseis, fugissem; **futuro**: fugir, fugires, fugir, fugirmos, fugirdes, fugirem.

Imperativo – **afirmativo**: foge, fuja, fujamos, fugi, fujam; **negativo**: não fujas, não fuja, não fujamos, não fujais, não fujam.

Formas Nominais – **infinitivo impessoal**: fugir; **infinitivo pessoal**: fugir, fugires, fugir, fugirmos, fugirdes, fugirem; **gerúndio**: fugindo; **particípio**: fugido.

Por *fugir* se conjugam: *acudir, bulir, consumir, cuspir, desentupir, entupir, escapulir, sacudir, subir* e *sumir.*

IR

Indicativo – **presente**: vou, vais, vai, vamos, ides, vão; **pretérito perfeito**: fui, foste, foi, fomos, fostes, foram; **pretérito imperfeito**: ia, ias, ia, íamos, íeis, iam; **pretérito mais-que-perfeito**: fora, foras, fora, fôramos, fôreis, foram; **futuro do presente**: irei, irás, irá, iremos, ireis, irão; **futuro do pretérito**: iria, irias, iria, iríamos, iríeis, iriam.

Subjuntivo – **presente**: vá, vás, vá, vamos, vades, vão; **pretérito imperfeito**: fosse, fosses, fosse, fôssemos, fôsseis, fossem; **futuro**: for, fores, for, formos, fordes, forem.

Imperativo – **afirmativo**: vai, vá, vamos, ide, vão; **negativo**: não vás, não vá, não vamos, não vades, não vão.

Formas Nominais – **infinitivo impessoal**: ir; **infinitivo pessoal**: ir, ires, ir, irmos, irdes, irem; **gerúndio**: indo; **particípio**: ido.

VIR

Indicativo – **presente**: venho, vens, vem, vimos, vindes, vêm; **pretérito perfeito**: vim, vieste, veio, viemos, viestes, vieram; **pretérito imperfeito**: vinha, vinhas, vinha, vínhamos, vínheis, vinham; **pretérito mais-que-perfeito**: viera, vieras, viera, viéramos, viéreis, vieram; **futuro do presente**: virei, virás, virá, viremos, vireis, virão; **futuro do pretérito**: viria, virias, viria, viríamos, viríeis, viriam.

Subjuntivo – **presente**: venha, venhas, venha, venhamos, venhais, venham; **pretérito imperfeito**: viesse, viesses, viesse, viéssemos, viésseis, viessem; **futuro**: vier, vieres, vier, viermos, vierdes, vierem.

Imperativo – **afirmativo**: vem, venha, venhamos, vinde, venham: **negativo**: não venhas, não venha, não venhamos, não venhais, não venham.

Formas Nominais – **infinitivo impessoal**: vir; **infinitivo pessoal**: vir, vires, vir, virmos, virdes, virem; **gerúndio**: vindo; **particípio**: vindo.

Por *vir* se conjugam: *avir-se, convir, desavir-se, intervir, provir* e *sobrevir.*

Dos verbos irregulares da 3.ª conjugação merecem destaque ainda:

ATRIBUIR

Indicativo – **presente**: atribuo, atribuis, atribui, atribuímos, atribuís, atribuem.

Por ele se conjugam estes verbos: *afluir, anuir, arguir, concluir, confluir, contribuir, constituir, defluir, desobstruir, destituir, diluir, diminuir, distribuir, estatuir, evoluir, excluir, fruir, incumbir, incluir, influir, instituir, instruir, obstruir, poluir, possuir, refluir, restituir, retribuir, substituir* e *usufruir*.

CAIR

Indicativo – **presente**: caio, cais, cai, caímos, caís, caem.

Por ele se conjugam estes verbos: *abstrair, atrair, contrair, decair, descair, distrair, esvair, extrair, recair, retrair, sair, sobressair, subtrair* e *trair*.

CONSTRUIR

Indicativo – **presente**: construo, constróis, constrói, construímos, construís, constroem.

Por ele se conjugam os verbos *destruir* e *reconstruir*.

O verbo *construir*, assim como *destruir* e *reconstruir*, admite formas duplas: *construis*, ao lado de *constróis*; *construi*, a par de *constrói*; e *construem*, a par de *constroem*. No português contemporâneo, contudo, tais formas não se impuseram e já se consideram desusadas ou arcaicas.

FRIGIR

Indicativo – **presente**: frijo, freges, frege, frigimos, frigis, fregem.

Subjuntivo – **presente**: frija, frijas, frija, frijamos, frijais, frijam.

Trata-se do único verbo cuja vogal **i** da penúltima sílaba passa a **e**, no presente do indicativo.

OUVIR

Indicativo – **presente**: ouço, ouves, ouve, ouvimos, ouvis, ouvem.

Subjuntivo – **presente**: ouça, ouças, ouça, ouçamos, ouçais, ouçam.

PARIR

Indicativo – **presente**: pairo, pares, pare, parimos, paris, parem.

Subjuntivo – **presente**: paira, pairas, paira, pairamos, pairais, pairam.

PEDIR

Indicativo – **presente**: peço, pedes, pede, pedimos, pedis, pedem.

Subjuntivo – **presente**: peça, peças, peça, peçamos, peçais, peçam.

Por *pedir* se conjugam: *desimpedir, despedir, expedir, impedir* e *medir*.

Os verbos *desimpedir, despedir, expedir* e *impedir* não são derivados de *pedir*; conjugam-se por este em virtude de uma falsa analogia: os antigos clássicos escreviam e diziam *desimpido, despido, expido* e *impido*.

Luiz Antonio Sacconi

POLIR

Indicativo – **presente**: pulo, pules, pule, polimos, polis, pulem.

Subjuntivo – **presente**: pula, pulas, pula, pulamos, pulais, pulam.

Por ele se conjuga *sortir*.

REMIR

Só possui as formas arrizotônicas; as pessoas que lhe faltam são supridas pelas do sinônimo *redimir*. Assim, o verbo *remir*, que é regular, porém defectivo, conjuga-se desta forma:

Indicativo – **presente**: redimo, redimes, redime, remimos, remis, redimem.

Subjuntivo – **presente**: redima, redimas, redima, redimamos, redimais, redimam.

RIR

Indicativo – **presente**: rio, ris, ri, rimos, rides, riem.

Por ele se conjuga *sorrir*.

Importante

O verbo *submergir* assim se conjuga no presente do indicativo: *submerjo* (ê), *submerges* (é), *submerge* (é), *submergimos submergis, submergem* (é). Por ele se conjugam *emergir* e *imergir*, que já não são defectivos na língua contemporânea.

22. Verbos que apresentam particularidade quanto à pronúncia.

Aguar

Presente do indicativo: *águo* (ou *aguo*), *águas* (ou *aguas*), *água* (ou *agua*), *aguamos, aguais, águam* (ou *aguam*). Presente do subjuntivo: *águe* (ou *ague*), *águes* (ou *agues*), *águe* (ou *ague*), *aguemos, agueis, águem* (ou *aguem*).

Por *aguar* conjugam-se *desaguar, enxaguar* e *minguar*.

Apaziguar

Presente do indicativo: *apazigua* (ou *apazígua*), *apaziguas* (ou *apazíguas*), *apazigua* (ou *apazígua*), *apaziguamos, apaziguais, apaziguam* (ou *apazíguam*).

Presente do subjuntivo: *apazigúe* (ou *apazígue*), *apazigúes* (ou *apazígues*), *apazigúe* (ou *apazígue*), *apaziguemos, apazigueis, apazigúem* (ou *apazíguem*).

Por *apaziguar* conjugam-se *averiguar* e *obliquar*.

Impugnar

Presente do indicativo: *impugno* (púg), *impugnas* (púg), *impugna* (púg), *impugnamos, impugnais, impugnam* (púg).

Presente do subjuntivo: *impugne* (púg), *impugnes* (púg), *impugne* (púg), *impugnemos, impugneis, impugnem* (púg).

Assim se conjugam e pronunciam também: *pugnar, dignar-se* e *indignar-se*.

Mobiliar

Nas formas rizotônicas, têm o acento tônico na sílaba *bi*.

Presente do indicativo: *mobílio, mobílias, mobília, mobiliamos, mobiliais, mobíliam.*

Presente do subjuntivo: *mobílie, mobílies, mobílie, mobiliemos, mobilieis, mobíliem.*

Mobiliar é regular na escrita, mas irregular na pronúncia. Trata-se do único verbo que termina em *-iliar* com tal pronúncia. O verbo *auxiliar* assim se pronuncia: *auxilio, auxilias,* etc. O mesmo se diz de *filiar* e *reconciliar*.

Optar

Nas formas rizotônicas, o acento prosódico deve estar no **o**.

Presente do indicativo: *opto, optas, opta, optamos, optais, optam.* Presente do subjuntivo: *opte, optes, opte, optemos, opteis, optem.*

Ritmar

Presente do indicativo: *ritmo, ritmas, ritma, ritmamos, ritmais, ritmam.* Presente do subjuntivo: *ritme, ritmes, ritme, ritmemos, ritmeis, ritmem.*

23. Conjugação de um verbo pronominal: zangar-se

ZANGAR-SE

Indicativo – **presente**: zango-me, zangas-te, zanga-se, zangamo-nos, zangais-vos, zangam-se; **pretérito perfeito**: zanguei-me, zangaste-te, zangou-se, zangamo-nos, zangastes-vos, zangaram-se; **pretérito imperfeito**: zangava-me, zangavas-te, zangava-se, zangávamo-nos, zangáveis-vos, zangavam-se; **pretérito mais-que--perfeito**: zangara-me, zangaras-te, zangara-se, zangáramo-nos, zangáreis-vos, zangaram-se; **futuro do presente**: zangar-me-ei, zangar-te-ás, zangar-se-á, zangar--nos-emos, zangar-vos-eis, zangar-se-ão; **futuro do pretérito**: zangar-me-ia, zangar--te-ias, zangar-se-ia, zangar-nos-íamos, zangar-vos-íeis, zangar-se-iam.

Subjuntivo – **presente**: me zangue, te zangues, se zangue, nos zanguemos, vos zangueis, se zanguem; **pretérito imperfeito**: me zangasse, te zangasses, se zangasse, nos zangássemos, vos zangásseis, se zangassem; **futuro**: me zangar, te zangares, se zangar, nos zangarmos, vos zangardes, se zangarem.

Imperativo – **afirmativo**: zanga-te, zangue-se, zanguemo-nos, zangai-vos, zanguem-se; **negativo**: não te zangues, não se zangue, não nos zanguemos, não vos zangueis, não se zanguem.

Formas Nominais – **infinitivo impessoal**: zangar-se; **infinitivo pessoal**: zangar-me, zangares-te, zangar-se, zangarmo-nos, zangardes-vos, zangarem-se; **gerúndio**: zangando-se; **particípio** (não se usa com pronome enclítico).

Observe que o **s** final desaparece em todas as primeiras pessoas do plural, com pronome enclítico.

No futuro, o pronome é mesoclítico (usado no meio do verbo), porque não se usa pronome depois de nenhuma forma de futuro.

No modo subjuntivo, o pronome vem proclítico (antes do verbo), porque suas formas geralmente vêm antecedidas de uma conjunção, que é fator de atração do pronome oblíquo.

Testes e exercícios

1. Use a forma correta dos verbos em destaque, no presente do indicativo ou no presente do subjuntivo:
a) Eu desejo que você *progredir* na vida.
b) Eu não *progredir* como vocês *progredir*.
c) Não quero que você *cuspir* no chão nem em lugar nenhum.
d) Espero que a polícia *intervir* no caso.
e) Alguém não quer que nós *ouvir* a conversa.
f) Que nojo: você *cuspir* em todo lugar!
g) Eu não *cuspir* onde vocês *cuspir*.
h) O que vocês *descobrir* em um dia, eu *descobrir* num minuto.
i) Eles não querem que nós *cuspir* no chão.
j) Não aceito que você *despedir* esse funcionário.
k) Eu *despedir* quem eu quero.
l) Espero que vocês *ir* à praia conosco amanhã.
m) Eles querem que nós *ir* bem cedo à praia.
n) Tu não *ir*, mas nós *ir* à praia.
o) Vós *sorrir*, mas eles não *sorrir*.
p) Tu *rir*, mas eu não *rir*.
q) Não querem que nós *rir* de ninguém.
r) Enquanto vocês *pedir* ajuda, ele *fingir* que está morto.
s) A cozinheira não *frigir* ovos tão bem como eu *frigir*.
t) Espero que você *frigir* os ovos como eles *frigir*.
u) *Desfranzir* a testa, porque os raios de sol já não me atingem em cheio no rosto.
v) Manuel, aquele senhor quer que você *polir* o carro dele ainda hoje.
w) Nós nos *desavir* constantemente com os diretores da empresa.
x) Os pássaros *escapulir* todos os dias da gaiola.
y) Todos querem evitar que os pássaros *escapulir* da gaiola.
z) Eu *polir* meu carro todos os meses. Você não *polir*?

2. Use a forma correta dos verbos em destaque:
a) A polícia não tinha *intervir* na briga até aquele momento.
b) Eu *intervir* na briga, porque senti que devia.
c) Eles não *intervir* quando foi necessário.
d) Se vocês não *intervir* em meus assuntos, agradecerei.
e) Se vocês não *intervir* em meus assuntos, agradeceria.
f) Eles *intervir* sempre que podiam.
g) Eles haviam *intervir* em tudo.
h) Quem *intervir* no mercado poderá arrepender-se.
i) Espero que a polícia *intervir* na briga.
j) Logo que *vir* com desculpas descabidas, deixe-os falando sozinhos!
k) Ontem a polícia *intervir*, mas quem garante que hoje ela *intervir*?
l) Espero que você não *transgredir* as regras do jogo.
m) Os diretores esperam que ninguém *denegrir* o clube, usando trajes sumários.
n) Querem que nós *aderir* à candidatura dele.
o) Todos esperam que eu *auferir* enormes lucros.

Nossa gramática simplificada

p) Ninguém quer que você se *consumir* em drogas.
q) Ontem o rapaz se *avir* com a namorada, mas hoje já se *desavir* novamente.
r) *Vir* logo, que te esperam! *Ouvir* as súplicas do vosso filho!
s) *Intervir* logo nessa discussão que tanto te irrita!
t) *Pedir* desculpas a teus pais! Nunca lhes *desobedecer* mais!
u) *Sorrir*, que nos fará bem! *Sorrir*, que vos fará bem!
v) *Intervir* logo nesse caso que tanto nos irrita!
w) *Avir*-se logo com sua namorada, porque se não se *avir*, ficará malvisto!
x) *Avir-se* logo com tua namorada, porque se não *se avir*, ficarás malvisto!
y) *Avir-se* logo com nossos colegas, porque se não *se avir*, ficaremos malvistos!
z) *Avir-se* logo com vossos colegas, porque se não *se avir*, ficareis malvistos!

3. Use a forma nominal adequada do verbo em destaque:
a) Tínhamos *cobrir* as crianças. Tínhamos ou não tínhamos *cobrir*?
b) Todos haviam *descobrir* nosso plano. Haviam ou não haviam *descobrir*?
c) Alguns têm *encobrir* a verdade. Têm ou não têm *encobrir*?
d) Estávamos *ir* aonde nunca tínhamos *ir*.
e) Estávamos *vir* de onde nunca tínhamos *vir*.
f) Ela vinha *vir*, e eu ia *ir*.
g) Valeu a pena *vir* para cá depois de tantos aborrecimentos por que passaste?
h) Valeu a pena *vir* para cá depois de tantos aborrecimentos por que passamos?
i) Acho bom *ir* embora logo, para que não te vejam.
j) Acho bom *ir* embora logo, para que não nos vejam.

4. Use a forma correta dos verbos em destaque no pretérito perfeito do indicativo:
a) Nunca *intervir* em assuntos que não me dizem respeito.
b) Os dois amigos se *desavir* por motivos fúteis.
c) *Convir* em que tudo nos favorecia.
d) *Convir* em que tudo me favorecia.
e) Nunca *vir* por este caminho que agora percorremos.
f) Nunca *ir* por este caminho que agora percorres?
g) O homem *desfranzir* a testa.
h) *Cobrir* os pés, porque sentíamos muito frio.
i) As crianças *tossir* a noite inteira.
j) *Convir* em que tudo o favorecia.

5. Use a forma correta dos verbos em destaque no imperativo:
a) *Ouvir* a voz da nossa consciência!
b) *Fazer* tempestade em copo d'água, *fazer*, que és assim mesmo!
c) Antes de falares, *refletir* no que vais dizer!
d) *Medir* as consequências de teus atos!
e) Não *intervir* onde não és chamado!
f) *Intervir* somente em assuntos que te dizem respeito!
g) *Rir* das vossas desgraças, que vos sentireis mais felizes!
h) *Ir* com Deus, que mereceis!
i) *Ir* com Deus, que mereces!
j) *Vir* com fé, que alcançareis a graça!

6. Use a forma correta dos verbos em destaque, no tempo e modo convenientes:
a) Elisa recomendou-lhe que não *intervir* na discussão.
b) Juçara, prepare-se, pois nós *vir* aqui agora para lhe trazer boas novas.
c) Escolherei os que me *convir*; farei aquilo que melhor nos *convir*.

Luiz Antonio Sacconi

d) Escolheremos aquilo que nos *convir*; faremos aquilo que melhor nos *convir*.
e) Espero, sinceramente, que vocês *ir* bem nos exames.
f) Quem *vir* amanhã saberá do resultado. Você *vir* aqui amanhã?
g) Querem que nós *vir* aqui amanhã. Se *vir*, não poderemos viajar.
h) Mesmo que a gata *parir* hoje, não poderemos viajar amanhã.
i) É muito natural que as opiniões *divergir*.
j) Quero que tu *polir* os para-choques e que eles *polir* os para-lamas.

7. Complete os espaços com a forma correta dos verbos dados, no presente do indicativo ou no presente do subjuntivo, conforme convier:
a) *Ouvir*, eu não ...; espero que eles ...
b) *Intervir*, eu não ...; espero que eles...
c) *Denegrir* sua imagem, eu não ...; espero que ninguém a ...
d) *Transgredir* a lei, nós não ...; querem, porém, que vocês a ...
e) *Engolir* a pílula, nós não ...; querem que vocês a ... ?
f) *Competir*, eu não ...; querem que eu ..., mas eu não vou competir.
g) *Entupir* os bueiros, os plásticos ...; o povo espera que nenhum plástico mais ... os bueiros.
h) *Desavir-se*, eu sempre ...; querem, porém, que eu sempre ... .
i) *Submergir*, eu ... sempre; querem que vocês também ... ?
j) *Extinguir* o incêndio, eu ...; querem que você também o ... ?

Soluções dos testes e exercícios
1. a) progrida b) progrido; progridem c) cuspa d) intervenha e) ouçamos f) cospe g) cuspo; cospem h) descobrem; descubro i) cuspamos j) despeça k) despeço l) vão m) vamos n) vais; vamos o) sorrides; sorriem p) ris; rio q) riamos r) pedem; finge s) frige; frijo t) frija; frigem u) Desfranzo v) pula w) desavimos x) escapolem y) escapulam z) pulo; pule **2.** a) intervindo b) intervim c) intervieram d) intervierem e) interviessem f) intervinham g) intervindo h) intervier i) intervenha j) vierem k) interveio; intervirá l) transgrida m) denigra n) adiramos o) aufira p) consuma q) aveio; desaveio r) Vem; Ouvi s) Intervém t) Pede; desobedeças u) Sorriamos; Sorride v) Intervenhamos w) Avenha; avier x) Avém-te; te avieres y) Avenhamo-nos; nos aviermos z) Avinde-vos; vos avierdes **3.** a) coberto; coberto b) descoberto; descoberto c) encoberto; encoberto d) indo; ido e) vindo; vindo f) vindo; indo g) vires h) virmos i) ires j) irmos **4.** a) intervim b) desavieram c) Conviemos d) Convim e) viemos f) foste g) desfranziu h) Cobrimos i) tossiram j) Conveio **5.** a) Ouçamos b) Faz (ou Faze); faz (ou faze) c) reflete d) Mede e) intervenhas f) Intervém g) Ride h) Ide i) Vai j) Vinde **6.** a) interviesse b) vimos c) convierem; convier d) convier; convier e) vão f) vier; virá (ou vem) g) venhamos; viermos h) paira i) divirjam j) pulas; pulam **7.** a) ouço; ouçam b) intervenho; intervenham c) denigro; denigra d) transgredimos; transgridam e) engolimos; engulam f) compito; compita g) entopem; entupa h) me desavim; me desavenha i) submerjo; submerjam j) extingo; extingam

Dos concursos e vestibulares (testes e exercícios gerais sobre verbo)

1. (UM-SP) Em qual das alternativas todos os verbos estão em tempos do pretérito?
a) Chamei-lhe a atenção porque teria observado de perto seu progresso.
b) Concordei que assim era, mas aleguei que a velhice estava agora no domínio da compensação.
c) Lembra-me de o ver erguer-se assustado e tonto.
d) Meu pai respondia a todos os presentes que eu seria o que Deus quisesse.
e) Se advertirmos constantemente essa moça, perderemos uma excelente profissional.

2. (GDF-SEA-IDR) O verbo *ser* está flexionado incorretamente em:
a) É importante que tu sejas sempre atencioso.

Nossa gramática simplificada

b) Seria ótimo se tu fosses premiado.
c) Tu fostes o responsável pelo relatório.
d) Sê pontual para seres promovido!
e) Queremos que ele seja um bom funcionário.

3. (FUVEST-SP) Em *Queria* **que me ajudasses**, o trecho destacado pode ser substituído por:
a) a sua ajuda   b) a vossa ajuda   c) a ajuda de vocês   d) a ajuda deles   e) a tua ajuda

4. (FAAP-SP) Nas frases que seguem, corrija as formas verbais em que haja erro, reescrevendo-as corretamente:
a) Com licença, meu senhor: permita que nós subimos e descemos pelo elevador.
b) Se nós exigirmos pouco e ainda darmos muitas facilidades, duvido que conseguimos bons resultados.

5. (Famih-MG) Em qual dos verbos a seguir, a vogal temática não aparece no infinitivo?
a) minta b) colore c) descubra d) pôr e) entenda

6. (FUVEST-SP) Reescreva as frases abaixo, substituindo convenientemente as formas verbais destacadas pelos verbos colocados entre parênteses:
a) Se você se *colocasse* em meu lugar, perceberia melhor o problema. (**pôr**)
b) Quando *descobrirem* o logro em que caíram, ficarão furiosos. (**ver**)

7. (USF-SP) Transpondo para a voz passiva a frase: **O acaso provoca muitas vezes grandes descobertas**, obtém-se a forma verbal:
a) tem provocado   b) é provocado   c) são provocadas
d) foram provocadas   e) foi provocado

8. (OSEC-SP) Transpondo para a voz passiva a frase: **Os alunos cumprimentavam respeitosamente aquele professor**, obtém-se a forma verbal:
a) foi cumprimentado   b) era cumprimentado   c) foram cumprimentados
d) ia sendo cumprimentado   e) tinha sido cumprimentado

9. (VUNESP-SP) **Os projetos não foram executados conforme as especificações.**
Se transpusermos essa oração para a voz passiva pronominal, o resultado será:
a) Não se executaram os projetos conforme as especificações.
b) Não se executou os projetos conforme as especificações.
c) Não se executa os projetos conforme as especificações.
d) Não se executarão os projetos conforme as especificações.
e) Não se executamos projetos conforme as especificações.

10. (FUVEST-SP) Não ... cerimônia, ... que a casa é ..., e ... à vontade!
a) faças – entre – tua – fique
b) faça – entre – sua – fique
c) faças – entra – sua – fica
d) faz – entra – tua – fica
e) faça – entra – tua – fique

11. (FCMPA-MG) Complete as lacunas com os verbos **intervir** e **deter** no pretérito perfeito do indicativo: **A polícia ... no assalto e ... os ladrões**.

Luiz Antonio Sacconi

12. (UNIP-SP) Embora ... colaborar, só aceitaríamos a proposta se ... garantias do governo.
a) nos dispôssemos a – obtêssemos
b) nos dispuséssemos a – obtêssemos
c) dispuséssemo-nos a – obtivéssemos
d) nos dispuséssemos a – obtivéssemos
e) nos dispôssemos a – obtivéssemos

13. (FUVEST-SP) Reescreva as frases abaixo, obedecendo ao modelo:
*Se ele voltar cedo, eu também **voltarei.***
a) Se ele viu o filme, eu também vi.
b) Se tu te dispuseste, eu também me dispus.

14. (FUVEST-SP) Passe o texto para a forma negativa: **Saia daqui! Foge! Abandona o que é teu e esquece-me!**

15. (FUVEST-SP) Coloque na forma adequada os verbos entre parênteses:
a) Ficarei feliz se você ... a calma. (manter)
b) Quando ele ... na disputa, foi inábil. (intervir)

16. (MAPOFEI-SP) Ponha os verbos a seguir no presente do subjuntivo, começando as frases com as palavras **É preciso que nós**:
a) saber   b) ver   c) divertir-se   d) recear   e) ir

17. (FATEC-SP) Identifique a alternativa em que aparece uma forma verbal errada:
a) Trar-te-ei ostras para o jantar.
b) Se de ostras você me provesse, ótimo jantar teríamos.
c) Nada reaveria eu, ainda que tudo você reouvesse.
d) Desdizer-te-íamos se tu afirmasses o que pretendias dizer.
e) Prouvera a Deus que tudo não passasse de ameaças.

18. (CESCEA-SP) Identifique a alternativa em que um dos verbos foi usado na voz passiva pronominal (passiva sintética):
a) Ao longo dessa estrada, desdobra-se uma cadeia de montanhas.
b) Ao longo dessa estrada, souberam amar-se em silêncio.
c) Eles nunca se importaram com ninguém.
d) Abandonaram a brincadeira, pois podiam machucar-se seriamente.
e) *Não há, ó gente ó não, luar como este do sertão.*

19. (ESAN-SP) Assinale a alternativa em que há um verbo defectivo:
a) Demoliram vários prédios naquele local.
b) Eles se correspondem frequentemente.
c) Estampava no rosto um sorriso, um sorriso de criança.
d) Compramos muitas mercadorias remarcadas.
e) Coube ao juiz julgar o réu.

20. (FCMSC-SP) Observando os três exemplos a seguir:
1) Essa obra **foi impressa** na minha gráfica particular.
2) A gravura de Tuneu **foi imprimida** em verde e azul.
3) **Foi imprimida** grande velocidade na impressão das gravuras.

Nota-se que o emprego do particípio de **imprimir** está correto:
a) só em 1   b) só em 2   c) só em 3
d) só em 2 dos exemplos   e) nos 3 exemplos

21. (F. Objetivo) Dos verbos abaixo, assinale o único que não apresenta duplo particípio:
a) abrir   b) imprimir   c) eleger   d) morrer   e) enxugar

22. (FUVEST-SP) **Ele ... a seca e ... a casa de mantimentos.**
a) preveu – proveu   b) prevera – previra   c) previra – proviera
d) preveu – provera   e) previu – proveu

23. (FATEC-SP) Identifique a frase errada:
a) Se a resposta condissesse com a pergunta...
b) Poucos reaveram o que arriscaram em jogos.
c) Não que não antepuséssemos alguém a você.
d) Não tenha dúvida, refaremos isso tantas vezes quantas forem necessárias.
e) Se não nos virmos mais, tenha boas férias!

24. (USF-SP) **Embora suas opiniões ... sempre discordantes, eles nunca ... realmente zangados.**
a) sejem – estiveram   b) sejam – estiveram   c) sejem – estiveram
d) sejam – tiveram   e) sejem – tiveram

25. (FUEL-PR) **Se você se... calmo quando ela ..., poderá atendê-lo com maior eficiência.**
a) manter – vir   b) mantiver – vier   c) manter – vim
d) mantiver – vim   e) manter – vier

26. (PUCC-SP) Assinale a alternativa que contém voz passiva:
a) Tínhamos apresentado diversas opções.
b) Dorme-se bem naquele hotel.
c) Precisa-se de gerente de vendas.
d) Difundia-se o boato de que haveria racionamento.
e) n.d.a.

27. (ITA-SP) Dadas as afirmações:
    1) quis + o = qui-lo
    2) **Elegido** é forma não aceita de *eleger*.
    3) **Pegado** é forma não aceita de *pegar*.
constatamos que está (estão) correta(s):
a) só a 1   b) só a 2   c) só a 3   d) todas   e) n.d.a.

28. (FEI-SP) Em todas as frases, os verbos estão na voz passiva, exceto em:
a) João e Paulo agrediram-se durante a discussão.
b) A partir de hoje, abrir-se-ão novos horizontes.
c) Ainda não se lançaram as redes ao mar.
d) Já se têm feito muitas experiências.
e) Dão-se aulas particulares nessa casa.

29. (MACK-SP) Identifique a frase errada:
a) Se você se antepuser à realização desta prova com obstáculos, ele se anteporá às condições ambientais.

Luiz Antonio Sacconi

b) Quando obtiverdes as verbas necessárias, tereis representado um passo a mais na educação.
c) Se eu mantiver a calma que provém da compenetrada paciência, não incorrerei no mesmo deslize.
d) Se algum dia a vires distraída, avise-me imediatamente!
e) Alguns cientistas creem que os homens que têm número maior de glóbulos vermelhos contêm índices de genialidade.

30. (USF-SP) **Se realmente se ... a trabalhar mais e não se ... diante dos obstáculos, acabaria vencendo.**
a) dispuzesse – detesse   b) disposse – detivesse   c) dispusesse – detesse
d) dispusesse – detivesse   e) disposse – detesse

31. (FMIt-MG) Em que frase a forma verbal não está flexionada corretamente?
a) Eu águo as flores que sua mãe planta.
b) Ninguém creu no que ela declarou.
c) Se pores tudo em ordem, ficarei satisfeito.
d) Foi aos gritos que ela interveio na discussão.
e) Eu moo o grão, você depois faz o pão.

32. (CESGRANRIO-RJ) Assinale o período em que aparece uma forma verbal incorretamente empregada com relação à norma-padrão da língua:
a) Se o compadre trouxesse a rabeca, a gente do ofício ficaria exultante.
b) Quando verem o Leonardo, ficarão surpresos com os trajes que usava.
c) Leonardo propusera que se dançasse o minueto da corte.
d) Se o Leonardo quiser, a festa terá ares aristocráticos.
e) O Leonardo não interveio na decisão da escolha do padrinho do filho.

33. (FEC-TJ-RJ) Assinale a alternativa em que há erro de conjugação verbal:
a) Era necessário que o governo impusesse medidas para baratear os produtos editoriais.
b) Se o trabalhador dispuser de adequadas bibliotecas, ter-se-á dado um importante passo para o desenvolvimento cultural do país.
c) Seria de todo desejável que a classe trabalhadora se entretivesse mais com a leitura de livros e revistas.
d) Era importante que se contradissesse, com as evidências disponíveis a afirmação de que o trabalhador rejeita a leitura.
e) O trabalhador quase não tem intervido nas discussões sobre a comercialização de produtos editoriais.

34. (MACK-SP) Identifique a frase errada:
a) A mãe previu no filho aquela personalidade marcante.
b) O próprio garoto precaviu-se contra aquele mal.
c) Missão sublime o detivera aqui neste universo humano.
d) O mestre não interveio a tempo na solução daquele problema.
e) Mesmo com a mente iludida, o jovem reouve a consciência da trágica situação.

35. (FAAP-SP) Dê nova redação à frase seguinte, passando-a para a voz ativa:
Ela foi nomeada tutora.

36. (CESGRANRIO-RJ) Há, em português, verbos ditos anômalos, porque possuem mais de uma raiz; um deles aparece numa das frases seguintes. Identifique-a:
a) Um raio de sol basta...

Nossa gramática simplificada

b) ... eles a princípio andam de ouvido em ouvido...
c) Aires acompanha-os, e não dizia nada...
d) As damas continuavam a rir...
e) Iam de passeio à Quitandinha, a cavalo...

37. (FUVEST-SP) Assinale a alternativa em que uma forma verbal foi empregada incorretamente:
a) O superior interveio na discussão, evitando a briga.
b) Se a testemunha depor favoravelmente, o réu será absolvido.
c) Quando eu reouver o dinheiro, pagarei a dívida.
d) Quando você vir Campinas, ficará extasiado.
e) Ele trará o filho, se vier a São Paulo.

38. (EFEI-MG) Dê o particípio irregular de **concluir**.

39. (F.C.Chagas) **Não te ... com essas mentiras que ... da ignorância.**
a) aborreces – proveem   b) aborreça – provém   c) aborreças – provêm
d) aborreça – proveem   e) aborreças – provém

40. (CESGRANRIO-RJ) Assinale o verbo abundante:
a) coser b) olhar c) haver d) vir e) defenestrar

41. (CESESP-PE) Assinale a alternativa que estiver incorreta quanto à flexão dos verbos:
a) Ele teria pena de mim se aqui viesse e visse o meu estado.
b) Paulo não intervém em casos que requeiram profunda atenção.
c) O que nos propomos a ti, sinceramente, convém-te.
d) Se eles reouverem suas forças, obterão boas vitórias.
e) Não se premiam os fracos que só obteram derrotas.

42. (F.Carlos Chagas-PR) Transpondo para a voz ativa a frase **O filme ia ser dirigido por um cineasta ainda desconhecido**, obtém-se a forma verbal:
a) dirigirá   b) dirigir-se-á   c) vai dirigir   d) será dirigido   e) ia dirigir

43. (UNESP) Explicou **que aprendera aquilo de ouvido**. Transpondo a oração em destaque para a voz passiva, temos a seguinte forma verbal:
a) tinha sido aprendido   b) era aprendido c) fora aprendido
d) tinha aprendido   e) aprenderia

44. (UCDB-MT) Assinale a alternativa em que a oração não está na voz passiva:
a) Supervisionaram a obra com cuidado.
b) Supervisionou-se a obra com cuidado.
c) A obra foi supervisionada com cuidado.
d) Supervisionara-se a obra com cuidado.
e) A obra tinha sido supervisionada com cuidado.

45. (VUNESP-SP) **A grosseria de Deus me feria e insultava-me.** Transcreva no:
a) pretérito perfeito do indicativo
b) pretérito mais-que-perfeito do indicativo

46. (FUVEST-SP) **Voltemos** à casinha. Dê o modo verbal a que pertence a forma destacada. Dê também a forma da 2.ª pessoa do plural correspondente à forma verbal destacada.

225

Luiz Antonio Sacconi

47. (Famih-MG) Existe verbo defectivo em:
a) É possível que façamos as tarefas impostas.
b) A criança, resolvendo exercícios escolares, coloriu o desenho.
c) Quando eu o vir, darei o recado.
d) Haja o que houver, não peça favores!
e) Deu no jornal, todos lemos as notícias.

48. (ESPM-SP) Passe a oração a seguir da voz passiva analítica para a sintética:
Sejam feitas as apostas, enquanto são elaborados os novos planos.

49. (FUVEST-SP) Assinale a frase em que aparece o pretérito mais-que-perfeito do verbo **ser**:
a) Não seria o caso de você se acusar?
b) Quando cheguei, ele já se fora, muito zangado.
c) Se não fosse ele, tudo estaria perdido.
d) Bem depois se soube que não fora ele o culpado.
e) Embora não tenha sido divulgado, soube-se do caso.

50. (Magistério-MG) Passando para a 2.ª pessoa a frase **Sente-se, pegue sua prova, leia-a e restrinja-se a responder ao que lhe foi proposto**, teremos:
a) Sente-te, pegue tua prova, lê-a e restringe-te a responder ao que lhe foi proposto.
b) Senta-te, pega tua prova, lê-a e restringe-te a responder ao que te foi proposto.
c) Sentai-vos, pegai vossa prova, leiai-a e restringi-vos a responder ao que vos foi proposto.
d) Senta-te, pegue sua prova, leia-a e restringe-te a responder ao que te foi proposto.
e) Sentai-vos, pegai vossa prova, leiai-a e restringi-vos a responder ao que vos foi proposto.

Soluções dos testes e exercícios
1. b) **2.** c) **3.** e) **4.** a) Com licença, meu senhor: permita que nós **subamos** e **desçamos** pelo elevador. b) Se nós exigirmos pouco e ainda **dermos** muitas facilidades, duvido que **consigamos** bons resultados. **5.** d) **6.** a) pusesse b) virem **7.** c) **8.** b) **9.** a) **10.** b) **11.** interveio; deteve **12.** d) **13.** a) Se ele vir o filme, eu também verei. b) Se tu te dispuseres, eu também me disporei. **14.** Não saias daqui! Não fujas! Não abandones o que é teu e não me esqueças! **15.** a) mantiver b) interveio **16.** a) saibamos b) vejamos c) nos divirtamos d) receemos e) vamos **17.** e) **18.** a) **19.** a) **20.** d) **21.** a) **22.** e) **23.** b) **24.** b) **25.** b) **26.** d) **27.** a) **28.** a) **29.** d) (**vires** = 2.ª pessoa; **avise** = 3.ª pessoa; falta de uniformidade de tratamento) **30.** d) **31.** c) **32.** b) **33.** e) **34.** b) **35.** Nomearam-na tutora. **36.** a) **37.** b) **38.** concluso **39.** c) **40.** c) (*havemos/hemos*) **41.** e) **42.** e) **43.** d) **44.** a) **45.** a) A grosseria de Deus me feriu e insultou-me. b) A grosseria de Deus me ferira e insultara-me. **46.** imperativo; voltai **47.** b) **48.** Façam-se as apostas, enquanto se elaboram os novos planos. **49.** d) **50.** b)

Lição 17
ADVÉRBIO

1. O que é advérbio. Comecemos com estes exemplos:
- Estudei *muito*.
Muito é advérbio porque modifica verbo.
- Esta cidade é *muito* grande.
Muito é advérbio, porque modifica adjetivo.
- Ainda é *muito* cedo.
Muito é advérbio, porque modifica outro advérbio.

Advérbio é, assim, a palavra que modifica verbo, adjetivo ou — até — outro advérbio.

2. Os principais tipos de advérbios. Eis os principais tipos de advérbios:
- *de lugar:* aqui, ali, aí, lá, perto, longe, atrás, acima, etc.
- *de tempo:* hoje, amanhã, ontem, cedo, tarde, nunca, jamais, etc.
- *de modo:* bem, mal, assim, apenas, depressa, devagar, etc.
- *de intensidade:* muito, pouco, tão, bastante, mais, menos, etc.
- *de afirmação:* sim, deveras, certamente, realmente, etc.
- *de negação*: não, absolutamente, tampouco, etc.
- *de dúvida:* talvez, quiçá, porventura, acaso, provavelmente, etc.

Em rigor, *nunca* e *jamais* expressam simultaneamente as ideias de tempo e de negação e se classificam com mais propriedade entre os advérbios de tempo.
Existem ainda os advérbios interrogativos: *quando* (de tempo), *como* (de modo), *onde* (de lugar) e *por que* (de causa). Somente são advérbios interrogativos quando aparecem em orações interrogativas, naturalmente.

3. Locução adverbial. O conjunto de duas ou mais palavras com o valor ou a função de advérbio recebe o nome de *locução adverbial*. Ex.: *a pé, a domicílio, a esmo, de vez em quando* e *de cor* são algumas das locuções adverbiais existentes em nossa língua.

4. Os graus do advérbio. São dois os graus do advérbio: o *comparativo* e o *superlativo*. O comparativo pode ser:
- *de igualdade:* Ela acorda *tão* cedo *quanto* (ou *como*) eu.
- *de superioridade:* Ela acorda *mais* cedo *que* (ou *do que*) eu.
- *de inferioridade:* Ela acorda *menos* cedo *que* (ou *do que*) eu.

Quanto ao grau *superlativo*, existe apenas o **absoluto**, que se subdivide em *sintético* (falei *calmamente*) e *analítico* (falei *muito calmo*). Não existe o grau superlativo relativo. Quando usamos antes de um advérbio *o mais* ou *o menos*, seguido da palavra *possível*, ou de qualquer expressão de sentido equivalente, formamos um superlativo que indica o limite da possibilidade. Ex.: Cheguei *o mais* cedo *possível*. *** Venha *o mais* depressa *que puder*! *** Procure ser *o menos* lento *possível* na corrida!

Observações importantes

1) *Muito, pouco, bastante, mais, menos, tanto* e *quanto,* quando modificam substantivo, são adjetivos: *muito* homem, *pouca* gente, *mais* amor e *menos* confiança, *bastantes* mulheres, *tantas* fichas, *quantos* alunos, etc.

2) *Nada* é advérbio quando modifica adjetivo:
- Ele não está *nada* bom.
- Ela não ficou *nada* contente.
Junto de verbo, *nada é* pronome:
- *"Nada* é tão vergonhoso como ser velho e não ser sábio".
- "O fim da vida é triste; o meio não vale *nada;* e o princípio é ridículo!".

3) *Algo* também é advérbio quando modifica adjetivo:
- Ele está *algo* irritado.
= Ele está *um tanto* irritado.
- Ela ficou *algo* desconfiada.
= Ela ficou *um tanto* desconfiada.
Em qualquer outra circunstância, é pronome:
- *Algo* está errado aqui.
= *Alguma coisa* está errada aqui.
- Dê-me *algo* para beber!
= Dê-me *alguma coisa* para beber!

4) Aparecendo na frase vários advérbios terminados em *-mente,* só o último recebe o sufixo:
- Esperei *calma* e *tranquilamente* o desfecho do caso.
- Isto é *inegável* e *indubitavelmente* um roubo!
Querendo ênfase, cada advérbio poderá vir com o sufixo:
- Esperei *calmamente* e *tranquilamente o* desfecho do caso.
- Isto é *inegavelmente* e *indubitavelmente* um roubo!
- *"Logicamente, juridicamente* e *tradicionalmente* não há outra maneira legítima de nos exprimir" (RUI BARBOSA).

5) *Melhor* e *pior,* comparativos dos advérbios *bem* e *mal,* não podem confundir-se com os comparativos dos adjetivos *bom* e *mau.* São comparativos adverbiais quando modificam verbo; são comparativos adjetivos, quando modificam substantivo:
- O que fiz, *melhor* (= mais bem) o sabes tu.
- *Melhor* (= Mais bom) é o coração que a cabeça.
- Quanto *pior* (= mais mau), *melhor* (mais bom).

- Estas são as *melhores* (= mais boas) alunas da classe.
- Fomos os *piores* (= mais maus) jogadores em campo.
- Quem se comportou *pior* (= mais mal) foram exatamente as meninas.
- Elas estão caminhando *pior* (= mais mal) hoje que ontem.

Note que os comparativos dos adjetivos variam, mas os dos advérbios não.

6) Antes de particípios, usam-se preferivelmente as formas analíticas *mais bem* e *mais mal,* em vez das sintéticas *melhor* e *pior:*
- Esta casa está *mais bem* pintada que aquela.
- Estamos *mais mal* preparados do que eles.
- Nosso plano continua *mais bem* elaborado que o seu.
- Nossa música foi *mais mal* interpretada que a dela.

7) *Pois não* e *pois sim* são advérbios de valor negativo ou afirmativo, conforme a entonação com que são proferidos:
— Fernando, quer vir comigo?
— *Pois sim.* (= Sim, eu vou.)

— Paulo, empresta-me mil reais?
— *Pois sim...* (= Claro que não.)

8) *Meio* é advérbio quando vem junto de adjetivo: porta *meio* aberta; aspecto *meio* feio; vidas *meio* tristes.

Meio é adjetivo quando modifica substantivo: *meia* laranja, *meio* período, *meia* estação, *meia* melancia.

9) Alguns advérbios modificam uma oração inteira:
- *Felizmente* a tempestade passou.
- *Lamentavelmente* ela não se casou comigo.

10) O advérbio pode modificar, também, uma locução adverbial:
- Digo isso *muito de propósito*.
- Chegaremos *muito em breve*.

11) *De há muito* é expressão adverbial sinônima de *há muito tempo:*
- *De há muito* espero uma oportunidade dessas.
- O presidente morreu *de há muito*.

12) *Primeiro* é advérbio quando modifica verbo:
- *Cheguei primeiro* e saí por último.
- Ela quer *falar primeiro*.

13) A palavra *não* pode aparecer em frases sem conter ideia de negação. Ex.: Que dias maravilhosos *não* passei em Miami! *** Quanta traição *não* há num beijo! Nesse caso, classifica-se como palavra denotativa de realce.

14) Às vezes se usa o advérbio no diminutivo, com valor de superlativo sintético. Ex.: Ela acorda *cedinho* para ir à escola. *** Moro *pertinho* daqui.*** Queres saber quando ela vai te procurar? *Nunquinha!*

Luiz Antonio Sacconi

15) Na linguagem informal, a ideia superlativa também se consegue com a repetição do advérbio. Ex.:Volto *já, já*. *** Vai chover *logo, logo*.

16) A palavra *só* é advérbio, quando equivale a *somente*; quando substituível por *sozinho*, é adjetivo. Ex.: *Só* eu aplaudi a peça. (adv.) *** Aplaudi a peça *só*. (adj.)

17) A palavra *que* é advérbio de intensidade, quando modifica adjetivo. Ex.: *Que* tolo fui eu, ao acreditar no amor dela!

18) Às vezes, o advérbio aparece na frase sob a forma de adjetivo. Ex.: Você respondeu *errado* a pergunta. *** Os atletas brasileiros fizeram *bonito* nas Olimpíadas. Repare que, nesse caso, o advérbio está intimamente ligado ao verbo: respondeu/errado; fizeram/bonito.

19) Todo advérbio ou locução adverbial exerce na oração a função de adjunto adverbial.

Testes e exercícios

1. Identifique as afirmações corretas:
a) Advérbio é classe de palavras variável.
b) Advérbio é classe de palavras que varia apenas em número.
c) Advérbio é classe de palavras que varia apenas em gênero.
d) Advérbio é classe de palavras invariável, mas com vários graus.
e) Advérbio é classe de palavras invariável, com apenas um grau.
f) O advérbio modifica apenas o verbo.
g) O advérbio completa apenas o sentido de verbos.
h) O advérbio completa o sentido de verbo, de adjetivo e até de outro advérbio.
i) O advérbio pode modificar até uma oração inteira.
j) O advérbio não modifica substantivos em nenhum caso.

2. Na frase **Todos dormiram sossegadamente hoje** há:
a) 2 advérbios   b) apenas 1 advérbio   c) nenhum advérbio   d) 3 advérbios e) n.d.a.

3. Na frase **Irei já para lá, a fim de que não haja confusão como ontem**, há:
a) 4 advérbios   b) apenas 1 advérbio   c) 2 advérbios
d) 3 advérbios   e) nenhum advérbio

4. Identifique as locuções adverbiais:
a) ansiosamente   b) de soslaio   c) de forma que
d) logo que e) todo aquele que   f) cada um   g) a propósito de
h) propositadamente   i) de propósito   j) seja quem for

5. Identifique o superlativo absoluto correto:
a) pertíssimo   b) pertinho   c) muito perto   d) tão perto   e) o mais perto

6. Identifique a palavra que, em oração interrogativa, funciona como advérbio:
a) não   b) como   c) apenas   d) ainda   e) aquém

7. Reescreva as frases que seguem, substituindo as expressões adverbiais em destaque por um advérbio equivalente:
a) Tudo se consegue *pouco a pouco*.

Nossa gramática simplificada

b) O motorista agiu *com mestria*.
c) A rádio toca música *sem interrupção*.
d) Ele abate animais *sem piedade*.
e) Ela agiu *sem manifestação da vontade*.
f) Todos falavam *ao mesmo tempo*.
g) Nunca diga nada *sem refletir*!
h) Ele envelheceu *antes do tempo*.
i) Fiz isso *de propósito*.
j) Sempre a ajudarei *com prazer*, Ifigênia.

8. Identifique a alternativa que traz advérbio:
a) Amor com amor se paga.
b) Quem casa quer casa.
c) Tudo na vida tem seus conformes.
d) A galinha da vizinha é mais gorda que a minha.
e) Nunca diga dessa água não beberei!

9. Identifique a alternativa que traz locução adverbial:
a) "O mundo não está ameaçado pelas pessoas más, mas sim por aquelas que permitem a maldade."
b) "O futuro não pode ser revisto, mas pode ser inventado."
c) "Quanto mais eu vivo, mais me convenço de que o desperdício da vida está no amor que não damos."
d) "Daqui a alguns anos estaremos todos nós, vocês e eu, mais arrependidos das coisas que não fizemos do que das que fizemos."
e) "Nunca se explique: seus amigos não precisam, e seus inimigos nunca vão acreditar."

10. Assinale a frase em que *melhor* só aparece como comparativo adverbial:
a) Conheço isso melhor que vocês, porque sou melhor que vocês.
b) Ouço melhor agora porque estou melhor de saúde.
c) Escreva melhor, e você terá nota melhor!
d) Você tem ouvido melhor que eu, porque você tem melhor audição que a minha.
e) Aquela moça dança melhor e conversa melhor que qualquer outro daqui.

11. Assinale a frase em que *pior* só aparece como comparativo adverbial:
a) Sou pior que você, por isso me julgo pior aluno.
b) Vejo pior que vocês e não me julgo pior que vocês.
c) Não trabalho pior que ninguém, nem que o pior dos homens.
d) Tenho ouvido pior ultimamente, acho que estou pior da audição.
e) Escrevo pior que vocês, mas não sou o pior escritor do mundo.

12. Nos espaços, escreva *melhor* ou *pior*, *melhores* ou *piores*, conforme convier:
a) Somos ... que você, por isso nos julgamos ... alunos.
b) Vemos ... que vocês e não nos julgamos ... que vocês.
c) Conhecemos isso ... que vocês, porque somos ... que vocês.
d) Ouvimos ... agora, porque estamos ... de saúde.
e) Escrevam ... e terão notas ... !
f) Vocês têm ouvido ... ultimamente, porque estão ... de saúde agora.
g) Aquelas moças dançam ... e conversam ... que quaisquer outras daqui.
h) Temos ouvido ... ultimamente, achamos que estamos ... da audição.
i) Não trabalhamos ... que ninguém, nem que o ... dos homens.
j) Eles escrevem ... que vocês, mas não se consideram... que ninguém.

13. Nos espaços em branco use *mais bem* ou *melhor*, conforme convier:
a) Meu carro está ... equipado que o seu.
b) Nossa escola sempre foi a ... aparelhada da cidade.
c) Minha caneta não é a ... que existe.
d) Teresa sempre vem ... vestida que as outras garotas.
e) Lurdes tinha um vestido ... que o de Teresa.

14. Nos espaços em branco, use *mais mal* ou *pior*, conforme convier:
a) O professor tem me dado nota ... nos últimos tempos.
b) Minha letra é ... feita que a de todos os outros desta classe.
c) A seleção brasileira estava ... preparada que as outras.
d) O meu rádio ficou ... depois que eu o derrubei.
e) Nossas crianças ficaram ... cobertas que as outras.

15. Identifique a alternativa que traz *todo* como advérbio:
a) Todo o país foi às urnas.
b) Todo ser humano nasce chorando.
c) As garotas ficaram todo molhadas.
d) Aqui chove o ano todo.
e) O homem ri a todo instante.

16. Identifique a frase que traz *meio* como advérbio:
a) As crianças estavam meio sonolentas.
b) Trabalho somente em regime de meio expediente.
c) Chego ao trabalho ao meio-dia e meia.
d) Comprei meio quilo de mortadela.
e) Não há meios de convencê-los a trabalhar.

17. Identifique a frase em que o superlativo indica o limite da possibilidade:
a) Vá depressinha e volte rapidinho!
b) Ela falou nervosamente e apressadamente.
c) Viajei otimamente nesse ônibus.
d) Vocês sempre me julgaram muito mal.
e) Gritei o mais alto que pude.

18. Na frase **Todos dormiram bem aqui enquanto não havia pernilongos**, existem ... advérbios; portanto, existem ... adjuntos adverbiais.

19. Assinale a alternativa que traz adjunto adverbial de intensidade:
a) O orador falou como papagaio.
b) Ninguém duvida que dois mais dois são quatro.
c) Se quiser agradar, não fale pelos cotovelos!
d) Jeni escreve e lê mal.
e) Juçara é uma criança que viverá pouco.

20. Assinale a alternativa que traz adjunto adverbial de modo:
a) O marceneiro fez o trabalho a esmo.
b) Aqui todos vivem de esperança.
c) Esses homens só sabem falar de política.
d) A criança feriu-se com a gilete.
e) Por causa da chuva, chegamos muito molhados.

21. Assinale a alternativa que traz um advérbio com valor de superlativo sintético:
a) Nada é pior do que não ser amado.
b) Está frio demais, por isso é que a grama secou.
c) Você mora bem longinho, hem!
d) Hortênsia repreendeu o filho asperamente ante desconhecidos.
e) O mexicano é extremamente religioso.

Dos concursos e vestibulares

22. (CESCEA-SP) Na frase **Dizem que os mineiros trabalham em silêncio**, há:
a) 2 locuções verbais   b) 1 locução verbal   c) 1 locução adverbial
d) 1 locução adjetiva   e) n.d.a.

23. (FUVEST-SP) Na frase **Homem não chora**, o advérbio expressa negação. Escreva uma frase empregando esse advérbio sem ideia de negação.

24. (UFV-MG) Em todas as alternativas há dois advérbios, exceto em:
a) Ele permaneceu muito calado.
b) Amanhã, não iremos ao cinema.
c) O menino, ontem, cantou desafinadamente.
d) Tranquilamente, realizou-se hoje o jogo.
e) Ela falou calma e sabiamente.

25. (UnB-DF) Identifique a frase em que *meio* funciona como advérbio:
a) Só quero meio quilo.
b) Achei-o meio triste.
c) Descobri o meio de acertar.
d) Parou no meio da rua.
e) Comprou um metro e meio.

26. (UFCE) A opção em que há um advérbio exprimindo circunstância de tempo é:
a) Possivelmente viajarei para São Paulo.
b) Maria tinha aproximadamente 15 anos.
c) As tarefas foram executadas concomitantemente.
d) Os resultados chegaram demasiadamente atrasados.
e) Não sei se chegaremos ao destino com bom tempo.

27. (PUC-SP) **De manhãzinha ensinaram que ...**
A expressão adverbial expressa:
a) diminutivo com valor afetivo
b) aumentativo com valor afetivo
c) diminutivo com valor de superlativo
d) locução adverbial com valor modal
e) locução adverbial com valor de situação

28. (MACK-SP) Na frase *As negociações estariam **meio** abertas só depois de **meio** período de trabalho*, as palavras destacadas são, respectivamente:
a) advérbio e adjetivo   b) advérbio e advérbio   c) adjetivo e adjetivo
d) numeral e advérbio   e) numeral e adjetivo

Luiz Antonio Sacconi

29. (UNIRIO-RJ) Assinale a frase em que as palavras destacadas correspondem, pela ordem, a substantivo, adjetivo, advérbio:
a) *Feliz* a *nação* que emprega *bastantes* recursos na Educação.
b) As *escolas* organizadas fazem um *extraordinário bem* à Educação.
c) O *governo* que *acultura* seu povo passa à *história*.
d) *Educação* e cultura fazem *forte* um país *bem* promissor.
e) A *preparação* da *juventude* forja o *amanhã* de um país.

30. (FAMECa-SP) Em todas as frases, destacou-se, não necessariamente nessa ordem, um substantivo, um adjetivo e um advérbio, exceto em:
a) Que bela é a vida das crianças!
b) Atualmente, os bons livros são poucos.
c) As obras estão bastante adiantadas.
d) Que coisa horrível essa questão!
e) Estudava pouco aquela garota mimada.

31. (U.E. Ponta Grossa-PR) Marque a alternativa do advérbio de intensidade:
a) Se eu tiver que ajudar-te, alegrar-me-ei.
b) Que importa a opinião deles?
c) O professor resolveu o que pediram.
d) Que feliz serei eu, se vieres!
e) Esperamos que os dias melhorem.

32. (FAMECa-SP) O adjetivo está empregado na função de advérbio em:
a) Acesa a luz, viu claro os gestos furtivos do animal.
b) A lamparina tornou claros os degraus da escada.
c) Reservou para o céu um azul bem claro.
d) Subitamente, um claro ofuscou-lhe a vista.
e) Não gostava das cores muito claras.

33. (U.E. Ponta Grossa-PR) A frase em que o advérbio expressa simultaneamente ideia de tempo e negação é:
a) Falei ontem com os embaixadores.
b) Não me pergunte as razões da minha atitude.
c) Eles sempre chegam atrasados.
d) Jamais acreditei que você viesse.
e) Agora seremos felizes.

Soluções dos testes e exercícios

1. h) i) j) **2.** a) **3.** a) **4.** b) i) **5.** c) **6.** b) **7.** a) paulatinamente b) magistralmente c) ininterruptamente d) impiedosamente e) involuntariamente f) simultaneamente (ou concomitantemente) g) irrefletidamente h) precocemente i) propositadamente (ou propositalmente) j) prazerosamente **8.** e) **9.** d) **10.** e) **11.** b) **12.** a) melhores (ou piores); melhores (ou piores) b) melhor (ou pior); melhores (ou piores) c) melhor (ou pior); melhores (ou piores) d) melhor (ou pior); melhores (ou piores) e) melhor (ou pior); melhores (ou piores) f) melhor (ou pior); melhores (ou piores) g) melhor (ou pior); melhor (ou pior) h) melhor (ou pior); melhores (ou piores) i) melhor (ou pior); melhor (ou pior) j) melhor (ou pior); melhores (ou piores) **13.** a) mais bem b) mais bem c) melhor d) mais bem e) melhor **14.** a) pior b) mais mal c) mais mal d) pior e) mais mal **15.** c) **16.** a) **17.** e) **18.** três; três **19.** e) **20.** a) **21.** c) **22.** c) **23.** Quanto **não** vai custar uma viagem espacial! **24.** a) **25.** b) **26.** c) **27.** c) **28.** a) **29.** d) **30.** b) **31.** d) **32.** c) **33.** d)

Lição 18
PREPOSIÇÃO

1. O que é preposição. Comecemos com este exemplo: *casa de Pedro.* Veja:

existem aí dois termos, *casa* e *Pedro,* ligados por uma palavra (*de*); essa palavra se diz, então, *preposição. Casa,* como é o termo que vem precedido da preposição, chama-se *antecedente* ou *subordinante; Pedro,* como é o termo que vem posposto à preposição, é o termo *consequente* ou *subordinado.* As preposições não têm somente a função de ligar dois termos; elas estabelecem certas relações entre o termo subordinante e o subordinado. Em *casa de Pedro,* é clara a relação de posse que a preposição imprime à expressão. Sabe-se que *Pedro* é o possuidor da casa.

Preposição é, pois, a palavra invariável que liga palavras, estabelecendo entre elas certas relações (posse, lugar, tempo, proximidade, modo, companhia, etc.).

2. As preposições essenciais e as acidentais. Existem as preposições *essenciais* (sempre são preposições) e as *acidentais* (ora são preposições, ora não). As essenciais são: *a, ante, após, até, com, contra, de, desde, em, entre, para, perante, por, nem, sob, sobre, trás.* As acidentais são: *afora, conforme, consoante, durante, exceto, feito, fora, mediante, salvante, salvo, segundo, tirante,* etc.

As preposições essenciais já entraram na língua como preposição e assim ficaram; as acidentais entraram com outras funções e só posteriormente adquiriram valor prepositivo. *Durante, salvante, tirante* e *mediante,* por exemplo, entraram na língua como particípio presente e só mais tarde foram usadas como preposições. O mesmo se pode dizer de *salvo* e *exceto,* particípios dos verbos *salvar* e *excetuar.* O curioso é que as preposições essenciais levam os pronomes pessoais para as formas oblíquas (entre *mim,* de *ti,* contra *mim,* sem *ti,* etc.), ao passo que as acidentais exigem as retas: (exceto *eu,* salvo *tu,* afora *eu,* salvante *tu,* etc.).

É por esse motivo que não podemos dizer nem escrever "Que isto fique entre *eu* e *tu*", porque nesse caso estaríamos fazendo das formas retas termos subordinados.

Luiz Antonio Sacconi

3. As locuções prepositivas. Existem inúmeras locuções prepositivas em nossa língua, entre as quais: *ao lado de, antes de, depois de, além de, em vez de, à custa de, através de, rente a, de acordo com, junto de, a par de, por causa de, próximo de.* Note que as locuções prepositivas sempre terminam por preposição.

4. Combinação, contração e crase. *Combinação* é a união da preposição *a* com o artigo *o* ou *os: ao, aos.*
Contração é a união de uma preposição com outra palavra, havendo perda de fonema: *da (de + a); no (em + o); pela (per + a); nisto (em + isto).*

Crase é o nome que se dá à fusão de fonemas vocálicos idênticos: **à** (preposição *a* + artigo *a*); **à**quilo (preposição *a* + pronome *aquilo)*; **à**quele (preposição *a* + pronome *aquele*). Como se vê, a crase não deixa de ser um caso de contração.
Na língua cotidiana aparecem as contrações *pra* (para a) e *pro* (para o). Não há nenhum inconveniente no seu emprego, desde que não se use acento nelas, já que se trata de palavras átonas. Ex.: O Brasil naquela época ia *pra* frente, hoje vai *pro* buraco?

Testes e exercícios

1. Identifique a afirmação correta:
a) Preposição é classe de palavras variável.
b) Preposição é classe de palavras que não tem locução.
c) Toda preposição subordina um termo a outro.
d) Toda preposição sofre contração.
e) Toda preposição combina-se com outra palavra.

2. Identifique a frase que tem preposição:
a) Aquela menina é a que perdeu o pai.
b) Isabel sabe andar a cavalo.
c) Este caderno não é o dela.
d) Deixei-a só.
e) Não vi o cometa.

3. Identifique as preposições, classificando-as:
a) Maísa ficou entre mim e seu irmão.
b) É um gato com cabeça de leão.
c) O homem, ante a recusa do diretor, irritou-se.
d) Não seja pobre de alegria!
e) Estou disposto a dizer tudo sem medo.

4. Identifique as locuções prepositivas:
a) Diante de tantas pessoas, não podia calar-me.
b) A trepadeira está já em cima da laranjeira.
c) Soube do ocorrido através do rádio.

Nossa gramática simplificada

d) Tanta algazarra por causa de um lápis!
e) Cerca de quinze pessoas ficaram de fora.

5. Identifique as afirmações corretas:
a) **Do** é combinação da preposição *de* com o artigo *o*.
b) **Na** é contração da preposição *em* com o artigo *a*.
c) **Àquele** é contração da preposição *a* com o pronome demonstrativo *aquele*.
d) **Ao** é combinação da preposição *a* com o artigo *o*.
e) **À** é combinação da preposição *a* com o artigo *a*.

6. Identifique a combinação:
a) aos   b) nisso   c) àquilo   d) disso   e) daqueles

7. Identifique a preposição essencial:
a) segundo   b) durante   c) desde   d) exceto   e) consoante

8. Identifique as afirmações corretas:
a) O **e** é uma preposição essencial.
b) A palavra *pra* é errada, por isso não deve ser usada.
c) Toda locução prepositiva termina por preposição.
d) **Pelo** é combinação da preposição *per* + o artigo *o*.
e) **Pro** é contração da preposição *para* + o artigo *o*.

9. Complete as frases com combinação, contração ou crase:
a) Fui *** cinema, depois de levar as crianças *** escola.
b) Passei *** ponte Rio-Niterói e dei um pulo *** casa *** Juçara.
c) Estávamos *** estádio *** Maracanã e gostamos muito *** festa e *** jogo.
d) Quando cheguei *** farmácia, falaram-me *** novo analgésico.
e) Nada se leva *** vida; por isso não diga nunca *** água não beberei.
f) Você foi *** supermercado ontem *** tarde?
g) Passamos *** Recife e depois nos dirigimos *** Natal.
h) Já estamos acostumados *** ruídos *** natureza.
i) Estou *** casa, e não *** casa *** minha namorada.
j) Você já levou as crianças *** parque ali *** centro *** cidade?
k) Ontem levei as crianças *** cinema, ou melhor, *** matinê *** cinema.
l) Vocês chegaram cedo ou tarde *** casa ontem?
m) Dei um pulo *** farmácia *** comprar um analgésico.
n) Não iremos *** estádio; iremos *** praia.
o) A menina subiu *** jabuticabeira e depois *** pé *** goiaba.
p) Vendi o televisor *** preto e branco e comprei um *** cores.
q) Meu pedido de casamento *** ela foi *** vivo e *** cores.
r) Cheguei exausto *** viagem *** casa, agora só quero ir *** a cama.
s) No ônibus, viajei *** pé o tempo todo, mas não liguei: estou *** férias.
t) O pai não consente esse namoro *** hipótese nenhuma.
u) O menino trepou *** pau *** sebo *** buscar os prêmios *** topo.
v) Muitos torcedores assistiram *** jogo trepados *** muro.
w) Quando saí *** terraço, já não havia ninguém *** perto.
x) Preste atenção *** que eu vou dizer: Paloma é linda!
y) *** época eu trabalhava *** Pernambuco, e não *** Sergipe.
z) Afinal, você mora *** Mato Grosso ou *** Mato Grosso *** Sul?

Luiz Antonio Sacconi

Dos concursos e vestibulares

10. (PUCC-SP) *Fui até **a** porta. Abri-**a** e vi **os** que estavam esperando **o** ônibus.*
As palavras em destaque são, pela ordem:
a) artigo – preposição – pronome átono – artigo
b) preposição – pronome átono – artigo – preposição
c) preposição – pronome oblíquo – artigo – pronome demonstrativo
d) artigo – pronome átono – pronome demonstrativo – artigo
e) n.d.a.

11. (F.M.Catanduva-SP) As relações expressas pelas preposições estão corretas na sequência:
I – Saí com ela. II – Ficaram sem um tostão III – Esconderam o lápis de Maria. IV – Ela prefere viajar de navio. V – Estudou para passar.
a) companhia – falta – posse – meio – fim
b) falta – companhia – posse – meio – fim
c) companhia – falta – posse – fim – meio
d) companhia – posse – falta – meio – fim
e) companhia – falta – meio – posse – fim

12. (U.E. Ponta Grossa-PR) *A cigarra começa **a** cantar assim que **a** primavera **a** desperta.*
Nas suas quatro ocorrências no período acima, a palavra **a** classifica-se, respectivamente, como:
a) artigo – preposição – artigo – pronome
b) artigo – pronome – preposição – pronome
c) pronome – artigo – pronome – artigo
d) artigo – pronome – preposição – artigo
e) artigo – preposição – pronome – artigo

13. (ACAFE-SC) Na frase *Veio-**me** a desagradável **impressão** de que todo o mundo reparava **nas** minhas galochas*, as palavras em destaque são, respectivamente:
a) pronome pessoal – substantivo – contração de preposição com artigo
b) pronome pessoal – adjetivo – contração de preposição com artigo
c) pronome indefinido – adjetivo – preposição
d) pronome indefinido – advérbio – preposição
e) pronome possessivo – substantivo – conjunção

14. (UFRS) **O grupo obedece ... comando de um pernambucano, radicado ... tempos em São Paulo e se exibe diariamente ... hora do almoço.**
a) o – a – à   b) ao – há – à   c) ao – a – a   d) o – há – na   e) o – a – na

15. (FUVEST-SP) **Chegar cedo ... repartição. Lá ... de estar outra vez o Horácio conversando ... uma das portas com Clementino.**
a) a – há – a   b) à – há – a   c) a – há – a   d) à – a – a   e) a – a – à

16. (MACK-SP) **Descendo ... terra, ... noite, o marinheiro viu um homem que vinha ... pé.**
a) à – à – à   b) a – a – a   c) a – à – a   d) à – à – a   e) a – à – à

17. (PUC-SP) **Diga ... essa menina que estou ... fazer o exercício ... risca.**
a) a – a – à   b) à – a – à   c) a – à – a   d) a – à – à   e) à – à – à

18. (FESP) **Após ... reunião, todos foram ... sala, para assistir ... chegada dos hóspedes.**
a) à – à – a   b) à – à – à   c) a – à – à   d) à – a – a   e) a – à – a

Nossa gramática simplificada

Soluções dos testes e exercícios
1. c) **2.** b) **3.** a) entre (essencial) b) com (essencial) c) ante, de (essenciais) d) de (essencial) e) a, sem (essenciais) **4.** a) Diante de b) em cima de c) através de d) por causa de e) Cerca de **5.** b) c) d) **6.** a) **7.** desde **8.** c) e) **9.** a) ao; à b) pela (ou na); à; de c) no; do; da; do d) à; do e) da; dessa f) ao; à g) por (ou pelo); a h) a (ou com); dessa i) em; na; de (ou da) j) ao; no; da k) ao; à; do l) a m) a; para n) ao; à o) à; ao; de p) em; em q) a; ao; em r) de; a; para s) de (ou em) t) em u) ao; de; para; no v) ao; ao w) ao; por x) ao y) Àquela (ou Naquela); em; em z) em; no; do **10.** d) **11.** a) **12.** a) **13.** a) **14.** b) **15.** b) **16.** c) **17.** a) **18.** c)

Lição 19
CONJUNÇÃO

1. O que é conjunção. Comecemos com estes exemplos:

- O juiz ouviu as partes *e* condenou o réu.
- Quatro *e* três são sete.

No primeiro exemplo, temos duas orações, porque há dois verbos: *ouviu* e *condenou*. A primeira oração (*O juiz ouviu as partes*) está ligada à segunda (*condenou o réu*) por uma palavra (*e*); essa palavra se diz *conjunção*. Portanto, a conjunção ligou duas orações.

No segundo exemplo, existem dois sujeitos: (1.º: *quatro;* 2.º: *três*), ligados por uma palavra (*e*), que é a *conjunção*. Portanto, a conjunção ligou termos de mesma função sintática (no caso, dois sujeitos). Muitos pensam que neste caso, o *e* desempenha função prepositiva. Pensam errado. A preposição sempre subordina um termo a outro, e os termos que ela liga não desempenham idêntica função sintática, como no exemplo que vimos. Em *Quatro e três são sete,* não existe relação nenhuma de subordinação entre um termo e outro; *quatro* e *três* são termos independentes. Em suma, a função da preposição é fazer com que o termo subordinado complete ou explique o sentido do termo subordinante. O *e*, de fato, está ligando termos, mas termos de *mesma função sintática,* ou seja, dois sujeitos. Portanto, trata-se de *conjunção,* e não de preposição.

Conjunção é, portanto, a palavra invariável que liga orações, ou palavras de mesma função sintática.

Existem locuções conjuntivas: *à custa de, desde que, para que, a fim de que, se bem que, logo que, à medida que, de sorte que, ao passo que,* etc. *Locução conjuntiva* é, pois, o conjunto de duas ou mais palavras que têm o valor de uma conjunção. Não a confunda com a locução prepositiva, que sempre termina por preposição; a locução conjuntiva sempre termina por conjunção.

2. Os tipos de conjunção. Há dois tipos de conjunção: as *coordenativas* e as *subordinativas*.

As conjunções coordenativas ligam duas orações, ou termos da oração sintaticamente independentes. Veja:

- O juiz ouviu as partes *e* condenou o réu.

Nossa gramática simplificada

O *e* é conjunção coordenativa, porque liga orações sintaticamente independentes, isto é, orações que não dependem uma da outra.
- Quatro *e* três são sete.
O *e* é conjunção coordenativa, porque liga dois termos de mesma função sintática, ou seja, dois termos sintaticamente independentes.

As conjunções subordinativas, ao contrário, só ligam orações sintaticamente dependentes. Veja este exemplo:

- Quero *que* tudo continue assim.

Nessa frase existem duas orações, porque há dois verbos. A primeira oração é *Quero;* a segunda, *que tudo continue assim.* O *que,* como é palavra que liga orações, é conjunção. Pois bem. *Quero* é um verbo que não tem sentido completo (quem quer, quer *alguma coisa).* A oração seguinte, então, completa o seu sentido, funciona como autêntico objeto direto. Trata-se, por isso, de uma oração *sintaticamente dependente* da outra. Toda oração que depender de algum termo de outra, estará *dependendo sintaticamente* dela.

3. As conjunções coordenativas. São cinco as conjunções coordenativas:

1) *aditivas:* e, nem, (não só)... mas também, (não só)... como, etc.:
- "A alegria prolonga a vida *e* dá saúde."
- "Não te enfades *nem* desanimes; se fracassares, recomeça!"
- O amor não só faz bem *como* alimenta.

2) *adversativas:* mas, porém, todavia, contudo, entretanto, no entanto, etc.:
- "A beleza empolga a vista, *mas* o mérito conquista a alma."
- "O amor vence a morte; parece, *porém,* que um viciozinho qualquer vence o amor."
- Choveu, *no entanto* o calor continua.

Às vezes, a conjunção *e* aparece com valor adversativo:
- Ela fuma, *e* (= mas) não traga.
- Ele sempre diz uma coisa, *e* (= mas) pensa outra.

3) *alternativas:* ou, ou...ou, já...já, ora...ora, quer...quer, seja...seja, etc.:
- "Minha alma existe *ou* não existe. Se ela existe, só pode ser eterna."
- "Homem solitário *ou* é besta *ou* é anjo."
- Nesta terra *ora* chove, *ora* faz sol.

4) *conclusivas:* logo, portanto, por isso, por conseguinte, pois (posposta a verbo):
- Choveu, *logo* haverá boas colheitas.
- Não estive aqui ontem, por *isso* não sei o que aconteceu.
- Você nos ajudou bastante; terá, *pois,* nosso apoio.

5) *explicativas:* que, porque, porquanto, pois (antes do verbo):
- "O universo todo obedece ao amor; amai, amai, *que* tudo o mais é nada."

241

- Não me convidem, *porque* não irei com vocês!
- "O amor é a mais forte das paixões, *porque* ataca ao mesmo tempo a cabeça, o coração e o corpo."
- "Dizei ao tempo, Senhor, que não me tire este amor, *pois* seria tirar-me a vida."

4. As conjunções subordinativas. As conjunções subordinativas são *dez*, segundo a Nomenclatura Gramatical Brasileira (NGB):
1) *integrantes:* que, se:

- "Ninguém ignora *que* a ambição pode rastejar e pode voar."
- Não sei *se* vocês estão sendo honestos.

Nas interrogativas indiretas, todos os interrogativos funcionam como conjunção integrante:

- Veja *quem* está na sala!
- Não *sei por que* eles me criticam tanto.
- Mostre-me *onde* você pôs o dinheiro!
- Perguntei-lhe *quando* começava o espetáculo.
- Perguntei-lhe *quanto* custava o relógio.
- Não sabemos *quanto* valemos.
- Explique-me *como* chegou até aqui!
- Diga-me *quais* são as suas intenções!

2) *causais:* porque, porquanto, visto que, já que, uma vez que, como (em início de oração):

- O menino chorou *porque* apanhou dos pais.
- Éramos felizes *porquanto* tínhamos saúde.
- Você devia vender-nos fiado, *visto que* somos honestos.
- *Já que* você insiste, irei.
- Como não tínhamos fósforo, ficamos às escuras.

3) *comparativas:* que, do que (após *mais, menos, maior, menor,* etc.), qual e como (após *tal),* como e quanto (após *tanto),* como, etc.:

- "É maior felicidade o dar *que* o receber."
- "A amizade de certos homens é mais funesta e danosa *do que* o seu ódio ou aversão."
- "A velhice acumula menos rugas no espírito *do que* no rosto."
- O jogo de futebol não foi tal *qual (ou como)* se anunciava.
- Tanto podemos ganhar *como (ou quanto)* perder.
- Este sabonete vale tanto *quanto (ou como)* pesa.
- "Os amigos são *como* os guarda-chuvas: nunca os encontramos à mão quando precisamos."

4) *concessivas:* embora, ainda que, se bem que, posto que, conquanto, apesar de que, por mais que, por pior que, etc.:

- "Em cada pequenina coisa que Deus criou, existe mais do que se supõe, *embora* seja uma formiga."
- "Os velhos parecem-se com os alfarrábios: contêm excelentes coisas, *ainda que* muitas vezes estejam carunchosos, podres e mal encadernados."
- Ela veio conosco, *se bem que* desejasse ter ficado.

Nossa gramática simplificada

- *Posto que* me apressasse, não a pude alcançar.
- *Conquanto* encontrássemos muitos problemas, resolvemos continuar a tarefa.
- *"Por mais* fortes *que* sejam os laços com que o amor nos prende, muitas vezes um discurso os rompe."
- *Por pior que* seja a nossa situação, estaremos ainda em vantagem.

5) *condicionais:* se, caso, contanto que, sem que (= se não), desde que (com verbo no subjuntivo), a menos que, a não ser que (= se não), etc.:
- *Caso* chova, ninguém sairá deste pantanal.
- "É muito agradável ouvir gente moça conversando, *contanto que* só se ouçam as vozes, e não as palavras..."
- Ele não me entregará o relógio *sem que* lhe pague.

São condicionais orações com verbo no imperativo, deste tipo:
- *Trabalha* e estarás salvo!
- *"Segue-me* e terás o Reino do Céu!"

A oração iniciada por *e* será principal; a outra, condicional:
- *Se trabalhares,* estarás salvo.
- *Se tu me seguires,* terás o Reino do Céu.

Alguns, no entanto, preferem ver as orações iniciadas por *e* como consecutivas, e não como condicionais.

6) *conformativas:* conforme, consoante, segundo, como (= conforme), etc.:
- Fiz o trabalho *conforme* o professor pediu.
- Esta notícia, *consoante* já anunciamos, é falsa.
- *Segundo* fui informado, o custo de vida baixou!
- "Devemos tratar os amigos *como* desejamos que eles nos tratem."

7) *consecutivas:* que (após os advérbios *tão, tal, tanto, tamanho,* etc.), de sorte que, de modo que, de maneira que, de forma que, etc.:
- "Deus pôs o prazer tão próximo da dor, *que* muitas vezes se chora de alegria."
- "Nunca a fortuna põe um homem em tal altura, *que* não precise de um amigo."
- "O amor é um deus ou um demônio de tantas faces, *que* nunca pode escondê-las todas."
- A feiura do homem era tamanha, *que* assustava as criancinhas!
- Ela não veio com as passagens, *de sorte que* não podemos viajar.
- "Nunca diga antes as suas resoluções; mas quando o dado for lançado, jogue-o de modo *que* vença a partida que jogar."
- Viva de maneira *que* não possa arrepender-se mais tarde!
- As crianças estão doentes, *de forma que* estamos impossibilitados de viajar.

De sorte que, de modo que, de maneira que e *de forma que* somente serão locuções consecutivas quando não houver subentendimento de *tal.* Como nestes exemplos:
- Ela não veio com as passagens, *de sorte que* não podemos viajar.
- Não temos dinheiro, *de modo que* não podemos viajar.
- Queremos ir à Europa no final do ano, *de maneira que* temos de economizar.
- Não a vejo faz muito tempo, *de forma que* não sei se ela está doente ou não.

Quando houver subentendimento da palavra *tal,* não existe locução, mas somente conjunção consecutiva (*que*). Como nos exemplos já vistos:

- Viva de maneira *que* não possa arrepender-se mais tarde!
= Viva de TAL maneira que não possa...
- ...jogue-o de modo *que* vença a partida que jogar.
= ...jogue-o de modo TAL que vença a partida...

Neste caso, *de maneira* e *de modo* são adjuntos adverbiais de intensidade.

8) *temporais:* quando, logo que, depois que, antes que, enquanto, assim que, mal, etc.:

- *"Quando* estiveres irado, conta dez; *quando* estiveres muito irado, conta cem!"
- *Darei* o seu recado *logo que* ela chegar.
- *Depois que* ela se foi, tudo, para mim, é nada.
- Choveu *antes que* pudéssemos chegar ao cinema.
- *Sempre que* você precisar de dinheiro, procure-me!
- *"Enquanto se* não perde a cabeça, não está tudo perdido."
- As crianças dormiram *enquanto* assistiam à televisão.
- Não faça barulho *enquanto* estudo!
- *Assim que* comecei a falar, todos se calaram.
- *Mal* ela abriu a boca, todos começaram a rir.

O *que* é conjunção temporal quando se segue às expressões *agora, há tempo, faz anos, a primeira vez, a última vez* e outras semelhantes:

- Agora *que* as crianças dormiram, vamos sair!
- Há tempo *que* não vou a Recife.
- Faz três anos *que* estamos noivos.
- "A primeira vez *que* tu me enganares, a culpa será tua; mas a segunda vez, a culpa será minha."

A conjunção *enquanto* indica tempo concomitante; por isso, classifica-se como *temporal concomitante.* Das temporais, *enquanto* é a única que exprime tal conceito, o que leva, muitas vezes, à confusão com as proporcionais. Aliás, o mais acertado seria incorporar as proporcionais às temporais, já que ambas expressam ideia de tempo. A NGB, todavia, preferiu enveredar por outros caminhos...

9) *finais:* para que, a fim de que, que (= para que), etc.:

- "Deus fez a vida *para que* ela fosse vivida, e não *para que* fosse conhecida."
- "Não perguntes à Felicidade quem ela é nem de onde veio; abre-lhe a porta *a fim de que* ela entre e fecha-a, bem aferrolhada, *a fim de que* não fuja!"
- Entre em silêncio *que* as crianças não acordem!

10) *proporcionais:* à medida que, ao passo que, à proporção que, quanto mais... (tanto mais), quanto mais... (tanto menos), quanto menos... (tanto mais), quanto menor... (tanto maior), etc.:

- Nossas dificuldades aumentavam *à medida que* a vida encarecia.
- Os candidatos se levantam *ao passo que* vão sendo chamados.

> - Minhas esperanças se perdiam *à proporção que* meus amigos me abandonavam.
> - "*Quanto mais* um coração está vazio, tanto mais pesa."
> - "O anão, *quanto mais* alto sobe, mais pequeno se afigura."
> - "*Quanto mais* o homem fala em amor, menos ele tem para dar."

Como se vê, na oração principal pode não aparecer claro o advérbio *tanto,* subentendido que está:

> - O anão, quanto mais alto sobe, (*tanto*) mais pequeno se afigura.
> - Quanto mais o homem fala em amor, (*tanto*) menos ele tem para dar.

Se você achar mais fácil, poderá guardar assim todos os tipos de conjunção subordinativa: I CCC CCC TFP.

Importante

A NGB não reconhece as orações modais, mas elas existem. Veja:
- Eu caminhava *sem que* fizesse nenhum ruído.
- Ela ria *sem que* mostrasse os dentes.
- O homem falava *sem que* ninguém entendesse.

Testes e exercícios

1. Identifique as afirmações corretas:
a) Conjunção é classe de palavras variável.
b) Conjunção é palavra invariável que liga palavras.
c) Conjunção é palavra variável que apenas liga orações.
d) Conjunção é classe de palavras invariável que liga orações ou palavras de mesma função sintática.
e) *À proporção que* é uma locução conjuntiva.
f) São dez os tipos de conjunções coordenativas.
g) São cinco os tipos de conjunções subordinativas.
h) As conjunções não têm locução.
i) As conjunções coordenativas ligam termos ou orações de mesmo valor sintático.
j) As conjunções subordinativas ligam orações, entre as quais existe uma dependência sintática.

2. Classifique a conjunção ou a locução conjuntiva em destaque:
a) Disseram *que* pode cair tempestade hoje por aqui.
b) *Se* não procedermos assim, nada conseguiremos.
c) *Embora* quisesse ir, fiquei.
d) Fui lá *e* não resolvi o caso.
e) Não sei *se* regressaremos.
f) Ficaremos aqui, *enquanto* não recebermos ordens.
g) Ifigênia não saiu *porque* chovia.
h) Ela é mais corajosa *que* o marido.
i) O orador falou tanto, *que* ficou rouco.
j) Aquele aluno é inteligente, *porém*, indisciplinado.
k) É preciso *que* combatamos a violência nas cidades.
l) Cada um vive *como* pode.
m) Faça *como* eu digo, não faça *como* eu faço!
n) O cão rói o osso *porque* não pode engoli-lo.
o) *Mal* nasceu o dia, começou a chover.

Luiz Antonio Sacconi

p) *Quanto mais* se viaja, mais cultura se adquire.
q) *À medida que* os anos passam, mais bonita ela fica.
r) Os médicos tudo fizeram *para que* ele se recuperasse.
s) O filho se veste *como* o pai.
t) O filho se veste *como* o pai quer.
u) Estejam alerta, *que* os inimigos estão à espreita!
v) *Ou* você assobia, *ou* você chupa cana.
w) As árvores são amigas do homem, *logo* devemos preservá-las.
x) A noiva não chegou, *por conseguinte* não houve casamento.
y) A vida na fazenda é boa, *porque* o ar é puro.
z) Aqui não choveu *nem* fez sol.

3. Continue:
a) É raro *que* chova no sertão nordestino.
b) O homem era mais forte *que* um touro.
c) *Ainda que* chova, iremos à praia.
d) Elisa faltou à aula *porque* adoeceu.
e) Elisa faltou à aula, *porque* a carteira dela está vazia.
f) Convém *que* penses seriamente nisso.
g) *Caso* você mude de ideia, avise-me!
h) A menina era branca *como* a neve.
i) *Ou* eu dava carona, *ou* eu morria.
j) Não dou carona, *visto que* é perigoso.
k) Gritou tanto, *que* perdeu a voz.
l) Os barracos caíam *à medida que* a chuva ficava mais intensa.
m) Ele começou a chorar *assim que* entrou.
n) O ladrão tentou abrir a porta, *contudo* não conseguiu.
o) Todo mês ele vem aqui, *mas* nunca traz dinheiro.
p) *Ora* quero viajar, *ora* quero ficar.
q) *Se* você gosta dela, por que não a procura?
r) "Poupe as lágrimas de seus filhos, *para que* eles possam derramá-las sobre o seu túmulo!"
s) "*Se* você gosta de liberdade, fuja sempre do amor!"
t) "*Quanto mais* conheço os homens, mais estimo os animais."
u) "O amor é um sentimento tão delicado, *que* às vezes a gente se satisfaz apenas com a ilusão de *que* ele existe."
v) "É muito agradável ouvir gente jovem conversando, *contanto que* só se ouçam as vozes, *e* não as palavras."
w) "Os amores de hoje são *como* os melões: é preciso provar mais de cinquenta antes de achar um bom."
x) "A mulher ri *quando* pode e chora *quando* quer."
y) "No ciúme há mais amor-próprio *do que* amor verdadeiro."
z) "*Como* o gelo que derrete, com o tempo passa a raiva."

Soluções dos testes e exercícios
1. d) e) f) g) i) j) **2.** a) subordinativa integrante b) subordinativa condicional c) subordinativa concessiva d) coordenativa aditiva e) subordinativa integrante f) subordinativa temporal g) subordinativa causal h) subordinativa comparativa i) subordinativa consecutiva j) coordenativa adversativa k) subordinativa integrante l) subordinativa conformativa m) subordinativas conformativas n) coordenativa explicativa o) subordinativa temporal p) subordinativa proporcional q) subordinativa proporcional r) subordinativa final s) subordinativa comparativa t) subordinativa

Nossa gramática simplificada

conformativa u) coordenativa explicativa v) coordenativa alternativa w) coordenativa conclusiva x) coordenativa conclusiva y) coordenativa explicativa z) coordenativa aditiva **3.** a) subordinativa integrante b) subordinativa comparativa c) subordinativa concessiva d) subordinativa causal e) coordenativa explicativa f) subordinativa integrante g) subordinativa condicional h) subordinativa comparativa i) coordenativa alternativa j) subordinativa causal k) subordinativa consecutiva l) subordinativa proporcional m) subordinativa temporal n) coordenativa adversativa o) coordenativa adversativa p) coordenativa alternativa q) subordinativa causal (*Se = Já que*) r) subordinativa final s) subordinativa causal (*Se = Já que*) t) subordinativa proporcional u) subordinativa consecutiva; subordinativa integrante v) subordinativa condicional w) subordinativa comparativa x) subordinativas temporais y) subordinativa comparativa z) subordinativa comparativa

Lição 20
INTERJEIÇÃO

1. O que é interjeição. *Interjeição* é a palavra invariável que serve para exprimir emoção ou sentimento repentino.

2. As principais interjeições. Eis algumas das principais interjeições:
- de advertência: *cuidado!, devagar!, calma!, atenção!*
- de afugentamento: *passa!, rua!, fora!, xô!*
- de alegria ou satisfação: *ah!, oh!, oba!, olé!, viva!, ulalá!*
- de alívio: *arre!, ufa!*
- de animação ou estímulo: *coragem!, ânimo!, avante!, sus!*
- de apelo ou chamamento: *ó, olá!, psiu!*
- de aplauso ou aprovação: *apoiado!, bravo!, boa!, viva!*
- de aversão: *xi!, droga!, ih!, irra!*
- de concordância: *claro!, lógico!, boa!*
- de desculpa: *perdão!, desculpa!*
- de desejo ou intenção: *oxalá!, tomara!, pudera!*
- de despedida: *chau!, adeus!*
- de dor: *ai!, ui!, caramba!, caraca!*
- de dúvida: *epa!, ora!, hem!* ou *hein!*
- de espanto ou admiração: *oh!, ah!, uai!, eita!, puxa!, céus!, quê!, caramba!, opa!, virgem!, vixe!, nossa!, hem!* ou *hein!, cruz!, putz!*
- de impaciência ou indignação: *hum!, hem!* ou *hein!, irra!, raios!, diabo!, puxa!, pô!, ora!*
- de irritação, desagrado ou aborrecimento: *arre!, sai!*
- de pedido de auxílio: *socorro!, aqui!, piedade!, ajuda!*
- de perplexidade: *caramba!, caraca!, eita!*
- de repulsa, reprovação ou desaprovação: *credo!, ih!, eita!, abaixo!, fora!, xi!, chega!, basta!*
- de repetição: *bis!*
- de satisfação: *oba!, opa!, upa!, ulalá!*
- de saudação: *chau!, oi!, ó!, ô!*
- de silêncio: *psiu!* (demorado), *silêncio!, caluda!*
- de terror ou medo: *credo!, sai!, ui!*

Importante
O VOLP registra a forma *tchau*, a nosso ver errônea.

3. As locuções interjetivas. *Cruz Credo!, Meu Deus!* ou *Deus meu!, Pobre de mim!, Que horror!, Santo Deus!, Minha Nossa Senhora!* ou apenas *Minha Nossa!, Coitado dele!, Muito bem!, Que pena!, Até que enfim!, Ainda bem! Até mais ver!* ou apenas *Até mais!* e *Nossa Senhora!* são algumas das locuções interjetivas existentes em nossa língua.

Nossa gramática simplificada

4. O uso de _oh!_ **e de** _ó_. _Oh!_ emprega-se quando há exclamação, admiração:

- _Oh!_ que bela mulher!
- _Oh!_ que água fria!

Usa-se sempre com ponto de exclamação. _Ó_ emprega-se quando se chama alguém:

- _Ó_ menina, desça daí!
- _Ó_ rapazes, respeitem-se!

No Brasil, se pronuncia fechado: _Ô_ menina, _Ô_ rapazes. Muitas vezes se usa _alô_: _Alô_ menina, desça daí!

Testes e exercícios

1. Identifique as afirmações corretas:
a) Interjeição é palavra invariável.
b) Uma mesma interjeição pode exprimir mais de um sentimento.
c) **Ó** é interjeição, mas _oh!_ não.
d) **Oh!** é interjeição, mas **ó** não.
e) Tanto **ó** quanto **oh!** são interjeições.
f) Nem **oh!** nem **ó** são interjeições.
g) _Alto lá!_ é locução interjetiva.
h) _Socorro!_ é interjeição.
i) _Arre!_ é interjeição que só exprime aversão.
j) _Macacos me mordam!_ é locução interjetiva.

2. Complete as frases com **Ó** ou com **Oh**, conforme convier:
a) *** meu amigo, ajudai-me!
b) *** teremos mais chuva!
c) *** rapaz, não faça isso!
d) *** exclamou Lurdes, apavorada!
e) *** estou tão contente!
f) *** que espetáculo maravilhoso!
g) *** amigos queridos, cheguem até aqui!
h) *** que sensação alucinante!
i) *** Deus, onde estás?
j) *** Senhor, perdoai-me!

Soluções dos testes e exercícios
1. a) b) e) g) h) j) **2.** a) Ó b) Oh c) Ó d) Oh e) Oh f) Oh g) Ó h) Oh i) Ó j) Ó

Lição 21
FRASE. ORAÇÃO. PERÍODO.

1. A frase. Sempre que você usar uma palavra, ou uma série de palavras suficiente para comunicar-se com alguém, você estará usando uma *frase*. Por isso, toda frase deve ter sentido completo. A frase pode ser breve ou longa. Eis alguns exemplos de frase breve:

> - *Socorro! - Fogo! - Silêncio!*

Note: uma só palavra foi suficiente para que houvesse a comunicação. Todo o mundo entende o que queremos quando pedimos *socorro!, silêncio!*

E eu lhe garanto mais: todo o mundo sabe o que fazer quando gritamos: **FOGO!**

Veja, agora, exemplo de frase longa:

> - "Há indivíduos que sobem muito alto para mostrar apenas a sua pequenez."

Note: nesse caso o autor usou uma série de palavras para completar o pensamento, para dizer tudo o que desejava; uma só palavra não seria suficiente para que houvesse a comunicação. *Frase* é, portanto, a expressão verbal de um pensamento.

2. A oração. Inicialmente, vejamos estes exemplos:

> - "A abundância fez-me pobre."
> - "A amizade é o cimento da vida."

Cada um desses exemplos representa uma oração. Isto porque cada um deles contém um verbo. É o verbo que caracteriza a oração. Por outras palavras: onde houver um verbo, haverá necessariamente uma oração. Ao contrário da frase, a oração não precisa ter sentido completo. Basta que haja um sujeito e um predicado, ou somente o predicado, para que haja oração. Desta forma, cada um dos exemplos acima é, ao mesmo tempo, *oração* (porque cada um tem o seu sujeito e o seu predicado) e *frase* (porque cada um tem sentido completo).

3. Diferença entre frase e oração. Já dissemos que a oração não precisa ter sentido completo. Essa é, exatamente, uma das diferenças existentes entre frase e oração. Vejamos este exemplo:

> - Pedi que seu pai viesse a meu escritório.

Nessa frase existem duas orações (note: são dois os verbos). A primeira oração é *Pedi*; a segunda, *que seu pai viesse a meu escritório*. Repare: nem a primeira, nem a segunda têm sentido completo. Se você dissesse a um amigo somente isto: *Pedi*, ele evidentemente não entenderia, porque a comunicação ficaria incompleta. Da mesma forma, ele nada entenderia se apenas você lhe dissesse: *que seu pai viesse a meu escritório*. Por isso é que se diz que a oração não precisa ter necessariamente sentido completo. No caso que vimos, ambas são orações, mas, consideradas em separado, nenhuma delas tem sentido completo. As diferenças maiores entre frase e oração são:

- a frase precisa ter sentido completo;
- a oração pode não ter sentido completo;
- nem toda frase apresenta verbo;
- toda oração possui verbo.

Para firmar conhecimento, veja este par de exemplos:

- A sala está suja!
- Que sala suja!

No primeiro exemplo temos uma oração, porque há sujeito (*A sala*) e predicado (*está suja*)*;* no segundo, temos uma frase, porque, embora não haja sujeito nem predicado, o sentido está completo. Como você deve estar notando, é o VERBO que caracteriza a oração; sem ele, não existe oração. Às vezes, o verbo aparece subentendido:

- Um amor, essa menina.
- Um exemplo de coragem, este homem.

Em ambos os casos, está subentendido o verbo *é*. Disso tudo não podemos concluir que, para haver oração, é preciso que haja *necessariamente* sujeito e predicado. Isto porque existem orações somente com predicado:

- Choveu muito esta madrugada.
- Ventou forte ontem à noite.
- Amanheceu.

São as chamadas *orações sem sujeito,* que adiante veremos com pormenores.
Oração é, assim, o conjunto sujeito-predicado ou, excepcionalmente, apenas o predicado. Podemos agora concluir que frase pode ser oração; oração pode ser frase, mas nem toda frase é oração, e nem toda oração é frase.

4. O período. *Período* é a frase expressa através de uma ou de várias orações. Sempre termina por ponto, ponto final, ponto de exclamação, ponto de interrogação ou reticências. Se o período tiver uma só oração, será período *simples*. Se tiver mais de uma oração, o período se dirá *composto*. Exemplo de período *simples*:

- Duro com duro não faz bom muro.

Exemplos de período *composto:*

- "Não pare, porque será o mesmo que voltar!"
- "Não dês a teus amigos os conselhos mais agradáveis: dá-lhes os mais úteis!"

A maneira mais fácil e prática de saber quantas orações existem num período é contar os verbos: num período haverá tantas orações quantos forem os verbos nele existentes.

Testes e exercícios

1. Identifique as afirmações verdadeiras:
a) Oração é uma frase com verbo ou com expressão verbal.
b) Toda oração precisa ter necessariamente sentido completo.
d) Frase é todo enunciado que não traz verbo.
e) A frase legítima é aquela que não tem mais de cinco palavras.
f) Há frases que não são orações.
g) Uma oração pode ser período, mas uma oração é sempre frase.
h) Período é uma frase que traz pelo menos um verbo.
i) Toda oração tem sentido completo.
j) Todo período tem mais de uma oração.

2. Quando alguém grita **FOGO!**, usa:
a) uma frase   b) uma oração   c) uma frase e uma oração
d) uma palavra simplesmente   e) nem oração nem frase

3. Quando alguém diz **Sou feliz**, usa:
a) apenas uma frase   b) apenas uma oração   c) uma frase e uma oração
d) nem frase nem oração   e) duas palavras, simplesmente

4. Identifique os períodos simples:
a) O jornal rodou edição extra para registrar o fato.
b) Nas festas juninas, a garotada estoura foguetes e bombinhas.
c) O chofer do caminhão disse que viu o meteorito cair.
d) Os celtiberos são descendentes dos celtas e dos iberos.
e) Os animais gostam de viver em seu *habitat*.

5. Identifique os períodos compostos:
a) Você sabe qual é atualmente o subsídio dos parlamentares?
b) Todos os anos o Brasil festeja o 7 de Setembro e o 15 de Novembro.
c) O fumo intoxica todo o organismo: evite tóxicos!
d) O homem demonstrou vivo interesse pela casa.
e) É preciso saber distinguir o joio do trigo.

6. Assinale a alternativa em que há um período simples ou uma oração absoluta:
a) "Em terra de cego quem tem um olho é rei."
b) "Tudo o que sei é que nada sei."
c) "Quem tudo quer, tudo perde."
d) "Nem tudo o que reluz é ouro."
e) Ele vive a vida que pediu a Deus.

Nossa gramática simplificada

Dos concursos e vestibulares

7. (Fiscal-MT) Assinale a alternativa em que há um período simples (oração absoluta):
a) Ninguém sabia que a prova seria hoje.
b) Ficou provado que tudo era uma farsa.
c) Fui a Roma, mas não vi o Papa.
d) Todos os homens da aldeia eram de baixa estatura.
e) Chegamos, vimos e vencemos.

8. (TRE-MT) Dentre as opções abaixo há uma com oração absoluta. Assinale-a:
a) "Um amigo meu diz que em todos nós existe o charlatão."
b) "Sente-se uma vaga sensação panteísta."
c) "Rubião fitou um pé que se mexia disfarçadamente."
d) "O funcionário não deu satisfações e afastou-se."
e) "Estavam nisto quando a costureira chegou à casa da baronesa."

Soluções dos testes e exercícios
1. f) h) **2.** a) **3.** c) **4.** b) e) **5.** a) c) e) **6.** a) **7.** d) **8.** b)

Lição 22
TERMOS ESSENCIAIS DA ORAÇÃO

1. Os termos da oração. Na oração, você poderá encontrar três termos: os *essenciais* (sempre ou quase sempre aparecem); os *integrantes* (completam o sentido de outro termo) e os *acessórios* (são perfeitamente dispensáveis ao significado essencial).

2. Introdução ao estado dos termos essenciais da oração. Os verbos impessoais e os unipessoais. Sempre que você ouvir falar em *termos essenciais da oração,* pense em *sujeito* e em *predicado.* Geralmente, as orações trazem sujeito e predicado. Contudo, às vezes, você poderá encontrar orações sem sujeito. Veja este exemplo: *Amanheceu.* Esta oração não tem sujeito. Se você me perguntar por quê, eu respondo: porque é absolutamente impossível que uma pessoa exerça a ação de *amanhecer.* Por isso, dizemos que tal oração não tem sujeito, é uma *oração sem sujeito.* O verbo, exatamente pelo fato de não possuir sujeito, chama-se *impessoal,* assunto que já estudamos em VERBO.

3. O sujeito: como encontrá-lo na oração. Importante é saber como achar o sujeito de uma oração. Achando-o, você estará automaticamente achando o predicado. A chave para encontrar o sujeito é fazer a pergunta QUEM? **antes** do verbo. Comecemos com este exemplo:

- O macaco subiu à árvore.

Façamos a pergunta **antes** do verbo: QUEM subiu à árvore?
A resposta: *O macaco* (é o sujeito).
O predicado é constituído por tudo aquilo que sobrou: *subiu à árvore.*
Vejamos, agora, este exemplo:

- As flores desabrocharam.

A pergunta: QUEM desabrochou? A resposta: *As flores* (é o sujeito). O predicado, então, será: *desabrocharam.*

4. Tipos de sujeito. A Nomenclatura Gramatical Brasileita (NGB) considera somente estes tipos de sujeito:
a) *simples:* quando só existe um núcleo. Ex.:

Nossa gramática simplificada

- O macaco subiu à árvore.
Sujeito: *O macaco.*
Existe somente um núcleo: *macaco.*
O sujeito é, pois, *simples.*

- "A justiça é a verdade em ação."
Sujeito: *A justiça.*
Existe somente um núcleo: *justiça.*
O sujeito é, portanto, *simples.*

- Somos muito jovens.
Sujeito: *nós.*
Existe somente um núcleo: *nós.*
Consequentemente, sujeito *simples.*

Note o último exemplo. Antigamente dizia-se que era sujeito *oculto.* Acontece que o termo *oculto* foi abolido pela NGB por ser impróprio. *Oculto* significa *que está escondido.* Realmente, o sujeito não está oculto, não está escondido, porque a própria desinência verbal o evidencia: (nós) *somos.* Vejamos outros exemplos:

- Estou muito contente.
Não há dúvida de que o sujeito é *eu,* portanto, o sujeito *não está* oculto.
- Falaste muito bem.
O sujeito está claro na desinência verbal: *tu.*
- Amemos!
O sujeito é simples: nós.

E se você quiser ser mais exato, poderá dizer que tais sujeitos são *simples* e *desinenciais,* porque se tornam claros em virtude da **desinência** verbal.
b) *composto*: quando existem dois ou mais núcleos. Ex.:

- O macaco e o sagui subiram à árvore.
Sujeito: *O macaco* e o *sagui.*
Existem dois núcleos: *macaco* e *sagui.* O sujeito é, pois, *composto.*
- Meu primo e eu resolvemos o problema.
Sujeito: *Meu primo* e *eu.* Existem dois núcleos: *primo* e *eu.* O sujeito é, portanto, *composto.*
- Cristina, Mônica e outras amigas chegaram.
Sujeito: *Cristina, Mônica* e *outras amigas.* Existem três núcleos: *Cristina, Mônica* e *amigas.* Consequentemente, o sujeito é *composto.*

c) *indeterminado*: quando o sujeito não existe como elemento na oração, sendo a sua identidade desconhecida realmente, ou escondida propositadamente. Não obstante, sempre existirá o responsável pela ação verbal. Vejamos estes exemplos:

- *"Contam* maravilhas dos beijos furtados."
- *Roubaram* minha carteira.
- Mônica, *falaram* mal de você.
- *Trabalha-se* demais neste lugar.
- *Precisa-se* de trabalhadores braçais.

255

Note: nos dois primeiros exemplos, a identidade do sujeito é, de fato, desconhecida; nos dois exemplos seguintes, a identidade do sujeito foi escondida propositadamente; nos dois últimos, a intenção é apenas indeterminar o agente da ação verbal.

Note ainda isto: em todos os exemplos, o sujeito não existe como elemento na oração. Você não poderá dizer que nos três primeiros exemplos o sujeito é *eles* ou *elas,* simplesmente porque poderá ser apenas uma pessoa que tenha contado maravilhas, que tenha roubado ou que tenha falado mal. Não obstante, o responsável pela ação verbal existe, e é exatamente isso que diferencia tal tipo de oração das orações sem sujeito, porque nestas não existe o responsável pela ação verbal.

O sujeito pode vir representado por uma oração; neste caso dizemos que se trata de *sujeito oracional.* Ex.: É bom *que você estude.* *** Parece *que vai chover.*

Nos imperativos, é comum que o sujeito apareça implícito na desinência verbal. Ex.: *Saia daqui imediatamente!* (sujeito desinencial: *você*) *** *Oremos pelos pecadores!* (sujeito desinencial: *nós*)

5. Como se pode indeterminar o sujeito. São duas as maneiras de indeterminar o sujeito:

1.ª) colocar o verbo na 3.ª pessoa do plural, com a intenção de esconder o sujeito ou com o propósito de demonstrar desconhecimento sobre ele:

> - *Contam maravilhas dos beijos furtados...*
> - *Mônica, falaram* mal de você.
> - *Cristina, fizeram* fofoca sobre nós.

2.ª) colocar pronome *se* junto de verbo que não seja *transitivo direto,* com a intenção de apenas e tão somente indeterminar o responsável pela ação verbal:

> - *Trabalha-se* demais neste lugar.
> O verbo *trabalhar* é intransitivo.
> - *Precisa-se* de trabalhadores braçais.
> O verbo *precisar* é transitivo indireto.
> - Tudo é bom quando *se é* moço.
> O verbo *ser* é de ligação.

6. Diferença entre sujeito indeterminado e sujeito desinencial. Nada melhor que vermos estes exemplos, para saber qual a diferença entre sujeito indeterminado e sujeito desinencial:

> - Elogiaram muito o presidente.
> - Os deputados reuniram-se; elogiaram muito o presidente e encerraram a sessão.

No primeiro exemplo, o sujeito é indeterminado, porque não sabemos *quem* exatamente elogiou o presidente. Não há referência nenhuma sobre o responsável pela ação verbal. No segundo exemplo, o sujeito de *elogiaram* é conhecido, isto é, nós sabemos perfeitamente quem responde pela ação verbal: *os deputados*. Neste caso, o sujeito de *elogiaram,* bem como o de *encerraram,* é simples e desinencial.

7. O conceito de núcleo. No sujeito podem aparecer certas palavrinhas ou expressões secundárias, que não são essenciais para o entendimento da frase. Geralmente, são *artigos, adjetivos, numerais, pronomes possessivos,* etc. Em todo sujeito existe um termo ao qual a declaração contida no predicado está *diretamente* ligada. Este termo central denomina-se *núcleo* do sujeito. Veja este exemplo:

- A casa de Mônica sofreu reforma geral.

Note: no sujeito (*A casa de Mônica),* há somente um termo importante: *casa,* que é o termo sobre o qual pesa toda a declaração do predicado. Quem é que sofreu a reforma geral: a *casa,* ou *Mônica?* Claro, a *casa. A* e *de Mônica,* portanto, aparecem como termos secundários, apenas para esclarecer o núcleo; não são essenciais ao entendimento da frase. Outros exemplos:

- Fernando e o seu melhor amigo discutiram.
Sujeito: *Fernando e o seu melhor amigo.*
Núcleos: *Fernando* e *amigo.*
- Cristina, Mônica, Regina e eu viajaremos amanhã.
Sujeito: *Cristina, Mônica, Regina e eu.*
Núcleos: *Cristina, Mônica, Regina* e *eu.*
- O armazém de secos e molhados da esquina está fechado.
Sujeito: *O armazém de secos e molhados da esquina.*
Núcleo: *armazém.*

No predicado, o núcleo será sempre a palavra ou expressão que estiver mais diretamente ligada ao sujeito; será sempre a palavra ou expressão que contiver a declaração maior sobre o sujeito. Veja este exemplo:

- Mônica beijou o namorado na rua!

O termo que no predicado está mais diretamente ligado ao sujeito é, evidentemente, *beijou,* pois representa a palavra que contém a declaração maior sobre o sujeito: *Mônica-beijou.* Este verbo constitui, então, o núcleo do predicado. Outros exemplos:

- Fernando e o seu melhor amigo discutiram sobre política.
Núcleo do predicado: *discutiram.*
- Cristina, Mônica, Regina e eu viajaremos amanhã.
Núcleo do predicado: *viajaremos.*
- O armazém de secos e molhados da esquina está fechado.
Núcleo do predicado: *fechado.*
- A casa de Mônica é muito bonita.
Núcleo do predicado: *bonita.*

Veja, agora, o conjunto *núcleo do sujeito-núcleo do predicado* e certifique-se de que as palavras mais importantes são exatamente estas:

Fernando e amigo / discutiram.
Cristina, Mônica, Regina e eu / viajaremos.
Armazém / fechado.
Casa / bonita.

8. O predicativo do sujeito e o predicativo do objeto. Comecemos com este exemplo:

- Cristina sentiu saudades minhas.

Se o sujeito é *Cristina,* o predicado será: *sentiu saudades minhas.* O predicado, enfim, é tudo aquilo que se atribui ao sujeito. São três os tipos de predicado: *verbal, nominal* e *verbo-nominal.* Vejamos quando o predicado é *verbal:*

- Sônia gastou cem mil reais na reforma da sua casa!
Sujeito: *Sônia.*
Predicado: *gastou cem mil reais na reforma da sua casa*

O núcleo do predicado é *gastou.* Como se trata de um verbo, o predicado se chama *verbal.* Outros exemplos de predicado verbal:

- Fernando trabalha por conta própria.
Veja a ligação sujeito-predicado: *Fernando-trabalha.*
- Nosso vizinho construiu um palacete.
Veja a ligação sujeito-predicado: *Vizinho-construiu.*
- Cristina atirou todos os papéis ao lixo.
Veja a ligação sujeito-predicado: *Cristina-atirou.*
- Todos os móveis da casa foram comprados na Europa.
Veja a ligação sujeito-predicado: *Móveis-foram comprados.*

No último exemplo, o núcleo é a locução verbal *foram comprados,* porque se trata de voz passiva analítica. Sempre que o verbo estiver na voz passiva analítica, o núcleo não será apenas uma palavra, mas uma expressão, que se denomina *locução verbal,* assunto que também já estudamos em VERBO. Outro exemplo, para você firmar conhecimento:

- Nossa casa está cercada de árvores.
Veja a ligação sujeito-predicado: *Casa-está cercada.*

A oração correspondente, com verbo na voz ativa, é:

- Árvores cercam nossa casa.

Eis outro exemplo:

- O mágico ficou cercado de curiosos.
Veja a ligação sujeito-predicado: *Mágico-ficou cercado.*

A oração correspondente, com verbo na voz ativa, é:

- Curiosos cercaram o mágico.

Ainda outro exemplo:

> - Essa música é cantada por Elis Regina.
> Veja a ligação sujeito-predicado: *Música-é cantada.*

Eis a voz ativa:

> - Elis Regina canta essa música.

Vejamos, agora, quando o predicado é *nominal:*

> - Mônica está linda!
> Sujeito: *Mônica.*
> Predicado: *está linda!*

O núcleo do predicado agora não é mais um verbo ou uma locução verbal, é um adjetivo (*linda*), que se diz *nome*. Por isso, o predicado se diz *nominal*. Outros exemplos de predicado nominal:

> - Cristina é encantadora.
> Veja a ligação sujeito-predicado: *Cristina-encantadora.*
> - A menina ficou zangada.
> Veja a ligação sujeito-predicado: *menina-zangada.*
> - O Rio de Janeiro continua lindo.
> Veja a ligação sujeito-predicado: *Rio de Janeiro-lindo.*
> - Os jogadores parecem tristes.
> Veja a ligação sujeito-predicado: *jogadores-tristes.*

No predicado nominal, o verbo não tem muita importância; serve apenas para ligar o predicativo (nome que se dá ao núcleo do predicado nominal) ao sujeito. Vejamos, finalmente, quando o predicado é *verbo-nominal:*

> - Fernando chegou cansado.
> Veja que agora existem duas ligações do sujeito com o predicado; a ligação *Fernando-chegou* e a ligação *Fernando-cansado.*

Agora são, portanto, dois os núcleos existentes no predicado: *chegou* e *cansado*. Como um núcleo é verbo (*chegou*) e o outro é nome (*cansado*), o predicado se diz *verbo-nominal*. Outros exemplos de predicado verbo-nominal:

> - Cristina saiu do quarto apressada.
> Veja a ligação sujeito-predicado: *Cristina-saiu; Cristina-apressada.*
> - Mônica beijou o namorado encabulada.
> Veja a ligação sujeito-predicado: *Mônica-beijou; Mônica-encabulada.*
> - Os diretores escolheram Fernando para gerente da empresa.
> Veja a ligação sujeito-predicado: *diretores-escolheram;* e, agora, a ligação predicado-predicado: *Fernando-gerente da empresa.*
> - O professor considerou ótimo o meu aproveitamento.
> Veja a ligação sujeito-predicado: *professor-considerou* e, também, a ligação predicado-predicado: *aproveitamento-ótimo.*

Quando houver apenas ligação sujeito-predicado, o predicativo se diz *do sujeito;* quando houver ligação sujeito-predicado e predicado-predicado, ao mesmo tempo, o predicativo se diz *do objeto*. Eis mais algumas frases com *predicativo do objeto:*

Luiz Antonio Sacconi

- Elegeram Mônica *a rainha da festa.*
- Nomearam-me *Secretário de Estado.*
- Alguma coisa os deixou *paralisados* de espanto.
- Procure manter a cidade sempre *limpa!*
- "O amor da liberdade faz *indomáveis* os homens e *invencíveis* os povos."
- "A paz torna *mais felizes* os povos e *mais débeis* os homens."
- "A felicidade torna o homem *bom;* a prosperidade fá-lo *egoísta.*"
- "Os homens fariam muitas coisas se não julgassem tantas coisas *impossíveis.*"
- "Um homem de espírito ver-se-ia muitas vezes *embaraçado* sem a companhia dos idiotas."
- O povo julga *sábio* um tolo bem-vestido.

Todos esses exemplos são de predicativos do objeto direto. Há, no entanto, também, predicativo do objeto indireto:

- Chamei-*lhe traidor.*

O *lhe é* objeto indireto do verbo *chamar,* e *traidor,* o predicativo desse objeto.

Importante
Considera-se como predicativo o termo adverbial que se encontra ligado ao sujeito através do verbo *ser.* Assim, por exemplo:

- A vida é *assim* mesmo.
- Eles são *assim.*
- Eu nunca fui *assim.*

Por outro lado, nas orações do tipo:

- Nós estamos *bem.*
- Eles estão *mal* de saúde.

parece-nos haver omissão do verbo *passar:*

- Nós estamos *passando bem.*
- Eles estão *passando mal* de saúde.

Nesse caso, *bem* e *mal* desempenham a função normal de advérbio. Não obstante, nestes exemplos:

- Nós estamos *de pé.*
- Ela está *em pé.*

as locuções grifadas exercem função adverbial, visto que o verbo *estar* não indica estado, mas postura física. É preciso lembrar que nas orações:

- Nós estamos *na sala* e
- Ela está *no quarto,*

as expressões grifadas têm, igualmente, valor adverbial.

Nossa gramática simplificada

Testes e exercícios

1. Separe o sujeito do predicado e classifique-os:
a) Uma pessoa atendeu à porta. b) Acabaram as férias.
c) Começaram as aulas. d) Alguém fez isso.
e) Eu e ela não vimos o cometa. f) Crê-se em Deus.
g) Gritaram o meu nome. h) Tudo são cinzas.
i) Água, queria o rapaz. j) Precisa-se de empregados.

2. Assinale as orações sem sujeito:
a) Vive-se bem na fazenda. b) Corra, que vem gente!
c) Trovejou bastante. d) O lobo uivou.
e) Nada está em pé. f) Tudo se queimou.
g) Havia cartas na mesa. h) Existe Deus.
i) Choveu demais. j) É caso de polícia esse.

3. Faça que todas as orações fiquem sem sujeito, substituindo os seus verbos:
a) Aconteceram dois acidentes aqui ontem.
b) Realizaram-se várias comemorações em homenagem aos campeões.
c) Nesta região do país, os verões são insuportáveis!
d) Ontem os ventos sopraram bastante fortes.
e) De madrugada, a chuva caiu torrencialmente.
f) Existiam poucos ingressos ainda à venda.
g) Existiram pessoas doentes na fila.
h) Ontem caiu muita neve em São Joaquim (SC).
i) No inverno, a geada castiga bastante as plantações.
j) Aconteceram brigas e mais brigas na festa, porque existiam muitos penetras.

4. Transforme os predicados nominais em predicados verbo-nominais:
a) Tomei duas cervejas tranquilamente. Depois descansei sossegadamente.
b) Os homens voltaram apressadamente. As mulheres choraram desesperadamente.
c) Algumas pessoas morreram por afogamento; outras, por linchamento.
d) As mulheres esperam ansiosamente o capítulo final da telenovela.
e) As moças falaram seriamente: "Os ventos uivavam pavorosamente".

5. Identifique os predicativos do sujeito e os predicativos do objeto:
a) Escolheram-nos para cristos.
b) As paixões tornam os homens cegos.
c) Acho razoáveis suas pretensões, mas sinto-as impraticáveis.
d) Quero deixar bem claras duas coisas: sou brasileiro e solteiro.
e) Os vigias andam pelas ruas todo tortos.
f) Nunca a vi tão desolada.
g) Ali, gato vira sabão.
h) A mãe encontrou doentes e na cama todos os filhos.
i) A mãe encontrou satisfeita todas as filhas.
j) A mãe encontrou satisfeitas todas as filhas.

Dos concursos e vestibulares

6. (ESA) Assinale a alternativa com oração sem sujeito:
a) Trouxeram essa encomenda para você.

Luiz Antonio Sacconi

b) Hoje fez muito frio em São Paulo.
c) Precisa-se de um ajudante de pedreiro.
d) A noite foi muito fria em São Joaquim.
e) O céu está nublado.

7. (FEI-SP) No período:**Toda a humanidade estaria condenada à morte, se houvesse um tribunal para os crimes imaginários** (Paulo Bonfim), qual o sujeito da primeira e segunda orações?

8. (EMPA-MG) **Quando me procurar o desencanto, eu direi, sereno e confiante, que a vida não foi de todo inútil.** O sujeito de **procurar** é:
a) indeterminado   b) eu (desinencial)   c) o desencanto
d) me   e) não há sujeito

9. (EsPCEx) Assinale a alternativa que contenha predicativo do objeto:
a) Essa mulher é muito fofoqueira.
b) Está satisfeita com o novo emprego.
c) A guerra deixou aquela cidade arruinada.
d) Esse homem ficou rico e orgulhoso.
e) Não seja tão pessimista.

10. (FCMSC-SP) Observe as orações seguintes: 1) *Dizem por aí tantas coisas...* 2) *Nesta faculdade acolhem muito bem os alunos.* 3) *Obedece-se aos mestres.*
O sujeito está indeterminado:
a) só na 1   b) só na 2   c) só na 3   d) apenas em 2   e) nas 3 orações

11. (UEPG-PR) Só num caso a oração é sem sujeito. Identifique-a:
a) Faltavam três dias para o batismo.
b) Houve por improcedente a reclamação do aluno a direção.
c) Só me resta uma esperança.
d) Havia tempo suficiente para as comemorações.
e) n.d.a.

12. (FEC-RJ) Assinale a alternativa em que há uma oração com predicado verbo-nominal:
a) O mar estava calmo naquela manhã.
b) Nenhum navio partiu ontem.
c) Achei esse sujeito muito antipático.
d) O homem ficou furioso com a brincadeira.
e) Ele terminou o trabalho ontem à tarde.

13. (FMU-SP) **Ouviram do Ipiranga as margens plácidas/De um povo heroico o brado retumbante...**
O sujeito dos dois primeiros versos do Hino Nacional é:
a) indeterminado   b) um povo heroico
c) as margens plácidas do Ipiranga   d) o brado retumbante   e) n.d.a.

14. (FESP) Em **Retira-te, criatura ávida de vingança!**, o sujeito é:
a) te   b) tu (desinencial)   c) indeterminado   d) criatura   e) n.d.a.

15. (F.C.Chagas-RJ) Assinale a oração sem sujeito:
a) Convidaram-me para a festa.   b) Diz-se muita coisa errada.   c) O dia está quente.
d) Alguém se enganou.   e) Vai fazer bom tempo amanhã.

Nossa gramática simplificada

16. (FMU-SP) Identifique a alternativa em que aparece um predicado verbo-nominal:
a) Os viajantes chegaram cedo ao destino.
b) Demitiram o secretário da instituição.
c) Nomearam as novas ruas da cidade.
d) Compareceram todos atrasados à reunião.
e) Estava irritado com as brincadeiras.

17. (UF-GO) Em uma das alternativas a seguir, o predicativo inicia o período. Identifique-o:
a) A dificílima viagem será realizada pelo homem.
b) Em suas próprias inexploradas entranhas descobrirá a alegria de conviver.
c) Humanizado tornou-se o Sol com a presença humana.
d) Depois da dificílima viagem, o homem ficará satisfeito?
e) O homem procura a si mesmo nas viagens a outros mundos.

Soluções dos testes e exercícios

1. a) uma pessoa (sujeito simples); atendeu à porta (predicado verbal) b) as férias (sujeito simples); acabaram (predicado verbal) c) as aulas (sujeito simples); começaram (predicado verbal) d) alguém (sujeito simples); fez isso (predicado verbal) e) eu e ela (sujeito composto); não vimos o cometa (predicado verbal) f) sujeito indeterminado; crê-se em Deus (predicado verbal) g) sujeito indeterminado; gritaram o meu nome (predicado verbal); h) tudo (sujeito simples); são cinzas (predicado nominal); i) o rapaz (sujeito simples); queria água (predicado verbal); j) sujeito indeterminado; precisa-se de empregados (predicado verbal) **2.** c) g) i) **3.** a) Houve dois acidentes... b) Houve várias comemorações ... c) ... , faz verões insuportáveis! d) Ventou bastante forte ontem. e) Choveu torrencialmente ... f) Havia poucos ingressos ... g) Houve pessoas doentes ... h) Ontem nevou muito ... i) No inverno, geia bastante, castigando as plantações. j) Houve brigas e mais brigas na festa, porque havia muitos penetras. **4.** a) Tomei duas cervejas tranquilo. Depois descansei sossegado. b) Os homens voltaram apressados. As mulheres choraram desesperadas. c) Algumas pessoas morreram afogadas; outras, linchadas. d) As mulheres esperam ansiosas o capítulo final da telenovela. e) As moças falaram sérias: "Os ventos uivavam pavorosos". **5.** a) cristos (predicativo do objeto) b) cegos (pred.do obj.) c) razoáveis e impraticáveis (pred. do obj.) d) claras (pred.do obj.); brasileiro e solteiro (pred.do suj.) e) tortos (pred.do suj.) f) desolada (pred.do obj.) g) sabão (pred.do suj.) h) doentes (pred.do obj.) i) satisfeita (pred.do suj.) j) satisfeitas (pred. do obj.) **6.** b) **7.** toda a humanidade; oração sem sujeito **8.** c) **9.** c) **10.** e) **11.** d) **12.** c) **13.** c) **14.** b) **15.** e) **16.** d) **17.** c)

Lição 23
ESPÉCIES DE VERBOS QUANTO À PREDICAÇÃO

1. Os verbos transitivos. *Verbo transitivo* é aquele que precisa de complemento, sem o que fica incompleto o pensamento, fica incompleta a comunicação. O verbo será *transitivo direto* quando se ligar *diretamente* ao seu complemento, isto é, sem ajuda de preposição:

- Todos *ouviram* o estrondo.
- Os pedreiros *derrubaram* a parede.
- A menina *beijou* o pai.

Habitue-se a verificar a transitividade verbal de maneira prática:

- quem ouve, ouve alguma coisa (ou alguém);
- quem derruba, derruba alguma coisa (ou alguém);
- quem beija, beija alguma coisa (ou alguém).

O verbo será *transitivo indireto* quando se ligar *indiretamente* ao seu complemento, isto é, por meio de uma preposição:

- Cristina, *não judie* tanto *de* meu coração!
- Ela não *concorda com* essa ideia.
- Você *acredita em* milagres?

Note as preposições *de, com* e *em,* respectivamente. Agora veja pelo modo prático:

- quem judia, judia *de* alguma coisa (ou *de* alguém);
- quem concorda, concorda *com* alguma coisa (ou *com* alguém);
- quem acredita, acredita *em* alguma coisa (ou *em* alguém).

O verbo será *transitivo direto e indireto* (antigamente chamado *bitransitivo),* quando se ligar *direta e indiretamente* ao seu complemento:

- "A instrução *dá* dignidade ao homem."
- *"Prefiro* uma gota de sabedoria a toneladas de riqueza."
- Paulo *emprestou*-me cem reais.

Está praticamente comprovado:

- quem dá, dá alguma coisa a alguém;
- quem prefere, prefere alguma coisa a outra;
- quem empresta, empresta alguma coisa a alguém.

Nossa gramática simplificada

2. Os verbos intransitivos. O verbo será *intransitivo* quando possuir sentido completo, isto é, quando não exigir nenhum complemento para inteirar o seu significado:

- A borboleta *morreu.*
- Todos *choraram.*
- Mônica *escorregou.*
- Todos *riram.*

Existem certos verbos intransitivos que, não raro, aparecem modificados por adjuntos e dão a nítida impressão de serem transitivos indiretos, porque também vêm acompanhados de preposição. Há, no entanto, um modo prático para diferençar esse tipo de verbo intransitivo do verbo transitivo indireto: é fazer as perguntas ONDE?, AONDE? e DE ONDE? após o verbo. Dando sentido, o verbo é intransitivo, modificado por adjunto. Eis os exemplos, que esclarecem:

- Cristina *está* em Salvador.

Façamos a pergunta após o verbo:

- Cristina está ONDE?

A resposta: *em Salvador.* O verbo *está* é, pois, intransitivo, e *em Salvador* é um adjunto adverbial.

- Mônica foi a Nova Friburgo.

Façamos a pergunta:

- Mônica foi AONDE?

A resposta: *a Nova Friburgo.* O verbo *foi* é intransitivo, e *a Nova Friburgo* é um adjunto adverbial.

- Fernando *chegou* de Cabo Frio.

Façamos a pergunta:

- Fernando *chegou* DE ONDE?

A resposta: *de Cabo Frio.*
O verbo *chegou* é intransitivo, e *de Cabo Frio,* um adjunto adverbial.
Agora, note que verbos transitivos indiretos não aceitam tais perguntas:

- Cristina *gosta de* seu namorado.

A pergunta:

- Cristina *gosta* DE ONDE?

evidentemente, não há sentido.

- Mônica *concorda com* minha ideia.

A pergunta:

- Mônica *concorda com* ONDE?

Enfim, jamais haverá sentido com verbos transitivos indiretos, ao fazermos tais perguntas.

265

É preciso salientar também que, ao usar o método prático aprendido, ninguém diz:

- quem está, está em alguma coisa;
- quem vai, vai a alguma coisa;
- quem chega, chega de alguma coisa.

A prova maior de que tais verbos se fazem acompanhar de adjunto adverbial, e não de objeto indireto:

- quem está, está *em algum lugar,*
- quem vai, vai *a algum lugar;*
- quem chega, chega *de algum lugar.*

Por esse motivo, todos os adjuntos adverbiais que vimos são adjuntos adverbiais *de lugar.* Isto demonstra que na oração

- Cristina gostou de Salvador,

a expressão *de Salvador* não constitui adjunto adverbial. E está fácil de entender: o verbo *gostar* é transitivo indireto, e não intransitivo. Pois:

- quem gosta, gosta de *alguma coisa* (e não essencialmente de *algum lugar*).

Imaginemos, porém, que fosse sempre assim:

- quem gosta, gosta de *algum lugar.*

Aí, sim, o verbo seria intransitivo, e *de Salvador,* adjunto adverbial de lugar.

Como nada disso tem fundamento, *gostar* é mesmo verbo transitivo indireto, e *de Salvador,* objeto indireto.

3. Os verbos de ligação. *Verbo de ligação* é aquele que, não indicando ação alguma por parte do sujeito, exprime um estado deste mesmo sujeito. Veja os exemplos:

- Mônica *é* bonita.
- Mônica *está* bonita.

Note: os verbos *é* e *está* indicam estado do sujeito *Mônica;* o primeiro, estado *permanente; o* segundo, estado *passageiro.* Como verbo de ligação não exprime ação, não possui significado, só expressa o estado do sujeito, o núcleo do predicado será o termo que realmente declara alguma coisa importante do sujeito. Esse termo recebe o nome de *predicativo.* Os principais verbos de ligação são estes:

1) *ser* e *viver* (indicam estado permanente):

- Mônica é bonita.
- Mônica *vive* alegre.

2) *estar, andar, achar-se, encontrar-se* (indicam estado passageiro):

- Mônica *está* bonita.
- Mônica *anda* alegre.
- Cristina *acha-se* acamada.
- Fernando *encontra-se* gripado.

3) *ficar, tornar-se, fazer-se, virar, converter-se, meter-se a* (indicam mudança de estado):

- Mônica *ficou* bonita.
- Mônica *tornou-se* alegre.
- Cristina *fez-se* minha noiva.
- Fernando *virou* bicho.
- O menino *converteu-se* em vítima.
- Ele *se meteu a* besta.

4) *continuar* e *permanecer* (indicam continuidade de estado):

- Mônica continua linda.
- Mônica permanece alegre.

5) *parecer* [indica aparência de estado (permanente ou passageiro)]:

- Mônica *parece* linda.
parece = parece ser
- Mônica *parece* alegre.
parece = parece estar

Quando a oração tiver um desses verbos, verifique se no predicado existe um termo QUE SE REFERE ao sujeito, indicando seu estado, sua qualidade ou condição. Essa verificação é importante, porque, se não houver nenhum termo no predicado que se relacione com o sujeito, o verbo NÃO SERÁ de ligação. Quer um exemplo? O verbo *estar* nesta oração não é de ligação:

- Mônica *está* nos Estados Unidos.

Note: não existe nenhum termo no predicado que se refira ao sujeito, indicando seu estado, sua qualidade ou condição. Assim, não existe o predicativo; não existindo predicativo, o verbo não pode ser de ligação. Trata-se de verbo *intransitivo; nos Estados Unidos* é adjunto adverbial de lugar. Você precisa notar também que o verbo *está* nessa oração POSSUI significado, é carregado de significado. Veja a diferença entre verbo que possui significado e verbo que não possui significado (de ligação):

- A menina *está* no quarto.
Está possui significado: A menina *estava presente* no quarto.
- A menina *está* doente.
Está não possui significado, indica apenas o estado da menina.
- O homem *virou* a mesa.
Virou é verbo carregado de significado.
- O homem *virou* bicho.
Virou é verbo vazio de significado.
- As *pessoas ficaram* na sala.
Ficaram é verbo carregado de significado.
- As pessoas *ficaram* nervosas.
Ficaram é verbo vazio de significado.

Note: sempre que o verbo é vazio de significado (verbo de ligação), existe o predicativo. Outros exemplos:

- O leite *está* frio.
- Pedro e Maria *são* amigos.
- O jardineiro *ficou* zangado.

Testes e exercícios

1. Classifique os verbos quanto à predicação:
a) Ela está doente.
b) Ela vive doente.
c) Não encontrei o documento.
d) Quem virou o ventilador para lá?
e) Ela virou bicho quando lhe disseram isso.
f) Cumpra o seu dever!
g) Ele descende de gente nobre.
h) Ela acredita em tudo!
i) Nunca vi uma coisa dessas.
j) Você joga bola?
k) As crianças permanecem quietas.
l) As crianças permanecem na escola.
m) Não é fácil viver numa cidade grande.
n) Ela veio aqui ontem e logo foi embora.
o) Chegamos a Salvador de madrugada.
p) "Quem canta seus males espanta."
q) "Quem tudo quer tudo perde."
r) "Quem avisa amigo é."
s) "A água corre sempre para o mar."
t) "A corda sempre arrebenta do lado mais fraco."
u) A chuva cai fina e fria.
v) Pelo coração, em uma hora, passam quatrocentos litros de sangue.
w) Completamente feliz ninguém é.
x) Nem tudo na vida são flores.
y) "Cada qual sabe onde lhe aperta o sapato."
z) "Esmola demais até o santo desconfia."

Dos concursos e vestibulares

2. (FMPA-MG) Identifique a alternativa em que o verbo destacado não é de ligação:
a) A criança **estava** com fome.
b) Pedro **parece** adoentado.
c) Ele **tem andado** confuso.
d) **Ficou** em casa o dia todo.
e) A jovem **continua** sonhadora.

3. (MACK-SP) No período: "**Fui** à escola, **busquei** minha irmã e, em seguida, **entreguei** os livros a Maria", os verbos em destaque são, respectivamente:
a) intransitivo; transitivo direto; transitivo direto e indireto.
b) transitivo indireto; transitivo direto; transitivo direto e indireto.

Nossa gramática simplificada

c) transitivo direto; transitivo indireto; intransitivo.
d) transitivo direto e indireto; intransitivo; transitivo direto.
e) intransitivo; transitivo direto; transitivo indireto.

4. (MACK-SP) Em "E quando o brotinho lhe **telefonou**, dias depois, comunicando que **estudava** o modernismo, e dentro do modernismo sua obra, para que o professor lhe **sugerira** contato pessoal com o autor, **ficou** assanhadíssimo e paternal a um tempo", os verbos assinalados são, respectivamente:
a) transitivo direto, transitivo indireto, de ligação, transitivo direto e indireto
b) transitivo direto e indireto, transitivo direto, transitivo indireto, de ligação
c) transitivo indireto, transitivo direto e indireto, transitivo direto, de ligação
d) transitivo indireto, transitivo direto, transitivo direto e indireto, de ligação
e) transitivo indireto, transitivo direto e indireto, de ligação, transitivo direto

5. (PUC-SP) Em: "... **principiou** a segunda volta do terço.";
"Carrocinhas de padeiro **derrapavam** nos paralelepípedos.";
"**Passavam** cestas para o Largo do Arouche.";
"**Garoava** na madrugada roxa."
Os verbos são, respectivamente:
a) transitivo direto, transitivo indireto, transitivo direto, intransitivo.
b) intransitivo, transitivo indireto, transitivo direto, intransitivo.
c) transitivo direto, intransitivo, transitivo direto, intransitivo.
d) transitivo direto, intransitivo, intransitivo, intransitivo.
e) transitivo indireto, intransitivo, transitivo indireto, transitivo indireto.

6. (PUC-SP) No trecho: "Se eu **convencesse** Madalena de que ela não **tem** razão... Se lhe **explicasse** que é necessário **vivermos** em paz...", os verbos destacados são, respectivamente:
a) transitivo direto, transitivo indireto, transitivo direto, transitivo indireto.
b) transitivo direto e indireto, transitivo direto, transitivo direto e indireto, intransitivo.
c) transitivo indireto, transitivo direto, transitivo direto, intransitivo.
d) transitivo direto e indireto, transitivo direto, intransitivo, transitivo indireto.
e) transitivo direto, transitivo direto, intransitivo, intransitivo.

7. (F. Objetivo-SP) Em "Se **descobrissem** a desmoralização que **reina** dentro de mim", temos, respectivamente, verbos:
a) transitivo direto e transitivo indireto.
b) transitivo direto e de ligação.
c) transitivo indireto e intransitivo.
d) transitivo direto e intransitivo.
e) intransitivo e intransitivo

8. (F. Carlos Chagas-RJ) ... *que **consomem** 46% de toda a gasolina do planeta ...*
O mesmo tipo de complemento exigido pelo verbo grifado acima está na frase:
a) ... o mundo sofre com a falta de capacidade de refino moderno ...
b) ... e outros adjacentes na Bacia de Santos vem em ótima hora ...
c) Outra oportunidade reside em investimentos maciços em capacidade de refino.
d) ... mas esta é uma tendência que se vem espalhando como fogo em palha.
e) ... para gerar produtos de alto valor ambiental.

Luiz Antonio Sacconi

9. (UNIP-SP) "Quando **repeti** isto, pela terceira vez, **pensei** no seminário, mas como se pensa em perigo que **passou**, um mal abortado, um pesadelo extinto; todos os meus nervos me **disseram** que homens não **são** padres." (Machado de Assis)
Na frase acima, os verbos destacados são:
a) transitivo direto – transitivo indireto – intransitivo – transitivo direto e indireto – de ligação
b) transitivo direto – transitivo direto – transitivo direto – transitivo direto – intransitivo
c) transitivo indireto – intransitivo – transitivo direto – transitivo direto e indireto – de ligação
d) intransitivo – intransitivo – intransitivo – transitivo direto – intransitivo
e) intransitivo – transitivo direto – transitivo direto – transitivo direto e indireto – intransitivo

10. (F.Carlos Chagas-RJ) *Jogadores e dirigentes **incitam** a violência com declarações impensadas.*
A frase em que o verbo exige o mesmo tipo de complemento que o grifado acima é:
a) ... como se todas as suas atitudes fossem ilícitas.
b) ... que as mortes que ocorrem no futebol ...
c) ... que não contribui para a superação do problema.
d) ... não apenas para torcer por suas cores.
e) ... enquanto os demais exercem alguns dos seus direitos de cidadania.

Soluções dos testes e exercícios
1. a) de ligação b) de ligação c) transitivo direto d) transitivo direto e) de ligação; transitivo direto e indireto f) transitivo direto g) transitivo indireto h) transitivo indireto i) transitivo direto j) transitivo direto k) de ligação l) intransitivo m) de ligação; intransitivo n) intransitivo; intransitivo o) intransitivo p) intransitivo; transitivo direto q) transitivo direto; transitivo direto r) intransitivo; de ligação s) intransitivo t) intransitivo u) intransitivo v) intransitivo w) de ligação x) de ligação y) transitivo direto; intransitivo z) intransitivo **2.** d) **3.** a) **4.** d) **5.** c) **6.** b) **7.** d) **8.** e) **9.** a) **10.** e)

Lição 24
TERMOS INTEGRANTES DA ORAÇÃO

1. Os termos integrantes da oração. São estes os termos integrantes da oração:

> - o *complemento verbal (objeto direto* e *objeto indireto),*
> - o *complemento nominal* e
> - o *agente da passiva.*

2. O complemento verbal: o objeto direto e o indireto. *Complemento verbal* é aquele que completa o sentido de um verbo. Existem dois:

a) o *objeto direto,* que se liga diretamente ao verbo, isto é, sem ajuda de preposição:

> - Os idosos usam *bengala.*
> - Juquinha quebrou *dois pratos.*
> - Comprei *um avião.*

Quando o objeto direto aparece antecedido de preposição, denomina-se *objeto direto preposicionado* (veja item 5).

b) o *objeto indireto,* que se liga indiretamente ao verbo, isto é, por meio de preposição:

> - Cristina desconfia *de tudo* e *de todos.*
> - Aquele homem depende *do filho.*
> - Os peles-vermelhas resistiram *ao ataque dos caras-pálidas.*

Existem alguns verbos que admitem dois objetos indiretos:

> - A mulher se queixou *do patrão À POLÍCIA.*
> - Fernando desculpou-se *do ocorrido À NAMORADA.*

3. O complemento nominal. *Complemento nominal* é o termo que completa o sentido de um *nome* (substantivo, adjetivo ou advérbio):

> - Mônica tem certeza *da vitória.*

Da vitória é complemento nominal de *certeza* (um substantivo), pois quem tem certeza, tem certeza *DE alguma coisa.* Se disséssemos somente:

> - Mônica tem certeza,

você perguntaria logo:

> - Mônica tem certeza *do quê?*

Como se vê facilmente, a palavra *certeza* não tem sentido completo. Daí dizer-se que *da vitória* é um complemento nominal.

Outros exemplos de complemento nominal:
- A sala está cheia *de gente.*
- Tenho saudades *de Cristina.*
- Anteriormente *ao presidente,* falou o ministro.
- Independentemente *do seu consentimento,* irei à Europa.
- Estou apto *para o cargo.*
- A lembrança *da namorada* fê-lo chorar.
- Tenhamos amor *à liberdade.*
- O diretor está satisfeito *com o trabalho do secretário.*
- Sou o responsável *por vocês.*
- Não tenha medo *de cara feia!*
- Fernando tem vocação *para médico.*
- Tenho muita pena *dessas criaturas.*
- O novo professor é atencioso *para com todos.*
- Este aluno mora muito perto *da escola.*
- Estamos muito longe *de Curitiba.*
- "A alma tem necessidade *da dor.*"
- "A leitura amena é tão útil *à saúde* como o exercício *ao corpo.*"
- "A existência *de Deus* é tão certa como o mais certo de todos os teoremas geométricos."
- "A proteção *aos animais* faz parte da moral e da cultura dos povos."

4. O agente da passiva.
Agente da passiva é o termo que representa o ser agente (animado ou tomado como animado), quando o verbo está na voz passiva. Você vai recordar: a voz é *ativa* quando o sujeito pratica a ação verbal. Ex.:
- O fogo destruiu o edifício.

O fogo, sujeito, praticou a ação de *destruir*; é o *agente*; trata-se, pois, de voz ativa.

Se o sujeito, ao invés de praticar a ação, recebe-a, a voz é *passiva:*
- O edifício foi destruído pelo fogo.

O fogo, sujeito, recebeu a ação verbal; é o *paciente;* a voz é, então, passiva.

Como nessa oração o termo que representa o ser agente é *fogo,* você diz, então, que *pelo fogo* é o *agente da passiva.* Todo agente da passiva vem precedido de preposição (geralmente *por*, algumas vezes, *de*):
- O carro foi comprado *por Fernando.*
- A casa foi cercada *pela polícia.*
- Minha música será cantada *por Fátima Guedes.*
- O professor ficou rodeado *de alunos.*
- O mocinho está cercado *de índios.*

Guarde isto: uma oração com verbo na voz passiva sempre terá a correspondente com verbo na voz ativa:
- Fernando comprou o carro.
- A polícia cercou a casa.
- Fátima Guedes cantará minha música.
- Alunos rodearam o professor.

> - Índios cercam o mocinho.

O agente da passiva, às vezes, é indeterminado:

> - Todos os ratos da casa foram mortos.
> - Os grandes peixes são pescados nos grandes rios.

Sabemos que existe um agente, aquele que pratica ou praticou a ação verbal, mas ele não faz parte da oração como elemento: está indeterminado. As passivas sintéticas ou pronominais possuem a característica de nunca trazerem determinado o agente:

> - Vendem-se casas. = Casas são vendidas.
> (Não se diz por quem são vendidas.)
> - Cobrem-se botões.
> = Botões são cobertos. (Não se menciona o agente.)
> - Dá-se terra. = Terra é dada.
> (Não há necessidade nenhuma de dizer por quem será dada a terra.)

5. O objeto direto preposicionado. Às vezes é preciso que, por qualquer motivo, coloquemos uma preposição antes do objeto direto. Nesse caso, temos o *objeto direto preposicionado*. Estes são os principais casos:

a) quando o objeto direto é pronome oblíquo tônico:

> - Não entendo nem *a ele* nem *a você*.
> - Quiseram prejudicar *a ti* e *a mim* também.

b) quando o pronome relativo QUEM tem antecedente expresso ou não:

> - Não conhecíamos o homem *a quem* devíamos cumprimentar.
> - Conversei com o escritor *a quem* foi outorgado o prêmio.
> - Não sabíamos *a quem* nos dirigir.
> - Não tenho *a quem* amar.

c) quando é preciso coordenar pronome oblíquo e substantivo:

> - Conheço-o e *aos seus amigos* também.
> - Visitamo-la e *a seus parentes* também.

d) com o nome DEUS:

> - "É preciso amar só *a Deus* e odiar só a nós mesmos."
> - "Amar *a Deus* sobre todas as coisas."
> - Não vemos *a Deus,* mas Ele está em toda parte.

e) com as expressões de reciprocidade UM AO OUTRO, UNS AOS OUTROS:

> - "Sem religião, os homens se despedaçariam *uns aos outros* por nada."
> - "Só os bons sentimentos podem unir-nos *uns aos outros;* nunca o interesse determinou ligações firmes."

f) para evitar ambiguidade ou duplo sentido:

> - *Ao Santos* vencerá o Palmeiras.
> - *Aos pais* amam os filhos.

Este caso é comum quando o objeto direto precede o verbo.

g) depois das conjunções comparativas COMO, QUE, DO QUE:

- Amo-a como *a Cristina.*
- O árbitro prejudicou mais os brasileiros que *aos italianos.*
- Eu o estimava mais do que *a meu irmão.*

h) quando a preposição tem caráter de partitivo, ou seja, quando dá ideia de porção de alguma coisa:

- Não beberei *desta água.*
- Ela comeu *do meu pão.*

i) em certas construções idiomáticas, das quais faz parte um verbo transitivo direto: puxar *da faca,* arrancar *da espada,* cumprir *com o dever,* chamar *por alguém,* saber *do caso, esperar por alguém,* pegar *em alguma coisa,* gozar *de liberdade,* sacar *do revólver,* acabar *com o trabalho,* olhar *para a vitrina,* ansiar *pelo cargo,* etc.

Tais construções embelezam o estilo e, de certo modo, imprimem à frase significado diverso daquele com simples objeto direto. *Puxar da faca, arrancar da espada* e *sacar do revólver,* por exemplo, são construções que, além de exprimirem ação repentina, imediata, indicam que se vai fazer uso do objeto para algum fim específico (uma luta, um combate, etc.).

j) com os pronomes indefinidos OUTRO, TUDO, TODO, NINGUÉM, ALGUÉM, MUITOS, etc.:

- Um burro coça *ao outro.*
- Censuraram *a tudo* e *a todos.*
- Comovemos *a todos,* mas *a ninguém* convencemos.
- "O álcool é o maior agente de degeneração do indivíduo e da raça; *a todos* os tecidos ataca e *a todos* degenera."

k) com verbos transitivos diretos nos casos de indeterminação do sujeito, para evitar ambiguidade:

- Ama-se *aos pais.*
- Despreza-se *às mulheres.*
- Castiga-se *aos maus.*
- Condena-se *aos criminosos.*

Não houvesse a preposição, todas as quatro frases teriam duplo sentido. Note:

- Amam-se os pais. ("Os pais são amados" e "Os pais se amam".)
- Desprezam-se as mulheres. ("As mulheres são desprezadas" e "As mulheres se desprezam".)
- Castigam-se os maus. ("Os maus são castigados" e "Os maus se castigam".)
- Condenam-se os criminosos. ("Os criminosos são condenados" e "Os criminosos se condenam a si mesmos".)

Usando-se a preposição, o sentido de reciprocidade se apaga, dando margem a uma única interpretação.

De todos os casos vistos, os sete primeiros são obrigatórios. Os demais, facultativos.

Muitos confundem objeto indireto com objeto direto preposicionado, esquecendo-se de que no primeiro caso o verbo será sempre transitivo indireto e, no segundo, sempre transitivo direto.

6. O objeto direto e o indireto pleonásticos. Às vezes acontece de o autor querer dar ênfase ao objeto direto ou querer chamar a atenção do leitor para o objeto direto. Que faz, então? Coloca-o no início da frase e o repete no meio dela, com a forma pronominal conveniente. Assim, por exemplo:

> - *Este homem,* todos *o* respeitam.

Note: *este homem* e *o* são, ambos, objetos diretos de *respeitam*, mas o pronome realça o objeto direto inicial; diz-se, então, *objeto direto pleonástico.* Aqui estão mais exemplos:

> - *"A vida* leva-**a** o vento."
> - *Aquelas crianças,* ninguém **as** alimenta!
> - *"Os segredos,* um morto é quem **os** guarda melhor."
> - *"Coisas impossíveis* é melhor esquecê-**las** que desejá-**las**" (CAMÕES).

A vírgula após o objeto direto inicial só se usa quando se deseja ênfase ainda maior.

A repetição de uma forma pronominal átona pela tônica, regida da preposição *a*, também é um recurso muito usado para realçar o objeto:

> - *A mim* ninguém *me* engana.
> - *A mim* muito *me* inquieta esta situação.
> - *A ti* não *te* incomoda esse barulho?

Existe, também, o *objeto indireto pleonástico:*

> - *A mim* **me** parece injusta a pena imposta ao réu.
> - O problema é mais grave do que **lhe** parece *a ele.*
> - "De que **lhe** vale *ao homem* conquistar o mundo, se perde a alma?"
> - "O homem tem o valor que *a si próprio* **se** dá."

7. O objeto direto interno ou intrínseco. Existe outro tipo de objeto direto: o *objeto direto interno* ou *intrínseco.* Através destes exemplos, firma-se conhecimento:

> - Ele sempre viveu *vida de rei.*
> - É preciso que, na vida, edifiquemos *nobres edifícios.*
> - Boas criaturas jamais sonham *sonhos ruins.*
> - Quando me viu, ela sorriu *um sorriso triste.*

Você, naturalmente, já percebeu: o *objeto direto interno* é aquele que possui um dos seus elementos com o mesmo radical do verbo intransitivo, que é usado como transitivo direto. Esse elemento, no entanto, sempre se fará acompanhar de um adjunto. Caso contrário, a expressão se torna viciosa (pleonasmo vicioso).

Às vezes, esse tipo de complemento aparece com substantivo de radical diferente do verbo, mas exprime ideia paralela ou afim. Assim, por exemplo:

- Você ainda vai chorar *lágrimas amargas*!
- Dormi *um sono muito tranquilo*.

O objeto direto interno, como você observou, reforça sobremaneira o conceito expresso pelo verbo.

8. O objeto indireto por extensão. Apesar de, em rigor, não poderem ser considerados *objetos indiretos,* pois os verbos que os acompanham não possuem transitividade indireta, complementos como os das orações abaixo são denominados *objetos indiretos por extensão*:

- As mãos dela *me* são plumas.
- *Para mim,* a mulher se suicidou.
- *Para o delegado,* porém, mataram-na.
- Esse dinheiro é *para seu irmão,* e não *para mim.*
- *Para Fernando,* todos ali eram loucos.
- Não *me* ponha os pés no sofá!
- Não *me* saia mais à rua!
- Se você *me* subir nessa escada, eu o esgano!

Como você mesmo já observou, os três últimos complementos aparecem quase que unicamente representados pelo pronome oblíquo *me*. Raríssimo é o caso em que ocorre outro pronome. Em latim, era conhecido como *dativo ético*.

Observe, finalmente, que, em todos os exemplos, não aparece nenhuma vez verbo transitivo indireto. Por isso é que chamamos *objetos indiretos por extensão* a tais complementos.

O mesmo se pode dizer dos pronomes átonos que possuem sentido possessivo, caso este que acontece quando se refere a partes do corpo ou a objetos de uso pessoal, familiar, etc.:

- O pássaro quase que *lhe* arranca os olhos.
- A garota *me* puxou os cabelos.
- O soldado pisou-*nos* o pé.
- O jardineiro regou-*me* as roseiras.
- O menino rasgou-*te* o caderno.

Muitos chegam a considerar tais pronomes como adjuntos adnominais em análise sintática, argumentando que sempre equivalem a um pronome possessivo. Fazem análise lógica, e não análise sintática. Fazer análise sintática por equivalências sempre foi muito perigoso. O fato de tais oblíquos poderem ser substituídos por um possessivo não significa que devam exercer função sintática análoga a estes. Trata-se, na verdade, ainda, de mais um caso de *objeto indireto por extensão*. Quem considera esses pronomes como adjuntos adnominais, por força da coerência, deve também ver oração adjetiva nestes períodos:

> - Quem tudo quer, tudo perde.
> = Aquele *que tudo quer,* tudo perde.
> - Quem avisa, amigo é.
> = Aquele *que avisa,* amigo é.

Todos sabemos que tal análise, como todas aquelas que se fazem por substituição, é obsoleta e caracteriza o tempo do Onça...

9. As funções sintáticas que os pronomes exercem.

Certos pronomes só exercem função de objeto direto (*o, a, os, as*) ou de objeto indireto (*lhe, lhes*). No entanto, os demais podem aparecer ora como objeto direto, ora como objeto indireto, dependendo da transitividade verbal:

> - Mônica trouxe o bolo e comeu-*o*.
> O pronome *o* é objeto direto de *comeu*.
> - Fernando viu a revista e comprou-*a*.
> O pronome *a* é objeto direto de *comprou*.
> - Deus *lhe* pague!
> O pronome *lhe* é objeto indireto de *pague*.
> - Os alunos *lhes* obedecem.
> O pronome *lhes* é objeto indireto de *obedecem*.
> - Não *me* viram na festa.
> O pronome *me* é objeto direto de *viram*.
> - Meus filhos *me* obedecem.
> O pronome *me* é objeto indireto de *obedecem*.
> - O diretor *nos* castigou.
> O pronome *nos* é objeto direto de *castigou*.
> - O diretor *nos* perdoou.
> O pronome *nos* é objeto indireto de *perdoou*.

Como você deve estar notando, tudo depende do verbo: se for transitivo direto, o pronome desempenhará função de objeto direto; se for transitivo indireto, o pronome exercerá função de objeto indireto. Por isso, é necessário conhecer muito bem transitividade verbal.

10. Diferença entre objeto indireto e complemento nominal.

O objeto indireto completa o sentido de *verbo,* ao passo que o complemento nominal completa o sentido de *nome,* isto é, de substantivo, adjetivo ou advérbio. Repare nestes exemplos:

> - Creio *em Deus*.
> *Em Deus* é objeto indireto, porque completa o sentido de *creio,* verbo transitivo indireto.
> - A crença *em Deus* é importante e necessária.
> *Em Deus,* aqui, já exerce função de complemento nominal, porque completa o sentido de *crença,* substantivo.
> - Cristina gosta *de música*.
> *De música* é objeto indireto, porque completa o sentido de *gostar,* verbo transitivo indireto.
> - "O beijo de mulheres feias tem gosto *de formiga*."

Luiz Antonio Sacconi

De formiga é complemento nominal, porque completa o sentido de *gosto,* substantivo.

Importante também é saber isto: o complemento nominal pode fazer parte de qualquer função sintática: do sujeito, do objeto direto, do adjunto adnominal, do adjunto adverbial, etc.

E ainda mais isto: o substantivo que pede complemento, no mais das vezes, possui radical verbal correspondente: *crença-crer, gosto-gostar, amor-amar, existência-existir, proteção-proteger,* etc.

Testes e exercícios

1. Identifique e classifique os complementos verbais, inclusive os predicativos:
a) Não gosto de peixe, mas aprecio muito camarão.
b) O dourado se alimenta de pequenos peixes.
c) Ninguém resiste a temperaturas tão baixas.
d) O Sol ilumina a Terra, que nos dá frutos.
e) Não desobedeça aos mais velhos!
f) Faz-me o coração tique-taque.
g) Pela minha cabeça passaram mil pensamentos.
h) A coruja acha seus filhos lindos.
i) É o choro da saudade este.
j) O estado do Acre pertencia à Bolívia.
k) Os acrianos poderiam ser, então, bolivianos.
l) Os holandeses invadiram a Bahia em 1624.
m) Pernambuco também foi invadido pelos holandeses.
n) O Brasil, no século XV, era apenas povoado de silvícolas.
o) Devemos a invenção do para-raios a Benjamim Franklin.
p) "Não há pior inimigo do que um falso amigo."
q) "Quando a barriga está cheia, toda goiaba tem bicho."
r) "O grande homem é aquele que não perdeu a candura de sua infância."
s) "Quem quer colher rosas deve suportar os espinhos."
t) "Quando o governo é formado por homens justos e honestos, o povo vive feliz."
u) "A águia voa sozinha, os corvos voam em bando; o tolo tem necessidade de companhia, e o sábio tem necessidade de solidão."
v) "Mulher é igual a sombra: se corres atrás dela, foge de ti; se foges dela, corre atrás de ti!"
w) "O uso do cachimbo faz a boca torta."
x) "Teus olhos dizem sim; tua boca diz não; eu só quero saber o que diz teu coração."
y) "Antes de dar comida a um mendigo, dá-lhe uma vara e ensina-o a pescar."
z) "Deixei meu coração no Rio, e também relógio, cordão, carteira, máquina fotográfica..."

2. Distinga os complementos verbais dos complementos nominais:
a) Ninguém traiu a Pátria, não houve traição à Pátria.
b) Este batom cheira a uva, tem cheiro de uva.
c) Destruíram o ninho, mas não vi a destruição do ninho.
d) As ruas encheram-se de água, ficaram cheias de água.
e) O gorila tem particular aversão a peixe, não gosta de peixe.

3. Transforme os complementos verbais em complementos nominais, como se vê por este modelo:
Poucos respeitam os animais. = Poucos têm respeito aos animais.

Nossa gramática simplificada

a) Poucos amam os bichos.
c) Essa gente não se interessa por mim.
e) É importante realizar eleições.

b) O orador aludiu ao presidente.
d) Não me lembro disso.

4. Identifique, quando houver, o objeto indireto, o complemento nominal e o agente da passiva:
a) Nunca se viu tanta corrupção no país como naquele período.
b) A lâmpada elétrica foi inventada por Thomas Edson, em 1879.
c) A felicidade de um povo depende da educação da juventude.
d) Seremos julgados por Deus; ninguém escapa ao julgamento de Deus.
e) Independentemente do empréstimo, construirei a casa.

5. Identifique as frases que trazem agente da passiva:
a) Estou louco por uma motocicleta que estão vendendo por aí.
b) O homem suava por todos os poros.
c) A tinta de escrever foi inventada pelos gregos.
d) A bicicleta foi inventada pelos ingleses.
e) Estou apaixonado por Juçara por causa de seus lábios.

6. Identifique a frase que traz objeto direto preposicionado:
a) "Mulher que a dois ama, a ambos engana."
b) "Nunca foi um bom amigo quem por pouco quebrou a amizade."
c) "Um grama de exemplos vale mais do que uma tonelada de conselhos."
d) "O homem comum fala, o sábio escuta, o tolo discute."
e) "Quando alguém ferir sua vaidade, não pense que sua honra foi atacada!"

7. Identifique a frase que traz objeto direto pleonástico:
a) "Gato escaldado tem medo de água fria."
b) "Palavras, leva-as o vento."
c) "Águas passadas não movem moinhos."
d) "Em terra de cego quem tem um olho é rei."
e) "Quem não tem cão caça com gato."

8. Identifique a frase que traz objeto direto interno ou intrínseco:
a) "A morte não chega de véspera."
b) "Cachorro mordido de cobra tem medo de linguiça."
c) "Cem homens podem formar um acampamento, mas é preciso uma mulher para se formar um lar."
d) "Espere o melhor, prepare-se para o pior e aceite o que vier."
e) "Viver em cidade grande, no Brasil, é viver vida de cão."

9. Identifique a frase que traz objeto indireto por extensão:
a) Não me fale mais nessa mulher!
b) Não me diga que isso foi acontecer justamente com você!
c) Não me interessa o que dizes.
d) Não me importa que ela chore.
e) Não me incomodo com seu sofrimento.

10. Dê a função sintática do pronome oblíquo:
a) Deus te abençoe!   b) Deus te acompanhe!   c) Deus te proteja!
d) Deus te pague!   e) Deus me perdoe!

Luiz Antonio Sacconi

11. Identifique as frases corretas:
a) Deus lhe pague! b) Deus lhe ajude! c) Deus lhe perdoe!
d) Deus lhe acompanhe! e) Deus lhe proteja!

Dos concursos e vestibulares

12. (TJ-SP) Nas frases abaixo, há termos destacados. Analise-os:
1. Tinha grande amor *à humanidade*. 2. As ruas foram lavadas *pela chuva*. 3. Ele é rico *em virtudes*.
a) complemento nominal, agente da passiva, complemento nominal
b) objeto indireto, agente da passiva, objeto indireto
c) complemento nominal, objeto indireto, complemento nominal
d) objeto indireto, complemento nominal, agente da passiva
e) objeto direto preposicionado, agente da passiva, complemento nominal

13. (UC-MG) A classificação dos verbos em destaque, quanto à predicação, foi feita corretamente em:
a) "Não nos *olhou* o rosto. A vergonha foi enorme!" – tr. direto e indireto
b) "Procura insistentemente *perturbar*-me a memória." – tr. direto
c) "*Fiquei*, durante as férias, no sítio de meus avós." – de ligação
d) "Para conseguir o prêmio, Mário *reconheceu*-nos imediatamente." – tr. indireto
e) "Ela nos *encontrará*, portanto é só fazer o pedido." – tr. indireto

14. (VUNESP-SP) Classifique, quanto à predicação, os verbos dos fragmentos a seguir:
a) "... e o Largo do Jardim está deserto na noite fria."
b) "... não encontro nada."
c) "... não pensei mais nem nela nem no altar."
d) "... vagou pelas ruas e becos..."
e) "... nem lhe sinto o cheiro."

15. (ESAL-MG) Em **O tempo estava de morte, de carnificina**, o verbo é:
a) de ligação b) transitivo indireto c) intransitivo
d) transitivo direto e) transitivo direto e indireto

16. (UE-CE) Em **Cuspi no chão com um nojo desgraçado daquele sangue...**, o verbo *cuspi* é:
a) intransitivo b) tr. direto c) tr. indireto
d) tr. direto e indireto e) de ligação

17. (FMPA-MG) Identifique a alternativa em que o verbo não é de ligação:
a) A criança estava com fome. b) Pedro parece adoentado. c) Ele tem andado confuso.
d) Ficou em casa o dia todo. e) A jovem continua sonhadora.

18. (FMU-SP) Observe os termos destacados: 1. Alugam-se **vagas**. 2. Precisa-se **de faxineiros**. 3. Paraibana expansiva machucou-**se**.
Eles exercem, respectivamente, a função sintática de:
a) objeto direto – objeto indireto – objeto direto
b) sujeito – sujeito – sujeito
c) sujeito – objeto indireto – objeto direto
d) sujeito – objeto indireto – sujeito
e) sujeito – sujeito – objeto direto

Nossa gramática simplificada

19. (FEI-SP) Em **Pagar-lhe-ei a dívida, João**, o verbo **pagar** é:
a) tr. direto e indireto   b) tr. direto   c) tr. indireto   d) intransitivo   e) n.d.a.

20. (MACK-SP) Em *Chamou-se **um eletricista** para a instalação dos fios*, o termo destacado é:
a) obj. direto   b) sujeito   c) predicativo do sujeito
d) obj. indireto   e) agente da passiva

21. (FEI-SP) Identifique a alternativa em que há objeto direto preposicionado:
a) Passou aos alunos, para estudo, o texto impresso.
b) Naquela época era difícil viajar à Europa.
c) Em dias chuvosos, gosto de ler um bom livro.
d) Sentamo-nos a uma das mesas e pedimos o jantar.
e) Amou a João com o mais puro amor.

22. (UF-MG) Identifique a alternativa em que a função não corresponde ao termo em destaque:
a) Comer demais é prejudicial **à saúde**. complemento nominal
b) Jamais me esquecerei **de ti**. objeto indireto
c) Ele foi cercado **de amigos sinceros**. agente da passiva
d) Não tens interesse **pelos estudos**? complemento nominal
e) Tinha grande amor **à humanidade**. objeto indireto

Soluções dos testes e exercícios
1. a) de peixe (obj. indireto); camarão (obj. direto) b) de pequenos peixes (obj. indireto) c) a temperaturas tão baixas (obj. indireto) d) a Terra (obj. direto); nos (obj. indireto); frutos (obj. direto) e) aos mais velhos (obj. indireto) f) tique-taque (obj. direto; **me** é obj. indireto por extensão) g) não há complemento nem predicativo, pois o verbo é intransitivo h) seus filhos (obj. direto); lindos (predicativo do objeto) i) o choro da saudade (predicativo do sujeito) j) à Bolívia (obj. indireto) k) bolivianos (predicativo do sujeito) l) a Bahia (obj. direto) m) pelos holandeses (agente da passiva) n) de silvícolas (agente da passiva) o) a Benjamim Franklin (obj. indireto) p) pior inimigo (obj. direto) q) cheia (predicativo do sujeito); bicho (obj. direto) r) aquele (predicativo do sujeito); a candura de sua infância (obj. direto) s) rosas (obj. direto); espinhos (obj. direto) t) por homens justos e honestos (agente da passiva); feliz (predicativo do sujeito) u) de companhia (complemento nominal); de solidão (complemento nominal) v) igual a sombra (predicativo do sujeito); de ti (obj. indireto); dela (obj. indireto) w) a boca (obj. direto); torta (predicativo do objeto) x) sim (obj. direto); não (obj. direto); o (obj. direto); que (obj. direto) y) comida (obj. direto); a um mendigo (obj. indireto); lhe (obj. indireto); uma vara (obj. direto); o (obj. direto); a pescar (obj. indireto) z) meu coração (obj. direto); relógio, cordão, carteira, máquina fotográfica (objetos diretos) **2.** a) a Pátria (complemento verbal, obj. direto); à Pátria (complemento nominal) b) a uva (complemento verbal, obj. direto); de uva (complemento nominal) c) o ninho (complemento verbal, obj. direto); do ninho (complemento nominal) d) de água (complemento verbal, obj. indireto); de água (complemento nominal) e) a peixe (complemento nominal); de peixe (complemento verbal, obj. indireto) **3.** a) Poucos têm amor aos bichos. b) O orador fez alusão ao presidente. c) Essa gente não tem interesse por mim. d) Não tenho lembrança disso. e) É importante a realização de eleições. **4.** a) não há nenhum dos termos a identificar, porque a oração está na voz passiva, em que **tanta corrupção** é sujeito b) por Thomas Edson (agente da passiva) c) da educação da juventude (obj. indireto), em que **da juventude** também pode ser visto como complemento nominal d) por Deus (agente da passiva; de Deus (complemento nominal) e) do empréstimo (complemento nominal) **5.** c) d) **6.** a) **7.** b) **8.** e) **9.** a) **10.** a) obj. direto b) obj. direto c) obj. direto d) obj. indireto e) obj. indireto **11.** a) b) c) **12.** a) **13.** b) **14.** a) de ligação b) tr. direto c) tr. indireto d) intransitivo e) tr. direto (o **lhe** é obj. indireto por extensão) **15.** a) **16.** a) **17.** d) **18.** c) **19.** a) **20.** b) **21.** e) **22.** e) (trata-se de complemento nominal)

Lição 25
TERMOS ACESSÓRIOS DA ORAÇÃO

1. Os termos acessórios da oração. *Termos acessórios* são aqueles que, na oração, modificam outros termos, sem serem fundamentais para a inteireza da comunicação. São três: o *adjunto adnominal,* o *adjunto adverbial* e o *aposto.*

2. O adjunto adnominal. Comecemos com este exemplo:

- Meus cabelos estão rareando!

O núcleo do sujeito é *cabelos,* pois é o termo mais importante dessa função sintática. Aparece junto desse núcleo um termo de valor nominal (porque é pronome), que o modifica: *meus.* Dizemos, então, que *meus* é um adjunto adnominal.
Os adjuntos adnominais aparecem sempre junto do núcleo de uma função sintática *(sujeito, objeto direto, objeto indireto, complemento nominal,* etc.). São representados na oração por adjetivos, locuções adjetivas, pronomes adjetivos, numerais e artigos.

3. O adjunto adverbial. Comecemos com este exemplo:

- O cão lutou bravamente.

Temos nessa oração:

sujeito: *o cão.*
núcleo do sujeito: *cão.*
adjunto adnominal: *o.*
predicado: *lutou bravamente.*
núcleo do predicado: *lutou* (verbo intransitivo).

Como *bravamente* é um termo que modifica o verbo *lutou* (lutou bravamente), dizemos que se trata de um adjunto adverbial.
O adjunto adverbial pode modificar, além do verbo, o adjetivo ou outro advérbio. Só existe adjunto adverbial nessas circunstâncias. Nesta oração, por exemplo, não há nenhum adjunto adverbial:

- Minha ida a Porto Alegre é necessária.

A expressão *a Porto Alegre,* apesar de dar ideia de lugar, NÃO MODIFICA verbo, nem adjetivo, nem outro advérbio; ela está ligada ao substantivo *ida,* completando o seu sentido; trata-se, pois, de um *complemento nominal,* e não de adjunto adverbial. Outros exemplos:

Nossa vinda *do Recife* foi muito conturbada.
Do Recife é complemento nominal de *vinda*.
- Nossa volta à *Europa* foi comentada pela imprensa.
À Europa é complemento nominal de *volta*.

4. O aposto. Vejamos este exemplo:

- O Brasil, *o maior país da América Latina,* está em fase de grande desenvolvimento.

Note: a expressão *o maior país da América Latina* aparece a fim de chamar a atenção para uma qualidade que é intrínseca ao termo anterior. Repare: o aposto esclarece algo sobre o termo precedente, mas nada de novo a ele acrescenta em significado. Todos sabemos que o Brasil é o maior país da América Latina, ora essa!

O aposto serve apenas para dar ênfase ao termo anterior, destacando uma de suas características. Mais exemplos:

- "A calúnia, *o pior dos venenos,* encontra sempre fácil ingresso nos corações mesquinhos."
- "A justiça, *a mais alta expressão da sociabilidade,* é a primeira condição da ordem."
- Castro Alves, *o poeta dos escravos,* morreu jovem.
- "A curiosidade, *instinto de complexidade infinita,* leva por um lado a escutar às portas e por outro a descobrir a América."
- "Ah! Ah! Como é estúpida a honestidade! E a confiança, *sua irmã carnal,* é uma dama muito simplória."

O aposto vem geralmente entre vírgulas, mas pode não haver pausa entre o aposto e o termo fundamental; isso acontece quando o aposto especifica ou individualiza um termo genérico. Assim, por exemplo:

- A cidade *de Campinas* é uma potência industrial.
- O mês *de dezembro* é o mais agradável de todo o ano.
- O major *Valdir* foi muito cumprimentado.
- A Rua *da Consolação* foi totalmente asfaltada.

Esse tipo de aposto, que pode vir ou não preposicionado, chama-se *aposto de especificação.*

Veja bem: o aposto é o elemento especificador, não o termo genérico.

O aposto pode aparecer, também, depois de dois-pontos e de travessão. Assim, por exemplo:

- "Dentro de nós existe uma divindade: *a consciência.*"
- "Só há um poder: *a consciência a serviço da justiça;* só há uma glória: *o gênio a serviço da verdade.*"
- "Os mundos sem fim seriam zeros sem conta, se não tivessem no princípio, a dar-lhes valor, esta unidade — *Deus!*"

5. Diferença entre complemento nominal e adjunto adnominal representado por locução adjetiva.

Caso você veja dificuldade em estabelecer a diferença entre o complemento nominal e o adjunto adnominal representado por locução adjetiva, ATENÇÃO, MUITA ATENÇÃO: quando se tratar de *adjetivo* ou de *advérbio,* o termo regido de preposição será sempre complemento nominal:

- Os corintianos estão *desejosos* DE TÍTULOS.
           adjetivo complemento nominal
- A sala está *cheia* DE GENTE.
   adjetivo complemento nominal
- *Anteriormente* AO PRESIDENTE, falou o ministro.
  advérbio complemento nominal
- *Independentemente* DO SEU CONSENTIMENTO, irei à festa.
   advérbio   complemento nominal

Quando, porém, se tratar de *substantivo,* as coisas mudam de figura. Você poderá ter, dependendo da situação, complemento nominal ou adjunto adnominal. Mas isso é fácil de resolver: o substantivo que reclama complemento nominal será sempre ABSTRATO. Veja estes exemplos:

- Mônica tem *certeza* DA VITÓRIA.
  Certeza é substantivo abstrato.
- A *existência* DE DEUS é evidente.
  Existência é substantivo abstrato.
- A *fidelidade* DOS CÃES comove.
  Fidelidade é substantivo abstrato.
- A *crença* NA ETERNIDADE torna mais séria a vida.
  Crença é substantivo abstrato.

Constituem exceções os substantivos abstratos que indicam *estado* (*sonho, vida, morte, viuvez, loucura,* etc.), que se fazem acompanhar de adjunto, não de complemento: sonho *de Mônica,* vida *de Fernando,* loucura *dos homens,* etc. É preciso lembrar, no entanto, que certos substantivos ora aparecem como abstratos, ora como concretos. Vejamos alguns exemplos:

- Não recebemos o *pedido* DE SOCORRO.
- Não recebemos o *pedido* da firma.

No primeiro exemplo, o substantivo *pedido* é abstrato, com alguma força verbal; no segundo, ao contrário, o mesmo substantivo aparece como concreto, pois significa *requisição de mercadorias,* termo muito usado na linguagem comercial. Outros exemplos:

- A *redação* DAS REVISTAS é feita por universitários.
  Redação é substantivo abstrato; *das revistas,* complemento nominal.
- A *redação* do aluno foi muito elogiada.
  Redação é substantivo concreto; *do aluno,* adjunto adnominal.
- A *assistência* DO FILME se deu das nove às onze horas.
  Assistência é substantivo abstrato; *do filme,* complemento nominal.
- A *assistência* do teatro aplaudiu os artistas.

Assistência é substantivo concreto; *do teatro,* adjunto adnominal.

- É proibida a *venda* DE BEBIDAS ALCOÓLICAS a menores de idade.

Venda é substantivo abstrato.

- A *venda* do seu Manuel está fechada.

Venda é substantivo concreto.

- A *entrada* DOS JOGADORES no vestiário se deu rapidamente.

Entrada é substantivo abstrato.

- A *entrada* do vestiário estava cercada de torcedores.

Entrada é substantivo concreto.

- Não é aconselhável a *plantação* DE CANA nesta época do ano.

Plantação é substantivo abstrato.

- O governo comprou toda a nossa *plantação* de cana.

Plantação é substantivo concreto.

Às vezes aparece adjunto adnominal com substantivo abstrato, mas somente quando a ideia é de posse ou origem. Como nestes exemplos:

- A conquista *do Brasil* foi comemorada em todo o país.
- A violência *do adversário* não permitiu que ganhássemos o jogo.
- A insatisfação *dos alunos* é evidente.

Um mesmo substantivo abstrato pode aparecer com adjunto ou com complemento, conforme as circunstâncias. Vejamos exemplos:

- A *ameaça de Paulo* foi ouvida por todos.
- A *ameaça* DE DESMORONAMENTO ainda persiste.

Note: no primeiro exemplo existe ideia de posse ou origem: trata-se de uma ameaça que *é,* que *partiu* de Paulo; no segundo, o termo grifado já não é adjunto, mas complemento, pois não existe a mesma ideia do exemplo anterior. Outro par de exemplos, em situação idêntica:

- *O julgamento* DO DIRETOR foi severo: o aluno está suspenso por trinta dias. adjunto adnominal
- *O julgamento* DO DIRETOR terminou rápido, pegou dois anos de cadeia. complemento nominal

O VOCATIVO

1. O vocativo. *Vocativo* é o termo que na oração serve para chamar alguém, sem manter relação sintática com outro. No meio da frase, deve ser obrigatoriamente antecedido de vírgula; quando no início da frase, costuma aparecer com posposição de vírgula. Ex.:

- "Oh! a saudade, *poeta,* é uma ressurreição!"
- "Se queres ser melhor do que nós, *caro amigo,* viaja!"
- "Ó *vida,* quão longa és para o desgraçado, quão curta para o afortunado!"
- *"Amigos,* peçam alegria a Deus! Sejam alegres como as crianças e como os pássaros no céu!"
- "Amai, *rapazes* e, principalmente, amai moças lindas e graciosas: elas dão remédio ao mal, aroma ao afeto, trocam a morte pela vida... Amai, *rapazes!"*
- *"Ó jovens artificiais,* tende mais respeito pelos antigos, pois tudo lhes deveis: aprendestes a arte dos gregos, a política dos romanos e até a religião vós a aprendestes dos hebreus."

Não confunda aposto com vocativo: ambos aparecem entre vírgulas, mas somente o segundo serve para chamar. A função do primeiro é apenas explicativa.

2. Por que o vocativo não é termo acessório da oração. O vocativo não é termo acessório da oração, porque não mantém relação sintática com nenhum termo que dela faz parte. Isso significa que o vocativo não é elemento regente nem regido. É assim como uma carta fora do baralho, como uma ovelha que se afastou do rebanho. O vocativo isola-se de todos os demais termos da oração; a vírgula obrigatória indica essa separação. Por isso, não podemos analisá-lo sintaticamente, já que SINTATICAMENTE significa *estar em relação com outro termo da oração*.

Testes e exercícios

1. Identifique os adjuntos adnominais:
a) "O verdadeiro homem não é aquele que conquista várias mulheres, mas o que conquista uma mulher várias vezes."
b) "Quando o povo não acredita na probidade, a imoralidade é geral."
c) "Existem mais coisas entre o céu e a terra do que sonha a nossa vã filosofia."
d) "O único lugar onde o sucesso vem antes do trabalho é no dicionário."
e) "A história sempre foi escrita pelos vitoriosos, que burilam a seu modo os fatos do passado, para influenciar o presente e tentar controlar o futuro." (Luiz Antonio Sacconi)

2. Identifique os adjuntos adverbiais:
a) "O touro se pega pelo chifre, o homem pela palavra e a mulher pelo elogio."
b) "Felicidade é a certeza de que nossa vida não está se passando inutilmente."
c) "Viva o hoje, porque o ontem já passou, e o amanhã talvez nem chegue."
d) "Casa-te cedo demais, e irás arrepender-te tarde demais."
e) "Os que acreditam que com dinheiro tudo se pode fazer, estão indubitavelmente dispostos a fazer tudo por dinheiro."

3. Identifique o aposto e o vocativo:
a) Casimiro de Abreu, poeta fluminense, nasceu a 4 de janeiro de 1837.
b) Alberto Santos Dumont, o Pai da Aviação, suicidou-se em 1932, na cidade de Santos (SP).
c) Ó Deus, onde estás?
d) Retira-te, Satanás!
e) O tubarão, peixe mais veloz dos mares, está em via de extinção.

Dos concursos e vestibulares

4. (FCMSC-SP) Na oração *Você ficará* **tuberculoso**, **de tuberculoso** *morrerei*, as palavras destacadas são, respectivamente:
a) adjunto adverbial de modo – adjunto adverbial de causa
b) objeto direto – objeto indireto
c) predicativo do sujeito – adjunto adverbial

Nossa gramática simplificada

d) ambas predicativos
e) n.d.a.

5. (CESCEM-SP) Em *Amanhã, **sábado**, não sairei de casa*, o termo destacado exerce a função sintática de:
a) objeto direto   b) objeto indireto   c) agente da passiva
d) complemento nominal   e) aposto

6. (FT-SP) Na oração *José de Alencar, **romancista brasileiro**, nasceu no Ceará*, o termo destacado exerce a função sintática de:
a) aposto   b) vocativo   c) predicativo do objeto
d) complemento nominal   e) n.d.a.

7. (PUC-SP) Dê a função sintática do termo destacado em: *Voltaremos **pela Via Anhanguera**.*
a) sujeito   b) objeto direto   c) agente da passiva
d) adjunto adverbial   e) aposto

8. (FMU-SP) Em *Eu era, **enfim, senhores, uma graça de alienado***, os termos em destaque são, respectivamente:
a) adjunto adnominal, vocativo, predicativo do sujeito
b) adjunto adverbial, aposto, predicativo do objeto
c) adjunto adverbial, vocativo, predicativo do sujeito
d) adjunto adverbial, vocativo, objeto direto
e) adjunto adnominal, aposto, predicativo do sujeito

9. (MACK-SP) Aponte a alternativa que expressa a função sintática do termo destacado:
*Parece enfermo, **seu irmão**!*
a) obj. direto   b) obj. indireto   c) adj. adnominal   d) vocativo   e) sujeito

10. (OSEC-SP) *Ninguém parecia **disposto** ao trabalho naquela manhã de segunda-feira.*
O termo destacado exerce a função sintática de:
a) predicativo do sujeito   b) complemento nominal   c) obj. indireto
d) adj. adverbial   e) adj. adnominal

Soluções dos testes e exercícios
1. a) "**O verdadeiro** homem não é aquele que conquista **várias** mulheres, mas o que conquista **uma** mulher **várias** vezes." b) "Quando **o** povo não acredita **na** probidade, **a** imoralidade é geral." c) "Existem **mais** coisas entre **o** céu e **a** terra do que sonha **a nossa vã** filosofia." d) "**O único** lugar onde **o** sucesso vem antes d**o** trabalho é n**o** dicionário." e) "**A** história sempre foi escrita pel**os** vitoriosos, que burilam a **seu** modo **os** fatos d**o** passado, para influenciar **o** presente e tentar controlar **o** futuro." **2.** a) "O touro se pega **pelo chifre**, o homem **pela palavra** e a mulher **pelo elogio**." b) "Felicidade é a certeza de que nossa vida **não** está se passando **inutilmente**." c) "Viva o hoje, porque o ontem **já** passou, e o amanhã **talvez nem** chegue." d) "Casa-te **cedo demais**, e irás arrepender-te **tarde demais**." e) "Os que acreditam que **com dinheiro** tudo se pode fazer, estão **indubitavelmente** dispostos a fazer tudo **por dinheiro**." **3.** a) poeta fluminense (aposto) b) o Pai da Aviação (aposto) c) Ó Deus (vocativo) d) Satanás (vocativo) e) peixe mais veloz dos mares (aposto) **4.** c) **5.** e) **6.** a) **7.** d) **8.** c) **9.** e) **10.** a)

287

Testes e exercícios gerais (da lição 21 até aqui)

1. Na oração **O dinheiro fê-lo orgulhoso**, temos:
a) predicado verbal e objeto direto
b) predicado verbal, objeto direto e predicativo do sujeito
c) predicado verbo-nominal e predicativo do objeto
d) predicado verbo-nominal e predicativo do sujeito
e) predicado nominal e predicativo do objeto

2. Na oração **No rio das Mortes houve combates sangrentos**, temos:
a) predicado verbal e verbo intransitivo
b) predicado nominal e verbo transitivo direto
c) predicado nominal e verbo de ligação
d) predicado verbal e verbo auxiliar
e) predicado verbal e verbo transitivo direto

3. Na oração **A chuva continua forte**, temos:
a) predicado verbo-nominal e predicativo do sujeito
b) predicado verbal e objeto direto
c) predicado verbal e adjunto adverbial de modo
d) predicado nominal e predicativo do sujeito
e) predicado verbo-nominal e verbo transitivo direto

4. Na oração **O soldado foi encontrado ferido**, temos:
a) predicado verbo-nominal e predicativo do sujeito
b) predicado verbo-nominal e predicativo do objeto
c) predicado nominal e predicativo do sujeito
d) predicado verbal e adjunto adverbial de modo
e) predicado verbal e predicativo do sujeito

5. Na oração **Ele saiu de cabeça erguida**, temos:
a) predicado verbal e predicativo do sujeito
b) predicado verbo-nominal e predicativo do sujeito
c) predicado verbal e adjunto adverbial de modo
d) predicado verbo-nominal e adjunto adverbial de modo
e) predicado verbo-nominal e complemento nominal

6. Na oração **Eu não sou você**, o último pronome exerce a função de:
a) sujeito   b) predicativo do objeto   c) predicativo do sujeito
d) objeto direto   e) objeto direto pleonástico

7. Nesta frase de Louis Reyband: **De todos os caminhos que conduzem à riqueza, os mais seguros são a perseverança e o trabalho**, o sujeito da oração principal é:
a) os mais seguros   b) a perseverança e o trabalho   c) todos os caminhos
d) riqueza   e) n.d.a.

8. Na frase **Não importa quantas vezes nos queiram provar que o dinheiro não traz felicidade: a gente vai sempre querer lhe dar uma nova chance**, encontramos:
a) um objeto direto preposicionado
b) uma oração subordinada substantiva subjetiva
c) um sujeito indeterminado

Nossa gramática simplificada

d) um verbo transitivo direto e indireto
e) um objeto direto pleonástico

9. Nesta frase de Antoine de Saint-Exupéry: **O amor não consiste em olhar um para o outro, mas sim em olhar juntos para a mesma direção**, encontramos:
a) um verbo transitivo indireto
b) um sujeito composto
c) um complemento nominal
d) um objeto direto pleonástico
e) um verbo intransitivo

10. Na frase **Nunca diga que esqueceu um grande amor, diga apenas que já pode dizer seu nome, sem que seus olhos se encham de lágrimas**..., encontramos
a) dois objetos diretos e uma oração objetiva direta
b) uma conjunção integrante
c) uma oração adverbial modal
d) um objeto indireto
e) um verbo pronominal

Soluções dos testes e exercícios
1. c) **2.** e) **3.** d) **4.** a) **5.** c) **6.** c) **7.** a) (**os** = aqueles) **8.** b) c) d) **9.** a) e) **10.** todas são corretas

Lição 26
O PERÍODO COMPOSTO

1. O período composto. Tipos de período. Existem dois tipos de período: o *simples* (tem apenas uma oração) e o *composto* (tem duas ou mais orações). A oração que forma o período simples se chama *absoluta*. Existem três tipos de período composto: por *coordenação,* por *subordinação* e por *coordenação e subordinação* (ou período *misto).*

2. O período composto por coordenação. As orações coordenadas sindéticas. O período é composto por *coordenação* quando, *sintaticamente,* uma oração não depende de outra. Veja este exemplo, para entender melhor:

- "O homem é de gelo para as verdades e de fogo para as mentiras."

Nesse período, temos duas orações:

1.ª) *O homem é de gelo para as verdades;*
2.ª) *e (é) de fogo para as mentiras.*

Como você está notando, a 2.ª oração tem o verbo subentendido. Agora, repare nisto: sintaticamente, a 2.ª oração nada tem a ver com a anterior, embora entre ambas haja relação semântica, isto é, relação de sentido. Note mais uma coisa: as orações vêm ligadas por conjunção coordenativa (*e*). Como está expressa, a oração se chama coordenada *sindética;* se a conjunção estivesse oculta, a oração se denominaria coordenada *assindética.* As orações coordenadas sindéticas recebem o nome da conjunção que as inicia. Veja:

1) Orações Coordenadas Sindéticas Aditivas

- O homem se levantou *e logo depois caiu.*
- "A amizade é um amor espiritualizado *e raramente existe.*"
- "Cada botão floresce uma só vez, *e cada flor tem um único minuto de beleza perfeita.*"
- "No mundo a mulher não precisa ser inteligente *nem ser dedicada, nem ser caridosa, nem ser grande.* No mundo a mulher precisa ser bela."
- "Os espíritos tranquilos não se confundem *nem se atemorizam;* continuam em seu ritmo próprio, na ventura ou na desgraça, como os relógios durante as tempestades."
- O avarento não só precisa do que tem *como também do* que não tem.
- "Uma Constituição não é somente uma sequência de leis máximas, *mas ainda o traje de um povo, feito sob medida.*"

2) Orações Coordenadas Sindéticas Adversativas

O homem se levantou de novo, *contudo desta vez não caiu.*
"Não ter feito nada é uma estupenda vantagem; *mas não se deve abusar.*"
"A mulher culpada ainda pode amar a virtude, *porém não pregá-la.*"
"As palavras do homem indicam o talento que possui e o cultivo da sua inteligência, *mas somente suas ações demonstram o seu nascimento.*"
"Tudo esperamos; *entretanto para nada estamos preparados.*"

3) Orações Coordenadas Sindéticas Alternativas

"As lágrimas nunca fizeram funcionar um relógio *ou pôr em movimento um mecanismo a vapor.*"
"As mulheres em tudo vão ao extremo: *ou são melhores,/ou são piores* do que os homens."
"Uma poesia deve ser excelente *ou não existir por nada.*"
Na floresta, ao anoitecer, *ora se ouvem pipilos estranhos, / ora se veem aves misteriosas.*
- *Quer chova, / quer faça sol,* Mônica não sai de casa.
"Para se deleitar com Wagner, é preciso *ou entendê-lo muito, / ou não compreender nada.*"

Neste último exemplo, as orações grifadas são substantivas, coordenadas entre si.

4) Orações Coordenadas Sindéticas Conclusivas

- "Cada qual, livremente, faz o seu próprio preço, alto ou baixo, e ninguém vale senão o que se faz valer; *taxa-te, pois, livre ou escravo,* isto depende de ti!"
- "A formosura da carne costuma ser um véu para cegar nossos olhos, um laço para prender os pés, um visgo para impedir as asas; *logo, não é verdadeira.*"
- "O zero, como desenho, é a perfeição; como número nada vale; *portanto é o vazio absoluto na perfeição.*"
- O lago está em minha fazenda; *por conseguinte me pertence.*

5) Orações Coordenadas Sindéticas Explicativas

- "Amemos, *porque amor é um santo escudo!*"
- "Se a preguiça nos acomete, corramos para o trabalho, *porque é remédio infalível.*"
- "É conveniente interrogar o passado, *porque a sua resposta servirá para a nossa experiência.*"
- "Case-se o mar, *que o mar ficará manso!*"
- "Procura manter as aparências, *que o mundo te abrirá crédito para tudo!*"
- "A vida é uma lâmpada acesa: vidro e fogo. Vidro, *que com um assopro se faz;* fogo, *que com um assopro se apaga.*"
- Bate à outra porta, *que esta não se abre!*
- "Quando quero fazer graça, digo sempre a verdade, *pois a verdade é sempre a melhor pilhéria do mundo.*"
- "Aquele que diz uma mentira não calcula a pesada carga que põe em cima de si, *pois terá de inventar uma infinidade delas* para sustentar a primeira."
- "O uso do relógio significa uma tirania absurda, *pois submete as pessoas bem-educadas às mal-educadas.*"

3. As orações coordenadas assindéticas. A oração coordenada justaposta. Diferença entre oração coordenada justaposta e oração intercalada. As coordenadas assindéticas são separadas por vírgula, ponto e vírgula e, às vezes, por dois-pontos:

- "O homem superior exige tudo de si mesmo; o *homem inferior, dos outros.*"
- "A árvore se conhece pelos frutos; o *homem, pelas suas obras.*"
- "A família é a origem da sociedade; a *mulher é a origem da família.*"
- "Não me deem conselhos: *sei errar por mim.*"

Toda e qualquer oração coordenada pode aparecer sem conjunção expressa. Nos exemplos acima há algumas coordenadas assindéticas adversativas, além de uma explicativa. Veja mais este exemplo de coordenada assindética adversativa:

- "O homem livre pode ser prisioneiro, *não um escravo.*"

Se você quiser, em vez de coordenada assindética, poderá classificá-la assim: oração *coordenada justaposta.*

Justapostas são orações coordenadas ou subordinadas que aparecem sem conetivo.
Outros exemplos delas:

- Isso aconteceu *faz tempo.*
Oração subordinada adverbial temporal justaposta.

- Não creio *sejas tão imprudente.*
Oração subordinada substantiva objetiva direta justaposta.

- "Todas as horas ferem, a *derradeira mata.*"
Oração coordenada adversativa justaposta.

- *Quem canta* seus males espanta.
Oração subordinada substantiva subjetiva justaposta.

- Advirto-o de uma coisa: *não minta!*
Oração subordinada substantiva apositiva justaposta.

- Comamos, bebamos, gozemos: *depois da morte não há gozo algum.*
Oração coordenada explicativa justaposta.

Não confunda oração *justaposta* com oração *intercalada,* que aparece nestes casos:

- Você ficou maluco? — *perguntou a mulher ao marido.*
- É preciso, *dizia ele,* trabalhar para prosperar.
- Isso — *perdoem-me os filósofos* — é pura fantasia.
- O Brasil *(vou dizer)* ainda é um país pobre.
- Cristina, *que eu saiba,* nunca teve namorado.

As orações intercaladas não exigem classificação. Basta que se diga: *oração intercalada.*

Nossa gramática simplificada

4. As orações coordenadas iniciais. No período composto por coordenação, a oração, que não traz a conjunção, clara ou subentendida, chama-se *oração coordenada inicial*. Portanto, são orações coordenadas iniciais:

- *O homem se levantou* e logo depois caiu.
- *Cada botão floresce uma só vez,* e cada flor tem um único minuto de beleza perfeita.
- *Não lhe peço elogios,* mas críticas construtivas.
- *Nesta terra, trabalha-se* ou morre-se de fome.
- *As luzes do teatro estão acesas;* logo deverá haver espetáculo.
- *Amemos,* porque amor é um santo escudo!

Importante
São também adversativas, se bem que sempre reduzidas, orações como estas:

- *Em vez de reclamar,* ela trabalha.
- Ela beijou o pai, *em vez de beijar a mãe.*
- *Ao invés de chorar,* ela ri.
- *Ao invés de construir,* você destrói.

5. O período composto por subordinação. O período se diz composto por *subordinação* quando há dependência sintática entre duas orações, isto é, quando a segunda completa ou modifica o sentido de algum termo da primeira oração. Para entender isso melhor, veja este exemplo:

- Espero que tudo dê certo.
- O homem que em nada crê, duvida de si próprio.

Vamos dividir o primeiro período:

1.ª oração: *Espero.*
2.ª oração: *que tudo dê certo.*

Agora, repare: a 2.ª oração depende sintaticamente da 1.ª Ela completa o sentido do verbo *espero*. Por isso, dizemos que a 2.ª oração DEPENDE SINTATICAMENTE da 1.ª, já que funciona como *objeto direto* desta. O *que,* conjunção que liga uma oração à outra, se chama conjunção subordinativa *integrante,* porque liga duas orações que se completam sintaticamente. Aliás, é preciso dizer a você que o período composto por subordinação é iniciado ou por conjunção subordinativa, ou por pronome relativo. Vamos, agora, dividir o segundo período:

1.ª oração: O *homem duvida de si próprio.*
2.ª oração: *que em nada crê.*

Não se assuste com a divisão que fizemos: é que você nunca pode deixar o conetivo (*conetivo* é o nome genérico das conjunções coordenativas, das subordinativas e do pronome relativo) fazer parte da 1.ª oração.

Vamos, agora, ao que interessa: O *que* é um pronome relativo, porque, na 2.ª oração, substitui o termo *homem* (da primeira). *Homem* é substantivo, não é?

Pois bem. Qual é a palavra que modifica o substantivo? É o adjetivo, não é?

Se você disse É, fica fácil: a 2.ª oração DEPENDE SINTATICAMENTE da 1.ª, porque modifica o sentido do termo *homem,* que pertence à 1.ª oração. No período composto por subordinação, a oração que não tem o conetivo se chama *principal;* a outra, *subordinada.* Temos, então:

> - Espero que tudo dê certo.
> Oração principal: *Espero.*
> Oração subordinada: *que tudo dê certo.*
>
> - O homem que em nada crê, duvida de si próprio.
> Oração principal: *O homem duvida de si próprio.* Oração subordinada: *que em nada crê.*

Agora, lembre-se disto: as orações subordinadas *completam* ou *modificam* o sentido de um termo da oração anterior. Por isso, existem as orações SUBSTANTIVAS (são as que completam), as ADJETIVAS e as ADVERBIAIS (são as que modificam o sentido de algum termo da oração anterior).

6. O período composto por coordenação e subordinação. O período composto por *coordenação e subordinação,* ou período *misto,* é aquele que possui orações coordenadas e subordinadas. Eis um exemplo:

> - Cristina disse que iria ao cinema, mas não foi.
> 1.ª oração: *Cristina disse* (oração principal).
> 2.ª oração: *que iria ao cinema* (oração subordinada em relação à anterior, principal, mas considerada inicial em relação à posterior, coordenada.)
> 3.ª oração: *mas não foi* (oração coordenada).

7. As orações substantivas. As orações subordinadas *substantivas* são as que funcionam como *substantivo,* ou seja, como *sujeito, objeto direto, objeto indireto, complemento nominal, predicativo* e *aposto.* Por isso, as orações substantivas são *seis:*

1) *Subjetivas:* funcionam como sujeito da oração anterior:

> - É importante *que você aprenda português.*

Note: para achar o sujeito da oração anterior, você tem de fazer a pergunta: o *que é importante?* A resposta é o sujeito: *que você aprenda português* (oração subjetiva). Outros exemplos de oração *subjetiva:*

> - "Nunca fales mal da mulher diante do marido! Não importa *que fales mal do marido diante da mulher.*"
> - "Não fazer nada de mau não é o suficiente; é preciso também *que se faça algo de bom.*"

- É quase inacreditável *que ele tenha cometido suicídio.*
- "Constrói muito baixo *quem constrói abaixo das estrelas.*"
- "Convém *que deixemos sempre passar uma noite sobre qualquer injúria da véspera.*"
- "É possível *que os homens valham mais,* é certo *que as mulheres valem melhor.*"
- "A *pobreza* destrói o orgulho. É difícil *que um saco vazio se mantenha de pé.*"
- "Muitas vezes acontece *que,* para se obter um pequeno proveito, *as pessoas expõem-se estouvadamente a um grande perigo.*"
- "Não procurai tanto a forma da oração; basta *que vos ajoelheis.*"
- "Amigo que não presta e faca que não corta, *que se perca,* pouco importa."
- Nota-se *que as nuvens plúmbeas se movimentam rapidamente:* é a chuva prestes a cair.
- "Alguns escravos compram-se com dinheiro; outros, com adulação. Não interessa *qual seja o meio de aquisição.*"
- "É impossível *que venha a reinar a covardia na alma do homem* que amou uma vez na vida."
- "Parece *que o homem não vê nunca com muito prazer um elogio à beleza de outro homem.*"

Os verbos que se usam somente na terceira pessoa, do singular e do plural, com sujeito oracional ou não, denominam-se verbos *unipessoais* (assunto que já estudamos). Diferem dos verbos *impessoais,* porque estes *não têm* sujeito, em hipótese alguma.

2) *Objetivas Diretas:* funcionam como objeto direto da oração anterior:

- Espero *que vocês me apoiem.*

Note: a oração principal tem sujeito (*eu*), e o verbo *esperar* é transitivo direto: quem espera, espera *alguma coisa.* Logo, *que vocês me apoiem* é uma oração *objetiva direta.* Outros exemplos de oração *objetiva direta:*

- "Examina *se o que prometes é razoável e possível,* pois a promessa é uma dívida."
- "Quem quiser viver bem neste mundo, procure não se deixar enganar nunca; simule, porém, *que se deixa enganar sempre.*"
- "A primeira coisa que faz uma mulher, quando quer *que um homem a alcance,* é começar a correr."
- "Mão fria, coração quente. Também se diz assim em francês, também em russo, também em árabe. Isto demonstra *que a imbecilidade é universal.*"
- "Somente as mulheres e os médicos sabem *quanto a mentira é necessária e benéfica aos homens.*"
- "Antes de dar ao povo padres, soldados, juízes, médicos e professores, seria necessário saber *se por acaso ele não morre de fome.*"
- Cada qual sabe *onde lhe aperta a botina.*
- "Não imaginamos *quanto espírito é necessário* para não sermos nunca ridículos."

3) *Objetivas Indiretas:* funcionam como objeto indireto da oração anterior:

- Não concordo *com que você termine o namoro.*

Luiz Antonio Sacconi

Note: o verbo *concordar,* da oração principal, é transitivo indireto. Assim, a oração subordinada só pode ser *objetiva indireta.* Outros exemplos de oração *objetiva indireta:*

- "Qual a diferença entre os deuses e os homens? Consiste *em que, diante dos primeiros, muitas ondas passam numa torrente eterna,* em nós as ondas nos levantam, as ondas nos tragam, e desaparecemos."
- "Ao invés de queixar-me *por que a rosa tem espinhos,* felicito-me *de que o espinho esteja coberto de rosas."*
- "Desgraça a todos o livro que não convida *a que o tornem a ler."*
- "Pode alguém recordar-se *de quando os tempos não eram difíceis / e o dinheiro não era escasso?"*

Neste exemplo existem duas orações objetivas indiretas coordenadas entre si:

1.ª) *de quando os tempos não eram difíceis;*
2.ª) *e (de quando) o dinheiro não era escasso?*

4) *Completivas Nominais:* funcionam como complemento nominal da oração anterior:

- Tenho certeza *de que isso é mentira.*

Note: quem tem certeza, tem certeza *de alguma coisa.* A oração *de que isso é mentira* completa o sentido do nome *certeza.* Portanto, trata-se de oração *completiva nominal.* Outros exemplos de oração *completiva nominal:*

- Tenho a impressão *de que alguém nos está espiando.*
- "As mulheres gostam tanto de adulação, que até a mais feia e grosseira poderá ser persuadida *de que é amável e bonita."*
- "Estou convencido, com Rousseau, *de que a gente nasce inteligente e perspicaz, imaginativo e sutil, entusiasta e corajoso.* A sociedade é que nos torna logo muito burro e impenetrável, curto e grosseiro, mole e covarde."
- Temos a plena convicção *de que o presidente está bem-intencionado.*

5) *Predicativas:* funcionam como predicativo da oração anterior:

- Nossa esperança é *que chova este mês.*

Note o verbo de ligação (*é*) na oração principal; a oração subordinada será, então, *predicativa.* Outros exemplos de *oração predicativa:*

- "Cada qual sabe amar a seu modo: o modo pouco importa; o essencial é *que saiba amar."*
- "Não me importa que Deus não esteja do meu lado. O que espero ardentemente é *que eu me encontre ao lado dEle."*
- "*Que o homem, tão pouco amigo da verdade, tenha inventado o espelho,* é o fato mais surpreendente da história. Os homens descobriram muitas virtudes extraordinárias, mas nenhuma tão extraodinária como a modéstia. O nada acredita chegar a ser algo porque diz: "sou o nada."
- "O primeiro castigo do culpado é *que a sua consciência o julga / e jamais o absolve."*

296

Neste exemplo, existem duas orações predicativas coordenadas entre si:

1.ª) *que a sua consciência o julga.*
2.ª) *e (que) jamais o absolve.*

6) *Apositivas:* funcionam como aposto da oração anterior:

- Peço-te somente isto: *que me deixes em paz!*

Note: a oração *que me deixes em paz* apenas e tão somente explica, esclarece o termo *isto,* da oração anterior. Trata-se, pois, de oração *apositiva.* Outros exemplos de oração *apositiva:*

- "Só uma coisa sabemos: *que não sabemos nada.*"
- "Um erro muito difundido, que engana os moços é este: *que o amor seja uma coisa* que nos dará prazer para sempre."
- "O primeiro de todos os evangelhos é este: *que uma mentira pode durar eternamente.*"

8. As orações adjetivas. As orações subordinadas *adjetivas* funcionam como *adjetivo,* modificando o termo antecedente, e sempre são iniciadas por pronome relativo. Ex.:

- O jornal *que você trouxe,* é velho.

Note: a oração *que você trouxe* modifica o substantivo *jornal,* da oração principal. É, pois, uma oração *adjetiva.*
Há dois tipos de oração adjetiva: as *restritivas* e as *explicativas.*

As Orações Adjetivas Restritivas e as Explicativas

A característica principal da oração restritiva é *restringir* o significado do termo antecedente, sem a preocupação de enfatizá-lo. Repare que neste exemplo:

- A mulher *que não era casta,* jamais merecera perdão do rei,

a oração *que não era casta* restringe o significado do termo antecedente *mulher.* Quem jamais merecera perdão do rei é *a mulher que não era casta,* e não outro tipo de mulher. Já na frase

- A mulher, *que não era casta,* jamais merecera perdão do rei,

a oração *que não era casta* modifica o mesmo termo antecedente *mulher,* mas termo este tomado no seu sentido amplo, genérico. Trata-se, agora, de oração *adjetiva explicativa,* não restritiva. Veja como, agora, tudo mudou: quem jamais merecera o perdão do rei é somente *a mulher.* A falta de castidade era uma característica intrínseca da mulher; o autor da frase quis apenas recordar esse aspecto da condição da mulher. A oração adjetiva aparece apenas para DAR ÊNFASE a uma particularidade já conhecida do termo antecedente. Essa particularidade pode ser conhecida individual ou coletivamente. Se, por exemplo, uma pessoa diz:

Luiz Antonio Sacconi

- O brasileiro, *que é muito romântico,* gosta muito de futebol.

para essa pessoa, o romantismo do brasileiro pode ser uma evidência, mas isso não implica que para outro o seja. É exatamente por esse motivo que não devemos raciocinar em termos de "nem todo brasileiro é muito romântico", como muitos fazem, pois tal raciocínio leva, forçosa, fatal e inevitavelmente, a uma análise da oração como *restritiva,* e não como explicativa. Agora, quase que para encerrar, veja a catástrofe que teria produzido no espírito do brasileiro, se Eça de Queirós tivesse colocado apenas uma vírgula após o termo *brasileiro* nesta sua frase:

- "Ora, o brasileiro *que não é formoso, nem espirituoso, nem elegante, nem extraordinário* — é um trabalhador."

Houvesse o grande escritor colocado a vírgula após o termo *brasileiro,* o sentido da frase seria desgraçadamente outro; seria uma crítica mordaz, não um elogio. Leia a mesma frase, com a vírgula, isto é, com orações explicativas, e não com restritivas:

- Ora, o brasileiro, *que não é formoso, nem espirituoso, nem elegante, nem extraordinário* — é um trabalhador.

Quão ofendidos não estaríamos se no original assim estivesse!...
A pausa que as orações explicativas exigem, denota claramente a ênfase pretendida:

- Carlos, *que é o meu melhor amigo,* está contra mim.
- Esta esquina, *que é a mais perigosa do bairro,* já causou vários acidentes graves.
- O padre Leonardo, *que é um santo,* disse três missas hoje.

Frases com Orações Adjetivas Restritivas

- "Somos sempre nós que abandonamos os cães, na natural ingratidão com *que sacrificamos as melhores e mais puras afeições aos interesses e conveniências.* Não tenho notícia de cachorro *que se houvesse, de vontade própria, separado do dono, abandonado o amigo,* por mais negra que fosse a miséria *que ele partilhasse.* O homem é diferente. É a criatura *que mais depressa e com a maior facilidade esquece as amizades.* A natureza humana é muito ordinária. E ainda há gente *que emprega a palavra 'cão'* como insulto, como injúria."
- "Nunca é feliz com um vestido de chita a mulher *que tem amigas com vestidos de seda.*"
- "A bondade vence dificuldades *que o esforço não venceria.*"
- "A realidade é uma dissonância de *que a arte deve saber tirar uma harmonia.*"
- "A tarde é a urna sagrada *onde o destino põe sempre cinzas de recordações.*"
- "Não é o *que oferecemos,* mas o modo *como oferecemos* que determina o valor do presente."
- "A perseverança é a virtude *pela qual todas as outras virtudes frutificam.*"
- "O valor e o prestígio de uma realização refletem-se, muitas vezes, através dos ataques contra ela desfechados. Tudo *quanto passa despercebido,* sem suscitar comentários, pode ser considerado como fracasso."
- "No amor, as mulheres recusam altivamente tudo *quanto já quereriam ter dado.*"
- "Considera-se magnífico tudo *quanto se desconhece.*"

- "Um escravo não tem senão um senhor; o ambicioso tem tantos *quantos são os* que lhe podem ser úteis."
- "A beleza tem tantos significados *quantas atitudes tem o homem.*"
- "A paciência é uma árvore *cuja raiz é amarga,* mas que produz os mais doces frutos."
- "O menor número possível de pecados é a lei do homem. Não pecar absolutamente é o sonho do anjo; tudo *quanto é terrestre* está sujeito a pecar."

Como facilmente se percebe, a oração adjetiva restritiva apenas *modifica* o termo antecedente; não serve para chamar a atenção sobre uma qualidade (característica própria) contida no termo antecedente.

Frases com Orações Adjetivas Explicativas

- "A fortuna, *que é cega,* auxilia a ousadia, *que não o é menos.*"
- "O túmulo, *que sepulta tantos sentimentos,* não é mais do que um altar erguido ao amor próprio."
- "As almas são os riachos entre os quais se divide o grande rio da vida, *que corre através do corpo da humanidade.*"
- "No poeta não acaba nunca a infância. Só ele e as crianças são capazes de ver nos pirilampos, *que iluminam a mata,* estrelas caídas do céu."
- "As rugas são os caminhos por onde a experiência, *que chega,* encontra as ilusões, *que se vão.*"
- "Se amais a vida, não desperdiceis o tempo, *que é a teia da existência!* A preguiça tudo dificulta, o trabalho tudo facilita."
- "O ciúme, *que invariavelmente nasce do amor,* nem sempre morre com ele."
- "O mau gosto consiste em confundir a moda, *que vive só de mudanças,* como o belo durável."
- "Não acredito muito nos precoces. É dos seres superiores não ser precoce. O Homem, *que é o animal mais inteligente de todos,* é o menos precoce."
- Napoleão Bonaparte, *que quase conquistou a Europa para a França,* nasceu na Córsega um ano após a ilha passar do domínio italiano ao francês.
- O canal do Panamá, *que liga o oceano Atlântico ao Pacífico,* está em território que pertenceu aos Estados Unidos.
- A Capela Sistina, *onde foram realizadas todas as eleições papais nos últimos séculos,* tinha acomodações para apenas oitenta participantes.
- O rio Volga, depois de percorrer o território russo, deságua num mar, *que, na verdade, não passa de um grande lago salgado, cujo nome é mar Cáspio.*
- "Todos nós não somos senão partes de um prodigioso inteiro, *cujo corpo é a natureza / e cuja alma é Deus.*"

Neste período existem duas orações adjetivas explicativas coordenadas entre si:

1.ª) *cujo corpo é a natureza.*
2.ª) *e cuja alma é Deus.*

Note a ênfase que a oração adjetiva explicativa imprime ao termo antecedente, chamando a atenção sobre uma característica que lhe é própria, característica esta que pode ser conhecida individual ou coletivamente, conforme já dissemos.

Quando a oração adjetiva contém um predicado nominal — e só neste caso — muita semelhança apresenta com o aposto. Compare:

- Brasília, *que é capital do Brasil,* já possui quase três milhões de habitantes.
  oração adj. explicativa
- Brasília, *capital do Brasil,* já possui quase três milhões de habitantes.
  aposto
- O Rio de Janeiro, *que será sempre a Cidade Maravilhosa,* continua lindo.
  oração adjetiva explicativa
- O Rio de Janeiro, *a eterna Cidade Maravilhosa,* continua lindo.
  aposto

9. As orações adverbiais. As orações subordinadas *adverbiais* funcionam como *adjunto adverbial* da oração anterior. São introduzidas por conjunção subordinativa (exceto a integrante, que inicia oração substantiva). Toda oração adverbial recebe o nome da conjunção que a inicia. Portanto:

1) Orações Subordinadas Adverbiais Causais

- O menino escorregou *porque o chão estava liso.*
- Ela gritou *porque pisaram-lhe o calo.*
- Você não aprende *porque não quer.*
- "Os trabalhadores são pobres *porque são numerosos."*
- "Uma coisa não é vulgar *simplesmente porque é comum."*
- *Como não pude ir,* mandei Cristina em meu lugar.
- *Como hoje é Natal, bebamos!*
- *Já que você não quer pagar-me,* paciência.
- *"Visto que a vida é uma curta viagem* que temos de fazer no mundo por decisão dos nossos antepassados, procuremos fazê-la em primeira classe, em vez de irmos no carro de animais."

2) Orações Subordinadas Adverbiais Comparativas

- "O ateísmo está mais nos lábios *que no coração do homem."*
- "A astúcia é, frequentemente, incômoda *como uma lâmpada num quarto de dormir."*

Nas orações comparativas, como se observa, o verbo encontra-se subentendido na maioria das vezes:

- O ateísmo está mais nos lábios *que (está) no coração do homem.*
- A astúcia é, frequentemente, incômoda *como uma lâmpada (é incômoda) num quarto de dormir.*

Outros exemplos:

- "Os amigos são tão perigosos *como os inimigos."*
- "Nada destrói mais completamente as superstições *do que uma instrução sólida."*
- "No elogio há sempre menos sinceridade *que na censura."*
- "O exemplo move-nos mais *que as palavras."*

- "Executa cada ação *como se fosse a última de tua vida*!"
- "Trata o amigo cautelosamente *como se um dia tivesse de ser teu inimigo.*"
- "Certas mulheres muito gordas dão beijos *como se colassem selos em envelopes.*"

Os três últimos exemplos mostram orações ligadas por *como se*. Para efeito de análise, não é preciso considerar primeiramente a comparativa, depois a condicional. Modernamente toma-se a expressão toda como comparativa. Por isso, esta análise é desnecessária:

- Certas mulheres muito gordas dão beijos *como (dariam) se colassem selos em envelopes.*

3) Orações Subordinadas Adverbiais Concessivas

- "Poucas amizades subsistiriam se cada qual soubesse o que o seu amigo diz quando ele não está presente, *embora fale sincera e desapaixonadamente.*"
- *"Ainda que sejas casto* como o gelo *e puro* como a neve, nunca escaparás à calúnia."
- "Repreendemos nos outros as faltas pequenas e desculpamos as nossas, *posto que mais graves.*"
- A adversidade torna o homem sábio, *posto que não o torne rico.*
- *"Ainda que chegues a viver cem anos,* nunca deixes de aprender!"
- *"Por mais que falem bem de nós,* não nos dizem nada de novo."
- *Por menos que adorem a vida,* não esbanjem o tempo!
- *"Por bem que se fale,* quando se fala muito, acaba-se sempre por dizer alguma asneira."
- *"Por muito ingênua que seja uma mulher,* nunca um homem deve gabar-se de ter sido o primeiro a revelar-lhe que é bonita; a menos atilada possui sempre o espírito bastante para compreender o que o espelho lhe diz."
- Contenta-te com o que te dão, *mesmo que não te deem o* que desejas!
- "As paixões são como os ventos que são necessários para dar movimento a tudo, *conquanto muitas vezes causem temporais.*"

4) Orações Subordinadas Adverbiais Condicionais

- "Todas as virtudes estão encerradas na justiça; *se és justo,* és homem de bem."
- "Não te enfades nem desanimes; *se fracassares,* recomeça!"
- "Não se pode escusar o luxo, *caso não seja em um país* onde ninguém morra de fome ou frio."
- "Três mulheres podem guardar um segredo, *contanto que duas estejam mortas.*"
- "O mais tímido esquece a timidez, o mais fátuo o orgulho, o mais indigente a miséria, *desde que se preocupe mais com o próximo* do que consigo próprio."
- Não saia daqui *sem que eu lhe chame*!

5) Orações Subordinadas Adverbiais Conformativas

- O diabo não é tão feio *como o pintam.*
- "Dizer ao pintor que a natureza deve ser tomada *como ela é,* é o mesmo que dizer ao pianista que ele precisa sentar-se ao piano."
- "A política não é uma ciência, *como muitos professores imaginam,* mas uma arte."
- *"Segundo penso,* é mais próprio de um grande homem saber confessar as faltas do que saber cometê-las."
- "Nós seguimos os nossos caprichos, ora à direita, ora à esquerda, daqui e dali, *segundo nos leva o vento das ocasiões.*"
- "A misantropia é uma terrível moléstia; ela nos faz ver as coisas tais *como são.*"

6) Orações Subordinadas Adverbiais Consecutivas

- "A fraqueza é tão querida das mulheres, *que precisam dum combate para ter um vencedor.*"
- "Nunca a fortuna põe um homem em tal altura, *que não precise de um amigo.*"
  - "A liberdade é árvore de trato tão difícil, *que muitos são chamados* a sofrer por seu cultivo, antes que se faça frondosa."
- "A liberdade é um bem tão apreciado, *que cada um quer ser dono até da alheia.*"
- "A natureza benigna providenciou de modo *que em qualquer parte você encontra algo* para aprender."
- Choveu de forma *que tivemos de usar o acostamento rodoviário.*
- Ela se pintou de sorte *que ninguém a reconheceu.*
- Ele construiu a casa de maneira *que não haja possibilidade alguma de roubo ou assalto.*
- Ela nunca está em casa, *de modo que não a fui procurar lá.*
- Os livros que vendemos são baratos, *de forma que se justifica o grande interesse do público.*

7) Orações Subordinadas Adverbiais Temporais

- *"Quando a gente conhece alguém,* conhece-lhe o rosto, não o coração."
- "É mais para demonstrarmos bons sentimentos do que para exaltar os méritos alheios que louvamos suas boas qualidades. *Quando elogiamos os outros,* o que realmente pretendemos é receber elogios."
- "A gente vive somente *enquanto ama.*"
- *"Enquanto fores feliz,* terás muitos amigos, mas se os tempos se tornarem nebulosos, ficarás sozinho."
- "Os pastores serão brutais *enquanto as ovelhas forem tolas.*"
- "Esta palavra 'saudade', aquele que a inventou, a primeira vez *que a disse* com certeza chorou."
- "Os grandes amores só acabam *quando resistem a uma despedida.*"
- "Sempre, *antes que as coisas aconteçam,* o coração as suspeita."
- "A felicidade é uma bola atrás da qual corremos *enquanto vai rolando* e que impelimos com o pé *logo que para.*"
- *Mal vem ao mundo o homem,* já começa a sofrer.

8) Orações Subordinadas Adverbiais Finais

- "A vida nos foi dada por *Deus para que a empreguemos em benefício da humanidade.*"
- "Se alguém disser mal de ti, não o digas tu dele, *para que a ele não te assemelhes!*"
- Consulta os livros, *para que saibas o* que pensaram antes de nós!
- "Inscreveu Deus sinais na mão dos homens *a fim de que todos possam, com antecipação, conhecer seus destinos.*"
- Fiz-lhe, à socapa, um sinal *que se retirasse imediatamente.*

9) Orações Subordinadas Adverbiais Proporcionais

- "As solteironas, *à proporção que envelhecem,* tornam-se más, intrigantes, maledicentes. É que lhes faltou, através da vida, o esposo amado, sobre o qual fossem gotejando, dia a dia, a secreção amarga e cáustica de sua alma feminina."
- A estrela era mais bem vista *ao passo que o Sol se punha no horizonte.*

Nossa gramática simplificada

- *Ao passo que me aproximava,* ela virava o rosto em sentido contrário.
- "O diabo é tanto mais diabólico *quanto mais respeitável.*"
- *"Quanto mais conheço os homens,* mais estimo os animais."
- "O amor, *quanto mais é profundo e sincero,* menos é teatral e declamatório."
- *"À medida que a civilização progride,* a poesia decai quase necessariamente."

Orações do tipo:

- Eu sou inteligente, *ao passo que você é burro,*
- "A meditação é luxo, *ao passo que a ação é necessária",*

que, à primeira vista, podem parecer proporcionais, não passam, na verdade, de simples coordenadas adversativas.

10) Orações Subordinadas Adverbiais Modais

- Eles caminhavam *sem que fizessem qualquer ruído.*
- As crianças não conseguiam tomar sopa *sem que fizessem o conhecido e malsinado ruidinho.*
- Ela ri *sem que mostre os dentes.*
- O homem andava em brasas *sem que se queimasse.*
- As pessoas presenciavam o desespero de homens, mulheres e crianças no topo do edifício em chamas, *sem que pudessem fazer nada* para de lá retirá-los.
- "Recordo-me de ter ouvido falar de duas mulheres que se amavam sinceramente e viviam em paz, *sem que uma dissesse jamais mal da outra:* uma era surda, a outra era cega."

Embora oficialmente as orações modais não sejam reconhecidas, como se vê, elas existem. Portanto, não há por que distribuí-las entre as conformativas, consecutivas e comparativas, conforme propõem alguns.

10. Diferença entre oração causal e oração explicativa. Às vezes não é fácil diferençar uma oração causal de uma oração explicativa. Mas um pouco de atenção resolve a questão.

Suponhamos duas crianças, uma de 5, outra de 10 anos de idade, perguntando:

— Papai, por que todo homem morre?
À primeira, responde o pai:
— Todo homem *morre porque Deus quer.*
À segunda, resolve ele dizer:
— Todo homem *morre, porque ninguém é imortal.*

Note: à criança mais nova, o pai preferiu responder mostrando *a causa* pela qual todo homem morre.

Agora, mais um pouco de atenção: o fato de *Deus querer* é realmente uma **causa** do que ocorre na primeira oração. É sabido e notório que toda causa antecede o efeito (ah! se assim não fosse!). Essa verdade simples torna o assunto mais fácil. Se o fato enunciado na oração em dúvida ocorrer ANTES daquilo que está expresso na oração anterior, nem vacile: trata-se de oração causal. Veja: é preciso, primeiro, que *Deus queira* (causa), para que depois o *homem morra* (efeito).

303

À criança mais velha, o pai resolveu responder de forma *explicativa*. Ao lermos o período, percebemos que não existe relação de causa e efeito entre uma oração e outra. O fato enunciado na primeira oração não decorre POR CAUSA DO outro fato, evidenciado na segunda oração. Trocando em miúdos, o fato enunciado na segunda oração é totalmente divorciado do fato expresso na primeira oração. Torna-se impossível o raciocínio que aventamos acima. Se não, vejamos: é preciso, primeiro, que *ninguém seja imortal* para que depois o *homem morra*? Não, absolutamente não. Incabível e absurdo tal raciocínio. Daí decorrer a conclusão: trata-se de uma oração explicativa, e não de uma causal.

Existem determinados artifícios, nem sempre muito seguros, que nos auxiliam na identificação da oração causal. Vejamos alguns deles:

Frase com oração causal:

> - Não saímos *porque choveu.*

Primeiro artifício: usando-se a conjunção *como,* no rosto do período:

> - *Como choveu,* não saímos.

Segundo artifício: usando-se a locução prepositiva *por causa de,* de preferência no rosto do período:

> - *Por causa da chuva,* não saímos.

Terceiro artifício: fazendo da oração desenvolvida uma reduzida:

> - *Por ter chovido,* não saímos.

Por outro lado, existem certos artifícios, também não muito seguros, que nos ajudam na identificação da oração explicativa. Eis os principais:

Frase com oração explicativa:

> - "O amor é sempre criança, *porque nunca tem preocupações."*

Primeiro artifício: substituição da conjunção por dois-pontos, sem que haja prejuízo do sentido:

> - O amor é sempre criança: *nunca tem preocupações.*

Segundo artifício: fazer do período composto dois períodos simples, sem prejuízo do sentido:

> - O amor é sempre criança. *(Ele) nunca tem preocupações.*

Terceiro artifício: substituição da conjunção *porque* pela conjunção *pois,* sem que fique prejudicado o sentido:

> - O amor é sempre criança, *pois nunca tem preocupações.*

As causais não aceitam normalmente os artifícios que se empregam para as explicativas, e vice-versa.

As orações precedidas de outras com verbo no imperativo serão, sem dúvida, sempre explicativas:

- Não chore, *porque será pior*!
- Não se mexam, *porque é um assalto*!
- Entre depressa, *que nos seguem*!
- Acalmem-se, *que tudo já passou*!

Finalmente, é preciso dizer mais isto: as orações causais sempre — obviamente — indicam *a causa* daquilo que ocorre na oração principal; as orações explicativas, por sua vez, sem se preocuparem com a causa, indicam o *motivo* daquilo que se afirma na oração inicial.

11. As orações reduzidas. *Oração reduzida* é aquela que tem o verbo numa das formas nominais *(gerúndio, particípio* ou *infinitivo)*. Por isso, existem as orações reduzidas de *gerúndio,* as reduzidas de *particípio* e as reduzidas de *infinitivo.* Vejamos exemplos de cada uma delas:

1) Orações Subordinadas Reduzidas de Gerúndio
Serão geralmente *adverbiais* e raramente *adjetivas.*

- *Não dispondo de combustíveis,* os países escandinavos utilizam energia elétrica em grande escala.
Oração subordinada reduzida de gerúndio adverbial causal

- "Todo crítico é assim mais ou menos caduco. *Sendo em arte incapaz,* na obra ranzinza."
Oração subordinada reduzida de gerúndio adverbial casual

- "As religiões, *prometendo infernos além deste mundo,* foram mais inventivas que Deus."
Oração subordinada reduzida de gerúndio adverbial causal

- *"Fazendo o bem,* nutres a planta divina da humanidade; *produzindo o belo,* espalhas as sementes do que é divino."
Orações subordinadas reduzidas de gerúndio adverbiais temporais (podem ser vistas como condicionais)

- "Os artistas, assim chamados acadêmicos, *tendo muito em mira o belo,* esquecem-se do verdadeiro, e os realistas, *apoiando-se muito cegamente no verdadeiro,* perdem de vista o fim, que é o belo."
Orações subordinadas reduzidas de gerúndio adverbiais temporais (podem ser vistas como causais e, também, como adjetivas)

- *"Dando bons conselhos,* as pessoas gostam de dar aquilo de que mais necessitam."
Oração subordinada reduzida de gerúndio adverbial temporal

- "O segredo é uma rede; *rompendo-se uma malha,* todo o resto se rasga."
Oração subordinada reduzida de gerúndio adverbial temporal

- *"Refletindo bem,* estamos também todos nus nos nossos vestidos."
Oração subordinada reduzida de gerúndio adverbial condicional

- "Aquele que aplica um castigo, *estando irritado,* não corrige; vinga-se."
Oração subordinada reduzida de gerúndio adverbial condicional

Luiz Antonio Sacconi

- "Há escritores que, *sendo admiráveis em prosa,* estão pouco acima do medíocre em poesia"
Oração subordinada reduzida de gerúndio adverbial concessiva

- *"Sendo vício num homem privado,* a ambição é virtude num príncipe."
Oração subordinada reduzida de gerúndio adverbial concessiva

- *"Procurando as palavras,* encontram-se os pensamentos."
Oração subordinada reduzida de gerúndio adverbial proporcional

- "Conseguimos realizar nossos propósitos, *economizando os minutos."*
Oração subordinada reduzida de gerúndio adverbial modal

- Ela *comia pegando os alimentos com as mãos.*
Oração subordinada reduzida de gerúndio adverbial modal

- Passamos a *vida praticando o bem.*
Oração subordinada reduzida de gerúndio adverbial modal

- O cão rosnava *mostrando os dentes.*
Oração subordinada reduzida de gerúndio adverbial modal

- O menino saiu *pulando de alegria.*
Oração subordinada reduzida de gerúndio adverbial modal

As orações modais não são reconhecidas oficialmente, conforme já afirmamos; no entanto (que se pode fazer?), elas existem, somos obrigados a registrá-las. Não é fácil a todos, num só tempo, fugir a uma realidade tão evidente...

A maioria dos autores prefere não desdobrar o gerúndio, quando ele aparece só; analisam-no, assim, como simples adjunto adverbial. Eis dois exemplos:

- *Errando* se corrige o erro.
- "Deus, se tivesse de ouvir os pecados duma mulher, ouvia-os *sorrindo."*

Às vezes, encontram-se orações reduzidas de gerúndio coordenadas aditivas. Alguns exemplos:

- Marta começa a rir; sua gargalhada aumenta, *ecoando em toda a igreja.*
(*ecoando em toda a igreja = e ecoa em toda a igreja*)

As orações reduzidas de gerúndio adjetivas são raras, mas às vezes ocorrem:

- Há muita gente *passando fome por aí.*
(*passando fome por aí = que passa fome por aí*)

- Vi uma criança *chorando.*
(*chorando = que chorava*)

- Encontrei um homem *cavando a terra.*
(*cavando a terra = que cavava a terra*)

- Comprei uma casa *contendo oito quartos.*
(*contendo oito quartos* = que contém *oito quartos*)

- "Quem trata um moribundo na esperança de herdar, é uma ave de rapina *voando em roda dum cadáver.*"
(*voando em roda dum cadáver = que voa em roda dum cadáver*)

As orações reduzidas de gerúndio oferecem, no mais das vezes, liberdade de análise, limitando-se às circunstâncias de contexto. Assim, esta oração:

- *Não estando em casa o gato,* cria asas o rato,

pode ser vista seja como temporal, seja como causal, seja como condicional, dependendo da situação e do contexto em que se insere:

- *Quando não está em casa o gato,* cria asas o rato.
    oração temporal

- *Como não está em casa o gato,* cria asas o rato.
    oração causal

- *Se não está em casa o gato,* cria asas o rato.
    oração condicional

2) Orações Subordinadas Reduzidas de Particípio
Serão *adverbiais* ou *adjetivas,* nunca substantivas.

- "O fatalismo, *aplicado à ordem moral,* absolve o crime e desaprecia a virtude."
Oração subordinada reduzida de particípio adverbial temporal (pode ser vista, também, como condicional)

- "Ninguém concorda com as opiniões do próximo; concordamos apenas com nossas próprias opiniões *expressas por outra pessoa.*"
Oração subordinada reduzida de particípio adverbial temporal (pode ser vista, também, como adjetiva)

- "A pudicícia tem a sua virgindade, e a virgindade é dom que, *perdido,* não se recupera."
Oração subordinada reduzida de particípio adverbial condicional (pode, também, ser vista como temporal)

- *Preocupado com a chuva,* o homem se esqueceu do pacote.
Oração subordinada reduzida de particípio adverbial causal

- O velho, *ajudado pela menina,* atravessou a rua.
Oração subordinada reduzida de particípio adjetiva (pode, também, ser vista como adverbial causal)

- A população de Portugal, *incluídas as ilhas,* é de 12 milhões de habitantes.
Oração subordinada reduzida de particípio adverbial condicional

- A torre Eiffel, *construída em Paris de 1887 a 1889,* tem 319m.
Oração subordinada reduzida de particípio adjetiva

- O único país sul-americano *banhado pelo Atlântico e pelo Pacífico* é a Colômbia.
Oração subordinada reduzida de particípio adjetiva

- Chipre, *tornada independente em 1960,* pertencia à Inglaterra.
Oração subordinada reduzida de particípio adjetiva

Nem sempre os particípios constituem orações reduzidas. Nestes casos, por exemplo, são meros adjetivos que, na oração, desempenham função de adjunto adnominal:

- Não compro livros *usados*.
- Ele vende relógios *importados*.

3) Orações Subordinadas Reduzidas de Infinitivo

Serão geralmente *substantivas* e *adverbiais,* raramente *adjetivas*.

- O velho, *por não poder*; o moço, *por não saber,* deitam as coisas a perder.
Orações subordinadas reduzidas de infinitivo adverbiais causais

- Não fui vê-la por *me encontrar doente*.
Oração subordinada reduzida de infinitivo adverbial causal

- Suporta, *sem te queixares,* aquilo que não puderes mudar!
Oração subordinada reduzida de infinitivo adverbial modal

- As meninas fugiram *sem deixar vestígio*.
Oração subordinada reduzida de infinitivo adverbial modal

- "Uma raça, cujo espírito não defende o seu solo e o seu idioma, entrega a alma ao estrangeiro, *antes de ser por ela absorvida.*"
Oração subordinada reduzida de infinitivo adverbial temporal

- "O único modo de alguém ser feliz é *julgar-se feliz.*"
Oração subordinada reduzida de infinitivo substantiva predicativa

- "A função mais comum que tem a boca é *esconder a verdade.*"
Oração subordinada reduzida de infinitivo substantiva predicativa

- "Quem gosta de mim sou eu mesmo; caranguejo, *por ser camarada,* ficou sem pescoço."
Oração subordinada reduzida de infinitivo adverbial causal

- "A crença é a pretensão *de ver em plenas trevas.*"
Oração subordinada reduzida de infinitivo substantiva completiva nominal

- "A pouca sorte de muitos filósofos me aconselha *a não tentar definir a beleza.*"
Oração subordinada reduzida de infinitivo substantiva objetiva indireta

- "É difícil julgar a beleza, *por ser ela um enigma.*"
Oração subordinada reduzida de infinitivo adverbial causal

- "Sucede frequentes vezes *admirarmos de longe o* que de perto desprezamos."
Oração subordinada reduzida de infinitivo substantiva subjetiva

- "Três são as coisas mais difíceis que há no mundo: *guardar segredos, usar bem do vício e esquecer agravos.*"
Orações subordinadas reduzidas de infinitivo substantivas apositivas

- "A liberdade constitui um direito, uma propriedade que ninguém pode, *sem cometer um crime,* lesar."
Oração subordinada reduzida de infinitivo adverbial condicional

- "É inútil *pedir a Deus o* que podemos obter por nós mesmos."
Oração subordinada reduzida de infinitivo substantiva subjetiva

Nossa gramática simplificada

- "A muitos falta tão somente o dinheiro para *serem honestos.*"
Oração subordinada reduzida de infinitivo adverbial final

- "A honestidade é coisa durável por *ter geralmente pouco uso.*"
Oração subordinada reduzida de infinitivo adverbial causal

- "Se não tivéssemos defeitos, não nos seria tão agradável *notar os dos outros.*"
Oração subordinada reduzida de infinitivo substantiva subjetiva

- "O ateu procura convencer os outros para *se persuadir a si próprio.*"
Oração subordinada reduzida de infinitivo adverbial final

- "Para ser um bom conversador, basta seguir uma só regra: *aprender a escutar.*"
Oração subordinada reduzida de infinitivo substantiva apositiva

- "Há homens cuja alma apenas é capaz *de impedir* que o corpo se putrefaça."
Oração subordinada reduzida de infinitivo substantiva completiva nominal

- "A ambição é um desejo violento e contínuo *de se elevar acima dos outros.*"
Oração subordinada reduzida de infinitivo substantiva completiva nominal

- "Quem ama dificilmente não se vê na contingência *de dizer algumas mentiras.*"
Oração subordinada reduzida de infinitivo substantiva completiva nominal

- "Procuremos não subir demais, para *não cairmos de demasiada altura.*"
Oração subordinada reduzida de infinitivo adverbial final

- "*Antes de atacar um abuso,* veja se é possível arruinar-lhe os alicerces!"
Oração subordinada reduzida de infinitivo adverbial temporal

- "*Ao quebrar o seu brinquedo,* a criança parece estar-lhe procurando a alma."
Oração subordinada reduzida de infinitivo adverbial temporal

- "A amizade é semelhante a um bom café: uma vez frio, não se aquece *sem perder bastante do primeiro sabor.*"
Oração subordinada reduzida de infinitivo adverbial condicional

- "Há um grau de amor que é a mais perfeita forma da sabedoria: *amar em outrem a sua própria beleza.*"
Oração subordinada reduzida de infinitivo substantiva apositiva

- "Quando tiveres cumprido o teu dever, resta-te ainda outro a cumprir: *mostrar-te satisfeito.*"
Oração subordinada reduzida de infinitivo substantiva apositiva

- "A arte tem dois meios de nos desagradar: um é *não gostarmos dela;* o outro é *gostarmos racionalmente.*"
Orações subordinadas reduzidas de infinitivo substantivas predicativas

- "Lembrai-vos de que a finalidade da educação *é formar seres aptos* para se governar a si mesmos, e não para ser governados pelos outros."
Oração subordinada reduzida de infinitivo substantiva predicativa

- "A melhor política é *ser honesto.*"
Oração subordinada reduzida de infinitivo substantiva predicativa

A oração reduzida de infinitivo *adjetiva* é rara, mas às vezes se encontra:

- Ele não era pessoa *de se render facilmente*.
(*de se render facilmente = que se rendia facilmente.*)

- Dudu não era jogador *de se amedrontar com pancadas*.
(*de se amedrontar com pancadas = que se amedrontava com pancadas.*)

Observações importantes

1) No mais das vezes, as orações reduzidas se desdobram em equivalentes com conjunção:

- Ao quebrar o seu brinquedo... = Quando quebra o seu brinquedo...
- Terminada a conferência... = Quando a conferência terminou...
- Dando bons conselhos... = Quando dão bons conselhos...
- ..., por ser ela um enigma. =..., porque ela é um enigma.

O desdobramento, no entanto, é mero artifício de que nos podemos valer para melhor classificar as orações reduzidas. Em alguns casos é absolutamente impossível efetuar o desdobramento.

2) Não podemos considerar como orações reduzidas:
a) quando se tratar de locuções verbais: *quero trabalhar, ia falando, tinha estudado, sou amado,* etc.;
b) quando o infinitivo não se referir a nenhum sujeito e exprimir a ação de forma vaga, muito genérica:

- *"Invejar é descer."*
- *"Viver é combater; combater é viver."*

O infinitivo, nesses casos, é um autêntico substantivo, a que podemos chamar *substantivo verbal.*
c) quando o infinitivo acompanhado de preposição tiver sentido passivo, geralmente depois de certos adjetivos (*difícil, duro, fácil, bom, agradável,* etc.):

- Trabalho agradável *de fazer.*
(*de fazer = de ser feito*)

- Livro difícil *de ler.*
(*de ler = de ser lido*)

- Roupa fácil *de passar.*
(*de passar = de ser passada*)

- Água ruim *de tomar.*
(*de tomar = de ser tomada*)

Note que os infinitivos estão na forma ativa, embora com sentido passivo. Note, também, que todos os infinitivos são verbos transitivos diretos.

ATENÇÃO – Alguns preferem não ver sentido passivo em tais construções, analisando-as assim:

- Trabalho agradável de (*alguém*) fazer.
- Livro difícil de (a *gente*) ler.
- Roupa fácil de (*alguém*) passar.
- Água ruim de (a *gente*) tomar.

Nossa gramática simplificada

Vistas deste modo, em vez de agente da passiva indeterminado, o que existe é sujeito indeterminado. Mas o assunto é discutível.

d) quando o infinitivo estiver acompanhado de preposição, completando o sentido de um substantivo: sala de *jantar,* máquina de *calcular,* aparelho de *barbear,* ferro de *passar,* quarto de *dormir,* etc.

e) quando INFINITIVO + PREPOSIÇÃO equivalem a um adjetivo:

- É *de admirar* que Cristina não me tenha reconhecido.
(*de admirar = admirável*)
- A criança pensou que as latas eram *de comer.*
(*de comer = comíveis* ou *comestíveis*)

Testes e exercícios

1. Identifique a alternativa que traz oração coordenada sindética aditiva:
a) Gosto de dar carona, mas é perigoso.
b) Não dou nem peço carona.
c) Não dou carona, logo não corro perigo de assalto.
d) "Ou você me dá carona, ou você morre" – disse o assaltante.
e) O homem tentou abrir a porta do carro, porém, não conseguiu.

2. Identifique a alternativa que traz oração coordenada sindética conclusiva:
a) O orador falou pouco, todavia disse muitas verdades.
b) Tratemos de trabalhar, que o trabalho dignifica!
c) Gozemos, vivamos, pois somos jovens!
d) Era noite, e a Lua brilhava no céu sereno.
e) Fazemos parte da natureza, por conseguinte, preservemo-la!

3. Dê a função sintática dos termos em destaque e, posteriormente, transforme os períodos simples em compostos, fazendo dos termos analisados orações substantivas (dê preferência às passivas sintéticas, quando possível):
a) Não me importa *a efetivação de Luís no cargo.*
b) Nossa mágoa era *a traição do nosso melhor amigo.*
c) É preciso *promoção de concursos.*
d) Desejo-lhe somente isto: *a sua felicidade.*
e) O povo exige *a punição dos corruptos.*
f) Todos sentimos necessidade *do amparo de Deus.*
g) Queremos *o afastamento dos incompetentes.*
h) Nosso azar foi *a explosão do botijão de gás.*
i) Duvidei *da realização das eleições.*
j) Não gosto *das aprovações de alunos em massa.*

4. Substitua as orações substantivas por um substantivo, assim como se vê neste modelo:

Ninguém quer que ele renuncie ao cargo.
Ninguém quer a sua renúncia ao cargo.

a) Ninguém me convencerá de que ele é honesto.
b) Os jornais noticiaram que mataram o presidente iemenita.
c) Está provado que o fato aconteceu.
d) Espero que vocês desistam disso.
e) Todos sabem que ela odeia o tio.
f) Um fato me preocupa: que se incentive o desmatamento.

311

Luiz Antonio Sacconi

g) É importante que nos arrependamos de nossos erros.
h) É preciso que mantenhamos a paz.
i) Não acredito que ele fique impassível.
j) Não creio que ela seja leiga.

5. Identifique a oração adjetiva explicativa:
a) Sonhei com uma garota que me beijava.
b) A garota, que me beijava, não me conhecia.
c) Este é o livro em que estudo.
d) Esse é o time pelo qual torço desde criança.
e) Tudo o que cai na rede é peixe.

6. Identifique a oração subordinada adverbial:
a) "Amor é planta mágica e daninha, cujo perfume as almas envenena."
b) O cão rói o osso porque está com fome.
c) Perde-se tudo quanto se põe num prato furado.
d) Não consigo entender o modo como isso está sendo feito.
e) Esse é o rio cujas águas estão poluídas.

7. Identifique a oração subordinada reduzida:
a) Esse rio tinha tanto peixe, que se pescava com as mãos.
b) Como eu não podia caminhar, vieram a meu encontro.
c) O engenheiro fez a planta como o proprietário pediu.
d) Tive a satisfação de conhecer o Recife.
e) Posto que não costumasse mentir, ninguém nele acreditava.

8. Transforme em reduzidas as seguintes orações desenvolvidas, ou vice-versa:
a) Posto o Sol, os pássaros se aquietam em seus ninhos.
b) Vi a criança que a mãe conduzia.
c) Enquanto tua mãe não vier, não poderás sair.
d) Vendo-a, deem-lhe o recado!
e) Quando a polícia interveio, o tumulto acabou.
f) Sendo católico, não vai à missa.
g) Convém que nos apressemos.
h) O importante é passearmos ao ar livre.
i) É necessário instruirmos as crianças.
j) A polícia encontrou o ladrão comendo folgadamente na cozinha.

9. Identifique a alternativa que traz oração coordenada:
a) Devemos obedecer mais a Deus que aos homens.
b) "Não dês o dedo ao vilão, porque te tomará a mão!"
c) "O homem verdadeiramente prudente não diz tudo quanto pensa, mas pensa tudo quanto diz."
d) Peço-lhes somente uma coisa: que acreditem em mim!
e) Pecadores, peçam perdão a Deus!

10. Identifique a alternativa que traz oração subordinada adverbial causal:
a) Tanto morrem velhos como moços numa guerra.
b) Bata à outra porta, que esta não se abre!
c) Ela chorou, porque está com os olhos vermelhos.
d) "Cada qual sabe onde lhe aperta a botina."
e) Há muito verde no campo justamente porque choveu.

Nossa gramática simplificada

11. Continue:
a) Se você gosta assim tanto dela, por que não a procura?
b) Se todos fossem iguais a você, seria ótimo!
c) Se eu torço pelo Flamengo, não digo.
d) Se tudo o que você diz é verdade, estamos fritos!
e) Se o pai deixar, ela dançará comigo.

Dos concursos e vestibulares

12. (TCE-MG) Assinale a opção que contém oração coordenada sindética:
a) "Esfregou as mãos finas, esgaravatou as unhas sujas."
b) "Naquela noite, jantei sozinho, pois Albérico viajara para Malhada da Pedra."
c) "A campainha retiniu, entraram no camarote."
d) "Furta cavalos, bois, marca-os de novo, recorta sinais de orelha com uma habilidade de cigano velho."
e) "Dona Tonica não lustrava as unhas, disso sabiam todos."

13. (CESCEA-SP) **Os ilhais da fera arfam de fadiga, e a espuma franja-lhe a boca, as pernas vergam e resvalam, e os olhos amortecem de cansaço.** Esse período se classifica como:
a) composto por subordinação
b) simples
c) composto por coordenação e subordinação
d) composto por coordenação
e) n.d.a.

14. (CESCEA-SP) Quantas orações há neste trecho: **Um rugido tremendo, uma aclamação imensa do anfiteatro inteiro e as vozes triunfais das trombetas e charamelas encerram esta sorte brilhante?**
a) só 1   b) 2 orações coordenadas   c) 3 orações coordenadas   d) 4 orações   e) n.d.a.

15. (IMA-MG) Por definição, oração coordenada que se prende à anterior por conectivo é denominada *sindética* e é classificada pelo nome da conjunção que a encabeça. Assinale a alternativa em que aparece uma coordenada sindética explicativa, conforme a definição:
a) A casaca dele estava remendada, mas estava limpa.
b) Ambos se amavam, contudo não se falavam.
c) Todo o mundo trabalhando ou varrendo o chão, ou lavando as vidraças.
d) Chora, que lágrimas lavam a dor!
e) O time ora atacava, ora se defendia e no placar aparecia o resultado favorável.

16. (FES-SP) No período: **Paredes ficaram tortas, animais enlouqueceram, e as plantas caíram,** temos:
a) 2 orações coordenadas assindéticas e 1 oração subordinada substantiva
b) 3 subordinadas substantivas
c) 3 orações coordenadas
d) 4 orações coordenadas
e) 1 oração principal e 2 orações subordinadas

17. (TFC) A única alternativa correta a respeito do período **Imagina que para agradar-lhes é preciso ter qualidades acima do vulgar** é que ele:
a) apresenta 4 orações
b) apresenta 3 orações
c) apresenta 2 orações

Luiz Antonio Sacconi

d) é composto por coordenação e subordinação
e) é composto por orações que se caracterizam por não possuir sujeito determinado

18. (MACK-SP) Embora todas as conjunções sejam aditivas, uma oração apresenta a ideia de adversativa:
a) Não achou os documentos nem as fotocópias.
b) Queria estar atento à palestra, e o sono chegou.
c) Não só aprecio medicina como odontologia.
d) Ouvi o réu e lhe dei razão.
e) Não só ouvi o réu, mas também lhe dei razão.

19. (UFSM-RS) Identifique a alternativa que expressa a ideia correta da segunda oração, considerando a conjunção que a introduz: **A torcida incentivou os jogadores; esses, contudo, não conseguiram vencer.**
a) proporção   b) conclusão   c) explicação   d) oposição   e) concessão

20. (FUVEST-SP) **Podem acusar-me: estou com a consciência tranquila.** O dois-pontos do período poderia ser substituído pela conjunção:
a) portanto   b) e   c) como   d) pois   e) embora

21. (ESA) Não atinávamos a razão **por que o ladrão não montava a cavalo.** A oração em destaque é:
a) adjetiva restritiva   b) adjetiva explicativa   c) adverbial causal
d) objetiva indireta   e) completiva nominal

22. (MAPOFEI-SP) Reescreva a oração dada de acordo com este modelo:
   A colaboração dele nos surpreende.
   Surpreende-nos que ele colabore.
A intervenção dele nos convém.

23. (BC) Em *Ele, **que era velho**, sentou-se no sofá*, a oração destacada classifica-se como:
a) adjetiva restritiva   b) adjetiva explicativa   c) substantiva apositiva
d) substantiva predicativa   e) coordenada sindética explicativa

24. (CESCEA-SP) Em *Verdades há **que não devem ser publicadas***, a oração em destaque é:
a) subordinada substantiva objetiva direta
b) subordinada substantiva predicativa
c) subordinada adjetiva restritiva
d) subordinada substantiva completiva nominal
e) subordinada substantiva apositiva

25. (FEC-TRT-AM) Em todas as alternativas há uma oração subordinada substantiva subjetiva, exceto em:
a) Urge que tomemos uma atitude.
b) Parece que o tempo voa.
c) O ideal seria que todos participassem.
d) É preciso que você nos apoie.
e) Importa apenas que sejamos felizes.

Nossa gramática simplificada

26. (FCMSC-SP) A palavra **se** é conjunção subordinativa integrante, por introduzir oração subordinada substantiva objetiva direta nesta oração:
a) Ela se morria de ciúmes do patrão.
b) A Federação arroga-se o direito de adiar o jogo.
c) O aluno fez-se passar pelo doutor.
d) Precisa-se de pedreiros.
e) Não sei se o vinho ainda está bom.

27. (FEI-SP) Indique a alternativa que apresenta uma oração subordinada substantiva apositiva:
a) Ele falou: "Eu o odeio".
b) Não preciso de você: sei viver sozinho.
c) Sabendo que havia um grande estoque de roupas na loja, quis ir vê-las: era doida por vestidos novos.
d) Fez três tentativas, aliás, quatro. Nada conseguiu.
e) Havia apenas um meio de salvá-la: falar a verdade.

28. (FEC-TRT) Lembro-me **de que ele só usava camisas brancas**. A oração em destaque é substantiva:
a) completiva nominal   b) objetiva indireta   c) predicativa
d) subjetiva   e) apositiva

29. (TJ-TO) Em todos os períodos abaixo existem orações completivas nominais, exceto em:
a) Afinal, me convenci de que tudo aquilo eram tolices.
b) Ela está bem, e estou certa de que não a deixarás ficar mal no fim do ano.
c) Todos estão concordes em que a boa educação falta quase em absoluto entre nós.
d) Ninguém fez referência a que a situação era merecedora de um estudo mais acurado.
e) Tiãozinho veio no grito com medo de que o homem desse nele com a vara de ferrão.

30. (FUVEST-SP) No período: *Ainda que fosse bom jogador, não ganharia a partida*, a oração em destaque encerra a ideia de:
a) causa   b) concessão   c) condição   d) proporção   e) finalidade

31. (SUSEP) Assinale o período que contém uma oração subordinada adjetiva:
a) Falaram tudo quanto queriam falar.
b) Recomendei-lhe muita paciência.
c) Estudou tanto, que conseguiu a aprovação.
d) Urge que tomemos uma providência.
e) Espera-se que ele retorne ainda hoje.

32. (FESP) Em relação ao trecho: **Ao sair o enterro, abraçou-se ao caixão, aflita; vieram tirá-la e levá-la para dentro**, é incorreto afirmar que:
a) há uma oração subordinada adverbial
b) uma das orações é reduzida de infinitivo
c) trata-se de um período composto por coordenação e subordinação
d) há apenas uma oração coordenada sindética
e) a primeira oração é principal.

315

Luiz Antonio Sacconi

33. (FAETEC) No texto *Um se encarrega **de comprar camarões***, a oração destacada
é subordinada substantiva:
a) completiva nominal reduzida de gerúndio
b) objetiva direta reduzida de infinitivo
c) subjetiva reduzida de gerúndio
d) objetiva indireta reduzida de infinitivo
e) apositiva reduzida de infinitivo

Soluções dos testes e exercícios
1. b) **2.** e) **3.** a) sujeito – Não me importa que se efetive Luís no cargo. b) predicativo – Nossa
mágoa era que o nosso melhor amigo nos traiu. c) sujeito – É preciso que se promovam concursos.
d) aposto – Desejo-lhe somente isto: que seja feliz. e) objeto direto – O povo exige que se
punam os corruptos. f) complemento nominal – Todos sentimos necessidade de que Deus nos
ampare. g) objeto direto – Queremos que se afastem os incompetentes. h) predicativo – Nosso
azar foi que o botijão de gás explodiu. i) objeto indireto – Duvidei de que se realizem as eleições.
j) objeto indireto – Não gosto de que se aprovem alunos em massa. **4.** a) Ninguém me convencerá
da sua honestidade. b) Os jornais noticiaram a morte do presidente iemenita. c) Está provado
o acontecimento do fato. d) Espero a sua desistência disso. e) Todos sabem do ódio dela ao tio.
f) Um fato me preocupa: o incentivo ao desmatamento. g) É importante o arrependimento dos
nossos erros. h) É preciso a manutenção da paz. i) Não acredito na impassibilidade dela. j) Não
creio na laicidade dela. **5.** b) **6.** b) **7.** d) **8.** a) Quando o Sol se poe, os pássaros se aquietam em
seus ninhos. b) Vi a criança sendo conduzida pela mãe. c) Não vindo tua mãe, não poderás sair.
d) Quando a virem, deem-lhe o recado! e) Intervindo a polícia, o tumulto acabou. f) Embora seja
católico, não vai à missa. g) Convém nos apressarmos. h) O importante é que passeemos ao ar livre.
i) É necessário a instrução das crianças. j) A polícia encontrou o ladrão, que comia folgadamente
na cozinha. **9.** b) **10.** e) **11.** a) **12.** b) **13.** d) **14.** a) **15.** d) **16.** c) **17.** a) **18.** b) **19.** d) **20.** d) **21.** a)
22. Convém-nos que ele intervenha. **23.** b) **24.** c) **25.** c) **26.** e) **27.** e) **28.** b) **29.** a) **30.** b) **31.** a)
32. e) **33.** d)

316

Lição 27
SINTAXE DE CONCORDÂNCIA

1. Tipos de concordância. Na língua portuguesa há dois tipos de concordância: a *nominal* e a *verbal*.
A *concordância nominal* é a concordância do adjetivo, do pronome ou do artigo com o substantivo que os acompanha. Ex.:

> - homem *caridoso* - *seu* trabalho - o anfitrião
> - homens *caridosos* - *sua* bondade - a anfitriã

A *concordância verbal* é a concordância do verbo com o sujeito. Ex.:

> - O homem *escorregou*. - Fernando *saiu*.
> - Os homens *escorregaram*. - Fernando e Regina *saíram*.

2. A concordância nominal. A concordância do adjetivo predicativo. Eis os principais casos de concordância nominal:

1) o adjetivo concorda com o substantivo em gênero e número:

> - menino *bom* - meninos *bons*
> - menina *boa* - meninas *boas*

2) dois ou mais substantivos do mesmo gênero, mas no singular → adjetivo no singular ou no plural, indiferentemente:

> - infância e adolescência *amarga* (ou *amargas*)
> - coragem e disciplina *digna* (ou *dignas*) de elogio
> - cachoeira e lagoa *brasileira* (ou *brasileiras*)
> - teatro e cinema *gaúcho* (ou *gaúchos*)
> - encanto e charme *feminino* (ou *femininos*)
> - relógio e televisor *importado* (ou *importados*)

Em suma: considerado o gênero dos substantivos, qualquer concordância é correta.

3) dois ou mais substantivos do mesmo gênero, mas de números diferentes → adjetivos no plural, acompanhando o gênero dos substantivos:

> - relógios e televisor *importados*
> - mulheres e criança *nervosas*
> - opinião e atitudes *estranhas*
> - atitudes e opinião *estranhas*

Luiz Antonio Sacconi

- revistas e aguardente *brasileiras*
- óculos e relógio *suíços*

Em suma: o adjetivo deve, obrigatoriamente, ir ao plural.

4) dois ou mais substantivos de gêneros diferentes, mas no singular → adjetivo no plural masculino:

- ar e água *poluídos*
- cachoeira e rio *brasileiros*
- pêssego e pera *deliciosos*
- encanto e classe *femininos*
- televisor e geladeira *importados*
- edifício e casa *contíguos*

Em suma: prevalece o masculino em todas as ocasiões.

Importante
Será com o substantivo mais próximo a concordância, se o sentido assim o exigir: televisor e pera *madura;* geleia e pão *duro;* pedra e pão *macio,* etc.

5) dois ou mais substantivos de gêneros diferentes, mas no plural → adjetivo no plural, para o gênero do substantivo mais próximo, ou no plural masculino:

- jornais e revistas *brasileiras* (ou *brasileiros*)
- revistas e jornais *brasileiros*
- vestidos e blusas *exóticas* (ou *exóticos*)
- blusas e vestidos *exóticos*
- notícias e comentários *inoportunos*
- comentários e notícias *inoportunas* (ou *inoportunos*)
- músicas e filmes *americanos*
- filmes e músicas *americanos* (ou *americanas*)

Em suma: qualquer concordância, desde que no plural, é correta.

6) dois ou mais substantivos de gêneros e números diferentes → adjetivo no plural masculino:

- rios e lagoa *calmos*
- suor e lágrimas *derramadas*
- homens e mulher *generosos*
- abacate e peras *saborosos*
- cafezinho e revistas *brasileiros*
- ar e águas *poluídos*

Em suma: prevalece o masculino, sempre.

318

Nossa gramática simplificada

7) uma série de substantivos no singular, e o último no plural →o adjetivo concorda com o substantivo mais próximo:

- avô, pai, filho e netos *sadios*
- maçã, pera, abacate, pêssego e uvas *maduras*
- presidente, ministro, secretário e colaboradoras *cultas*
- cafezinho, filme, jornal, vinho e revistas *brasileiras*
- geladeira, máquina de lavar, televisão, enceradeira e fogões *importados*
- laranja, manga, jabuticaba, cereja, mexerica e morangos *saborosos*

Em suma: para efeito de concordância, só se leva em consideração o último substantivo.

8) substantivos no singular, sinônimos → adjetivo no singular, concordando com o mais próximo:

- ideia e pensamento *falso*
- denodo e coragem *eterna*
- saudação e cumprimento *demorado*
- elogio e incentivo *excessivo*
- cumprimento e saudação *demorada*
- pensamento e ideia *falsa*

Em suma: a concordância só poderá ser feita com o último substantivo.

9) substantivos no singular, mas antônimos → adjetivo no plural:

- calor e frio *intensos*
- dia e noite *frios*
- juventude e velhice *amargas*
- timidez e ousadia *alternadas*
- medo e coragem *excessivos*
- ataque e defesa *ótimos*

Em suma: o adjetivo sempre deverá estar no plural. Havendo substantivos de gêneros diferentes, o masculino prevalece, evidentemente.

10) adjetivo composto formado de *adjetivo* + *adjetivo* → o primeiro fica sempre invariável:

- reunião *físico-química* (e nunca: *física-química*)
- reuniões *físico-químicas* (e nunca: *físicas-químicas*)
- divergência *sino-americana* (e nunca: *sina-americana*)
- divergências *sino-americanas (e* nunca: *sinas-americanas*)
- problema *econômico-administrativo*
- problemas *econômico-administrativos*

Em suma: somente o último adjetivo varia.

319

11) o sujeito é *um e outro* ou *nem um nem* outro → adjetivo no plural, mas substantivo sempre no singular:

- Um e outro produto *bons* foi adquirido pelo Brasil na Feira Internacional.
- Uma e outra festa *animadas* acontecia neste local por volta de 2017.
- Nem um nem outro cidadão *brasileiros* obteve licença para viajar.
- Nem uma nem outra mulher *casadas* conseguiu ver o marido.

Em suma: somente o adjetivo vai ao plural.

12) Mesmo, próprio, só. Concordam com o substantivo ou com o pronome a que se referem:

- Fernando *mesmo* reconheceu o erro que cometeu.
- Fernanda *mesma* reconheceu o erro que cometeu.
- Fernando e Paulo *mesmos* reconheceram o erro que cometeram.
- Fernanda e Paula *mesmas* reconheceram o erro que cometeram.
- Ele *próprio* pagou a conta.
- Ela *própria* pagou a conta.
- Eles *próprios* pagaram a conta.
- Elas *próprias* pagaram a conta.
- Ela viajou *só*.
- Elas viajaram *sós*.

Importante

Quando equivale a *somente, só* não varia:

- Falamos *só* com o ministro, não com o presidente.
- *Só* elas tinham dinheiro, eles não.

13) Anexo, incluso, junto. Concordam com o substantivo a que se referem:

- Segue *anexo* o envelope para resposta.
- Segue *anexa* uma folha para resposta.
- Seguem *anexos* os documentos pedidos.
- Seguem *anexas* as fotografias.
- Vai *incluso* o artigo de jornal.
- Vão *inclusos* os artigos de jornal.
- Os recibos seguem *juntos*.
- As fotografias seguem *juntas*.
- As meninas voltaram *juntas*.
- Ela e ele trabalham *juntos*.

Importante

1) Não se aconselha o uso de *em anexo* por *anexo*.
2) **Junto** não varia quando faz parte de locução prepositiva:

- *Junto com* os ministros chegaram os embaixadores.
- As meninas voltaram *junto com* o pai.
- As crianças ficaram *junto da* mãe.
- Os alunos continuam *junto ao* muro.

Nossa gramática simplificada

14) Obrigado. Concorda com o nome a que se refere:

- Muito *obrigado,* disse Fernando.
- Muito *obrigada,* disse Márcia.
- Eles disseram: muito *obrigados.*
- Elas disseram: muito *obrigadas.*

15) É preciso, é necessário, é bom. Ficarão invariáveis tais expressões, quando for possível subentendimento de verbo no infinitivo:

- *"É preciso* muita paciência para aturar uma mulher meio homem, meio literata." (C.C. BRANCO)

Note o subentendimento de verbo no infinitivo: É preciso *ter* muita paciência...

- *É necessário* atenção redobrada ao dirigir à noite.

Note o subentendimento: É necessário *ter* atenção redobrada...

- *"É bom* toda a cautela" (CAMILO CASTELO BRANCO).

Note o subentendimento: É bom *usar* toda a cautela. Nos três exemplos, *muita paciência, atenção redobrada* e *toda cautela,* respectivamente, não constituem sujeitos das suas orações, mas objetos diretos dos verbos subentendidos.

Importante
A expressão *é proibido* não varia quando o sujeito não está determinado:

- *É **proibido** entrada a pessoas estranhas.*

Estando determinado o sujeito, porém:

- *É **proibida** a entrada a pessoas estranhas.*

16) Meio. Quando adjetivo, concorda normalmente com o substantivo a que se refere; porém, como advérbio, fica invariável:

- Comprei *meio* quilo de mortadela.
- Comprei *meia* melancia.
- Já é meio-dia e *meia* (hora).

Sendo advérbio, porém:

- Ela estava *meio* cansada.
- As meninas parecem *meio* chateadas.
- Mônica ficou *meio* tonta.

Importante
Alguns autores de nomeada vacilaram aqui, fazendo variar o advérbio: Ela estava *meia* cansada. Tal prática não é de imitar.

17) Leso. Concorda com o substantivo que modifica:

- Crime de *leso*-patriotismo.
- Atitudes de *lesa*-sociedade.

321

Luiz Antonio Sacconi

18) Alguma coisa ou **qualquer coisa + adjetivo** → o adjetivo só irá ao feminino se não houver a preposição *de:*

- Acho que me trouxeram *alguma coisa boa.*
- Até o momento ninguém fez *qualquer coisa nova.*
- Acho que me trouxeram *alguma coisa de bom.*
- Até o momento ninguém fez *qualquer coisa de novo.*

19) Possível. Ficará no singular quando fizer parte de expressão superlativa, tal quais: o *mais, o menos, o melhor, o pior:*

- Encontrei pessoas o *mais* educadas *possível.*
- Comprei aparelhos de som o *menos* sofisticados *possível.*

No entanto, se o artigo estiver no plural, o adjetivo *possível* se flexionará:

- Encontrei **as** pessoas *mais* educadas *possíveis.*
- Comprei **os** aparelhos de som *menos* sofisticados *possíveis.*

Importante
Quanto possível também é expressão invariável:

- Distribuí panfletos *quanto possível.*
- Procurei avisar tantas pessoas *quanto possível.*
- Pedi guaranás tão gelados *quanto possível.*

20) A olhos vistos. É locução adverbial invariável:

- Nossas indústrias progridem *a olhos vistos.*
- Estas árvores crescem a *olhos vistos.*
- A taxa de juros baixou *a olhos vistos.*

Importante
1) Quando dois adjetivos modificam um mesmo substantivo, podemos usar:

- *As delegações* brasileira e inglesa. Ou: *A delegação* brasileira e **a** inglesa.
- *Os governos* francês e americano. Ou: *O governo* francês e **o** americano.
- *As seleções* brasileira e espanhola. Ou: *A seleção* brasileira e **a** espanhola.

Isto é: ou colocamos o substantivo no plural e não repetimos o artigo; ou deixamos o substantivo no singular e repetimos o artigo.

2) Nos casos de adjetivo anteposto a substantivo, faz-se concordância obrigatória com o mais próximo:

- *Talentoso* ator e atriz.
- *Talentosa* atriz e ator.
- *Talentosos* atores e atrizes.
- *Talentosas* atrizes e atores.

Se, no entanto, os substantivos forem nomes próprios, ou nomes de parentesco, o adjetivo deverá ir ao plural:

- Os *esforçados* Paulinho e Cristiano.
- Os *esforçados* pai, mãe e filho.
- Os *corajosos* Fernando, Regina e Mônica.
- Os *corajosos* tia, irmão e prima.

Nossa gramática simplificada

21) Os adjetivos **extra** e **quite** variam normalmente: horas *extras*, despesas *extras*; estou *quite* com o banco, estamos *quites* com o banco.

22) **Obrigado** varia normalmente:

> Ela saiu e nem disse *obrigada*.
> Elas saíram e nem disseram *obrigadas*.

23) **Nenhum** varia normalmente, quando vem antes do substantivo:

> Vocês não são *nenhuns* coitadinhos.

24) **Alerta** não varia, porque é advérbio:

> A qualquer barulho, os cães ficam *alerta*.
> As Forças Armadas continuam *alerta*.

Importante
Não convém usar "em alerta" em seu lugar.

25) **Bastante** varia normalmente, quando adjetivo:

> Coma *bastantes* frutas e verduras!
> Vi *bastantes* bandeiras na manifestação.

Quando advérbio, naturalmente, fica invariável:

> Comemos *bastante*.
> Eles são *bastante* educados.

26) **Barato** e **caro** variam normalmente, quando adjetivos:

> A gasolina está sempre *cara* no Brasil.
> Já houve gasolina *barata* no Brasil?

27) Dois ou mais adjetivos podem modificar um mesmo substantivo, caso em que só é possível uma concordância, estando o substantivo no plural:

> As *polícias* civil e militar (e nunca: *"a polícia" civil e militar*, porque não existe polícia que seja ao mesmo tempo civil e militar)
> As *bandeiras* brasileira e paraguaia.

28) Substantivo em função de adjetivo não varia: crianças *prodígio*, peças *chave*, operários *padrão*, comícios *monstro*, etc.

A concordância do adjetivo predicativo

1) Quando o adjetivo constitui-se num predicativo, a concordância se processa normalmente:

> - Fernando e Mônica são *amigos*.
> - O povo e os soldados ficaram *emocionados*.
> - A intenção e o esforço foram *decisivos*.

323

Luiz Antonio Sacconi

2) Se o adjetivo predicativo aparecer anteposto ao sujeito, a concordância se fará, igualmente, com todos os elementos do sujeito:

- São *vãos* o esforço e a intenção do padre.
- Estavam *enfeitados* o viaduto, as ruas e as passarelas.
- São *compridas* as barbas e os cabelos do velhote.

Testes e exercícios

1 Assinale as alternativas que trazem frases corretas quanto à concordância nominal:
a) Fui recebido por pai e filhas educados.
b) O piloto teve pernas e braço fraturado no acidente.
c) Na feira você encontra pêssego, mamão, limão e uvas temporãs.
d) Trouxe do supermercado pera e livro encadernados.
e) Nunca leio jornal e revistas velhos.
f) A menina tem olhos azul-claros e cabelos castanhos-escuros.
g) A atriz tinha olhos violeta e trajava sempre vestidos cor-de-rosa.
h) Compareceram à sessão dois deputados social-democratas e três democrata-cristãos.
i) Ela só veste saias furta-cor e calças azul-marinho.
j) Desfilou com sapatos areia e luvas creme.
k) Ficaram vultosas as despesas médicas-hospitalares.
l) Nunca li revistas jurídico-empresariais.
m) Passei verão e inverno maravilhoso em Paris.
n) Encontrei bons local e ocasião para debatermos esse tema.
o) No deserto faz frio e calor intenso.
p) Trouxe da feira pera, pêssego, abacaxi e maçãs deliciosos.
q) Retornou das férias com dedicação e interesse renovado.
s) Nas suas costas havia umas estranhas cicatriz e tatuagem.
t) Todos falavam na festa dos nervosos tio, avô e netas.
u) O hotel serviu no café da manhã geleia e pão torrados.
v) Conserve sempre limpos mãos e pés!
w) Conserve pés e mãos sempre limpas!
x) O juiz declarou criminosos as moças e o rapaz.
y) Estavam tristonhos as garotas e o rapaz.
z) Considero indispensável essa medida e atitude.

2. Continue:
a) Todos acharam um e outro caso muito parecido.
b) Houve dois gols relâmpagos nesse jogo.
c) Traga cervejas o mais geladas possíveis do supermercado!
d) Ele mantinha duas contas laranja no banco.
e) Não foi preciso extrair nem um nem outro dente cariado.
f) Na primeira e na segunda página do jornal veem-se notícias de esporte.
g) Na terceira e quarta página do jornal vêem-se notícias policiais.
h) Luís lecionava na 5.ª e na 6.ª série, mas não na 7.ª e 8.ª série.
i) Este elevador não para no 4.º e 5.º andar.
j) Suas filhas sempre viajam só?
k) Só, minhas filhas não viajam nunca!
l) Só minhas filhas viajaram no ônibus.
m) As luzes apagaram-se por si só.
n) Elza mesmo lava suas roupas.
o) É proibido a entrada de visitantes.

Nossa gramática simplificada

p) É proibido entrada.
q) Elisa parece meio confusa.
r) Houve bastante reclamações.
s) Havia bastante mulheres na festa.
t) Estamos bastante cansados.
u) Perdemos bastante chances de crescer na empresa.
v) Esse atacante perde um e outro gol inexplicáveis.
w) O hotel oferece café da manhã e almoço gratuito.
x) Continua fechado o clube e o ginásio.
y) A ausência dela tornou triste meus dias.
z) Considero imperdoável suas atitudes.

3. Continue:
a) Foi ela mesmo que me deu seu endereço e telefone.
b) Ifigênia caminha falando consigo mesmo.
c) Segue anexo a segunda via da nota fiscal.
d) Já está incluso na conta a gorjeta do garçom.
e) As crianças chegaram juntas, foram embora juntas: amanhã virão junto comigo e voltarão junto com a mãe.
f) Junto, venceremos qualquer obstáculo, brasileiros!
g) Juçara saiu sem dizer ao menos muito obrigado.
h) Estou quite com meus amigos.
i) Não há nenhuma condições de viajar com esse tempo.
j) Cometeu-se crime de leso-majestade ou de leso-liberdade nesse caso?
k) É perigoso natação neste local.
l) Foi desnecessário a intervenção policial.
m) É necessário presença obrigatória amanhã na escola.
n) É vedado entrada de pessoas estranhas neste local.
o) É vedado a entrada de menores.
p) Essas camisas custam muito caras.
q) Temos bastante amigos e bastante conhecidos.
r) Legumes estão barato na feira.
s) Estes livros vendem-se por si só, nem é preciso propaganda.
t) Luísa está meio nervosa.
u) Mais amor e menas confiança, rapaz!
v) Há menos gente hoje na missa.
w) A dívida brasileira interna progride a olhos vista.
x) As donas de casa estão alerta: não aceitam aumento de preço dos alimentos.
y) Dado a gravidade do caso, resolvemos retornar.
z) Essas meninas nada têm de bobo.

Dos concursos e vestibulares

4. (IDR-Bombeiro-DF) A concordância nominal está incorreta em:
a) Anexas, remeto-lhe a procuração e a listagem dos outros documentos.
b) Agradáveis passeio e compras – desejaram-lhes os guias turísticos, ao terminarem a excursão.
c) As jovens estagiárias caminhavam rápida e decididamente em direção ao incêndio.
d) Elas próprias conseguiram salvar as crianças da grande e repentina enchente.
e) Todos estão satisfeitos, haja vista que não houve reclamações.

325

Luiz Antonio Sacconi

5. (FEC-TJ-RR) **Mesmo estando ... com a tesouraria do clube, era ... a entrada de associado que não apresentasse o comprovante de pagamento.**
a) quites – proibida   b) quite – proibido   c) quites – proibido
d) quite – proibida   e) quite – proibidas

6. (FCAA-SSP) A única frase em que há erro de concordância nominal é:
a) Essas consultas não ficam baratas.
b) As crianças não devem ficar sós.
c) Anexas seguem as informações solicitadas.
d) Ficaram decepcionados a juíza, o padre e o réu.
e) A discórdia, por qualquer motivos, é um mal.

7. (FEBASP) **Ela estava ... irritada e, à ... voz, porém com ... razões, dizia ... desaforos.**
a) meio – meia – bastantes – bastantes
b) meia – meia – bastante – bastante
c) meia – meia – bastantes – bastantes
d) meio – meia – bastante – bastante
e) n.d.a.

8. (UFV-MG) Todas as alternativas estão corretas quanto à concordância nominal, exceto em:
a) Foi acusado de crime de lesa-justiça.
b) As cartas devem seguir anexas ao processo.
c) Eram rapazes os mais elegantes possível.
d) É necessário cautela com os pseudolíderes.
e) Seguiram frutas, cereais e madeiras exportados.

9. (VUNESP-SP) Assinale o erro no emprego da palavra **meio**:
a) Existem meios para tudo.
b) O relógio bateu meio-dia e meia.
c) Empurrei a porta que estava meio fechada.
d) Bebia sozinho meia garrafa de vinho.
e) Ela ficou meia envergonhada pela reprovação.

10. (MACK-SP) Flexione ou não as palavras de acordo com o gênero e número do substantivo a que se referem:
a) Já estão incluso no processo as investigações a respeito das manifestações linguísticas das abelhas.
b) Não há nenhuma possibilidades de aprofundar as pesquisas sobre a comunicação dos chimpanzés.
c) Foi desnecessário a discussão sobre a possibilidade da existência de uma comunicação linguística animal.
d) É perigoso afirmação a respeito da emissão fônica dos vertebrados como um conjunto de símbolos linguísticos.
e) Todos acharam desnecessária a viagem e as férias antecipadas.

11. (MACK-SP) **Nós ... socorremos o rapaz e a moça ... ...**
a) mesmos – bastante – machucados
b) mesmo – bastantes – machucados
c) mesmos – bastantes – machucados
d) mesmo – bastante – machucada
e) mesmos – bastantes – machucada

Nossa gramática simplificada

12. (ESAF) A concordância nominal está incorreta em:
a) É um filme para aquelas pessoas que têm uma certa curiosidade sobre si mesmas.
b) Salvo alguns desastres, obtêm-se bons resultados, desde que não se tente filosofar.
c) Ficavam bastantes contrariados com o erro de algum companheiro durante os treinamentos.
d) A folhas vinte e uma do processo, encontra-se o comprovante de pagamento.
e) Com o carnê e a procuração anexos ao processo, faltavam dados para explicar o caso.

13. (Acafe-SC) **A entrada para o cinema foi..., mas o filme e o desenho... compensaram, pois saímos todos....**
a) caro – apresentado – alegre   b) cara – apresentado – alegre
c) caro – apresentados – alegres   d) cara – apresentados – alegres
e) cara – apresentados – alegre

14. (TJ-SP) Considerando a concordância nominal, assinale a frase correta:
a) Ela mesmo confirmou a realização do encontro.
b) Foi muito criticado pelos jornais a reedição da obra.
c) Ela ficou meia preocupada com a notícia.
d) Muito obrigada, querido, falou-me emocionada.
e) Anexos, remeto-lhes nossas últimas fotografias.

15. (UNEB) Assinale a alternativa em que, pluralizando-se a frase, as palavras destacadas permanecem invariáveis:
a) Este é o meio mais exato para você resolver o problema: estude só.
b) Meia palavra, meio tom – índice de sua sensatez.
c) Estava só naquela ocasião; acreditei, pois em sua meia promessa.
d) Passei muito inverno só.
e) Só estudei o elementar, o que me deixa meio apreensivo.

16. (UFSC) A única frase onde a concordância nominal aparece de maneira inadequada é:
a) Obrigava sua corpulência a exercício e evolução forçada.
b) Obrigava sua corpulência a exercício e evolução forçados.
c) Obrigava sua corpulência a exercício e evolução forçadas.
d) Obrigava sua corpulência a forçado exercício e evolução.
e) Obrigava sua corpulência a forçada evolução e exercício.

17. (UNISINOS) O caso de concordância nominal inaceitável aparece em:
a) Nunca houve nenhumas divergências entre mim e ti.
b) Ele tinha o corpo e o rosto arranhados.
c) Recebeu perfumados cravo e rosa.
d) Tinha vãs esperanças e temores.
e) É necessário certeza.

18. (BB) **1. Justiça entre os homens é ... 2. É ... a entrada de pessoas estranhas. 3. A água gelada sempre é ...**
a) necessário, proibida, gostosa   b) necessária, proibida, gostoso
c) necessário, proibida, gostoso   d) necessária, proibido, gostoso
e) necessário, proibido, gostosa

Luiz Antonio Sacconi

19. (Banrisul) Assinale a opção em que a concordância nominal está incorreta:
a) As matas foram bastante danificadas pelo fogo.
b) Ele trazia muito bem tratados a barba e os cabelos.
c) O carro tinha um dos faróis queimados.
d) Há muitos anos que coleciono selos e moedas raras.
e) Nesta circunstância, Vossa Excelência está enganada, Doutor Juiz.

20. (TFC) Assinale a opção em que não há erro.
a) Seguem anexo os formulários pedidos.
b) Não vou comprar esta camisa. Ela está muito caro.
c) Estas questões são bastantes difíceis.
d) Eu lhes peço que as deixem sós.
e) Estando pronto os preparativos para o início da corrida, foi dada a largada.

21. (T.A.CÍVEL-RJ) A frase que contraria a norma culta quanto à concordância nominal é:
a) Tornou-se clara para o leitor minha posição sobre o assunto.
b) Deixei claros para o leitor meus pontos de vista sobre o assunto.
c) Ficaram claros para o leitor minha posição e meus argumentos sobre o assunto.
d) Ficaram claras para o leitor minha posição e argumentação sobre o assunto.
e) Quero tornar claros para o leitor serem estes meus argumentos sobre o assunto.

22. (UNIRIO) A concordância nominal contraria a norma-padrão em:
a) Uso louça e copo velhos.   b) Uso louça e copo velho.   c) Uso copo e louça velhos.
d) Uso copo e louça velha.   e) Uso copo e louça velhas.

23. (FATEC) **"É ... discussão entre homens e mulheres ... ao mesmo ideal, pois já se disse ... vezes que da discussão, ainda que ... acalorada, nasce a luz".**
a) bom – voltados – bastantes – meio   b) bom – voltadas – bastante – meia
c) boa – voltadas – bastantes – meio   d) boa – voltados – bastante – meia
e) bom – voltadas – bastantes – meia

24. (F.Carlos Chagas-RJ) **Elas ... providenciaram os atestados, que enviaram ... às procurações, como instrumentos ... para os fins colimados.**
a) mesmas, anexos, bastantes   b) mesmo, anexo, bastante   c) mesmas, anexo, bastante
d) mesmo, anexos, bastante   e) mesmas, anexos, bastante

25. (MACK-SP) Assinale a alternativa em que há erro:
a) Ante o perigo, os guardas se mantinham alertas.
b) Sua família tinha muito menos riquezas que a nossa.
c) Há bastantes meses, falou-me de seu grande amor
d) Seus quadros eram os mais clássicos possíveis.
e) É necessário explicação.

Soluções dos testes e exercícios
1. a) c) e) g) h) i) j) l) q) (**dedicação** e **interesse** = sinônimos) t) v) x) y) **2.** d) f) l) p) q) t) v) w)
3. e) h) k) m) n) t) x) z) **4.** b) **5.** d) **6.** e) **7.** a) **8.** c) **9.** e) **10.** a) inclusas b) nenhumas c) desnecessária
d) frase correta e) desnecessárias **11.** a) **12.** c) **13.** d) **14.** d) **15.** e) **16.** c) **17.** c) **18.** a) **19.** c) **20.** d)
21. e) **22.** e) **23.** a) **24.** a) **25.** a)

Lição 28
CONCORDÂNCIA VERBAL

1. A concordância verbal com sujeito simples. Eis os principais casos de concordância verbal com sujeito simples:

1) O verbo concorda com o sujeito em número e pessoa:
- O menino *beijou* a namorada.
- Os meninos *beijaram* as namoradas.

2) Sujeito representado por coletivo, seguido de nome no plural → verbo no singular:
- Um bando de passarinhos *pousou* na árvore.
- Uma junta de médicos *assiste* o doente.
- Uma equipe de cientistas *descobriu* nova vacina contra a gripe.
- Um milhão de latinhas de cerveja *foi recolhido* das praias cariocas.
- Um bilhão de estrelas *brilha* no céu.

Importante
Há gramáticos ou "professores" de plantão na Internet que defendem também o uso do plural neste caso. Trata-se, portanto, da defesa de construções ridículas como esta: A turma de alunos "gostaram" do novo professor. Ou como esta: Uma frota de caminhões "conduzem" o produto perigoso.

3) Sujeito no plural apenas quanto à forma, mas no singular quanto ao sentido → verbo no singular:
- Livros *é* sujeito naquela oração.
- Flores já não *leva* acento.
- Homens *é* substantivo masculino, plural.

4) Núcleo do sujeito na forma plural, com artigo no singular, ou sem artigo → verbo no singular:
- O Amazonas *é* o maior rio brasileiro.
- Campos, cidade fluminense, *colabora* para a firmeza da nossa economia.
- Balneário Camboriú *possui* belos edifícios.

5) Núcleo do sujeito no plural, com artigo também no plural → verbo no plural:
- Em 1867, os Estados Unidos *compraram* da Rússia o Alasca.
- O primeiro país a reconhecer a independência do Brasil *foram* os Estados Unidos.
- Os Andes *ficaram* famosos com esse acontecimento.

- Os Três Mosqueteiros *são* de Alexandre Dumas.
- Os Lusíadas *foram escritos* por Luís de Camões.
- Os Estados Unidos *são* a maior potência mundial.

Importante
Nomes clássicos de obras literárias ou artísticas que tenham no título artigo no plural exigem o verbo no plural, caso de *Os Lusíadas* e *Os Três Mosqueteiros*. Não se tratando de obra clássica, o verbo fica no singular: Os Ratos *fez* sucesso na Feira do Livro.

6) O sujeito é coletivo partitivo, com nome no plural → verbo no singular ou no plural, indiferentemente:

- A maior parte dos produtos desta empresa *é* boa.
- A maior parte dos produtos desta empresa *são* bons.

- A maioria dos jornalistas brasileiros *escreve* errado.
- A maioria dos jornalistas brasileiros *escrevem* errado.

Note: *a maior parte de* e *a maioria de* são coletivos partitivos, isto é, indicam parte de um todo.

7) Sujeito representado por número percentual → o verbo pode concordar com o número percentual ou com o complemento desse número:

- Cinquenta por cento da lavoura de café *está* perdida.
- Cinquenta por cento dos lavradores *estão* desesperados.

- Dez por cento da cidade *continua* sob as águas.
- Dez por cento dos cidadãos *continuam* desabrigados.

- Oitenta por cento do país *foi tomado* pelos rebeldes.
- Oitenta por cento das cidades *foram tomadas* pelos rebeldes.

- Somente 1% da população mundial *possui* coeficiente de inteligência elevado.
- Somente 1% dos homens *possuem* coeficiente de inteligência elevado.

No entanto, se o número percentual vem determinado por qualquer palavra, usa-se somente o plural:

- Esses 2% do lucro já me *bastam*.
- Os 37% da produção *serão exportados*.
- Uns 15% da população *morreram* em razão do cataclismo.

8) Sujeito constituído de número fracionário → concordância normal:

- Um quarto dos bens *cabe* ao menor.
- Dois quartos da herança *cabem* ao menor.
- Um terço dos cidadãos *está* desabrigado, por causa das enchentes.
- Dois terços da cidade *estão* debaixo da água.

9) O sujeito é pronome de tratamento no singular → verbo na 3.ª pessoa do singular:

- Vossa Senhoria *continua* zangado comigo?
- Vossa Excelência *quer* que o ajude?

Nossa gramática simplificada

10) Verbo transitivo direto junto do pronome **se** → a concordância é feita com o sujeito paciente (geralmente posposto ao verbo):

- *Vende-se* uma casa.
(*Uma casa* é sujeito paciente, e o verbo com ele deve concordar.)

- *Vendem-se* duas casas.
(*Duas casas* é sujeito paciente, e o verbo com ele deve concordar.)

- *Aluga-se* uma sala.
- *Alugam-se* três salas.
- *Dá-se* terra.
- *Exigem-se* referências.

11) Pronome *se* junto de qualquer outro tipo de verbo → verbo no singular, pois neste caso não existe sujeito paciente:

- *Trabalha-se* muito aqui. (*Trabalhar* é verbo intransitivo.)
- *Trata-se* de homens capazes. (*Tratar* é verbo transitivo indireto.)
- *Morre-se* de amores por Mônica. (*Morrer* é verbo intransitivo.)
- *Precisa-se* de funcionários. (*Precisar* é verbo transitivo indireto.)

12) O sujeito é *cada um* → verbo na 3.ª pessoa do singular:

- Cada um dos ministros *representa* o governo.
- Cada um de nós *tentou* salvar a vítima do afogamento.

13) O sujeito é o pronome relativo **que** → o verbo concorda com o pronome reto antecedente:

- Sou *eu* que *mando* aqui.
- Fomos *nós* que *fizemos* isso.
- Serão *vocês* que *pagarão* a conta.
- Fui *eu* que *cometi* o erro.

14) O sujeito é o pronome relativo *quem* → verbo na 3.ª pessoa do singular:

- Fui eu *quem fez* isso.
- Somos nós quem faz tudo aqui!
- Eram eles quem *mandava* na cidade.

Importante
Convém salientar que a concordância com o pronome antecedente é aceita; não obstante, deve ser preterida.

15) O sujeito é *mais de um* ou *mais de uma,* e não há reciprocidade de ação → verbo no singular, concordando com o numeral:

- Mais de um avião *decolou* do aeroporto.
- Mais de uma pessoa *protestou* contra a decisão.

16) o sujeito é *mais de um* ou *mais de uma,* e há reciprocidade de ação → verbo no plural:

- Mais de um aluno se *cumprimentaram.*
- Mais de uma pessoa se *abraçaram.*

331

Com *mais de dois* em diante, o verbo sempre deverá ir ao plural, concordando com o numeral:

- Mais de dois indivíduos *saltaram* o muro.
- Mais de dez pessoas *virão* à minha festa.

17) A expressão *um dos que* leva sempre o verbo ao plural:

- Fernando é um dos que mais *reclamam,* mas um dos que menos *produzem.*
- Mônica foi uma das que *chegaram* cedo.

Quando, no entanto, houver um substantivo no meio dessa expressão e a referência só for possível a um único ser, o verbo ficará no singular:

- O rio Tietê é um dos rios paulistas que *atravessa* o Estado de São Paulo.

Você sabe: dos rios paulistas, o único que atravessa o Estado de São Paulo é o Tietê.

18) As expressões *um que, uma que, o primeiro que, o último que* e semelhantes deixam o verbo na 3.ª pessoa do singular:

- Sou um homem que não *critica* ninguém.
- Paulo é como um pássaro que *vive* voando.
- Fui o primeiro que *chegou.*
- Fui o último que *entrou.*
- Serei eu o primeiro brasileiro que *pisará* este chão?!
- Sou um homem que *cumpre* o seu dever.
- Sempre fui um jornalista que jamais *torceu* por qualquer time.

19) O sujeito é *isto de,* com nome no plural → verbo no singular ou no plural, indiferentemente:

- Isto de jogos todos os dias *cansa* (ou *cansam*) o público.
- "Isto de paixões *são* como as melancias: incham depressa, mas depressa desincham" (C. C. BRANCO).

20) O sujeito é representado por pronomes interrogativos (*quais, quantos*) ou por indefinidos do plural (*alguns, muitos, poucos, quaisquer, vários*) seguidos de pronome no plural → o verbo concorda com este pronome:

- Quais de nós *viajaremos* a Manaus?
- Quantos de vós *colboraríeis* conosco?
- Alguns de nós *nos arrependeremos* por isso.
- Muitos dentre vós nunca *chegareis* lá.

Importante
Não há impropriedade em usar o verbo na 3.ª pessoa do plural. Assim, por exemplo:

- Quais de nós *viajarão* a Manaus?
- Quantos de vós *colaborarão* conosco?

Nossa gramática simplificada

A primeira concordância, no entanto, é a que atende às normas regulares da língua.
Se o pronome interrogativo ou o indefinido estiver no singular, o verbo ficará na 3.ª pessoa do singular:

- Qual de vós *teme* represálias do inimigo?
- Nenhum de vocês *correu*?

21) Com os verbos *dar, soar* e *bater* (tratando-se de horas), o verbo concorda com o número de horas:

- *Deram* duas horas agora mesmo.
- *Soaram* quatro e meia há três minutos.
- *Bateram* dez horas no relógio da sala.

Se o termo *relógio* aparecer como sujeito, o verbo — evidentemente — ficará no singular, com ele concordando:

- O relógio *deu* duas horas agora mesmo.
- O relógio da sala *soou* quatro e meia há três minutos.
- *Bateu* dez horas o relógio da sala.

22) Com os verbos *bastar* e *faltar* (ao exprimirem suficiência e falta, respectivamente), o verbo concorda normalmente com o sujeito (geralmente posposto):

- *Bastam* estas laranjas para que tenhamos um bom suco.
- *Faltam* dois segundos para as dez horas.

23) Verbo impessoal é sempre usado na 3.ª pessoa do singular:

- *Chove* torrencialmente em São Paulo.
- *Ventou* muito esta madrugada.
- *Neva* em São Joaquim, meus amigos!
- O lavrador disse que esta noite *geia*.
- *Faz* três dias que não durmo.
- *Há* muitas pessoas na fila.
- *Houve* discursos, discussões, briga, abraços.

Ao virem acompanhados de auxiliares, os verbos impessoais a eles transmitem automaticamente sua impessoalidade:

- *Deve haver* muitas pessoas na fila.
- *Pode fazer* umas três horas que ela saiu.
- "Não *pode haver* virtudes públicas sem que existam as virtudes privadas."

24) Nas orações optativas, o verbo concorda normalmente com o sujeito (geralmente posposto):

- *Vivam* os noivos! (*os noivos* é o sujeito.)
- *Vivam* os pentacampeões mundiais de futebol!
- "*Vivam* os honestos! São sempre menos canalhas que os outros."

2. A concordância verbal com sujeito composto. Eis os principais casos de concordância verbal com sujeito composto:

1) Sujeito composto → verbo no plural:

> - O velho e a neta *caíram* da escada.
> - A mesa e a cadeira *são* novas.

2) Sujeito formado de pessoas gramaticais diferentes → verbo no plural, concordando com a pessoa que tem primazia:

> - Eu e tu *estamos* doentes. (eu + tu = nós)
> - Tu e ele *estais* doentes. (tu + ele = vós)
> - Ele e ela *estão* doentes. (ele + ela = eles)

3) Sujeito posposto, de elementos no singular → verbo no singular ou no plural, indiferentemente:

> - *Chegou* (ou *Chegaram*) Mônica, Cristina e Regina.
> - *Saiu* (ou *Saíram*) sua irmã, Vânia e Sônia.

Se os elementos do sujeito composto tiverem números diversos, o verbo concordará com o mais próximo:

> - *Morreu* o motorista e todos os passageiros do veículo.
> - *Desembarcou* o ministro e alguns jornalistas.
> - *Morreram* todos os passageiros e o motorista do veículo.
> - *Desembarcaram* alguns jornalistas e o ministro.

Quando no sujeito composto figurar pronome ou pronomes, o verbo concordará com o mais próximo, ou com a pessoa que tiver primazia:

> - *Cheguei* eu, Mônica e Cristina.
> - *Chegamos* eu, Mônica e Cristina.
> - *Chegou* Mônica, Cristina e eu.
> - *Chegamos* Mônica, Cristina e eu.

4) O verbo indica reflexibilidade ou reciprocidade de ação → verbo no plural:

> - *Brigaram* técnico e jogador.
> - *Discutiram* pai e filho.
> - *Abraçaram-se* irmão e irmã.
> - *Cumprimentam-se* animadamente professor e aluno.

5) Os sujeitos apresentam gradação de ideias → verbo no singular:

> - Os Estados Unidos, a América, o mundo *rendeu* ao presidente Kennedy as homenagens merecidas.
> - São Paulo, todo o Estado, o Brasil *comemorou* o 7 de Setembro.

6) Sujeito formado por núcleos sinônimos ou tomados como tais → verbo no singular:

> - A gentileza e a educação dela me *impressiona*.
> *Gentileza* e *educação* são sinônimos ou tomados como tais.
> - O rubor e a vergonha ainda *se estampa* na face de alguns.

Rubor e *vergonha* são sinônimos.
- Somente o elogio e o incentivo *constrói*.
Elogio e *incentivo* são sinônimos.
- "A luz e a ciência só *veio* ao mundo em nossos tempos" (A. HERCULANO).
Luz e *ciência* são sinônimos.

7) O sujeito é formado por infinitivos → verbo no singular:

- Andar e nadar *faz* bem à saúde.
- "Vencer e conquistar não *faz* um rei ditoso" (SILVA ALVARENGA).
- Só comer e só dormir *engorda* e não *adorna*.

No entanto, infinitivos antônimos ou determinados levam o verbo ao plural:

- Ganhar e perder *são* do esporte.
- O amar e o sofrer *são* próprios do homem.

8) Vários sujeitos se resumem num pronome indefinido (*tudo, nada, alguém, ninguém, outro,* etc.) → verbo no singular, concordando com o pronome:

- "Habilidade, força, esperteza, engano — tudo *é* permitido no amor."
- Dinheiro, mulheres, bebida, nada o *atraía*.
- Diretores, professores, alunos, ninguém *cooperava* com a limpeza.
- Nem ele, nem ela, nem você, nem ninguém me *fará* mudar de ideia.
- Não era preciso que você, nem ela, nem eles, nem outro me *ajudasse*.

9) Núcleos do sujeito antecedidos do pronome indefinido *cada* → verbo no singular:

- Cada criança, cada ser humano ali *precisava* de ajuda.
- Cada diretor, cada professor, cada aluno naquele colégio *fazia* o que bem *entendia*.

10) Sujeitos ligados pelos termos correlativos: *não só...mas também; não só... ...mas ainda; tanto...como,* etc. → verbo no plural:

- Não só o jardim, mas também o jardineiro *precisavam* de ajuda.
- "Tanto a maior infelicidade, como a maior felicidade *modificam* a aparência de todas as coisas."

11) Entre os sujeitos aparece a expressão *bem como* ou *assim como* → o verbo concorda com o primeiro sujeito:

- O homem, bem como todos os seres humanos, *é* mortal.
- Vocês, bem como meu filho, *aprenderam* muito aqui.
- Mônica, assim como Fernando e eu, *está* encantada.
- Ela, assim como nós todos, *vive* uma fase de transição.

12) O sujeito é a locução *um e outro, um ou outro* ou *nem um nem outro* → substantivo e verbo no singular:

- Apenas um e outro aluno *vinha* sem uniforme.
- Apenas um ou outro aluno *veio* à aula hoje.
- Nem um nem outro guarda *viu* o acidente.

Havendo reciprocidade de ação → verbo no plural:

- Apenas um ou outro aluno *se abraçaram* durante as comemorações.
- Nem um nem outro candidato *se cumprimentaram* antes do debate.

Aparecendo a expressão *nem...nem...*, no entanto, o verbo pode ficar no singular ou ir ao plural:

- Nem Cristina nem Mônica me *consolou* (ou *consolaram*).
- Nem você nem eu *ganharei* (ou *ganharemos*) o prêmio.

Claro está que, se houver ideia de exclusão de um dos sujeitos, o verbo ficará no singular:

- Nem Cristina nem Mônica *casará* com o príncipe.
- Nem você nem eu *serei* o goleiro do time amanhã.
- Nem eu nem você *será* o goleiro do time amanhã.

13) Sujeitos ligados pela conjunção **ou** → verbo no singular, se houver sinonímia ou se houver ideia de exclusão de um deles:

- A Fonêmica ou Fonologia *estuda* os fonemas de uma língua.
- Fernando ou Eduardo *será* eleito presidente do clube.
- Mônica ou Cristina *casará* comigo.

Não havendo ideia de exclusão, o verbo irá ao plural:

- A esperança ou a certeza do sucesso *renascerão* em todos os corações.

Se houver antonímia, o verbo irá também ao plural, com um eventual adjetivo também nesse número:

- O amor ou o ódio exagerados não *levam* a boa coisa.
- "A nulidade ou a validade do contrato *são* assunto do direito civil."

14) A conjunção **ou** tem caráter corretivo → o verbo concorda com o último sujeito:

- A parte ou as partes contrárias *entrarão* em acordo.
- O culpado ou os culpados *serão* julgados rapidamente.
- O jogador ou os jogadores *são* os responsáveis pela derrota.

Se o verbo preceder o sujeito composto, será obrigatória a concordância com o elemento mais próximo:

- *Saiu* pela porta dos fundos o ladrão ou os ladrões.
- *Será* julgado rapidamente o culpado ou os culpados.

15) Sujeito constituído de pessoas gramaticais diferentes, com a conjunção **ou** → o verbo concorda com a mais próxima, se houver exclusão:

- Eu ou ele *será eleito* presidente do clube.
- Ele ou eu *serei eleito* presidente do clube.
- Ela ou tu *casarás* comigo.
- Tu ou ela *casará* comigo.

Não havendo ideia de exclusão → o verbo pode concordar com a mais próxima, ou ir para o plural, concordando com a pessoa que tem primazia:

- Eu ou ele *jantará* (ou *jantaremos*) com ela.
- Ele ou eu *jantarei* (ou *jantaremos*) com ela.

16) Sujeito ligado pela preposição **com** → verbo no plural:

- O cavaleiro com as amazonas *apresentaram-se* bem.
- O jornalista com o fotógrafo *compareceram* à recepção.

Num caso, porém, o verbo fica no singular: quando se deseja dar ênfase ao primeiro sujeito, a fim de mostrar sua relevância sobre os demais. Assim, por exemplo:

- O presidente com os ministros *procura* solucionar o problema.
- D. Pedro I com outros insignes brasileiros *libertou* o Brasil de Portugal.

3. A concordância do verbo SER. Estes são os principais casos de concordância verbal com o verbo *ser:*

1) Sujeito no singular, mas predicativo no plural → o verbo concorda com o predicativo, não com o sujeito:

- Isso *são* boatos.
- Aquilo *eram* mentiras.
- Tudo *são* festas, na infância.
- Nossa cama *eram* umas palhas.
- A preocupação do avô *eram* os netos.

Se, no entanto, o sujeito for pessoa, o verbo concordará com ele, não com o predicativo:

- O homem *é* cinzas.
- Fernando *era* as únicas esperanças da família.
- Mônica *será* os meus amores para todo o sempre.

2) O pronome reto pospõe-se ao verbo → o verbo concorda com este:

- O professor aqui *sou* eu; o aluno *és* tu.
- O maior vitorioso *foram* vocês.
- O responsável por ela *seremos* nós.
- O dono disto *são* eles.

3) As orações interrogativas começam com pronome interrogativo → o verbo concorda com o termo posposto:

- Que *são* estepes, Ifigênia?
- Quem *és* tu, afinal?

4) O sujeito dá ideia de *preço, medida, peso* ou *quantidade* → verbo no singular:

- Três mil reais *é* pouco por esta moto.
- Cinco metros *foi* suficiente para fazer meu vestido.
- Nove quilos *era* muito peso para ela carregar.
- Oito meses *será* muito tempo, Cristina. Vou sentir saudades.

Luiz Antonio Sacconi

5) Verbo *ser* impessoal → a concordância se faz com o predicativo:

- *São* dezoito de dezembro.
- *Eram* quatro horas.
- Ontem foram dezessete de dezembro.
- Amanhã *serão* dezenove de dezembro.

Aparecendo a palavra *dia* no predicativo, o verbo ficará no singular:

- Ontem *foi* dia dezessete de dezembro.
- Amanhã *será* dia dezenove de dezembro.

4. A concordância do verbo PARECER. Estes são os principais casos de concordância verbal com o verbo *parecer:*

1) *parecer* + infinitivo → admitem-se duas concordâncias:

- As *crianças parecem* gostar do filme.
- As crianças *parece gostarem* do filme.

Isto é, ou varia o verbo *parecer,* ou varia o infinitivo, mas nunca ambos ao mesmo tempo.

2) *parecer* + infinitivo pronominal → *parecer* fica invariável, flexionando-se apenas o infinitivo:

- As crianças parece *arrependerem-se* do que fizeram.
- As crianças parecia *queixarem-se* do colchão duro.
- Os professores pareceu *zangarem-se* com alguns alunos.

5. As concordâncias irregulares ou figuradas. *Concordância irregular ou figurada* é aquela que se faz não com a palavra escrita, mas com a ideia, com o que está subentendido. Esse tipo de concordância recebe o nome de *silepse.* A silepse pode ser *de gênero, de número* e *de pessoa.* Veja por este exemplo como a *silepse de gênero* é simples:

- Vossa Excelência está *enganado.*

Vossa Excelência é pronome feminino, logo o adjetivo deveria estar nesse gênero também. Mas como o pronome está representando pessoa do sexo masculino, o adjetivo concorda com a ideia, e não com o pronome. Outros exemplos de silepse de gênero:

- São Paulo é muito *poluída.*
- *A* Rangel Pestana está *congestionada.*
- *O* Joelma ficou na história negra de São Paulo.

No primeiro exemplo, a concordância se faz com a ideia de *cidade;* no segundo, com a ideia de *avenida,* e no terceiro com a ideia de *edifício.* Eis, agora, a *silepse de número:*

- O pessoal entrava pela porta da frente e saía pela porta dos fundos; *procuravam* o professor pelo colégio inteiro.

338

O termo *pessoal* é coletivo. O verbo *procurar* deveria ficar, em consequência disso, no singular, mas a ideia de plural prevalece. Tal concordância, contudo, só será permitida quando o coletivo estiver distante do verbo. É por esse motivo que se condena esta construção:

- O pessoal *entravam* pela porta da frente e *saíam* pela porta dos fundos.

Outros exemplos de silepse de número:

- A maior parte dos alunos *conseguiram* aprovação nos exames.
- Grande número de pessoas *protestaram* contra a nova lei.
- Cinquenta por cento dos cidadãos *apoiaram* o prefeito.
- Três por cento dos alunos *ficaram* reprovados.
- Quinze por cento das eleitoras *estão* arrependidas.

Note que em todos esses exemplos, o verbo concorda com o complemento que se segue a cada sujeito partitivo ou percentual.
Na oração:

- Ficamos *grato* por tudo,

o adjetivo fica no singular, porque é uma só pessoa que fala ou escreve. Finalmente, vejamos um exemplo em que há *silepse de pessoa*:

- Todos *concordamos* com você.

Todos é pronome da 3.ª pessoa do plural; portanto o verbo deveria estar nessa pessoa e nesse número também. Acontece que na ação verbal está incluída a *pessoa* que fala ou escreve. Daí a razão da concordância irregular. Outros exemplos de silepse de pessoa:

- Os três *íamos* cantando pela estrada.
- Os brasileiros *somos* pentacampeões do mundo.
- Os palmeirenses *seremos* hendecacampeões brasileiros.
- Os cinco *estávamos* sentados na poltrona.

EMPREGO DO VERBO HAVER

1. O emprego do verbo HAVER. O verbo *haver* pode ser empregado como *pessoal* (quando possui sujeito) e como *impessoal* (quando não possui sujeito).

2. O verbo HAVER pessoal. O verbo *haver* é *pessoal* nestes casos:

1) quando é verbo auxiliar:

- As pessoas *haviam saído* da sala.
- Se os alunos *houvessem* estudado...

2) quando significa *ter* (de uso bastante restrito):

- *Houvemos* pena das vítimas.
- Eles *hão* interesse por este trabalho.

Neste caso, já não se usa no português contemporâneo, é um arcaísmo.

3) quando significa *conseguir, obter:*

> - *Houvemos* tudo isso com muito esforço.
> - Onde *houveste* essa caneta, Mônica?

4) quando usado com pronome, no sentido de *comportar-se, proceder* ou *ajustar contas; entender-se:*

> - Meus filhos *se houveram* bem durante o torneio.
> - Você brigou com Fernando? Pois agora terá de *haver-se* com o irmão dele, aquele homenzarrão!

3. O verbo HAVER impessoal. O verbo haver é *impessoal* quando significa *existir, acontecer* ou *fazer* (nas orações que dão ideia de tempo):

> - *Há* muitas pessoas na fila.
> = *Existem* muitas pessoas na fila.
> - *Houve* duas guerras mundiais até agora.
> = *Aconteceram* duas guerras mundiais até agora.
> - *Há* meses que não viajo.
> = *Faz* meses que não viajo.

Como se vê, o verbo *haver* impessoal só se usa na 3.ª pessoa do singular. Quando o acompanha um auxiliar, este também se torna, automaticamente, verbo impessoal:

> - *Pode* haver muitas pessoas na fila.
> - *Deve* haver feridos.
> - *Tinha* de haver reclamações...

4. A expressão HAJA VISTA. A expressão *haja vista,* sinônima de *veja,* é invariável no português contemporâneo:

> - *Haja vista* os erros cometidos pelo prefeito.
> - *Haja vista* as grandes conquistas brasileiras no futebol.

5. O uso de HÁ e A. É preciso saber quando usar *há* (forma do verbo haver) e quando usar *a* (preposição). *Há* usa-se em substituição a *faz* e, geralmente, com verbos no pretérito perfeito:

> - Cheguei *há* poucos dias de Natal.
> = Cheguei *faz* poucos dias...
> - Estive no Recife *há* muito tempo.
> = Estive no Recife *faz* muito tempo.
> - Este cheque foi descontado *há* dois dias.
> = Este cheque foi descontado *faz* dois dias.
> - Isso aconteceu *há* cerca de três anos.
> = Isso aconteceu *faz* cerca de três anos.

A preposição *a* usa-se quando não é possível sua substituição por *faz:*

> - O trem sairá daqui *a* pouco.
> - Sairemos deste país de hoje *a* cinco dias.

Nossa gramática simplificada

- Campinas (SP) fica *a* uma hora de São Paulo.
- Estamos *a* dois minutos de Natal (RN).
- O Palmeiras marcou o seu gol *a* dois minutos do final do jogo.
- O passageiro esteve *a* um fio da morte.
- As férias começarão *a* 18 de dezembro.

Testes e exercícios

1. Como ficam os verbos em destaque no presente do indicativo?
a) Nas regiões pantanosas *abundar* crocodilos.
b) A turma *acabar* de entrar agora na escola.
c) O pessoal daqui não *gostar* muito disso.
d) Um bando de pombos *pousar* sempre aí.
e) Uma nuvem de gafanhotos *destruir* em segundos toda uma lavoura.
f) O corpo de jurados *entender* que o réu é inocente.
g) Os Estados Unidos *ser* um país poderoso.
h) Os Três Mosqueteiros *ser* de Alexandre Dumas.
i) Os Andes *ocupar* boa parte do território sul-americano.
j) Os Alpes *ficar* na Suíça.
k) Os Lusíadas *ser* de Camões.
l) Neste mês, *comemorar*-se vários aniversários lá em casa.
m) *Reformar*-se colchões velhos.
n) *Ver*-se ao longe belas montanhas.
o) *Dever*-se procurar outras soluções.
p) *Dar*-se aulas particulares.
q) Não se *precisar* de empregados.
r) Aqui não se *crer* em boatos.
s) Aqui não se *ouvir* ruídos.
t) As Filipinas *punir* traficantes com a morte.
u) *Estar* chegando os turistas: *tratar*-se de alemães.
v) Uma equipe de biólogos *cuidar* desses animais.
w) *Ter* acontecido uma série de fatos desagradáveis aqui.
x) Um terço dos presentes sempre *aplaudir* os atores.
y) Dois terços da turma não *gostar* desse professor.
z) Uma legião de anjos o *proteger*.

2. Assinale as alternativas correspondentes a frases corretas quanto à concordância verbal:
a) A maioria dos alunos gostaram do filme.
b) A maior parte dos países africanos é rica.
c) Grande número de mulheres ficou nervoso.
d) Boa parte dos homens está preocupada.
e) Noventa por cento da casa veio abaixo.
f) Apenas 1% dos candidatos inscritos passaram.
g) Esses 15% de comissão já me bastam.
h) Um sexto dos meus haveres caberá a meu neto.
i) Um terço do nosso planeta é constituído de terra firme; dois terços são representados por água.
j) Vossa Excelência ireis viajar amanhã?
k) Quais de nós poderemos ficar contigo?
l) Chegaram os turistas; tratam-se de bons alpinistas.

341

m) Aqui não se presta serviços gratuitamente.
n) Falta poucos minutos para as seis horas.
o) Basta oito pessoas para trabalhar nesta seção.
p) Deu oito horas agora mesmo.
q) Bateram três horas no relógio da sala.
r) Deu dez horas neste instante o relógio da matriz.
s) Aqui faz invernos rigorosíssimos!
t) Fazem quinze anos que saí da escola.
u) Fazia dois dias que eu não comia.
v) Devem fazer três semanas que não vejo Ifigênia.
w) Ouça: batem duas horas somente agora.
x) Faz cinco semanas amanhã que Luís partiu.
y) Houveram muitos distúrbios durante o jogo.
z) Está havendo muitas guerras pelo mundo.

3. Continue:
a) Sou um homem que acredito em Deus.
b) Costuma haver abalos de terra nesta região.
c) Haviam vários passageiros feridos.
d) Choveu pedras na cabeça do árbitro.
h) Fomos nós quem orientou o rapaz.
i) Fomos nós que orientamos o rapaz.
j) Sou eu quem mais trabalha aqui.
k) Não fui eu quem afirmou essa asneira.
l) Foram eles quem elegeu esse homem.
m) Quais de vós ainda duvidais da nossa capacidade?
n) Sempre fui um aluno que me esforcei muito.
o) Poucos de nós ficaremos sabendo a verdade.
p) Chovem tolices nas provas de Português.
q) Faltou poucos milímetros para que a bala pegasse no coração do rapaz.
r) A gente fomos embora bem cedo.
s) São meio-dia e meia ainda.
t) Ainda eram uma hora e quarenta minutos.
u) Os cães pareciam entender o dono perfeitamente.
v) Os cães parecia entenderem o dono perfeitamente.
w) Os cães parecia entender o dono perfeitamente.
x) Não existe sonhos impossíveis, existe, sim, pessoas fracas.
y) Nunca houveram tantos imigrantes no Brasil como naquele tempo.
z) Já faz anos que colocam fogo na Amazônia.

4. Use o verbo em destaque de forma conveniente:
a) Sou uma pessoa que *gostar* de futebol.
b) Nunca fui um estudante que se *preocupar* com greves.
c) Não fomos nós quem *fazer* tais coisas.
d) Não fomos nós que *fazer* tais coisas.
e) Minha filha será uma das candidatas que *sobressair* no concurso.
f) Sou um dos que não *aceitar* pagar tanto imposto.
g) Fui um dos que *protestar* contra esse exagero de impostos.
h) Eu sou um dos que *pensar* assim.
i) Sou um dos brasileiros que mais *trabalhar*.
j) Manuel é um dos que se *queixar* desse barulho.

Nossa gramática simplificada

5. Use o verbo em destaque ora no presente, ora no pretérito perfeito do indicativo, sempre alternadamente:
a) Tu e ele *ir* a Criciúma amanhã?
b) *Estar* aqui Hersílio, Jeni e Lurdes.
c) Para Manuel não *adiantar* castigo e suspensão.
d) Não só o filho, mas também o pai *chorar*.
e) *Estar* comigo Juçara, Gumersindo e os filhos.
d) Cusparada, violência, socos, pontapés, tudo *acontecer* nesse jogo.
e) Mulheres, homens, crianças, velhos, ninguém *viver* mais em paz no Brasil, com tanta violência.
f) *Passar* o carnaval e os dias santos.
g) Nadar e dormir *fazer* bem à saúde.
h) Tanto eu como a mulher *rir*.
i) Amar e odiar *ser* do ser humano.
j) Nem ela nem você *ver* o acidente?

6. Assinale as alternativas correspondentes a frases corretas quanto à concordância verbal:
a) O pessoal lá de casa não gostaram muito da festa, não.
b) A turma não entendiam nada do que estavam ouvindo.
c) Um cardume de submarinos povoa o Atlântico Norte.
d) A gente aqui não queremos briga com ninguém, a gente só queremos paz.
e) Os Estados Unidos venceram a guerra, mas perderam a paz.
f) Um milhão de pessoas morreram nessa guerra.
g) Escreva bilhetes o mais legíveis possível!
h) Foram gastos quase um bilhão de reais nessa obra inacabada.
i) Grande parte dos atores aparece nua nessa peça.
j) A maioria dos homens não ficou aborrecida com a cena.
k) Bom número de mulheres ficou envergonhado com a cena.
l) Ali não se proíbe manifestações de protesto.
m) Metade dos cubanos pediu asilo à embaixada americana.
n) Somente alguns de nós sobreviveremos até o final deste século.
o) Fomos nós que pichamos o muro.
p) Fomos nós quem pichou o muro.
q) Cada um de nós temos um compromisso com o país.
r) Vossa Senhoria continuais zangado comigo?
s) Recebei Vossa Excelência os protestos de nossa estima.
t) Sou um dos que mais colabora e um dos que menos é reconhecido aqui.
u) Serei eu um dos que mais sofrerá durante a viagem.
v) Sou um homem que acredito em Deus.
w) Conhecido o resultado da votação, choveu vaias.
x) No jogo de ontem houve vaias, mas também sobrou emoções.
y) Nesta época do ano os Andes ficam cheios de neve.
z) Cada um dos acionistas recebeu muito dinheiro.

7. Use o verbo em destaque no pretérito perfeito do indicativo, efetuando corretamente a concordância:
a) Mais de um preso *fugir* da cadeia.
b) Menos de dois presos *fugir* da cadeia.
c) *Faltar* apenas alguns alunos à aula de hoje.
d) Não fomos nós quem mais o *ameaçar*.
e) Um bando de pombos *pousar* no beiral do edifício.
f) Não quero mais você na empresa; *bastar* os erros que já cometeu.

343

Luiz Antonio Sacconi

g) Fomos nós quem *pagar* as despesas; eles é que *comer*.
h) Nunca se *manter* tantas pessoas detidas arbitrariamente na Venezuela.
i) Ali por muitos anos se *dar* aulas de piano.
j) Será que já *soar* três horas?

8. Assinale as alternativas correspondentes a frases corretas quanto à concordância verbal:
a) Reformam-se colchões velhos, porém, precisa-se de aprendizes.
b) Já são meia-noite e meia, temos de ir.
c) Nossa, já são meio-dia?! Como passa as horas!
d) Quantos de vós estareis aqui no ano que vem?
e) Tenham calma, que ainda não deram onze horas.
f) Deve faltar poucos segundos para as nove.
g) Parte dos espectadores vaiou o espetáculo.
h) A maioria de vocês ganham muito mais do que eu.
i) Os Alpes sempre ficaram na Suíça.
j) Sobe hoje a gasolina e o etanol.
k) Sobrou uma bala e um rocambole apenas.
l) Discutiu muito seu irmão e sua prima.
m) O barulho de passos e vozes no corredor acordaram-nos.
n) Vimos o acidente Teresinha e eu.
o) Chegamos agora da praia Viridiana e eu.
p) Falou o ministro e todos os seus assessores.
q) Saiu agora mesmo daqui seu tio e suas primas.
r) Fumar e beber faz muito mal à saúde.
s) Comer e dormir engorda.
t) O amor e o sofrer são próprios do homem.
u) Dinheiro, ambições, guerras, mulheres, tudo inquieta os homens.
v) Comandantes, pilotos, tripulação, passageiros, ninguém escaparam com vida do acidente.
w) Não só os alunos, como também o professor faltou à aula.
x) Não só eu, mas também meus filhos estão com gripe.
y) Ele ou eu seremos goleiro do time amanhã.
z) Eu ou ele será goleiro do time amanhã.

9. Continue:
a) Tanto você quanto eu estamos na mesma situação.
b) Eu, assim como todos vocês, não gostei dessa medida.
c) Para aquele aluno não adiantava castigo nem suspensão.
d) Foste tu quem obteve o primeiro lugar?
e) Foste tu que obtiveste o primeiro lugar?
f) Veio ao aeroporto Juçara, Gumersindo e os filhos.
g) Vieram ao aeroporto Juçara, Gumersindo e os filhos.
h) Eu, bem como todos vocês, sou brasileiro.
i) Chegou uma carta e várias encomendas para ti.
j) Brigaram o tempo todo o pai e o filho.
k) Ele ou eu serei presidente da República.
l) Eu ou ele será presidente da República.
m) Sou uma pessoa que não chora de jeito nenhum.
n) Costumam-se caçar rãs por aqui de vez em quando.
o) Renderam-se às tropas aliadas as forças germânicas de terra, mar e ar.
p) Tratava-se de problemas graves, que tinham de ser resolvidos.
q) Existe de nossa parte grandes expectativas sobre esse negócio.
r) Vendem-se terrenos bem baratinhos.

Nossa gramática simplificada

s) Compram-se materiais de construção usados.
t) Não sei do que se trata, mas dizem que se trata de roubos.
u) A dedicação de seus filhos, sempre presentes, serve de exemplo.
v) Tu e ele ainda ficareis amigos.
w) Eu e tu ainda nos tornaremos amigos.
x) A angústia e a ansiedade não o ajudava a se concentrar.
y) Fazia dez anos que ele não pegava num livro para ler.
z) Devem existir muitos problemas nessa administração pública.

10. Complete as frases com a forma correta do verbo **ser**, no presente do indicativo:
a) Ela me disse que ... meio-dia e meia! Mas já ... quase uma hora!
b) Hoje ... cinco de maio, porque ontem foi dia quatro.
c) Na infância, tudo ... alegrias, tudo ... sorrisos.
d) O maior problema aqui ... as muriçocas.
e) Os Estados Unidos ... uma superpotência.
f) Dez reais por um picolé ... muito.
g) O bebê ... as alegrias da casa.
h) Esse rapaz ... só vícios.
i) O dono dessa casa ... eu.
j) Mil reais por um carro não ... nada.

11. Complete as frases com a forma correta do verbo **parecer**, no presente do indicativo:
a) As estrelas ... brilhar mais intensamente hoje.
b) As estrelas ... brilharem mais intensamente hoje.
c) As crianças ... estar com fome, mas ... estarem sadias.
d) As crianças ... que estão com fome.
e) As crianças não ... estarem com fome.
f) As estrelas ... que brilham mais intensamente hoje.
g) Essas coisas ... que não acontece a outros, senão apenas a mim.
h) Veja, aquelas pipas ... que são pássaros.
i) Tudo ... rosas e maravilha na juventude.
j) Isso que estamos ouvindo ... fogos de artifício, mas são tiros.

12. Assinale as alternativas que correspondem a frases corretas:
a) O futuro do Brasil é seus recursos naturais.
b) Quem manda aqui é eu; quem obedece é vocês.
c) Hoje são dezoito de dezembro; ontem é que foram dezessete.
d) Os professores não somos reconhecidos no país.
e) Estamos muito contente porque fomos escolhido o melhor, disse o atleta.
f) Os quatro caminhávamos de mãos dadas pela estrada.
g) Somos quinze lá em casa, mas éramos vinte.
h) Estávamos oito naquele Fusca, como sardinhas em lata.
i) Manuel sempre foi os mimos da família.
j) Isso realmente são ossos do ofício.

13. No lugar do * use a forma adequada do verbo **haver**:
a) Quando entrei no cinema, * muitos lugares vazios.
b) Quando entrei no cinema, as luzes já se * apagado.
c) Sempre * garotas lindas nas praias de Ipanema.
d) Como se * vocês nas provas que * ontem no colégio?
e) Se * mais manifestações populares, o presidente poderá decretar estado de emergência.
f) Se * muitas reclamações, o governador poderia atender a elas.

345

Luiz Antonio Sacconi

g) Quando * outros concursos, avise-me!
h) No ano passado * muitos assaltos na cidade.
i) As pessoas * preenchido o formulário errado.
j) Os juízes * entregado um manifesto ao governo.

14. Substitua o asterisco por **há** ou por **a**, conforme convier:
a) Daqui * pouco sairei, mas daqui * duas horas voltarei.
b) Isso aconteceu * muitos anos, mas * poucos anos do segundo milênio.
c) Daí * dias ele voltou a ficar * um passo de mim, na fila.
d) Não vejo Luísa * muito tempo. Aliás, * pouco falamos dela.
e) Campinas fica * uma hora daqui; minha casa, * cem metros.
f) * tempos não vejo esse rapaz, que trabalhou para mim * dez anos.
g) Campos do Jordão fica * duas horas de São Paulo, e não * dez.
h) Estive * pouco * um passo de perder a paciência; só suportei, porque estamos * duas horas do ano-novo.
i) A duplicata foi descontada * trinta dias, e não * noventa.
j) A duplicata será descontada * dois dias do seu vencimento, e não * três.

Dos concursos e vestibulares

15. (IBGE) **Ainda que ... eleições, não ... que se ... os resultados.**
a) hajam – convém – antecipem   b) haja – convém – antecipe
c) haja – convém – antecipem   d) haja – convém – antecipem
e) hajam – convém – antecipe

16. (FUVEST-SP) **Eu não sou o homem que tu procuras, mas desejava ver-te, ou, quando menos, possuir o teu retrato.** Se no lugar de **tu** estivesse **Vossa Excelência**, teríamos:
a) procurais – ver-vos – vosso   b) procura – vê-la – seu
c) procura – vê-lo – vosso   d) procurais – vê-la – vosso
e) procurais – ver-vos – seu

17. (ITA) Assinale a frase em que a concordância verbal não é aceita pelos padrões da norma culta da língua:
a) Minha família e eu gostaríamos de que as lojas acabassem com as incertezas da economia.
b) Faltava apenas dois veículos para que se aquecesse o mercado de vendas de carros modernos.
c) Um mês, um ano, uma década, não é suficiente para estabilizar os problemas do país.
d) Ocuparam-se, para surpresa das Forças Armadas, todas as instalações militares da capital.
e) Poderão existir combinações afinadíssimas entre imagens e sons nos arranjos desse compositor.

18. (Fiscal-MT) A concordância verbal não está correta em:
a) Isso são verdadeiros absurdos.   b) Os Andes ficam na América.
c) Entre nós não haviam segredos.   d) Isso não passa de absurdos comentários.
e) Menos de dois candidatos disputam a vaga.

19. (FGV-SP) Aponte a frase gramaticalmente correta:
a) Existem uma série de problemas insolúveis.
b) Haviam uma série de problemas insolúveis.
c) Haviam séries e séries de problemas insolúveis.

Nossa gramática simplificada

d) Deviam haver uma série de problemas insolúveis.
e) Não havia nenhuns problemas insolúveis.

20. (ESEAer) **A essa altura, não ... mais ingressos, pois já ... dias que a casa tem estado com a lotação esgotada.**
a) deve haver – faz
b) devem haver – fazem
c) deve haverem – faz
d) devem haver – faz
e) devem haver – faz

21. (CEF) **A apuração dos dois crimes ... até que se ... provas decisivas.**
a) vai continuar – encontrem
b) vão continuar – encontre
c) vão continuar – encontrem
d) vai continuarem – encontrem
e) vão continuarem – encontrem

22. (MACK-SP) **... existir discos voadores, mas muitos testemunhos já ... que ... considerar-se absurdos.**
a) Podem – houve – podem
b) Pode – houve – podem
c) Podem – houveram – pode
d) Pode – houve – pode
e) Pode – houveram – pode

23. (TJ-DF) Assinale a alternativa correta:
a) Mais de um avião caíram no mar.
b) É proibida entrada de estranhos.
c) Não tem diminuído os índices de acidentes.
d) Fazem três anos que me preparo para o concurso.
e) A geada foi uma das coisas que danificaram o campo.

24. (MACK-SP) **Já ... alguns anos que se alteraram algumas regras de acentuação, mas muitas pessoas ... que ainda ..., ao grafarem certas palavras.**
a) deve fazer – há – hesitam
b) devem fazer – tem – exitam
c) deve fazerem – há – hesita
d) deve fazer- tem – hesitam
e) fazem – há – exitam

25. (MACK-SP) Identifique a frase em que a concordância se estabelece com o sentido, e não com a forma gramatical, ocorrendo silepse de número:
a) O orador valeu-se do conhecimento das literaturas portuguesa e americana para realizar a palestra.
b) A marca singular daquela personalidade residia em suas sobrancelhas e em seus olhos escuros.
c) O campeão de tênis era dotado de musculatura e agilidade extraordinária.
d) A criançada descontraía o ambiente e arremessavam pedras em todos os espaços da casa.
e) Poucos de nós cremos nas últimas pesquisas realizadas pelo arqueólogo.

26. (ESAer) Aponte a concordância menos aceitável:
a) Isto são sintomas menos sérios.
b) Aquilo são lembranças do passado.
c) Paula foi os sonhos de toda a família.
d) O problema daquela praia eram os borrachudos.
e) Pedrinho eram as preocupações da família.

27. (CESPE) Em todas as opções, o verbo pode ir para o plural ou para o singular, exceto em:
a) Um grande número de fugitivos **sair** pelas montanhas.
b) A maioria das pessoas não **pensar** nisso.

347

Luiz Antonio Sacconi

c) Mais de um ciclista **cair** durante a corrida.
d) Pequena parte dos visitantes **estar** em silêncio.
e) **Estar** em casa apenas a empregada e eu.

28. (UnB-DF) Identifique a frase correta:
a) Já vai fazer cinco anos que me radiquei em Brasília.
b) Falta apenas dois meses para o término do semestre letivo.
c) Se lhe interessar pormenores, dar-lhe-ei os respectivos nomes.
d) Não faltou repórteres abelhudos que procuravam entrevistar os recém-casados.
e) Não podiam mais haver contemporizações.

29. (FEC-TRT-BA) Assinale a frase correta:
a) Fazem dois meses que não chove no sertão.
b) Vão fazer dez dias que não saio de casa.
c) Não podem haver rasuras neste documento.
d) Da minha casa até a de Abel é cinco quadras.
e) Cem quilômetros é muito para uma caminhada.

30. (FUVEST-SP) Indique a alternativa correta:
a) Filmes, piadas, risos, nada o tiravam da apatia.
b) A pátria não é ninguém, são todos.
c) Se não vier as chuvas, como faremos?
d) Vossa Senhoria vos preocupais demais com a vossa aparência.
e) É precaríssima as condições do prédio.

31. (AFA) Em uma das alternativas abaixo não se observou a concordância prescrita pela norma culta. Indique-a:
a) O mundo atual encontra-se fortemente tensionado: hajam vista os recentes conflitos armados.
b) O poder da propaganda é discutível, haja vista a acentuada queda de consumo nos últimos dias.
c) As ciências têm conseguido franco desenvolvimento, haja vista as pesquisas dos últimos anos.
d) Os resultados das provas parecia dependerem do acaso.
e) Os resultados das provas pareciam depender do acaso.

32. (CESGRANRIO-RJ) Tendo em vista as regras de concordância, assinale a opção em que a forma verbal está errada:
a) Existem na atualidade diferentes tipos de inseticidas prejudiciais à saúde do homem.
b) Podem provocar sérias lesões hepáticas, os defensivos agrícolas à base de DDT.
c) Faltam aos países subdesenvolvidos uma legislação mais rigorosa sobre os agrotóxicos.
d) Persistem por muito tempo no meio ambiente os efeitos nocivos dos inseticidas clorados.
e) Possuem elevado grau de toxidade os defensivos do tipo fosforado.

33. (UB-MG) **Nas duas margens, ... relva abundante; contudo, lá onde ... ervas perigosas, no matagal, é que ... os bois e os cavalos.**
a) crescem – existem – pastavam   b) cresce – existem – pastavam
c) cresce – existe – pastava   d) cresce – existe – pastavam
e) crescem – existe – pastava

34. (FCC) Assinale a alternativa em que a concordância verbal está correta:
a) Haviam cooperativas de catadores na cidade de São Paulo.

348

Nossa gramática simplificada

b) O lixo de casas e condomínios vão para aterros.
c) O tratamento e a destinação corretos do lixo evitaria que 35% deles fosse despejado em aterros.
d) Fazem dois anos que a prefeitura adia a questão do lixo.
e) Somos nós quem paga a conta pelo descaso com a coleta de lixo.

35. (FCC) Assinale a alternativa que preenche corretamente as lacunas do texto.
A Polícia Civil apreendeu 415,4 quilos de crack ... em uma casa na Avenida Salim Farah Maluf. No local, também ... dois quilos de maconha. Um homem de 28 anos e um adolescente de 17 ... .
a) escondidos - havia - foram detidos
b) escondido - havia - foram detido
c) escondidos - haviam - foi detido
d) escondido - haviam - foram detidos
e) escondidos - havia - foram detido

36. (DETRAN-RN) Na construção de uma das opções abaixo foi empregada uma forma verbal que segue o mesmo tipo de uso do verbo "haver" em "Há dessas reminiscências que não descansam..." Assinale-a:
a) Todos eles hão de sentir o mesmo gosto pela política.
b) Naquela época choveram cartas de apoio à sua candidatura.
c) Faz muitos anos que tudo isso aconteceu.
d) Todos os alunos haviam estudado muito para aquela prova.
e) Os homens fizeram um abaixo-assinado para resolver o problema.

37. (VUNESP) Leia as frases:
I. Não devem haver excessos no uso de agrotóxicos.
II. Consomem-se muitos alimentos com agrotóxicos.
III. A Anvisa está meia preocupada com o uso de agrotóxicos.
Está(ao) correta(s), quanto à concordância verbal e nominal, apenas a(s) frase(s)
a) I   b) II   c) III   d) I   e II   e) II e III

38. (TRT) As normas de concordância verbal estão plenamente respeitadas na construção da seguinte frase:
a) Diferentemente do que ocorre com livros muito antigos, que se vêm revelando muito resistentes, os de hoje ressentem-se do uso constante.
b) Caso deixassem de haver as grandes bibliotecas de hoje, é possível que os homens do futuro não pudessem interpretar plenamente a nossa cultura.
c) Confia-se a um suporte eletrônico incontáveis informações, mas não se podem avaliar com segurança quanto tempo permanecerão disponíveis.
d) Ainda que só venha a restar da nossa época algumas boas bibliotecas, elas serão suficientes para dar notícia do que pensamos e criamos.
e) Atribuem-se a picos de tensão ou raios ocasionais a causa de muita perda de informações, que se julgavam preservadas numa memória eletrônica.

39. (MP/RS) As concordâncias verbal e nominal estão inteiramente corretas em:
a) A redução da emissão de partículas poluentes pelo escapamento dos carros é uma das metas que devem ser atingidas pelos órgãos responsáveis pela organização do trânsito nas grandes cidades.
b) Em cidades maiores, inúmeros moradores, para fugir da violência e do estresse urbano, se mudou para condomínios fechados próximos e passou a depender de carro para seus deslocamentos.
c) O planejamento urbano das grandes e médias cidades nem sempre acompanharam os deslocamentos de grandes contingentes da população, que depende de transporte coletivo para ir e vir do trabalho diariamente.

349

Luiz Antonio Sacconi

d) O número de automóveis nos países desenvolvidos costumam ser mais elevados, mas nessas cidades existe bons sistemas de transporte coletivo e as pessoas usam seus carros apenas para viagens e passeios de fins de semana.
e) No caso das regiões metropolitanas brasileiras, há que se fazer os investimentos na expansão de sistemas integrados de transporte coletivo, para desestimular o uso de veículos particulares no dia a dia das cidades.

40. (IBGE) Indique a opção correta, no que se refere à concordância verbal, de acordo com a norma culta:
a) Haviam muitos candidatos esperando a hora da prova.
b) Choveu pedaços de granizo na serra gaúcha.
c) Faz muitos anos que a equipe do IBGE não vem aqui.
d) Bateu três horas quando o entrevistador chegou.
e) Fui eu que abriu a porta para o agente do censo.

41. (IBGE) Assinale a opção em que há concordância inadequada:
a) A maioria dos estudiosos acha difícil uma solução para o problema.
b) A maioria dos conflitos foram resolvidos.
c) Deve haver bons motivos para a sua recusa.
d) De casa à escola é três quilômetros.
e) Nem uma nem outra questão é difícil.

42. (BB) O verbo deve ir para o plural em:
a) Organizou-se em grupos de quatro.
b) Atendeu-se a todos os clientes.
c) Faltava um banco e uma cadeira.
d) Pintou-se as paredes de verde.
e) Já faz mais de dez anos que o vi.

43. (OAB-DF) Estão plenamente respeitadas as normas de concordância verbal na frase:
a) É muito difícil que se cumpra os propósitos que, invariavelmente, se formula a cada início de ano.
b) Enredam-se nas tramas das próprias memórias todo aquele que não busca abrir, para si mesmo, novos tempos e novas experiências.
c) A cada vez que dá impulso a uma nova cadeia de acontecimentos, os homens se tornam autores de seu próprio destino.
d) Não deveriam caber às pessoas tomar suas próprias iniciativas, em vez de se submeterem à força do acaso?
e) Aos que não submete a força imperiosa das experiências passadas estende-se a possibilidade de abrir novos tempos.

44. (TRE-SP) As normas de concordância verbal estão plenamente respeitadas em:
a) Costumam haver nas pessoas extrovertidas traços marcantes de timidez.
b) Não se devem imputar aos muito tímidos a culpa por sua notoriedade.
c) Não deixam de ocorrer a um tímido as vantagens de sua timidez.
d) Interessam a certos extrovertidos encobrir aspectos de sua timidez.
e) O fato de serem tímidas não impossibilitam as pessoas de serem notadas.

45. (TCE-SE) As normas de concordância verbal estão inteiramente observadas na frase:
a) Aos nossos corações não parecem de todo aceitável que se elejam apenas os critérios racionais para se determinarem o que é central nas coisas.
b) Seja um berço, uma fonte de água pura, uma paixão, instituem tudo isso centros dinâmicos dos nossos interesses e das nossas necessidades.

350

c) Não houvessem duas formas de determinar o centro das coisas, não haveria como opor as razões de um astrônomo às razões de um poeta.

d) Não nos espantam que as razões do filósofo para negar a existência de Deus estejam na base de sua atração pelos dons da natureza, que o sensibilizam.

e) Para muitos físicos modernos, não deixa de fazer sentido os diferentes critérios que se leva em conta para se definir o que seja "o centro".

46. (TCU) A concordância verbal está plenamente respeitada na frase:

a) O enfoque nas soluções únicas dos problemas que enfrentamos empobrecem, quase sempre, a qualidade mesma do raciocínio.

b) São as possibilidades de enfoques alternativos o que importam nas operações que levam a soluções múltiplas.

c) Tanto na leitura como na escrita, levem-se em conta as variáveis de interpretação, que aprofundam o sentido do texto.

d) Construir prédios escolares não implicam mais do que acréscimos de espaço material para as atividades de ensino.

e) Admitir as imprecisões e as ambiguidades de forma alguma constituem, para o autor, qualquer entrave para os caminhos de raciocínio.

47. (TCE/RN) A concordância verbal estabelece-se plena e adequadamente em:

a) Para que o cumprimento de todos os princípios fundamentais seja garantido, devem especificar-se as sanções.

b) No caso de que se infrinja as normas e os princípios, hão de se lançar mão das sanções correspondentes.

c) Constituem um dos exemplos de delitos vantajosos o caso em que o detentor de um poder abuse de sua autoridade.

d) Não houvesse sido criadas quaisquer regras de convívio, estaríamos todos vivendo sob o comando de nossos instintos mais primitivos.

e) O que nos mandamentos de Moisés se impõem como um dos princípios fundamentais é a necessidade de reconhecimento dos nossos limites.

48. (UFRJ) Assinale a opção em que a norma culta da língua admite só uma concordância verbal:

a) A maioria das pessoas, aqui, não sabe do que está falando.

b) Um e outro protestaram contra a derrubada de eucaliptos.

c) Defendiam o meio ambiente a comunidade e o vigário.

d) Não faz falta nenhuma o eucalipto e os cupins.

e) Iam dar seis horas no relógio da praça.

49. (PUC) Levando-se em conta a NORMA CULTA da língua, assinale a opção na qual uma das frases apresenta concordância verbal INACEITÁVEL:

a) Já é uma hora da tarde. - Já são duas horas da tarde.

b) Deve existir alguma solução para esse caso. - Deve haver várias soluções para esse caso.

c) Falta um dia para o início das aulas. - Faltam dez dias para o início das aulas.

d) A maioria dos alunos não reclamou do calor. - A maioria dos alunos não reclamaram do calor.

e) Um milhão desses casos foi registrado. - Um milhão desses casos foram registrados.

50. (UFMA) Indique a alternativa que preenche adequadamente as lacunas da frase:

... anos que o homem se pergunta: se não ... medos, como ... esperanças?

a) Faz – houvesse – existiriam b) Fazem – houvesse – existiriam c) Faz – houvesse – existiria d) Fazem – houvessem – existiriam e) Faz – houvessem – existiria

Luiz Antonio Sacconi

Soluções dos testes e exercícios

1. a) abundam b) acaba c) gosta d) pousa e) destrói f) entende g) são h) são i) ocupam j) ficam k) são l) comemoram m) Reformam n) Veem o) Devem p) Dão q) precisa r) crê s) ouvem t) punem u) Estão; trata v) cuida w) Tem x) aplaude y) gostam z) protege **2.** todas são corretas, exceto j) l) m) n) o) p) t) v) y) **3.** todas são corretas, exceto a) c) d) n) q) r) s) t) w) x) y) **4.** a) gosta b) preocupou c) fez d) fizemos e) sobressairão f) aceitam g) protestaram h) pensam i) trabalham j) queixam **5.** a) ides b) Estiveram (ou Esteve) c) adianta (**castigo** e **suspensão** = sinônimos) d) choraram e) Está f) aconteceu g) vive f) Passou g) faz h) rimos i) são j) viu (ou viram) **6.** todas são corretas, exceto a) b) d) f) h) l) q) r) s) t) u) v) w) x) y) **7.** a) fugiu b) fugiram c) Faltaram d) ameaçou e) pousou f) bastaram g) pagou; comeram h) mantiveram i) deram j) soaram **8.** todas são corretas, exceto b) c) f) l) m) v) w) x) y) **9.** todas são corretas, exceto q) **10.** a) é; é b) são c) são; são d) são e) são f) é g) é h) é i) sou j) é **11.** a) parecem b) parece c) parecem; parece d) parece e) parece f) parece g) parece h) parece i) parecem j) parecem **12.** todas são corretas, exceto a) b) **13.** a) havia b) haviam c) havia d) houveram; houve e) houver f) houvesse g) houver h) houve i) haviam j) haviam **14.** a) a; a b) há; a c) a; a d) há; há e) a; a f) Há; há g) a; a h) há; a; a i) há; há j) a; a **15.** d) **16.** b) **17.** b) **18.** c) **19.** e) **20.** a) **21.** a) **22.** a) **23.** e) **24.** a) **25.** d) **26.** e) **27.** c) **28.** a) **29.** e) **30.** b) **31.** a) **32.** c) **33.** b) **34.** e) **35.** a) **36.** c) **37.** b) **38.** a) **39.** a) **40.** c) **41.** d) **42.** d) **43.** e) **44.** c) **45.** b) **46.** c) **47.** a) **48.** e) **49.** e) **50.** a)

Lição 29
SINTAXE DE REGÊNCIA

1. O que é regência. Princípios gerais. A sintaxe de regência é a que trata da relação de dependência dos termos da oração. *Regência* é, pois, o mesmo que *dependência, subordinação.* Por exemplo, na oração:

> - Gosto de doce,

a palavra *doce* é regida pelo verbo *gostar*, pois completa o seu sentido. Outros exemplos:

> - Escrevi um livro.
> *Livro* é palavra regida; *escrevi,* palavra regente.
> - Mônica cortou o dedinho.
> *Mônica* é palavra regente em relação ao verbo *cortou; cortou* é palavra regente em relação ao objeto *dedinho.*

Os termos regidos dependem dos regentes, porque são estes que os exigem.

Os verbos transitivos diretos exigem como complemento pronominal *o* (ou variações), enquanto a maioria dos transitivos indiretos exigem *lhe* (ou *lhes*):

> - Eu *o* aconselho a não viajar com esse temporal.
> - Eu *lhe* disse isso ontem.

Os verbos *acreditar, crer* e *gostar* são alguns dos verbos transitivos indiretos que não aceitam *lhe* ou *lhes.*

2. Regência verbal. Regência dos verbos mais importantes. *Regência verbal* é a maneira de o verbo relacionar-se com seus complementos. Trata-se de um assunto dos mais importantes em gramática. Não conhece português quem desconhece este assunto. Portanto, toda atenção é pouca. Vejamos a regência dos verbos mais importantes:

1) ACEDER e **ANUIR.** São transitivos indiretos sempre e regem a preposição **a**:

> - Ela *acedeu* (ou *anuiu*) ao convite do rapaz, depois de muita insistência deste.
> - Os avós sempre *acedem* (ou *anuem*) à vontade dos netos.

2) ACONSELHAR. É transitivo direto e indireto (rege **a**), com objeto direto de pessoa e indireto de coisa ou vice-versa:

- Eu *o aconselhei a* fazer dieta. (Ou: Eu *lhe aconselhei* fazer dieta.)
- Nós *as aconselhamos a* rezar. (Ou: Nós *lhes aconselhamos* rezar.)

3) AGRADAR. No sentido de *causar satisfação* ou *prazer, satisfazer,* é verbo transitivo indireto com a preposição **a**, quando o sujeito é ser inanimado:

- O discurso do ministro *agradou a*o presidente.

Quando o sujeito é ser animado, pode ser usado como transitivo direto ou como transitivo indireto, indiferentemente:

- O ministro *agradou* o (ou *a*o) presidente, ao tomar essa providência.

O antônimo, *desagradar,* usa-se apenas como transitivo indireto:

- O discurso do ministro *desagradou a*o presidente.
- O ministro *desagradou a*o presidente.

No sentido de *contentar, mimar, fazer carinhos em, acarinhar,* é apenas transitivo direto:

- A mãe sempre *agrada* o filho com balas.
- A menina *agradava* o gatinho, coçando-lhe a cabeça.

4) AGRADECER. É verbo transitivo direto e indireto (rege **a**), com objeto direto de coisa e indireto de pessoa:

- O comerciante *agradece a*os fregueses a preferência. = O comerciante *agradece-lhes* a preferência.
- Ela *agradeceu* a graça recebida *a*o santo. = Ela *agradeceu-lhe* a graça recebida.

Não é bom português o emprego do verbo *agradecer* com a preposição *por*:

- O comerciante *agradece* os fregueses "pela" preferência.
- Ela *agradeceu* o santo "pela" graça recebida.

Tal construção (*agradecer alguém* POR *alguma coisa*) é própria da língua italiana. Portanto, no primeiro exemplo dado, se omitido o objeto indireto, fica: *O comerciante agradece a preferência* (e não: O comerciante agradece "pela" preferência).

5) AJUDAR. É transitivo direto ou indireto (rege **a**), indiferentemente:

- *Ajudei* este (ou *a* este) homem nos seus estudos.
- *Ajudá-lo-ei* (ou *Ajudar-lhe-ei*) nesse trabalho.

Seguido de infinitivo, aparece como transitivo direto e indireto:

- *Ajudei* este homem *a* estudar.
- *Ajudarei* você *a* trabalhar.
- *Ajudamos* o velhinho *a* atravessar a rua.
- *Ajude* o prefeito *a* manter a cidade limpa!

6) ANTIPATIZAR e SIMPATIZAR. Não são verbos pronominais:

- *Antipatizei* com ela de cara. (E não: "Antipatizei-me" com ela de cara.)
- *Simpatizei* com você à primeira vista. (E não: "Simpatizei-me" com você à primeira vista.

7) ASPIRAR. É transitivo direto no sentido de *cheirar, absorver* (em aparelho apropriado) ou no de *atrair aos pulmões, inspirar:*

- A menina *aspirou* o perfume dos cabelos.
- A empregada já *aspirou* todo o pó do tapete.
- Em São Paulo ninguém *aspira* ar puro.

É transitivo indireto (rege **a**) no sentido de *desejar ardentemente, ansiar, ambicionar:*

- Hersílio *aspira ao* cargo de diretor.
- Não *aspiro ao* comando da empresa.
- Todos *aspiramos à* felicidade.

Neste caso, não admite os pronomes "lhe" ou "lhes" como complemento, que devem ser substituídos por *a ele, a ela, a eles, a elas:*

- O cargo de diretor? Fernando *aspira a ele.*
- A vitória, só a alcança quem *aspira a ela.*

Seguido de infinitivo, pode omitir-se a preposição, embora não seja aconselhável:

- Ele *aspira chegar* ao poder pela força.

Convém, todavia, usar sempre assim:
- Ele *aspira a* chegar ao poder pela força.
O verbo **ansiar**, sinônimo, rege *por*:

- Todos *ansiamos por* dias melhores.
- Hersílio *anseia pelo* cargo de diretor.

8) ASSENTIR. É transitivo indireto e rege a preposição **a** quando o complemento é nome, mas **em**, quando o complemento é oração:

O diretor *assentiu ao* pedido da professora.
O diretor *assentiu em* dispensar a professora, por razões de saúde.

A exemplo de *aspirar*, não admite os pronomes *lhe* e *lhes* como complemento, que devem ser substituídos por *a ele, a ela, a eles, a elas:*

A professora fez o pedido de dispensa ao diretor, que *assentiu a ele.*

9) ASSISTIR. É transitivo indireto (rege **a**) no sentido de *ver, presenciar:*

- *Assistimos a* um bom jogo de futebol hoje.
- Você já *assistiu a* esse espetáculo?
- Não *assisti à* cena de amor.

Luiz Antonio Sacconi

Apesar de transitivo indireto, aceita-se seu emprego na voz passiva:

- O filme *foi assistido* por milhões de pessoas.

A exemplo de *aspirar,* não admite os pronomes *lhe* e *lhes* como complemento, mas apenas *a ele, a ela, a eles, a elas*:

- Este filme deve ser bom, pois muita gente já *assistiu a ele.*
- Os espetáculos deste circo são excepcionais; por isso todos querem *assistir a eles.*

É, ainda, transitivo indireto no sentido de *caber:*

- Este é um direito que *assiste ao* diretor.
- Essa é uma providência que *assiste ao* ministro tomar.

Neste caso, admite as formas *lhe* e *lhes*:

- Este é um direito que *lhe assiste.*
- Este não é direito que *lhe assiste.*

É transitivo direto no sentido de *prestar assistência a, ajudar:*

- Dois médicos *assistem* o doente.
- O governo *assiste* os pobres com o Bolsa Família.

Na acepção de *residir, morar,* rege **em**, mas caiu em desuso:

- Ele *assiste em* Salvador.

10) ATENDER. É transitivo indireto no sentido de *escutar* ou *dar ouvidos* e, também, no de *dar atenção* ou no de *levar em consideração:*

- A mãe não *atendia a*os apelos do filho.
- Isso não *atende a*os interesses da nossa empresa.

No sentido de *dar audiência* é transitivo direto ou transitivo indireto, indiferentemente:

- O ministro não *atendeu* o (ou *a*o) secretário.
- O diretor não *atenderá* mães (ou **a** mães) de aluno hoje.

Se, porém, o complemento tiver de ser representado por pronome oblíquo, só se usarão corretamente as formas *o, a, os, as:*

- O ministro não *o* atendeu.
- O diretor não *as* atenderá.

São desaconselhadas, pois, estas construções:

- O ministro não "lhe" atendeu.
- O diretor não "lhes" *atenderá.*

Em suma: o verbo *atender* é transitivo indireto quando o complemento é coisa; é transitivo direto ou transitivo indireto quando o complemento é pessoa.

11) ATINGIR. É transitivo direto, sempre:

- Ele *atingiu* o auge da fama.
- Não *atingi* o animal.
- As despesas que fizemos *atingem* vultosa quantia.

12) AVISAR. É transitivo direto e indireto, com objeto direto de pessoa e indireto de coisa:

- *Avisei* meus amigos *do* perigo que corriam.
- *Avisei-os do* perigo que corriam.
- *Avisaram-me da* decisão.
- *Avise* Fernando *de* que chegamos.
- *Avise-o de* que chegamos.

Pode ser usado com objeto direto de coisa e indireto de pessoa, quando aquele é oracional:

- *Avisei a* meus amigos que eles corriam perigo.
- *Avisei-lhes* que eles corriam perigo.

A primeira regência, no entanto, é a mais aconselhável.

13) CERTIFICAR e **CIENTIFICAR.** São transitivos diretos e indiretos, com objeto direto de pessoa e indireto de coisa:

- *Certifiquei* os professores *de* que eu não poderia fazer as provas.
- *Certifiquei-os de* que eu não poderia fazer as provas.
- *Certifico* Vossa Excelência *de* que estou às ordens.
- *Certifico-o de* que estou às ordens.
- *Cientificarei* os senhores *da* minha decisão.
- *Cientificá-los-ei da* minha decisão.

A construção destes verbos com objeto direto de coisa e indireto de pessoa não é aconselhável. Assim, por exemplo:

- *Certifiquei aos* professores que eu não poderia fazer as provas.
- *Cientifiquei-lhes* que não poderia fazer as provas.

14) CHAMAR. É transitivo indireto (rege **a**) no sentido de *apelidar, dar nome de:*

- *Chamei-lhe* covarde.
- *Chamamos a* Cristina rainha.

Neste caso, pode ocorrer a preposição *de:*

- *Chamei*-lhe *de* covarde.
- *Chamamos* a Cristina *de* rainha.

Não obstante, a construção com objeto direto não é incorreta:

- *Chamei-o* covarde (ou de covarde).
- *Chamamos Cristina* rainha (ou de rainha).

É transitivo direto e indireto (rege **a**), ainda, na acepção de *repreender*:

- *Chamei*-o *à* atenção.
- Os pais *chamaram*-no *à* atenção, e ele não gostou.

b) É transitivo direto no sentido de *fazer vir, mandar vir:*

- *Chame* o elevador, Mônica!
- *Chamei* o pessoal para tomar café.
- A mãe *chamou* o filho para jantar.

É rigorosamente pronominal na acepção de *ter por nome*:

- Como você **se** *chama*?
- Eu **me** *chamo* Ivã.

Na língua cotidiana costuma aparecer sem o pronome oblíquo, uso inadmissível na língua padrão.

15) CHEGAR, IR, REGRESSAR, RETORNAR, SAIR (no sentido de *aparecer, mostrar-se*), **SUBIR, TREPAR, VIR, VOLTAR.** Todos os verbos de movimento se usam na língua padrão com a preposição **a**. Ex.:

- *Cheguei a* casa de madrugada.
- *Fui a*o estádio com os amigos.
- *Regressei a* casa apenas ontem de viagem.
- *Retornamos a*o lugar de onde saímos.
- Quando *saí à* janela, vi o acidente.
- As crianças *subiram à* árvore para ver o jogo.
- As crianças *treparam a*o muro para assistir ao jogo.
- Elas *vieram a* casa logo depois da aula.
- *Voltei à* farmácia.

16) COMPARECER. Geralmente pede adjunto adverbial, que deve, de preferência, vir antecedido de **a**, se o nome for abstrato e de **em**, se for concreto:

- O presidente *compareceu a*o evento.
- O presidente *compareceu n*o museu.

17) COMPARTILHAR. É transitivo direto ou indireto (rege **de**), indiferentemente, na acepção de *tomar parte*:

- *Compartilhamos* a (ou *da*) alegria dela.
- Ninguém quis *compartilhar* a (ou *da*) minha dor.

Na acepção de *usar conjuntamente* ou na de *repartir*, é transitivo direto e indireto (rege **com**):

- Ela *compartilha* seu apartamento *com* uma amiga.
- Ela *compartilha com* o namorado todas as despesas que fazem na noite.

18) COMUNICAR. É transitivo direto e indireto (rege **a**), com objeto direto de coisa e indireto de pessoa (quem comunica, comunica alguma coisa a alguém):

> - *Comuniquei* o roubo *à* polícia.
> - *Comuniquei* o acidente *à* polícia rodoviária.

A norma-padrão, portanto, não aceita *Comuniquei "a polícia sobre"* o *roubo*, porque não se comunica alguém "sobre" alguma coisa.

19) CUSTAR. É transitivo indireto (rege **a**) no sentido de *ser difícil* ou *penoso* e, a rigor, exige sempre sujeito oracional, o que implica dizer que só se usa na terceira pessoa do singular:

> - *Custa*-me entender isso. (Em vez de: "Custei a" entender isso, uso reprovado pela norma-padrão.)
> - *Custava* ao rapaz ter dito obrigado? (Em vez de: "O rapaz custava" ter dito obrigado?
> - *Custou*-lhe entender o assunto. (Em vez de: "Ele custou a" entender o assunto.)
> - *Custou*-nos aceitar esse novo estado de coisas. (Em vez de: "Nós custamos a" aceitar...)

Na língua popular, no entanto, só se vê este verbo sendo usado da forma reprovada pela norma-padrão.

20) ESCAPAR. É transitivo indireto (rege **a**) tanto no sentido de *passar despercebido* quanto no de *não estar ao alcance de*:

> - Nada *escapa a* essa criançada de hoje.
> - Essa teoria física escapa à compreensão de muita gente.

21) ESQUECER e **LEMBRAR.** São verbos transitivos diretos quando não usados como pronominal:

> - *Esqueci* o documento em casa.
> - De tão nervoso, na hora da prova, *esqueci* tudo.
> - *Lembrei* o número do telefone dela.
> - Desculpe, mas não *lembro* o seu nome.

São verbos transitivos indiretos quando usados como pronominal:

> - Eu *me esqueci d*o documento em casa.
> - De tão nervoso, na hora da prova, *esqueci-me de* tudo.
> - *Lembrei-me d*o número do telefone dela.
> - Desculpe, mas não *me lembro d*o seu nome.

Antes de infinitivo, porém, pode-se omitir o pronome oblíquo:

> - Eu *esqueci* de trazer o documento.
> - Desculpe, mas não *lembro* de ter anotado o seu nome.

Existe, ainda, com estes verbos a construção clássica, em que a coisa lembrada exerce a função de sujeito:

- *Esqueceu*-me o documento em casa.
- De tão nervoso, na hora da prova, *esqueceu*-me tudo.
- *Lembrou*-me o número do telefone dela.
- Desculpe, mas não me *lembra* o seu nome.

22) FUGIR. É transitivo direto ou indireto (rege **a**) no sentido de *evitar* (coisas desagradáveis ou perigosas):

- O diabo *foge* a (ou *à*) cruz.
- Os avaros *fogem* os (ou *a*os) gastos.

É apenas transitivo indireto (rege de) no sentido de *afastar-se para o mais longe possível e, geralmente, o mais depressa que puder, por efeito de perigo, incômodo, dificuldade ou perseguição*:

- Os presos *fugiram* da cadeia.
- A presa conseguiu *fugir* do predador, depois de já a ter agarrado.

23) IMPLICAR. É transitivo direto no sentido de *pressupor*, no de *acarretar* e no de *exigir, requerer*:

- Aquele sorriso dela *implica* certa cumplicidade.
- A revolução *implicou* profundas reformas sociais.
- Democracia *implica* responsabilidade e sobretudo disciplina.

Portanto, em tais acepções, não se usa a preposição "em", que faria do verbo transitivo direto um transitivo indireto:

- Aquele sorriso dela implica "em" certa cumplicidade.
- A revolução implicou "em" profundas reformas sociais.

É transitivo direto e indireto (rege **em**) no sentido de *envolver (em situação ilegal ou embaraçosa)*:

- Colegas dele queriam *implicá*-lo *no* crime.

É transitivo indireto (rege **em**) no sentido de *ter implicância ou birra*:

- O velhinho vive *implicando com* as crianças.

É verbo pronominal (rege **em**) no sentido de *envolver-se, comprometer-se*:

- Ele *se implicou em* contrabando e se deu mal.

24) INFORMAR. É verbo transitivo direto e indireto no sentido de *comunicar, certificar, cientificar*, com objeto direto de pessoa e indireto de coisa (rege **de**) ou com objeto direto de coisa e indireto de pessoa (rege **a**):

- O diretor *informou* os professores *da* reunião de amanhã.
- O diretor *informou a*os professores a reunião de amanhã.

Como verbo pronominal significa *inteirar-se, certificar-se* e rege a preposição **de**:

Nossa gramática simplificada

- *Informei-me de* tudo antes de viajar.
- *Informe-se do* preço das passagens!

Como se vê, em nenhum caso se usa a preposição "sobre".

25) MORAR e **RESIDIR.** Usam-se com a preposição *em*. Ex.:

- *Moro em* São Paulo, exatamente *na* Mooca.
- Ela *reside na* Rua Dias Ferreira, e não *na* Avenida Copacabana.

26) NAMORAR. É transitivo direto:

Ela *namora* um americano.
Nunca *namorei* loiras.

No português do Brasil, bastante influenciado pela língua italiana, usa-se no cotidiano *namorar "com"*.

27) NECESSITAR. É transitivo direto ou transitivo indireto (rege **de**):

- Todos *necessitam* casa (ou *de* casa) para morar.
- O país *necessita* vultosos (ou *de*) vultosos investimentos.

O verbo transitivo indireto dispensa a preposição *de* quando o objeto é oracional:

- Todos *necessitam* ter uma casa para morar.
- O país *necessita* que invistam pesadamente.
- *Necessitamos* chegar antes do meio-dia.

28) OBEDECER e **DESOBEDECER.** São transitivos indiretos sempre (regem **a**):

- *Obedeça* sempre *a*os mais velhos!
- Nunca *desobedeça a*os sinais de trânsito!

Não admite o pronome *lhe* (ou *lhes*) como complemento, mas sim *a ele, a ela, a eles, a elas*:

- Meus pais? Sempre *obedeci a eles.*
- Os sinais de trânsito? Nunca *desobedeço a eles.*

A exemplo de *assistir* e *perdoar*, usam-se na voz passiva:

- O pai *foi obedecido* pelo filho.
- O professor *foi desobedecido* pelo aluno.

29) PAGAR e **PERDOAR.** Raciocine comigo: quem paga, paga alguma coisa a alguém; quem perdoa, perdoa alguma coisa a alguém. Não é assim? Se você disse SIM, fica fácil explicar. Veja estes exemplos:

- Ela *pagou* o salário *a*o empregado.
- Ela *perdoou* a ofensa *a*o namorado.

361

Se retirarmos os objetos diretos (o salário e a ofensa), teremos:

- Ela *pagou a*o empregado.
(E não: Ela pagou "o" empregado.)

- Ela *perdoou a*o namorado.
(E não: Ela perdoou "o" namorado.)

O verbo *perdoar*, apesar de transitivo indireto para pessoa, pode ser usado na voz passiva, a exemplo de *assistir*:

- O filho *foi perdoado* pelo pai.

30) PEDIR. É transitivo direto e indireto, com objeto direto de coisa (ou oracional) e indireto de pessoa, regendo **a**, e não "para"):

- *Pedimos* ajuda *a* um pedestre.
- O sertanejo *pede* chuva *a* São José.
- *Pedi à* dona da casa que me desse um copo de água.

A mídia costuma construir assim, erroneamente:

- Pedi à dona da casa "para" que me desse um copo de água.
- Pediram ao presidente "para" que vetasse itens desse projeto.

A preposição *para* só tem cabimento quando estiver subentendida a palavra *licença* ou *permissão*:

- A aluna *pediu para* sair da sala. (Isto é: pediu *licença* para sair)
- O rapaz *pediu para* dar um beijo na repórter. (Isto é: pediu *permissão* para dar)

31) PISAR. É transitivo direto ou indireto (rege **em**), indiferentemente, nas acepções de *pôr o(s) pé(s)* ou na de *passar ou andar por cima* (nesta se usa também com *sobre*):

- João Paulo II *pisou* solo (ou *em* solo) brasileiro três vezes.
- Não *pise* a (ou *na* ou *sobre* a) grama!

O verbo *pisar* tem muitas outras acepções. Consulte o **Grande Dicionário Sacconi!**

32) PRECISAR. É transitivo direto no sentido de *determinar ou indicar com precisão*:

- O governo *precisou* todas as datas comemorativas do nosso país.
- Ele *precisou* a distância entre a sua cidade e a mais próxima.

É transitivo direto ou indireto (rege **de**), indiferentemente, no sentido de *necessitar*:

- Todo o mundo, num momento da vida, *precisa* ajuda (ou *de* ajuda).

Quando o complemento é oracional, dispensa-se a preposição:

Nossa gramática simplificada

- *Preciso* que vocês me ajudem.
- *Precisamos* encontrar uma solução rapidamente para este caso.

33) PREFERIR. Usa-se com a preposição **a** (e não "do que") e sem modificadores, como *muito mais, mil vezes, antes, milhões de vezes*, etc. Ex.:

- *Prefiro* futebol *a* basquete.
- Ela *prefere* comer jiló *a* beber cachaça.

34) PROCEDER. É transitivo indireto (rege **a**) no sentido de *realizar, levar a efeito, efetuar, fazer*:

- Já *procederam ao* sorteio dos números da megassena?
- O professor já *procedeu à* correção das provas.

35) QUERER. É transitivo direto no sentido de *desejar*:

- O garotinho *queria* doce, mas não podia comer doce.
- Não o *quero* mais na minha empresa, rua!

É transitivo indireto (rege **a**) no sentido de *estimar*:

- Toda mãe *quer a* seus filhos.
- Beatriz, *quero-lhe* como *a* uma filha.

36) REFERIR. É transitivo direto e indireto (rege **a**) no sentido de *contar, narrar*:

- A testemunha *referiu* o fato *ao* juiz sem pestanejar.

Como pronominal, é transitivo indireto:

- Não *me refiro a* você, mas *a* ela.

Daí por que, quando aparece o pronome relativo *que* ou *cujo*, a preposição **a** é obrigatória:

- Não tenho ideia do assunto *a que* você se refere.
- Esse é o garotinho *a cujo* pai me refiro.

37) REPARAR. É transitivo direto no sentido de *consertar*:

- O mecânico *reparou* meu carro em minutos.
- Ele se especializou em *reparar* quadros de pintores famosos.

No sentido de *notar, observar*, é transitivo indireto (rege **em**):

- Você *reparou* n*os* lábios dela?
- *Repare no* corpo dessa mulher, meu Deus!

No sentido de *olhar*, é transitivo indireto ainda e rege **para**:

- *Repare para* aquela paisagem!

363

Luiz Antonio Sacconi

38) RESPONDER. É transitivo direto no sentido de *ser respondão* ou *mal-educado com*, mas transitivo indireto no sentido de *dar resposta* ou no de *defender-se em juízo em*. Ex.:

> - Ele *respondeu* o professor e foi punido.
> = foi respondão com
>
> - *Respondi a* todas as suas cartas.
> = Dei resposta
>
> - Ele, agora, vai *responder a* um processo.
> = defender-se em juízo em

A exemplo de *assistir, obedecer* e *perdoar*, usa-se na voz passiva:

> - O questionário *foi respondido* por todos os alunos.

39) SERVIR. É transitivo direto no sentido de *prestar serviço* ou no de *pôr sobre a mesa*:

> - Se vocês precisarem de mim, *servi-los-ei* com muito prazer.
> - Esse mordomo *serve* seu patrão há mais de trinta anos.
> - Esse mordomo o *serve* há mais de trinta anos.
> - *Serviram* o almoço muito tarde.
> - O hotel *serve* o café da manhã desde as 6h.

É transitivo indireto (rege **a**) na acepção de *ser útil, convir*:

> - Esse equipamento não *serve a* nosso tipo de trabalho.
> - Esse rapaz não *serve a* você, Teresa. Esqueça-o!
> - Esse rapaz não *lhe serve*, Teresa. Esqueça-o!

40) SOBRESSAIR. Não é nem nunca foi verbo pronominal, apesar de um famoso dicionário registrá-lo assim:

> - Qual foi o jogador que *sobressaiu* na partida?
> (E não: Qual foi o jogador que "se" sobressaiu na partida?)
>
> - Nunca *sobressaí* em Matemática.
> (E não: Nunca "me" sobressaí em Matemática.)

Como verbo transitivo indireto, rege **a** ou **entre**:

> - A Miss Santa Catarina *sobressaiu a* (ou *entre*) todas as candidatas.

Atenção – O dicionário Houaiss registra *sobressair* também como verbo pronominal, a nosso ver equivocadamente.

41) SOLICITAR. É transitivo direto e indireto, com objeto direto de coisa e indireto de pessoa, regendo **a** ou **de**:

> - *Solicitei* empréstimo *a* (ou *de*) um banco.
> - O professor *solicitou do* (ou *ao*) diretor licença de cinco dias.

Nossa gramática simplificada

42) SUCEDER. É transitivo indireto (rege **a**) no sentido de *acontecer, ocorrer* ou no de *substituir*:

- O que lhe *sucedeu* sucede *a* todos.
- O filho *sucedeu ao* pai na direção da empresa.

No sentido de *acontecer* pode aparecer com sujeito oracional:

- *Sucede* que você chegou atrasado, por isso merece reprimenda.
- *Sucedia* que a garota não queria mais ver a cara daquele seu ex-namorado.

É intransitivo ou pronominal, indiferentemente, nessa mesma acepção:

- *Sucediam* (ou *Sucediam-se*) as festas e orgias no império romano.
- *Sucederam* (ou *Sucederam-se*) anos e anos, mas ela acabou voltando.

43) TORCER. É transitivo indireto (rege **por**):

— Você *torce por* que time? (E não: Você torce "para" que time?)
— *Torço pelo* Flamengo. (E não: Torço "para" o Flamengo.)

- Os brasileiros já não *torcem* tanto *pela* seleção brasileira. (E não: Os brasileiros já não torcem tanto "para" a seleção brasileira.)

Importante
Quando se constrói *Eu torço **para** que o Corinthians perca*, usa-se o verbo *torcer* como intransitivo. O que existe aí não é a preposição *para* simplesmente, mas a locução conjuntiva *para que* (= a fim de que) a iniciar oração subordinada final.

44) VISAR. É transitivo direto no sentido de *carimbar*, ou no de *mirar*, mas transitivo indireto (rege **a**) no sentido de *desejar, querer*:

- Você *visou* o cheque?
- Você *visou* o alvo?
- Você *visa a* um diploma?

Não aceita "lhe" ou "lhes", mas apenas *a ele, a ela, a eles, a elas* como complemento pronominal:

- A ordem e o progresso são as metas do governo, e só *a eles visam* seus representantes.

Seguido de infinitivo, pode omitir-se a preposição, embora não seja aconselhável:

- Ele *visava chegar* ao poder pela força.

Convém, todavia, usar sempre assim:

- Ele *visava a* chegar ao poder pela força.

Importante
1. Em algumas regiões brasileiras, sobretudo no Nordeste, é comum aparecerem na língua cotidiana verbos transitivos diretos com o pronome "lhe" ou "lhes": *Eu não "lhe" vi no circo. *** Eu não "lhes" cumprimento mais.* Na língua padrão, porém, tais pronomes devem ser substituídos por **o/a** ou **os/as**.

365

Luiz Antonio Sacconi

2. Se sentir dúvida na regência de verbos que não constam aqui, não vacile: consulte o **Dicionário Prático Sacconi**, que traz exemplos esclarecedores para cada um deles!

3. Regência nominal. *Regência nominal* é a maneira de o nome (substantivo, adjetivo e advérbio) relacionar-se com seus complementos. Eis alguns nomes interessantes quanto à regência:

1) ACOSTUMADO. Usa-se com **a** ou **com**, indiferentemente, quando o complemento é nome; prefere-se apenas **a**, quando o complemento é oração (v. **habituado**):

Estamos *acostumados a* (ou *com*) esses ruídos.
Ninguém aqui é *acostumado a* ouvir palavrões.

2) ATENÇÃO e **CONSULTA.** Usam-se com a preposição **a**:

- Preste *atenção a*o que diz o professor!
- Faça sempre *consultas a*o dicionário!

3) CURIOSO. Usa-se com a preposição **de**:

- Estou *curioso de* saber quem ganhou na loteria.
- Todos estamos *curiosos de* conhecer o novo ministro.

4) DEPUTADO e **SENADOR.** Usam-se com a preposição **por**:

- Ele é *deputado por* Sergipe.
- Ela é *senadora por* Pernambuco.

5) EQUIVALENTE. Usa-se com **a** ou **de**:

Os carros nacionais são *equivalentes a*os (ou *dos*) importados?
O gosto musical dos brasileiros é hoje *equivalente a*o (ou *do*) de antigamente?

6) HABITUADO. Embora sinônimo de *acostumado*, que rege *a* ou *com*, indiferentemente, **habituado** só rege **a**:

Estamos *habituados a* esses ruídos.
Ninguém aqui é *habituado a* ouvir palavrões.

7) INVASÃO. Usa-se com a preposição **de**:

- É proibido *invasão de* domicílio.
- A *invasão do* Iraque se deu em 2003.

8) ÓDIO. Usa-se com a preposição **a**:

- Ela tem *ódio a*o tio.
- Não devemos ter *ódio a*o próximo.

Nossa gramática simplificada

9) PARECIDO e SEMELHANTE. Usam-se com **a**, mas *parecido* ainda aceita **com**:

> Seu casaco é *parecido* (ou *semelhante*) *ao* meu.
> Sua jaqueta é *parecida à* (ou *com* a) minha.

10) PREFERÍVEL. Usa-se com **a**, sem nenhum modificador, como *muito mais, mil vezes*, etc.:

> - É *preferível* futebol *a* basquete.
> - É *preferível* paz, saúde e liberdade *a* qualquer outra coisa.

11) INFERIOR e SUPERIOR. Usam-se com **a** e não admitem modificadores como *mais* ou *menos*:

> - Esse produto é *inferior ao* meu.
> - Os carros japoneses são *superiores aos* brasileiros.

12) RESIDENTE, SITUADO, MORADOR e SITO. Usam-se com a preposição **em**:

> - Sou *residente n*a Rua da Paz.
> - O armazém está *situado n*a Avenida 7 de Setembro.
> - Ele é *morador n*a Praça da Sé.
> - O supermercado, *sito n*a Rua das Flores, está fechado.

13) FALTA. Usa-se com a preposição **a**:

> - Sua *falta à* aula foi notada por todos os colegas.
> - Sua *falta ao* trabalho lhe causará desconto no salário.

14) LIDERANÇA. Usa-se com a preposição **sobre**:

> - O goleiro exerce *liderança sobre* todo o time.
> - O Brasil sempre exerceu plena *liderança sobre* os países da América do Sul.

15) Regência de outros nomes.
acesso a; **acessível** a; **adequado** a; **admiração** a ou por; **afável** com ou para com; **afeição** a ou por; **aflito** com ou por; **alheio** a ou de; **aliado** a ou com; **alusão** a; **amor** a ou de ou para com ou por; **amoroso** com; **análogo** a; **ansioso** de ou para ou por; **antipatia** a ou contra ou por; **aparentado** com; **apegado** a; **apelo** a; **apto** a ou para; **asco** a ou de ou por; **assíduo** em; **atento** a; **atencioso** com ou para com; **aversão** a ou por; **avesso** a; **ávido** de ou por; **benéfico** a; **benefício** a; **bom** para; **cheiro** a ou de; **cobiçoso** de; **capacidade** de ou para; **capaz** de ou para; **cego** a ou de; **coerente** com; **comum** a; **compaixão** de ou para com ou por; **concordância** a ou com ou de ou entre; **conforme** a ou com; **constituído** com ou de ou por; **contente** com ou de ou em ou por; **contíguo** a; **constante** em; **contrário** a ou

367

de; **convênio** entre; **cruel** com ou para ou para com; **cuidadoso** com; **desacostumado** a ou com; **desatento** a; **desfavorável** a; **desleal** a; **desrespeito** a; **desgostoso** com ou de; **despeito** contra; **desprezo** a ou de ou por; **devoção** a ou para ou com ou por; **devoto** a ou de; **dificuldade** com ou de ou em ou para; **discordância** com ou de ou sobre; **dúvida** acerca de ou em ou sobre; **empenho** de ou em ou por; **entendido** em; **erudito** em; **escasso** de; **essencial** para; **fácil** a ou de ou para; **facilidade** de ou em ou para; **falho** de ou em; **fanático** por; **favorável** a; **fiel** a; **feliz** de ou com ou em ou por; **fértil** de ou em; **forte** em; **fraco** em ou de; **furioso** com; **gosto** a ou por; **grato** a; **hábil** em; **horror** a ou de ou por; **hostil** a ou contra; **impaciência** com; **impossibilidade** de ou em; **impróprio** para; **imune** a ou de; **inábil** para; **inacessível** a; **incapaz** de ou para, **indulgente** com ou para com; **inerente** a; **influência** sobre; **ingrato** com; **insensível** a; **intolerante** com; **invasão** de; **inútil** para; **inveja** a ou de; **isento** de; **junto** a ou com ou de; **leal** a; **lento** em; **liberal** com; **medo** a ou de; **misericordioso** com ou para com; **nocivo** a; **obediente** a; **ojeriza** a ou por; **paixão** de ou por; **paralelo** a; **pasmado** de; **peculiar** a; **prático** em; **preferência** a ou por; **pródigo** de ou em; **propício** a; **próximo** a ou de; **pronto** em ou para; **propensão** para; **próprio** de ou para; **próximo** a ou de; **querido** de ou por; **queixa** contra; **raiva** a ou de; **receio** de; **relação** a ou com ou de ou por ou para com; **relacionado** a ou com; **relativo** a; **rente** a ou com ou de; **respeito** a ou com ou para com ou por; **responsável** por; **rico** de ou em; **sábio** em; **satisfeito** com ou de ou em ou por; **semelhante** a; **simpatia** a ou para com ou por; **solidário** com; **surdo** a ou de; **suspeito** a ou de; **tentativa** contra ou de ou para ou para com; **triunfo** sobre; **último** a ou de ou em; **união** a ou com ou entre; **único** em; **útil** a ou para; **vizinho** a ou com ou de; **zelo** a ou de ou por.

Testes e exercícios

1. Assinale as alternativas correspondentes às frases corretas quanto à regência:
a) Hernâni aspira ao cargo de chefe da seção.
b) Assisto o jogo sempre com um saco de pipocas.
c) Atenda o telefone, Isabel!
d) O povo atendeu os apelos das autoridades.
e) O governo não quer atender às reivindicações dos trabalhadores.
f) Nossas despesas atingem elevada quantia.
g) Ninguém chegou ao estádio ainda.
h) Nunca fui à casa dela.
i) Você já levou seus irmãos no circo?
j) Válter, dê um pulo na farmácia, para comprar um analgésico!
k) Chamei ao rapaz imbecil. Chamei-o de imbecil mesmo.
l) O governo só deveria visar o conforto e a tranquilidade do povo.

Nossa gramática simplificada

m) Obedeçam seus pais, não desobedeçam sobretudo sua mãe!
n) Paguei o médico, o dentista, o supermercado, estou quite com todo o mundo.
o) Como ofendeu o ministro, terá agora de responder processo.
p) O padeiro chegou e eu tenho que pagá-lo hoje sem falta.
q) Ninguém o perdoará por isso, Tucídides.
r) Não vou responder essa carta nem esse cartão.
s) Nunca simpatizei com esse tipo de pessoa.
t) Elza se antipatizou com todos na festa.
u) Prefiro milhões de vezes pera do que maçã.
v) Nunca me sobressaí em Matemática.
w) Prefiro mil vezes assistir um jogo de futebol do que assistir uma partida de tênis.
x) Visas que profissão, Haraldo?
y) Você torce para o Vasco e para o Palmeiras?
z) Se você visa o bem de todos, não deve visar lucros exorbitantes.

2. Continue:
a) Luís, morador na Rua da Paz, e seu irmão, residente na Praça da Amizade, trabalham aqui.
b) Não conheço nenhum deputado de Santa Catarina e nenhum senador de Goiás.
c) É preferível euro do que dólar, por isso eu lhe aconselho a comprar euros.
d) O menino parecia ter ódio da babá.
e) Faço consultas constantes no dicionário.
f) Preste atenção na sinalização rodoviária!
g) Nunca tive ódio a ninguém. Eu sempre aconselho as pessoas a não ter ódio a ninguém.
h) Nossa loja, situada à Rua do Comércio, abre às 8h.
i) O supermercado sito à Praça da Matriz, ainda não abriu.
j) Sua falta da aula e sua falta do trabalho foram anotadas.
k) Ela não namora com rapaz da sua idade.
l) Se você pisar o meu calo, eu piso o seu.
m) Não pise na grama, rapaz! Aconselho-o a não pisar a grama.
n) Esse filme foi assistido por muita gente, por isso aconselho-os a assistir a ele também.
o) Sempre visei a estar entre os primeiros.
p) Nunca aspirei a estar entre os primeiros.
q) Ninguém reparou nesse lance do jogo.
r) O chaveiro reparou a fechadura em minutos.
s) O pai foi desobedecido pelo filho. Aconselhei-o a não desobedecer-lhe nunca.
t) Não se desobedece o pai nunca.
u) Se você não quiser responder processo, ande na linha!
v) Como você chama? Aconselhei-lhe a responder a essa pergunta rapidamente.
w) Todos compartilharam a minha dor, isto é, da minha dor.
x) Ninguém me aconselhou não nadar depois das refeições.
y) Por esse erro, chamei-o à atenção.
z) O barulho chamou a atenção dos cães.

3. Satisfaça a regência nominal, usando as preposições adequadas e, quando necessário, empregue contrações, crases ou combinações:
a) Convém fazer uma consulta ... dicionário, para saber o significado dessa palavra.
b) Conheci vários deputados ... Santa Catarina e apenas um senador ... Paraná.
c) O mundo livre condenou a invasão soviética ... Hungria, em 1956.
d) A invasão ... Granada pelos Estados Unidos foi duramente criticada na ONU.
e) Essa mulher tem ódio ... Deus e ... mundo! Há pessoas que sentem ódio ... todo o mundo.
f) Seria preferível ser derrotado ... ser colonizado.
g) O armazém, situado ... Praça 15 de Novembro, está em reformas.

Luiz Antonio Sacconi

h) Meu amigo, residente ... Rua Rui Barbosa, ganhará o concurso.
i) O estabelecimento comercial sito ... Avenida Atlântica reabrirá as portas amanhã.
j) Meu filho, morador ... Alameda Jaú, estudou nesse colégio.

4. Assinale as alternativas correspondentes a frases corretas quanto à regência nominal:
a) Ninguém aqui está acostumado a essas coisas. Você está acostumado com isso?
b) As crianças já estavam acostumadas conosco.
c) Vocês estão habituados com tanto barulho assim?
d) A zoada já estamos habituados, sim.
e) Essa peça é muito parecida àquela.
f) Minhas atitudes são muito parecidas com as suas.
g) Este vinho é infinitamente superior do que aquele.
h) Beatriz e eu estamos curiosos por saber notícias suas.
i) Este champanha é equivalente do melhor do mundo.
j) Nossos carros são equivalente aos melhores do mundo?

5. Qual das alternativas apresentadas você usaria nos espaços em branco?
a) Nunca aspirei ... cargo público **(nenhum – a nenhum)**
b) Todo político honesto aspira ... bem-estar da população. **(o – ao)**
c) O cargo está vago, mas não ... **(lhe aspiro – aspiro a ele)**
d) Todos em casa assistem ... . **(telenovelas – a telenovelas)**
e) Não assisto ..., por isso não assisti ... programa. **(TV – a TV; esse – a esse)**
f) O filme é bom, pois muitos já ... . **(lhe assistiram – assistiram a ele)**
g) A peça teatral é gratuita, mas ninguém quis ... . **(assisti-la – assistir a ela)**
h) Quem levará as crianças ... escola? **(à – na)**
i) Chegamos ontem ... fazenda e voltaremos ... casa amanhã. **(à – na; a – em)**
j) As crianças treparam ... árvore para assistir ... desfile. **(à – na; o – ao)**
k) Todos os alunos serão chamados ... quadro-negro. **(o – ao)**
l) Vocês foram ... casa dela e depois de minutos retornaram ... casa? **(a – à; a – à)**
m) Vou dar um pulo ... supermercado, para comprar arroz. **(ao – no)**
n) Cheguei atrasado ... compromisso que tinha com eles. **(ao – no)**
o) Quem for ... estádio amanhã que leve lanche! **(ao – no)**
p) Quando o chamarem ... delegacia, conte a verdade! **(à – na)**
q) Moro ... Rua Dias Ferreira, 287, e não ... Praça da Paz. **(à – na; à – na)**
r) O mercadinho, sito ... Rua da Liberdade, só abre às 9h. **(à – na)**
s) A casa onde morei, situada ... Avenida 7 de Setembro, foi demolida. **(à – na)**
t) Procure respeitar ... sinais de trânsito, nunca ... desobedeça! **(os – aos; lhes – os)**
u) Você saiu do consultório sem pagar ... consulta? **(a – à)**
v) Você saiu do consultório sem pagar ... médico? **(o – ao)**
w) Gostaria de ... ter pago, mas esqueci ... dinheiro em casa. **(o – lhe; o – do)**
x) O pai ainda não perdoou ... filho nem ... filha. **(o –ao; a – à)**
y) Vou guardar este dinheirinho para pagar ... dentista. **(o – ao)**
z) Nunca mais perdoei ... dentista, que me extraiu dois dentes. **(aquele – àquele)**

6. Assinale as frases corretas quanto à regência:
a) Ela quer mais ao filho caçula que ao mais velho.
b) Luís, meu amigo, não se esqueça de que eu lhe quero muito.
c) O padre pode até perdoar o rapaz, mas eu não o perdoo.
d) Não desobedeça seu professor, que você poderá, mais tarde, se arrepender!
e) Nunca visei meu próprio bem, só viso o bem alheio.
f) Ontem fiquei em casa, não saí na rua, nem mesmo saí no terraço.
g) Vamos no supermercado ou na farmácia?

Nossa gramática simplificada

h) A empresa ainda não pagou os seus funcionários.
i) O Estado paga muito mal aos professores. Ainda não se sabe quando lhes pagará melhor.
j) Viridiana, minha velha amiga, você lembra de mim?

7. Substitua o verbo em destaque pelo que se encontra entre parênteses, procedendo a todas as alterações necessárias:
a) Não me cabe descrever uma tourada; todos um dia já a **viram**. (**assistir**)
b) O filme era ruim, mas não resisti à tentação de **vê**-lo. (**assistir**)
c) **Desejávamos** tão somente um desconto de 10%. (**visar**)
d) Luísa nunca **desejou** tão alto cargo, tão alta posição. (**aspirar**)
e) O diretor não **tem** o direito de cobrar tais taxas. (**assistir**)
f) Nunca **desejei** a presidência da empresa. (**aspirar**)
g) Nunca **desejei** a presidência da empresa. (**visar**)
h) **Desejando** o pronto restabelecimento da saúde, fui a Caxambu. (**visar**)
i) O técnico da seleção **deseja** a conquista do título. (**visar**)
j) O técnico da seleção **deseja** a conquista do título (**aspirar**)

8. Mude tudo o que for necessário, para atender à regência verbal:
a) O garotinho respondeu o pai, por isso foi advertido.
b) Ainda não respondi o questionário que me enviaram.
c) Na verdade, eu nunca o quis aqui na empresa, porque não lhe quero.
d) As crianças custaram a entender o que se passava.
e) Custei a chegar até lá. Você também custou?
f) Você reparou o olhar que ela me deu?
g) Não repare a bagunça do meu quarto!
h) Eu nunca reparo essas coisas, fique tranquilo!
i) Respondi todas as perguntas fáceis primeiro, depois passei a responder as mais difíceis.
j) Nunca me simpatizei com esses caras, sempre me antipatizei muito com eles.

9. Sabendo que o pronome relativo **que** se usa para coisa, que o pronome relativo **quem** se usa para pessoa e que antes do pronome relativo deve sempre aparecer a preposição pedida pelo verbo, use nos espaços **que** ou **quem**, antecedido ou não da devida preposição:
a) Não foi esse o jogo ... eu vi, não foi esse o jogo ... assisti.
b) Não me faças perguntas ... que eu não possa responder!
c) Não conheço a rua ... Juçara mora.
d) Beatriz foi a mulher ... mais quis na vida.
e) Esse foi o cargo ... sempre quis na vida.
f) Voltei para buscar o pacote ... havia esquecido.
g) Voltei para buscar o pacote ... me havia esquecido.
h) Está aí um fato ... jamais esquecerei.
i) Está aí um fato ... jamais me esquecerei.
j) O programa ... você assistiu não foi o programa ... eu assisti.
k) Luísa é a pessoa ... mais confio na vida.
l) A moça ... conversamos há pouco já foi deputada.
m) Filipe foi o convidado ... primeiro cumprimentei.
n) Estive na casa ... nasceu Castro Alves.
o) A escola ... você se matriculou é muito boa.
p) Existem amigos ... sempre nos queixamos, mas ... nunca nos esquecemos.
q) Ainda não li o romance ... você me recomendou.
r) Neusa é uma pessoa ... antipatizei à primeira vista.

Luiz Antonio Sacconi

s) O objetivo ... visas é o objetivo ... também eu viso.
t) No cinema ... fomos não havia ar-condicionado.
u) Qual foi a conclusão ... chegaram vocês?
v) O filme ... assistimos foi inesquecível.
w) Essa é a ponte ... passamos ontem e ... nunca mais passaremos.
x) O restaurante ... almoçamos é conhecido no Brasil inteiro.
y) O momento econômico ... o Brasil passa é preocupante.
z) O momento econômico ... o Brasil atravessa é preocupante.

Dos concursos e vestibulares

10. (ESA) **O projeto, ... realização sempre duvidara, exigiria toda a dedicação ... fosse capaz.**
a) do qual – a que   b) cuja a – da qual   c) de cuja – de que
d) que sua – de cuja   e) cuja – a qual

11. (UFMT) Assinale a única alternativa incorreta quanto à regência verbal:
a) Meu amigo perdoou ao irmão.   b) Perdoou o atraso no pagamento.
c) Moram na Rua Conselheiro Pena.   d) Lembrou ao pai que já haviam passado da hora.
e) Lembrou de todos os momentos felizes.

12. (POL.CIVIL-PE) **Não é este o livro ... lhe falei e ... leitura me deliciei.**
a) que – de cuja   b) a que – a cuja   c) de que – a qual
d) que – a qual   e) de que – com cuja

13. (Assembleia-MG) **Os ideais ... aspiramos são muitos, mas os recursos ... dispomos são poucos.**
a) que – dos quais   b) que – que   c) aos quais – com que
d) a que – que   e) a que – de que

14. (TCE-SC) **Os encargos ... nos obrigam são aqueles ... o diretor se referira.**
a) de que – que   b) a cujos – cujo   c) por que – que
d) cujos – cujo   e) a que – a que

15. (FUVEST-SP) Identifique a alternativa correta:
a) Preferia brincar do que trabalhar.   b) Preferia mais brincar do que trabalhar.
c) Preferia brincar a trabalhar.   d) Preferia milhões de vezes brincar a trabalhar.
e) Preferia mais brincar que trabalhar.

16. (IESP-ES) Assinale a alternativa em que a regência verbal está correta:
a) Ainda não paguei o advogado.   b) Chegamos finalmente em Santa Teresa.
c) Esta é a cidade que mais gosto.   d) Assisti ao rodeio de que você gostou.
e) Prefiro mais a cidade do que o campo.

17. (IME) Assinale a alternativa correta quanto à regência:
a) A peça que assistimos foi boa.
b) Estes são os livros que precisamos.
c) Esse foi um ponto que todos se esqueceram.
d) Machado de Assis é o escritor a quem mais aprecio.
e) O ideal que aspiramos é conhecido.

Nossa gramática simplificada

18. (ITA-SP) Aponte a alternativa correta:
a) Antes prefiro aspirar uma posição honesta que ficar aqui.
b) Prefiro aspirar uma posição honesta que ficar aqui.
c) Prefiro aspirar a uma posição honesta que ficar aqui.
d) Prefiro antes aspirar a uma posição honesta que ficar aqui.
e) Prefiro aspirar a uma posição honesta a ficar aqui.

19. (Assembleia-MG) Assinale a alternativa que apresenta erro de regência:
a) Nenhum dos que estavam presentes simpatizou com as novas orientações.
b) Simpatizei com a nova diretoria e com as suas orientações.
c) Há alguns deputados com os quais não nos simpatizamos.
d) Somente o chefe da seção de pagamentos não simpatizou com as novas orientações.
e) A Assembleia inteira não simpatizou com o novo líder da maioria.

20. (FCMSC-SP) Não há erro de regência em:
a) Custa-me muito entender as tuas evasivas.
b) Não os obedeceremos, enquanto forem presunçosos.
c) Que horas você telefonou?
d) Informei-lhe do acontecido durante a Assembleia.
e) Essa será a conclusão que o presidente chegará.

21. (TJ-DF) Assinale a alternativa que apresenta incorreção quanto à regência:
a) Nós nos valemos dos artifícios que dispúnhamos para vencer.
b) Ele preferiu pudim a groselha.
c) O esporte de que gosto não é praticado no meu colégio.
d) Sua beleza lembra a mãe, lembra-se da mãe dela?
e) Não digo com quem eu simpatizei, pois não lhe interessa.

22. (FEI-SP) Indique a alternativa em que a regência verbal não está correta:
a) O promotor procedeu à leitura da acusação.
b) A maioria dos trabalhadores da empresa assiste nas imediações da fábrica.
c) Ninguém abdicará de sua dignidade.
d) As mulheres, em especial as negras, ainda arrostam imensas dificuldades para vencer como profissionais.
e) Sempre visamos ao alvo para vencer as competições.

23. (CEF) São excelentes técnicos, ... colaboração não podemos prescindir.
a) cuja   b) de cuja   c) que a   d) de que   e) dos quais

24. (VUNESP-SP) Examine os enunciados a seguir:
       I – Este é um pormenor ... que nem todos se lembram.
      II – Esta é a razão ... que deixei de entregar o trabalho.
      III – As informações ... que lhe passei são sigilosas.
      IV – Estes são os livros ... que lhe falei.
Os enunciados nos quais o pronome relativo **que** deve vir antecedido de preposição são os seguintes:
a) I e II   b) I, II e IV   c) I, II e III   d) III e IV   e) I, III e IV

25. (ESAEX) Em todos os itens, a regência verbal está de acordo com a norma culta, exceto em:
a) Nada lhe pagaria aquele sacrifício.
b) Não pagues ao bem com o mal!

373

Luiz Antonio Sacconi

c) Não pagues ao justo com injustiça!
d) Diga-lhes que já perdoamos os seus descasos.
e) Deus perdoa o pecado ao pecador.

26. (PUC-RS) Use a palavra que preenche corretamente a lacuna da alternativa:
a) Os vândalos ... fala a caloura são universitários.
b) É impossível aceitar a barbárie ... a moça foi vítima.
c) A cola ... os veteranos utilizaram foi a principal causa do sofrimento da caloura.
d) O ato de barbárie ... participaram alguns jovens não tem explicação.
e) A notícia ... passara no vestibular não pôde ser devidamente comemorada pela moça.

27. (TCE-PB) Assinale a opção em que a regência verbal não segue a norma culta:
a) Só me permitiram informar-lhe um atraso.
b) Não informaram aos alunos o ocorrido.
c) Não informaram aos alunos sobre o ocorrido.
d) Não informaram os alunos do ocorrido.
e) Só me permitiram informar-lhe o ocorrido.

28. (FEI-SP) Identifique as frases que apresentam regência verbal correta:
I – Jaime aspirava a ser médico.
II – Algumas pessoas, de longe, assistiram ao comício.
III – Esqueceu-me o nome do livro.
IV – Ele perdoava seus devedores.
V – Prefiro trabalhar a passar fome.
A sequência que contém somente frases corretas é:
a) I, IV e V   b) I, II e V   c) I, II, III e V   d) II, III e V   e) todas são corretas

29. (EPCAR) Em todas as alternativas, a regência do verbo *agradecer* está correta, exceto em:
a) Agradecendo-lhe o honroso convite, prometo minha modesta contribuição.
b) Ele se retirou sem agradecer o amigo a ajuda recebida.
c) Saio daqui desgostoso, sentindo-me lesado. Não lhe agradeço a participação.
d) Envio-lhe esta carta para agradecer-lhe o favor que me fez.
e) A quem agradecer? Sobretudo, o que agradecer?

30. (PUC-MG) A segunda frase foi reescrita, para adaptar a primeira às normas da língua padrão em todas as alternativas, exceto em:
a) A senhora pede pra contar casos. A senhora pede que conte casos.
b) Mãe, vi essas coisas e outras que me esqueci. Mãe, vi essas coisas e outras que esqueci.
c) Prefere-se comprar novo que mandar consertar. Prefere-se comprar novo do que mandar consertar.
d) Lembra do Lucas, aquele que estudou comigo? Lembra-se do Lucas, aquele que estudou comigo?
e) Naquele gueto existe a lei dos bêbados, e eles a obedecem. Naquele gueto existe a lei dos bêbados, e eles a ela obedecem.

31. (FEC-TRT-RJ) A regência verbal está correta na frase:
a) Eles preferiam mais música do que cinema.
b) Antônio, eu lhe vejo amanhã lá no clube.
c) O secretário informou ao candidato o resultado da prova.
d) A humanidade aspira dias melhores de existência.
e) Não consegui comunicar os pais dele sobre o acidente que sofreu.

Nossa gramática simplificada

32. (UF-MG) Em todas as alternativas, a expressão destacada está empregada corretamente, conforme as normas da língua escrita padrão, exceto em:
a) O concerto **a que** todos assistiram entusiasmados marcou a volta de Villa-Lobos.
b) O locutor prepara um escorregão **que** nenhuma faixa etária, sexo ou atividade escapa.
c) O medo **que** as pessoas têm do ridículo é menor do que o poder do microfone.
d) O rádio é um veículo **a que** as pessoas atribuem autoridade e credibilidade.
e) O sentimento que parece existir é o **de que** tudo neste país é possível.

33. (EN) Em um dos itens a regência do verbo **custar** não está de acordo com a norma culta:
a) Custou a ele compreender o problema.
b) Custou-lhe compreender o problema.
c) Ele custou a compreender o problema.
d) Custou a mim compreender o problema.
e) Custou-me compreender o problema.

34. (FESP) Identifique a regência verbal correta:
a) Em cidades industriais aspira-se a um ar poluído.
b) Anseiam por novos amigos.
c) Prefiro mais a televisão do que o cinema.
d) Custei a crer no acontecido.
e) O comício foi assistido por milhares de pessoas.

35. (MACK-SP) Em qual das alternativas ocorre erro de regência verbal?
a) Aqui se jogam as sementes para informar-lhes de que a cultura não deve ser acadêmica.
b) Prefiro os casos que a inteligência discute às formas tecnocráticas da resolução dos problemas.
c) Lembrou-me a inusitada transformação por que passa a universidade brasileira.
d) Procede-se com brandura quando querem detectar falhas no relacionamento humano.
e) Esqueceu-me o desejo discreto de conhecer as coisas do coração.

36. (PUC-RS) **As críticas ... está sujeito o trabalho do jornalista o auxiliam e fortificam a sua crença ... ainda pode melhorar muito.**
a) a que – em que   b) a que – que   c) que – em que   d) que – de que   e) de que – que

37. (FUVEST-SP) A única frase que NÃO apresenta desvio em relação à regência (nominal e verbal) recomendada pela norma culta é:
a) O governador insistia em afirmar que o assunto principal seria "as grandes questões nacionais", com o que discordavam líderes pefelistas.
b) Enquanto Cuba monopolizava as atenções de um clube, do qual nem sequer pediu para integrar, a situação dos outros países passou despercebida.
c) Em busca da realização pessoal, profissionais escolhem a dedo aonde trabalhar, priorizando à empresas com atuação social.
d) Uma família de sem-teto descobriu um sofá deixado por um morador não muito consciente com a limpeza da cidade.
e) O roteiro do filme oferece uma versão de como conseguimos um dia preferir a estrada à casa, a paixão e o sonho à regra, a aventura à repetição.

38. (TRE-RJ) A frase em que há erro quanto ao emprego do pronome **lhe** é:
a) Nunca lhe diria mentira.
b) Ter-lhe-iam falado a meu respeito?
c) Louvemos-lhe, porque ele o merece.

375

Luiz Antonio Sacconi

d) De Fernando só lhe conhecia a fama.
e) Sei que não lhe agrada essa conversa.

Soluções dos testes e exercícios
1. a) e) f) g) h) k) s) **2.** a) g) l) m) n) o) p) q) r) s) w) x) y) z) **3.** a) ao b) por; pelo c) da d) de e) a; ao; a f) a g) na h) na i) na j) na **4.** a) b) d) e) f) i) j) **5.** a) a nenhum b) ao c) aspiro a ele d) a telenovelas e) a TV (sem acento no **a**, por ter sentido genérico; a esse) f) assistiram a ele g) assistir a ela h) à i) à; a j) à; ao k) ao l) à; a m) ao n) ao o) ao p) à q) na; na r) na s) na t) os; lhes u) a v) ao w) lhe; o x) ao; à y) ao z) àquele **6.** a) b) i) **7.** a) todos um dia já assistiram a ela b) de assistir a ele c) Visávamos tão somente a um desconto d) aspirou a tão alto cargo, a tão alta posição e) Ao diretor não assiste o direito de cobrar tais taxas. f) aspirei à g) visei à h) Visando ao i) visa à j) aspira à **8.** b) ao questionário d) Custou às crianças entender o que se passava. e) Custou-me chegar até lá. Custou-lhe (ou Custou a você) também? f) reparou no g) repare na h) reparo nessas i) a todas; às mais j) Nunca simpatizei; sempre antipatizei **9.** a) que; a que b) a que c) em que d) a quem e) que f) que g) de que h) que i) de que j) a que; a que k) em quem l) com quem m) a quem n) em que o) em que p) de quem; de quem q) que r) com quem s) a que; a que t) a que u) a que v) a que w) por que; por que x) em que y) por que z) que **10.** c) **11.** e) **12.** e) **13.** e) **14.** e) **15.** c) **16.** d) **17.** d) (embora o verbo *apreciar* seja tr. direto, como se trata de referência a pessoa, usa-se *quem* antecedido da preposição *a*, não sendo correto o uso de *quem* isolado) **18.** e) **19.** c) **20.** a) **21.** a) **22. e)** **23.** b) **24.** b) **25.** b) **26.** a) de que b) de que c) que d) de que e) de que **27.** c) **28.** c) **29.** b) **30.** c) **31.** c) **32.** b) **33.** c) **34.** b) **35.** a) **36.** a) **37.** e) **38.** c)

Lição 30
SINTAXE DE COLOCAÇÃO

1. A sintaxe de colocação. A sintaxe de colocação está diretamente ligada aos pronomes oblíquos. Conforme a posição que o pronome ocupe na oração em relação ao verbo, temos uma denominação:

- pronome **antes** do verbo → **próclise** → Não **a** vejo faz tempo.
- pronome **no meio** do verbo → **mesóclise** → Vê-**la**-ei amanhã.
- pronome **depois** do verbo → **ênclise** → Vejo-**a** amanhã.

2. A próclise. Eis os principais casos de próclise:

1) quando aparecerem negativas em geral (*jamais, nada, não, nem, nunca, ninguém, nenhum*):

- Não *a* vejo há dias.
- Nada *me* preocupa.
- Nunca *lhe* desobedeci.
- Jamais *te* roubariam.

2) quando aparecerem advérbios e pronomes relativos e interrogativos (*que, cujo, qual, quantos, quem, como, onde, quando*), além do numeral *ambos*:

- Aqui *se* estuda e se aprende.
- Lá *se* almoça tarde.
- Eis a pessoa que *me* ajudou.
- Quantos *te* ajudaram a sair do fosso?
- Como *as* encontrou?
- Quando *lhe* entregaram isso?
- Diga-nos quem *lhe* fez isso!
- Quem *lhe* disse tamanha asneira?
- Ambos *me* fizeram essa proposta.

Importante
1. *Como* e *onde* não são propriamente pronomes interrogativos, mas advérbios de interrogação.
2. Se, após um advérbio ocorrer vírgula ou pausa, convém usar a ênclise:

- Aqui, estuda-*se* e aprende-*se*.

3) quando aparecerem pronomes substantivos:

- Algo *te* aconteceu?
- Aquilo *o* aborreceu.

Luiz Antonio Sacconi

- Tudo *se* transforma.
- Isso *me* preocupa.
- Isto *lhe* serve?
- Eu *me* preocupo com vocês.
- Tu *nos* assustaste.

No português de Portugal, os pessoais do caso reto não são fatores fundamentais de próclise. Os portugueses preferem usar:

- Eu preocupo-*me* com vocês.
- Tu assustaste-*nos*.

Os pronomes de tratamento, no entanto, exigem a próclise:

- Você *lhe* arruinou a vida.
- Sua Majestade *o* aguarda.

4) quando aparecerem conjunções subordinativas em geral:

- Sei que *nos* criticarão.
- Segundo *me* informaram, ela viajou.
- Quando *a* vir, darei o seu recado.

5) com orações exclamativas ou optativas:

- Quem *me* dera ganhar na megassena!
- Deus *lhe* pague!
- Deus *me* livre!

6) quando o verbo estiver no futuro do presente ou do pretérito, e o sujeito vier expresso:

- Nós *nos* arrependeremos.
- Eles *se* aborrecerão com isso.
- Eu *me* ruborizaria se isso acontecesse.
- Tu *te* aconselharias com um homem desses?

7) quando a forma verbal é proparoxítona:

- Nós o censurávamos por isso.
- Nós *lhe* entregávamos o dinheiro todos os dias.

8) nas orações coordenadas alternativas:

- Ora *me* dizem uma coisa, ora *me* dizem outra.
- Ou você *se* casa comigo, ou *me* caso com outra.

9) nas orações de ordem inversa:

- Justa *me* pareceu a sentença do juiz.
- Catastrófico *nos* parece esse decreto.

3. A mesóclise. Só ocorre mesóclise com o futuro do presente e com o futuro do pretérito:

- Dir-*te*-ei tudo o que sei.
- Trar-*lhe*-ei tudo o que me pedir.
- Vê-*la*-emos amanhã no colégio.
- Contar-*te*-ia tudo o que sei.
- Amá-*lo*-íamos sempre.
- Verificar-*se*-ia o contrário.

Havendo palavra atrativa ou fator de próclise, no entanto, o pronome fica proclítico:

- Não *lhe* direi tudo o que sei.
- Eu *lhe* trarei tudo o que me pedir.
- Nunca *lhe* diria o que eu vivi.
- Jamais *lhe* contaria tudo o que sei.
- Sempre *se* verificará o contrário.

Usa-se a mesóclise, ainda, nos casos de objeto direto pleonástico:

- Esse carro, *comprá-lo-ei* quando tiver dinheiro.
- Suas encomendas, *trá-las-ia* se me sobrasse dinheiro.

A mesóclise tende a desaparecer no português do Brasil, que prefere substituí-la por locuções verbais:

- Esse carro, *deverei comprá-lo* quando tiver dinheiro.
- Suas encomendas, *poderia trazê-las* se me sobrasse dinheiro.

A mesóclise também é conhecida por *tmese*.

4. A ênclise. Eis os principais casos de ênclise:

1) quando a oração começa por verbo:

- Pediram-*nos* ajuda.
- Quero-*lhe* muito, Cristina!
- Deram-*te* o recado?
- Viram-*me* aqui!

Importante
Na língua portuguesa do Brasil, as formas oblíquas *me, te, se, lhe* e *nos* aparecem no começo da oração, sem nenhum problema, principalmente na língua falada:

- *Me* viram aqui!
- *Te* deram o recado?
- *Se* preocupar para quê?
- *Lhe* quero muito, Cristina!
- *Me* pediram ajuda.

Tal colocação não pode ser condenada entre nós, visto que foneticamente se justifica.

2) quando a oração é interrogativa, com verbo no infinitivo:

- Onde encontrar-*nos*? Aqui, sempre aqui.
- Como entregar-*me* isso? Não sei, o problema é seu.

3) quando não há palavra atrativa:

- As damas vestiram-*se* de preto.
- Os rapazes arrependeram-*se* do que fizeram.

No Brasil, ainda neste caso, prefere-se a próclise.

4) quando o verbo está no gerúndio:

- Elas saíram do restaurante queixando-*se* muito.
- Retirei-me, deixando-*os* a sós.
- Encontrei-a contorcendo-*se* em dores.

Importante
Se o gerúndio vier precedido da preposição *em,* ou de advérbio de negação, o pronome ficará proclítico:

- Em *se* plantando, tudo dá.
- Não *os* querendo aqui, mandei-os embora.

5) nos casos de predicativo e objeto pleonástico:

- Surdo, era-*o* demais.
- Justo, fora-*o* pouco.
- O mestre, conheço-o muito.
- A Maria, deu-*lhe* atenção o padre.

6) Nas frases com imperativo afirmativo:

- Ajudem-*me*, por favor!
- Dá-*me* um cafezinho!
- Castiguem-*nos*, se estivermos mentindo!

No português do Brasil, no entanto, prefere-se a próclise neste caso:

- *Me* ajudem, por favor!
- *Me* dá um cafezinho!
- *Nos* castiguem, se estivermos mentindo!

Em Portugal, jamais o povo cantaria "*Me* dá um dinheiro aí!"; no Brasil, ninguém se atreveria a cantar Dá-*me* um dinheiro aí! De qualquer forma, em concursos, em vestibulares e mesmo na língua escrita, aqui no Brasil, convém evitar a próclise.

Importante
1. Quando o sujeito é representado por substantivo e não há palavra atrativa, usa-se a próclise, a mesóclise ou a ênclise, indiferentemente:

- Esse resultado *nos* surpreendeu.
- Esse resultado surpreendeu-*nos*.
- Esse resultado *nos* surpreenderá.
- Esse resultado surpreender-*nos*-á.

2. Um dos casos inadmissíveis de colocação pronominal, mesmo na língua falada ou na língua popular, é a ênclise a futuro do presente ("farei-*lhe* um favor) ou a futuro do pretérito ("faria-*lhe* um favor").
Nesse caso só se admite a mesóclise, principalmente no início do período:

> - Far-*lhe*-ei um favor.
> - Dar-*te*-ei um conselho.

No corpo do período, depois de uma vírgula ou de pausa forte, podemos usar a próclise ou a mesóclise:

> - Eles chegaram, *me* entregaram o documento e se foram.
> - Eles chegarão, *me* entregarão o documento e irão embora.
> - Eles chegarão, entregar-*me*-ão o documento e irão embora.

3. Outro caso inadmissível é a ênclise a particípio:

> - "Tenho deliciado-*me*" com Machado de Assis.
> - "Haviam estimulado-*nos*" a continuar na corrida.

Nesse caso, se não houver fator de próclise, convém usar a ênclise ao auxiliar, sendo o hífen facultativo:

> - Tenho *me* deliciado com Machado de Assis.
> - Haviam-*nos* estimulado a continuar na corrida.

Convém notar que, na corrente de fala, o pronome oblíquo está muito mais ligado ao particípio que ao auxiliar: *medeliciado, nosestimulado*. Daí por que o uso do hífen se torna facultativo.

5. A colocação pronominal com as locuções verbais. Eis os principais casos:

1) locução verbal = verbo auxiliar + infinitivo:

> - Queríamos dizer-*lhe* muita coisa. (ênclise ao infinitivo)
> - Queríamos-*lhe* dizer muita coisa. (ênclise ao auxiliar, com hífen facultativo, no Brasil)
> - Nós *lhe* queríamos dizer muita coisa. (próclise ao auxiliar)
> - Começamos a *nos* preparar para as Olimpíadas.
> - Começamos a preparar-*nos* para as Olimpíadas.

A segunda opção é a preferida no português do Brasil, mesmo que haja fator de próclise e também no qual se prescinde do hífen:

> - Eu queria *lhe* dizer muita coisa.
> - Vocês devem *se* preocupar consigo mesmos.
> - Vocês não devem *se* preocupar com isso.
> - Já começamos a *nos* preparar para as Olimpíadas.

Importante
Com infinitivo, mesmo que haja fator de próclise, o pronome poderá ficar sempre enclítico:

> - Jamais hei de arrepender-*me* do que fiz.
> - Não quis magoar-*te*.
> - Já começamos a preparar-*nos* para as Olimpíadas.

Havendo preposição entre o verbo principal e o infinitivo, a colocação pronominal será, também, facultativa:

- Os meninos chegaram a *se* esbofetear.
- Os meninos chegaram a esbofetear-*se*.

2) locução verbal = verbo auxiliar + gerúndio:

- As nossas esperanças iam-*se* desfazendo. (ênclise ao auxiliar, com hífen facultativo, no Brasil)
- As nossas esperanças iam desfazendo-*se*. (ênclise ao gerúndio)
- Eu fui *me* envolvendo cada vez mais no relacionamento. (sem hífen, próprio do português do Brasil)
- Eu fui envolvendo-*me* cada vez mais no relacionamento. (ênclise ao gerúndio)

No português do Brasil, a primeira e a terceira opções são as preferidas, mesmo com fator de próclise e ainda sem o emprego do hífen:

- As nossas esperanças iam *se* desfazendo.
- As nossas esperanças não iam *se* desfazendo.
- Eu fui *me* envolvendo cada vez mais no relacionamento.
- Vocês foram *se* envolvendo cada vez mais nessa confusão.

Curioso que, no português do Brasil, no qual se consideram os pronomes retos como fatores de próclise, não é comum esta construção:

- Eu *me* fui envolvendo cada vez mais no relacionamento.
- Vocês *se* foram envolvendo cada vez mais nessa confusão.

No entanto, trata-se de colocação perfeitamente correta.

Importante
Havendo palavra atrativa, o pronome ficará proclítico ao auxiliar:

- As nossas esperanças não *se* iam desfazendo.

3) locução verbal = verbo auxiliar + particípio:

- Os alunos foram-*me* apresentados ontem. (ênclise ao auxiliar, com hífen facultativo)
- Os alunos *me* foram apresentados ontem. (próclise ao auxiliar)

Prefira a primeira colocação: é mais eufônica.
Havendo palavra atrativa, a próclise será, neste caso, de rigor:

- Os alunos não *me* foram apresentados.
- Hoje *se* tem feito muita propaganda enganosa.

Testes e exercícios

1. Assinale as alternativas corretas, tendo em vista a colocação pronominal:
a) Tudo se fez para evitar o acidente.
b) Daria-lhe um beijo se isso acontecesse.
c) Eu daria-lhe um beijo se isso acontecesse.

d) Aquilo perturbou-a?
e) Espero que você apoie-me.
f) Vestirei-me o mais rápido possível.
g) Quase que ia esquecendo-me de você.
h) Nós tínhamos levantado-nos tarde aquele dia.
i) Tu te tinhas deitado cedo?
j) Você poderia me ter encontrado ali, à janela.
k) Quem perguntou-lhe isso?
l) Elas nem viram-me entrar.
m) Já se fez a lição.
n) Deus lhe pague, meu filho!
o) Esta é a xérox que você enviou-me.
p) Tudo transforma-se neste mundo.
q) Aquilo deixou-nos perplexos.
r) Meus amigos, se lembrem das palavras de Cristo!
s) Farei o favor que pediu-me.
t) Mostraríamos-lhes nossa coleção se vocês nos mostrassem a sua.
u) Ali está o rapaz que diverte-se à custa dos outros.
v) Por que você disse-me que não iria ao estádio?
w) Faz tempo que não vejo Neusa. Você tem visto-a por aí?
x) O pai da moça se aproximou, lhe disse uns desaforos e levou-a para casa.
y) Veja se o Sr. Manuel, que tem ajudado-nos tanto, quer nos alugar a casa que brevemente vai se vagar e a cujo aluguel me refiri ontem, dizendo-lhe que está perfeitamente dentro do nosso orçamento.
z) Quando o aluno que achava-se na sala disse-me que o diretor esperava-me, me dirigi ao seu gabinete.

2. Reescreva as frases, usando corretamente os pronomes dados:
a) O diretor da escola recebeu educadamente. (**nos**)
b) Que Deus proteja, amigo! (**o**)
c) A menina vive olhando ao espelho. (**se**)
d) Qual de vocês submeterá ao exame? (**se**)
e) Remeterei tudo pelo Correio. (**lhe**)

Dos concursos e vestibulares

3. (FMU-SP) Assinale a alternativa correta:
a) O dinheiro que entreguei-lhe era meu.
b) No curso de Pedagogia estudaria-se provavelmente História da Educação.
c) Nunca enganamo-nos a esse repeito.
d) Em tempos de vacas magras, compra-se o indispensável.
e) Caso procurem-me, diga que viajei!

4. (BC) A colocação proclítica ou enclítica do pronome oblíquo é facultativa na frase:
a) Essa medida nos proporcionou uma qualidade de vida melhor.
b) Abrigamos nessa casa as pessoas que se encontravam em apuros.
c) Não se poupariam esforços nesse sentido.
d) Atravessaram por entre as árvores, sem que ninguém se desse conta.
e) "... certa auréola que te faz divina!" (Cruz e Sousa)

5. (UFBA) Assinale a frase errada:
a) As reuniões tornavam-se eventos de grande repercussão.
b) As reuniões se tornavam eventos de grande repercussão.
c) As reuniões se tornariam eventos de grande repercussão.
d) As reuniões tornariam-se eventos de grande repercussão.
e) As reuniões tornar-se-ão eventos de grande repercussão.

6. (TRE-MG) Assinale a frase incorreta:
a) Não pude dar-lhe os cumprimentos, por estar fora da cidade.
b) Agora tem se dado muito apoio técnico ao pequeno empresário.
c) Ter-lhe-íamos pedido ajuda, se o víssemos antes do resultado.
d) Como me propiciou momentos agradáveis, fui bastante paciente.
e) Quem o levará a tomar decisões tão importantes para o país?

7. (SFE-MG) Assinale a frase em que a colocação do pronome oblíquo está errada:
a) Em se tratando de ordens, obedeça!
b) Como lhe ocorreu isso?
c) Se convidarem-nos, iremos.
d) Pediu que me esforçasse muito.
e) Jamais me prenderão aqui.

8. (TJ-SP) Assinale a frase correta:
a) Se contentou com um salário regular.
b) Dar-me-iam nova oportunidade.
c) Farei-lhe o favor de esperar.
d) Não mudar-me-á o conceito sobre ela.
e) Sempre estive disposto a os receber em minha casa.

9. (MPE-SP) Assinale a alternativa correta, segundo a regra tradicional de colocação pronominal:
a) Sempre cumprimentaram-na pelo seu aniversário.
b) Poucos se negaram a participar da ação voluntária.
c) Este é o autor a que referiu-se o comentarista.
d) Me acusaram daquele ato de covardia.
e) Nunca diga-lhe que estive aqui.

10. F. Carlos Chagas) **Quando ... as provas, ... imediatamente!**
a) lhes entregarem – corrijam-as
b) lhes entregarem – corrijam
c) entregarem-lhes – corrijam-as
d) entregarem-lhes – as corrijam
e) lhes entregarem – corrijam-nas

11. (UECE-CE) A frase perfeita em relação à colocação pronominal é:
a) O namorado havia importado-se com os olhares estranhos.
b) Não vou devolver-lhe as cartas.
c) Nunca importei-me com esses detalhes.
d) Enviaremos-lhe todos os detalhes do contrato.
e) Felizmente, ninguém machucou-se.

12. (UFAC-1998) Observe o seguinte diálogo entre um rigoroso professor de gramática e uma ex-aluna sua:
– *"Professor, aonde o senhor andava, que eu nunca mais lhe vi?"*
– *"Nem a mim nem à gramática"* – respondeu-lhe o mestre, deixando-a um tanto embaraçada por não haver entendido o porquê da resposta.
Com certeza, outra teria sido a resposta do professor, se a pergunta da aluna tivesse sido esta:
a) "Professor, por onde o senhor tem andado, que eu nunca mais lhe vi?"
b) "Professor, por onde o senhor tem andado, que eu nunca mais o vi?"
c) "Professor, por onde Vossa Senhoria tem andado, que eu nunca mais vos vi?"
d) "Professor, aonde o senhor tem andado, que eu nunca mais lhe vi?"
e) "Professor, aonde o senhor tem andado, que eu nunca mais te vi?"

Soluções dos testes e exercícios
1. a) g) i) j) m) n) x) **2.** a) O diretor da escola nos recebeu (ou recebeu-nos) educadamente. b) Que Deus o proteja, amigo! c) A menina vive se olhando (ou vive olhando-se) ao espelho. d) Qual de vocês se submeterá ao exame? e) Remeter-lhe-ei tudo pelo Correio. **3.** d) **4.** a) **5.** d) **6.** b) **7.** c) **8.** b) **9.** b) **10.** e) **11.** b) **12.** b)

Lição 31
O EMPREGO DO INFINITIVO

1. Os infinitivos em português. Na língua portuguesa existem dois infinitivos: o *pessoal*, também chamado *flexionado,* e o *impessoal*, também chamado *não flexionado* ou *invariável.*
O infinitivo flexionado não existia no latim. Por isso nunca houve uniformidade quanto ao seu emprego em nossa língua.

2. O emprego do infinitivo flexionado (pessoal). Use sempre o infinitivo flexionado:

1) quando o infinitivo tiver sujeito próprio. Como nestes exemplos:

> - Ele acredita *estarmos* enganando-o.
> Note: o sujeito de *acredita* é *ele;* de *estarmos, nós.*

> - Convém *irem* vocês primeiro.
> Note: *convém* é verbo unipessoal, tem como sujeito toda a oração seguinte.

> - É preciso *cuidarmos* da Amazônia.
> Note: a expressão *é preciso* tem como sujeito toda a oração posterior.

> - Viu-se *caírem* duas maçãs da árvore.
> Note: o sujeito de *viu-se* é *caírem duas maçãs da árvore.*

Outros exemplos:

> - Creio *teres* ganho na megassena. Acertaste os seis números!
> - Vale a pena *tentarmos* outra vez.
> - Não será possível *viajarmos* amanhã.
> - Foi útil *recordares* esse fato.
> - O pai se sacrifica para *terem* os filhos um futuro feliz.
> - Está na hora de *embarcarmos.*
> - Não ouvi *baterem* à porta.
> - Ouvia-se *gritarem* as crianças.
> - *Trabalharmos* tanto! Para quê?
> - *Obteres* um favor dele?! Que esperança!

Note que em todos os exemplos, o infinitivo possui *sujeito próprio.* Veja, agora, estes exemplos, todos com locução verbal, em que só se encontra flexionado o primeiro verbo, isto é, o auxiliar:

> - *Queremos sair* bem cedo amanhã.
> Note que o sujeito de ambos os verbos é rigorosamente o mesmo; não há possibilidade nenhuma de que *sair* possua sujeito próprio, isto é, diferente do outro.

- Eles não *podiam reclamar* de nada.
- Vocês *costumam fazer* isso aos domingos?
- *Deveríamos esperá*-lo apenas dez minutos.

2) quando o infinitivo é regido de preposição ou de locução prepositiva e aparece no rosto da frase, isto é, antes do verbo da oração principal, é chamado verbo *regente*. Como nestes exemplos:

- Para *estudarmos,* estamos aqui, não para brincar.
- A fim de *encontrarem* o tesouro, chegaram os exploradores.
- Antes de *nascerem,* já são infelizes essas criaturas.
- Sem *trabalhardes,* nada conseguireis.
- Para *lermos* um livro desses, precisamos primeiro de muita cultura.
- Apesar de *estarmos* com sede, não pedimos água.
- Depois de *ficarmos* em pé duas horas, sentimos muito cansaço.
- Além de *incomodares* a todos, não ajudas a ninguém!
- Em vez de *reclamarmos,* trabalhemos!
- Ao invés de *sorrirmos,* devíamos chorar.

3) quando *ao + infinitivo* equivalem a uma oração temporal. Como nestes exemplos:

- *Ao chegarmos,* encontramos tudo sujo.
= *Quando chegamos,* encontramos tudo sujo.

- *Ao saírem,* fechem a porta!
= *Quando vocês saírem,* fechem a porta!

- *Ao dizeres* isto, lembra-te de mim!
= *Quando tu disseres isto,* lembra-te de mim!

- *Ao veres* este lenço, lembra-te dos momentos felizes que juntos vivemos!
= *Quando tu vires este* lenço, lembra-te dos momentos felizes que juntos vivemos!

Importante
Só modernamente é que a língua fixou o uso do infinitivo flexionado neste caso. Documentos do idioma nos mostram que se usava, em idênticas circunstâncias, o infinitivo invariável.

4) Quando se quer indeterminar o sujeito. Como nestes exemplos:

- Faço isso para não me *acharem* louco.
- Tenho de agir assim para me *promoverem.*
- Ela não sai à rua a fim de não *falarem* mal de sua conduta.

Afora esses casos, use sempre o infinitivo invariável, aquele que existe para enunciar a ação de maneira vaga, geral e indeterminada.

5) Quando, tendo sujeito próprio, o infinitivo encabeça um sujeito oracional:

- É comum *aparecerem* macacos por aqui.
- Foi importante *estarem* os policiais por perto.

Luiz Antonio Sacconi

3. O emprego do infinitivo invariável (não flexionado ou **impessoal).** Eis os principais casos do uso do infinitivo invariável:

1) quando o infinitivo enuncia uma ideia vaga, muito genérica, sem referência a uma pessoa determinada, específica. Como nestes exemplos:

- *Viver* é *lutar.*
- *Querer* é *poder.*
- *Fumar* prejudica a saúde.
- É proibido *colar* cartazes neste muro.
- Não é permitido *entrar* sem paletó.
- É preciso *lutar* contra a guerra.
- Não será possível *viajar* amanhã.
- Vale a pena *ter* fé e esperança.

2) quando os infinitivos estão presos a um adjetivo através da preposição *de.* Como nestes exemplos:

- Este abacaxi é fácil de *descascar.*
- Aquele menino é difícil de *convencer.*
- A peroba é madeira dura de *vergar.*
- Esses remédios são ruins de *tomar.*
- Esses discos são agradáveis de *ouvir.*
- Esta água é boa de *beber.*

Por isso, você deve evitar construções assim:

- Este abacaxi é fácil de "se"descascar.
- Esses sons são agradáveis "se" ouvir.

O motivo é simples: o infinitivo, por si só, já traz indeterminado o agente da ação. A construção possui sentido passivo:

- Este abacaxi é fácil de *ser descascado.*
- Esses sons são agradáveis de *serem ouvidos.*

Não obstante, alguns veem aí sujeito indeterminado:

- Este abacaxi é fácil de (*alguém*) descascar.
- Esses sons são agradáveis de (*alguém*) ouvir.

Nesse caso, a frase com o pronome *se* passa a ser aceita.

3) quando os infinitivos substituem imperativos:

- *Marchar,* soldados!
- *Escrever* o nome três vezes!
- *Esquerda,* volver!

Marchar equivale a *marchai, escrever* a *escreva,* e *volver* a *volvei.*

Nossa gramática simplificada

4) quando *a* + *infinitivo* equivalem a um *gerúndio*. Como nestes exemplos:

- Ficamos a noite toda *a estudar*.
= Ficamos a noite toda *estudando*.

- O pai estava *a gritar* com os filhos.
= O pai estava *gritando* com os filhos.

5) quando se trata de locuções verbais, isto é, quando o infinitivo é indesdobrável, não possuindo sujeito próprio. Como nestes exemplos:

- *Quero estar* em paz com todos.
- *Pretendemos chegar* de madrugada.
- Elas *sabem desenhar* muito bem.

6) quando o infinitivo for complemento nominal de adjetivos. Como nestes exemplos:

- Estes são livros dignos de *ser* lidos.
De ser lidos é complemento nominal de *dignos*.

- Conheci crianças ávidas por *aprender*.
Por aprender é complemento nominal de *ávidas*.

7) quando o infinitivo se liga a um substantivo por meio de preposição. Como nestes exemplos:

- Tenho ainda alguns livros *por publicar*.
- Existem ainda algumas contas *por pagar*.

Importante
Em frases como:

- Vocês tinham razão de *agir* duro com seus filhos,
- Ninguém lhes deu o direito de *entrar* aqui,
- Tais fotos são dignas de *ser* analisadas,

não há nenhuma dúvida sobre o sujeito do infinitivo. Daí ser desnecessária a flexão. Isso ocorre principalmente quando o infinitivo, regido de preposição, é complemento de substantivo ou de adjetivo.

4. Os casos facultativos. Existem alguns casos em que você pode usar ou o infinitivo flexionado, ou o invariável, indiferentemente:

1) quando o infinitivo for regido de preposição, com exceção de **a**. Como nestes exemplos:

- Fomos à casa de Cristina para *cumprimentar* (ou *cumprimentarmos*) seus pais.
- Estamos aqui para *trabalhar* (ou *trabalharmos*).
- Eles vieram somente a fim de *empanar* (ou *empanarem*) o brilho da festa.
- Elas disseram isso sem *pensar* (ou *pensarem*).

389

Importante

Dá-se preferência ao infinitivo invariável, principalmente quando próximo do verbo regente (como no segundo e no último exemplo).

2) quando o verbo regente for qualquer destes: *mandar, fazer, deixar* (chamados verbos *causativos)* e *ver, ouvir* e *sentir* (chamados verbos *sensitivos*):

> - Mandei os alunos entrar (ou *entrarem*).
> - Deixem as crianças *dormir* (ou *dormirem*)!

No entanto, quando o infinitivo estiver distante do verbo regente, usa-se somente o infinitivo flexionado:

> - O diretor mandou mães, pais, avós, tios e todos os responsáveis por alunos *entrarem*.
> - Deixem as pobres criancinhas desta escola *brincarem*!

Quando o sujeito do infinitivo é constituído por substantivo (como nos exemplos iniciais), usa-se indiferentemente o infinitivo variável ou o invariável. Não obstante, se usado pronome oblíquo, será de rigor o uso do invariável:

> - Mandei os rapazes *entrar* (ou *entrarem*).
> - Deixem as crianças *dormir* (ou *dormirem*)!

Mas:

> - Mandei-os *entrar*.
> - Deixem-nas *dormir!*

Se, por outro lado, o sujeito do infinitivo aparece posposto, usa-se obrigatoriamente o invariável. Eis exemplos:

> - Mandei *entrar* os rapazes.
> - Deixem *dormir* as crianças!

Aliás, a construção legítima, encontrada nos documentos mais antigos do idioma, é exatamente esta, e somente esta, com posposição rigorosa do infinitivo (sempre no singular) ao verbo regente.

Todavia, enunciando o infinitivo *reciprocidade* ou *reflexibilidade* de ação, usa-se unicamente o infinitivo flexionado. Ex.:

> - Vi os alunos *abraçarem-se* alegremente.
> - Vi-os *abraçarem-se* alegremente.
> - Vi *abraçarem-se* alegremente os alunos.
>
> - Fiz os inimigos *se cumprimentarem*.
> - Fi-los *cumprimentarem-se*.
> - Fiz *cumprimentarem-se* os inimigos.
>
> - Mandei as meninas *verem-se* ao espelho.
> - Mandei-as *verem-se* ao espelho.
> - Mandei *verem-se* ao espelho as meninas.

- Deixe os meninos *vestirem-se* como quiserem!
- Deixe-os *vestirem-se* como quiserem!
- Deixe *vestirem-se* os meninos como quiserem!

3) com o *verbo parecer:*

- As crianças parecem *gostar* do professor.
- As crianças parece *gostarem* do professor.

Importante

Usando-se o verbo *parecer* no plural, ele é auxiliar e, assim, forma com o infinitivo uma locução verbal: *parecem gostar*. Usado no singular, porém, *parecer* é unipessoal e intransitivo:

- *Parece* gostarem do professor as crianças.

Na verdade, essa frase está na ordem inversa, já que a ordem direta é:

- As crianças *parece* gostarem do professor.

Testes e exercícios

1. Identifique as frases corretas quanto ao emprego do infinitivo:
a) Mande os meninos entrar e deixe-os fazer o que bem entendem!
b) Faça-os sentar e depois mande-os tomar banho!
c) Os livros parecem estarem sujos.
d) Sem trabalhares, não poderás viver.
e) Fomos a sua casa a fim de passar algumas boas horas.
f) Queremos trabalharmos.
g) Estamos cansados de ouvir tanta mentira.
h) Julgam, aqueles alunos, saber todas as coisas.
i) Uma vez aconteceu acabar todos os nossos mantimentos.
j) Pedro e Paulo são pessoas difíceis de convencer.
k) Tivemos muita paciência para aguentarmos suas blasfêmias.
l) Para nos consolarmos, procuramos boa distração.
m) Por desejar tudo, perdemos muito.
n) Ouvi as crianças chorar à noite.
o) Senti as pernas cambalear.
p) Os homens parece aborrecerem-se com tudo.
q) A fumaça faz as abelhas fugir.
r) Não deixe os menores entrar na boate!
s) Ao entrar no pátio do colégio, os alunos se surpreenderam com a multidão que lá havia.
t) Ao tentar desviar do poste, os motoristas acabavam caindo no buraco.
u) Costumávamos, àquela época, levantarmo-nos cedo.
v) Isso prova ser inúteis nossos esforços.
w) Vi-os morrer e depois senti-os ressuscitar.
x) O velho ficava à janela, vendo as pessoas passar.
y) Os trabalhadores foram falar com o diretor, para ter aumentados seus salários.
z) As antenas das casas parecia caírem.

2. Assinale as frases que trazem emprego inadmissível do infinitivo:
a) O governo autorizou os operários a entrar em greve.
b) Os alunos foram obrigados a entrar em aula.

Luiz Antonio Sacconi

c) Ganhamos o direito de votar para presidente.
d) As pessoas podem, quando quiserem, nos fazerem uma visita.
e) As crianças já saíram, mas fá-las retornar, fá-las retornar!
f) Os policiais não podiam deixarem de intervirem.
g) Por comer pouco, acabarás ficando macérrimo!
h) Para pedir dinheiro, todos têm boa boca.
i) Vi os alunos sair às pressas.
j) Vi sair os alunos às pressas.

3. Assinale as frases corretas:
a) Vocês não têm o direito de gritar comigo.
b) Os professores não podem fazerem dois trabalhos ao mesmo tempo.
c) Ouvi falarem mal de você por aí.
d) As crianças adoram comerem chocolate.
e) O presidente repreendeu os ministros, por usarem dinheiro público em viagens particulares.

4. Flexione o infinitivo somente quando absolutamente necessário:
a) O capitão forçou os soldados a entrar na mata.
b) Em vez de ficar resmungando, trabalhem!
c) Esperamos vencer todas as dificuldades.
d) Disseram-me ter vendido tua casa por preço baixo. Por que o fizeste?
e) Estamos aqui para ouvir suas pretensões.
f) Apesar de estar sem ânimo nenhum, continuamos a trabalhar.
g) Isso prova ser inúteis quaisquer esforços de nossa parte.
h) Estávamos cansados de ouvir tanta asneira.
i) Todos podiam assistir ao jogo sentados.
j) Ao entrar no palco, os atores aplaudiram a plateia.

5. Assinale as frases que trazem infinitivo:
a) Se colarmos cartazes nos muros, que acontecerá?
b) Ao colarmos cartazes no muro, multaram-nos.
c) Vocês podem pegar prisão por causa disso.
d) Se pegarmos prisão, como ficarão nossos filhos?
e) É preciso obedecer às leis em vigor.
f) É imprescindível acabarmos com a impunidade no país.
g) Quem se vir prejudicado, que reclame!
h) No momento que deixar o vício, verá que sua saúde melhorará.
i) Se você revir seus conceitos, dar-lhe-ei uma nova chance.
j) Se eu vir seus filhos na rua, mandá-los-ei para casa.

Soluções dos testes e exercícios
1. a) b) d) e) g) h) j) k) l) n) o) p) q) r) w) x) y) z) **2.** d) f) g) **3.** a) c) e) **4.** b) ficarem d) teres f) estarmos g) serem j) entrarem **5.** b) c) e) f)

392

Lição 32
A CRASE

1. O que é crase. *Crase* é o nome que se dá ao fenômeno da fusão de dois sons iguais e, neste caso especificamente, de dois *aa*. Ex.:

- Vou **a** (prep. pedida pelo verbo) + **a** (artigo exigido pelo subst.) cidade = Vou **à** cidade.

Note: há dois sons iguais: *a* (preposição pedida pelo verbo) e *a* (artigo que acompanha o substantivo *cidade*). Em vez de escrevermos: Vou *aa* cidade (o que não seria inteligente), usamos apenas um **a**, e indicamos a crase com o sinal grave: **à**.

Crase, portanto, não é o nome do acento, mas sim do fenômeno de fusão de dois sons iguais. E é uma designação que não se aplica somente ao **a**, mas a qualquer vogal. A palavra *cor,* por exemplo, para chegar à grafia atual sofreu crase. Veja: a palavra latina *color* passou com o tempo a *coor* e, por crase (oo = o), a *cor*.

2. Quando você DEVE USAR **o sinal da crase.** Eis os casos que exigem o sinal da crase:

1) antes de substantivo feminino que exija artigo:

- Vou *à* cidade.
(Note que o substantivo *cidade* exige artigo. Nós usamos: *A* cidade é grande.)

- Irei *à* Lua.
(Nós usamos: *A* Lua é pequena.)

Se o substantivo feminino não exigir artigo, não haverá acento:

- Vou *a* Roma.
(Note que o substantivo *Roma* não exige artigo. Nós usamos: Roma é grande, ou seja, sem o artigo.)

- Irei *a* Brasília.
(Nós usamos: Brasília é grande, ou seja, sem o artigo.)

2) antes de nome de cidade com modificador:

- Vou, amanhã, *à* Roma dos Césares.
- No próximo mês, regressarei à Berlim do meu coração.

Note que dizemos ou escrevemos:

- **A** Roma dos Césares é interessante.
- **A** Berlim do meu coração está unificada.

3) antes de numeral, quando indica hora:

- Cheguei *às* duas horas de Milão.
- Fui ao colégio *às* oito horas.
- Retornei de Berlim *à* uma.
- Estive em sua casa *à* uma hora da madrugada.

4) antes de substantivo (masculino ou feminino), quando se omite a palavra *moda* ou *maneira:*

- Ela ainda usa sapato *à* Luís XV.
(Isto é: sapato *à moda de* Luís XV.)

- Queremos um bife à milanesa.
(Isto é: um bife *à moda* milanesa.)

- Fiz uma redação *à* Machado de Assis.
(Isto é: uma redação *à maneira de* Machado de Assis.)

5) nas locuções adverbiais, prepositivas e conjuntivas:

- *Às vezes,* vou ao cinema.
  loc. adv.

- Estamos *à espera de* socorro.
     loc.prep.

- Meu desespero aumenta *à medida que* o tempo passa.
       loc. conj.

6) antes dos pronomes demonstrativos *aquele, aqueles, aquela, aquelas* e *aquilo,* quando regidos de preposição:

- Nunca mais fomos *àquele* lugar.
(Note: quem vai, vai **a** algum lugar; houve, portanto, fusão da prep. com o *a* do pronome.)

- Procure dirigir-se *àquela* farmácia urgentemente!
- Não me refiro *àquilo.*

7) nas expressões do tipo *à bala, à chave, à faca, à vista, à distância* (quando determinada), etc.:

- O homem matou o lobo *à bala.*
- Guardei o dinheiro *à chave.*
- Vendemos somente *à vista.*
- O inimigo estava *à distância de 500 metros.*

Quando não se determina a distância, não se usa o acento:

- Os guardas observavam a manifestação de estudantes *a distância.*
- Ensino *a distância.*

3. Quando você NÃO DEVE USAR **o sinal da crase.** Eis os casos em que você não pode usar o sinal da crase:

Nossa gramática simplificada

1) antes de substantivo masculino:

- Ela gosta de bife *a* cavalo.
- Esta loja não vende *a* prazo.

2) antes de substantivo feminino tomado em sentido genérico ou indeterminado:

- Nunca fui *a* festa, *a* reunião, *a* parte alguma.
- Ninguém ficou exposto *a* chuva, *a* neve ou *a* coisa alguma.

3) antes do artigo indefinido *uma:*

- Dirigi-me *a* uma pessoa das presentes.
- Falei *a* uma senhora que estava ao meu lado.

4) antes de substantivos repetidos, nas locuções adverbiais:

- Gota *a* gota o tanque se encheu.
- Os contendores estão, agora, frente *a* frente.
- Enfrentei-o cara *a* cara.
- Lemos o livro de ponta *a* ponta.

5) antes da palavra *casa,* quando significa *residência própria de quem fala* ou *da pessoa a quem se faz referência:*

- Não fui *a* casa hoje.
- Ele voltou *a* casa para buscar dinheiro.

Todavia, se a palavra *casa* vem com modificador, usa-se o acento:

- Não fui *à* casa dela hoje.
- Ele voltou *à* casa da mãe para buscar dinheiro.

6) antes da palavra *terra,* quando antônima de *bordo:*

- Os tripulantes do navio ainda vieram *a* terra.
- Pessoal, precisamos ir *a* terra: não temos mantimento.
- Graças ao comandante, chegamos bem *a* terra, malgrado a violenta tempestade que enfrentamos em alto-mar.

7) antes de nome próprio de cidade:

- Vou *a* Santos.
- Cheguei *a* Salvador de madrugada.

Havendo modificador, o acento é obrigatório:

- Vou *à* Santos das belas praias.
- Cheguei *à* Salvador das belas morenas.

8) antes de todos os pronomes que não admitem artigo:

- Dei *a* esta moça o melhor presente.
- Não entregue o dinheiro *a* ninguém.
- Obedeço *a* toda sinalização de trânsito.
- Dirigíamo-nos *a* cada pessoa que passava na rua.

Luiz Antonio Sacconi

- Imploramos *a* qualquer pessoa de boa vontade que nos ajudasse.
- Não estou fazendo alusão *a* nenhuma das pessoas presentes.
- Eles estão dispostos *a* tudo.
- Oferecemos *a* vocês todas as facilidades de pagamento.
- Entregue este documento *a* Sua Excelência.
- Estou contando *a* Vossa Majestade o que ouvi.
- Falei somente *a* ela e *a* ti sobre isso.
- O livro *a* que me refiro foi escrito no ano passado.
- Ivã e Hersílio, *a* cuja mãe devo mil obrigações, são ótimos amigos.

9) antes de verbo:

- Estamos dispostos *a* colaborar.
- O horário de verão começa *a* partir da zero hora.

10) antes de nome próprio de pessoa célebre:

- O professor se refere *a* Maria Antonieta.
- Ninguém aqui poderá fazer alusão *a* Joana d'Arc.

11) antes de qualquer substantivo no plural, tomado em sentido genérico:

- Não me refiro *a* mulheres, mas *a* homens.
- Ele diz que não vai *a* festas de aniversário.
- Jamais se dirija *a* crianças!
- O prefeito não dá ouvido *a* reclamações.

12) antes de algumas locuções adverbiais de modo com substantivo no plural, tais como:

- Os meninos brigaram *a bofetadas.*
- *A duras penas,* vencemos na vida.

Usando-se toda a expressão no plural, torna-se obrigatório o acento:

- Os meninos brigaram às *bofetadas.*
- *Às duras penas,* vencemos na vida.

4. Quando o uso do sinal da crase é FACULTATIVO. Nestes casos, você pode usar ou não o sinal grave, indiferentemente:

l) antes de possessivo:

- Dei isto *a* (ou *à*) sua professora.
- Ofereci um prêmio *a* (ou à) minha melhor aluna.

Não obstante, antes de possessivos acompanhados de nome de parentesco, não se usa o sinal:

- Dei isto *a* minha mãe.
- Entreguei o prêmio *a* nossa irmã.

2) antes de nome próprio de pessoa:

- Escrevi *a* (ou *à*) Cristina.

396

Costuma-se usar o acento somente quando a pessoa faz parte do nosso círculo de amizades. Caso contrário, não.

3) antes destes nomes próprios de lugares: *Europa, Ásia, África, França, Inglaterra, Espanha, Holanda, Escócia* e *Flandres:*

- Fui *a* (ou *à*) Europa o ano passado.
- Cheguei *a* (ou *à*) Holanda no Dia do Trabalho.

4) com a locução *até a,* antes de palavra feminina:

- Vou *até a* (ou *até à*) cidade.
- Iremos *até a* (ou *até à*) feira.

Testes e exercícios

1. Use o sinal da crase, mas somente quando absolutamente necessário:
a) O menino deu explicação a professora.
b) Presenciei o assalto a bolsa da pobre senhora.
c) Sou contrário a essa escolha.
d) Paulo é favorável a medida.
e) O aluno indisciplinado foi chamado a diretoria.
f) Não me curvarei as suas pretensões.
g) O presidente assistiu a toda a conversa.
h) Chegamos ao Japão exatamente a meia-noite.
i) Prefiro doces a salgados.
j) O cientista se entrega as pesquisas.
k) Das duas as quatro, estive a sua espera.
l) Presto-lhe um voto de louvor por sua dedicação a nação.
m) O motorista está a disposição.
n) A reunião foi a portas fechadas.
o) Nunca faça barba a faca nem a facão!
p) Atacaram a ladra a socos e pontapés.
q) Cheguei a casa deles a uma da madrugada.
r) Refiro-me justamente a você.
s) O homem matou a fera a cacetadas.
t) Nunca fiz referência a Vossa Senhoria nas reuniões.
u) Quanto as dificuldades surgidas, pede-se a colaboração de todos.
v) As maçãs custam dez reais a dúzia.
w) Trabalhamos de segunda a sábado, sem parar.
x) Os marginais não têm respeito a vida humana.
y) A loja vende a prestação e tudo a partir de R$2,00.
z) Abrimos de domingo a domingo.

2. Continue:
a) Não respondi ainda a sua carta.
b) Foi o melhor filme a que assisti na vida.
c) Gosto muito de todo alimento que seja a milanesa.
d) Nada tenho a declarar.
e) A polícia está a cata de informações.
f) Não dou a menor importância a tais boatos.
g) Nosso sítio está situado a margem esquerda do rio.

Luiz Antonio Sacconi

h) Paula chegou a sacada e viu sua irmãzinha a janela.
i) Exijo pagamento a vista e não a prazo.
j) Pedi a empregada que me acordasse a zero hora.
k) A chegada do presidente, ouviram-se aplausos e vaias.
l) Devemos evitar as más companhias.
m) Resista sempre as más influências!
n) Ofereci este presente a irmã de Paulo, e não a sua irmã.
o) Viajo sempre as segundas-feiras, e não as terças.
p) A semana passada viajei muito: fui a Minas Gerais, a Bahia, a Sergipe, a Pernambuco e, finalmente, regressei a capital.
q) Ele fez uma redação a Machado de Assis.
r) Apagaram-se as luzes; procuramos, então, a luz de uma vela, o anel desaparecido.
s) Não é permitida a entrada a menores de idade.
t) Não é permitido entrada as menores de idade.
u) A hora da chegada não vimos o anfitrião nem a anfitriã.
v) A partir da zero hora começava o horário de verão.
w) A certa altura ela me disse um desaforo.
x) O carro estava a trezentos quilômetros por hora.
y) Os vizinhos continuam as turras.
z) O animal foi morto a pancadas.

3. Substitua o asterisco por **a**, **à**, **as** ou **às**, conforme convier:
a) Este assunto não é acessível * mulheres.
b) O ministro concedeu entrevista * imprensa.
c) Devemos sempre obedecer * leis de trânsito.
d) Todos devem bater * porta, antes de entrar.
e) Ela é favorável * construção da ponte.
f) O cigarro é prejudicial * saúde.
g) O professor a obrigou * sair da sala por ser preconceituosa.
h) Essa é a garota * qual entreguei o livro.
i) Ontem * noite, eu, Maria e Cristina assistimos * cena que hoje os jornais publicam.
j) O mundo esteve * beira da III Guerra Mundial em 1962.
k) A ré foi condenada * morte.
l) O navio foi visto * distância.
m) O navio foi visto * distância de mil milhas.
n) Ouvia-se o barulho da água indo de encontro * pedras.
o) Esportes, exercícios, caminhadas, tudo isso dá brilho * pele.
p) Fomos * Santos, depois * Porto Alegre e, finalmente, retornamos * São Paulo.
q) Chegamos * conclusão de que tudo está errado.
r) Ele foi ao baile * fantasia vestido * Napoleão.
s) Os pássaros estão morrendo * dezenas.
t) Tenhamos amor * natureza, * árvores, * tudo que existe no planeta!
u) O país começa * voltar * normalidade.
v) Compareci * homenagem * rainha da Inglaterra.
w) * noite, geralmente, saímos * passeio pelo calçadão da Beira-Mar.
x) Bons alunos não faltam * aula.
y) Bons alunos não faltam * aulas.
z) Obedeça * sinalização!

4. Assinale as frases corretas quanto ao uso ou omissão do sinal da crase:
a) Há muito tempo que o Acre foi anexado à nossa República.
b) Estou as suas ordens, disse o sargento ao tenente.

c) Durante as festas, comeu-se muito arroz a grega.
d) "Ouviram do Ipiranga às margens plácidas."
e) Dois navios estavam sendo seguidos a distância.
f) O rapaz me cumprimentou com um sorriso à Sílvio Santos.
g) Não assisto à TV nem muito menos a filmes dublados.
h) Susana deu à luz linda menina exatamente à uma da madrugada.
i) Preenchi o formulário à lápis.
j) Tenho um carro que funciona a gás, à gasolina e a etanol.

Dos concursos e vestibulares

5. (FEC) Em um dos itens abaixo, há erro no emprego do acento da crase. Assinale-a:
a) Toda noite assisto a novelas.   b) Chegamos à noite e saímos às pressas.
c) Não estávamos dispostos à estudar.   d) Pensou que ia à Bahia.
e) Não disse nada à mãe e saiu.

6. (ESAF-TTN) **Comunicamos ... V.S.ª que encaminhamos ... petição anexa ... divisão de fiscalização que está apta ... prestar ... informações solicitadas.**
a) a – a – à – a – as   b) à – a – à – a – às   c) a – à – a – à – as
d) à – à – a – à – às   e) à – a – à – à – as

7. (FAETEC) Assinale a alternativa que não contenha erro quanto ao uso da crase:
a) Chegou a uma hora em ponto.
b) Ele se referia às candidatas interessadas.
c) Naquela cidade não se obedece a lei.
d) Tu costumas andar à pé?
e) Caminhei de ponta à ponta da praia.

8. (SERPRO) **... poucos quilômetros da capital ... uma vila que ... quintas-feiras promove uma festa folclórica em homenagem ... seus artesãos.**
a) A – há – às – a   b) Há – há – às – à   c) Há – há – as – à
d) A – a – as – a   e) À – há – as – à

9. (ESAF) Aponte a alternativa em que não ocorra erro no uso do acento indicativo de crase:
a) Caminhava passo à passo a procura de um lugar onde pudesse estar à vontade.
b) Sempre me dirigia aquele lugar, pontualmente às dez horas.
c) Àquela hora ninguém estaria disposto à fazer mais nada.
d) A vontade daquele homem era ir a Roma ver o Papa.
e) Não conte aquilo à ninguém.

10. (MACK-SP) **... vezes, não ... considero como amiga, mas ... estas horas, sua ausência traz-me tão grande saudade! Habituei-me ... boa vida de regalias ... mais de quinze anos.**
a) As – a – à – aquela – há b) Às – a – a – àquela – há c) Às – a – às – aquela – há
d) Às – a – às – aquela – a e) As – à – a – aquela – há

11. (TRT-PI) **Após ... reunião, todos foram ... sala, para assistir ... chegada dos hóspedes.**
a) a – à – a   b) à – à – à   c) a – à – à   d) à – a – a   e) a – a – a

12. (AFA) Assinale a frase gramaticalmente correta:
a) O Papa caminhava à passo firme.

Luiz Antonio Sacconi

b) Foi ao tribunal disposto à falar ao juiz.
c) Chegou à noite, precisamente as dez horas.
d) Esta é a casa à qual me referi ontem a minha chegada.
e) Ora aspirava a isto, ora aquilo, ora a nada.

13. (BC) **Ele assistiu ... peça, chegou ... aplaudi-la de pé, ficando ... poucos metros do palco.**
a) à – à – há   b) à – a – a   c) a – a – à   d) à – a – há   e) a – à – a

14. (TRT-PE) Assinale a alternativa que não contém erro de crase:
a) Cheguei a casa as dez horas.   b) Cheguei a casa às dez horas.
c) Cheguei a casa de meus pais às dez horas. d) Cheguei à casa as dez horas.
e) Cheguei a casa de meus pais as dez horas.

15. (BB) **Esse pessoal obedece ... um estrangeiro, radicado ... tempos no Brasil, e se apresenta todos os dias ... hora do almoço.**
a) à – à – a   b) a – há – a   c) à – a – a   d) a – há – à   e) a – a – à

16. (UF-RS) **Quanto ..... suas exigências, recuso-me ..... levá-las ..... sério.**
a) às – à – a   b) às – a – à   c) a – a – a   d) à - a – à   e) as – a – à

17. (UC-BA) **Afeito ... solidão, esquivava-se ... comparecer ... comemorações sociais.**
a) à – a – a   b) à – à – a   c) à – a – à   d) a – à – a   e) a – a – à

18. (UF-RS) **Somente ... longo prazo será possível ajustar-se esse mecanismo ... finalidade ... que se destina.**
a) a – à – a   b) à – a – a   c) à – a – à   d) à – à – a   e) à – à – à

19. (SANTA CASA-SP) **Aconselhei-o ... que, daí ... pouco, assistissse ... novela.**
a) a – à – a   b) à – à – a   c) a – a – à   d) à – a – à   e) a – a – a

20. (BACEN) Assinale a opção incorreta quanto à crase:
a) Eu compro à vista no supermercado.   b) Digo adeus à ilusão.
c) Dirigiu-se a ela a passos lentos.   d) Estou disposto a contar tudo a senhora.
e) Não tenho coragem de sair à noite.

21. (FUVEST-SP) **... noite, todos os operários voltaram ... fábrica e só deixaram o serviço ... uma hora da manhã.**
a) Há – à – à   b) A – a – a   c) Há – à – a   d) À – a – há   e) À – à – à

22. (ESA) **1. Ouviu-se o apito de um trem igual ... que ouvira na infância. 2. Habituara-se ... boa vida de solteiro. 3. Os adultos vivem dizendo para fazer isso e não ... .**
a) àquele – aquela – aquilo   b) àquele – àquela – àquilo
c) àquele – àquela – aquilo   d) aquele – àquela – aquilo
e) aquele – aquela – àquilo

23. (ECT) **Ficaram frente ... frente, ... se olharem, pensando que dizer uma ... outra.**
a) à – à – a   b) a – à – a   c) a – a – à   d) à – a – a   e) à – a – à

400

Nossa gramática simplificada

24. (MACK-SP) **Agradeço ... Vossa Senhoria ... oportunidade para manifestar minha opinião ... respeito.**
a) à – a – à   b) à – a – a   c) a – a – à   d) a – a – a   e) à – à – a

25. (FEC-RJ) **Não sei ... quem devo dirigir-me se ... funcionária desta seção ou ... da seção de protocolo.**
a) a – a – a   b) a – à – a   c) a – à – à   d) à – a – à   e) à – à – à

26. (FUVEST-SP) Indique a forma que não será utilizada para completar a frase seguinte: **Maria pediu ... psicóloga que ... ajudasse ... resolver o problema que ... muito ... afligia.**
a) preposição (a)   b) pronome pessoal feminino (a)   c) artigo feminino (a)
d) verbo haver indicando tempo (havia)   e) crase (à)

27. (CESGRANRIO-RJ) Assinale a opção em que se omitiu o acento indicativo de crase:
a) Comprei o celular a duras penas.
b) Demos aquele funcionário o livro e o documento.
c) Face a face, ele despediu o funcionário.
d) Por favor, releia a S.Ex.ª os fatos acontecidos.
e) O diretor se referiu a ela com elogios.

28. (BRB) Nas opções abaixo, há uma incorreta. Assinale-a:
a) Sirvo São Paulo à trinta anos.
b) Fiz alusão à Curitiba atual, não à antiga.
c) Em quatro anos, a América pode criar maravilha igual à que a Europa levou vinte.
d) Falava ela àquela distinta senhora, sem dar consideração às pessoas presentes.
e) Peço anexar à conta de minhas dívidas mais este grande favor.

29. (FEC-TRT-BA) **... beira do leito, assistiu ... amiga, hora ... hora, minuto ... minuto, sempre ... espera de um milagre.**
a) À – à – à – a – à   b) A – a – a – a – à   c) À – a – a – a – à
d) À – a – à – à – à   ) A – a – à – a – a

30. (CESESP-PE) Observe as alternativas e assinale a que não contiver erro em relação à crase:
a) Rabiscava todos os seus textos à lápis para depois escrevê-los à máquina.
b) Sem dúvida que, com novos óculos, ele veria a distância do perigo, aquela hora do dia.
c) Referia-se com ternura ao menino, com afeto às meninas e, com respeito, a várias pessoas menos íntimas.
d) Àquela distância, os carros só podiam mesmo bater; não obedeceram as regras do trânsito.
e) Fui à Maceió provar um sururu à moda.

Soluções dos testes e exercícios
1. a) à b) à d) à e) à h) à j) às k) às l) à m) à o) à faca (no português do Brasil) q) à; à u) às x) à y) à; a **2.** c) à e) à g) à h) à; à i) à vista j) à; à k) À l) m) às n) à irmã o) às; às p) à Bahia; à capital q) à r) à t) às u) À y) às **3.** a) a b) à c) às d) à e) à f) à g) a h) à qual i) à; à j) à k) à l) a m) à n) às o) à p) a; a; a q) à r) à; à s) às t) à; às; a u) a; à v) à; à w) À; a x) à y) a (ou às) z) à **4.** b) e) f) g) h) j) **5.** c) **6.** a) **7.** b) **8.** a) **9.** d) **10.** b) **11.** c) **12.** d) **13.** b) **14.** b) **15.** d) **16.** c) **17.** a) **18.** a) **19.** c) **20.** d) **21.** e) **22.** c) **23.** c) **24.** d) **25.** c) **26.** c) (embora o artigo feminino esteja implícito no à: pediu à psicóloga – teste mal elaborado) **27.** b) **28.** a) **29.** c) **30.** c)

401

Lição 33
A PALAVRA QUE

1. As classificações e funções da palavra QUE. A palavra *que*, morfologicamente, possui 23 classificações. Sintaticamente, o pronome relativo exerce as mais variadas funções. Veremos inicialmente as classificações morfológicas. A palavra *que* é:

2. Substantivo: quando precedida de artigo ou de pronome adjetivo:

- Essa menina tem um *quê* de Cristina.
- "O olhar de uma mulher tem sempre um *quê* de abismo" (LÚCIO DE MENDONÇA).
- Todos os *quês* são monossílabos.

Neste caso, o acento é obrigatório. No entanto, quando se faz referência a um *que* não acentuado, por princípio de coerência deve-se dispensar o acento, embora esse *que* seja substantivo. Vejamos um exemplo, que esclarece:

- Na frase *tenho a impressão de que vai chover*, esse *que* é conjunção subordinativa integrante. Trata-se de um elemento referencial.

Seria um contrassenso acentuar o *que* nessas circunstâncias, embora seja um substantivo.

3. Pronome adjetivo exclamativo: quando acompanha o substantivo, em frases exclamativas:

- *Que* ideia fabulosa a sua!
- *Que* inferno esta cidade!
- "Oito dias de viagem com uma mulher que se ama, *que* encanto! Três semanas, *que* catástrofe!"

4. Pronome adjetivo interrogativo: quando acompanha o substantivo, em frases interrogativas:

- *Que* escola frequentas?
- *Que* automóvel é esse?
- *Que* confiança é essa?

5. Pronome substantivo interrogativo: quando anteposta a verbo, em frases interrogativas:

- "*Que* é o nu? É o que é! Nada mais simples. Nada mais natural."

- *"Que* é mais leve que uma pluma? O pó. E que o pó? O vento. E que o vento? A mulher. E que a mulher? Nada" (EPIGRAMA MEDIEVAL).

6. Pronome adjetivo indefinido: quando acompanha substantivo e vem em lugar de *quanto, quantos:*

- *Que* tempo gasto à toa!
- *Que* horas são?

Não deixa — é claro — de ser exclamativo ou interrogativo. Seguido da preposição *de* classifica-se, igualmente, como pronome adjetivo indefinido:

- *Que de* boatos = *Quantos* boatos!
- *Que de* intrigas = *Quantas* intrigas!

7. Pronome substantivo indefinido: quando tem sentido vago:

- Ela me disse não sei o *quê* antes de sair.
- Os rapazes saíram vendendo não vi bem o *quê.*

Não o confunda com o substantivo.

8. Pronome relativo: quando substitui substantivo ou pronome anterior:

- Passarinho *que* na água se cria, sempre por ela pia.
- Agora, não sei o *que* vou fazer.

Veja as funções sintáticas do pronome relativo *que* no item 25.

9. Advérbio de intensidade: quando modifica adjetivo ou advérbio e tem o valor de *quão:*

- *Que* ignorantes somos!
- *Que* depressa chegamos!
- *Que* alegres são suas crianças!

10. Preposição: quando substitui a preposição *de,* junto do verbo *ter:*

- Ela tem *que* me telefonar!
- Não posso atendê-la agora, Cristina, porque tenho *que* sair.

11. Conjunção coordenativa aditiva: quando substitui **e**, entre verbos:

- O cãozinho treme *que* treme.
- E a criança berrava, *que* berrava, *que* berrava.

12. Conjunção coordenativa adversativa: quando vem em lugar de **mas**:

- Eles, *que* não outros, fizeram isso.
- Critiquem os culpados, *que* não a nós!

13. Conjunção coordenativa alternativa: quando vem em lugar de **quer...quer**:

- *Que* chova, *que* faça sol, irei ao cinema hoje.
- *Que* venham os convidados, *que* não venham, darei a festa.

14. Conjunção coordenativa explicativa: quando vem em lugar de *porque,* geralmente depois de oração imperativa:

- Tenha calma, *que* o leão é manso!
- Não se meta em brigas alheias, *que* lhe poderão custar caro!

15. Conjunção subordinativa causal: quando vem em lugar *de porque,* ligando orações dependentes:

- Não vou ao cinema, *que* vai chover.
- Cristina se machucou, *que* pisou no caco de vidro.

16. Conjunção subordinativa integrante: quando liga orações que se completam sintaticamente:

- Dizem os filósofos *que* a admiração é filha da ignorância.
- Tenho a impressão de *que* você me entendeu...

17. Conjunção subordinativa condicional: quando vem em lugar de *se* ou de *sem que,* dando ideia de condição:

- Não fui eu quem fez isso, mas *que* fosse, qual seria o problema?
- O velho não dava dois passos *que* não caía.

18. Conjunção subordinativa consecutiva: quando se pospõe a advérbios *(tão, tal, tamanho, tanto,* etc.):

- Tantas vezes vai o cântaro à fonte, *que* um dia se quebra.
- Tamanho foi o susto, *que* desmaiei!

19. Conjunção subordinativa comparativa: quando equivale a *do que*:

- Fiquei mais pobre *que* você.
- Você é menos realista *que* eu.

20. Conjunção subordinativa concessiva: quando vem em lugar de *embora*:

- Quero estas frutas, verdes *que* estejam.
- Iremos à festa, tristes *que* estejamos.

21. Conjunção subordinativa temporal: quando se segue às palavras e expressões *agora, faz anos, faz tempo, a primeira vez* e análogas:

- Agora, *que* tenho tempo para passear, fico doente!
- Já faz tempo *que* não chove nesta terra!

22. Conjunção subordinativa final: quando equivale *a para que:*

- Procurei entrar de mansinho *que* não me notassem.
- Faço votos *que* vocês sejam felizes.

Nossa gramática simplificada

23. Interjeição: quando exprime sentimento:

- *Quê!* você fez isso?
- *Quê!* vocês gastaram todo o dinheiro?!

Neste caso, é sempre seguido de ponto de exclamação, sendo também obrigatório o emprego do acento. No Brasil, costuma-se antecedê-lo de um *o:*

- *O quê!* você fez isso?
- *O quê!* vocês gastaram todo o dinheiro?!

24. Palavra de realce ou palavra expletiva: quando puder ser retirada da frase, sem que fique prejudicado o sentido:

- Quase *que* caio do muro!
- Que *que* é isso, meu amigo, está assustado?

Às vezes, o *que* se faz acompanhar de *é,* constituindo com esta forma verbal uma locução expletiva:

- Eu *é que* mando nesta cidade!
- As rosas *é que* são belas!

Pode acontecer de a locução ter os elementos separados na frase:

- *"É* na educação dos filhos *que* se revelam as virtudes dos pais" (COELHO NETO).

Nesse caso, é comum que apareça flexionado o verbo:

- "A alma tem ilusões, como as aves têm asas; *são* elas *que* lhes permitem voar" (VICTOR HUGO).
- *Somos* sempre nós *que* abandonamos os cães, não o contrário...
- *"São* os hinos *que* fazem as revoluções" (EÇA DE QUEIRÓS).

25. As funções sintáticas do pronome relativo QUE.

a) sujeito:

- Não há prazo *que* nunca acabe, nem dívida *que* não se pague.
O primeiro *que* substitui o substantivo *prazo;* portanto, é sujeito de *acabe.* O segundo *que* substitui o substantivo *dívida;* portanto, é sujeito de *pague,* verbo que está na voz passiva sintética.

- "As mulheres têm por hábito serem orgulhosas com os homens *que* não gostam delas."
O *que* substitui o substantivo *homens;* portanto, é sujeito de não gostam.

b) objeto direto:

- "O melhor retrato de cada um é aquilo *que* escreve" (PADRE ANTÔNIO VIEIRA).
O *que* substitui o pronome demonstrativo *aquilo;* portanto, é objeto direto de *escreve.*

- *"As* rugas são leitos *que* os deuses cavam para as nossas lágrimas."
O *que* substitui o substantivo *leitos;* portanto, é objeto direto de *cavam.*

405

Luiz Antonio Sacconi

c) objeto indireto:

- Este é o doce de *que* mais gosto.
O *que* substitui o substantivo *doce;* portanto, é objeto indireto de *gosto.*

- O filme a *que* assistimos, foi ótimo.
O *que* substitui o substantivo *filme;* portanto, é objeto indireto de *assisti.*

d) predicativo:

- Não sou o *que* tu és.
O *que* substitui o pronome demonstrativo *o;* portanto, é seu predicativo.

- "Todos veem aquilo *que* pareces; poucos sentem o *que* tu és" (MACHIAVELLI).
No primeiro caso, o *que* substitui o pronome demonstrativo *aquilo;* no segundo, o pronome demonstrativo *o;* portanto, em ambos os casos, é predicativo.

e) complemento nominal:

- Ele faz tudo aquilo de *que* tem vontade.
O *que* substitui o pronome demonstrativo *aquilo;* portanto, é complemento nominal de *vontade.*

- Este é o maior roubo de *que* se tem notícia.
O *que* substitui o substantivo *roubo;* portanto, é complemento nominal de *notícia.*

f) adjunto adverbial:

- Comprei o livro de *que* você me falou.
O *que* substitui o substantivo *livro;* portanto, é adjunto adverbial *de falou.*

- "Só conhecemos a mulher com quem nos casamos na hora em *que* ela tira a meia: o primeiro defeito aparece com o primeiro calo" (BERILO NEVES).
O *que* substitui o substantivo *hora;* portanto, é adjunto adverbial de *tira.*

Muito curiosamente, o pronome relativo *que* pode não exercer função sintática alguma na oração adjetiva por ele introduzida. Ex.:

- Ele acabou por confirmar o QUE não queria que todos confirmassem.

Note: o pronome *que* da oração adjetiva exerce função de objeto direto de *confirmassem,* verbo da oração posterior, que é objetiva direta.

O pronome *que* é também relativo em orações deste tipo:

- O candidato situacionista venceu as eleições, o *que*, aliás, já era esperado.
- O filme foi muito comentado pela imprensa, o *que* provocou sucesso de bilheteria.

Singular, nesse caso, é o fato de o pronome demonstrativo **o** resumir toda a oração anterior, funcionando, desta forma, como aposto dessa mesma oração. Note que podemos substituí-lo pelo substantivo *coisa* ou *fato*:

- O candidato situacionista venceu as eleições, *coisa* que, aliás, já era esperada.
- O filme foi muito comentado pela imprensa, *fato* que provocou sucesso de bilheteria.

Nossa gramática simplificada

Testes e exercícios

1. Identifique a opção correta quanto à classificação da palavra **que**:
A. Dizem que está nevando no Sul.
a) conjunção causal   b) conjunção explicativa   c) pronome relativo
d) conjunção final   e) conjunção integrante

B. A criança gritou tanto, que assustou os vizinhos.
a) pronome relativo   b) conjunção final   c) substantivo
d) conjunção integrante   e) conjunção consecutiva

C. A lição tem um quê de difícil.
a) pronome relativo   b) substantivo   c) interjeição
d) conjunção final   e) conjunção comparativa

D. Não posso sair contigo; tenho de estudar, que a prova será difícil.
a) substantivo   b) conjunção causal   c) conjunção explicativa
d) conjunção comparativa e) conjunção integrante

E. Que saudades dela!
a) pronome substantivo indefinido   b) pronome adjetivo indefinido
c) pronome adjetivo interrogativo   d) conjunção comparativa
e) advérbio de intensidade

F. Que estás dizendo?
a) pronome substantivo interrogativo   b) pronome interrogativo adjetivo
c) pronome substantivo indefinido   d) advérbio de intensidade
e) nenhuma das opções anteriores

G. Que bom!
a) pronome substantivo exclamativo   b) pronome adjetivo exclamativo
c) advérbio de intensidade   d) pronome substantivo indefinido
e) pronome adjetivo indefinido

H. É de tal maneira idiota, que todos se riem dele!
a) palavra de realce   b) pronome relativo   c) conjunção consecutiva
d) conjunção causal   e) conjunção final

I. Gosto de goiabas, verdes que estejam.
a) conjunção concessiva   b) conjunção integrante   c) pronome relativo
d) conjunção comparativa e) conjunção causal

J. Não fui eu quem fez isso, mas que fosse, é de sua conta?
a) conjunção comparativa b) conjunção integrante   c) palavra de realce
d) conjunção causal   e) conjunção condicional

K. Que saltem para este lado!
a) pronome indefinido   b) pronome substantivo exclamativo c) palavra de realce
d) pronome relativo   e) advérbio de intensidade

407

Luiz Antonio Sacconi

L. Rogava a Deus que não me abandonasse.
a) conjunção integrante   b) conjunção final   c) conjunção concessiva
d) conjunção causal   e) pronome relativo

M. Irei a Santos, chova que não chova.
a) conjunção integrante   b) palavra de realce   c) conjunção explicativa
d) substantivo   e) conjunção aditiva

N. Ela tem um quê da tia.
a) substantivo   b) interjeição   c) palavra de realce
d) conjunção aditiva   e) pronome substantivo indefinido

O. Não complique a situação, que me aborreço!
a) conjunção causal   b) conjunção condicional   c) conjunção consecutiva
d) conjunção explicativa   e) conjunção alternativa

P. Quê! vocês protestando?!
a) pronome substantivo exclamativo   b) pronome adjetivo exclamativo
c) substantivo   d) pronome substantivo indefinido   e) palavra de realce

Q. Que pretendes fazer agora?
a) pronome adjetivo interrogativo   b) pronome substantivo interrogativo
c) advérbio de intensidade   d) pronome demonstrativo   e) pronome relativo

R. Estou mais preparado que nunca.
a) pronome relativo   b) conjunção integrante   c) conjunção comparativa
d) conjunção consecutiva   e) conjunção condicional

S. Que sejam felizes!
a) substantivo   b) pronome substantivo exclamativo
c) pronome adjetivo exclamativo   d) palavra de realce   e) advérbio de intensidade

T. Esta plantinha treme que treme.
a) conjunção integrante   b) conjunção alternativa   c) pronome relativo
d) conjunção concessiva   e) conjunção final

U. Não sei de que se trata.
a) conjunção integrante   b) palavra de realce   c) conjunção coordenativa
d) substantivo   e) conjunção final

V. Você viu o que eu vi?
a) pronome substantivo interrogativo   b) pronome relativo
c) conjunção integrante   d) substantivo   e) palavra de realce

W. Ela pensou que o rapaz fosse bobo.
a) substantivo   b) pronome relativo   c) conjunção integrante
d) conjunção coordenativa   e) pronome substantivo

X. Não chore, que você apanha!
a) palavra de realce   b) conjunção integrante
c) pronome adjetivo interrogativo   d) conjunção coordenativa
e) conjunção subordinativa

Nossa gramática simplificada

Y. Que história é essa?
a) pronome integrante   b) palavra de realce
c) pronome adjetivo interrogativo   d) pronome substantivo interrogativo e) advérbio

Z. Nada que você diz é verdade?
a) palavra de realce   b) pronome relativo   c) pronome substantivo interrogativo
d) pronome integrante e) substantivo

2. Identifique a função sintática da palavra **que**:

A. A vida atual, que chega a aborrecer, é muito difícil.
a) objeto direto   b) sujeito   c) objeto indireto
d) adjunto adverbial   e) complemento nominal

B. Este é lugar em que nasci.
a) sujeito   b) objeto direto   c) objeto indireto
d) adjunto adverbial   e) complemento nominal

C. O fato de que mais gostei aconteceu ontem.
a) objeto direto   b) sujeito   c) objeto indireto
d) adjunto adverbial   e) complemento nominal

D. Há sempre solidão em torno dos que caem.
a) sujeito   b) predicativo   c) adjunto adverbial
d) objeto indireto   e) complmento nominal

E. Evitai tudo o que o acaso dá!
a) sujeito   b) objeto indireto   c) predicativo
d) objeto direto   e) adjunto adverbial

F. Tudo o que vem do acaso falta de firmeza.
a) sujeito   b) predicativo   c) objeto direto
d) adjunto adverbial   e) objeto indireto

G. Ninguém pode ter tudo aquilo que deseja.
a) sujeito   b) adjunto adverbial   c) objeto direto
d) predicativo   e) complemento nominal

H. Tudo o que é gostoso faz mal à saúde!
a) objeto direto   b) complemento nominal   c) predicativo
d) sujeito   e) objeto indireto

I. Eu fui o que tu és; tu serás o que eu sou.
a) sujeito e objeto direto   b) predicativo e objeto direto   c) predicativo e sujeito
d) predicativo e predicativo e) adjunto adverbial e complemento nominal

J. Portugal é o país de que nossos pais vieram.
a) sujeito   b) objeto indireto   c) adjunto adverbial
d) complemento nominal   e) predicativo

Luiz Antonio Sacconi

K. O bicho de que as mulheres têm mais medo é a barata.
a) objeto indireto   b) complemento nominal   c) adjunto adverbial
d) adjunto adnominal   e) objeto direto

L. Conheci a cidade de que tanto falas.
a) complemento nominal   b) objeto direto   c) objeto indireto
d) adjunto adverbial   e) sujeito

3. Assinale a frase que traz **que** substantivo:
a) Que dia é seu aniversário?   b) Sinto um quê de infelicidade. c) Que horas são?
d) Que ideia maluca!   e) Que mulher linda!

4. Assinale a frase que traz **que** conjunção coordenativa:
a) Ela comprou não sei o quê.   b) Que chuchuzinho!   c) Ela babava que babava.
d) Estou certo do que eu disse.   e) Dez mil que fosse, se eu ganhasse na loteria!

5. Assinale a frase que traz **que** conjunção subordinativa concessiva:
a) Cansados que estejamos, ainda vamos trabalhar.
b) Tantas vezes vai o cântaro à fonte, que um dia se quebra.
c) Remende seu pano, que lhe durará outro ano!
d) Rogo a Deus que não me abandones, minha querida!
e) Que belo é viver!

6. Em todas as frases que seguem a palavra **que** é pronome relativo. Dê a sua função sintática:
a) A notícia de que mais gostei foi essa.
b) O fim a que visa o presidente é nobre.
c) O animal em que mais o homem confia é o cão.
d) Nada há no mundo que me convença do contrário.
e) O assunto de que tratamos ontem foi importante.

Dos concursos e vestibulares
7. (PGR-SP) Em *Que abismo que há entre o espírito e o coração!*, as duas palavras destacadas classificam-se, respectivamente, como:
a) pronome substantivo – pronome relativo
b) pronome adjetivo – pronome relativo
c) pronome adjetivo – palavra expletiva
d) palavra expletiva – pronome adjetivo
e) pronome substantivo – palavra expletiva

8. (Álvares Penteado) Assinale a alternativa cuja relação é incorreta:
a) Sorria às crianças que passavam. - pronome relativo
b) Declaram que nada sabem. - conjunção integrante
c) Que alegre estás! - advérbio de intensidade
d) Que enigmas há nesta vida! - pronome adjetivo indefinido
e) Uma ilha que não consta do mapa. - conjunção coordenativa explicativa

410

Nossa gramática simplificada

9. (ITA) *Nos perigos grandes, o temor é maior* **que** *o perigo.* A palavra destacada é:
a) conjunção subordinativa consecutiva
b) pronome interrogativo
c) pronome relativo
d) conjunção subordinativa comparativa
e) conjunção coordenativa explicativa

10. (PUC-CAMP) Assinale a alternativa em que aparece a conjunção final que:
a) Não sei que digo a você.
b) Cinco dias são passados que dali saímos.
c) Peço a Deus que te faça venturoso.
d) Crio estas crianças que vês, que refrigério sejam da minha velhice.
e) É um jovem que nunca pediu favores.

11. (TRT-CE) O **que** está com função de preposição na alternativa:
a) Não chore, que eu já volto!
b) Dize-me com quem andas, que eu te direi quem és!
c) Veja que lindo está o cabelo da nossa amiga!
d) O fiscal teve que acompanhar o candidato ao banheiro.
e) João não estudou mais que José, mas entrou na faculdade.

12. (FEC-TJ-RJ) *Mas* **que** *pecado é este* **que** *me persegue?*
a) pronome adjetivo – pronome adjetivo
b) pronome substantivo – pronome adjetivo
c) pronome substantivo – pronome relativo
d) pronome adjetivo – pronome relativo
e) pronome adjetivo – pronome interrogativo

Soluções dos testes e exercícios
1. A. e) **B.** e) **C.** b) **D.** b) **E.** b) **F.** a) **G.** c) **H.** e) **I.** a) **J.** e) **K.** c) **L.** b) **M.** e) **N.** a) **O.** d) **P.** a)
Q. b) **R.** c) **S.** d) **T.** c) **U.** a) **V.** b) **W.** c) **X.** d) **Y.** c) **Z.** b) **2. A.** b) **B.** d) **C.** c) **D.** a) **E.** d) **F.** a) **G.** c)
H. d) **I.** d) **J.** c) **K.** b) **L.** d) **3.** b) **4.** c) **5.** a) **6.** a) objeto indireto b) objeto indireto c) objeto indireto
d) sujeito e) objeto indireto **7.** e) **8.** e) **9.** d) **10.** d) **11.** d) **12.** d)

Lição 34
A PALAVRA SE

1. As classificações morfológicas e as funções sintáticas da palavra SE. A palavra SE, morfológica e sintaticamente, possui 10 classificações. Ei-las:

2. Objeto direto: quando acompanha verbo transitivo direto:

> - O menino feriu-*se* com o canivete.
> - O médico trancou-*se* no consultório.
> - Os professores cumprimentaram-*se* alegremente.
> - Mãe e filha entrebeijaram-*se*.

Nesta função, o **se** pode ser pronome *reflexivo* (como nos dois primeiros exemplos) ou pronome *recíproco* (como nos dois últimos exemplos).

3. Pronome apassivador: quando acompanha verbo transitivo direto e na oração haja um termo que possa receber a ação verbal:

> - Aluga-*se* uma sala.
> - Vendem-*se* terrenos.

Note: *alugar* e *vender* são verbos transitivos diretos (quem aluga, aluga alguma coisa; quem vende, vende alguma coisa); e *sala* e *terrenos* são seres incapazes de *praticar* as ações respectivas de *alugar* e *vender*, mas são perfeitamente capazes de recebê-las:

> - Uma sala é alugada.
> - Terrenos são vendidos.

Convém observar que o *se* desempenha função de pronome apassivador também em orações como:

> - Guerra *se* faz com armas e não com palavras.

Passando-se o verbo para a voz passiva, verifica-se que o agente está indeterminado:

> - Guerra é feita (*por alguém*) com armas e não com palavras.

4. Pronome integrante do verbo ou pronome fossilizado:

a) quando o verbo for pronominal essencial:

> - Beatriz arrependeu-*se* do que fez.
> - Ninguém *se* queixou do frio.
> - O homem suicidou-*se*.

Importante

Além dos verbos pronominais essenciais sobejamente conhecidos (*arrepender-se, queixar-se, suicidar-se, dignar-se, zangar-se,* etc.), devemos acrescentar à série:

1) todo verbo pronominal que possui significado diferente do verbo não pronominal. Ex.:

- O ministro *debatia* o problema com os seus auxiliares.
(*Debater,* verbo não pronominal, significa *discutir, procurar resolver.*)

- Segura pelo braço, a menina *debatia-se* com todas as forças.
(**Debater-se** é *agitar-se muito, resistindo ou procurando soltar-se.*)

2) todo verbo pronominal que tiver regência diversa daquela que possui o verbo não pronominal. Ex.:

- O estado de saúde do filho *preocupava* o pai.
(*Preocupar-se* é verbo transitivo direto.)

- O pai *preocupava-se* com o estado de saúde do filho.
(*Preocupar-se* já não é transitivo direto, mas indireto.)

b) todo verbo cujo sujeito não se constitui em agente efetivo, por decorrer espontaneamente a ação verbal, independentemente da vontade do sujeito:

- O menino *feriu-se* nos espinhos do limoeiro.

Note: o sujeito não é, a rigor, o praticante da ação verbal, pois o fato aconteceu independentemente da vontade do sujeito. Outros exemplos:

- Como não conhecia direito a cidade, ela *se* perdeu.
- Uma criança afogou-*se* em Ipanema.
- As meninas ficaram ao sol o dia todo, mas queimaram-*se* somente nas costas.
- Uma telha caiu, e Julinho machucou-*se* na cabeça.

Importante

1) Em *Chamo-me Luís* e *Batizei-me,* o pronome *me* é apassivador. Segundo Mattoso Câmara, trata-se de "um idiotismo no emprego da voz reflexiva, indicando ela uma atitude de aceitação consciente do nome dado ou do batismo recebido".

2) Em orações como estas, o pronome é, também, integrante do verbo:

- O tronco partiu-*se* em dois.
- O Sol ergue-*se* no horizonte.
- As nuvens movimentam-*se* rapidamente.
- Todos *se* reuniram para jantar.
- O menino atirou-*se* do 20.º andar.

5. Índice de indeterminação do sujeito: quando acompanha verbo de ligação, verbo intransitivo, transitivo indireto, ou transitivo direto usado intransitivamente:

- Quando *se* é jovem, tudo são flores.
- Vive-*se* bem nesta cidade.
- Precisa-*se* de gênios.
- Ama-*se* muito aqui.

Luiz Antonio Sacconi

Note: o verbo *ser é* de ligação; *viver é* intransitivo; *precisar* é transitivo indireto, e *amar,* transitivo direto que está como intransitivo, já que *muito* e *aqui* são advérbios, não termos integrantes.

6. Objeto indireto: quando o verbo for transitivo direto e indireto:

- Carlos dá-*se* ares de conhecedor do assunto.
- O governo arroga-*se* o direito de intervir nos preços em geral.

7. Palavra expletiva ou de realce: quando puder ser retirada da oração sem prejuízo do sentido:

- Todos foram-*se* embora muito cedo.
- Passaram-*se* vários anos, e ela ainda não voltou...
- "No homem gasto, vão-*se* as ilusões, fica a esperança" (CAMILO CASTELO BRANCO).

8. Substantivo: quando aparece junto de artigo ou de pronome adjetivo:

- O *se* é uma palavra de muitas funções.
- Nenhum *se* apareceu neste romance.

Este *se*, em nome da coerência, deveria ser acentuado (*sê*), como o *que* substantivo (*quê*).

9. Conjunção subordinativa integrante: quando liga orações que se completam sintaticamente:

- Não sei *se* voltaremos cedo.
- Veja *se* está chovendo, Mônica!

10. Conjunção subordinativa condicional: quando puder ser substituída por *caso:*

- *Se* você for a Nova Friburgo, irei também.
= *Caso* você vá...

- "De cada duas mulheres, uma, *se* tem coragem, é inimiga da outra; *se* não tem, é amiga da onça" (ANÔNIMO).

11. Sujeito de infinitivo: quando se segue um verbo no infinitivo:

- A menina deixou-*se* estar à janela por várias horas.
- Em sonho, ela viu-*se* entrar no céu.

Esta função é muito discutida, mormente por aqueles que argumentam que pronome oblíquo, em hipótese alguma, pode desempenhar função subjetiva.

Nossa gramática simplificada

Testes e exercícios

1. Identifique a opção correta, tendo em vista a classificação ou a função da palavra se em destaque:

A. Perde-se a vontade de trabalhar, num país de tantos impostos.
a) objeto direto   b) objeto indireto   c) pronome apassivador
d) índice de indeterminação do sujeito   e) pronome integrante do verbo

B. As muralhas romperam-se.
a) objeto direto   b) objeto indireto   c) pronome apassivador
d) índice de indeterminação do sujeito   e) pronome integrante do verbo

C. Fecharam-se as inscrições.
a) pronome fossilizado   b) palavra de realce   c) objeto direto
d) pronome apassivador   e) índice de indeterminação do sujeito

D. Não encontrei nenhum se no livro.
a) objeto direto   b) substantivo   c) palavra expletiva
d) índice de indeterminação do sujeito   e) objeto indireto

E. Dorme-se tranquilo nesta rua.
a) objeto direto   b) índice de indeterminação do sujeito   c) palavra expletiva
d) sujeito   e) objeto indireto

F. Todos se arrogam o direito de reclamar, mas ninguém colabora.
a) objeto direto   b) objeto indireto   c) palavra expletiva
d) índice de indeterminação do sujeito   e) pronome apassivador

G. O espetáculo que se me ofereceu aos olhos causou-me surpresa extraordinária!
a) pronome apassivador   b) palavra de realce   c) sujeito
d) índice de indeterminação do sujeito   e) objeto indireto

H. Esses namorados adoram-se.
a) objeto direto   b) índice de indeterminação do sujeito c) palavra de realce
d) pronome fossilizado   e) nenhuma das anteriores

I. Ele se morria de tristeza.
a) sujeito   b) objeto direto   c) palavra expletiva
d) pronome apassivador   e) nenhuma das anteriores

J. Se todos pedem sua presença, por que não vai?
a) conjunção condicional   b) conjunção causal   c) conjunção integrante
d) conjunção concessiva   e) nenhuma das anteriores

K. Muitos anos se passaram.
a) objeto direto   b) pronome apassivador
c) índice de indeterminação do sujeito   d) palavra expletiva
e) nenhuma das anteriores

415

Luiz Antonio Sacconi

L. Lá se vão as minhas últimas esperanças.
a) objeto direto   b) índice de indeterminação do sujeito c) palavra expletiva
d) pronome apassivador   e) nenhuma das anteriores

M. José dá-se muita importância.
a) objeto direto   b) pronome apassivador
c) índice de indeterminação do sujeito   d) sujeito   e) nenhuma das anteriores

N. Perguntei-lhes se voltariam.
a) objeto direto   b) conjunção causal   c) conjunção condicional
d) conjunção integrante   e) nenhuma das anteriores

O. Estas serão as rosas que se colherão.
a) objeto direto   b) palavra de realce   c) pronome apassivador
d) sujeito   e) nenhuma das anteriores

P. Lembre-se de que esta vida é nada!
a) pronome fossilizado   b) objeto direto   c) palavra de realce
d) pronome apassivador   e) nenhuma das anteriores

Q. A vegetação se estendia por todo o vale.
a) pronome integrante do verbo   b) pronome apassivador   c) palavra de realce
d) objeto direto   e) nenhuma das anteriores

R. A vida já se acabou para mim.
a) objeto direto   b) pronome apassivador   c) índice de indeterminação do sujeito
d) palavra de realce e) nenhuma das anteriores

S. Antes de irem para a cama, lavem-se!
a) pronome apassivador   b) objeto direto   c) palavra de realce
d) pronome integrante do verbo   e) nenhuma das anteriores

T. Nota-se que sua casa foi pintada.
a) índice de indeterminação do sujeito   b) objeto direto   c) pronome fossilizado
d) pronome apassivador   e) nenhuma das anteriores

U. Se não tinha competência para o cargo, não deveria aceitar a nomeação.
a) palavra de realce   b) índice de indeterminação do sujeito
c) conjunção causal   d) conjunção condicional   e) n.d.a.

V. Essa garota vive olhando-se ao espelho.
a) conjunção integrante   b) objeto direto   c) objeto indireto
d) pronome integrante do verbo e) n.d.a.

W. Marido e mulher devem respeitar-se.
a) objeto direto   b) objeto indireto   c) conjunção causal
d) índice de indeterminação do sujeito   e) n.d.a.

X. Toda a plateia ria-se da atuação do palhaço.
a) objeto direto   b) palavra expletiva   c) índice de indeterminação do sujeito
d) pronome integrante do verbo.   e) n.d.a.

416

Nossa gramática simplificada

Y. Fala-se muito, nada se faz.
a) palavra expletiva e objeto direto
b) pronome integrante do verbo e objeto direto
c) índice de indeterminação do sujeito e objeto direto
d) índice de indeterminação do sujeito e pronome apassivador
e) n.d.a.

Z. Naquele instante, ele sentiu-se fraquejar.
a) pronome integrante do verbo   b) palavra expletiva
c) índice de indeterminação do sujeito   d) objeto direto   e) n.d.a.

2. Assinale a frase que traz **se** conjunção integrante:
a) Se você não for viajar, avise-me!
b) O menino feriu-se com a faca.
c) Não sei se ela está em casa.
d) Faltou um se nessa frase.
e) Os namorados se beijam na rua, hoje em dia.

3. Assinale a frase que traz **se** índice de indeterminação do sujeito:
a) Vendeu-se, no dia de hoje, muita mercadoria.
b) Agora inverteram-se os papéis, nada mais se pode fazer.
c) Quando se nasce rico, tudo é maravilhoso.
d) As nações fazem-se com a espada, mas conservam-se com a toga.
e) O anfitrião dirigiu-se até a porta.

4. Assinale a frase que traz **se** sujeito de infinitivo:
a) O soldado se deixou mutilar.
b) Ele se prontificou a ajudar.
c) Eles propuseram-se fazer tudo direito.
d) Não se atreva a fazer isso.
e) O homem ajoelhou-se e rezou.

5. Assinale a frase que traz **se** palavra expletiva:
a) Dois meses já se passaram, depois que ela se foi.
b) Estas eram as notícias que se ouviam.
c) Precisa-se de gente para trabalhar.
d) O Sol já se pôs no horizonte.
e) O navio se afasta lentamente.

6. Assinale a frase que traz **se** pronome integrante do verbo:
a) Foi à praia e se deixou queimar em excesso.
b) Se todos o querem lá, por que não vai?
c) A vida já se acabou para mim.
d) Os bandidos deram-se as costas e atiraram.
e) Você se arriscou muito, fazendo isso.

417

Luiz Antonio Sacconi

Dos concursos e vestibulares

7. (FCMPA-MG) **O herdeiro, longe de compadecer-se, sorriu.** O **se** na frase é:
a) índice de indeterminação do sujeito   b) pronome apassivador
c) pronome integrante do verbo   d) palavra de realce   e) objeto direto

8. (TCU) A classificação da palavra **se** está correta em:
a) Passavam-se os meses, e nenhuma notícia chegava. – pronome integrante do verbo
b) Venha à festa se estiver disposta. – conjunção subordinativa integrante
c) Quero perguntar-lhe se você está satisfeita. – conjunção subordinativa condicional
d) Com o susto, deixou-se cair no sofá. – palavra de realce
e) Compram-se bonecas de louça. – pronome apassivador

9. (ESAG-SC) Assinale a alternativa em que a palavra **se** não é pronome apassivador:
a) Ouviam-se gargalhadas e pragas.
b) Destacavam-se risos.
c) Trocavam-se brindes na festa.
d) Já não se destacavam vozes dispersas.
e) Pigarreava-se grosso por toda a parte.

10. (TRT-RS) Em **Almerinda fechou-se no seu quarto**, o pronome **se** exerce a função de:
a) sujeito   b) objeto indireto   c) objeto direto
d) pronome apassivador   e) índice de indeterminação do sujeito

11. (PUC-DF) Assinale a alternativa que apresenta erro quanto à análise do **se** destacado:
a) Contam-se coisas incríveis sobre meninos de rua. – pronome apassivador
b) Chegou a indagar se o carro já partira. – conjunção subordinativa integrante
c) No silêncio só se ouvia o zumbir do vento. – pronome apassivador
d) Chamou-se um doutor, mestre em sociologia. – índice de indeterminação do sujeito
e) Não se pensa em erros, quando se sabe... – índice de indeterminação do sujeito

12. (FGV-SP) *Se chegou a casar, que, então, agora assuma o relacionamento.*
a) pronome apassivador   b) conjunção causal   c) conjunção condicional
d) palavra expletiva   e) n.d.a.

Soluções dos testes e exercícios
1. A. c) **B.** c) **C.** d) **E.** b) **F.** b) **G.** a) **H.** a) **I.** c) **J.** b) **K.** d) **L.** c) **M.** e) (é obj. indireto) **N.** d) **O.** c) **P.** a) **Q.** a) **R.** d) **S.** b) **T.** d) **U.** c) **V.** b) **W.** a) **X.** b) **Y.** d) **Z.** e) (é sujeito de infinitivo) **2.** b) **3.** c) **4.** a) **5.** a) **6.** e) **7.** c) **8.** e) **9.** e) **10.** c) **11.** d) (é pronome apassivador) **12.** b)

Lição 35
SEMÂNTICA - 1

1. O que é semântica. *Semântica* é o estudo da significação das palavras e das suas mudanças de significação, através do tempo ou em determinada época. Assim, a semântica pode ser sincrônica e diacrônica, mas só a primeira é que nos vai interessar.

A semântica sincrônica compreende: **a)** a **significação das palavras** (sinonímia, homonímia, paronímia, polissemia, hiperonímia e hiponímia) e **b)** a **linguagem figurada** (figuras de linguagem), que constitui sozinha uma ciência especial, chamada *Estilística*.

2. Significação das palavras. A semântica estuda as palavras em seu sentido normal, ou seja, estuda a *significação das palavras*, cuja maior importância reside na discriminação entre sinônimos e antônimos (sinonímia e antonímia) e entre homônimos e parônimos (homonímia e paronímia).

3. Sinonímia. *Sinonímia* é a relação entre duas ou mais palavras que apresentam significados iguais ou aproximados.

Quando os significados são iguais, os sinônimos são *perfeitos* (*cara* e *rosto, fonética* e *fonêmica*); quando são aproximados ou semelhantes, os sinônimos são *imperfeitos* (*cavalo* e *corcel, aguardar* e *esperar*).

Raramente as palavras apresentam sinonímia perfeita. Enfim, duas palavras são totalmente sinônimas quando são substituíveis, uma pela outra, em todos os contextos. Duas palavras são parcialmente sinônimas quando, ocasionalmente, surge a possibilidade de se substituírem uma pela outra, num único enunciado isolado.

4. Antonímia. *Antonímia* é a relação de oposição entre o significado de duas palavras que apresentam em comum alguns traços semânticos, permitindo relacioná-las de forma pertinente.

Há antonímia, ou seja, duas ou mais palavras são antônimas, quando se opõem pelo significado. Ex.: *amor* e *ódio, dia* e *noite, sim* e *não*.

5. Homonímia. *Homonímia* é a propriedade semântica característica de duas palavras que possuem a mesma grafia ou a mesma pronúncia, mas têm significados distintos.

Luiz Antonio Sacconi

Há homonímia, ou seja, duas ou mais palavras são homônimas, quando apresentam identidade de sons ou de forma, mas diversidade de significado. Ex.: **são** (= *sadio, santo*, forma do verbo *ser*).

As palavras homônimas podem ser: **a)** *perfeitas* (quando apresentam som e grafia iguais: *rio*, substantivo, e *rio*, verbo); **b)** *homófonas* (quando apresentam som igual, mas grafia diferente: *acento*, sinal gráfico, e *assento*, banco) e **c)** *homógrafas* (quando apresentam grafia igual, mas som diferente: *seco*, adjetivo, e *seco*, verbo).

Algumas homônimas homófonas são tão interessantes, que merecem consulta ao dicionário. É o caso de: *acender* e *ascender*, *bucho* e *buxo*, *caçar* e *cassar*, *cela* e *sela*, etc.

Importante - 1

No campo diacrônico ou histórico, cumpre distinguir a homonímia da *polissemia*. No terreno diacrônico, só há homonímia quando a palavra resulta de vocábulos. Por exemplo: *rio*, provém de *rivu*, substantivo latino, ou de *rideo*, verbo latino). [A língua pode ser estudada ou descrita num momento específico (*sincronia*) ou através do tempo, ao longo de sua história (*diacronia*). Existem, assim, a linguística *sincrônica* e a linguística *diacrônica*.]

A *polissemia* é a propriedade de uma palavra adquirir multiplicidade de sentidos, que só se explicam dentro de um contexto. Trata-se realmente de *uma única palavra*, que abarca grande número de acepções dentro do seu próprio campo semântico. Ex.: *fino* é palavra polissêmica em todos estes exemplos: voz *fina* (aguda), lâmina *fina* (afiada), livro *fino* (que não é grosso), homem *fino* (educado), ambiente *fino* (seleto), vinho *fino* (excelente), *fino* acabamento (apurado).

Algumas conjunções também são polissêmicas. Ex.: *que, como, porque, quando*, que ora aparecem com um valor, ora com outro, dependendo do contexto em que se inserem.

O oposto da polissemia é a *monossemia*, que é a característica de uma palavra apresentar um único significado, sem dar margem a nenhuma interpretação, como *lápis, televisor, caderno*.

Importante – 2

Convém saber o que é *signo linguístico, denotação* e *conotação*. Signo linguístico é a união de uma imagem acústica, ou seja, um significante (letras e sons) e um conceito, ou seja, um significado. Há signos que possuem apenas o significante (*que, de; lápis, sapato*) e signos que possuem inúmeros significados (*gato, vela*, etc.).

A *denotação* e a *conotação* são as variações de significados que ocorrem no signo linguístico.

Assim, sentido *denotativo* é a linguagem em que a palavra é utilizada em seu sentido próprio, literal, original, real, objetivo, em que não há nenhuma criatividade do falante ou do escritor; sentido *conotativo* é a linguagem em que a palavra é utilizada em sentido figurado, subjetivo ou expressivo, em que prevalece a criatividade, sendo importante o contexto em que a palavra se insere.

Os termos monossêmicos têm uma mensagem objetiva, que deve ser entendida igualmente por todos os leitores ou ouvintes. Assim, toda palavra monossêmica tem sentido *denotativo*, ou seja, um significado estrito de uma unidade linguística. Portanto, quando há palavra monossêmica, há sempre palavra empregada em sentido *literal*.

Por outro lado, toda palavra polissêmica tem sentido *conotativo*, sempre mais rico, mais amplo.

Nossa gramática simplificada

A polissemia ocorre principalmente quando há figuras de linguagem (*metáfora, catacrese, metonímia, hipérbole,* etc.). Portanto, quando há palavra polissêmica, há palavra empregada em sentido *figurado.*

Lista das principais homônimas

acender (atear fogo, alumiar) – **ascender** (subir)
acento (inflexão de voz; tom de voz; sinal gráfico) – **assento** (lugar em que nos sentamos)
acerca de (a respeito de) – **há cerca de** (faz)
acerto (ato de acertar) – **asserto** (afirmação)
afim de (semelhante a, parente de) – **a fim de** (para)
anticéptico (contrário ao cepticismo) – **antisséptico** (desinfetante)
apreçar (ajustar o preço) – **apressar** (tornar rápido)
bem-vindo (bem recebido, quando se chega) – **Benvindo** (nome de homem)
brocha (prego curto de cabeça chata) – **broxa** (pincel grande e grosso; homem impotente)
bucho (estômago; mulher muito feia) – **buxo** (arbusto)
caçar (apanhar animais ou aves) – **cassar** (cancelar, anular)
cartucho (canudo) – **cartuxo** (frade)
cela (pequeno aposento) – **sela** (arreio)
celeiro (depósito de cereais ou de provisões) – **seleiro** (fabricante ou vendedor de selas)
censo (recenseamento) – **senso** (raciocínio, juízo claro)
censual (relativo a censo) – **sensual** (relativo aos sentidos)
cerração (nevoeiro muito denso) – **serração** (ato de serrar)
cerrar (fechar) – **serrar** (cortar com serra)
cervo (veado) – **servo** (escravo)
cesto (balaio) – **sexto** (ordinal de *seis*)
chá (bebida) – **xá** (título do ex-imperador do Irã)
chácara (sítio) – **xácara** (narrativa popular em verso)
cheque (ordem de pagamento) – **xeque** (perigo; lance do jogo de xadrez)
cidra (fruto da cidreira) – **sidra** (vinho de maçã)
círio (vela de cera) – **sírio** (da Síria)
cocho (recipiente de madeira onde animais comem e bebem) – **coxo** (manco)
concelho (município) – **conselho** (sugestão; nome coletivo)
concerto (sessão musical; acordo) – **conserto** (reparo)
empoçar (formar poça) – **empossar** (dar posse)
espectador (assistente) – **expectador** (aquele que espera, que tem esperança)
esperto (ativo, vivo) – **experto** (perito, entendido, especialista)
espiar (espionar, observar) – **expiar** [pagar (crime, pecado, falta)]
estático (firme, imóvel) – **extático** (admirado, pasmado)
esterno (osso dianteiro do peito) – **externo** (que está do lado de fora)
estrato (tipo de nuvem) – **extrato** (resumo; essência)
finesa (finlandesa) – **fineza** (gentileza)
incerto (não certo, duvidoso) – **inserto** (incluído, inserido)
incipiente (iniciante, principiante) – **insipiente** (pouco sábio; ignorante)
laço (nó) – **lasso** (gasto, frouxo, bambo; cansado, fatigado)
maça (clava; pilão) – **massa** (mistura)
maçudo (sem. a maça; maçante, monótono) – **massudo** (sem. a maça na consistência)
mal (antônimo de *bem*) – **mau** (antônimo de *bom*)
malgrado (apesar de) – **mau grado** (má vontade)
paço (palácio) – **passo** (passada)
ruço (grisalho; desbotado) – **russo** (da Rússia)

Luiz Antonio Sacconi

sexta (ordinal de *seis*; redução de *sexta-feira*) – **cesta** (utensílio de transporte)
seção ou **secção** (divisão) – **sessão** (reunião) – **cessão** (ato de ceder)
tacha (pequeno prego; mancha, pecha) – **taxa** (imposto; tributo; percentagem)
tachar (censurar; pôr tacha) – **taxar** (qualificar positiva ou negativamente; estipular)
tenção (intento, propósito) – **tensão** (esticamento)
vasa (fundo lodoso de rio ou de mar; lodo, limo) – **vaza** (cartas; forma verbal)
viagem (substantivo) – **viajem** (verbo)

6. Paronímia. *Paronímia* é a propriedade semântica característica de palavras com sentidos diferentes, mas de formas relativamente próximas.

Há paronímia entre palavras que apresentam grafia e pronúncia parecidas, mas significado diferente. Ex.: *estádio* (fase, etapa) e *estágio* (preparação), *delatar* (denunciar) e *dilatar* (alargar, estender).

Lista das principais parônimas
absolver (inocentar) – **absorver** (sorver; consumir, esgotar)
açodar (apressar, acelerar) – **açudar** [represar (água) em açude]
acostumar (contrair hábito) – **costumar** (ter por hábito)
acurado (feito com muito cuidado) – **apurado** (seleto, fino, refinado)
afear (tornar feio) – **afiar** (aguçar, amolar)
afeito (habituado) – **afoito** (corajoso)
aferir (conferir, comparar) – **auferir** (colher, obter)
ante (antes) – **anti** (contra)
amoral (indiferente à moral) – **imoral** (contra a moral; libertino, devasso)
apóstrofe (figura de linguagem; interpelação) – **apóstrofo** (sinal gráfico)
aprender (instruir-se) – **apreender** (assimilar)
arrear (pôr arreios) – **arriar** (abaixar, descer)
assoar (limpar o nariz) – **assuar** (vaiar, apupar)
avir-se com (entender-se com; conciliar-se com) – **haver-se com** (ajustar contas com)
cadafalso (patíbulo) – **catafalco** (estrado em que se coloca o féretro)
calda (xarope) – **cauda** (rabo)
cardeal (alto membro eclesiástico; principal) – **cardial** (relativo à cárdia)
cavaleiro (aquele que sabe andar a cavalo) – **cavalheiro** (homem gentil, educado)
cemento (substância para metais) – **cimento** (pó para argamassa)
comprimento (extensão) – **cumprimento** (saudação; execução)
conjetura ou **conjectura** (suposição; hipótese) – **conjuntura** (situação, circunstância)
coringa (rapaz que trabalha em barcaça; vela triangular) – **curinga** (carta extra e do mais alto trunfo)
deferimento (concessão) – **diferimento** (adiamento)
deferir (atender, conceder) – **diferir** (distinguir-se; ser diferente; adiar)
defeso (proibido) – **defesso** (cansado)
degredado (desterrado, exilado) – **degradado** (estragado, rebaixado, aviltado)
delação (denúncia) – **dilação** (adiamento; prorrogação)
delatar (denunciar) – **dilatar** (alargar, ampliar)
descargo (alívio) – **desencargo** (desobrigação de um encargo)
descrição (ato de descrever, expor) – **discrição** (reserva, modéstia)
descriminar (inocentar) – **discriminar** (distinguir, diferençar)

422

Nossa gramática simplificada

despensa (lugar de guardar mantimentos) – **dispensa** (licença, isenção)
despercebido (sem ser notado) – **desapercebido** (desprovido; desaparelhado)
destratar (insultar) – **distratar** (desfazer)
discente (relativo a alunos) – **docente** (relativo a professores)
édito (ordem judicial) – **edito** (decreto; lei; provém do Executivo ou do Legislativo)
elidir (eliminar) – **ilidir** (refutar)
emergir (vir à tona) – **imergir** (mergulhar)
emigrar (sair da pátria) – **imigrar** (ir morar num país estranho)
eminente (notável, célebre, elevado) – **iminente** (prestes a acontecer; próximo)
esbaforido (ofegante, cansado) – **espavorido** (apavorado, assustado)
estada (permanência de pessoa em algum lugar) – **estadia** (permanência de veículo em algum lugar)
estádio (fase, período, etapa) – **estágio** (preparação)
estância (propriedade rural) – **instância** (insistência)
estreme (puro, genuíno) – **extremo** (distante)
flagrante (evidente) – **fragrante** (perfumado)
fluir (correr) – **fruir** (gozar, desfrutar)
fusível (fio de instalação elétrica) – **fuzil** (carabina, espingarda)
genitor (pai) – **progenitor** (avô)
glosa (comentário, interpretação) – **grosa** (doze dúzias)
história (narrativa de fatos reais) – **estória** (narrativa de ficção; lorota)
incidente (episódio) – **acidente** (acontecimento casual, geralmente infeliz; relevo geográfico)
indefeso (desarmado; fraco) – **indefesso** (incansável; laborioso)
inerme (sem arma) – **inerte** (parado)
inflação (desvalorização do dinheiro; expansão) – **infração** (violação; transgressão)
infligir (aplicar pena ou castigo) – **infringir** (transgredir, violar, desrespeitar)
insolúvel (que não se pode dissolver ou resolver) – **insolvível** (impagável)
insosso (sem sal) – **insulso** (sem graça)
intemerato (puro, íntegro, incorrupto) – **intimorato** (destemido, corajoso)
intercessão (ato de interceder, de intervir; intervenção) – **interseção** ou **intersecção** (ato de cortar; corte)
lactante (que amamenta; que produz leite) – **lactente** (que ainda mama)
lenimento (suavização) – **linimento** (remédio de fricção)
locador (o que dá por aluguel, senhorio) – **locatário** (o que toma por aluguel; inquilino)
lustre (candelabro) – **lustro** (período de cinco anos)
lutulento (lamacento) – **lutuoso** (fúnebre, triste)
mandado (ordem) – **mandato** (período de missão política)
ótico (relativo ao ouvido) – **óptico** (relativo à visão)
peão (aquele que anda a pé; trabalhador braçal; peça do jogo de xadrez) – **pião** (brinquedo)
pequenez (qualidade de pequeno) – **pequinês** (raça de cães; de Pequim)
plaga (região, país) – **praga** (maldição)
pleito (disputa) – **preito** (homenagem)
precedente (antecedente) – **procedente** (proveniente, oriundo)
preceder (anteceder) – **proceder** (provir, originar-se)
preeminente (distinto, notável) – **proeminente** (saliente no aspecto físico)
prescrição (ordem expressa) – **proscrição** (eliminação, expulsão)
prescrito (estabelecido) – **proscrito** (emigrado, desterrado)
previdência (qualidade daquele que prevê as coisas) – **providência** (medida prévia para conseguir um fim; a suprema sabedoria atribuída a Deus)
prostrar-se (humilhar-se, curvar-se) – **postar-se** (colocar-se, permanecer por longo tempo)

423

Luiz Antonio Sacconi

ratificar (confirmar, corroborar) – **retificar** (corrigir, emendar)
reboco (argamassa) – **reboque** (ato ou efeito de rebocar, ou seja, de comboiar; veículo puxado por outro veículo)
recrear (divertir, alegrar) – **recriar** (criar de novo)
romeno (da Romênia) – **romaico** (idioma grego moderno)
sexta (ordinal de *seis*) – **sesta** (descanso depois do almoço)
sobrescrever ou **sobrescritar** (escrever sobre; endereçar) – **subscrever** ou **subscritar** (escrever embaixo de, assinar)
sortir (abastecer) – **surtir** (produzir efeito)
sustar (suspender) – **suster** (sustentar)
terço (fracionário correspondente a *três*) – **terso** (puro, limpo)
tilintar (soar) – **tiritar** (tremer)
tráfego (movimento, trânsito) – **tráfico** (comércio geralmente ilícito)
vadear (passar ou atravessar a vau, a pé ou a cavalo) – **vadiar** (levar vida de vadio)
válido (que tem validade) – **valido** (protegido)
vivido (experiente) – **vívido** (vivaz, ardente)
vultoso (de grande vulto ou monta; elevado) – **vultuoso** (vermelho e inchado na face)
zumbido (sussurro de insetos alados) – **zunido** (som agudo do vento)

7. Hiperonímia. *Hiperonímia* é a relação hierárquica de inclusão semântica existente entre uma palavra de significado genérico (*hiperônimo*) e outra de significado específico (*hipônimo*), sendo que o hiperônimo sempre impõe as suas propriedades ao hipônimo, criando, desta forma, uma dependência semântica. Ex.: *calçado* está numa relação de hiperonímia com *sandália*. Por quê? Porque *calçado* é uma palavra de significado genérico, da qual se originam outras: *sandália, chinelo, sapato, bota, botina, tênis, sapatênis*, etc. *Calçado* é, pois, um hiperônimo de *sandália*. Um hiperônimo pode substituir, em todos os contextos, qualquer dos seus hipônimos, mas o oposto não é possível.

8. Hiponímia. *Hiponímia* é o oposto da hiperonímia, ou seja, é a relação hierárquica de inclusão semântica existente entre uma palavra de significado mais específico (*hipônimo*) e outra de significado mais genérico (*hiperônimo*), sendo que o hipônimo, além de conservar as propriedades semânticas impostas pelo hiperônimo, possui os seus próprios traços diferenciadores. Ex.: *sandália* se encontra em relação de hiponímia com *calçado*. Por quê? Porque *sandália* é apenas uma parte, um item de um termo genérico, que é *calçado*. *Sandália* é, pois, um hipônimo de *calçado*.
A utilização adequada dos hiperônimos, na redação de um texto, evita a repetição desnecessária de termos. O correto entendimento da relação entre hipônimos e hiperônimos é fundamental para a coesão do texto.

Nossa gramática simplificada

Testes e exercícios

1. Identifique os sinônimos em cada série:
a) mãe - mestra - genitora - dama - matrona - matriarca
b) mágoa - asco - náusea - aborrecimento - chateação
c) ansiedade - recuo - marcha - retrocesso - impaciência
d) bagatela - ninharia - metade - sofrimento - aquisição
e) liça - briga - vontade - luta - disputa - convergência
f) genitor - avô - pai - superior - chefe
g) mirrado - viçoso - seco - murcho - vigoroso - fértil
h) fagueiro - sórdido - alegre - vil - agradável - sutil
i) hodierno - estéril - moderno - favorável - odioso - útil
j) faustoso - próspero - macilento - medroso - timorato

2. Identifique o antônimo de **sagaz**:
a) doentio   b) ignorante   c) ingênuo   d) ligeiro   e) vagabundo

3. Identifique o antônimo de **lacônico**:
a) a) prolixo   b) conciso   c) triste   d) alegre   e) resumido

4. Identifique as palavras homônimas homófonas:
a) comércio/comercio   b) incipiente/insipiente   c) tráfego/tráfico
d) conjetura/conjuntura   e) caçar/cassar

5. Identifique as palavras homônimas homógrafas:
a) acerto/asserto   b) ás/as   c) céu/seu
d) mel/meu   e) sede/sede (ê)

6. Identifique as parônimas:
a) osso/ouço   b) caça/cassa   c) mato/mato
d) aço/asso   e) ratificar/retificar

7. Identifique a série que só tem homônimos perfeitos:
a) cobra/cobra - traço/traço
b) emergir/imergir - enfear/enfiar
c) facundo/fecundo - ruço/russo
d) xeque/cheque - peão/pião
e) senso/censo - penico/pinico

8. Estomatite é inflamação:
a) da boca   b) do estômago   c) do estoma   d) da laringe   e) da virilha

9. Cacimba é:
a) ansiedade, impaciência   b) disfarce, mentira   c) poço, cisterna
d) chuva miúda, chuvisco   e) cofre

10. Mucama é:
a) cama reles, ordinária   b) escrava de estimação   c) tristeza profunda
d) doença contagiosa do século XVIII   e) nostalgia

11. Escolha a palavra certa para completar o espaço em branco:
a) Tratava-se de uma ... médica. (**prescrição – proscrição**)
b) ... à esquerda os corintianos e à direita os palmeirenses. (**Postaram-se – Prostraram-se**)

Luiz Antonio Sacconi

c) Manuel é um ... funcionário, além de escrever ... . (**mal – mau**)
d) Elisa sofreu um ... súbito e quase morreu. (**mal – mau**)
e) Estou achando que isso é ... presságio. (**mal – mau**)
f) Hoje estou aqui, ... amanhã posso estar lá. (**mas – mais**)
g) Ela é feia, ... que é inteligente, isso é. (**mas – mais**)
h) O juiz ... dura pena ao réu. (**infligiu – infringiu**)
i) Atenho-me apenas ao ... da lei. (**comprimento – cumprimento**)
j) Esse fato colocou em ... o prestígio do presidente. (**cheque – xeque**)
k) Em 1962, uma guerra mundial era ... . (**eminente – iminente**)
l) O ... de segurança é uma garantia constitucional. (**mandato – mandado**)
m) Não foi cumprido o ... judicial. (**mandato – mandado**)
n) Fui lá ... de cumprimentar o presidente. (**a fim de – afim de**)
o) O sapateiro usa ... , e o pintor usa ... . (**brocha – broxa**)
p) O ministro confirmou, isto é, ... a decisão anterior. (**ratificou – retificou**)
q) Na ... de camisas trabalham duas pessoas. (**seção – sessão – cessão**)
r) Não houve nenhuma ... de território nessa guerra. (**seção – sessão – cessão**)
s) Foram ... os roubos dessa gente. (**vultosos – vultuosos**)
t) Ele já providenciou o ... do instrumento. (**concerto – conserto**)
u) Ele diz que sabe quantos são os pontos ... . (**cardiais – cardeais**)
v) Jeni ... da Inglaterra para o Brasil. (**emigrou – imigrou**)
w) A polícia o apanhou em ... delito. (**fragrante – flagrante**)
x) Meu ... tem 50 anos, e meu ... 75. (**genitor – progenitor**)
y) Não me leve a ... : seu serviço é muito ...feito. (**mal – mau**)
z) Não há ... que dure para sempre. (**mal – mau**)

12. Continue:
a) Cassilda ... o ministro de incompetente. (**tachou – taxou**)
b) O governo gastou ... soma nessa obra. (**vultosa – vultuosa**)
c) ... você foi ontem à noite? ... você esteve? (**Aonde – Onde**)
d) O presidente ... o acordo internacional. (**sobrescreveu – subscreveu**)
e) Mãe que ... maus tratos aos filhos é desnaturada. (**inflige – infringe**)
f) O erro me passou totalmente ... . (**despercebido – desapercebido**)
g) Minha ... nesse hotel foi muito agradável. (**estada – estadia**)
h) O câncer já estava em ... avançado. (**estádio – estágio**)
i) Os anjos são seres ... ; os heróis é que são seres ... . (**intimoratos – intemeratos**)
j) O condenado já foi recolhido à ... . (**cela – sela**)
k) Fiz boa ... hoje, ... amanhã não sei se farei. (**viagem – viajem; mas – mais**)
l) Pedi ao banco todos os ... da minha conta. (**estratos – extratos**)
m) Quando ... quer, ... consegue, disse o ... de viagens. (**agente – a gente**)
n) Vão aumentar o meu salário! Nada ... . Há nisso alguma coisa de ... ? (**mal – mau**)
o) Nossa ... está vazia, por isso é que houve a ... da empregada. (**despensa – dispensa**)
p) Espero que vocês ... bem, porque essa ... é desgastante. (**viagem – viajem**)
q) O pianista executou Chopin durante o ... . (**concerto – conserto**)
r) Ele sempre foi um ... motorista, ... não é um ... sujeito. (**mal – mau; mas – mais**)
s) Não quero ... a ninguém, nem mesmo a quem é ... . (**mal - mau**)
t) Um ... advogado geralmente fala ... , escreve ... e conduz ... seus trabalhos. (**mal – mau**)
u) O negócio vai ... porque você tem ... gosto. (**mal – mau**)
v) Não há nada de ... em ir à praia a noite. (**mal – mau**)
w) Aquele que é ... com certeza se dará ... na vida. (**mal – mau**)
x) Não fui ao estádio hoje, ... amanhã irei. (**mais – mas**)
y) ... ao Rio de Janeiro! (**Benvindo – Bem-vindo**)
z) Qual é o ... dessa régua? (**comprimento – cumprimento**)

Nossa gramática simplificada

13. Assinale as frases corretas:
a) O ladrão foi pego em flagrante quando perpetrava vultoso furto.
b) Ninguém conseguiu calcular o comprimento daquele trem.
c) O iminente cientista declarou que uma grande descoberta é eminente.
d) Por conter ácido asséptico, dizem que o vinagre não é saudável.
e) A discrição na sua forma de agir levantou muitas conjeturas sobre sua participação no crime.
f) Depois de dar xeque ao rei, foi-lhe servido um azado cafezinho.
g) Como ascendi ao novo posto apenas há um mês, não posso sair agora de viajem.
h) Tentei passar desapercebido dos turistas, mais não consegui.
i) Ela aprendeu a cozer as suas próprias roupas, mas ainda não sabe coser.
j) Quem infringe as leis de trânsito não está afim de respeitar ninguém.
k) Houve pessoas que ficaram admiradas da pequenez do cão pequinês.
l) Não se atenha a conjunturas: busque fatos!
m) Uns moleques arrearam os quatro pneus do carro do jogador.
n) Virgílio nos disse que, naquele lugar ermo, até o zumbido do vento o assustava; às vezes chegava a tilintar de pavor.
o) Cerrou os olhos para não ver aquela triste cena.
p) Governador paulista que acabar com os pedágios será tachado de gênio!
q) Manuel é um homem muito educado, um verdadeiro cavaleiro.
r) Calisto foi fazer a prova totalmente desapercebido de lápis e caneta.
s) É impressionante a corrente de tráfico neste instante na avenida.
t) A cessão do Acre ao Brasil não foi onerosa.
u) Fiquei sabendo que elas frequentam seção espírita.
v) A ministra foi empoçada no início do ano.
w) A princípio, existe um nono planeta, o Planeta X.
y) Amanhã vai fazer dois lustros que minha filha nasceu.
z) Cheque sem fundo põe em xeque o crédito do emitente.

14. Escolha entre **mal** ou **mau** para usar nos espaços em branco, conforme convier:
a) Ifigênia passou muito ... ontem à noite e hoje está de ... humor.
b) Hortênsia tem muito ... caráter e vive com ...-estar.
c) Manuel não é ... motorista, mas em ... estado de saúde dirige ...
d) Hersílio é um ... sujeito, mas não gosta que falem ... dele.
e) Não há nada de ... em ir à praia à noite. Não faz ... .
f) Ele foi reprovado porque é um ... aluno e trata ... seus professores.
g) Meu time, que vive um ... momento, não é um ... time.
h) Todo prefeito que faz ... uso do dinheiro público é um ... prefeito.
i) O carro que comprei apresentou muito ... desempenho na estrada.
j) ... cheguei já fui dormir, mas dormi ... .

15. Escolha entre **mas** e **mais** para usar nos espaços em branco, conforme convier:
a) Ele tem ... dinheiro que você, ... não ajuda ninguém.
b) Juçara estuda, estuda, ... não aprende nunca!
c) Não fomos campeões de fato, ... fomos campeões morais.
d) Cármen não é bonita, ... é honesta, ... que a irmã.
e) Tentei chegar em primeiro, ... não deu.
f) Sua irmã é bonitinha, ... é ordinária!
g) Quero viajar ..., ... não tenho dinheiro. ... que droga!
h) Os banqueiros ganham cada vez ... dinheiro, ... não ajudam ninguém.
i) Perdi tudo o que eu tinha, ... logo recuperarei tudo.
j) As mães exigem ... creches, ... o prefeito diz que não tem ... verba.

427

Luiz Antonio Sacconi

16. Assinale as frases que trazem palavra polissêmica:
a) Havia uma gata miando no telhado.
b) Essa atriz é uma gata!
c) Você fez gato na rede elétrica?!
d) Ela nunca usou grampo no cabelo.
e) Cuidado com o que você fala ao telefone, que pode haver grampo!

17. O termo em destaque está empregado em sentido denotativo em:
a) "Além dos ganhos econômicos, a nova realidade rendeu **frutos** políticos."
b) "...com percentuais capazes de causar **inveja** ao presidente."
c) "Os genéricos estão **abrindo as portas** do mercado..."
d) "...a indústria **disparou** gordos investimentos."
e) "**Colheu** uma revelação surpreendente:..."

18. Assinale a alternativa em que não se encontra palavra empregada em sentido conotativo:
a) "O estrangeiro ainda tropeça com muita frequência na incompreensão das sociedades por onde passa."
b) "Quando a luz estender a roupa nos telhados, seremos, na manhã, duas máscaras calmas." (Mário Quintana)
c) "Vejo que o amor que te dedico aumenta seguindo a trilha de meu próprio espanto."
d) Não, eu te peço, não te ausentes / Porque a dor que agora sentes / Só se esquece no perdão."
e) "Sinto que o tempo sobre mim abate sua mão pesada." (Carlos Drummond de Andrade)

Dos concursos e vestibulares

19. (FGV-Rio) Assinale a alternativa em que há erro:
a) A discrição é qualidade cada vez mais rara.
b) Pretendia fruir intensamente a sua fortuna.
c) Não conseguiu suster o ímpeto da torcida.
d) Costumava chegar a desoras.
e) Ela se ouve bem na execução da ária.

20. (UECE) Assinale a alternativa correta:
a) Ele quase teve um mau súbito.
b) Fez uma má-criação o malcriado.
c) Ele está com mau-estar.
d) Ela hoje está de muito mal-humor.
e) Porque ele estaria muito mau-humorado?

21. (FGV-Rio) Assinale a alternativa em que houve troca de sentido quanto ao emprego dos homônimos ou parônimos:
a) açodar (apressar) – açudar (represar) – finesa (finlandesa) – fineza (gentileza)
b) vadear (passar rio a pé) – vadiar (viver no ócio) – vultoso (elevado) – vultuoso (inchado)
c) arrear (aparelhar) – arriar (abaixar) – esbaforido (ofegante) – espavorido (apavorado)
d) amoral (indiferente à moral) – imoral (contra a moral) – delação (denúncia) – dilação (distanciamento)
e) lenimento (suavização) – linimento (remédio de fricção) – intimorato (corajoso) – intemerato (puro)

428

Nossa gramática simplificada

22. (PUC-Rio) Entre as palavras propostas, escolha a que completa corretamente cada frase:
a) Ao fim das investigações, a verdade ..., e tudo ficou esclarecido. (**emergiu** ou **imergiu**?)
b) Incrivelmente, todas as nossas petições foram ... (**deferidas** ou **diferidas**?)
c) Não é absolutamente aceitável que se ... pessoas por cor. (**descriminem** ou **discriminem**?)
d) Para que todos ... bem confortáveis, vamos alugar um ônibus. (**viagem** ou **viajem**?)
e) Para que todos façam boa ..., alugaremos um ônibus. (**viagem** ou **viajem**?)

23. (FGV-Rio) Assinale a alternativa em que há erro:
a) O erro passou inteiramente despercebido de todos.
b) Não tinham senso de oportunidade aqueles indivíduos.
c) Sob a nave central estava o catafalco onde descansava o caixão.
d) Aqueles rapazes nutriam pelo colega um ódio fidagal.
e) Era justo que ele expiasse na prisão todas as suas culpas.

24. (MACKENZIE-SP) Aponte a alternativa que completa corretamente as lacunas da frase de acordo com a significação das palavras:
Devido à forte ..., os passageiros do avião ... o passo, atravessaram a pista do aeroporto, mas não puderam escolher os ...; ... logo as cortinas, para não ver a embaçada tarde.
a) cerração, apressaram, assentos, cerraram
b) serração, apressaram, acentos, cerraram
c) cerração, apreçaram, acentos, serraram
d) cerração, apressaram, assentos, serraram
e) serração, apreçaram, acentos, cerraram.

25. (FEI-SP) Identifique a alternativa que completa corretamente as lacunas:
... com ... quanto à existência do ..., hoje com as paredes ... e apresentando perigo ... de desabamento.
a) Hajo, discreção, seleiro, ruças, eminente
b) Ajo, discreção, seleiro, russas, eminente
c) Ajo, discrição, celeiro, ruças, iminente
d) Ajo, discreção, celeiro, ruças, iminente
e) Hajo, discrição, celeiro, russas, eminente

26. (UNIP-SP) **... que ... os regulamentos, ... pesadas punições.**
a) Aqueles, inflingiram, infringiram
b) Àqueles, infringiram, infligiram
c) Aqueles, infringiram, infligiram
d) Àqueles, infligiram, infringiram
e) Aqueles, infligiram, infringiram

27. (FEI-SP) Identifique a alternativa cujas palavras preencham corretamente os espaços em branco:
A ... do vestibular gera uma grande ... no jovem e o deixa ... quanto ao resultado.
a) espectativa, tensão, exitante
b) expectativa, tensão, hesitante
c) expectativa, tensão, exitante
d) espectativa, tenção, hesitante
e) espectativa, tensão, exitante

Luiz Antonio Sacconi

28. (FEI-SP) Identifique a alternativa que completa corretamente as lacunas:
A ... da greve era ..., pois os empregadores ... nos erros cometidos no passado.
a) confraglação, eminente, recindiram
b) deflagração, iminente, reincidiram
c) defragração, iminente, incidiram
d) deflagração, eminente, reincidiram
e) confraglação, iminente, recindiram

29. (FUVEST-SP) Explique a diferença de sentido entre:
a) Ele invocou o argumento precedente.
b) Ele invocou o argumento procedente.

30. (UM-SP) Na oração **Em sua vida, nunca teve muito ..., apresentava-se sempre ... no ... de tarefas ...**, as palavras adequadas para o preenchimento das lacunas são:
a) censo, lasso, cumprimento, eminentes
b) senso, laço, comprimento, iminentes
c) senso, lasso, comprimento, iminentes
d) senso, lasso, cumprimento, eminentes
e) censo, lasso, comprimento, iminentes

Soluções dos testes e exercícios
1. a) mãe-genitora b) aborrecimento-chateação c) ansiedade-impaciência; recuo-retrocesso d) bagatela-ninharia e) liça-luta-briga f) genitor-pai; superior-chefe g) mirrado-seco-murcho; viçoso-vigoroso h) fagueiro-agradável; sórdido-vil i) hodierno-moderno j) medroso-timorato **2.** c) **3.** a) **4.** b) e) **5.** b) e) **6.** a) e) **7.** a) **8.** a) **9.** c) **10.** b) **11.** a) prescrição b) Postaram-se c) mau – mal d) mal e) mau f) mas g) mas h) infligiu i) cumprimento j) xeque k) iminente l) mandado m) mandado n) a fim de o) brocha – broxa p) ratificou q) seção r) cessão s) vultosos t) conserto u) cardeais v) emigrou w) flagrante x) genitor – progenitor y) mal – mal z) mal **12.** a) tachou b) vultosa c) Aonde – Onde d) subscreveu e) inflige f) despercebido g) estada h) estádio i) intemeratos – intimoratos j) cela k) viagem – mas l) extratos m) a gente – a gente – agente n) mau - mal o) despensa – dispensa p) viajem – viagem q) concerto r) mau – mas – mau s) mal – mau t) mau – mal – mal u) mal – mau v) mal w) mau – mas x) mas y) Bem-vindo z) comprimento **13.** a) b) e) f) k) o) r) t) y) z) **14.** a) mal – mau b) mau – mal c) mau – mau – mal d) mau – mal e) mal –mal f) mau – mal g) mau – mau h) mau – mau i) mau j) Mal – mal **15.** a) mais – mas b) mas c) mas d) mas – mais e) mas f) mas g) mas – mais – Mas h) mais – mas i) mas j) mais – mas – mais **16.** b) c) e) **17.** b) **18.** d) **19.** e) **20.** b) **21.** e) **22.** a) emergiu b) deferidas c) discriminem d) viagem e) viajem **23.** d) **24.** a) **25.** c) **26.** b) **27.** b) **28.** b) **29.** a) argumento que precedeu ou anterior b) argumento que procede ou tem cabimento **30.** d)

Lição 36
SEMÂNTICA 2 - LINGUAGEM FIGURADA

1. O que é linguagem figurada. Tipos de figuras de linguagem.
Existem dois tipos de linguagem: a normal e a figurada.
A *linguagem normal* é aquela desprovida de emoções ou sentimentos, que não transmite vigor e beleza à comunicação. A *linguagem figurada,* ao contrário, além de vigor e beleza, transmite emoção, enriquecendo a comunicação. Para que você tenha uma ideia melhor da diferença entre ambos os tipos de linguagem, aqui vão alguns exemplos:

Linguagem normal	**Linguagem figurada**
- As *estrelas* têm luz própria.	- Conheço muitas *estrelas* de cinema.
- O menino *vestiu-se* rápido.	- Nosso jardim *vestiu-se* de flores.
- Uma criança *nasceu.*	- O Sol *nasceu* às 5h37min.
- Um homem *morreu.*	- O Sol *morreu* às 19h03min.

Linguagem figurada é, enfim, um conjunto de recursos que nos permite fugir à expressão comum. *Figura de linguagem,* consequentemente, é qualquer desvio das normas gerais da linguagem.
Existem três tipos de figuras de linguagem: as figuras *de palavras* e as figuras *de pensamento.*

2. As figuras de palavras. Compreendem principalmente os *tropos* e as *figuras de sintaxe* ou *de construção.*

A. Os *tropos* compreendem a *metáfora* (que abrange a *alegoria*, a *comparação* ou *símile* e a *sinestesia*), a *metonímia*, a *sinédoque*, a *catacrese* e a *antonomásia* ou *perífrase.*

a) Metáfora: é o emprego de palavras fora do seu sentido normal, tomando-se por base a analogia. Ex.:

- Esse homem é *uma fera*!
- Todos os tiranos têm coração *de pedra.*
- Essa mulher é *um demônio*!
- Minha filha é *um anjo*!

À sequência de metáforas se dá o nome de *alegoria.* Ex.:

- A felicidade é um *estribo* para o gênio, uma *piscina* para o cristão, um *tesouro* para o homem hábil e para os fracos um *abismo*.

Luiz Antonio Sacconi

Quando o segundo termo da metáfora vem precedido da conjunção comparativa ou de qualquer outro elemento que a substitua, temos a *comparação* ou *símile*. Ex.:

- Esse homem é bravo *como* uma fera!
- Essa mulher é *igual a* um demônio.

Uma variedade de metáfora, muito utilizada, é a *sinestesia*, que é o cruzamento de duas ou mais sensações distintas (por exemplo, gosto com cheiro, visão com tato). Ex.:

- *tosse gorda* (sensação auditiva x sensação tátil ou visual)
- *respirar* o ar *negro* das grandes metrópoles (respirar = olfato; negro = visão)

Quando a metáfora perde o seu valor expressivo, tornando-se expressão comum, denomina-se *catacrese*. Por exemplo: *pé* de mesa, *braço* de cadeira, *dente* de pente, *boca* de túnel, etc.

b) Metonímia: consiste em substituir um nome por outro em virtude de simples afinidade de sentido. Ex.:

- Passei a tarde lendo Aníbal Machado.
Empregamos o autor (Aníbal Machado) por sua obra.

- Vivo do meu trabalho.
Empregamos a causa (trabalho) pelo efeito (alimento).

- Sócrates bebeu a morte.
Empregamos o efeito (a morte) pela causa (veneno).

- A âncora feriu o sal.
Empregamos o conteúdo (sal) pelo continente (mar).

- Bebi dois copos de leite.
Empregamos o continente (copos) pelo conteúdo (leite).

- Gosto de champanha.
Empregamos o nome do lugar (Champagne) pelo seu produto (vinho).

c) Sinédoque: é a troca de um nome por outro de extensão diferente. Ex.:

- Não tenho *teto* para morar.
Empregamos a parte (teto) pelo todo (casa).

- Mônica acaba de completar 18 *primaveras*.
Empregamos a parte (primaveras) pelo todo (anos).

- Ninguém pode avaliar do que são capazes os *mortais*.
Empregamos o gênero (mortais) pela espécie (homens).

- Estamos na estação das *rosas*.
Empregamos a espécie (rosas) pelo gênero (flores).

- *A juventude* brasileira participa ativamente da política nacional.
Empregamos o abstrato (juventude) pelo concreto (os jovens).

- Veja que beleza o *marfim* dos dentes dessa menina!
Empregamos o concreto (marfim) pelo abstrato (alvura).

- Jesus subiu aos *céus*.
Empregamos o plural (céus) pelo singular (céu).

- O *brasileiro* é apaixonado por futebol.
Empregamos o singular (brasileiro) pelo plural (brasileiros).

- Aceite *mil* beijos do filho que lhe quer muito.
Empregamos o determinado (mil) pelo indeterminado (muitos).

- Ao ser iniciada a festa, tiniram os *cristais*.
Empregamos a matéria (cristais) pelo objeto (copos).

- O eclipse provocou escuridão em toda a *redondeza*.
Empregamos a forma (redondeza) pela matéria (Terra).

- Paulinho sempre era o *cristo* da turma.
Empregamos o indivíduo (Cristo) pela classe (culpado).

Muitos consideram os casos de sinédoque entre os de metonímia. Não obstante, achamos útil e importante estabelecer a diferença entre ambas as figuras.

d) Catacrese: consiste no emprego indevido de palavras, por esquecimento do seu sentido etimológico. Ex.:

- Faço minhas *sabatinas* somente às *segundas-feiras*.
Sabatina é coisa que se deveria fazer somente aos *sábados*.

- *Embarquei* somente às três horas *no avião*.
Embarcar, a rigor, significa *tomar barca*.

- O menino chorou porque *enterrou* uma pua *no dedo*.
Enterrar significa, rigorosamente, *pôr na terra*.

- Você já experimentou *marmelada de chuchu?*
Marmelada é doce que se faz de *marmelo*.

- Ela colecionava *ferraduras de prata*.
Ferradura é algo que se faz com *ferro*.

- Ele *espalhou dinheiro* pela sala toda!
Espalhar é o mesmo que *separar a palha*.

Modernamente, são ainda considerados como catacrese as metáforas viciadas, isto é, as metáforas que se formaram por causa da semelhança de forma existente entre os seres. Estão nesse caso: *pé* de meia, *braço* de rio, *boca* de forno, *pena* de metal, *folha* de papel, *boca* do estômago, *cabeça* de alfinete, *barriga* da perna, etc.
A rigor, não se pode dizer que catacrese seja uma figura de palavra, pois ela só existe em razão de um esquecimento etimológico, ou de uma deficiência da língua.

e) Antonomásia ou **Perífrase**: variante de metonímia que consiste em substituir um nome por outro, ou por uma expressão que facilmente o identifique. Ex.: *o Mestre* (por Jesus Cristo); *o Timão* (por o Corinthians); *um champanhe* (por um vinho de Champagne); *o rei das selvas* (por o leão).

B. As *figuras de sintaxe* ou *de construção* compreendem a *elipse*, o *pleonasmo*, o *anacoluto*, a *silepse*, o *hipérbato* ou *inversão* (que abrange a *anástrofe* e a *sínquise*), a *aliteração* (que abrange a *harmonia imitativa*), a *repetição* ou *iteração*, a *anáfora*, o *polissíndeto*, o *assíndeto*, a *epizeuxe* ou *reduplicação*, o *quiasmo* ou *conversão*, a *hipálage* e a *paronomásia*.

a) Elipse: é a omissão de termo facilmente subentendido. Ex.:

> - Peço-lhe venha urgentemente para casa!
> Está subentendido *que* (conetivo): Peço-lhe *que* venha...

> - Claro que gosto dela.
> Está subentendido o verbo *é*: *É* claro que gosto dela.

> - Mês que vem vou viajar.
> Está subentendida a contração *no*: *No* mês que vem...

Há uma espécie de elipse, chamada *zeugma*, que consiste na omissão de uma palavra já expressa anteriormente, geralmente de flexão diversa. Ex.:

> - Eu gosto de futebol; ela, de novela. (ela *gosta* de novela)
> - Vi ali alguns rapazes e garotas. (e *algumas* garotas)
> - O presidente discursou como estadista. (como estadista *discursa*)

Pode haver omissão de uma oração inteira. Ex.:

> - Perguntei ao repórter qual havia sido o resultado do jogo. Ele me respondeu que não sabia. (que não sabia *qual havia sido o resultado do jogo.*)

b) Pleonasmo: é o emprego de palavras desnecessárias, com objetivo de realçar a ideia. Ex.:

> - *Vi* com meus próprios *olhos*.
> - *Toquei-a* com minhas próprias *mãos*.
> - *A mim* ninguém *me* engana.

O pleonasmo só é figura de linguagem, ou seja, só possui valor literário, quando a repetição tem finalidade expressiva, quando traz objetivo estilístico; do contrário, é considerado vício, constitui redundância. *Sair para fora, entrar para dentro, subir para cima, descer para baixo*, são exemplos de *pleonasmos viciosos* ou *redundâncias*.

São, porém, pleonasmos aceitáveis: *arrumar bem arrumadinho, fazer bem feitinho, limpar bem limpinho*, etc.

Ambos os dois e *ambos de dois* também são construções pleonásticas aceitáveis, desde que usadas discretamente e sejam realmente necessárias. Como neste exemplo:

> - Perguntaram-me se *flecha* e *frecha* são formas corretas e eu respondi que o são, *ambas as duas.*

c) Anacoluto: é o desvio do pensamento, deixando o sujeito sem predicado, ou a alteração das relações normais entre os termos da oração:

> - *Eu* parece-me que vou desmaiar.
> - Quem ama o feio, *bonito lhe parece.*
> - *Minha vida* tudo não passa de alguns anos sem importância!

No primeiro exemplo, assim como no último, o sujeito ficou sem o predicado. No segundo, houve alteração das relações normais entre os termos da oração, já que deveria ser assim a construção:

> - Quem ama o feio *acha-o bonito.*

Também há anacolutia quando se usa um verbo no infinitivo no rosto da oração e se repete no meio dela. Ex.:

> - *Morrer,* todos vamos morrer.

d) Silepse: é a concordância com a ideia, não com a palavra escrita. Existem as silepses *de gênero, de número* e *de pessoa*. Exemplos de silepse *de gênero*:

> - São Paulo era *encantadora.*
> - Vossa Excelência é muito *bom.*

No primeiro exemplo está subentendida a ideia de *cidade* e, no segundo, faz-se referência a pessoa do sexo masculino. Daí, o adjetivo nesse gênero. Exemplos de silepse *de número*:

> - Grande número de pessoas *compareceram* ao desfile.
> - Ficamos muito *triste* com essa notícia.
> - O pessoal do colégio se houve muito bem no concurso; entretanto, *conseguiram* somente aplausos...

No primeiro exemplo, a concordância não se faz com o núcleo do sujeito (*número*), mas com o complemento no plural; no segundo exemplo, o adjetivo está no singular porque *nós* está empregado por *eu; coloca-se* o verbo no plural para indicar modéstia. No terceiro exemplo, o verbo *conseguir* está no plural, quando deveria figurar no singular, já que *pessoal* é nome coletivo. Esta sintaxe se justifica pela distância existente entre o sujeito e o verbo. No entanto, só nesta circunstância é que se admite o verbo no plural. Isso significa que não são próprias frases como:

> - A turma *gostaram* de mim.
> - O pessoal *reclamaram* do barulho.

Luiz Antonio Sacconi

Exemplos de silepse *de pessoa:*

- Os brasileiros *somos* otimistas.
- Todos *corremos* de medo.

A silepse de pessoa se dá quando há inclusão da pessoa que fala no processo verbal. Veja: *os brasileiros* e *todos* são termos correspondentes à 3.ª pessoa do plural. Ocorre, porém, que a pessoa que fala faz parte do processo verbal. Justifica-se, assim, a concordância irregular.

e) Hipérbato ou **Inversão**: é a alteração da ordem direta dos termos na oração, ou das orações no período. Ex.:

- *Morreu* o Papa. (Por: O Papa morreu.)
- *Cachorro em casa*, eu não quero mais. (Por: Eu não quero mais cachorro em casa.)

O hipérbato compreende dois tipos:

1. a *anástrofe*, que é a anteposição, em expressões nominais, do termo regido de preposição ao termo regente. Ex.:

- *"Do faminto avarento o mundo ri,* pois nada do que ajunta é para si" (PROVÉRBIO).
- Somos *do mundo* a esperança de aplacar a fome.

Eis as mesmas orações em ordem direta:

- O mundo ri do faminto avarento...
- Somos a esperança do mundo de aplacar a fome.

2. a *sínquise*, que é o hipérbato exagerado, com inversão violenta dos termos da oração, tornando-se a frase obscura, ridícula ou ininteligível. Vejamos este exemplo de Camões:

- "Enquanto manda as ninfas amorosas grinaldas nas cabeças pôr de rosas".

Eis a ordem direta:

- Enquanto manda as ninfas amorosas pôr grinaldas de rosas nas cabeças.

Outros exemplos:

- Um favor devo ao mestre muito grande.
A ordem direta: Devo um favor muito grande ao mestre.

- Um cãozinho tinha o Paulo fofinho e peludinho.
A ordem direta: O Paulo tinha um cãozinho fofinho e peludinho.

A sínquise é considerada vício de linguagem, pela confusão que estabelece na frase.

f) Aliteração: é a repetição de consoantes ou de sílabas, com o objetivo de dar destaque a um determinado som ou de imprimir ritmo à frase. Ex.:

- O **r**ato **r**oeu a **r**oupa da **r**ainha **r**aivosa **r**apidamente.
- Quem com **f**erro **f**ere com **f**erro será **f**erido.

Geralmente, os poetas utilizam a aliteração para sugerir ruídos da natureza. Neste caso, a aliteração recebe o nome especial de *harmonia imitativa*. Ex,:

- "E o céu da Grécia, turvo, carregado,
Rápido o **r**aio **r**útilo **r**etalha." (RAIMUNDO CORREIA)

g) Repetição ou **Iteração**: é a repetição proposital de palavras ou expressões. Ex.:

- "*Cantei, cantei, cantei,*
Como é cruel cantar assim." (CHICO BUARQUE)

h) Anáfora: é a repetição de palavra ou expressão no início de membros da frase ou das frases. Ex.:

- *Tudo* cura o tempo, *tudo* faz esquecer, *tudo* gasta, *tudo* digere, *tudo* acaba. (PADRE VIEIRA)

i) Polissíndeto: é o uso repetido e intencional de uma conjunção coordenativa (geralmente **e**), para dar a ideia de sequência monótona ou desagradável. Ex.:

- O menino resmunga, **e** chora, **e** esperneia, **e** grita, **e** maltrata.

j) Assíndeto: é a omissão das conjunções coordenativas aditivas entre termos ou orações. É, portanto, o oposto do polissíndeto. Ex.:

- Não sopra o vento; não gemem as vagas; não murmuram os rios.

k) Epizeuxe (que se pronuncia *epizêuzi*) ou **Reduplicação**: é a repetição seguida de uma palavra, com fins expressivos. Ex.:

- Os tagarelas são os mais discretos de todos os homens: *falam, falam,* e nunca dizem coisa nenhuma...
- "e eu vos darei *tudo, tudo, tudo, tudo, tudo, tudo*". (MACHADO DE ASSIS)
- *Logo, logo* todo o mundo vai ser obrigado a fazer o que não quer.
- Pode me aguardar, que eu volto *já, já.*

l) Quiasmo ou **Conversão**: é a repetição simétrica, cruzando as palavras à maneira de X. Ex.:

- "*No meio do caminho* tinha uma pedra
Tinha uma pedra *no meio do caminho.*" (C.D. DE ANDRADE)

O cruzamento e a simetria provocam um efeito particular na frase, reforçando uma ideia, já que a repetição cruzada causa surpresa e leva a refletir sobre o que se comunicou.

m) Hipálage: é a modificação de um adjetivo a um substantivo que, logicamente, não deveria modificar. Ex.:

- A *atitude impoluta* do presidente.
(Em vez de: A atitude do *impoluto presidente*.)

Note: o adjetivo *impoluto* está modificando o substantivo *atitude*, quando deveria estar modificando *presidente*. Outro exemplo:

> - O *segredo egípcio* da esfinge.
> (Em vez de: O segredo da *esfinge egípcia*.)

n) Paronomásia: é o emprego de palavras parônimas, com o fim de extrair expressividade da combinação de palavras que apresentam semelhança fônica (e/ou mórfica), mas possuem sentidos diferentes. Ex.:

> - "Quem vê um *fruto* não vê um *furto*." (MÁRIO QUINTANA)
> - "Que a morte apressada seja *tributo* do entendimento, e a vida larga *atributo* da ignorância." (Pe. VIEIRA)

3. As figuras de pensamento. Compreendem a *hipérbole*, a *litotes* ou *lítotes*, o *eufemismo*, a *ironia*, a *prosopopeia* ou *personificação*, a *apóstrofe*, a *antítese* ou *contraste*, o *oximoro* ou *paradoxo*, a *gradação* (*clímax, anticlímax* e *gradação encadeada*) e as *reticências* ou *aposiopese*.

a) Hipérbole: consiste em exagerar a expressão de uma ideia. Ex.:

> - Já lhe dissemos isso *mil* vezes!
> - Quase *morri* de estudar!
> - Ela chorou *rios* de lágrimas!
> - Mônica *explodiu* de rir!

b) Litotes ou **Lítotes**: é a afirmação branda por meio da negação do contrário. Ex.:

> - Ela *não é nada boba.*
> Ou seja: Ela *é viva, esperta.*
> - Você *não é nada gentil.*
> Ou seja: Você *é mal-educado.*

Como se vê, a litotes é o oposto da hipérbole. (Repare que a palavra é *litotes*, e não "litote", como querem professores de plantão).

c) Eufemismo: é o emprego de palavras ou expressões agradáveis, em substituição às que têm sentido grosseiro ou desagradável. Ex.:

> - *toalete* ou *lavabo* (em vez de *privada*)
> - *alienação mental* (em vez de *loucura*)
> - *tumor maligno* (em vez de *câncer*)
> - *entregar a alma a Deus* (em vez de *morrer*)
> - criança *excepcional* (em vez de criança *retardada*)
> - *faltar à verdade* (em vez de *mentir*)

d) Ironia: é sugerir o contrário do que as palavras ou as frases exprimem. Ex.:

> - Que menina maravilhosa!
> (Quando se trata, na verdade, de um monstrinho.)

- Vejam que bela administração a nossa!
(Quando se cai num buraco na rua, lembrando-se do prefeito.)

As reticências são a pontuação que mais evidenciam um pensamento irônico ou sarcástico.

e) Prosopopeia ou **Personificação**: é a atribuição de qualidades e sentimentos humanos a seres irracionais e inanimados. Ex.:

- Rio de Janeiro, a cidade onde o Sol *sorri.*
- O mar *castiga* a praia.
- O lírio *fita* a estrela.
- Naquele dia as estrelas *choraram,* e a Lua não apareceu.
- A raposa *disse* ao corvo: — *Cante* só um pouquinho...

f) Apóstrofe: evoca ou interpela seres reais ou não e se revela por meio do vocativo. Ex.:

Pai nosso, que estais no céu.
Ave, *Maria,* cheia de graça.
Ó Deus, por que tanto sofrimento?

g) Antítese ou **Contraste**: é o emprego (geralmente na mesma frase) de palavras ou expressões contrastantes, ou seja, de sentidos opostos. Ex.:

- "Cada um leva consigo uma alma de covarde e uma alma de herói."
- "Toda guerra finaliza por onde devia ter começado: a paz."

h) Oximoro ou **Paradoxo**: é a associação de ideias, além de contrastantes, contraditórias.
É a antítese extremada: *silêncio eloquente, uma alegria triste.*
(Repare que a palavra é *oximoro,* e não "oxímoro", como querem os professores de plantão.)

i) Gradação: é a apresentação de uma série de ideias em progressão ascendente (clímax) ou descendente (anticlímax). Ex.:

- Ele estava disposto a arrematar aquele quadro, por isso ofereceu inicialmente *dez* mil dólares, depois *vinte* e finalmente *cem* mil dólares. (clímax)
- Cada *ano,* cada *dia,* cada *hora,* cada *minuto,* cada *segundo* é importante na vida. (anticlímax)

Dá-se o nome de *gradação encadeada* ou *concatenação* a este tipo de progressão:

- As preocupações trazem o *aborrecimento*; o *aborrecimento* traz a *melancolia*; a *melancolia* produz a *solidão*; a *solidão* leva ao *tédio*; do *tédio* nasce a *infelicidade*; e a *infelicidade* conduz ao fim de todas as coisas.

Luiz Antonio Sacconi

j) Reticências ou **Aposiopese**: é a interrupção do pensamento, por ser o silêncio mais expressivo que a palavra. Ex.:

> - Denise me acompanhava. Era noite. A rua, deserta. Eu e ela. Ela e eu. Nós dois. Sozinhos...
> - "Não te abras com teu amigo
> Que ele um outro amigo tem.
> E o amigo do teu amigo
> Possui amigos também..." (MÁRIO QUINTANA)

Repare que o poeta, ao usar as reticências, deixa que o leitor conclua o que de fato quis comunicar, mas sem se comprometer.

Testes e exercícios

1. Identifique as figuras de palavras:
a) Você já tomou chá de abacate?
b) O rico não ajuda o pobre.
c) Estás divina, Cristina!
d) Os dentes da engrenagem não estão engraxados.
e) Morreu o Velho Guerreiro.
f) Calasãs levou um soco na boca do estômago.
g) Sopram verdes ares para o nosso país.
h) Gosto muito de Tom Jobim.
i) A ignorância é a noite do espírito.
j) As tropas eram comandadas pelo Marechal de Ferro.
k) Há tempos não vejo céus brasileiros.
l) Tenho um estradivário em casa.
m) No porto havia cem velas.
n) No verão meu quarto é um forno!
o) Tomei um bom vinho de laranja.
p) Esse advogado é uma raposa!
q) Viveu trinta primaveras de amor com a mulher.
r) Denise tem mãos de veludo!
s) O humorismo é o açúcar da vida.
t) Leio Machado de Assis sempre que posso.
u) Eu não o entendo a ele; não me entende ele a mim.
v) Tive um professor que bagunça ele não admitia de jeito nenhum.
w) Coisa curiosa é gente jovem: como falam!
x) As crianças, todos devemos amá-las.
y) A maior parte dos meus amigos já são formados.
z) Casos tristes, é melhor não recordar.
2. Assinale a opção que traz silepse de gênero:
a) Ribeirão Preto é dinâmica.
b) O ladrão roubou-me primeiro; depois, a meus amigos.
c) Ermelindo comprou um casaco para a mulher de antílope.
d) Esta estrada quando eu era moço, não havia tantos buracos nela como há hoje.
e) O Recife sempre foi muito lindo.

3. Identifique as figuras de pensamento:
a) Fiz daquele amigo tão próximo o mais distante.
b) Não estou bom hoje.

Nossa gramática simplificada

c) "Sou velhíssimo e apenas nasci ontem!"
d) Foi preso o amigo do alheio.
e) A música rolou pela sala.
f) Geme o vento, e o mar castiga a praia.
g) Ela vive sonhando acordada.
h) Ifigênia só sabe ouvir música se o volume do rádio estiver no máximo de sua capacidade: ela tem uma orelha delicadíssima!
i) Fazia séculos que não me sentia tão feliz!
j) O velho comandante adormeceu para sempre.
k) Hermengarda quer tirar todas as suas marcas de expressão.
l) Os humildes são como a água encanada que, quanto mais desce, mais alto pode subir.
m) Lurdes padece de doença incurável.
n) Não, absolutamente, em São Paulo não há poluição: ao meio-dia a cerração da madrugada continua...
o) Veja: a natureza chora.
p) Na praça ondulava um oceano de cabeças.
q) Isabel estava elegante como uma zebra e perfumada como um gambá...
r) Juçara é tão inteligente, que, aos 30 anos, já está na 5.ª série!...
s) O ministro faltou à verdade.
t) Estou morto de sede!
u) O furacão, depois de devastar todo o país, virou tempestade, chuva, chuvisco.
v) Em pouco tempo na empresa passou de estagiário a funcionário, a chefe, a tirano.
w) "Tende piedade de mim, Senhor, e de todas as mulheres." (Vinicius de Moraes)
x) Menina, venha cá!
y) A solteirona dizia em voz alta: "Ó Santo Antônio, por que me abandonaste?"
z) O galo, nesse dia, cantou muito aflito.

4. Identifique as figuras de palavras:
a) Quebrei o braço da cadeira.
b) Eu, que me importa o que o povo pensa?
c) Santos já está enfeitada para o carnaval.
d) Moro na Cidade Maravilhosa.
e) Tomou três xícaras de café.
f) Você já leu Aníbal Machado?
g) A mim você não me engana.
h) Toquei-a com minhas próprias mãos.
i) Em nós, você pode confiar.
j) Luís não permito que ninguém fale mal dele!

5. Identifique os três tipos de silepse:
a) Todo o povo aplaudia; prestavam homenagem ao presidente.
b) Vossa Senhoria é bondoso demais.
c) Estamos muito emocionado com essa homenagem.
d) A plateia estava inquieta; gritavam com todas as forças.
e) Dizem que os paulistas somos muito trabalhadores.
f) Íamos dez no Fusquinha.
g) A Presidente Vargas foi tomada pelos foliões.
h) Meu povo, chegamos atrasado, mas chegamos.
i) A maior parte dos alunos foram aprovados.
j) O camisa dez do Palmeiras naquela época era Ademir da Guia.

Luiz Antonio Sacconi

6. Identifique a metáfora, a metonímia, a catacrese e a antonomásia:
a) O Mestre disse: "Amai-vos uns aos outros!"
b) O menino costumava montar a cavalo no pobre cão.
c) Essa garota é um doce!
d) Cármen completou ontem quinze primaveras.
e) Usemos a cabeça e votemos!
f) Ganhei uma ferradura de prata.
g) Esta rua tem duas mãos de direção.
h) O Pai da Aviação nasceu em Santos.
i) Embarquei no avião das dez horas.
j) Depois que o professor o repreendeu, ele murchou.

7. Identifique as figuras de pensamento:
a) Que maravilhosa redação a sua! Um bebê a faria melhor.
b) Os interesses do Brasil falaram mais alto na reunião.
c) Nossas praias, que antes eram limpas, de águas claras, agora estão poluídas, de águas turvas.
d) O garoto foi voando pra casa, quando soube que o pai chegara.
e) O velho acaba de entregar a alma a Deus.
f) Veja como Isabel é inteligente: com 38 anos e já está no 5.º ano!
g) O lírio fita a estrela; o mar castiga a praia.
h) Esse homem se enriqueceu por meios ilícitos.
i) Essa garota não é nada ingênua.
j) Os pingos da chuva acariciavam as pétalas da flor.

Dos concursos e vestibulares

8. (MACK-SP) Assinale a frase que traz catacrese:
a) Os olhos piscavam mil vezes por minuto diante do horrível espetáculo.
b) Eu parece-me que vivo em função de um áspero orgulho.
c) Com o espinho enterrado no pé, levantou-se rápido à procura do pai.
d) Suas faces avermelhadas eram chamas encolerizadas pelos males da terra.
e) Vi o óvni com estes olhos que a terra haverá de comer.

9. (CESGRANRIO-RJ) Assinale a alternativa em que há figura de linguagem:
a) Ele era um homem avaro.   b) Todos devem entrar para dentro.
c) Não se deve dirigir com apenas uma mão.   d) O mito é o nada que é tudo.
e) O menino viu o incêndio do prédio.

10. (FEC) A figura que aumenta ou diminui, exageradamente, a verdade das coisas é:
a) metáfora   b) hipérbole   c) sinédoque   d) sínquise   e) antonomásia

11. (MACK-SP) **Os adultos possuem poder de decisão; os jovens, incertezas e conflitos.** Há, no período, a omissão do verbo *possuir*. Essa figura de construção é conhecida como:
a) elipse   b) zeugma   c) assíndeto   d) hipérbato   e) pleonasmo

12. (EN) A figura de linguagem que ocorre em **Mulher magra, morena, maravilhosa**, é:
a) redundância   b) aliteração   c) prosopopeia   d) litotes   e) anástrofe

13. (FEC-RJ) Em **A natureza parece estar chorando**, temos, estilisticamente:
a) antítese   b) polissíndeto   c) ironia   d) personificação   e) eufemismo

442

Nossa gramática simplificada

14. (ESA) Em **Partimos todos os alunos para a excursão**, ocorre:
a) silepse de gênero   b) silepse de número   c) silepse de pessoa
d) zeugma   e) inversão

15. (MACK-SP) **Na terrível luta, muitos adormeceram para sempre**. Temos aí esta figura de linguagem:
a) antítese   b) eufemismo   c) anacoluto   d) prosopopeia   e) pleonasmo

16. (F.Oswaldo Cruz-SP) Anacoluto é:
a) o emprego repetido de conjunções coordenativas, especialmente aditivas.
b) a omissão de um termo facilmente subentendido.
c) a quebra da estruturação lógica da oração.
d) a repetição de termo já mencionado ou de ideia já expressa.
e) a omissão de conjunções coordenativas, especialmente aditivas.

17. (VUNESP) Assinale a frase que traz anacoluto:
a) Aos homens parece não existir a verdade.
b) Os homens parece-lhes não existir a verdade.
c) Os homens parece que ignoram a verdade.
d) Os homens parece ignorarem a verdade.
e) Os homens parecem ignorar a verdade.

18. (NCE-RJ) Identifique a figura da frase seguinte: **Inédito, novo, inteligente e moderno, o Abridor Afiador automático Arno combina duas importantes utilidades num só aparelho.**
a) polissíndeto   b) anacoluto   c) sínquise   d) prosopopeia   e) silepse

Soluções dos testes e exercícios
1. a) catacrese b) metonímia c) hipérbole d) catacrese e) antonomásia f) catacrese g) prosopopeia ou personificação h) metonímia i) metáfora j) antonomásia k) sinédoque l) antonomásia m) sinédoque n) hipérbole o) catacrese p) metáfora ou comparação implícita q) sinédoque r) metáfora s) metáfora t) metonímia u) pleonasmo v) anacoluto w) silepse de número x) pleonasmo y) silepse de número z) anástrofe **2.** a) **3.** a) antítese ou contraste b) litotes c) paradoxo ou oximoro d) eufemismo e) prosopopeia ou personificação f) prosopopeia ou personificação g) paradoxo ou oximoro h) ironia i) hipérbole j) eufemismo k) eufemismo l) antítese ou contraste m) eufemismo n) ironia o) prosopopeia ou personificação p) hipérbole q) ironia r) ironia s) eufemismo t) hipérbole u) gradação descendente ou anticlímax v) gradação ascendente ou clímax w) apóstrofe x) apóstrofe y) apóstrofe z) prosopopeia ou personificação **4.** a) catacrese b) anacoluto c) silepse de gênero d) antonomásia e) metonímia f) metonímia g) pleonasmo h) pleonasmo i) hipérbato j) anacoluto **5.** a) silepse de número b) silepse de gênero c) silepse de número d) silepse de número e) silepse de gênero f) silepse de número g) silepse de pessoa h) silepse de número i) silepse de número j) silepse de gênero **6.** a) antonomásia b) catacrese c) metáfora d) metonímia e) metonímia f) catacrese g) metáfora h) antonomásia i) catacrese i) metáfora **7.** a) ironia b) prosopopeia ou personificação c) antítese ou contraste d) hipérbole e) eufemismo f) ironia g) prosopopeia ou personificação h) eufemismo i) litotes j) prosopopeia ou personificação **8.** c) **9.** d) **10.** b) **11.** b) **12.** b) **13.** d) **14.** c) **15.** b) **16.** c) **17.** b) **18.** d)

443

Lição 37
VÍCIOS DE LINGUAGEM

Vício de linguagem é qualquer desvio das normas gramaticais, qualquer transgressão da norma-padrão ou língua formal.

São estes os principais vícios de linguagem: *barbarismo, solecismo, cacófato, ambiguidade* ou *anfibologia, redundância* ou *pleonasmo vicioso,* o *arcaísmo,* o *neologismo* e o *preciosismo.*

1. O barbarismo. *Barbarismo* é o vício de grafia, flexão ou pronúncia. Existem quatro tipos:

a) a *cacoépia:* é a má pronúncia de uma palavra. Ex.: "compania" por compa**nh**ia; "gor" por *gol;* "troféis" por *troféus;* "dôlo" por *dólo* (os acentos destas duas servem apenas para elucidar).

b) a *silabada:* é a troca da acentuação prosódica de uma palavra. Ex.: "récorde" por re**cor**de; "rúbrica" por ru**bri**ca; "íbero" por i**be**ro.

c) a *cacografia:* é a má grafia ou má flexão de uma palavra. Ex.: "maizena" por mai**se**na; "mussarela" por mu**çar**ela; "cidadões" por cidad**ãos**; se eu "ver" por se eu *vir.*

d) o *deslize:* é o mau emprego de uma palavra. Ex.: peixe com "espinho" por *espinha;* "vultuosa" quantia por *vultosa.*

Comete barbarismo também quem grafa palavras estrangeiras como na língua de origem, quando já estão aportuguesadas. Ex.: "shampoo" por *xampu,* "chopp" por *chope,* "ticket" por *tíquete,* "checkup" por *checape,* etc. Comete barbarismo ainda quem usa construções próprias de língua estrangeira. Ex.: Ouvi a notícia "através o" rádio por *através do* rádio.

Há certas construções próprias de língua estrangeira que de tão arraigadas no português do Brasil, já não devem ser consideradas barbarismos. Ex.: namorar *com* alguém, entrar *de* sócio num clube, jogar *de* goleiro, repetir *de* ano, todas construções próprias da língua italiana, que exerceu e continua exercendo influência no português do Brasil, em razão da forte imigração italiana.

2. O solecismo. *Solecismo* é o vício em relação à sintaxe ou construção da frase. Existem três tipos:

a) *de concordância.* Ex.: "houveram" reclamações por *houve*; o pessoal já "chegaram" por *chegou*.
b) *de regência.* Ex.: já "assisti esse" filme, por já assisti *a* esse filme; não "lhe" conheço, por não *o* conheço.
c) *de colocação.* Ex.: eu "darei-lhe" o céu, meu bem, por *dar-lhe-ei* ou eu *lhe darei*; ele tem "queixado-se" bastante, por ele tem *se* queixado bastante.

3. O cacófato. *Cacófato* é o som obsceno, resultante da união de sílabas de palavras diferentes. Ex.: esca*pei de* mais uma, preciso ir-*me já*, esse time nunca mar*ca gol*.
É preciso ressaltar que o cacófato só existe quando a união das sílabas exprime obscenidade. Portanto, as uniões e**la tinha**, bo**ca dela**, al**ma minha** e outras desse tipo não constituem cacófatos, mas simples *cacofonias*, vício de menor importância, assim como o *eco* (sem estar ci**ente**, Vic**ente** tem um par**ente** do**ente** da m**ente** no Ori**ente**), o *parequema* (co**ne ne**gro, u**ma ma**la, aspec**to to**tal, es**te te**ma), a *colisão* (lan**ce sé**rio, a folha **se se**cou) e o *hiato* (ela não i**a a a**ula, trag**o o o**vo). Como se vê, o *eco* é a ocorrência dos mesmos sons no final das palavras; o *parequema* é a repetição da sílaba final de uma palavra no início da palavra seguinte; a *colisão* é a ocorrência de mesmos sons consonantais, causando desarmonia; e o *hiato* é a ocorrência de mesmos sons vocálicos. A cacofonia é gênero, de que o cacófato, o eco, o parequema, a colisão e o hiato são espécies.

4. A ambiguidade ou anfibologia. *Ambiguidade* ou *anfibologia* é o duplo sentido causado pela má construção da frase. Ex.: Beatriz comeu um doce e sua irmã também (em vez de: Beatriz comeu um doce, e sua irmã também). *** Mataram o porco do teu tio (em vez de: Mataram o porco que era de teu tio).

5. A redundância ou **pleonasmo vicioso.** *Redundância* ou *pleonasmo vicioso* é a repetição desnecessária de uma ideia mediante palavras ou expressões diferentes. Ex.: subir lá em cima, descer lá embaixo, entrar pra dentro, sair pra fora, cair um tombo.

6. O arcaísmo. *Arcaísmo* é o emprego de palavras que já caíram em desuso, ou seja, que não são mais utilizadas na língua do dia a dia. Dá-se esse mesmo nome à própria palavra arcaica. Ex.: "vosmecê" por *você*; "alcaide" por *prefeito*; "província" por *estado*.

7. O neologismo. *Neologismo* é o emprego de palavras que ainda não foram incorporadas oficialmente ao idioma, ou seja, que ainda não têm

Luiz Antonio Sacconi

registro no Vocabulário Oficial (VOLP). Ex.: *googlar* (realizar pesquisas no Google); *internetês* (linguagem própria da Internet), *deletar* (por apagar). Convém ressaltar, contudo, que o neologismo deixa de ser vício quando a palavra criada tem o fim de nomear algo para o qual não há um vocábulo disponível na língua. Ex.: *sambódromo, camelódromo.*

8. O preciosismo. *Preciosismo* é a extrema afetação, refinamento ou meticulosidade, em prejuízo da clareza e da naturalidade. Ex.: Ele veio com *um colóquio flácido para acalentar bovino,* por: Ele veio com *uma conversa mole para boi dormir.*

Testes e exercícios

1. Assinale a frase que traz barbarismos:
a) Juçara não joga volibol nem muito menos basquetebol.
b) Naquele carramanchão existem muitas largatixas.
c) Calasãs só come sanduíche de presunto com muçarela.
d) Gumersindo chupou a mexerica da Hortênsia.
e) O Instituto de Meteorologia informa que esta noite vai chover.

2. Assinale a frase que traz solecismo:
a) Faziam anos que não morriam pessoas nesta rua.
b) Começa a haver disputas de terra no sul do país.
c) Está havendo muitos escândalos de corrupção.
d) A Lua sempre foi mais pequena que a Terra.
e) Ele diz ter ódio mortal a corruptos.

3. Assinale as frases que trazem ambiguidade ou anfibologia:
a) É admirável a fé de teu tio.
b) O carrasco não teve dó: decapitou a cabeça do condenado.
c) Preciso de um rapaz para caçar codornas e uma garota.
d) A mãe pediu à filha que arrumasse o seu quarto.
e) O pai falou com o filho caído no chão.

4. Reconheça os vícios de linguagem existentes nestas frases:
a) Entre dentro do meu carro para você ver como ele é bonito!
b) A questã não é essa, a questã é outra.
c) Espero que você esteje bem de saúde.
d) Acabou as férias, começou as aulas.
e) Foi gasta boa quantia de dinheiro nessa obra do governo.

5. Na frase *Junto com Janete viajarei de jato já em janeiro,* existe:
a) parequema   b) colisão   c) cacofonia   d) eco   e) redundância

6. Assinale a frase que contém preciosismo:
a) Todo o mundo aqui gosta de cachorro-quente frio?
b) Todo homem aqui sofre de alopecia androgênica.
c) Traga a água que eu lhe pedi!
d) Amanhã, nesse jogo, vai dar zebra.
e) Toda flor, Leonor, tem odor e frescor.

446

Nossa gramática simplificada

Dos concursos e vestibulares

7. (FEI-SP) Identifique a alternativa em que ocorre um pleonasmo vicioso:
a) Ouvi com meus próprios ouvidos.
b) A casa, já não há quem a limpe.
c) Para abrir a embalagem, levante a alavanca para cima.
d) Bondade excessiva, não a tenho.
e) n.d.a.

8. (UFOP-MG) Qual o vício de linguagem que se observa na frase **Eu não vi ele faz muito tempo?**
a) solecismo   b) cacófato   c) parequema   d) barbarismo   e) colisão

9. (EN) Em **Eu não lhe vi** existe:
a) solecismo   b) cacófato   c) barbarismo   d) arcaísmo   e) colisão

10. (ITA-SP) Todas as alternativas abaixo contêm barbarismo, exceto:
a) A seleção brasileira está desde ontem sobre "linha dura" na Toca da Raposa.
b) Todas as razões do mundo não conseguiram justificar aquele jesto.
c) Esperava que nesse interim sua situação financeira melhorasse.
d) A estada do presidente no hotel foi de três dias.
e) O mecanismo do elevador engasgou e ele se deteu.

11. (TRT-GO) Em todas as alternativas há solecismo, exceto em:
a) Calculam-se que dez mil soldados estejam isolados no Afeganistão.
b) O projeto é bom, quem está querendo construir não deve deixar de conhecer-lhe.
c) Vendo-o distraído, ataquei-o à sorrelfa.
d) Se o gato desaparecer, ninguém poderá mais ver ele.
e) Não estou com a menor intenção de lhe ofender.

12. (TJ-SP) Assinale a alternativa que traz cacofonia:
a) A liberdade, como a concebo, não se confunde com o consumismo.
b) Uma das liberdades modernas é a de ir e vir.
c) A natureza humana se preocupa quando aparece algum perigo.
d) Quando não se pode desfrutar o luxo, começa-se a desdenhar dele.
e) A liberdade foi corrompida pela sociedade de consumo.

13. (FAU-Santos-SP) Leia o texto e responda à questão que segue. Num tribunal, a testemunha afirmou: *"Eu vi o desmoronamento do barracão".* O juiz ficou em dúvida quanto às hipóteses: 1) A testemunha viu o barracão desmoronar. 2) A testemunha estava num barracão e de lá viu um desmoronamento.
Esse fenômeno é chamado de:
a) ambiguidade   b) pleonasmo   c) cacofonia   d) parequema   e) redundância

Soluções dos testes e exercícios
1. b) **2.** a) **3.** c) d) e) **4.** a) redundância b) barbarismo c) barbarismo d) solecismo e) redundância (toda quantia é de dinheiro) **5.** b) **6.** b) [em vez de: Todo homem aqui é careca (ou calvo)] **7.** c) **8.** a) **9.** a) **10.** d) **11.** c) **12.** a) **13.** a)

447

Lição 38
PONTUAÇÃO

1. A função da pontuação. Uma das funções mais importantes da pontuação é tornar as orações e os períodos mais fáceis de ler. Toda frase mais ou menos longa deve merecer leitura atenta e repetida, para que a pontuação seja usada de maneira correta.

2. Os mais importantes sinais de pontuação. São estes os mais importantes sinais de pontuação: o *ponto,* a *vírgula,* o *ponto e vírgula,* o *dois-pontos,* o *ponto de interrogação,* o *ponto de exclamação, os parênteses,* as *aspas,* o *travessão* e as *reticências.*

3. O ponto. O *ponto* é um dos sinais que marcam fim de período. Os principiantes em redação mostram a tendência de evitá-lo quanto podem. Preferem juntar num só período várias orações, ligando-as por conetivos (*e, que, se,* etc.). O resultado é a confusão total de pensamentos. Basta que a frase tenha um verbo em qualquer tempo do modo indicativo para que o ponto já tenha razão de aparecer. É aconselhável que cada assunto represente um período. Isto não significa que todos os períodos devam ser curtos, nem que toda frase deva ter um só verbo. Às vezes, um pensamento necessita de certos esclarecimentos, o que força a multiplicidade de orações. Em suma, o importante é não englobar num só período o que pode vir separado. A consequência disso são três qualidades do estilo: a *correção,* a *elegância* e a *simplicidade.* O ponto é usado ainda em quase todas as abreviaturas: *Cia.* (Companhia); *DD.* (Digníssimo); *pres.* (presidente); *Sr. (Senhor); pág.* (página). Se a palavra abreviada aparecer em final de período, este não recebe outro ponto. Atualmente, usa-se o ponto também na separação de casas decimais: 15.245, 289.493, 1.648.396, etc. Os números que identificam o ano e as páginas de uma obra não costumam ganhar ponto: 1947, 1976, 2020, pág. 1822, etc.

4. A vírgula. A *vírgula* é o sinal de pontuação que indica pequena pausa na leitura. Separa elementos de uma oração e orações de um período. Usa-se geralmente a vírgula:

1) para separar palavras de mesma classe:

- Aquela casa tem dois quartos, um banheiro, três salas e bom quintal.
(*Quartos, banheiro, salas* e *quintal* são substantivos.)

- Cheguei, vi, observei e não gostei.
(*Cheguei, vi, observei* e *gostei* são verbos.)

Repare que a conjunção *e* substitui a vírgula entre a última e a penúltima palavra.

2) para separar os vocativos:

- *"Amigos,* não há amigos" (SÓCRATES).
- *"Senhor,* eu desejaria saber quem foi o imbecil que inventou o beijo" (SWIFT).

Importante

Neste caso, a vírgula pode ser substituída com vantagem pelo ponto de exclamação, se a intenção é dar ênfase ao vocativo. Como neste exemplo:

- Oh! *meu bem!* eu te amo tanto!
- *"Deus! ó Deus!* onde estás que não respondes?" (CASTRO ALVES).

3) para separar o aposto do termo fundamental:

- Brasília, *capital da República,* foi fundada em 1960.
- "O espetáculo da beleza talvez baste para adormecer em nós, *tristes mortais,* todas as dores" (FOSCOLO).
- "O jagunço, *saqueador de cidades,* sucedeu ao garimpeiro, *saqueador da terra"* (EUCLIDES DA CUNHA).

4) para separar certas palavras e expressões explicativas, retificativas ou continuativas, tais como: *por exemplo, ou melhor, ou antes, isto é, por assim dizer, além disso, aliás, com efeito, então, outrossim,* etc.:

- O político era muito respeitado, *ou antes,* muito temido.
- Elas gastaram cem reais, *isto é,* tudo o que tinham.
- Eles vieram com a mãe, *aliás,* com a tia.
- Você, *então,* não foi mais à Europa?

5) para separar orações coordenadas assindéticas:

- "Nascemos nas lágrimas, *vivemos no sofrimento, morremos na dor"* (SANTO AGOSTINHO).
- "Os aduladores desprezam os pobres, *vivem com o apetite dos ricos, riem sem razão, são livres por sorte* e vis servidores por própria eleição" (PLUTARCO).

6) antes de todas as conjunções coordenativas (exceto *e* e *nem):*

- Ela queria falar, *mas* não podia.
- Corremos muito, *no entanto* não os alcançamos.
- Há muito tempo não vejo Cristina, *portanto* não sei da sua saúde.
- Cumprimos nossa obrigação, *logo* temos a consciência tranquila.
- Não chore, *que* será pior!
- Procure dormir cedo, *porque* amanhã temos muito trabalho!
- *Quer* chova, *quer* faça sol, iremos a Santos.

Luiz Antonio Sacconi

- *Ora* ríamos, *ora* chorávamos.
- "*Ou* fosse do cansaço, *ou* do livro, antes de chegar ao fim da segunda página adormeci também" (MACHADO DE ASSIS).

Importante

a) A conjunção *ou*, quando liga palavras curtas, sem caráter enfático, dispensa a vírgula. Assim, por exemplo:

- Os mendigos pediam dinheiro *ou* comida.
- Preciso de uma casa *ou* de um apartamento.

No entanto, havendo ênfase:

- Maria, os mendigos pediam dinheiro, *ou* comida?
- Afinal, você precisa de uma casa, ou de um apartamento?

b) Das conjunções adversativas, só *mas* aparece obrigatoriamente no começo da oração; as demais podem vir no início ou no meio dela. No primeiro caso, põe-se uma vírgula antes da conjunção; no segundo, a conjunção deve aparecer entre vírgulas. Veja estes exemplos:

- Ficarei com a casa, *mas* não posso pagá-la à vista.
- Ficarei com a *casa, porém* não posso pagá-la à vista.
- Ficarei com a casa, não posso, *porém*, pagá-la à vista.

- Estes homens trabalham dia e noite, *mas* continuam pobres.
- Estes homens trabalham dia e noite, *no entanto* continuam pobres.
- Estes homens trabalham dia e noite, continuam, *no entanto,* pobres.

Entre as orações, em casos que tais, como a pausa é acentuada, costuma-se empregar o ponto e vírgula em vez da vírgula:

- Ficarei com a casa; *porém,* não posso pagá-la à vista.
- Ficarei com a casa; não *posso, porém,* pagá-la à vista.

- Estes homens trabalham dia e noite; *no entanto* continuam pobres.
- Estes homens trabalham dia e noite; continuam, no *entanto,* pobres.

Pode-se dizer o mesmo para todas as conjunções conclusivas, com exceção de *pois,* que deve aparecer sempre isolada por vírgula, isto porque sempre vem no meio da oração. Veja estes exemplos:

- Vencemos; portanto não fique assim tão triste.
- Vencemos; não fique, *portanto,* assim tão triste.

- Cristina confia em si; por *isso* é uma pessoa feliz.
- Cristina confia em si; é, *por isso,* uma pessoa feliz.

- O Brasil perdeu o jogo para a Holanda; *por conseguinte* não pôde disputar a partida final com a Alemanha.
- O Brasil perdeu o jogo para a Holanda; não pôde, *por conseguinte,* disputar a partida final com a Alemanha.

Mas sempre:

- Vencemos; não fique, *pois,* assim tão triste.
- Cristina confia em si; é, *pois,* uma pessoa feliz.

- O Brasil perdeu o jogo para a Holanda; não pôde, *pois*, disputar a partida final com a Alemanha.

c) É facultativo, dependendo de ênfase ou não, o emprego da vírgula depois de conjunções que principiem período. Ex.:

- *Mas,* se assim for, será ótimo!
- Muitos alunos são relapsos. *Todavia,* nem todos chegam à aula atrasados.
- Isso jamais aconteceu em nossa cidade. *Portanto* vamos comemorar!
- Nunca vi óvnis. *Logo* não acredito neles.
- "As espadas cruzam-se, é o duelo; quem será o vencedor? Não se sabe. *Por isso* os herméticos tomaram o X para sinal do destino, e os algebristas para sinal do desconhecido" (VICTOR HUGO).

7) para separar orações coordenadas pela conjunção *e,* quando os sujeitos forem diferentes:

- "Tirai do mundo a mulher, *e* a ambição desaparecerá de todas as almas generosas!" (ALEXANDRE HERCULANO).
- "A mulher aceita o homem por amor ao casamento, *e* o homem tolera o matrimônio por amor à mulher" (CID CERCAL).

8) antes de *ou* e de *nem,* quando empregados enfaticamente, em frases deste tipo:

- Afinal, quem manda aqui sou eu, *ou* são vocês?
- Não saio de casa com essa chuva, *nem* que me paguem!

9) antes de *e* e *nem* repetidos, quer por ênfase, quer por enumeração:

- "Ele fez o céu, *e* a terra, *e* o mar, *e* tudo quanto há neles" (PADRE ANTÔNIO VIEIRA).
- "Todos trabalhariam, *e* todos bem, *e* todos contentes" (CASTILHO).
- "É ridículo, *e* é medonho" (EUCLIDES DA CUNHA).
- "Tua irmã é carinhosa, *e* doce, *e* meiga, *e* casta, *e* consoladora" (EÇA DE QUEIRÓS).
- Os homens chegaram, *e* inspecionaram o local, *e* levantaram barracas, *e* ali se fixaram, *e* exploraram o terreno, *e* foram-se embora.
- Compareceram à Feira Internacional alemães, *e* japoneses, *e* americanos, *e* suecos, *e* ingleses.
- "Ora, o brasileiro que não é formoso, *nem* espirituoso, *nem* elegante, *nem* extraordinário — é um trabalhador" (EÇA DE QUEIRÓS).
- *"Nem* as donas em sobrado, *nem* as rãs em charco, *nem* as agulhas em saco, podem estar sem pôr a cabeça" (ADÁGIO POPULAR).
- Dela não recebi *nem* carta, *nem* recado, *nem* telefonema, *nem* nada.
- "Não sei como penso, *nem* como vivo, *nem* como sinto, *nem* como existo" (VOLTAIRE).
- "Não rias por muito tempo, *nem* em excesso, *nem* com frequência" (EPICTETO).

Importante

a) No entanto, a conjunção *nem* dispensa a vírgula quando liga orações, palavras ou expressões de pequena extensão. Assim, por exemplo:

- Ela não ouve *nem* fala.
- Eles não trabalham *nem* estudam.
- *Nem* meu primo *nem* eu frequentamos esse clube.

Luiz Antonio Sacconi

Sendo outra a extensão, todavia:

- Não confesso os meus pecados, *nem* permito que meus filhos o façam.
- O pai não deixava que as filhas ficassem à janela, *nem* que saíssem à rua.
- O menino não dorme, *nem* deixa que os pais durmam.
- Não falávamos, *nem* queríamos que os outros falassem.
- Ele não casa, *nem* deixa que a namorada com outro case.

b) Pelo exemplo do adágio popular, um dos que vimos acima, você percebe que, em caso de enumeração, a vírgula aparece entre o último elemento e o sujeito. Vejamos outros exemplos:

- Maçãs, peras, bananas, *uvas, eram* frutas proibidas em casa.
- Nem a chuva, nem o forte vento, nem *a densa fumaça, impediam* a nossa segurança na estrada.

10) para separar o adjunto adverbial anteposto:

- *Do nosso lugar,* podíamos ver toda a cidade.
- *Depois de algum tempo,* os convidados chegaram.

Se, no entanto, ao adjunto se segue imediatamente o verbo com o sujeito posposto, dispensa-se a vírgula. Assim, por exemplo:

- *Do nosso lugar* podia ser vista toda a cidade.
- *Depois de algum tempo* chegaram os convidados.

Importante
Adjuntos adverbiais de pequeno corpo costumam dispensar a vírgula. Só a aceitam em casos de ênfase. Assim, por exemplo:

- *Aqui,* trabalha-se.

Vê-se que, usada a vírgula, somos obrigados a dar ênfase ao advérbio. Muito diferente seria a leitura da frase, se assim estivesse:

- *Aqui* trabalha-se.

onde o advérbio *aqui* é lido sem entoação enfática e, neste caso, atrairia o pronome: *Aqui se* trabalha.
A propósito, não convém colocar sistematicamente entre vírgulas advérbios e locuções adverbiais, a menos que — como foi dito — a ênfase o exija.

11) para separar adjetivos que exercem função de predicativo:

- *Sereno e tranquilo,* caminhou o condenado à forca.
- Não esperava que ele, *inteligente e culto,* dissesse tamanha asneira!

12) para separar objetos pleonásticos ou termos repetidos:

- *A vida,* gozo-a tanto quanto possível.
- *Amigos sinceros,* já não os há.
- *Os pobres de espírito,* ignoro-os.
- *Mulheres, mulheres, mulheres,* quantas mulheres!
- *Dinheiro, dinheiro, dinheiro,* você só pensa nisso?

Nossa gramática simplificada

Importante

Omite-se a vírgula quando não se deseja dar ênfase ao pleonasmo:

- *"As rosas* fê-las Deus para as mãos pequeninas" (GUERRA JUNQUEIRO).
- *"A vida* leva-a o vento" (JOÃO DE DEUS).

Procede-se da mesma forma quando o objeto pleonástico é representado por pronome oblíquo tônico. Assim, por exemplo:

- *A mim* me acusam de vagabundo!
- *A ti* te chamam de preguiçoso!

13) para separar termos deslocados de sua posição normal na oração:

- *As laranjas,* você chegou a comprar?
- *E de mim,* elas gostam?

Importante

Às vezes, a transposição de termos é tão violenta *(sínquise)* que, não usada a vírgula, o sentido fica visivelmente prejudicado:

- O grito e os gemidos eram ouvidos a boa distância, dos feridos.
- Um cãozinho tinha o Paulo, fofinho e peludinho.
- Um favor devo ao mestre, muito grande.
- Fez um aceno com a mão o velho, muito significativo.
- "A grita se alevanta ao céu, da gente" (CAMÕES).

Imaginem-se tais frases sem a competente vírgula!

14) para separar o nome da localidade, nas datas:

- *Salvador,* 1.º de janeiro de 1983.
- *Ribeirão Preto,* 18 de dezembro de 1947.

15) para indicar a omissão de uma palavra (geralmente verbo), ou de um grupo de palavras:

- Maria ficou alegre; *eu,* muito triste.
- = Maria ficou alegre; *eu fiquei* muito triste.

Outros exemplos:

- No *salão,* apenas dois casais dançando.
- *Um anjo,* essa menina.
- *Uma mentira,* isso tudo.
- *Um escândalo,* essa declaração.

Como se vê por estes quatro exemplos, comum é a omissão dos verbos *haver* e *ser.*

16) para separar orações reduzidas de gerúndio, de particípio e de infinitivo:

- *Chegando o diretor,* avise-me imediatamente!
- *Assistindo ao filme,* ela costumava falar sem parar.
- *Terminada a conferência,* foi-nos oferecido um jantar.

453

- *Seguido o meu conselho,* vocês terão uma vida feliz.
- *Para chegar lá,* faltavam-me apenas dois quilômetros.
- *Apesar de sermos ricos,* não somos felizes.

17) para separar orações adverbiais intercaladas:

- "É lei inflexível que, *enquanto o povo for ignorante,* a revolução será estéril" (FIALHO DE ALMEIDA).
- "As viúvas inconsoláveis, *quando são jovens,* acham sempre alguém que as console" (A. RICARDI).
- "Sejamos sinceros, porém, evitemos empregar com demasiado rigor a franqueza que, *muito embora seja uma bela virtude,* poderá tornar-se mais prejudicial do que benéfica" (DANTE VEOLÉCI).
- Ela, *sem dizer palavra,* retirou-se da sala.
- Eu, *para não ser indelicado,* calei-me.

18) para separar orações intercaladas independentes:

- "Um homem é um homem, *sabe você,* amigo Atanásio" (CAMILO CASTELO BRANCO).
- Nossas exportações, *dizia o ministro,* aumentaram consideravelmente no ano que passou.
- Nossa economia, *insistia,* melhora sensivelmente.
- "A ausência prolongada, *digam o que quiserem,* é prejudicial às mais estreitas amizades" (JÚLIO DINIS).

19) para separar orações adverbiais e substantivas quando antepostas à principal:

- *Embora estivesse muito cansado,* compareci à reunião.
- *Como choveu muito,* não saímos.
- *Se tudo correr bem,* iremos ao Japão no próximo mês.
- *Como isso pôde acontecer,* ninguém sabe.
- *Que sejam reduzidas as despesas,* neste momento é o mais importante.
- *Que venham todos,* é preciso: estou muito doente!

Importante

Quando a oração adverbial estiver posposta à principal, só é recomendável o uso da vírgula em dois casos:

a) se a oração principal possuir certa extensão:

- Os engenheiros, técnicos e trabalhadores da construtora só deram o alarma de incêndio, *depois que o fogo havia destruído tudo.*
- O ar poluído das grandes cidades, como São Paulo, corrói a vida das pessoas, *embora algumas não o percebam a curto prazo.*

b) se a oração principal estiver seguida de qualquer outra:

- "Devemos escolher para esposa a mulher que escolheríamos para amigo, *se ela fosse homem"* (JOUBERT).
- O prefeito declarou à imprensa que não entende o motivo do êxodo dos paulistanos para o interior, *embora saiba* que todo ser humano possui pulmões...

Nossa gramática simplificada

20) para isolar as orações adjetivas explicativas:

- "A beleza, *que é a fonte do amor,* é também a fonte das maiores desgraças deste mundo" (LACORDAIRE).
- O bem, *que deve ser praticado a todo instante,* é semente de felicidade para uma vida inteira.
- "A velhice, *que enruga o rosto,* também faz murchar o entendimento" (MARQUÊS DE MARICÁ).

21) depois de oração adjetiva restritiva (principalmente quando os verbos se seguem um ao outro):

- O homem *que crê em Deus,* vive melhor.
- "A mobilidade *que sobeja na mocidade,* falece na velhice" (MARQUÊS DE MARICÁ).
- Um sentimento *que precisamos desenvolver no coração da mocidade brasileira,* é o do patriotismo.

Importante

Costuma-se, no entanto, colocar a vírgula somente quando a oração adjetiva possui considerável extensão, como nos três últimos exemplos. Nada há que desabone a sua omissão nos demais casos, como nos dois primeiros exemplos.

22) para destacar palavras ou expressões isoladas:

- Ação, *não palavras,* é o de que precisamos.
- Dinheiro, *não papéis,* é o que queremos.
- Um bom partido, *não um bom marido,* era o que ela desejava.

23) para separar palavras repetidas que têm função superlativa:

- *Logo, logo* chegaremos.
- A parede da casa era *branquinha, branquinha.*
- Vou sair, mas volto já, já.

24) para separar os elementos paralelos de um provérbio:

- Nem sábado sem sol, nem moça sem amor.
- Tal pai, tal filho.
- A pai muito ganhador, filho muito gastador.

25) depois do *sim* e do *não,* usados como resposta, no início da frase:

— Você me ama de verdade mesmo, Cristina?
— *Sim,* amo-te.
— Você quer casar comigo, então, Cristina?
— *Não,* não quero.

Importante

a) Quando se diz "*Sim,* senhor" e "*Não,* senhor", a vírgula não significa pausa na fala.

b) Constitui impropriedade imperdoável o emprego da vírgula entre o sujeito e o verbo, ou entre o verbo e o complemento. Assim:

- *Pedro, mereceu* o prêmio.
- *A cidade, está* uma beleza.

- O prefeito fez, *tudo* pela população.
- Você quer *tomar, vinho?*

c) Em rigor, é inconcebível o uso de vírgula antes de *etc.*, pois *et cetera* significa *e outras coisas.* Não obstante, não só está vulgarizado como é oficial tal uso.

Finalmente, temos de dizer-lhe que a palavra *vírgula* significa *varinha*, daí a *pequeno traço* foi um passo.

5. O ponto e vírgula. A função do *ponto e vírgula* é marcar pausa maior que a da vírgula e menor que a do ponto. Antigamente os escritores preferiam as construções longas, que exigiam, além da vírgula, o ponto e vírgula. Hoje, as construções curtas imperam, o que torna cada vez menos frequente o aparecimento do ponto e vírgula, que deve ser usado principalmente nestes casos:

1) para separar orações coordenadas de certa extensão ou, ainda, aquelas que já tenham elementos separados por vírgula:

- Nesta empresa há funcionários que se esforçam extraordinariamente para elevar nossa produção; outros, porém, dedicam-se a uma ociosidade extrema.
- "Solteiro, foi um menino turbulento; casado, era um moço alegre; viúvo, tornara-se um macambúzio" (A. DE AZEVEDO).
- Certa vez, à noite, na fazenda, vi um objeto estranho, a uma altura aproximada de trezentos metros; à primeira vista, pensei que fosse um disco voador; depois — percebam a distância — vi que era um vaga-lume.
- Estiveram presentes ao ato: o Sr. Carlos Machado, diretor da Companhia; o Dr. Vicente Araújo, secretário dos Transportes; o cel. Sílvio Sampaio, representante de Sua Excelência, o governador do Estado; e o Dr. José Custódio do Amaral, advogado da nossa empresa.

2) para separar os considerandos de uma lei ou de um decreto:

- Considerando que...;
Considerando que...;
Considerando, finalmente, que...;
Decreta: ...

3) para separar os diversos itens de uma enumeração:

- Na aula de hoje, estudaremos:
a) substantivo;
b) adjetivo;
c) artigo;
d) numeral; e
e) verbo.

Atualmente, mesmo antes do último item, usa-se, além da conjunção *e*, o ponto e vírgula.

4) antes das conjunções adversativas (*porém, contudo, todavia, entretanto, no entanto,* etc.) e das conclusivas (*logo, portanto, por isso,* etc.), quando iniciam oração coordenada. Essa é a função da vírgula, mas o uso do ponto e vírgula, nesses casos, alonga a pausa; automaticamente, o sentido adversativo ou conclusivo das conjunções se acentua. Por exemplo:

- Em dezembro deverei ir à Europa; *contudo* estarei de volta para as festas.
- Nossa intenção é ajudá-los; *por isso* estamos aqui.

6. O dois-pontos. Você deverá usar o *dois-pontos* nestes casos, principalmente:

1) antes de uma enumeração:

- Neste clube, praticam-se: futebol, natação, basquetebol, voleibol, futebol de salão e tênis.
- No zoológico, viam-se: girafas, macacos, elefantes, gorilas, leões, tigres, panteras, etc.

2) antes das citações:

- Napoleão disse: "Do alto destas pirâmides quarenta séculos vos contemplam".

Note que o ponto vem após as aspas, porque não foram estas que deram início ao período.

- "Um cínico disse: 'Só os imbecis se portam bem'. E eis aí uma verdade universal" (FIALHO DE ALMEIDA).
- Pirro costumava dizer: "Não existe diferença alguma entre a vida e a morte". E como alguém lhe perguntasse: "Por que não te matas, então?". Respondeu: "Porque não existe diferença".

3) para anunciar um aposto ou oração apositiva:

- "Um galo que canta, um cavalo que bate os cascos, um gato que entra: Aurora! Um lírio que se inclina, um limão que cai, uma árvore que estala: Tarde! As areias que escurecem, as fumaças que sobem, os amantes que se encontram: Noite!" (TOUSSAINT).
- Existem somente dois países sul-americanos que não são banhados por oceano: o Paraguai e a Bolívia.
- "A mulher casada tem três armas prediletas: o beijo, o sorriso e o ataque de nervos. O homem casado só tem duas: a água de melissa e o cabo de vassoura" (BERILO NEVES).
- Só alimento uma ilusão na vida: ter você.

4) antes de um esclarecimento ou explicação:

- Ele não dá esmolas por ser caridoso: quer ver seu nome nos jornais!
- O filho veio e ficou rente ao pai: queria dinheiro...
- "Não foi a razão que motivou esta ternura: foi a amizade" (CAMILO CASTELO BRANCO).
- "Homens há de muita valia, mas que não podem ser representados: são os sábios" (MARQUÊS DE MARICÁ).

Luiz Antonio Sacconi

5) na invocação das correspondências:

- Prezado Sr. Cristiano:
- Caro amigo:
- Excelentíssimo Senhor Secretário:

Importante
Embora vocativo, a língua moderna dá preferência ao dois-pontos neste caso.

6) antes de um exemplo:

- Exemplo:
- Ex.:

7) depois de nota ou observação:

- Nota:
- Observação importante:
- Obs.:

7. O ponto de interrogação. Use o *ponto de interrogação* principalmente nestes casos:

1) para fechar oração interrogativa direta:

- Onde passaremos nossas férias?
- Que estória é essa, rapaz?

Nas orações interrogativas indiretas, usa-se ponto:

- Perguntei onde passaremos nossas férias.
- Quero saber que estória é essa, rapaz.

Importante
Não se usa inicial maiúscula depois de ponto de interrogação que não indique final de período. Assim, por exemplo:

- Onde passaremos nossas férias? — perguntei.
- Que estória é essa, rapaz? — quis saber eu.

2) para ordens, pedidos ou instruções:

- Você poderia explicar essa estória direito?
- Posso contar contigo para este trabalho?

3) entre parênteses para indicar incerteza ou dúvida sobre a frase ou o termo antecedente:

- Ele chegou ao meio-dia (**?**) e terminou o trabalho às 13 horas (*?*).
- Ele disse que obteve um lucro de 99% (**?**) este ano.

Importante

a) Quando há dúvida sobre o que se pergunta, costuma-se empregar reticências logo após o ponto de interrogação. Assim, por exemplo:

- Você bebeu dez litros de água**?**...

b) As perguntas que denotam surpresa podem ter combinados o ponto de interrogação e o ponto de exclamação:

- Você bebeu desta água**?!** Estava envenenada**!!!**

8. O ponto de exclamação. Use o *ponto de exclamação* principalmente nestes casos:

1) em final de frase exclamativa:

- "Como te pareces com a água, ó alma humana**!**" (GOETHE).
- Que maravilha esta maçã**!**
- Como é fantástico Ipanema**!**

2) nas interjeições e locuções interjetivas:

- Oh**!** - Psiu**!** - Coitado de mim**!** - Nossa Senhora**!**

3) para substituir a vírgula num vocativo enfático:

- Paulo Roberto**!** onde estiveste até agora?

Importante

a) A interjeição *oh!,* que exprime alegria ou surpresa, vem sempre seguida de ponto de exclamação. O mesmo não se verifica com a interjeição ó, quando o sinal só aparecerá depois do vocativo:

- *Oh**!*** que belo dia!
- Ó jovem**!** aonde vais?

Como se vê, a exemplo do ponto de interrogação, não se usa inicial maiúscula após o ponto de exclamação que não indique final de período. É o caso do ponto de exclamação das interjeições e locuções interjetivas. Por isso:

- Oh**!** **q**ue belo dia!
- Nossa Senhora**!** **q**ue menina feia!
- Coitado de mim**!** **s**e ela me vir aqui.

b) Costuma-se usar três pontos de exclamação (e não dois), quando a intenção é marcar um reforço na duração ou na intensidade da voz:

- Quantas mulheres**!!!**
- Viva eu**!!!**

Luiz Antonio Sacconi

9. Os parênteses. Os *parênteses* têm a função de intercalar num texto qualquer comentário ou indicação acessória. Você deve usar os parênteses nestes casos, principalmente:
1) para separar qualquer indicação que se julgar conveniente, de ordem explicativa ou não:

> - Naquele *mês (dezembro),* não choveu sequer um dia!
> - Augusto *(este era o nome do garoto)* havia brincado o dia todo.
> - A sesta de todos os dias *(como era bom!)* me deixava bem disposto.
> - A música brasileira fez um progresso esta semana: entre as dez melodias de maior sucesso do momento, não mais duas, mas três *(pasmem!)* são brasileiras.
> - "O primeiro beijo *(convém sabê-lo)* não é dado com a boca, mas com os olhos."

2) para separar indicações bibliográficas:

> - "A tirania da imprensa não se detém ante o limiar do lar doméstico" (CARLOS DE LAET, O *Frade Estrangeiro,* pág. 83, Rio de Janeiro, 1953).

3) para separar o latinismo *sic,* cuja função é demonstrar a fidelidade de algum trecho transcrito:

> - "A república, este sim, é o melhor regime" *(sic).*

4) para incluir no texto letra, número ou sinal de caráter explicativo: (a), (b), c); 1), 2), (3), etc.
Se a letra inicia o período, para indicar os vários itens de um texto, basta o segundo parêntese: a), b), c); 1), 2), 3).
O asterisco entre parênteses chama a atenção do leitor para alguma observação ou nota explicativa.

5) para separar a sigla do Estado, quando se faz referência a uma cidade:

> - Em Sertãozinho (SP), o prefeito está oferecendo vantagens aos empresários que se interessem pela instalação de indústrias no município.

6) para separar quantia correspondente a outra moeda:

> - Isto me custou US$5.00 *(R$20,00).*

Importante
Nem sempre o ponto fica fora do conjunto parentético. Se o primeiro parêntese for aberto sem que o período anterior tenha sido encerrado, o ponto ficará fora do segundo parêntese. Em caso contrário, dentro. Por exemplo:

> - Eles estavam sem dinheiro (e eu também).
> - Mônica não se casou (o noivo não apareceu).
> - Elas estavam sem dinheiro. (Eu não tinha um tostão.)
> - Que vida mais tranquila a de vocês! (Lembra-me Itu.)

Não se usa vírgula antes de parênteses.

Nossa gramática simplificada

10. As aspas. Você deve usar as *aspas* principalmente:

1) no fim e no começo de citação ou transcrição:

- Sócrates disse: "Amigos, não há amigos".
- Algum sábio já afirmou: "Agir na paixão é embarcar durante a tempestade".
- Um provérbio diz: "De noite todos os gatos são pardos". Pode-se ajuntar: "E quase todos os pensamentos são negros."
- "O casamento é um romance no qual o herói morre no primeiro capítulo" (ANÔNIMO).
- "O que come o fruto da árvore do conhecimento é sempre expulso de algum paraíso."

Se a citação ou a transcrição não começar com a palavra inicial, colocam-se reticências logo após a abertura das aspas. Da mesma forma, devem ser usadas as reticências no final, antes do fechamento das aspas, se a intenção é não terminar a referida citação ou transcrição.

2) para indicar os estrangeirismos, arcaísmos, neologismos, vulgarismos, palavras e construções erradas ou impróprias, etc.:

- Aqui, você é considerada "persona non grata".
- Estávamos no "hall" do hotel.
- Qual a "solucionática" desta problemática?

3) para indicar que uma palavra foi escrita propositadamente de maneira incorreta:

- Na Avenida Faria Lima, em São Paulo, existia um "cabeleleiro" masculino.

Procede-se da mesma forma quando se quer reproduzir palavra mal pronunciada: "paper", "borsa", "revorve", "tô", etc.

4) em casos de ironia:

- A "inteligência" dela me sensibiliza profundamente!
(O que se quer dizer, na verdade, é o inverso.)
- Veja como ele é "educado": cuspiu no chão!

5) quando se citam nomes de livros e legendas:

- "Os Lusíadas" foram escritos no século XVI.
- "Ordem e Progresso" é a legenda de nossa bandeira.

Importante

As aspas aparecem depois da pontuação somente quando abrangem todo o período. Assim, por exemplo:

- "O Brasil espera que cada um cumpra o seu dever."

Caso contrário, a pontuação fica depois delas:

- A frase "O Brasil espera que cada um cumpra o seu dever" é do Almirante Barroso.
- O filósofo disse: "É nos pequenos frascos que estão os grandes perfumes".

461

Luiz Antonio Sacconi

11. O travessão. Você deve usar o *travessão* nestes casos, principalmente:

1) para separar oração intercalada, substituindo a vírgula:

- Avante! — gritou o general.
- A Lua foi alcançada, afinal — cantava o poeta.

2) para pôr em evidência palavra, expressão ou frase:

- Vi uma sombra — um fantasma decerto — passar na sala.
- Na Holanda, os veículos movidos à gasolina vão sendo substituídos por outros transportes — principalmente bicicletas — em razão do preço do combustível.
- "No dizer de certos sábios antigos, a simpatia entre os sexos é tão forte, que ainda no caso de que na Terra houvesse um só homem e uma só mulher — ela no Ocidente e ele no Oriente — os dois, contudo, se encontrariam e se descobririam, mercê da força natural de atração" (MÁXIMA PERSA).

O travessão substitui com vantagem a vírgula, pois imprime maior força expressiva à palavra, expressão ou frase que ele separa.

3) nos diálogos, para indicar mudança de interlocutor:

— Por que não fumas? — perguntou o comerciante.
— Porque a saúde é minha mãe — respondeu o filósofo.
— Como é, compadre, não vai apear?
— "Pra mor" de quê, agora? "Num" carece...

12. As reticências. Você deve usar as *reticências* nestes casos, principalmente:

1) para indicar suspensão ou interrupção do pensamento:

- "A vida é punição, sonho, mentira..." (CASTRO LOPES).
- E eu pensando que...

2) para sugerir certo prolongamento da ideia no fim de um período gramaticalmente completo:

- "Aqui jaz minha mulher. Agora ela repousa, e eu também..."
- "Como as rosas, são todas as mulheres: quem colhe a rosa também colhe o espinho..." (GUILHERME DE ALMEIDA).

3) para indicar hesitação ou breve interrupção do pensamento:

- Eu não a beijava porque... porque... eu tinha vergonha.
- "O beijo das mulheres sérias é frio: faz a gente espirrar; o das mulheres ardentes gasta-nos os lábios... e o dinheiro" (BERILO NEVES).

4) para realçar uma palavra ou expressão:

- Não havia motivo para tanto... carinho.
- Hoje em dia, mulher casa com *pão* e... passa fome.

Nossa gramática simplificada

5) para indicar pausa maior que aquela sugerida pela vírgula:

- "A existência é surgir... passar... morrer..."

Testes e exercícios

1. Identifique as opções correspondentes aos períodos de pontuação correta:

a) Muito tempo depois, ela me procurou, querendo voltar, mas já era tarde demais; meu coração já tinha outra dona.

b) Muito tempo depois ela me procurou querendo voltar, mas já era tarde demais: meu coração já tinha outra dona.

c) Muito tempo depois, ela me procurou, querendo voltar, mas já era tarde demais; meu coração, já tinha outra dona.

d) Muito tempo depois, ela me procurou querendo voltar mas já era tarde demais: meu coração já tinha outra dona.

e) Muito tempo depois, ela me procurou, querendo voltar, mas já era tarde demais: meu coração já tinha outra dona.

f) Vênus que é um planeta, às vezes parece uma estrela.

g) Vênus, que é um planeta, às vezes parece uma estrela.

h) Vênus, que é um planeta às vezes, parece uma estrela.

i) Vênus que é, um planeta às vezes, parece uma estrela.

j) Vênus que é um planeta, às vezes, parece uma estrela.

2. Pontue onde, quando e como convier:

a) Procurando as palavras encontram-se os pensamentos

b) O cavalo sertanejo é esguio sóbrio pequeno rabo compridíssimo crinas grandes capaz de resistir a todas as privações a todos os serviços e a todos os esforços

c) Não sei nem como penso nem como vivo nem como sinto nem como existo

d) Só conheço um homem realmente admirável César

e) Todo homem tem três caracteres o que ele exibe o que ele tem e o que ele pensa que tem

f) Kennedy foi como todos sabem o único presidente católico dos Estados Unidos

g) Um precisa do outro o capital não pode existir sem o trabalho nem o trabalho sem o capital

h) Se destruíssemos todas as matas e florestas o que é que aconteceria Desapareceriam as aves que deleitam a vista e a orelha do homem e destroem os insetos que nos fazem mal secar-se-iam as fontes e os rios que matam a sede aos animais e produzem as chuvas estas que fecundam a terra refrescam a atmosfera e fazem as plantas brotar cessariam por sua vez

i) A peroba que é madeira muito resistente está sendo exportada do Brasil para a Venezuela

j) Quando estiveres zangado conta até dez se estiveres muito zangado xinga mas nunca usa de violência

k) Viver sofrer morrer três coisas que não se ensinam nas universidades as quais todavia encerram em si toda a ciência necessária ao homem

l) Mães sois vós que tendes nas mãos a salvação do mundo

m) Um cientista moderno chegou à conclusão de que a vida na Terra existe por um triz pois se a Terra estivesse um pouquinho mais próxima do Sol teríamos tido em vez de um planeta capaz de entreter a vida outro completamente deserto como Vênus ou Marte

n) O escorpião como as aranhas alimentam-se de insetos e as fêmeas depois de fecundadas também devoram os machos

o) Uma picada de escorpião doloridíssima não mata um adulto mas pode matar uma criança

p) Os gases que compõem o ar atmosférico são sete nitrogênio oxigênio argônio neônio hélio crípton e xenônio

q) O café deve ser quente como o inferno negro como o diabo doce como o beijo e puro como o amor

r) O direito e o dever são como as palmeiras não dão frutos se não crescem um ao lado do outro

s) A única coisa que se implanta com rapidez no Brasil é o esquema de faturamento à custa do consumidor Num piscar de olhos os motoristas se viram às voltas com radares móveis imóveis fixos itinerantes pardais pistolas e outras variações sobre o tema A ânsia de faturar chegou a atropelar o bom senso a lei o foco educacional Correio Braziliense 15/5/2003

t) O Brasil possui cerca de 80 milhões de pessoas entre 16 e 64 anos que são analfabetos numéricos ou seja sabem o que é um número mas não conseguem desenvolver operações simples de soma ou subtração Além disso 42 milhões nessa mesma faixa etária estão em estado crítico de leitura ou seja conseguem ler uma palavra ou outra mas não entendem o conteúdo do texto De maneira geral 86 milhões de brasileiros são analfabetos funcionais pois não dominam habilidades nem de português nem de matemática

Soluções dos exercícios

1. a) g) **2.** a) Procurando as palavras, encontram-se os pensamentos. b) O cavalo sertanejo é esguio, sóbrio, pequeno rabo compridíssimo, crinas grandes, capaz de resistir a todas as privações, a todos os serviços e a todos os esforços. c) Não sei nem como penso, nem como vivo, nem como sinto, nem como existo. d) Só conheço um homem realmente admirável: César. e) Todo homem tem três caracteres: o que ele exibe, o que ele tem e o que ele pensa que tem. f) Kennedy foi, como todos sabem, o único presidente católico dos Estados Unidos. g) Um precisa do outro: o capital não pode existir sem o trabalho, nem o trabalho sem o capital. h) Se destruíssemos todas as matas e florestas, o que é que aconteceria? Desapareceriam as aves, que deleitam a vista e o ouvido do homem e destroem os insetos, que nos fazem mal, secar-se-iam as fontes e os rios que matam a sede aos animais e produzem as chuvas; estas, que fecundam a terra, refrescam a atmosfera e fazem as plantas brotar, cessariam por sua vez. i) A peroba, que é madeira muito resistente, foi por muito tempo exportada do Brasil para a Venezuela. j) Quando estiveres zangado, conta até dez; se estiveres muito zangado, xinga, mas nunca usa de violência! k) Viver, sofrer, morrer: três coisas que não se ensinam nas universidades, as quais, todavia, encerram em si toda a ciência necessária ao homem. l) Mães, sois vós que tendes nas mãos a salvação do mundo! m) Um cientista moderno chegou à conclusão de que a vida na Terra existe por um triz, pois se a Terra estivesse um pouquinho mais próxima do Sol, teríamos tido, em vez de um planeta capaz de entreter a vida, outro completamente deserto, como Vênus ou Marte. n) O escorpião, como as aranhas, alimenta-se de insetos, e as fêmeas, depois de fecundadas, também devoram os machos. o) Uma picada de escorpião, doloridíssima, não mata um adulto, mas pode matar uma criança. p) Os gases que compõem o ar atmosférico são sete: nitrogênio, oxigênio, argônio, neônio, hélio, crípton e xenônio. q) O café deve ser quente como o inferno, negro como o diabo, doce como o beijo e puro como o amor. r) O direito e o dever são como as palmeiras: não dão frutos, se não crescem um ao lado do outro. s) A única coisa que se implanta com rapidez no Brasil é o esquema de faturamento à custa do consumidor. Num piscar de olhos, os motoristas se viram às voltas com radares móveis, imóveis, fixos, itinerantes, pardais, pistolas e outras variações sobre o tema A ânsia de faturar chegou a atropelar o bom senso, a lei, o foco educacional (Correio Braziliense). t) O Brasil possui cerca de 80 milhões de pessoas entre 16 e 64 anos que são analfabetos numéricos, ou seja, sabem o que é um número, mas não conseguem desenvolver operações simples de soma ou subtração. Além disso, 42 milhões nessa mesma faixa etária estão em estado crítico de leitura, ou seja, conseguem ler uma palavra ou outra, mas não entendem o conteúdo do texto. De maneira geral, 86 milhões de brasileiros são analfabetos funcionais, pois não dominam habilidades nem de português nem de matemática.

Nossa gramática simplificada

TESTES E EXERCÍCIOS GERAIS

1. Use o verbo em destaque no futuro do presente, conforme convier:
a) Filipe ou Virgílio **dirigir** o automóvel.
b) Filipe ou Virgílio **jantar** comigo.
c) Ele ou eu **apitar** o jogo de futebol amanhã.
d) Eu ou ele **ser** o goleiro do time amanhã.
e) O autor ou os autores do crime **cumprir** pena máxima.

2. Assinale as alternativas correspondentes às frases que atendem à norma-padrão:
a) Uma ou outra gorjeta caía na caixinha de vez em quando.
b) Uma ou outra mexerica estavam com sabor azedo.
c) A decência e a honestidade ainda me norteia.
d) Eu, assim como todos vocês, retornei.
e) Vocês, bem como eu, retornarão.
f) O rei com a rainha compareceram à recepção.
g) O rei com seus guarda-costas compareceram ao desfile.
h) Nem minha prima nem eu frequento esse clube.
i) Vive discutindo esse menino e a irmã.
j) Para que o espetáculo tivesse início faltava apenas o ator e a atriz.
k) Isso realmente são ossos do ofício.
l) O problema aqui são os pernilongos.
m) Manuel é os mimos da família.
n) Pascoal são as preocupações de todos nós.
o) Hoje são dois ou três de março?
p) Trinta mil reais são muito por esse carro.
q) Quem manda aqui é eu; quem obedece é vocês.
r) Isso parecem milhões de grãos de areia juntos.
s) As crianças parece que estão com febre.
t) Os rapazes parece arrependerem-se do que fizeram.
u) Podem haver novos problemas de corrupção na empresa.
v) Deve haver muitos interessados nesse negócio.
w) Ia haver manifestações de protesto hoje.
x) Nunca houveram tantos assaltos como agora na cidade.
y) Quem previr que haverá novas guerras vai cair em descrédito.
z) Os turistas chegaram de navio; tratam-se de alemães e japoneses.

3. Qual dos particípios propostos você usaria nos espaços?
a) A empregada tem . . . os quartos diariamente. (**limpado – limpo**)
b) Disseram que o goleiro tinha . . . o jogo naquela decisão. (**entregado – entregue**)
c) O governo tem . . . muitas empresas da falência. (**salvado – salvo**)
d) O povo tem . . . bons deputados ultimamente? (**elegido – eleito**)
e) Eu tinha . . . resfriado, por isso não trabalhei aquele dia. (**pegado – pego**)
f) O ladrão foi . . . em flagrante. (**pegado – pego**)
g) Tínhamos . . . todas as nossas dívidas. (**pagado – pago**)
h) O ministro já tinha . . . todas as nossas sugestões. (**aceitado – aceito**)
i) As crianças tinham . . . todos os passarinhos das gaiolas. (**soltado – solto**)
j) Os pescadores têm . . . muitos peixes ultimamente? (**pegado – pego**)

Luiz Antonio Sacconi

4. Identifique a voz ativa, a passiva e a reflexiva:

a) A mulher se matou.

b) O boi foi morto.

c) O menino se feriu com a faca.

d) Tranquei todos no quarto.

e) Ela se vestiu apressada.

f) Tranquei-me no quarto.

g) Barbeio-me diariamente.

h) Sou barbeado diariamente.

i) Freei o carro bruscamente.

j) O carro foi freado bruscamente.

5. Transforme as orações adjetivas em adjetivos:

a) O homem que trabalha vence.

b) Havia na sala flores que não murcham.

c) Esse é um trabalho que não termina.

d) Essa foi uma atitude que me desagradou.

e) Não gosto de homens que bajulam.

f) Não confie muito nas pessoas que galanteiam!

g) Gosto de uma pessoa a quem todos querem mal.

h) Teresa é uma pessoa a quem todos querem bem.

i) Eram ruídos que não se percebiam.

j) Meus sócios, que não são corruptos, delataram os corruptores.

6. Dê o substantivo correspondente a estes verbos:

a) absorver b) abster c) ascender d) conter e) reter
f) obter g) parecer h) resolver i) submeter j) vir
k) extrair l) aterrissar m) fascinar n) frustrar o) extorquir
p) suspender q) frear r) recear s) estrear t) isentar
u) repercutir v) excitar w) exilar x) isolar y) colar
z) ouvir

7. Assinale as opções que trazem somente palavras corretas:

a) ananás, loquaz, vorás, lilás, freguês, torquês

b) pequenez, duquesa, rijeza, rabujento, lanugem

c) encapusado, cuscuz, pirezinho, sirena, talves

d) azia, asilado, azinhavre, azedo, guizo, riso

e) aviso, graniso, friso, liso, coriza, esquizofrênico

f) extaziar, gase, ojeriza, deslizar, alisar, mexer

g) batizar, catequizar, balizar, bisar, frisar, amenizar

h) papisa, balázio, ginásio, episcopisa, maisena, ridículo

i) revezar, rodísio, pequinês, atrás, atrazado, pistache

j) chimpanzé, ritmo, adivinhar, istmo, piscicultura, quis

8. Assinale as opções que trazem todos os plurais corretos:

a) jornalzinhos, tratorzinhos, franco-atiradores

b) bota-foras, cidadãos, banhos-maria, anos-luz

c) papeizinhos, florzinhas, cateteres, júniors

d) alemães, amanhãs, adeuses, estupidezes

e) caças-níqueis, dedos-duros, couves-flor

9. Assinale as oções que trazem todas as palavras corretas quanto ao gênero:

a) o eclipse, a libido, o guaraná, a matinê

b) a alface, o laringe, o diabetes, o champanha

c) a comichão, o dó, o cal, a telefonema

d) o haras, o diapasão, o avestruz, o mascote

e) a lhama, a própolis, o cós, o dengue

Nossa gramática simplificada

10. Substitua o adjetivo pelo substantivo abstrato correspondente, fazendo todas as alterações necessárias:
a) Um comerciante sensato.   b) Uma paisagem bela.   c) Um pacote leve.
d) Uma mulher fria.   e) Uma água fria.

11. Assinale a opção que traz advérbio:
a) Nada me impedirá de viajar.   b) Ela nada como um peixe.
c) A prova não estava nada fácil.   d) Poucos têm tudo, muitos têm nada.
e) Nada agrada a essas crianças.

12. A palavra **claro** está empregada na função de advérbio em:
a) Quero deixar bem claro esse ponto.
b) Vi claro quando ele sacou da arma.
c) Vi, é claro, quando ele sacou da arma.
d) Esse claro da floresta é resultado do desmatamento.
e) Está claro que ele está com má vontade.

13. A forma verbal está correta em:
a) Espero que as negociações se consumam em paz.
b) Não se obstrui uma passagem dessas sem punição.
c) Se eles requiserem mais material, atenda-os!
d) Se a vires mudar de opinião, comunica-nos!
e) Ainda bem que ele manteu a palavra.

14. Assinale a frase correta quanto à concordância:
a) Pouca coisa, em meio a tantas novidades da vida moderna, são capazes de deixar perplexas as crianças de hoje.
b) Devem haver muitos feridos nesse acidente.
c) Tem havido muitas dúvidas sobre a idoneidade desse candidato.
d) O comércio de produtos contrabandeados têm sido combatido eficazmente.
e) Os funcionários da Secretaria da Fazenda fizeram fiscalizações surpresas na galeria.

15. Una os elementos, usando o hífen, ou simplesmente reescrevendo-a, se estiver correta:
a) pseudo amigo   b) mão de obra   c) extra judicial   d) infanto juvenil
e) sub diretor   f) pão de ló   g) neo latino   h) materno infantil
i) guarda sol   j) auto ajuda

16. Assinale a frase correta:
a) Só poderei responder essa carta amanhã.
b) Recebi essa carta há dias, mas não encontro tempo para respondê-la.
c) Ele prefere milhões de vezes cinema do que televisão.
d) O senador maranhense está em maus lençóis.
e) A defesa do time estava má postada em campo.

17. Assinale a frase cuja lacuna só possa ser preenchida com **lhe**:
a) Eu já ... avisei de que tudo aqui é mera ilusão.
b) Eu já ... prejudiquei alguma vez na vida?
c) Eu já ... ensinei a fazer isso.
d) Eu já ... adverti do que pode acontecer a você, se fizer isso.
e) Eu já ... obedeci muitas vezes, mas agora não ... mais.

18. Complete as frases com os elementos faltantes, conforme convier:
a) O cargo ... aspiro depende de concurso.
b) Eis a razão ... não compareceremos à reunião.
c) Comprou um veículo ... pneus estavam carecas.
d) A pessoa ... conversamos se dizia chefe de seção.
e) Posso garantir que o lugar ... estive não é deste mundo.
f) Estamos aptos ... qualquer tipo de trabalho.
g) Estou convencido ... tudo não passou de um mal-entendido.
h) Desde que o mundo é mundo, é preferível o amor ... ódio.
i) A árvore ... galhos nos abrigamos da chuva foi atingida por um raio.
j) A estrada ... passamos não é asfaltada.
k) Comuniquei ... professora que a reunião será ... oito horas e pedi que chegasse ... tempo.
l) Daqui ... duas horas estarei longe daqui.
m) ... partir de agora, tudo será diferente.
n) Se eles só vendem ... vista, como você quer comprar ... prazo?
o) O prêmio foi conferido ... quem ... mereceu.
p) O barco acabou ficando ... deriva.
q) Os meteorologistas avisaram os pescadores ... tempo.
r) Se fosse ... mim, e não ... ela que você devesse dinheiro, estaríamos ... boas.
s) Ele pretendia ... todo custo, que aderíssemos ... sua causa.
t) ... horas da noite, era impossível chegarmos ... qualquer conclusão.
u) Este é um direito que ... assiste e ... não abro mão.
v) O assunto ... falamos ontem não será discutido hoje.
w) Há algum ... em beijar alguém na rua?
x) Não há nada ... em beijar alguém na rua.
y) O time ficou com ... moral bem para baixo com a derrota.
z) Não sei se ... caixa do banco, de nome Ifigênia, recebeu o depósito.

19. Assinale a opção que traz erro no emprego do dígrafo **sc**:
a) obsceno   b) consciência   c) consciencioso   d) cônscio   e) intumescer

20. Assinale os vocábulos que não aceitam **i** na lacuna:
a) corr...mão   b) ...pecilho   c) ...buia   d) ...ncorpar   e) eletr...cista

21. Assinale a palavra correta:
a) disenteria   b) disinteria   c) disintiria   d) desinteria   e) desintiria

22. Assinale as opções em que a correlação é correta:
a) extensão – estender   b) ombro – ombridade   c) úmido – humidade
d) erva – herbívoro   e) necedade – néscio

23. Assinale as opções que só trazem palavras corretas quanto ao uso ou omissão do hífen:
a) bi-campeão, bi-campeonato, micro-onda, micro-organismo
b) bicampeão, bicampeonato, micro-onda, microrganismo
c) extraoficial, extraordinário, extrajudicial, extraclasse
d) autoescola, autoajuda, socioeconômico, pan-americano
e) ultrassom, ultrassonografia, autorretrato, megarrampa
f) megaempresário, megassena, infraestrutura, minissaia
g) semi-novo, para-quedas, para-quedista, para-brisa
h) seminovo, paraquedas, paraquedista, para-brisa
i) mal-humorado, bem-vindo, mandachuva, caradura
j) antiácido, antisséptico, corréu, corré, infantojuvenil

Nossa gramática simplificada

24. Assinale as opções que trazem vocábulo ou expressão errada:
a) microssaia, macrossaia, vagalume, radioamador
b) franco-atirador, afro-brasileiro, afrodescendente
c) bucomaxilar, sub-humano, maternoinfantil, entressafra
d) tricampeão, tricampeonato, ultraleve, entre-eixos
e) carboidrato, bom-senso, rodapé, radiopatrulha
f) ab-rupto, nhem-nhem-nhem, mi-mi-mi, ti-ti-ti
g) tim-tim por tim-tim, cata-vento, antissocial
h) infracitado, supracitado, inframencionado
i) coautor, coedição, cosseno, micro-ônibus
j) abscesso, abscissa, lua de mel, pé de chinelo

25. Assinale as frses corretas quanto ao emprego dos **porquês**:
a) Viu por que você não deve sair à rua à noite?
b) Alguém sabe os motivos porque não devemos sair à rua à noite?
c) Não o convidei, porque ele não merece.
d) Veja a situação difícil por que estamos passando!
e) Volte logo, porque preciso de você aqui!
f) Não consigo ver o porquê de ela ter feito isso.
g) Os amigos, não sei bem por quê, foram-se todos.
h) Ninguém sabe porque o carro pegou fogo.
i) O carro pegou fogo: você sabe por quê?
j) Por que o carro pegou fogo?

26. A frase em que o advérbio exprime ao mesmo tempo as ideias de tempo e negação é:
a) Agora vamos ter paz.   b) Não me fale em guerra!
c) Ela sempre chega atrasada.   d) Jamais tocarei no nome dela.
e) A reunião não se realizou ontem.

27. Assinale a opção incorreta:
a) Viso a um futuro mais feliz.   b) O funcionário visou seu passaporte?
c) O policial visou o alvo e atirou.   d) Todos visamos melhores condições de vida.
e) Os professores visam à boa formação de seus alunos.

28. As frases abaixo são próprias da linguagem oral, ou seja, do português falado no Brasil em situação de informalidade. Transcreva-as na forma culta, em sua modalidade escrita:
a) Ivan não obedeceu o regulamento só por que não simpatizou-se com a nova chefa.
b) Não lhe vi na garage do prédio onte? Ou foi onteonte?
c) Hoje em dia tô preferindo muito mais ficá em casa do que saí na rua, por causa que a violência tá demais.
d) Como vai, Émerson? Tudo em orde? Eu vô ino, sacomé, daquele jeito. Bora tomá um chopes!
e) Meu filho, aonde ocê tá, que tô disisperada atrás docê? Onde ocê foi, pestinha? Aonde ocê teve esse tempo todo?

29. Complete as lacunas convenientemente, de modo a satisfazer a inteireza da frase tanto do ponto de vista gramatical quanto do semântico:
a) Ainda ... pouco chegou a empresária ... qual estão subordinadas ... vendedoras domiciliares.
b) Daqui ... uma hora, estaremos ... disposição da professora ... quem dedicamos muita consideração.
c) O inexperiente prefere conservar a chefia da seção ... entregá-la ... que ... podem ocupar com mais competência.

469

Luiz Antonio Sacconi

d) A cidade ... você falou ... pouco já não existe.
e) Entreguei ... ela todo o meu amor.

30. A pontuação está inteiramente correta em:
a) Caso não ajamos coletivamente, estará, em risco o futuro da humanidade: uma vez que se encontram seriamente ameaçadas, as fontes dos nossos recursos básicos.
b) Caso não ajamos coletivamente, estará em risco o futuro da humanidade, uma vez que se encontram seriamente ameaçadas as fontes dos nossos recursos básicos.
c) Caso não ajamos coletivamente, estará, em risco, o futuro da humanidade, uma vez que se encontram seriamente ameaçadas, as fontes dos nossos recursos básicos.
d) Caso não ajamos coletivamente, estará em risco, o futuro da humanidade, uma vez que se encontram seriamente ameaçadas as fontes dos nossos recursos básicos.
e) Caso não ajamos coletivamente, estará em risco o futuro da humanidade, uma vez que se encontram, seriamente ameaçadas, as fontes dos nossos recursos básicos.
f) Paralisada pelo veneno da vespa nada pode fazer, a lagarta, a não ser assistir viva à sua devoração, pelas larvas, que saem dos ovos ali chocados.
g) Nada pode fazer, a lagarta paralisada, pelo veneno da vespa, senão assistir viva, à sua devoração pelas larvas que saem dos ovos.
h) A pobre lagarta, paralisada pelo veneno da vespa assiste sem nada poder fazer, à sua devoração pelas larvas.
i) Compulsória hospedeira, paralisada pelo veneno da vespa, a pobre lagarta assiste à devoração de suas próprias entranhas pelas larvas, sem poder esboçar qualquer tipo de reação.
j) Sem qualquer poder de reação, já que paralisada pelo veneno da vespa a lagarta, compulsoriamente, chocará os ovos, e depois se verá sendo devorada, pelas larvas que abrigou em suas entranhas.

31. Una os elementos, usando o hífen, ou simplesmente reescrevendo-a, se estiver correta:
a) pseudo amigo b) mão de obra c) extra judicial d) sub emenda e) sub diretor
f) pão de ló g) para sol h) guarda sol i) lua de mel j) semi aberto

32. Assinale a opção que traz dois substantivos masculinos:
a) cal – laringe b) alface – musse c) champanha – sentinela
d) estigma – dó e) cólera – aguardente

33. Assinale a opção em que todos os substantivos fazem o plural em **-ões**:
a) garrafão – limão – mamão b) cidadão – melão – sabão
c) afegão – tecelão – vulcão d) sacristão – rufião – verão
e) cirurgião – caramanchão – benção

34. O único plural incorreto é:
a) zíperes b) hambúrgueres c) florezinhas d) projetis e) júniors

35. Assinale a opção cujas palavras substituem convenientemente as destacadas:
*Parecia estar **prestes a acontecer** um novo conflito na região, pois os proprietários mostraram-se **pouco sábios** na resolução do problema, opondo-se à **doação** de terras aos lavradores.*
a) eminente – incipientes – sessão b) iminente – incipientes – cessão
c) iminente – insipientes – cessão d) eminente – insipientes – seção
e) iminente – insipientes – seção

470

Nossa gramática simplificada

36. Assinale o item em que as palavras são corretamente completadas com **ch**:
a) en...otar – sei...o – dei...ar
b) col...a – ...ale – en...ada
c) bo...i...o – ...alé – ...u...
d) ...uleta – ...imarrão – ...isto
e) ...iado – me...er – fle...a

37. Acentue, quando necessário:
a) Pacaembu   b) preferencia   c) preferencial   d) Tambau   e) item
f) itens   g) Mooca   h) infantis   i) ambulancia   j) ambulancial

38. Identifique a única frase errada:
a) A morte do homem foi causada por um terrível diabetes.
b) Teresa é um dos nossos melhores engenheiros.
c) A corrupção é um estigma para qualquer sociedade.
d) O diretor disse que precisa de duas xérox desse documento.
e) Na minha escola, os melhores estudantes são as mulheres.
f) Marta Suplicy foi um dos prefeitos de São Paulo.
g) O juiz deu o penal e levou ele próprio a bola à marca do cal.
h) Saímos do matagal com uma comichão daquelas!
i) Rosinha Garotinho foi um dos governadores do Rio de Janeiro.
j) Havia muitos candidatos a deputado e vários candidatos a vereador.

39. Complete as frases com **a** ou com **à**, conforme convier:
a) ... sombra da árvore fiquei ... espera dela, que vive ... minha custa.
b) Feriram o homem ... bala, ... faca, ... porrete, ... cacete, ... navalha, ... tudo.
c) Fiquei ... distância, não quis me meter ... besta em barulho alheio.
d) Chegaremos ... zero hora, ou em barco ... vela, ou em barco ... remo, mas chegaremos.
e) Tenho um carro que funciona ... gasolina, ... etanol e ... gás.
f) Tenho um rádio que funciona ... bateria, ... eletricidade e ... pancadas também.
g) Quem vai ... campo de futebol, hoje, fica sujeito ... tudo.
h) O motorista não sabia ... quem entregar ... encomenda se ... mãe ou se ... filha.
i) O termômetro subiu ... 39 graus ... sombra
j) O carro ia ... 250km/h e foi multado por um policial ... paisana.

40. Transforme todos os adjetivos em substantivos:
a) As pessoas espontâneas = a ... das pessoas.
b) As substâncias heterogêneas = a ... das substâncias.
c) As sentinelas impassíveis = a ... das sentinelas.
d) A água fria = a ... da água.
e) Os comerciantes idôneos = a ... dos comerciantes.
f) Os artistas contemporâneos = a ... dos artistas.
g) Os estadistas fleumáticos = a ... dos estadistas.
h) As pessoas persuasivas = a ... das pessoas.
i) Os humoristas hilariantes = a ... dos humoristas.
j) A mulher fria = a ... da mulher.
k) Um caçador frio = a ... de um caçador.

471

Luiz Antonio Sacconi

Dos concursos e vestibulares

41. (FUVEST-SP) Assinale a opção cujas palavras devam ser acentuadas graficamente:
a) interim – substitui-lo – reune   b) boa – doce – parti-lo   c) coroa – ibero – fuzil
d) saci – peru – vinhedo   e) alacre – memorias – redigi-la

42. (CEF) Assinale a alternativa correta:
a) autocrítica, contramestre, extra-oficial
b) infra-assinado, infra-vermelho, infra-som
c) semi-círculo, semi-humano, semi-internato
d) supersônico, super-elegante, super-interessante
e) sobressaia, minissaia, cata-vento, vaga-lume

43. (TJ-PA) Assinale a alternativa com plural incorreto:
a) couves-flores, mangas-espada, amores-perfeitos
b) guardas-marinhas, xeques-mates, salvos-condutos
c) cavalos-vapor, porcos-espinho, couves-flor
d) guardas-freios, guardas-civis, segundas-feiras
e) corres-corres, empurra-empurras, piscas-piscas

44. (TJ-MA) Em cada frase abaixo há um pronome demonstrativo, exceto em:
a) Não esperava que ele tivesse tal reação.
b) Não entendi bem o que ele disse.
c) Só depois percebi o quão fui tolo.
d) Você já leu aquele livro?
e) Minha casa é a da direita, junto ao muro.

45. (TRE-MS) A concordância verbal está plenamente satisfeita em:
a) O enfoque nas soluções únicas dos problemas que enfrentamos empobrecem, quase sempre, a qualidade mesma do raciocínio.
b) São as possibilidades de enfoques alternativos o que importam nas operações que levam a soluções múltiplas.
c) Tanto na leitura como na escrita, levem-se em conta as variáveis de interpretação, que aprofundam o sentido do texto.
d) Construir prédios escolares não implicam mais do que acréscimos de espaço material para as atividades de ensino.
e) Admitir as imprecisões e as ambiguidades de forma alguma constituem, para o autor, qualquer entrave para os caminhos do raciocínio.

46. (TRF) A expressão **de que** preenche corretamente a lacuna da frase:
a) Muita gente ignora ... ficam refletindo os velhinhos às janelas.
b) As imagens virtuais ... nos entregamos costumam ter força de realidade.
c) Muitos jovens ficam imaginando ... têm o mundo sob seu controle, na Internet.
d) Queria adivinhar os pensamentos ... se povoam as cabeças desses velhinhos.
e) É visível a ansiedade ... as crianças manifestam, quando diante de um monitor.

47. (ITA) Assinale a alternativa correta:
a) Por que será que ninguém ainda chegou na sala?
b) Se não pudermos assistir esse filme, tampouco você assistirá.
c) Este é o local que sempre tenho comparecido para usufruir de suas delícias.
d) Lembra-me, agora, que ela preferia pagar em dia aos empregados a saldar os seus compromissos.
e) Ela não simpatiza consigo, simplesmente por que não a levaste ao teatro?

Nossa gramática simplificada

48. (UMSP) Aponte a alternativa em que a regência do verbo **pagar** contraria a norma-
-padrão ou as regras gramaticais:
a) Aliviando-se de um verdadeiro pesadelo, o filho pagava ao pai a promessa feita no início do ano.
b) O empregado pagou-lhe as polias e tachas roídas pela ferrugem, para amaciar-lhe a raiva.
c) Pagou-lhe a dívida, querendo oferecer-lhe uma espécie de consolo.
d) O alto preço dessa doença, paguei-o com as moedas do meu hábil esforço.
e) Paguei-o com ouro, todo o prejuízo que sofrera com a destruição da seca.

49. (FESP-PR) Assinale a alternativa em que o verbo **esquecer** está errado do ponto de vista da regência:
a) Esqueceu-lhe entregar o recado aos vendedores?
b) Parece que Rosália esquecera completamente a compostura.
c) Todas as vezes que nos esquecemos do dever, a consciência nos recrimina.
d) Não devemos nunca esquecer a gratidão para com os pais.
e) Não vá esquecer, logo agora, do dia da sua apresentação.

50. (PGR-BA) Assinale o item que não está de acordo com a norma-padrão ou as regras gramaticais:
a) Eles falaram bastante na reunião.
b) Recebi bastantes projetos arquitetônicos.
c) No encontro havia bastantes pessoas.
d) Essas meninas são bastantes alegres.
e) Há bastantes livros na biblioteca.

Soluções dos testes e exercícios
1. a) dirigirá (só um poderá dirigir); b) jantará (ou jantarão), porque a ação verbal pode ser exercida por um ou por ambos c) apitarei (a ação verbal só pode ser exercida por um indivíduo) d) será (mesmo que a anterior) e) cumprirão (concordância normal, com o plural) **2.** a) c) d) e) f) h) i) j) k) l) m) o) r) s) t) v) w) y) **3.** a) limpado (ou limpo) b) entregado c) salvado d) elegido e) pegado f) pego g) pagado (ou pago) h) aceitado i) soltado j) pegado **4.** a) reflexiva b) passiva c) reflexiva d) ativa e) reflexiva f) reflexiva g) reflexiva h) passiva i) ativa j) passiva **5.** a) trabalhador b) imarcescíveis c) interminável d) desagradável e) bajuladores f) galanteadoras g) malquista h) benquista i) imperceptíveis j) incorruptíveis **6.** a) absorção b) abstinência c) ascensão d) contenção e) obtenção f) retenção g) parecença h) resolução i) submissão j) vinda k) extração l) aterrissagem m) fascínio (ou fascinação) n) frustração o) extorsão p) suspensão q) freada r) receio s) estreia t) isenção u) repercussão v) excitação w) exílio x) isolamento y) colagem z) audição **7.** d) g) h) j) **8.** b) d) **9.** a) b) **10.** a) A sensatez de um comerciante. b) A beleza de uma paisagem. c) A leveza de um pacote. d) A frigidez (ou frieza) de uma mulher. e) A frialdade de uma água. **11.** c) **12.** b) **13.** d) **14.** c) **15.** a) pseudoamigo b) correta c) extrajudicial d) infantojuvenil e) subdiretor f) correta g) neolatino h) maternoinfantil i) guarda-sol j) autoajuda **16.** d) **17.** e) **18.** a) a que (ou ao qual) b) por que (ou pela qual) c) cujos d) com quem e) em que (ou no qual) f) a g) de que h) ao i) sob cujos j) por que (ou pela qual) k) à; às; a l) a m) A n) à (preferível, no Brasil, a **a**) o) a; o p) à q) a r) a; a s) a; a (ou à) t) A estas; a u) me; de que (ou do qual) v) sobre o qual (ou de que ou do qual) w) mal x) de mais y) o z) o **19.** e) **20.** b) d) **21.** a) **22.** a) d) e) **23.** todas corretas, menos a) e g) **24.** todas corretas, menos a) e e) **25.** todas corretas, menos b) e h) **26.** d) **27.** d) **28.** a) Ivã não obedeceu ao regulamento só porque não simpatizou com a nova chefe. b) Não o vi na garagem do prédio ontem? Ou foi anteontem? c) Hoje em dia estou preferindo ficar em casa a sair na rua, por causa da violência, que está demais. d) Como vai, Êmerson? Tudo em ordem? Eu vou indo, sabe como é, daquele jeito. Vamos embora, tomar um chope? e) Meu filho, onde você está, que estou desesperada atrás de você? Aonde você foi, pestinha? Onde você esteve esse tempo todo? **29.** a) há; à b) a; à; a c) a; àqueles; a d) de que (ou sobre a qual); há e) a **30.** b) i) **31.** a) pseudoamigo b) mão de obra c) extrajudicial d) subemenda e) subdiretor f) pão de ló g) parassol h) guarda-sol i) lua de mel j) semiaberto **32.** d) **33.** a) **34.** e) **35.** c) **36.** c) **37.** b) preferência

Luiz Antonio Sacconi

d) Tambaú i) ambulância **38.** g) **39.** a) À; à; à b) à; à; a; a; à; a c) a; a d) à; à; a e) à; a; a f) à; à; a g) a; a h) a; a; à; à i) a; à j) a; à **40.** a) espontaneidade b) heterogeneidade c) impassibilidade d) frialdade e) idoneidade f) contemporaneidade g) fleuma (ou flegma; porém, despreza *fleugma*, que, apesar de registrada no VOLP, não é boa grafia) h) persuasão i) hilaridade j) frigidez k) frieza **41.** a) **42.** e) **43.** d) (guarda-freios) **44.** c) **45.** c) **46.** d) **47.** d) **48.** e) **49.** e) **50.** d)

BIBLIOGRAFIA

Academia Brasileira de Letras
- *Vocabulário Ortográfico da Língua Portuguesa (VOLP)*, 5.ª ed. — Rio de Janeiro — 2009.

Academia das Ciências de Lisboa
- *Dicionário da Língua Portuguesa Contemporânea* — CASTELEIRO, João Malaca, coord. 2 v. Lisboa — Editorial Verbo — 2001.

Ali, M. Said
- *Gramática Secundária da Língua Portuguesa* — 8.ª edição — Edições Melhoramentos — 1969.

Amaral, Vasco Botelho de
- *Novo Dicionário de Dificuldades da Língua Portuguesa* — Editora Educação Nacional — **Porto** — 1943.

Autuóri, Luiz e **Gomes,** Oswaldo Proença
- *Nos Garimpos da Linguagem* — 5.ª edição — Editora Letras e Artes — 1963.

Azeredo, José Carlos de
- *Fundamentos de Gramática do Português* — Rio de Janeiro — Zahar — 2000.
- *Iniciação à Sintaxe do Português* — Rio de Janeiro — Zahar — 1995.

Barbosa, Jerônimo Soares
- *Gramática Filosófica da Língua Portuguesa* — Lisboa — Academia Real das Ciências — 1866.

Barbosa, Jorge Morais
- *Fonologia e Morfologia do Português* — Coimbra — Almedina — 1994.

Barreto, Mário
- *Fatos da Língua Portuguesa* — 2.ª edição — Organização Simões Editora — Rio de Janeiro — 1954.

Barros, Albertina Fortuna e **Jota,** Zélio dos Santos
- *Verbos* — 2.ª edição — Editora Fundo de Cultura — 1967.

Baylon, Christian & **Fabre,** Paul
- *Iniciação à Linguística* — Coimbra — Almedina — 1979.

Bechara, Evanildo
- *Moderna Gramática Portuguesa* — 19.ª edição — Companhia Editora Nacional — São Paulo — 1975.
- *Lições de Português pela Análise Sintática* — 3.ª edição — Editora Fundo de Cultura — 1964.
- *Moderna Gramática Portuguesa* — Rio de Janeiro — Lucerna - 1999.

Luiz Antonio Sacconi

Bergo, Vittorio
- *Erros e Dúvidas de Linguagem* — 5.ª edição — Editora Lar Católico — 1959.
- *Pequeno Dicionário Brasileiro de Gramática Portuguesa* — Editora Civilização Brasileira — 1960.

Câmara Jr., Joaquim Mattoso
- *Dicionário de Fatos Gramaticais* — Ministério de Educação e Cultura — Casa de Rui Barbosa — 1956.
- *Dicionário de Filosofia e Gramática* — J. Ozon Ed. — Rio de Janeiro — 1964.
- *Contribuição à Estilística Portuguesa* — Rio de Janeiro — Ao Livro Técnico — 1977.
- *Dicionário de Linguística e Gramática* — Petrópolis — Vozes - 1981.
- *Estrutura da Língua Portuguesa* — Petrópolis — Vozes — 1980.
- *Princípios de Linguística Geral* — Rio de Janeiro — Acadêmica — 1974.

Cardona, Giorgio Raimondo
Diccionario de Términos Filológicos — Madrid — Gredos — 1974.

Carneiro, Noêmia
- *Lições de Português* — Livraria São José — Rio de Janeiro — 1957.

Carvalho, Felisberto Rodrigues Pereira de
Diccionario Gramatical — Rio de Janeiro — Garnier —1888.

Coseriu, Eugenio
- *Lições de Linguística Geral* — Rio de Janeiro — Ao Livro Técnico — 1980.

Coutinho, Ismael de Lima
- *Gramática Histórica* — 4.ª edição — Livraria Acadêmica — Rio de Janeiro — 1974.

Cruz, José Marques da
- *Português Prático* — 28.ª edição — Editora Melhoramentos — 1964.

Cunha, Celso Ferreira da
- *Gramática do Português Contemporâneo* — 3.ª edição — Editora Bernardo Álvares S.A. — Belo Horizonte —1972.

Cunha, Celso Ferreira da & **Cintra,** Luís Felipe L.
- *Nova Gramática do Português Contemporâneo* — Rio de Janeiro — Nova Fronteira — 2001.

Elia, Hamilton
- *Gramática Aplicada* — J. Ozon Ed. — Rio de Janeiro — 1966.

Elia, Sílvio Edmundo
- *Dicionário Gramatical* — 3.ª edição — Editora Globo — Porto Alegre — 1972.

Fernandes, Francisco
- *Dicionário de Regimes de Substantivos e Adjetivos* — 2.ª edição — Editora Globo — Porto Alegre —1967.
- *Dicionário de Sinônimos e Antônimos da Língua Portuguesa* — 2.ª edição — Editora Globo — Porto Alegre — 1967.
- *Dicionário de Verbos e Regimes* — 4.ª edição — Editora Globo — Porto Alegre — 1967.

Garcia, Othon M.
- *Comunicação em Prosa Moderna* — Rio de Janeiro — FGV — 1998.

Nossa gramática simplificada

Genouvrier, Emile & **Peytard,** Jean
- *Linguística e Ensino de Português* — Coimbra — Almedina — 1974.
Góis, Carlos
- *Sintaxe de Regência* — Livraria Francisco Alves — Rio de Janeiro — 1957.
Góis, Carlos e **Palhano,** Herbert
- *Gramática de Língua Portuguesa* — 5.ª edição — Livraria Francisco Alves — Rio de Janeiro — 1963.
Gonçalves, Maximiano Augusto
- *Dificuldades Básicas da Língua Portuguesa* — Ao Livro Técnico — Rio de Janeiro — 1965.
Henriques, Claudio Cezar
- *Fonologia, Fonética e Ortografia: estudos fono-ortográficos do português* — Rio de Janeiro — Campus/Elsevier — 2007.
Hjelmslev, Louis
- *Ensaios Linguísticos* — São Paulo — Perspectiva — 1991.
Jakobson, Roman
- *Linguística e Comunicação* — São Paulo — Cultrix — 1973.
Jota, Zélio dos Santos
- *Dicionário de Dificuldades da Língua Portuguesa* — Editora Fundo de Cultura — 1960.
- *Glossário de Dificuldades Sintáticas* — Editora Fundo de Cultura — 1962.
Jucá (filho), Cândido
- *Dicionário Escolar das Dificuldades da Língua Portuguesa* — 3.ª edição FENAME — Fundação Nacional do Material Escolar — Ministério de Educação e Cultura — Rio de Janeiro — 1963.
Kury, Adriano da Gama
- *Lições de Análise Sintática* — 4.ª edição — Editora Fundo de Cultura — 1967.
- *Pequena Gramática* — 2.ª edição — Livraria Agir Editora — Rio de Janeiro — 1962.
Lapa, Manuel Rodrigues
- *Estilística da Língua Portuguesa* — 7.ª edição — Livraria Acadêmica — Rio de Janeiro — 1973.
Lewandowski, Theodor
- *Diccionario de Linguística* — Madrid — Cátedra — 1995.
Lima, Carlos Henrique da Rocha
- *Gramática Normativa da Língua Portuguesa* — 15.ª edição — Livraria José Olympio Editora — 1972.
Martinet, André
- *Elementos de Linguística Geral* — Lisboa — Sá da Costa — 1971.
- *A Linguística Sincrônica* — Rio de Janeiro — Tempo Brasileiro —- 1971b.
Maurer Jr., Theodoro Henrique
- *O Infinito Flexionado Português* — Companhia Editora Nacional e Editora da USP — 1968.

477

Melo, Gladstone Chaves de

- *Novo Manual de Análise Sintática* — Organização Simões Editora — Rio de Janeiro — 1954.
- *Iniciação à Filologia Portuguesa* — 3.ª edição — Livraria Acadêmica — Rio de Janeiro — 1967.

Meto, J. Nelino de

- *Estudos Práticos de Gramática Normativa da Língua Portuguesa* — Bruno Bruccini/ /Editor — 1968.

Nascentes, Antenor

- *O Idioma Nacional* — 5.ª edição — Acadêmica — Rio de Janeiro — 1965.
- *Método Prático de Análise Lógica* — 17.ª edição — Livraria Francisco Alves — Rio de Janeiro — 1953.

Nogueira, Júlio

- *A Linguagem Usual e a Composição* — 11.ª edição — Livraria Freitas Bastos — 1960.

Oiticica, José de

- *Manual de Análise* — 10.ª edição — Livraria Francisco Alves — Rio de Janeiro — 1953.

Pereira, Eduardo Carlos

- *Gramática Expositiva* — 76.ª edição — Companhia Editora Nacional — São Paulo — 1949.

Reis, Otelo

- *Breviário da Conjugação dos verbos da Língua Portuguesa* — 32.ª edição — Livraria Francisco Alves — 1968.

Sacconi, Luiz Antonio

- *Nossa Gramática Completa* — 35.ª edição — Matrix Editora — São Paulo — 2023.
- *Não Erre Mais!* – 34.ª - edição comemorativa — Matrix Editora — São Paulo — 2023.
- *Dicionário Prático Sacconi* — Matrix Editora — São Paulo — 2022.
- *Dicionário de Erros, Dúvidas, Dificuldades e Curiosidades da Língua Portuguesa* — 2.ª edição — Matrix Editora — 2021.
- *Grande Dicionário Sacconi* — 3.ª edição (esgotada) — Editora Nova Geração — São Paulo — 2010.

Sapir, Edward

- *Linguística como Ciência, ensaios* — Rio de Janeiro — Acadêmica — 1969.

Saussure, Ferdinand de

- *Curso de Linguística Geral* — São Paulo — Cultrix — 1972.

Silva Neto, Serafim da

- *História da Língua Portuguesa* — Rio de Janeiro — Livros de Portugal — 1970.

Silveira, Sousa da

- *Lições de Português* — 8.ª edição — Livros de Portugal — Rio de Janeiro — 1972.

Sousa e Silva, A.M.

- *Dificuldades Sintáticas e Flexionais* — Organização Simões Editora — Rio de Janeiro — 1958.

Vasconcelos, Carolina Michaëlis de
- *Lições de Filologia Portuguesa* — São Paulo — Martins Fontes — s/d.
Vasconcelos, Leite de
- *Lições de Filologia Portuguesa* — Rio de Janeiro — Livros de Portugal — 1959.
Victoria, Luiz A. P.
- *Gramática Brasileira de Língua Portuguesa* — Rio de Janeiro — s/ed. — s/d.